Howard Gardner

So genial wie Einstein

Schlüssel zum kreativen Denken

Aus dem Amerikanischen
von Ute Spengler

Klett-Cotta

Klett-Cotta
Die Originalausgabe erschien
unter dem Titel „Creating Minds. An anatomy of creativity
seen through the lives of Freud, Einstein,
Picasso, Stravinsky, Eliot, Graham and Gandhi"
bei Basic Books, New York
© 1993 by Howard Gardner
Für die deutsche Ausgabe
© J. G. Cotta'sche Buchhandlung Nachfolger GmbH, gegr. 1659,
Stuttgart 1996
Fotomechanische Wiedergabe nur mit Genehmigung des Verlages
Printed in Finland
Schutzumschlag: Klett-Cotta-Design
Gesetzt aus der 10 Punkt Novarese
von Fotosatz Janβ, Pfungstadt
Auf säure- und holzfreiem Werkdruckpapier gedruckt
und gebunden von Werner Söderström, Helsinki

Die Deutsche Bibliothek – CIP-Einheitsaufnahme
Gardner, Howard:
So genial wie Einstein: Schlüssel zum kreativen Denken/
Howard Gardner. Übers. von Ute Spengler. –
Stuttgart: Klett-Cotta, 1996
Einheitssacht.: Creating Minds ⟨dt.⟩
ISBN 3-608-91677-6

INHALT

Dank 9

Vorwort 11

Teil I: Einführung
1 1914–1918: Zufallsbegegnungen in Zürich 19
2 Methoden der Kreativitätsforschung 38

Teil II: Die Schöpfer der Moderne
3 Sigmund Freud: Allein mit der Welt 69
4 Albert Einstein: Das ewige Kind 115

ZWISCHENBETRACHTUNG 1 168

5 Pablo Picasso: Ein Wunderkind und seine Entwicklung 173
6 Igor Strawinsky: Poetik und Öffentlichkeit der Musik 229
7 T. S. Eliot: Der Meister am Rande 275

ZWISCHENBETRACHTUNG 2 315

8 Martha Graham: Der Tanz Amerikas 319
9 Mahatma Gandhi: Macht über Menschen 371

ZWISCHENBETRACHTUNG 3 421

Teil III: Schlußfolgerungen
10 Kreativität im Vergleich der Domänen 427
Epilog: Die Epoche der Moderne und ein Blick darüber hinaus 463

Quellen und Anmerkungen 481
Bibliographie 519
Personenregister 535
Sachregister 545

JUGEND

Deine unglückliche und törichte Jugend.
Dein Weg aus der Provinz in die Stadt.
Beschlagene Scheiben der Straßenbahnen, das betriebsame Elend der Menge
Die Angst, wenn du Orte betratest, die zu teuer für dich waren.
Doch alles war zu teuer. Zu hoch.
Sie mußten es sehen, die Städter – den fehlenden Schliff,
Die Kleidung von gestern, die Plumpheit.

Niemand war neben dir, der dir sagen konnte:
„Du bist ein hübscher Junge,
Du bist stark und gesund.
Deine Leiden sind Hirngespinste."

Den Tenor im Kamelhaarmantel hättest du nicht beneidet,
Hättest du seine Ängste geahnt und gewußt, wie er sterben würde.

Die Rothaarige, um deretwillen du Qualen leidest,
So schön sie dir scheint, ist eine Puppe im Feuer,
Du verstehst nicht, was sie schreit mit den Lippen eines Clowns.

An die Formen der Hüte, den Schnitt der Kleider, Gesichter im Spiegel
Wirst du dich nur unklar erinnern, wie an etwas, das lange
Zurückliegt oder aus Träumen stammt.

Das Haus, dem du dich zitternd näherst,
Das Apartment, das dich blendet – siehst du den Baukran,
der an derselben Stelle den Schutt wegräumt?

Auch du wirst einmal haben, besitzen, erwerben,
Wirst endlich stolz sein können, ohne Grund,

Deine Wünsche werden erfüllt sein, und du wirst der Zeit
Nachblicken, dem Stoff aus Nebel und Rauch,
Dem wandelbaren Gespinst aus Eintagsleben, das wogt
Das aufsteigt und fällt wie das stete Wasser der Meere.

Wirst durch die brandhellen Straßen südlicher Städte gehn,
Deinem Ursprung zurückgegeben, und wieder mit Entzücken
das Weiß des Gartens sehen am Morgen nach dem ersten Schnee.

Czesław Miłosz

DANK

Mein Dank geht an zahlreiche Kolleginnen und Kollegen für ihre großzügige Bereitschaft, Teile dieses Buchs zu lesen und zu kommentieren – an Mihaly Csikszentmihalyi, William Damon, Rupen Das, Iris Fanger, Ina Hahn, Gerald Holton, Arthur Miller, Ricardo Nemirovsky, Robert Ornstein, David Perkins, Dean Keith Simonton und Ellen Winner. In Dankbarkeit und Trauer gedenke ich der unschätzbaren Hilfe eines großartigen Komponisten und wunderbaren Kritikers, meines im Dezember 1992 verstorbenen Freundes Stephen Albert.

Bei *Basic Books* standen mir Susan Arellano, Martin Kessler und Jo Ann Miller mit wertvollen redaktionellen Ratschlägen zur Seite. Kolleginnen und Kollegen vom *Projekt Zero*, unter ihnen Karen Donner Chalfen, Lela Collins, Samantha Kelly und Mindy Kornhaber, halfen bei der Vorbereitung des Manuskripts. Im letzten Jahr hat Emma Laskin in jeder nur denkbaren Hinsicht unentbehrliche Unterstützung geleistet – von der Jagd nach einer Fußnote bis zur Klärung eines unausgegorenen Gedankens. Für Beistand in der Endphase der Publikation danke ich auch Melanie Kirschner, Michael Mueller und Sharon Sharp. Cynthia Dunne und Joan Greenfield besorgten die attraktive Ausstattung des Buchs.

Ohne die großzügige Unterstützung durch zahlreiche Stiftungen wäre meine Arbeit in den vergangenen fünfundzwanzig Jahren unmöglich gewesen. Wenn in den Vereinigten Staaten während dieser Zeit im Verständnis grundlegender Bereiche der menschlichen Natur Fortschritte erzielt worden sind, so ist dies in wesentlichem Maß der klugen und umsichtigen Politik dieser Stifter zu verdanken.

Für die Abdruckerlaubnis von Texten und Bildmaterial geht mein Dank an:
– Artists Rights Society, N. Y. und SPADEM, Paris (Abdruck der Werke Picassos);
– die Eidgenössische Technische Hochschule, Zürich (Photographie von Einstein)
– Faber and Faber, Ltd., London und Harcourt Brace Jovanovich, Inc., Orlando, Florida (Auszüge aus den Briefen von T. S. Eliot (*The Letters of* T. S. *Eliot*, Band I 1898–1922) Copyright 1988 by Valerie Eliot. Abdruck mit Erlaubnis des Verlages.
– Harcourt Brace Jovanovich, Inc., Orlando, Florida (Auszüge aus „*The Lovesong of* J. *Alfred Prufrock*" in: *Collected Poems*, 1909–1962, Copyright 1936 by Harcourt

Brace Jovanovich, Inc. und 1964, 1963 by T. S. Eliot. Abdruck mit Erlaubnis des Verlages.
– The Houghton Library, Harvard University, Cambridge, Massachusetts (Photographie von T. S. Eliot).
– François Meyer, Nachlaß André Meyer, Artephot-Ziolo, und die Bibliothèque Nationale, Paris (Auszüge aus L*e sacre du printemps*, Entwürfe 1911–1913, erschienen bei Boosey and Hawkes, 1969.
– Lloyd Morgan und die Willard and Barbara Morgan Archives, Dobbs Ferry, N. Y. (Photographien Barbara Morgans von Martha Graham).
– Museé Picasso, Paris (Photographie Picasso sur la place Ravignon).

VORWORT

Das vorliegende Buch ist ein Höhepunkt und ein Beginn: Es verschaffte mir die Gelegenheit, mein lebenslanges Interesse an den Erscheinungen der Kreativität mit konkretem geschichtlichem Material zu verbinden, und es schlägt, gleichermaßen an Sozial- und Geisteswissenschaften orientiert, in der Erforschung kreativer Prozesse neue Wege ein. Ein lange gehegter Traum, entstand das Buch nach Umwegen, die ein Vierteljahrhundert dauerten. In meinem Vorwort blicke ich kurz auf diese Wegstrecke zurück.

Zum Leben des wißbegierigen Jungen, der in den fünfziger Jahren in Scranton, Pennsylvania, aufwuchs, gehörten Bücher – Biographien im besonderen und Geschichten über aller Herren Länder, vor allem über Westeuropa, woher meine Familie stammt, und über die Vereinigten Staaten, unsere neue Heimat. Von Psychologie hatte ich, als ich ins College eintrat, kaum etwas gehört, belegte also im Hauptfach Geschichte. Erst mit der Entdeckung der psychohistorischen und psychobiographischen Schriften Erik Eriksons fand ich meine geistige Heimat. Ich wechselte die Fachrichtung – an die Stelle der Geschichte traten soziale Beziehungen (Sozial- und Verhaltensgeschichte) und eine Hinwendung zur Entwicklungspsychologie.

Ein Konflikt divergierender Interessen – an der emotionalen Seite der menschlichen Erfahrung einerseits und andererseits an deren kognitiven Dimensionen – ging, zumindest vorläufig, zugunsten der Erkenntnis aus, als ich gegen Ende meiner Collegzeit die Arbeiten des Schweizer Psychologen Jean Piaget entdeckte. Ein Postgraduate-Jahr in England verbrachte ich mit intensiver Lektüre der Bücher von Piaget. Es war eine Zeit der Muße, in der mir auch die Ideen und künstlerischen Formen der Moderne vertraut wurden: die Musik Strawinskys, die kubistische Malerei, die Dichtungen von T. S. Eliot, der überwältigende Reichtum an schöpferischen Impulsen, der in den ersten Jahrzehnten des zwanzigsten Jahrhunderts die Wissenschaft, Kunst und Politik Europas neu belebte. Als ich mich zu einem Zweitstudium in Entwicklungspsychologie entschloß, war auch mein leidenschaftliches Interesse an einer Gesellschaft wach geworden, die Werke von solcher Brillanz hervorbrachte und sich gleichzeitig in zwei verheerende Weltkriege und einen verbissenen Kalten Krieg stürzte.

Mein Interesse an Biographie und Geschichte trat in den Hintergrund, solange ich damit beschäftigt war, mir die Methoden und Techniken der experimentellen Entwicklungspsychologie anzueignen. Ich bin dankbar für diese systematische Ausbildung, doch schon bald nach Beginn meines zweiten Studiengangs empfand ich es als Mangel, daß sowohl Lehrer als auch Studierende des Fachs an Fragen des künstlerischen Schaffens kein Interesse zeigten. Mit Musik war ich aufgewachsen; während meines Nachdiplomstudiums hatte ich die Abende damit verbracht, die moderne Kunst kennenzulernen. In den Vorlesungen meiner Dozenten indessen und im vorgeschriebenen Lektürekanon suchte ich einen Bezug zu diesen Facetten des menschlichen Lebens vergeblich. Ich war daher ‚reif', als ich vom Project Zero erfuhr, einem neuen Forschungsunternehmen, das sich gerade der besonderen Art des künstlerischen Erkennens und Lernens widmete.

Im Rahmen von Project Zero habe ich während der letzten fünfundzwanzig Jahre die geistige Entwicklung normal- und hochbegabter Kinder sowie den Zusammenbruch von Fähigkeiten und Talenten als Folge von Gehirnverletzungen untersucht. Das ursprüngliche Interesse des Projekts galt den menschlichen Symbolsprachen, mit besonderer Betonung der Symbolisierungen, die den Schlüssel zu den Künsten darstellen. Konkret gesagt, versuchten wir zu sondieren, wie aus Kindern Musiker oder Dichter oder Maler werden, warum die meisten es nicht werden und wie diese und andere künstlerische Fähigkeiten in unserer Kultur und unter den Bedingungen fremder Kulturen zur Reife kommen oder verkümmern.

Seltsamerweise sind die Begriffe Kunst und Kreativität in unserer Gesellschaft eng miteinander verknüpft. An dieser Gedankenverbindung dürfte es liegen, daß die Tätigkeit, die ich in den zurückliegenden Jahrzehnten ausübte, als „Kreativitäts"-Forschung angesehen wurde. Die Assoziation ist unbegründet: Kreativ arbeiten kann man in jedem Lebensbereich, und die Künste können ein Ort des hohlen Pathos und der Langweile, der Schönheit, der Glückseligkeit oder auch der Tollheit sein. Gleichviel, dieser Absonderlichkeit ist es zu danken, daß ich regelmäßig zu Konferenzen über Kreativität eingeladen, von einschlägig interessierten Journalisten zum Thema befragt und ganz generell und zu Unrecht in den Kreis der Kreativitätsmafia eingereiht wurde. Unliebsam war mir dieser Fall mißverstandener Identität nicht – schließlich hatten mich außergewöhnliche Menschen und ihre Leistungen ja seit längerem beschäftigt.

Zwei Ereignisse, die mehr oder minder zusammentrafen, trugen dazu bei, daß ich vom Kiebitz zum engagierten Erforscher menschlicher Kreativität wurde. Das erste Ereignis geht auf die Weiterentwicklung meiner eigenen Arbeit zurück. Die Beschäftigung mit Kindern und hirngeschädigten Erwachsenen hatte mich davon überzeugt, daß das menschliche Erkenntnisvermögen vielfältig angelegt ist und sich am besten als Ensemble relativ autonomer Fähigkeiten beschreiben läßt, die ich als unterschiedliche „menschliche Intelligenzen" bezeichnet habe. Die Darstellung dieses Modells in meinem 1983 veröffentlichten Buch *Frames of Mind* (dt. *Abschied vom IQ*) hat viel Resonanz gefunden und zu kontroversen Debatten geführt. Während der Arbeit an meiner Theorie der vielfachen Intelligenzen kam ich zu der Auffassung, daß von hier ein direkter Weg zur Erforschung der Kreativität führte; wenn es nicht sinnvoll war, einen Menschen als absolut dumm oder gescheit zu betrachten, so konnten sich auch die Suche nach einem ‚generell kreativen' Menschen und der Entwurf von Tests, die diese Kreativität hervorlocken sollen, nur als aussichtslos erweisen. Wenn Intelligenz mehrfach zu deuten war, galt das um so entschiedener für die menschliche Kreativität.

Das zweite auslösende Moment war meine Zugehörigkeit zu einem ‚unsichtbaren College', einer Gruppe von etwa gleichaltrigen Kollegen aus den Fachbereichen Experimental-, Sozial- und Lernpsychologie, die übereinstimmende Interessen entdeckt und Gelegenheit gefunden hatten, ihnen gemeinsam nachzugehen. Was uns verband, war eine generelle Sympathie für Piagets Theorie der geistigen Entwicklung ebenso wie unser Fazit, daß einige seiner Behauptungen sich nicht erhärten ließen, im weiteren das Interesse an der Art und Funktionsweise der Vermögen, die dem menschlichen Symbolgebrauch zugrunde liegen, am unterschiedlichen, kulturspezifischen Verlauf der Entwicklung und schließlich an den Beziehungen zwischen menschlichen Eigenschaften wie Intelligenz, Kreativität, Sachverstand, Talent, Kompetenz und Hochbegabung. David Feldman und Mihaly Csikszentmihalyi waren meine engsten Mitarbeiter bei diesen Forschungsbemühungen, zu den Mitstreitern gehörten jedoch auch Michael Cole, William Damon, Vera John-Steiner, David Olson, David Perkins und Gavriel Salomon sowie zahlreiche Mitglieder des *Project Zero* der Harvard-Universität.

Angeregt besonders durch Csikszentmihalyis Konzept entwickelte ich ein neues Modell zum Verständnis kreativer Phänomene. Wie ich in den zwei ersten Kapiteln eingehender erkläre, setzt meine Methode beim Individuum an, konzentriert sich jedoch anschließend auf die jeweilige *Domäne*, das Symbolsystem, in dem der einzelne arbeitet, und auf die Gruppe der Sachkundigen, oder Angehörigen des *Feldes*, die über die Qualität neuer Arbeiten in der Domäne urteilen. Nach Ausarbeitung dieses Analysemodells ging ich zur Anwendung über und untersuchte ein erstes Beispiel unbestrittener kreativer Leistungskraft – Sigmund Freud. Die Falluntersuchung stieß auf Interesse, und kurz darauf stellte ich ihr eine Studie an die Seite, die Pablo Picasso, eine schöpferische Persönlichkeit vergleichbaren Ranges, behandelte.

Mit Freud und Picasso hatte ich bewußt Individuen ausgewählt, deren

Leistungen sich aus dem Fundus unterschiedlicher Intelligenzen speisten: Freud schöpfte aus der linguistischen und logischen, Picasso aus der räumlichen und körperlichen Intelligenz. Außerdem machten beide in unterschiedlicher Weise von ihrer personalen Intelligenz Gebrauch. Ich fragte mich nach den Auswirkungen des besonderen Intelligenztypus auf die Kreativität, und aus dieser Frage ging der Plan hervor, eine kleine Zahl historischer Persönlichkeiten, die verschiedene Formen menschlicher Intelligenz repräsentieren, zum Gegenstand einer vergleichenden Untersuchung zu machen. Anfänglich dachte ich an eine Reihe der großen Gestalten aus dem Gesamtspektrum der Menschheitsgeschichte, an Mozart zum Beispiel, an Augustinus oder Konfuzius. Doch erkannte ich schon bald die Grenzen, die mir hinsichtlich Methode und Sachkenntnis gesetzt waren, und hielt es darum für ratsamer, mich auf einen engeren Zeitraum zu beschränken. Soviel zur Auswahl der sieben Persönlichkeiten, die in meiner Studie die Kreativität vertreten.

Die Arbeit an diesem Buch war ein Vergnügen. Es führte mich auf Personen und Themen zurück, die mich seit meiner Kindheit in Bann hielten, und erlaubte mir, mich mit faszinierenden Kunstwerken und Theorien zu beschäftigen – all das verbunden mit der Gelegenheit, das Instrumentarium einzusetzen, das in gemeinschaftlicher Arbeit mit dem Ziel entwickelt wurde, die schöpferische Arbeit des Menschen zu verstehen.

Gleichzeitig jedoch stellte es mich vor unerwartete Schwierigkeiten. Allein die Aufgabe, auch nur einer einzigen der sieben Persönlichkeiten voll gerecht zu werden, müßte den einzelnen überfordern. Die Moderne ist eine Epoche von unendlicher Komplexität, und das zur Durchführung der Analyse entwickelte methodische Rüstzeug ist neu und im besten Fall unvollkommen. Das Buch hätte leicht die dreifache Länge erreichen und durch Dutzende von Tafeln und Tabellen ergänzt werden können. Zahlreiche Persönlichkeiten, Ereignisse und Ideen drängten sich während der Arbeit auf, nur um für eine andere Gelegenheit zurückgestellt zu werden. Einige dieser Probleme waren Anfangsschwierigkeiten, und insgesamt glaube ich sagen zu können, daß wir eine Methode entwickelt haben, die es vielen Forschern ermöglichen wird, kreative Prozesse und Epochen zu untersuchen. In Zukunft, dessen bin ich sicher, werden wir alle diesen systematischen Ansatz mit größerer Autorität und Selbstverständlichkeit benutzen können.

Ich habe, auch das war mein Ziel, versucht, ein Buch der Art zu schreiben, wie ich sie schätze: frei von Fachjargon und sparsam im Gebrauch von Anschauungsmaterial. Soweit die komplexe Materie es zuließ, war ich um Kürze und Einfachheit bemüht. Um die Komplexität überschaubar zu halten, habe ich, teils *en route*, teils in herausgehobenen Zwischenabschnitten periodisch resümiert, was erreicht wurde und was im folgenden zu erwarten ist. Auf die Gefahr, dem Buch den Wind aus den Segeln zu nehmen, beginne ich in den Kapiteln 1 und 2 mit einer Darstellung der wichtigsten Ziele und Ergebnisse.

Cambridge, Massachusetts   September 1993

TEIL I
Einführung

1
1914–1918:
Zufallsbegegnungen in Zürich

Tom Stoppards Komödie *Travesties*, uraufgeführt im Jahr 1974, spielt in Zürich zur Zeit des Ersten Weltkriegs. Vordergründig geht es darin um die Versuche von Henry Carr, Angestellter des Britischen Konsulats und Laienschauspieler, Oscar Wildes Lustspiel „The Importance of Being Earnest" auf die Bühne zu bringen. Ihre eigentliche Wirkung gewinnt *Travesties* jedoch durch die Porträts historischer Persönlichkeiten, die damals in der Schweiz lebten und deren Aktivitäten sich der alternde, vergeßlich gewordene Carr viele Jahre später selbstzufrieden in Erinnerung ruft.

Stoppard scheute sich nicht, Fakten mit Phantasie zu vermischen, doch so viel trifft zu, daß sich im kriegsverschonten Zürich während der Jahre 1914–18, der Zeit des *Great War*, zahlreiche Persönlichkeiten von historischer Bedeutung zusammenfanden. Carr erinnert sich: „Zürich während des Krieges. Flüchtlinge, Spione, Emigranten, Maler und Dichter, Schriftsteller, Radikale jeder Couleur!"* Drei davon stehen im Mittelpunkt von Stoppards Theaterstück: ein kaum bekannter irischer Schriftsteller, James Joyce; ein obskurer russischer Revolutionär, V. I. Lenin, und ein halb verrückter rumänischer Intellektueller und Künstler, Tristan Tzara, der den Dadaismus, eine ästhetische Variante des Nihilismus, erfindet. Die drei Emigranten gehen ihren Geschäften nach – schreiben den großen Roman, planen die russische Revolution und entwerfen ein neues Programm für Kunst, Leben und Politik.

Während der Proben zu Wildes Schauspiel, Reminiszenz einer vergangenen, weniger turbulenten Zeit, plaudern die Protagonisten über Zeitthemen: Lenin erklärt: „Die Literatur muß Parteiliteratur werden. ... Was mich betrifft, ich bin ein Barbar. Expressionismus, Futurismus, Kubismus ... alles das sagt mir nichts und macht mir kein Vergnügen." Tzara äußert die Ansicht: „Heutzutage interessiert sich kein Künstler mehr dafür, das zu machen, was man unter KUNST versteht. ... Heutzutage ist Künstler, wer dafür sorgt, daß Kunst das bedeutet, was er macht." Joyce weist ihn zurecht: „Sie sind ein exaltiertes Männchen mit einem Bedürfnis nach Selbstdarstellung, das größer ist als Ihr

---

* Quellenangaben und ergänzendes Material finden sich mit Seitenverweis im Teil *Anmerkungen*.

Talent – was nicht ehrenrührig ist, aber noch keinen Künstler aus Ihnen macht. Der Künstler ist ein Magier, der unter die Menschen gesandt ist, um auf eigenwillige Art ihren Drang nach Unsterblichkeit zu stillen."

Als Zuschauer sehen wir in Travesties nicht nur die amüsante Farce eines aus der Not geborenen Theaterbetriebs, sondern das Stück läßt uns auch einen Blick hinter die historischen Kulissen werfen und rückt drei Persönlichkeiten ins Rampenlicht, die im Begriff sind, etwas zu schaffen, das einmal als Zeit der Moderne Geschichte werden sollte. Vergleichbar wäre die Fiktion, die führenden Köpfe der Aufklärung hätten während der vierziger Jahre des siebzehnten Jahrhunderts zusammen im Knabenchor gesungen oder die Vertreter des amerikanischen Transzendentalismus in den zwanziger Jahren des neunzehnten zusammen die College-Bänke gedrückt.

Obwohl das Stück ein Dreivierteljahrhundert zurückblickt, ist es unverkennbar modern. Die schnellen Wechsel zwischen disparaten Deutungsrahmen, politischen Überzeugungen und ästhetischen Codes verweisen auf die geschichtliche Leistung von Gestalten wie Joyce, Lenin und Tzara, die im Brennpunkt der Moderne stehen. Die Argumente, die Stoppard seinen Figuren in den Mund legt, sind Teil einer Konversation, die das gesamte zwanzigste Jahrhundert durchzieht. Modern ist vor allem die gedankliche Voraussetzung des Stücks. Die Annahme, diese Exponenten verschiedenster Kulturen hätten sich, ihre radikal differierenden Konzepte im Gepäck, in derselben europäischen Großstadt versammeln und, theoretisch zumindest, über den Weg laufen können, erscheint nur in einer Welt plausibel, deren Ort nicht mehr der meßbare Raum der Geographie, sondern André Malraux' „imaginäres Museum" und Marshall McLuhans „Weltdorf" ist.

Sieben kreative Denker

Bleiben wir in der Zeit des Ersten Weltkriegs, den Jahren 1914–18, so fällt es nicht schwer, ein ähnliches Ensemble historischer Persönlichkeiten, potentielle Figuren für eine Fortsetzung von Travesties, auszumachen, deren Einfluß auf unsere Zeit nicht zu übersehen ist.

- Der zum Psychologen mutierte Neurologe Sigmund Freud (1856–1939) lebte in Wien, behandelte wie vor dem Krieg seine Patienten, beobachtete mit Befriedigung das wachsende Ansehen seiner psychoanalytischen Bewegung – mit Nervosität den Zürcher Rivalen C. G. Jung – und sorgte sich teils

um das Schicksal seines Sohnes an der Front, teils um das Überleben einer, wie er annahm, im Kern destruktiven Menschheit.
- Albert Einstein, Professor für theoretische Physik (1879–1955), war einem Ruf der Königlich Preußischen Akademie der Wissenschaften folgend kurz vor Kriegsbeginn von Zürich nach Berlin gezogen, hatte den Titel eines Professors der Universität erhalten und die Leitung des neu gegründeten Physikalischen Instituts übernommen. Als Pazifist sprach er sich gegen den Krieg aus, den seine Landsleute führten. Er trennte sich von seiner Frau und versprach ihr die mit dem Nobelpreis verbundene Geldsumme. Daß ihm die Auszeichnung für seine bahnbrechenden Neudefinitionen von Zeit, Raum und Licht in absehbarer Zeit zufallen würde, bezweifelte er nicht.
- Der spanische Maler Pablo Picasso (1881–1973), seit 1901 in Paris lebend, war dabei, den Bruch mit dem Kubismus zu vollziehen, dem Stil, den er zusammen mit Georges Braque nach 1900 entwickelt hatte. Während des Krieges war die geliebte Freundin Eva gestorben; auf einer Romreise, als Gestalter des Bühnenbildes für Diaghilews Russisches Ballett, verliebte er sich in die russische Ballerina Olga Koklova.
- Der russische Komponist Igor Strawinsky (1882–1971) hatte für die *Ballets russes* eine Reihe spektakulärer Ballette geschaffen, darunter das anfänglich heftig umstrittene „Frühlingsopfer" (*Le sacre du printemps* – 1913). Als der Weltkrieg ausbrach, beschloß er, in Westeuropa zu bleiben. Er war einer der Emigranten, die während des Krieges in der Schweiz ihren Wohnsitz hatten, und arbeitete dort an zwei bahnbrechenden Werken, der „Geschichte vom Soldaten" (L'*Histoire du soldat*) und *Les noces*.
- T. S. Eliot (1888–1965), Dichter aus St. Louis, zog Anfang des Jahrhunderts nach Europa, wo er sich bei Kriegsausbruch entgegen den Wünschen seiner Eltern auf Dauer niederließ. Erstaunlich schnell wurde er zu einer der bedeutenden Figuren im literarischen Leben Englands. Sein erstes aufsehenerregendes Gedicht *The Love Song of J. Alfred Prufrock* veröffentlichte er zu Kriegsbeginn und arbeitete in den folgenden Jahren an seinem epochemachenden lyrischen Zyklus *The Waste Land* (1922).
- Die in der Nähe von Pittsburgh geborene Tänzerin Martha Graham (1894–1991) war mit ihrer Familie nach Südkalifornien gezogen. Mit widerwilliger Duldung der Eltern nahm sie während der Kriegsjahre ersten Unterricht bei den Tanzpionieren Ruth Saint-Denis und Ted Shawn. In den frühen zwanziger Jahren reiste sie durch Europa und Amerika, trennte sich von der Truppe Saint-Denis–Shawn, gründete ihre eigene Kompanie und entwickelte kurz darauf eine moderne Form des Tanzes.
- Mahatma Gandhi (1869–1948), der politische und geistige Führer des mo-

dernen Indien, war nach einem zwei Jahrzehnte währenden Aufenthalt in England und Südafrika kurz zuvor in seine Heimat zurückgekehrt. Trotz seiner Opposition gegen die britische Herrschaft unterstützte er während des Krieges die Alliierten. Er arbeitete weiter an neuen Methoden eines friedlichen Widerstandes; bei Kriegsende setzte er in Indien eine politische Revolution in Gang, die auf jede Anwendung physischer Gewalt verzichtete und ein weltweites Echo fand.

Jede engere Wahl unter den Persönlichkeiten, die der Moderne zum Durchbruch verhalfen, wird fehlende Namen rechtfertigen müssen: Warum T. S. Eliot und nicht Marcel Proust oder Virginia Woolf? Warum nicht Mao Zedong oder Martin Luther King jr. anstelle von Gandhi? Isadora Duncan oder George Balanchine anstelle von Martha Graham? Ebenso wird jede Auswahl einzelner Wirkungsbereiche unweigerlich diejenigen ins Blickfeld rücken, auf die verzichtet wurde: Warum Tanz und nicht Leichtathletik, Politik und nicht Wirtschaft, Physik statt Biologie? Selbst die Datierung ist nicht unanfechtbar; die Moderne, so ließe sich – wie geschehen – mit Grund behaupten, sei mit dem Beginn der politischen Revolutionen von 1776, 1789 oder 1848 anzusetzen, mit den Ideen oder Ereignissen von 1500 oder 1815; der Ursprung der modernen Ästhetik liege in der Fin-de-siècle-Malerei von Cézanne, der Musik Gustav Mahlers oder der Dichtung Mallarmés; der fundamentale Durchbruch der modernen Naturwissenschaften knüpfe sich eher an die Quantenmechanik der späten zwanziger Jahre, die Entschlüsselung des genetischen Codes um die Jahrhundertmitte oder die jüngsten Einsichten in die Chaostheorie.

Kaum zu bestreiten ist meine Behauptung, daß die sieben genannten Persönlichkeiten und die von ihnen vertretenen Tätigkeitsbereiche ein *repräsentatives und faires Beispiel* aus dem größeren Kreis all jener darstellen, deren Entdeckungen die Moderne einläuteten. Jede Untersuchung, die keinen von ihnen einschlösse, wäre suspekt; wo sie jedoch berücksichtigt sind, stimmt zumindest die Richtung. Entscheidender ist, daß ein Verständnis der schöpferischen Durchbrüche von Freud und Einstein, Picasso und Strawinsky, Eliot, Graham und Gandhi uns auch den Zugang zu einem breiteren Verständnis der menschlichen Kreativität erschließen wird. Ich möchte sogar behaupten, daß die Einsicht in die Grundlagen ihres Schaffens Erklärendes zur Epoche der Moderne beitragen könnte, einer Zeit, deren Grundideen unser Jahrhundert geprägt haben, die jedoch zusehends aus dem ‚postmodernen' Blickfeld entschwindet. Hätten alle sieben das Zürich Tom Stoppards bewohnt – daß sie im Sommer 1916 in einem Café auf der Bahnhofstraße am selben Tisch gesessen haben könnten, ist wenig wahrscheinlich, doch nicht unvorstellbar – dann wäre *Travesties* als ein Traktat zu lesen, der mit der Stimme unserer Zeit, von ihr und für sie spricht.

Das Vorhaben

Mit meiner Arbeit über sieben „moderne Meister" oder „Meister der Moderne" verfolge ich einen dreifachen Zweck. Erstens versuche ich in die Welt einzudringen, zu der jeder der sieben in der Periode gehörte, die hier zur Debatte steht, das heißt, in etwa während des halben Jahrhunderts von 1885 bis 1935. Ich hoffe, dabei ihre besonderen, oft eigentümlichen geistigen Fähigkeiten, ihr Persönlichkeitsprofil, ihre sozialen Bezüge sowie ihre kreativen Vorhaben, Kämpfe und Erfolge zu erhellen.

Mit dem Vorhaben, sieben verschiedene kreative Erfolge darzustellen, die von sieben singulären Persönlichkeiten erzielt wurden, setzt man sich keine bescheidene Aufgabe. Als Geisteswissenschaftler würde ich mich vermutlich auf einen einzelnen konzentrieren und versuchen, seine, oder ihre, Leistung möglichst vollständig zu erfassen. Vergleiche wären in dieser Darstellung von zweitrangiger Bedeutung. Weil ich die Materie jedoch als Sozialwissenschaftler behandle, steht im Zentrum meiner Aufmerksamkeit die *Suche nach Entwicklungsmustern* – nach aufschlußreichen Übereinstimmungen und instruktiven Unterschieden.

Zweitens bemühe ich mich, Einsichten in den kreativen Prozeß überhaupt zu gewinnen. Wenn wir besser verstehen, wie die Innovationsschübe zustande kommen, die von einzelnen auf verschiedenen Gebieten bewirkt wurden, müßte es möglich werden, Prinzipien abzuleiten, die der menschlichen Kreativität, wo immer sie am Werk ist, zugrunde liegen. Kreative Leistungen in den verschiedenen Tätigkeitsbereichen, so meine These, lassen sich nicht über einen Leisten schlagen; Einsteins Denken und wissenschaftliche Leistung läßt sich nicht ohne weiteres mit der von Freud, geschweige denn mit der eines Eliot oder Gandhi gleichsetzen. Die Annahme einer einzigen, undifferenziert ausgeprägten Kreativität ist ein Mythos. Ich werde indessen auch belegen, daß kreative Denker des zwanzigsten Jahrhunderts sich durch bestimmte Persönlichkeitsmerkmale und Bedürfnisse auszeichnen und daß zahlreiche weitere Gemeinsamkeiten beteiligt sind, wenn wir Ideen entwickeln, artikulieren und auf Ideen reagieren.

Schließlich erwarte ich Aufschlüsse über die wenigen, so ungeheuer fruchtbaren, wenn auch teilweise düsteren Jahrzehnte der Moderne. Man könnte sich zweifellos mit kreativen Persönlichkeiten aus den verschiedensten Perioden der Geschichte und den verschiedensten Kulturen befassen. Doch die Wahl einer Gruppe von Individuen, die Zeitgenossen waren (Freud wurde 1856, Martha Graham 1894 geboren, das Geburtsjahr der übrigen liegt innerhalb dieser Eckdaten) und im Wirkungsbereich der westeuropäischen Kultur lebten, erlaubt es mir, nicht nur über die Leistungen einer Gruppe von hochbegabten Persönlichkeiten zu sprechen, sondern auch über die Zeit, die sie geformt hat und zu deren Prägung sie ihrerseits beitrugen.

Die Künste und wissenschaftlichen Grundlagen, die großen geistigen Synthesen des neunzehnten Jahrhunderts hatten ihre Gültigkeit verloren. Die sieben kreativen Meister ihres Fachs reagierten auf diesen Verlust und entwarfen ein neues Orientierungsmodell, das in diesem, ‚ihrem' Jahrhundert durchgearbeitet und vielleicht erschöpft wurde. Diese Neuformulierung brachte paradoxerweise eine Rückkehr zu den elementaren Gegebenheiten jeder Domäne mit sich: zu einfachsten Formen, Klängen, Bildern, Problemen – einen Reinigungsprozeß als bizarres, doch fruchtbares Amalgam elementarer Impulse mit den fortgeschrittensten Erkenntnissen. Ich behaupte weiter, daß jeder schöpferische Durchbruch eine Schnittstelle von Kindlichkeit und Reife darstellt; die Moderne bezieht ihr kreatives Potential aus der Aktivierung des frühkindlichen Bewußtseins.

Das Herzstück einer solchen Arbeit sind erwartungsgemäß die intensiven Untersuchungen im Rahmen der sieben Fallstudien von Teil II. Ich stelle ihnen im folgenden als formlose Einführung in meine Hauptthemen einen kurzen Kommentar voran und gehe kurz auf Vorteile und Risiken der Eingrenzung auf einen bestimmten historische Zeitabschnitt ein. In Kapitel 2 erläutere ich im Zusammenhang gleichgerichteter sozialwissenschaftlicher Bemühungen meine eigene Methode zur Erforschung der menschlichen Kreativität.

Der thematische Aufbau

Der Inhalt des Buches läßt sich zwar nicht in einem Satz oder einer Reihe von Elementen zusammenfassen, aber ich kann den Zugang zu meinen komplexen methodischen Grundlagen erleichtern, indem ich ein paar wesentliche Unterscheidungen einführe. Die Untersuchung geht von drei Ansätzen aus: dem kreativen *menschlichen Wesen*, dem *Gegenstand oder Projekt*, an dem es arbeitet, und den *anderen Individuen*, die zu seiner Welt gehören, der Mitwelt. Der zur Erklärung des kreativen Prozesses erforderliche Überbau beruht auf diesen drei Ansätzen und den Beziehungen zwischen ihnen:

1. *Die Beziehung zwischen Kind und Meister.* Zu einer Entwicklungsstudie gehört die Suche nach Kontinuitäten und Brüchen zwischen der Welt des begabten, doch noch ungeformten Kindes und der des selbstbewußten Meisters. Von gleicher Bedeutung ist dabei das Vermögen des Forschers zu erkennen, wie die geistig-künstlerischen Neuerer auf die kindliche Sicht der Welt Bezug nehmen.

2. *Die Beziehung zwischen dem Individuum und der Arbeit, in der er sich engagiert.* Jeder Mensch arbeitet in einer oder mehreren Domänen oder Disziplinen und benutzt – oder revidiert – deren zeittypische Symbolsysteme. In meiner Untersuchung geht es darum, wie die Inhalte dieser Domäne im einzelnen Fall zunächst angeeignet, dann als Medium benutzt und schließlich von Grund auf erneuert werden.

3. *Die Beziehung zwischen dem Individuum und der Mitwelt.* Mit dem Bild des kreativen Menschen ist häufig die Vorstellung zurückgezogener, einsamer Arbeit verknüpft; ausschlaggebend für seine Entwicklung ist indessen die Rolle anderer Menschen. Ich untersuche die Bedeutung von Familie und Lehrern während der Entwicklungsjahre sowie die maßgebliche Rolle freundschaftlicher Unterstützung in Zeiten, in denen sich Durchbrüche anbahnen.

Die genannten Faktoren möchte ich provisorisch wie folgt darstellen:

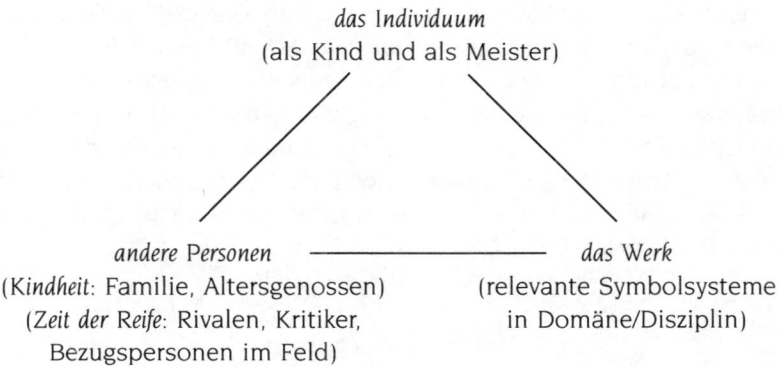

Wenn ich auf diese Elemente gleich zu Beginn hinweise, möchte ich betonen, daß jede kreative Tätigkeit einerseits aus der Beziehung des Individuums zur objektiven Sphäre seiner Arbeit und andererseits aus den Bindungen zwischen Individuum und Mitwelt erwächst. Im folgenden gehe ich auf die dynamischen Wechselbeziehungen zwischen den drei Knotenpunkten des Kreativitätsdreiecks näher ein. Zunächst jedoch möchte ich andeuten, wie diese Themenkreise in den einzelnen Fallstudien bearbeitet werden – eine vielleicht willkommene Atempause nach dem Gang durch das Dickicht der Terminologie.

Von der Welt zum Ich – und zurück

Als einziger unter den sieben Meistern und revolutionären Umgestaltern ihrer Disziplin hat Freud ein völlig neues Tätigkeitsfeld geschaffen, die Verknüpfung von psychologischer Theorie und therapeutischer Praxis, die den Namen Psychoanalyse trägt. Der junge Freud erwarb sich mit proteischem Geschick Informationen aus einem breitgefächerten Spektrum von Disziplinen und einer erlesenen Schar anderer Zeitgenossen. Zur Entdeckung der Psychoanalyse gelangte Freud denn auch durch eine Synthese verschiedener wissenschaftlicher Betrachtungsweisen und klinischer Methoden, deren Kenntnis er sich angeeignet hatte. Wenigstens ebenso wichtig war indessen die einsame Arbeit an seiner nächtlichen Selbstanalyse, der ersten Psychoanalyse überhaupt.

Wie kaum jemals ein Forscher war Freud davon überzeugt, als einsamer Pionier Neuland zu betreten, doch auch ihm stand die verläßliche, vielleicht unentbehrliche Hilfe durch einen anderen zur Verfügung, durch Wilhelm Fließ, dessen Freundschaft er schätzte. Als seine Theorie in ihren Grundzügen entwickelt war, konnte er den Bruch mit dem exzentrischen Fließ riskieren. Kurz darauf begann er einen wachsenden Kreis von Interessierten um sich zu versammeln, an die er seine psychoanalytischen Erkenntnisse weitergab und die später zu den Hauptvertretern der Schule wurden. Der Weg vom forschenden Suchen in Klausur zum Dialog unter Vertrauten und zur Interaktion mit den vielen Anhängern der neu entstehenden Lehre ist Grundlage meiner ersten Fallstudie.

Kind und Koryphäe

Die Einsteinsche Lehre stellt für die meisten Leser eine besondere intellektuelle Herausforderung dar, obwohl sie durch die Medien in formelhafter

Verkürzung allgemeine Verbreitung gefunden hat. Einsteins Fach war immerhin die Physik, die schwer zugängliche Disziplin unter den Naturwisssenschaften. Der richtungweisende Durchbruch gelang Einstein gerade darum, weil er die seinerzeit aktuellen Paradigmen und Probleme der Physik *nicht* einfach als gegeben hinnahm, sondern sich den Grundprinzipien zuwandte; beharrlich stellte er sich Aufgaben fundamentaler Art und suchte nach möglichst umfassenden und zugleich einfachen physikalischen Grundsätzen.

Mit diesem Verfahren schöpfte Einstein in gewisser Weise aus der kindlichen Weltsicht, dem von konventionellen Fragestellungen unbeirrten Drang nach elementaren Erkenntnissen. Und gerade die großen Rätsel, denen der junge Einstein nachhing – das Verhalten der Kompaßnadel, das „Gedankenexperiment" der Fortbewegung mit einem Lichtstrahl –, gaben später den Anstoß zu seinen folgenreichsten wissenschaftlichen Arbeiten. Im Mittelpunkt meiner Darstellung Einsteins steht dementsprechend das dialektische Verhältnis zwischen den üblichen spielerischen Denkexperimenten der Kindheit und den komplexen Problemstellungen einer differenziert gegliederten intellektuellen Domäne.

Die Wunderkindphase und was ihr folgt

Die sieben Meister unserer Studie ließen als Kinder allesamt hohe Begabung erkennen. Unübertroffen bleibt jedoch Picassos überragendes frühes Talent. Bereits der Zehnjährige zeichnete virtuos. Als junger Erwachsener brauchte er den Vergleich mit keinem Maler seiner Zeit zu scheuen und legte das Fundament für weitere fünfundsiebzig Jahre fruchtbarer Tätigkeit. Picasso, die eindrücklichste moderne Parallele des ‚Rätsels Mozart', ist ein Beispiel für den Einfluß kindlicher Ausnahmebegabung auf frühe, brillante Meisterschaft und ihre Umgestaltung in eine Form, die Leistungen von Bestand ermöglicht.

Die Öffentlichkeit der Musik: Künstler und Mitwelt

Zu Recht werden Picasso und Strawinsky häufig in einem Atem genannt; sie waren Altersgenossen, die einander kannten, achteten und als Vorbild dienten. Beide hatten ihrem Fach im Alter von dreißig Jahren eine grundlegend neue Richtung gegeben; beide erfreuten sich eines langen, produktiven Lebens, schlugen wiederholt neue Wege ein, ließen sich aber auch in stets eigener Art von den künstlerischen Gipfelleistungen früherer Epochen inspirieren.

Neben Arnold Schönberg und Béla Bartók ist Strawinsky der Exponent der klassischen Musik unseres Jahrhunderts. Eine Analyse der innovativen Phasen seines Arbeitsprozesses läßt erkennen, wie sich in einer traditionellen Kunstgattung ein grundlegender Wandel anbahnt und damit einhergehend die Nachbargebiete Tanz und Theater wesentlich neue Impulse erhalten. Es gibt kreative Geister, theoretische Physiker zum Beispiel, die in relativer Abgeschiedenheit arbeiten können; der Komponist zählt nicht zu ihnen. Weil Strawinskys Arbeit für gewöhnlich ein Zusammengehen mit anderen Künstlern erforderte, erfaßt eine Analyse seines künstlerischen Schaffens auch das komplexe Bündel gesellschaftlicher Faktoren, die bei der Planung, Ausführung und kritischen Aufnahme des Werks ins Spiel kommen.

Ein Meister der Grenzerfahrung

Die Bereitschaft, sich dem Einfluß verschiedener Kulturen auszusetzen, ist eine ausgesprochen moderne Erscheinung, und unseren sieben Meistern schien es ausnahmslos notwendig und reizvoll, sich in unterschiedlicher kultureller Umgebung zu bewegen. Die Bevorzugung kosmopolitischer Schauplätze wie Paris oder Zürich ist kaum zufällig. Namentlich T. S. Eliot gibt Anlaß dazu, die Außenseiterposition des kreativen Menschen der Moderne zu bedenken, der zwischen den Kulturen steht, in verschiedenen Epochen ‚zuhause ist' und an quälenden Ängsten und Entfremdungsgefühlen leidet, die sich dem Grenzbereich des Pathologischen nähern. Und weil Eliot einer entschieden nicht-marginalen Familie angehörte, steht er außerdem beispielhaft für das zwanghafte Bedürfnis der kreativen Persönlichkeit, die eigene Ausgrenzung zu betreiben – sich marginal zu *machen*.

Als Lyriker gehörte Eliot zu den Künstlern, die ihren schöpferischen Zenit in der Regel um die Dreißig erreichen, und sein Fall gewährt Einsichten in die Bildung einander ablösender künstlerischer Identitäten: auf den Dichter Eliot folgte der Kritiker, der Dramatiker, sodann der Verlagslektor. Seine Biographie macht deutlich, welche Möglichkeiten einem kreativ begabten Menschen mit zunehmendem Alter offenstehen.

Eine kreative Amerikanerin

Martha Graham ist die jüngste in der Reihe der sieben modernen Schöpferpersönlichkeiten, und sie lebte als einzige noch, als die ersten Vorstellungen zu diesem Buch Gestalt annahmen. Als Frau und als Künstlerin, die thematisch bewußt an ethnische Elemente ihres Herkunftslandes anknüpft, nimmt sie im Rahmen der Fallstudien eine Sonderstellung ein. Sie bezog ihre Inspiration einerseits aus dem heimischen Umfeld – den Traditionen Neuenglands und der Gebirgslandschaft der Appalachen, in der sie ihre Jugend verbrachte, und dem weiten Raum und der Bevölkerung der große Ebenen –, andererseits aber auch aus europäischen und orientalischen Quellen. Als Frau in einer von Männern dominierten Kunstwelt stieß sie auf die Widerstände weitverbreiteter Einstellungen und Erwartungshaltungen.

Martha Graham überwand die Grenzen, die den Frauen in früherer Zeit gesetzt waren, und schuf ihre eigene künstlerische Formensprache, eine eigene Institution und ihr eigenes Vermächtnis. Vielleicht mehr noch als andere Hochbegabte – vergleichbar der Biologin Barbara McClintock, der Anthropologin Margaret Mead, der Malerin Georgia O'Keeffe, der Schriftstellerin Virginia Woolf und anderen Pionierinnen des zwanzigsten Jahrhunderts – mußte sie sich Vorbilder und Rollenmuster erfinden, und es kann nicht erstaunen, daß sie schließlich selbst zum inspirierenden Vorbild wurde. Ihrem Beispiel sahen zahlreiche junge Künstlerinnen ab, wie man es anstellt, sich ein Publikum für neue, eigene Ausdrucksformen zu suchen oder zu schaffen.

Ein Mensch, der die Mitwelt bewegt

In meiner Untersuchung stehen Freud und Einstein für den Wissenschaftler und als Beispiele für die von mir so genannte logisch-mathematische Intelligenz (Einstein) und intrapersonale Intelligenz (Freud). Kreative Umbrüche auf künstlerischem Gebiet und wiederum vier unterschiedliche intellektuelle Begabungen vertreten Picasso als Meister visuell-räumlicher Intelligenz, Strawinsky als musikalischer Neuerer, Eliot als Sprachbildner und Martha Graham als Gestalterin der körperlich-kinästhetischen Intelligenz.

Seltener taucht in Diskussionen über Kreativität der Bereich menschlicher Beziehungen auf, der in Politik und Religion, im Handel und in den klinischen Berufen in Erscheinung tritt. Als Grund wäre zum einen fachbezogenes Denken zu nennen, denn häufiger als andere Experten sind Künstler und Wissenschaftler an Diskussionen über Kreativität beteiligt. Stärker fällt ins

Gewicht, daß kreative Durchbrüche im zwischenmenschlichen Bereich in der Regel sukzessive erreicht werden, eher im Lauf von Jahrhunderten als von Jahrzehnten und darum weniger an bestimmte Individuen und besondere historische Momente gekoppelt scheinen.

Meines Erachtens ist der einzige Mensch aus jüngerer Zeit, der es verdient, mit den großen *interpersonalen Neuerern* älterer Zeit, mit Christus, Buddha, Mohammed, Konfuzius, Sokrates verglichen zu werden, der indische Staatsmann und religiöse Führer Mahatma Gandhi. Aufgrund von extensiven Analysen und sorgfältig überlegten Experimenten, an denen er persönlich beteiligt war, setzte Gandhi eine neuartige, von Gewalttätigkeit freie Methode zur Lösung menschlicher Konflikte ins Werk: mit *satyagraha* suchte er eine Durchsetzung der von ihm erstrebten politischen Ziele ohne gespannte Konfrontationen, erniedrigende physische Unterwerfung oder Zuflucht zur körperlichen Gewalt. Gandhi vertritt in meiner Studie den Menschen, der durch seine Ideen und wesentlich dramatischer noch durch sein mutiges persönliches Beispiel auf das Verhalten von Millionen Menschen einwirkte. Seine Art der Einflußnahme war konstruktiver als die Machtausübung der totalitären Führer des zwanzigsten Jahrhunderts und gehaltvoller als die Suggestionen von Kommerz und Massenmedien.

Wie die kurze Zusammenstellung zeigt, geht meine Methode zur Erforschung der Kreativität von einem konzentrierten biographischen Überblick aus, von einer intensiven Untersuchung der Perioden im Leben eines kreativen Denkers, in denen ein Durchbruch vorbereitet, durchgeführt und von urteilsfähigen Personen und relevanten Institutionen kritisch begutachtet wurde. Eine bloße Aneinanderreihung einzelner Lebensbeschreibungen wird vermieden, da sich instruktive Einzelfälle unter Berücksichtigung gemeinsamer Eigenschaften und erhellender Unterschiede zu Kleingruppen zusammenfassen ließen. Hinsichtlich der oben beschriebenen Grundansätze konzentrieren sich die Studien über Einstein und Picasso auf die Beziehung Kind–Koryphäe; die Studien über Freud, Strawinsky und Gandhi auf die Beziehung Schöpfer–Mitwelt, und die Studien über Eliot und Martha Graham auf die Außenseiterposition von kreativen Gestaltern in den Domänen und Feldern ihres Metiers. Das dialektische Verhältnis zwischen dem Schöpfer und seiner Arbeit ist Gegenstand jeder Studie. In den Einzelstudien wird ferner das wechselnde Verhältnis des einzelnen zu seinem Tätigkeitsbereich beleuchtet sowie die Art der Ausformung und Verbreitung der neuen Symbolsysteme untersucht. Schließlich soll auch eine bedeutende Epoche der jüngeren Kulturgeschichte erschlossen werden, weshalb ich Persönlichkeiten ausgewählt habe, die in etwa Altersgenossen waren.

Zeitgenossenschaft

Die Kreativitätsforschung gilt bei vielen Wissenschaftlern als schwieriges Feld, das einige aus ihrem Aufgabenkreis konsequent ausklammern. Ihre Legitimität jedoch wird nur von den wenigsten in Frage gestellt. Geht es indessen darum, eine besondere historische Epoche zu untersuchen und aus den Betrachtungen allgemeingültige Schlüsse zu ziehen, stellen sich heiklere Fragen.

Mein Entschluß, Forschungen über eine Reihe großer Künstler und Denker anzustellen, die in der Zeit von circa 1885 bis 1935 tätig waren, hatte – ich sagte es bereits – verschiedene Gründe. Ursprünglich dachte ich daran, Persönlichkeiten zu untersuchen, die das Spektrum menschlicher Intelligenzen repräsentierten, auf die ich aufmerksam geworden war. Im Vordergund stand dabei zunächst die Frage, ob das im Einzelfall vorhandene biographische Material ausreichte, um Untersuchungen über den Schaffensprozeß und die Werke der Übergangsphasen anzustellen. Leider stehen uns über Bach oder Thomas von Aquin – von Konfuzius oder Moses ganz zu schweigen – so wenig entmythologisierte Lebenszeugnisse zur Verfügung, daß die Grundlagen für Kreativitätsanalysen fehlen.

Es schien ratsam, sich auf Persönlichkeiten zu konzentrieren, zu deren Lebzeiten persönliche und offizielle Aufzeichnungen die Regel waren, die als Dokumente zur Einsicht vorlagen. Außerdem sollte der Zeitraum so weit zurückliegen, daß sich die Urteile über Wert und Bedeutung der kreativen Leistungen jedes einzelnen gefestigt hatten.

Es lag angesichts dieser Vorbehalte nahe, sich für Persönlichkeiten zu entscheiden, deren Leben und Wirken in die erste Hälfte des zwanzigsten Jahrhunderts fiel. Anschließend konnte ich eine Gruppe von Personen zusammenstellen, die sich hinsichtlich ihrer Tätigkeit unterschieden, deren kultureller und sozialer Hintergrund jedoch in etwa vergleichbar war. Dabei ergab sich, daß fünf der ausgewählten in Westeuropa lebten und die beiden übrigen, Gandhi und Martha Graham, von der europäischen Kultur entscheidende Einflüsse empfingen. In gewissem Sinn also fungieren diese sieben zugleich als Kontrollpersonen füreinander, da sie denselben allgemeinen Lebens- und Kulturraum teilten, die Tätigkeiten jedoch, zu denen sie sich entschlossen hatten (oder berufen waren) in unterschiedlichen Erfahrungsbereichen lagen.

Alle sieben verfügten fraglos über die ganze Bandbreite menschlicher Intelligenzen, aus denen sie in ihrer Arbeit Nutzen zogen. Doch jeder, das sollte einschränkend bemerkt werden, stützte sich im wesentlichen auf einen anderen Intelligenztyp, und der kreative Erfolg jedes einzelnen repräsentierte den virtuosen Gebrauch der Symbole, Bilder und Verfahren einer bestimmten Intelligenz, die in einer bestimmten Disziplin oder Domäne wirksam ist.

Inspektion einer Epoche

Läßt sich über die Diskussion kultureller Schlüsselfiguren hinaus eine substantielle, allgemeinere Erkenntnis über eine Epoche gewinnen? Hegels Vorstellung einander ablösender Zeitalter war von außerordentlicher Wirksamkeit. Auf die knappste Formel gebracht, besagt sie, daß die Geschichte ihre eigene Dynamik besitzt, daß bestimmte Probleme und Ideen zu bestimmten Zeiten notwendig in den Vordergrund treten, um sodann in einer neuen Periode unausweichlich von neuen Ideen abgelöst zu werden. Der Vorstellung von einem *Zeitgeist**, der im Wirken bestimmter Individuen zum Ausdruck kommt, die aufgrund ihrer Zeitgenossenschaft (vielleicht ahnungslos) zu seinem Vehikel werden, kann ich wenig abgewinnen. Geschichte ist für mich Kontingenz: kein ‚Geist' hat im voraus bestimmt, was geschieht. Es sind häufig gerade die Zufälle – eine verirrte Kugel oder ein Vulkanausbruch –, aus denen die dramatischen historischen Umwälzungen hervorgehen.

Der Glaube an eine dem historischen Geschehen zugrundeliegende Gesetzlichkeit ist nicht auf die Hegelsche Tradition beschränkt. In jüngerer Zeit hat der innovative französische Denker Michel Foucault die These vertreten, daß historische Perioden durch bestimmte, in der Regel unbewußte Dispositionen und Bedingungen des menschlichen Wissens gekennzeichnet sind. Von diesem strukturalistischen Aspekt ausgehend, entdeckte er für das siebzehnte Jahrhundert auf so disparaten Feldern wie der biologischen Taxonomie, dem ökonomischen Tauschverkehr und der Linguistik dieselben Techniken der Wissensproduktion. Diese übergreifenden Ordnungssysteme treten zwar nicht im Verbund auf, erscheinen und verschwinden jedoch in der Regel etwa zur gleichen Zeit.

Angenommen, es ließe sich zeigen, daß in einer Gruppe von Akteuren und Zeitgenossen tatsächlich dieselben Kräfte wirksam wären, sei es, daß sie vergleichbare Leistungen erzielten, sei es, daß eine Reihe von Disziplinen übereinstimmende Begriffsbildungen oder Gliederungssysteme aufwiesen, dann wäre ein solcher Nachweis keineswegs auch der Beleg für das Wirken

---

* im Orig. deutsch

eines alles überwölbenden Geistes. Weit naheliegender wäre die Annahme, daß die Gegebenheiten einer bestimmten individuellen Arbeitsweise einen direkten oder indirekten Einfluß auf andere ausüben. Bei einer Gruppe von Menschen aus derselben Epoche, von denen jeder die Werke der anderen kennt, könnte eine wechselseitige Beeinflussung sehr wohl zur Regel werden.

Für die vorliegende Untersuchung ist es von Bedeutung, daß Persönlichkeiten wie Picasso und Strawinsky einander kannten und zusammen arbeiteten. Eliot und Strawinsky waren in späteren Jahren befreundet. Freud und Einstein kannten sich, wenn auch flüchtig, und führten einen denkwürdigen Briefwechsel über den Krieg. Bestimmte Ideen dieser Denker wurden Allgemeingut – jeder, der in dieser Zeit lebte und arbeitete, mußte auf sie stoßen. Picassos kubistische Gemälde, Eliots *The Waste Land*, Freuds Theorie des Unbewußten und Einsteins Einbezug des Beobachters in den Raum-Zeit-Komplex waren innerhalb eines Jahrzehnts nach ihrer Konzipierung weithin bekannt. Für gemeinsame Themen und Übereinstimmungen quer durch die Diziplinen gibt es viele Gründe. Es wäre erstaunlich, wenn hochbegabte, schöpferische Menschen die neuartigen Vorstellungen anderer *nicht* in der einen oder anderen Form ins eigene Werk einbezögen.

Die Epoche der Moderne

Viele, vielleicht die meisten Epochen der Menschheitsgeschichte sind Vergangenheit geworden, ohne daß sie einprägsame Namen erhalten hätten. Doch wenden wir uns als Beobachter häufig Epochen zu, die durch ein einheitliches Kolorit oder Ethos gekennzeichnet scheinen. So ging die Blüte der Kunst, Wissenschaft und ‚Zivilisation' in der europäischen Renaissance mit einer Wiederentdeckung antiker Texte einher; die Betonung von Vernunft, Fortschritt, Säkularisierung und Freiheit prägte das Zeitalter der Aufklärung. Andere Epochen wie das „dunkle" Mittelalter in Westeuropa oder die „Zeit der kriegführenden Staaten" im feudalistischen China werden durch ihre Defizite charakterisiert.

Der hier behandelte Zeitraum erhielt schon früh den Namen „Moderne". Die Bezeichnung wird im allgemeinen positiv verstanden, wenngleich sinistre Untertöne mitschwingen. In gängigen Darstellungen des zwanzigsten Jahrhunderts erscheint sie bereits als Chiffre eines Mythos.

Der herkömmlichen Geschichtsdarstellung zufolge (die wie die meisten

Standarddarstellungen in jüngster Zeit revidiert worden ist) folgte den Revolutionen des ausgehenden achtzehnten Jahrhunderts und den Wirren der Napoleonischen Kriege eine Zeit der kulturellen Stagnation und des Konservativismus. Die bürgerliche Kultur mit ihren rigiden Moralvorstellungen bestimmte in wachsendem Maß die Normen des Handelns und Denkens. Wissenschaft und Kunst entwickelten sich geradlinig, ohne dramatische Umbrüche oder Rückschritte. Gegen Ende des Jahrhunderts wurden diese etablierten Normen von allen Seiten in Frage gestellt. Endzeitstimmung breitete sich aus und meldete sich namentlich in der Kunst zu Wort (man denke an Oscar Wildes Leben und Werke), schlug sich aber kaum weniger in den politischen (Niedergang des Liberalismus) und philosophischen Zeitströmungen nieder (der Nihilismus Nietzsches). In den Naturwissenschaften erhoben sich Stimmen der Kritik am mechanistischen Weltbild Newtons und an der aufklärerischen, rationalen Definition des menschlichen Verhaltens, Ergebnisse jahrhundertelanger Denkbemühungen, die im besten Fall als unzureichend, wenn nicht als grundsätzlich verfehlt betrachtet wurden.

Um die Jahrhundertwende erlitt der europaweite Konsens des neunzehnten Jahrhunderts in rascher Folge eine Reihe empfindlicher Schläge. Zu den führenden Köpfen einer breiten Revolte zählten die sieben Meister unserer Studie. Zunächst begann um 1900 der dünne Putz der bürgerlichen Moral und Vernunftgläubigkeit zu bröckeln, als Freuds neue Erkenntnisse einschlugen – die Entdeckung unbewußter, häufig in Sexualität oder Aggressivität wurzelnder Motivations- und Triebstrukturen. Nur wenige Jahre später stellte Einstein die lange als gesichert geltenden Annahmen über die absolute Natur von Raum und Zeit in Frage und setzte an die Stelle der stabilen, „objektiven" Welt Newtons die neue Weltbeschreibung stets veränderlicher Abhängigkeiten.

Dem wissenschaftlichen folgte der künstlerische Aufbruch auf dem Fuß. Die zweite Dekade des neuen Jahrhunderts lief ab, als das tradionelle Regelwerk künstlerischer Verfahren kollabierte. In der bildenden Kunst demonstrierten Picasso, Braque und ihre Zeitgenossen, daß nicht naturgetreue Abbildung das Wesen der Kunst ausmache. Sie schufen ein neues Genre, in dem Aspekte der Form dominierten, und legten den Grundstein für eine rein abstrakte Kunst. Mit gleicher Heftigkeit gingen Strawinsky und Schönberg gegen die Annahme einer einzigen Tonalität und einfachen rhythmischen Grundierung vor; Strawinsky wandte sich einer primitiven, doch komplexen Rhythmik und Polytonalität zu, während Schönberg seine technisch-spekulative Zwölfton-Methode des Komponierens schuf. Englische Autoren wie T. S. Eliot, James Joyce und Virginia Woolf revoltierten mit ihren Zunftgenossen in anderen europäischen Ländern gegen die klassischen Gedicht- und Prosaformen, das klassische Ballett fand seine Antipoden in Isadora Duncan, Ruth Saint-Denis, Martha Graham und schließlich im Schöpfer des modernen Balletts, George Balanchine.

Nicht zufällig haben zahlreiche Kulturhistoriker den Blick auf das Wien der Jahre 1890 bis 1920 gerichtet. Wollte man der modernen Empfindsamkeit ihren Ursprungsort zuweisen, wo sonst ließe er sich finden als in der morbiden Endzeitstimmung der Donaumonarchie. Doch ein Blick auf andere Metropolen – Paris, Budapest, Prag, Berlin oder St. Petersburg – läßt ähnliche Geschichten erkennen. Es hätte eine Epoche der Moderne auch dann gegeben, wäre Wien vor einem Jahrhundert unerklärlicherweise in der Donau versunken. Ganz West- und Mitteleuropa erlebte um die Wende vom neunzehnten zum zwanzigsten Jahrhundert den Verfall überlieferter Institutionen und Konventionen, begleitet von einer Welle fieberhafter schöpferischer Impulse, die oft verwirrend richtungslos und bisweilen von beunruhigender Wildheit waren.

Schwieriger wird es, wenn die Signatur der Moderne im politischen Bereich Anwendung finden soll. Der folgenreiche Verfall des Friedens in Europa, die Bildung der Nationalstaaten Italien und Deutschland, der Ausbruch der ersten globalen Kriege sowie der Aufstieg und Fall des Faschismus entziehen sich einer einfachen Darstellung. Auch Modris Eksteins' interessanter Hinweis auf eine vielleicht provokante Vorwegnahme der späteren apokalyptischen Kriegsbrände in den bahnbrechenden Kunstwerken des Jahrhundertbeginns überzeugt mich letztlich nicht. Die Kriege unseres Jahrhunderts waren wohl kaum die Verwirklichung neuer künstlerischer Darstellungen von Leben und Tod, sondern in mancher Hinsicht nichts anderes als ein Rückfall in primordiale Menschheitsgebrechen.

Innovatives politisches Handeln und neue politische Formen lassen sich, wenn überhaupt, nicht im Kreis der etablierten Staaten Westeuropas erkennen, sondern bei den Nationen im Umbruch: die Gründung des ersten kommunistischen Staates, der Sowjetunion, die erfolgreiche Durchführung einer Bauernrevolution in China und der relativ gewaltlose Übergang zur Unabhängigkeit in Indien. Die politischen Genies des zwanzigsten Jahrhunderts waren nicht Mussolini, Hitler, Churchill oder de Gaulle und nicht einmal Jean Monnet, der Architekt der europäischen Wirtschaftsgemeinschaft, sondern Lenin, Mao Zedong und Gandhi. Wenn zwischen den Wegbereitern der Moderne eine Verbindung besteht, dürfte sie über den Ural hinweg bis an den äußersten Rand des eurasischen Kontinents reichen.

Unsere Kenntnisse von der Entstehung und Entwicklung kreativer Impulse im Menschen sind bescheiden, und noch weniger wissen wir darüber, wie historische Epochen anzusetzen, zu benennen und zu kennzeichnen wären. Ich kann nicht hoffen, mit der vorliegenden Arbeit, meinem Versuch, sozial- und kognitionswissenschaftliche Einsichten auf Phänomene der Kreativität anzuwenden, umstrittene erkenntniskritische Probleme der Geistes- und Kulturgeschichte zu lösen. Doch sah ich mich im Laufe meiner Arbeit über das Leben, das Denken und die Welt von sieben außerordentlichen Persönlichkeiten immer wieder vor die Frage gestellt, ob Biographie nicht vielleicht doch mehr sei als die Geschichte von Individuen.

Die Antwort ist heute ein Ja. Meine ‚Geschichte' der Moderne berichtet vom Verschwinden tradierter Konventionen, Praktiken und Deutungsmuster, die über lange Zeiträume gewachsen waren und während des neunzehnten Jahrhunderts in ganz Europa – sowie in europäisch beeinflußten Regionen – Gültigkeit hatten. Sobald diese Konventionen in einzelnen künstlerischen und wissenschaftlichen Bereichen ernsthaft in Frage gestellt waren, wuchs die Wahrscheinlichkeit, daß ihre Autorität auch auf anderen Gebieten ins Wanken kam. Dafür sprechen zwei Gründe, die in engem Zusammenhang stehen. Erstens mußte allein das Wissen, daß eine neue Malerei möglich war, auch die Möglichkeit eines neuen Tanzes, neuer Lyrik oder neuer Politik heraufbeschwören. Zweitens konnten zum ersten Mal in der Menschheitsgeschichte neue Ereignisse praktisch ohne Verzögerung weltweit verbreitet werden. Knapp sechs Jahre nach seiner Erfindung wurde der Kubismus in der New Yorker Armory Show der Öffentlichkeit vorgestellt; in noch kürzerer Zeit erfuhr Einsteins Allgemeine Relativitätstheorie anläßlich einer Sonnenfinsternis ihre praktische Überprüfung auf halbem Weg um den Globus, und Gandhis Hungerstreik konnte seine weitreichende politische Wirkung nur darum erreichen, weil die Nachricht über den Telegraphen sogleich in ganz Indien und der halben Welt bekannt wurde.

Die Aushebelung geltender Konventionen ist eines und gehört als typisches Merkmal zu allen revolutionären Epochen. Etwas anderes ist die *Art* dieser Attacken. Bemerkenwert scheint mir ein übereinstimmendes Moment des Aufbruchs, das sich quer durch alle untersuchten Domänen beobachten ließ: die Suche nach den elementarsten Formen, nach reinen Grund- und Primärformen; das Denken in Fragestellungen und Begriffen, wie sie für Kinder typisch sind, und der Versuch, den Tod einer abgelebten und die Geburt einer neuen, noch weitgehend unbestimmten Kultur – sozusagen protokollierend – festzuhalten. Derartige Revolutionen finden vielleicht einmal in hundert Jahren, vielleicht auch nur einmal in einem Jahrtausend statt. Ich gehe im Epilog auf diesen großen Epochenwandel ein.

Zusammenfassend ist also zu sagen: So riskant die Charakterisierung historischer Epochen sich darstellt, die besonderen Merkmale des Zeitraums um die Jahrhundertwende lassen einen solchen Versuch als gerechtfertigt erscheinen. Die großen kreativen Denker dieser Zeit standen nicht nur unter dem Eindruck gleicher Strömungen und Ereignisse. Zum Teil kannten sie einander und waren offen für gegenseitige Beeinflussung. Die Untersuchung der individuellen Leistungen ist aufschlußreich, gewinnt jedoch an Bedeutung, wenn sie im Licht der parallelen Ereignisse und Einsichten betrachtet wird, die das Leben und Wirken dieser sieben Schöpfer der Moderne verbinden.

Ich habe bisher die sieben kreativen Persönlichkeiten vorgestellt, in großen Zügen das Ziel ihrer kreativen Bemühungen umrissen und ferner auf Gefahren und verheißungsvolle Aussichten einer Studie hingewiesen, die es unternimmt, eine geschichtliche Epoche darzustellen. Im folgenden werden vor allem die kreativen Leistungen der sieben Protagonisten behandelt. Bevor ich jedoch in Teil II zur Darstellung der Fallstudien übergehe, ist meine Arbeit in den größeren Rahmen der bisherigen Erforschung kreativer Individuen, Produkte und Prozesse einzuordnen.

2
Methoden der Kreativitätsforschung

Die Versuche von Verhaltenforschern, Einsichten in die menschliche Kreativität zu gewinnen, überraschen durch erstaunliche Parallelen zur Geschichte der Intelligenzforschung. Wie der Begriff Intelligenz wurde auch der Begriff Kreativität den verschiedensten Menschen, Situationen und Erzeugnissen seit je als eine Art Ehrenbezeichnung beigelegt. Im allgemeinen Sprachgebrauch mag ein so laienhafter Gebrauch von Wörtern wie schöpferisch, schöpferisches Denken bisher genügt haben; doch ebenso wie beim Begriff der Intelligenz drängen sich für die unterschiedlichen Formen von „Kreativität" differenzierende Formulierungen auf.

Kreativitätsforschung im Schatten der Intelligenzforschung

Der revolutionäre Schritt zur meßbaren Erfassung kognitiver Vorgänge in Testverfahren (oder Psychometrie), an die sich vor allem die Namen von Alfred Binet in Paris und Lewis Terman in Kalifornien knüpfen, erlaubte es, das Konzept der „Intelligenz" und der ihr zugewiesenen Maßeinheit, des „IQ", der angewandten Forschung zugänglich zu machen. Die Neuerung fiel in die Anfänge der zwanziger Jahre, war also ebenfalls ein Produkt der Moderne. Man dachte sich jede Persönlichkeit mit einem vielleicht erbbedingten, vielleicht milieuvermittelten Intelligenzquantum ausgestattet; die kurzen verbalen oder numerischen Aufgaben der Intelligenztests galten als ausreichend zur Bestimmung der individuellen Intelligenz. Zahlreiche Intelligenztests wurden entworfen, doch enthielten alle Versionen mehr oder weniger gleichartige Aufgaben und wiesen deutliche Wechselbezüge auf. Erweist man sich aufgrund einer Stanford-Binet-Messung als überdurchschnittlich intelligent, ist mit einer ähnlichen Qualifizierung durch die Meßmethoden etwa David Wechslers oder anderer führender Köpfe der Intelligenzforschung zu rechnen.

Es kam denn auch nicht überraschend, als in den fünfziger Jahren der

Psychologe Joy P. Guilford mit der vermutlich längst fälligen Forderung auftrat, das relative Denken zum wissenschaftlichen Forschungsgegenstand zu machen. Als Psychometriker dachte Guilford an ein Programm, das sich an den älteren und offensichtlich erfolgreichen Vorstoß auf dem Gebiet der Intelligenzforschung anlehnen sollte. Er ging davon aus, daß schöpferisches Denken keineswegs mit Intelligenz identisch sei, und forderte die Entwicklung von exakten Kriterien, mit denen sich jeder einzelne mit Kreativität Begabte bestimmen ließe.

Guildfords Kreativitätskonzept orientiert sich am Begriff des *divergenten Denkens*. Intelligentes Denken gilt nach den üblichen Kriterien als konvergenzorientiert, das heißt, für die vorgelegten verbalen oder figürlichen Aufgaben ist die richtige (oder zumindest konventionelle) Lösung herauszufinden. Anders reagieren Kreative, die einen Stimulus im allgemeinen mit vielen verschiedenen Assoziationen beantworten, von denen wenigstens einige rein individuell und möglicherweise einzigartig sind. Prototypische Aufgaben eines Kreativitätstests fragen nach möglichst zahlreichen Verwendungen für einen Ziegelstein, nach Titeln für eine Geschichte oder nach möglichen Interpretationen einer abstrakten linearen Zeichnung: ein im Sinne der Meßverfahren kreativer Mensch ist gewöhnlich in der Lage, ein Spektrum divergierender Antworten zu liefern, von denen zumindest einige in den Antworten anderer Probanden nur selten vorkommen.

Auf Guilfords Anstoß folgten Jahrzehnte der Diskussionen und Experimente, die zu folgenden Schlüssen führten. Erstens: Kreativität unterscheidet sich von Intelligenz. Zwischen beiden Kompetenzen besteht zwar ein Zusammenhang, doch kann die Kreativität eines Menschen seine Intelligenz übersteigen, während umgekehrt seine Intelligenz höher sein kann als seine Kreativität. Ferner ist bei begabten Probanden die meßbare Kreativität eindeutig unabhängig von der meßbaren Intelligenz, sobald ein IQ von 120 erreicht ist.

Die beiden übrigen Schlußfolgerungen betreffen die klassischen Testprobleme: Kreativitätstest sind tatsächlich *zuverlässig* (reliable). Das heißt, bei einer Wiederholung des Tests wiederholen sich in etwa die Ergebnisse. Außerdem erweisen sich individuelle Ergebnisse auch bei wechselnden Kreativitätstests als konstant (wie Intelligenztests werden auch Meßverfahren des kreativen Denkens dann als zuverlässig betrachtet, wenn ihre Ergebnisse mit denen anders angelegter, äquivalenter Messungen desselben Konstrukts übereinstimmen).

Die dritte Folgerung ist meines Erachtens vernichtend für den Versuch, Kreativität mit der Methode von Papier und Bleistift zu messen. Trotz einiger interessanter Befunde war die *Gültigkeit* (Validität) von Kreativitätstests bisher nicht zu beweisen. Das heißt, hohe Punktzahlen im Testergebnis lassen keine Rückschlüsse darauf zu, ob die Versuchspersonen in Beruf oder Tätigkeit tatsächlich Kreativität entwickeln. Entsprechend fehlen überzeugende Beweise dafür, daß Menschen, die innerhalb ihrer Disziplin oder Kultur als schöpferisch gelten, tatsächlich immer auch die von den Kreativitätstests geforderten Merkmale divergenten Denkens aufweisen.

Kreativitätstest erfüllen also noch weniger als Intelligenztests die an sie gestellten Erwartungen. Von Einzelfällen schwerpunktorientierter Anwendung abgesehen, haben die Testmethode und ihre theoretische Grundlage für die Forschung und Pädagogik kaum Brauchbares abgeworfen, im Bereich der Kognitionswissenschaft allerdings zu einigen konstruktiven Reaktionen geführt.

Kognitive Kriterien für die Kreativität

Ein Mangel der Testverfahren war vor allem die als banal empfundene Vorstellung von menschlicher Kreativität, die ihnen zugrunde liegt. Daraufhin wurden anspruchsvollere Tests entwickelt, Aufgaben, deren Lösung nicht nur Pfiffigkeit, sondern Penetration oder mehrgleisiges Denken erforderte. Forscher aus der Schule der Gestaltpsychologie bevorzugen Aufgaben in der Art des „Tumorproblems". In diesem klassischen Puzzle ist ein perniziöser Tumor mit winzigen Dosen radioaktiver Bestrahlung zu behandeln, ohne daß das umgebende Gewebe zerstört wird. Ein anderer Favorit ist das „Dreilinien-Problem", in dem neun Punkte in einer 3×3-Matrix durch eine fortlaufende Linie zu verbinden sind. Hier wird die kreative Einsicht verlangt, daß die Linie über die Grenzen der Rahmenfigur hinauszuführen ist. Derartige Aufgaben lassen sich zwar nicht mehr als Banalitäten abtun, privilegieren indes Personen mit Kenntnissen auf den in Frage stehenden Gebieten (hier Röntgentechnologie und geometrische Aufgaben) und haben kaum nachweislichen Bezug auf Kreativität außerhalb der Testbereiche. In beiden ist überdies der visuell Orientierte klar im Vorteil vor den verbal und numerisch Begabten.

Von seiten der Kognitionswissenschaftler, insbesondere des Fachbereichs Künstliche Intelligenz, monierte man die Oberflächlichkeit der zur Kreativitätsmessung verwendeten Aufgaben wie auch die unscharfen Definitionen der Denkvorgänge, die man an der Aufgabenlösung beteiligt glaubte. Die Kognitionstheoretiker verlangen eine computergestützte Erforschung des

Verlaufszusammenhangs wissenschaftlichen Problemlösungsverhaltens, des Gesamtprozesses, der über kreative Denkprozesse zu neuartigen Lösungen führt.

Als prototypisches Beispiel wurde das Computerprogramm BACON entwickelt. Aus unverarbeiteten Daten – zum Beispiel über den wechselnden Druck und das entsprechende Volumen von Gasen – errechnet das Programm ein Grundprinzip, in diesem Fall das Gesetz des umgekehrt proportionalen Verhältnisses von Druck und Volumen, das im siebzehnten Jahrhundert von Robert Boyle entdeckt und als Boyle-Mariottesches Gesetz bekannt wurde. Computerprogramme dieser Art sind in der Lage, auf induktivem Weg zahlreiche wissenschaftliche Gesetze *neu* zu entdecken.

Zumindest aber sind diese Computersimulationenen als Demonstrationen oder Existenzbeweise aufzufassen – das heißt als Illustrationen dafür, daß eine Rechnereinheit, wenn sie mit den relevanten Daten gespeist wird, ein wissenschaftliches Gesetz aufspüren kann. Jedoch steht keineswegs fest, ob in BACON und im menschlichen Wissenschaftler identische oder ähnliche Prozesse ablaufen. Mihaly Csikszentmihalyi hat darauf hingewiesen, daß am Beginn des Computerprogramms das Problem und die Daten stehen müssen, die in der vom Wissenschaftler gewünschten Form eingegeben werden; außerdem läuft das Rechenverfahren nach den einprogrammierten Algorithmen ab. Der Mensch hingegen muß zunächst die Untersuchungsaufgabe festlegen, aus einem unendlichen Datenreservoir die für das Problemlösungsverfahren relevanten Daten sowie die geeignete Art der Datenanalyse bestimmen und wenn nötig neue Möglichkeiten der Analyse austüfteln.

Im einzelnen verstiegen, ist der methodische Ansatz der Kognitionspsychologen entschieden ein Schritt in die richtige Richtung. So haben zum Beispiel Margaret Boden, David Perkins und Robert Sternberg beschrieben, wie kreative Persönlichkeiten vielversprechende Problem- und Lösungs„räume" bestimmen; wie sie sich innerhalb dieser Felder an das Problem herantasten, nach Anhaltspunkten suchen, die weiterfühen könnten; wie sie alternative Problemlösungen bewerten, Energie und Zeit einsetzen, um ihr Untersuchungsprogramm effizient zu gestalten, wie sie Entscheidungen treffen, ob sie hartnäckig bleiben oder aufgeben und eine anderen Weg einschlagen sollen und sich ganz allgemein über ihren Arbeitsprozeß Rechenschaft ablegen. Einige Untersuchungen zeigen diese Prinzipien auf bestimmten Gebieten wie Jazzimprovisation oder freies Schreiben. Insgesamt kann man feststellen, daß die Kognitionswissenschaft Möglichkeiten erschlossen hat, kreatives Denken in angemessen komplexer Form zu untersuchen.

Von dritter Seite wird verlangt, die Forschung solle sich auf Beispielfälle kreativer Prozesse im engeren, eindeutigen Sinn konzentrieren, das heißt, auf Verhalten und Denken zum Beispiel produktiv tätiger Künstler oder Wissenschaftler. Von den Anhängern dieses Vorgehens stammen denn auch durchweg sorgfältig angelegte Fallstudien. Über Charles Darwin, Antoine Lavoisier und Pablo Picasso liegen die Arbeiten des Psychologen Howard Gruber, des Wissenschaftshistorikers Frederic Holmes und des Gestaltpsychologen Rudolf Arnheim vor. Im Unterschied zu den herkömmlichen Werken geisteswissenschaftlich orientierter Biographen legen solche Untersuchungen das Gewicht auf die Entwicklung von Ideenzusammenhängen, sie arbeiten mit Begriffen und Modellen aus den verschiedenen Disziplinen der Kognitionswissenschaft und suchen nach Gesetzmäßigkeiten, die über den untersuchten Einzelfall hinaus gültig sein könnten.

Howard Gruber und seine Schüler haben diesen Ansatz während der vergangenen Jahrzehnte am konsequentesten weiterentwickelt. Charakteristisch für Grubers Arbeiten ist eine sorgfältige Beobachtung der Entstehung und Vertiefung generativer Ideen und Ideenverbindungen über signifikante Zeitabschnitte. Grubers Team hat ein Reihe von Prinzipien aufgedeckt, die für die Arbeit bedeutender Wissenschaftler wie Charles Darwin oder Jean Piaget, Grubers Lehrer, bezeichnend zu sein scheinen: ein ausgedehntes, homogenes, doch weit verzweigtes Arbeitsgebiet; eine stark ausgeprägte Willenskraft und Zielstrebigkeit, die das gesamte Tätigkeitsfeld umfaßt und kurz- wie langfristige Unternehmungen bestimmt; die Vorliebe für die Entwicklung und Nutzung bedeutungsvoller Symbolvorstellungen (der ‚Baum' der Entwicklung) sowie eine enge und anhaltende emotionale Bindung an die untersuchten Elemente, Probleme oder Erscheinungen. Gruber nennt seinen Ansatz zur Untersuchung von Kreativität die Methode der *evolving systems* oder mehrfachen Systementwicklung: das heißt, es werden simultan die intellektuelle Arbeit auf einem bestimmten Arbeitsgebiet, die Zielsetzungen sowie die affektiven Erfahrungen des kreativen Individuums untersucht. Diese Systeme sind zwar nur „lose verknüpft", doch ihre Wechselbeziehungen über einen längeren Zeitraum tragen zum besseren Verständnis von Ebbe und Flut kreativer Aktivität im Lauf eines produktiven menschlichen Lebens bei.

Mein eigener Ansatz steht weitgehend in der Tradition Grubers. Ich tendiere zur individuellen Fallstudie, zur Anwendung der Langzeitperspektive, zur Beobachtung mehrerer unterschiedlicher Systeme und zur Untersuchung ihrer Wechselwirkungen. In Abweichung von Grubers Vorgehen lege ich in komparativer Absicht ein bewußt breit gewähltes Tätigkeitsspektrum zugrunde, entnehme meine Beispiele kreativer Arbeit bewußt einer bestimmten kulturhistorischen Epoche und untersuche die Wechselbeziehungen zwischen dem individuellen Durchbruch, dem Tätigkeitsgebiet und dem sozialen Umfeld.

Der persönlichkeits- und motivationsorientierte Ansatz

Bis hierher war meine Diskussion des gestaltenden Denkens im wesentlichen zwei psychologischen Ansätzen verpflichtet: der altehrwürdigen Tradition des empirischen Versuchs oder der Psychometrie und der jüngeren, kognitionspsychologischen Perspektive. Es existiert jedoch seit Jahren in der Psychologie eine weitere Methode der Kreativitätsforschung, die sich an den nichtintellektuellen Seiten des Menschen, insbesondere an Persönlichkeitsmerkmalen und Motivationsstrukturen orientiert.

Parallel zur Testmethode haben einige Wissenschaftler den Charakter von Personen untersucht, die von ihrer Umgebung als kreativ eingeschätzt wurden. Verlangt wurde hier zum Beispiel: aus charakterisierenden Beschreibungen diejenigen auzuwählen, die als zutreffend für die eigene Persönlichkeit empfunden wurden, oder Reaktionen auf vieldeutige Stimuli wie Tintenkleckse und Silhouetten, mit dem Ziel, das Grundmuster der Persönlichkeit zu „evozieren" oder zu „projizieren".

In einer repräsentativen Untersuchung des *Berkeley Institute of Personality Assessment* ließen „kreative Architekten" im Unterschied zu ihren weniger ideenreichen Kollegen häufiger bestimmte Persönlichkeitszüge erkennen: Unabhängigkeit, Selbstvertrauen, unkonventionelles Vorgehen und Verhalten, Scharfsinn, Sensibilität für unbewußt ablaufende Prozesse, Ehrgeiz und Arbeitseifer. Derartige Korrelationsstudien lassen jedoch die kausalen Abhängigkeiten ungeklärt: Ist Kreativität eine Funktion solcher Persönlichkeitsmerkmale, oder entwickelt sich ein positiv gefärbtes Persönlichkeitsbild erst infolge der Anerkennung kreativer Leistungen? Einschränkend ist ferner zu bemerken, daß Personen, die eng mit kreativen Menschen zusammenarbeiten, ein ähnliches Persönlichkeitsprofil aufweisen.

Die psychoanalytische Perspektive

Es überrascht nicht, daß auch Freud, der wohl bedeutendste Psychologe seiner Zeit, sich um ein Verständnis des schöpferischen Denkens bemühte –

und dies trotz seiner vielzitierten Klagen, daß „die Analyse vor dem Problem des Dichters die Waffen strecken [muß]", „daß auch das Wesen der künstlerischen Leistung uns psychoanalytisch unzugänglich ist". Zunächst wird durch Freuds Nachweis der zentralen Bedeutung unbewußter Vorgänge unterstrichen, daß kreative Tätigkeit nicht unmittelbar bewußter Intention entspringt; ihr Impetus und ihre Bedeutung bleiben dem kreativen Individuum – und vermutlich auch seinem Umfeld – weithin verborgen.

Freud beschrieb die Rolle der Sexualität als Antriebsfaktor im menschlichen Gesamtverhalten und lenkte die Aufmerksamkeit auf die Bedeutung des Sexuellen in einem von schöpferischer Arbeit bestimmten Leben. Er vertrat die Ansicht, daß kreative Menschen geneigt – oder genötigt – sind, einen großen Teil ihrer libidinösen Energien auf „sekundäre" Tätigkeiten wie Schriftstellerei, Malerei, Komposition oder wissenschaftliche Forschung zu verlagern, mit anderen Worten: zu sublimieren. Den sieben Fallstudien dieses Buchs hätte er dazu interessantes Material entnehmen können.

Auch Freuds Glaube an die Bedeutung der kindlichen Entwicklung schlug sich in seinen Vorstellungen von schöpferischer Arbeit nieder. Er war beeindruckt von den Parallelen zwischen dem spielenden Kind, dem erwachsenen Tagträumer und dem Künstler:

Vielleicht dürfen wir sagen: Jedes spielende Kind benimmt sich wie ein Dichter, indem es sich eine eigene Welt erschafft oder, richtiger gesagt, die Dinge seiner Welt in eine neue, ihm gefällige Ordnung versetzt. ... Der Dichter tut nun dasselbe wie das spielende Kind; er erschafft eine Phantasiewelt, die er sehr ernst nimmt, d.h. mit großen Affektbeträgen ausstattet, während er sie von der Wirklichkeit scharf sondert.

Freuds Auffassung vom Leben des kreativen Menschen, besonders des Künstlers, ist viel beachtet und stark kritisiert worden. Das Belegmaterial, aus dem Freud seine Schlüsse zog, gilt als unsicher, zumal in den von ihm beschriebenen Fällen längst verstorbener Künstler (Leonardo, Shakespeare), von denen kaum zuverlässige Selbstzeugnisse vorliegen. Außerdem trifft Freuds Charakterisierung möglicherweise auf einige geniale Persönlichkeiten zu, kann aber ebensowohl für den nicht kreativen Durchschnitt gelten, taugt also nicht dazu, den produktiven Künstler und Wissenschaftler vom weniger begabten oder banalen zu unterscheiden. Ein Einfluß der Arbeiten Freuds auf das Studium der Kreativität bleibt trotz der kritischen Einwände wirksam. Wie andere revolutionäre Denker hat Freud zur Bildung des Begriffsinstrumentariums beigetragen, mit dem Persönlichkeit und Motivation kreativer Menschen in der Folge beschrieben wurden.

Die behavioristische Perspektive

So wenig die Schule der Psychoanalyse mit dem amerikanischen Behaviorismus gemein hat, in *einem* Urteil sind sich Vertreter beider Traditionen einig: kreative Tätigkeit hat ihren Grund vornehmlich im Bedürfnis nach den von ihr gebotenen materiellen Befriedigungen. Freuds Darstellung gemäß strebt der Künstler nach Macht und Geld und sucht, da er nicht fähig ist, sich beides direkt zu verschaffen, Zuflucht in seiner Arbeit, die ihm unter Umstände auch die Triebbefriedigung verschafft, nach der er sich sehnt. Skinner formuliert dieselbe Einsicht in behavioristischen Begriffen, wenn er sagt, der Mensch wird von früher erlebten Befriedigungen zu schöpferischer Tätigkeit getrieben, er sucht „positive Verstärkung". In jüngerer Zeit wird die Motivation kreativer Betätigung von einigen Psychologen entschieden anders gesehen.

Selbstmotiviertheit

In einer Serie aufschlußreicher Experimente hat die Sozialpsychologin Teresa Amabile auf die Bedeutung der intrinsischen Motivation oder „Selbstmotiviertheit" hingewiesen. Im Widerspruch zu den Annahmen der klassischen Psychologie konnte Teresa Amabile zeigen, daß Betätigung um nichts als des puren Vergnügens willen häufiger zu kreativen Problemlösungen führt als eine Aktivität, die auf Honorierung von außen rechnet. Die Aussicht auf eine spätere Beurteilung nach dem Kriterium von „Kreativität" oder „Originalität" kann die Produktivität sogar signifikant schmälern und zu Ergebnissen führen, die als relativ konventionell eingeschätzt werden. Hingegen scheint das Ausbleiben einer Evaluierung Kreativität freizusetzen.

Anders werden die Akzente von Mihaly Csikszentmihalyi gesetzt, der einen als eminent befriedigend erlebten Gefühlszustand als *flow*-Erlebnis beschreibt. Diese von innen heraus motivierende Verfassung, die durch jede Art Tätigkeit zugänglich ist, wird als vollständiges Aufgehen im Gegenstand des Interesses erfahren. Der aktuelle *flow*-Zustand wird nicht bewußt erlebt. Auf Befragen sprechen Testpersonen jedoch nach einigem Nachdenken von einem Erlebnis vollkommener Präsenz und Verwirklichung ihrer selbst, von einem „Erlebnishöhepunkt". Viele Menschen, die regelmäßig kreativ tätig sind, geben an, daß sie diesen Zustand suchen; die Verlockung solcher „*flow*-Phasen" kann so intensiv sein, daß große Anstrengungen unternommen und selbst physische oder psychische Schmerzen erduldet werden, um sie zu erreichen. Es kommt vor, daß passionierte Schriftsteller behaupten, sie haßten es, an ihren Schreibtisch gefesselt zu sein. Doch die Vorstellung, für immer auf die *flow*-Erfahrung zu verzichten, ist ihnen unerträglich.

Im Verlauf des Eintauchens in eine bestimmte Domäne wechselt der geometrische Ort der *flow*-Erfahrung: was einmal als unerreichbar schwierig erschien, wird durchführbar, ja zum Vergnügen, längst Erreichtes dagegen verliert seinen Reiz. So gwinnt der jugendliche Musiker seinen *flow* aus der akkuraten Wiedergabe bekannter Stücke des Repertoires, der angehende Meister sucht die technisch schwierigsten Stücke zu bewältigen, der reife Meister kann zu extrem persönlichen Interpretationen bekannter Stücke finden oder auch zu den scheinbar einfachen zurückkehren, die so schwer überzeugend und wirkungsvoll auszuführen sind. Analysen dieser Art erklären, warum kreative Menschen ihrer Tätigkeit trotz enttäuschender Erfahrungen treu bleiben, warum so viele mit laufend erhöhtem Einsatz arbeiten und ihre Leistungsgrenzen beharrlich auszuweiten suchen, auch auf die Gefahr hin, bereits Gewonnenes aufs Spiel zu setzen.

Der historiometrische Ansatz

Die große Mehrheit der jüngeren sozialwissenschaftlichen Untersuchungen zur Kreativität orientieren sich entweder an der Kognitionswissenschaft oder gehen persönlichkeits- und motivationszentriert vor. Erwähnung verdient jedoch auch eine letzte, vielleicht etwas weniger bekannte Perspektive: das historiometrische Verfahren, das vor allem mit dem Namen des Psychologen Dean Keith Simonton verbunden ist.

Im Unterschied zu den bisher diskutierten Forschungsansätzen stellt Simontons Theorie im Grunde eine Untersuchungsmethodologie dar und ist darum gleichermaßen auf Fragen der kognitiven Leistung, der Persönlichkeit und Motivation sowie der kreativen Werke selbst anwendbar. Simonton formuliert (oder operationalisiert) so klar wie möglich klassische Probleme aus dem Bereich der Kreativität und sucht dann quantitative Daten zu ihrer Beantwortung. Seine Themen umfassen ebenso Fragen zur Persönlichkeit kreativer Individuen wie zu ihrer Ausbildung oder ihren bedeutendsten Werken. Im Unterschied zu Gruber arbeitet Simonton auf quantitativer Grundlage und benutzt eine möglichst umfangreiche Datenbasis; im Unterschied zu Teresa Amabile vermeidet er das experimentelle Direktverfahren und verläßt sich statt dessen auf historische Quellen.

Historiometrisch arbeitende Forscher wie Simonton prüfen zum Beispiel ein umfangreiches Datenarsenal, um das produktivste Lebensjahrzehnt schöpferischer Menschen zu bestimmen. Untersuchungen dieser Art haben die Zeit zwischen dem fünfunddreißigsten und neununddreißigsten Lebensjahr als Phase maximaler Produktivität ausgewiesen, mit deutlichen Abweichungen in Abhängigkeit vom Arbeitsgebiet: bei Dichtern und Mathematikern ist die fruchtbarste Phase das dritte Lebensjahrzehnt, während Historiker und Philosophen ihren Leistungsgipfel Jahrzehnte später errreichen können.

Auf einem anderen Untersuchungsfeld konnte Simonton zeigen, daß die großen historischen Ausnahmeerscheinungen unter den Kreativen nicht nur allgemein produktiver sind; sie haben sowohl mehr ‚schlechte', längst in Vergessenheit geratene Arbeiten geliefert als auch mehr ‚gute', die von der Nachwelt geschätzt werden. Mit ihrem methodischen Ansatz ist es Simonton und anderen Vertreter der Schule gelungen, zumindest vorläufige Antworten auf eine ganze Reihe von Fragen zu finden, die von den Experten im Feld der Kreativitätsforschung seit langem diskutiert werden. Natürlich sind diese Untersuchungen abhängig von der gewählten Problemstellung und der Zuverlässigkeit der verfügbaren historischen Daten. Nur wenige neue Erkenntnisse fördert die Methode über einzelne kreative Erfolgsleistungen oder einzelne kreative Persönlichkeiten zutage; sie ist indessen ein wertvolles Hilfsmittel für die Einschätzung einzelner in einem weiteren Kontext.

Die Fallstudien Grubers und seiner Schule sowie die Arbeiten Simontons und anderer Historiometriker sind nach meinem Dafürhalten die vielversprechendsten Richtungen in der jüngeren Kreativitätsforschung und damit also auch die relevantesten für meine eigenen Untersuchungen kreativer Persönlichkeiten. Grundsätzlich zwar Gruber und seinem Ansatz der *evolving systems* zuneigend und ihm methodisch stärker verpflichtet, liegt mir jedoch ebenso an der exakten und ergiebigen Hintergrundinformation, wie sie die historiometrische Methode zugänglich macht. Ich bin der Überzeugung, daß es einer umfassenden Wissenschaft von der Kreativität gelingen müßte, beide Methoden zu verbinden. Mein Buch mag als Versuch gelten, den ersten Schritt zu tun und, ausgehend von Ergebnissen individueller Fallstudien, zu Hypothesen zu gelangen, die kreative Prozesse innerhalb einzelner Domänen wie auch über ihre Grenzen hinweg erhellen können. Dieser Absicht entsprechend enthält Teil III einen Vergleich der Fallstudien unter dem Gesichtspunkt mehrfacher Gemeinsamkeiten.

Der methodische Ansatz meiner Arbeit

Schon bei ersten Annäherungen an ein Verständnis von Kreativität sind zahllose Faktoren und ihre vielfältigen Wechselwirkungen in Betracht zu ziehen. Ich versuche in diesem Buch, auf allgemein verständliche Art über meine Schlußfolgerungen zu berichten und interessierten Lesern gleichzeitig so viele technische Informationen zu liefern, daß sie meine Methoden, Daten und Ergebnisse beurteilen und nutzen können. Diese methodischen Fragen kommen im Folgenden sowie in Kapitel 10 zur Sprache. Die Falluntersuchungen und ihre Ergebnisse lassen sich ohne einläßliche Beschäftigung mit diesen Details verstehen; der Leser hat die Möglichkeit, sich nach der kurzen Einführung im ersten Kapitel direkt dem zweiten Teil zuzuwenden. Ich habe meine Darstellung jedoch so angelegt, daß auch der Nicht-Fachmann meinen Überlegungen zur Methode ohne größere Schwierigkeiten folgen kann.

Die vier Komponenten der Untersuchung sind zwar nicht scharf voneinander zu trennen, doch scheint es mir zweckmäßig, sie als gesonderte Verfahrensstufen aufzuführen.
1. *Der thematische Aufbau* umfaßt die allgemeinsten Themen, von denen sich die Untersuchung leiten ließ und aus denen die Prinzipien hervorgegangen sind, welchen die Darstellung der einzelnen Fallstudien folgt.
2. *Der systematische Aufbau* geht von Analysekonzepten aus, die in interdiziplinären Diskussionen mit geschätzten Kollegen erarbeitet wurden.
3. *Die empirischen Untersuchungen* betreffen die zahllosen Fragen und Detailpunkte, die sich aus dem systematischen Vorgehen ergeben und die in Fallstudien zumindest grundsätzlich beantwortet werden sollten.
4. *Zwei neue Themen*, die ursprünglich nicht Teil meines Untersuchungsprogramms waren, traten im Verlauf der Fallstudien mit zunehmender Deutlichkeit zutage und bilden als unverhoffte Ausbeute des Arbeitsprozesses in gewissem Sinn die Entdeckungen der vorliegenden Studie.

Die folgenden vier Abschnitte enthalten weitere Einzelheiten zu jedem der vier Teile. Der Übersichtlichkeit halber habe ich jeden Teil und seine Subkomponenten separat aufgeführt und bezeichnet (s. Tafel 2.1) – in den abschließenden Kapiteln komme ich auf die Fragen des methodischen Zugriffs zurück.

TAFEL 2.1. DIE VIER GRUNDKOMPONENTEN DER UNTERSUCHUNG

I. Thematischer Aufbau
   A. Die Beziehungen Kind–Erwachsener
   B. Die Beziehung zwischen dem kreativen Menschen und seiner Mitwelt
   C. Die Beziehung zwischen dem kreativen Menschen und seinem Werk

II. Systematischer Aufbau
   A. Die Perspektive Entwicklung
      1. Der Lebenlauf
      2. Die Entstehung des Werks
   B. Die Perspektive Interaktion: Wechselwirkung zwischen Person, Domäne und Feld
      1. Definition
      2. Mulitidisziplinäre Grundlagen
      3. „Wo findet Kreativität statt?"
   C. Fruchtbare Asynchronien

III. Empirische Untersuchungen
   A. Zur Person
      1. Der kognitive Bereich
      2. Persönlichkeit und Motivation
      3. Sozialpsychologische Fragen
      4. Lebensmuster
   B. Zur Domäne
      1. Die Symbolsysteme
      2. Die Art der Tätigkeit
      3. Der Paradigmenstatus
   C. Zum Feld
      1. Die Beziehung zu Mentoren, Rivalen und Schülern
      2. Öffentliche Differenzen
      3. Hierarchien

IV. Die neuen Themen
   A. Kognitive und affektive Unterstützung in der Zeit des schöpferischen Durchbruchs
   B. Der faustische Handel

Im folgenden kommentiere ich die vier methodischen Grundkomponenten, um ihre Bedeutung für die Falluntersuchung ersichtlich zu machen.

Noch einmal zum thematischen Aufbau

Die im ersten Kapitel vorgestellten Leitthemen sind methodisches Handwerkszeug der Intuition. Sie bieten einen gangbaren Weg, die Meister der Moderne darzustellen. Es spräche zwar nichts dagegen, alle sieben im Rahmen jedes der drei Themen zu diskutieren, ich habe es jedoch vorgezogen, jeder Persönlichkeit das ihren Lebensverhältnissen besonders angemessene Thema zuzuordnen.

Die Themen lassen sich in drei ihrerseits beliebig zu ordnende Gruppen einteilen. Die erste Gruppe betrifft die *Beziehung Kind–Erwachsener*. Das Thema ist Ausdruck meiner Überzeugung, daß wichtige Seiten der Kreativität des Erwachsenen ihre Wurzeln in der Kindheit haben. In der Studie über Einstein bietet das Thema Gelegenheit, die Fragen, die ein begabtes Kind beschäftigen, mit der Ausbildung und den kognitiven Fähigkeiten zu vergleichen, die der Erwachsene zur Lösung solcher Fragen benötigt. Die Darstellung Picassos konzentriert sich auf die Produktivität des Frühbegabten und ihr Verhältnis zur reifen Meisterschaft.

Das zweite Rahmenthema geht der *Beziehung zwischen dem kreativen Individuum und seiner Mitwelt* nach, zu der Familienangehörige und Freunde zählen, aber auch Personen aus dem Umkreis der Schule und Ausbildung (Lehrer oder Mentoren) sowie der späteren Karriere (Kollegen, Konkurrenten oder Schüler). In drei Fallstudien wird diese Beziehung direkt und eingehend behandelt, in zwei weiteren vermittelt über das Thema der Marginalität.

Der Fall Freud gibt Anlaß, die Beziehungen des jungen Mannes zu einem größeren Personenkreis zu betrachten, sodann das allmähliche Schrumpfen dieses Kreises, bis Freud praktisch allein steht, und die Bildung eines neuen, weit ausgedehnteren Umfeldes von Freunden und Mitarbeitern im Anschluß an die zentralen Entdeckungen der Psychoanalyse. Die Gabe des Mahatma, auf andere Menschen einzuwirken, steht im Mittelpunkt meiner Gandhistudie, während ich Strawinsky unter dem Druck der öffentlichen Auseinandersetzungen darstelle, die sich aus der von einigen Kreativen bevorzugten kollaborativen Arbeitsweise ergeben.

Abstrakter sind die Außenbeziehungen bei T. S. Eliot und Martha Graham dargestellt. Hier diskutiere ich zwei verschiedene Formen des Außenseitertums – gesucht von Eliot, bei Graham aufgrund von Geschlecht und Nationalität erzwungen.

Der Beziehung zwischen Schöpfer und Werk nimmt sich das dritte der leitenden Themen an. In der Regel entdeckt der kreative Mensch in früher Jugend einen Tätigkeits- oder Interessenbereich, der seine Aufmerksamkeit absorbiert und auf dem er sich zunächst in Nachahmung einschlägiger Vorbildfiguren seines Kulturkreises hervorzutun sucht. Mit der Zeit wird das Verhältnis zu dieser Domäne seiner Wahl problematisch; er gehorcht, bereitwillig oder mit Widerstreben, dem Zwang, sich an einem neuen Bedeutungssystem zu versuchen, einem Symbolsystem, das den gewählten Themen oder Problemen entspricht und darauf hoffen kann, auch anderen einsichtig zu werden und ihre Anerkennung zu finden. In jedem Kapitel verfolge ich ausführlich den Weg, auf dem in einer bestimmten Domäne ein neues Sinnsystem geschaffen wird; es zeigen sich dabei erstaunliche Parallelen zwischen den verschiedenen Wirkungsbereichen.

Der systematische Aufbau

Konkret sind die methodischen Grundsätze, an denen sich meine Untersuchung orientiert, in das Trio der Leitthemen eingebettet. Entwicklung kommt zur Sprache in Fragen der menschlichen Entwicklung (so das Verhältnis von Kind und Meister), der Werkentwicklung (die allmähliche Abweichung von gewohnten Verfahren in der Domäne) und in der Diskussion von Beziehungen und Spannungen zwischen individuellem Talent, Domäne und Kritikerfeld. Im folgenden führe ich die methodischen Grundsätze der Untersuchung etwas systematischer ein.

Der Blickpunkt Entwicklung

Für den Entwicklungspsychologen ist die Befragung der Kreativität an die Untersuchung der menschlichen Entwicklung gebunden. Sowohl die Entstehung bestimmter kreativer Leistungen als auch der allgemeinere Weg zur Meisterschaft auf bestimmten Gebieten sind im Licht der individuellen Entwicklungsgeschichte zu betrachten.

Die Lebensgeschichte. Als Angehörige einer sozialen Gruppe machen alle normal aufwachsenden Kinder eine längere Phase durch, in der sie ihre Umgebung erkunden und damit die Gelegenheit erhalten, die Gesetze zu entdecken, die die Welt der Gegenstände, die soziale Welt und ihre eigene persönliche Welt bestimmen. Nicht nur wird die Entdeckung dieser Grundelemente unvermeidlich zur Basis weiterer Lernprozesse und Entdeckungen; die Entdeckungsprozesse selbst werden zum Modell für späteres Explorationsverhalten, eingeschlossen die Versuche, sich an Unerforschtes heranzuwagen.

Die Art und Weise, wie diese frühen Jahre verlebt werden, ist von entscheidender Bedeutung. Erhalten die Kinder schon früh die Gelegenheit, sich auf geruhsame Art, der eigenen Neugier folgend, intensiv mit ihrer Welt vertraut zu machen, sammeln sie unschätzbares ‚Kreativitätskapital', von dem sie im späteren Leben zehren können. Hindert man sie dagegegen an der freien Entfaltung ihres Forschungsdranges, sei es, daß man ihnen eine bestimmte Richtung vorschreibt oder daß man sie mit der Vorstellung belastet, es gebe für alles nur eine einzige richtige Antwort und die falle in die Kompetenz von Autoritätspersonen, dann werden die Chancen, daß sich ein Kind jemals selbständig umtut, wesentlich verringert.

Viele kreative Menschen weisen nicht ohne Kummer auf selbsterfahrene frühe Einschränkungen hin, und meine Untersuchung enthält Beispiele von äußerst rigiden Eltern. (Es kommt vor, daß die so Geschädigten bei der Erziehung ihrer eigenen Kinder ins andere Extrem verfallen.) Doch selbst denjenigen, die unter einer strengen Zucht zu leiden hatten, gelang es, ihre Neugier wachzuhalten, vielleicht, weil es starke, rebellische Persönlichkeiten waren, doch eher vermutlich darum, weil sie auf zumindest *ein* Rollenvorbild gestoßen waren, das nicht Anpassung, sondern Wagemut verkörperte.

Kreative Menschen können die produktive Verarbeitung frühkindlicher Erkenntnisse, Gefühle und Erfahrungen sehr unterschiedlich angehen. Unter Umständen erweist sich Verdrängung von Kindheitserlebnissen als zweckmäßig. Die Kindheit kann jedoch ein mächtiger Verbündeter sein, wenn es darum geht, sich neue Erkenntnisse und neue Welten zu erschließen. Ich gehe so weit zu behaupten, daß es dem schöpferischen Menschen gelingt, eine gewaltige Aufgabe zu lösen: er verbindet neueste fachspezifische Erkenntnisse mit den Problemen, Fragen und Empfindungen, die für sein fragendes und staunendes Kinderdasein bestimmend waren. In diesem Sinn zehrt der Erwachsene immer wieder vom Kapital der Kinderzeit. In verschiedenen Epochen werden verschiedene Kindheitsperioden wichtig; der Moderne scheint auferlegt, tief in der frühen Kindheit zu schürfen.

Am Beispiel begabter Erwachsener haben die Erziehungswissenschaftler

Benjamin Bloom und Lauren Sosniak gezeigt, daß sich die Situation und sogar der Augenblick der ersten Faszination durch eine bestimmte Materie, Situation oder Person in der Regel genau festlegen läßt. Sie sprechen dabei in Anknüpfung an den Philosophen Alfred North Whitehead von *initial romance*, einem „Initialerlebnis". Ich verwende im folgenden David Feldmans Begriff der Kristallisationserfahrung.

Unabhängig davon, wie stark dieser erste Zauber wirkte, scheint für die Beherrschung des Metiers eine zehnjährige Phase beständiger handwerklicher oder theoretischer Arbeit erforderlich zu sein. Die Beherrschung des Handwerks aber ist Voraussetzung für einen kreativen Durchbruch, der denn auch selten vor Ende eines Jahrzehnts intensiver Tätigkeit zu belegen ist. Sogar Mozart, der als Ausnahmeerscheinung und Bestätigung der Regel gelten könnte, hatte zum wenigsten zehn Jahre komponiert, ehe er die Werke vorlegte, die in die Musikgeschichte eingingen. Die sieben Fallstudien dieses Bandes zeigen, daß ausnahmslos allen innovativen Leistungen mindestens ein Jahrzehnt grundlegender Arbeit voranging. Und in der Regel folgte ein zweiter innovativer Durchbruch nicht vor Ende eines weiteren Jahrzehnts.

Daraus läßt sich nun allerdings nicht die Behauptung ableiten, daß man erst nach zehnjähriger Lehrzeit eigene Bahnen einschlägt. Meine Analyse legt den umgekehrten Schluß nahe: Menschen, die zu kreativen Durchbrüchen gelangen, sind von frühester Kindheit an Entdecker, Erneuerer oder Tüftler. Sie gehen jenseits der Masse ihre eigenen Wege und verlegen sich im Beruf – und nicht nur dort – aufs Experiment. Junge Musiker zum Beispiel setzen ihr kreatives kompositorisches Potential oft dadurch frei, daß sie beharrlich daran arbeiten, eigenen Gestaltungsprinzipien folgend ein Stück ‚neu zu schreiben'; angehende Wissenschaftler finden sich nicht mit tradierten Erkenntnissen ab, sondern überzeugen sich lieber mit eigenen Augen. Dieser Drang zur Selbständigkeit wird nicht selten als Insubordination gewertet; andererseits können Glücklichere unter den Tüftlern von Lehrern und Altersgenossen in ihrer Experimentierfreude bestärkt werden.

Jedenfalls aber ist der künftige Pionier nach einer Phase der handwerklichen Schulung mit oder ohne offenes Abrücken von geltenden Autoritäten sichtlich dazu bereit, zu neuen Ufern aufzubrechen. In diesem Verhalten muß eine bestimmte Persönlichkeitskonstellation wirksam sein, denn viele seiner Berufsgenossen mit gleichen Kenntnissen und Fähigkeiten begnügen sich mit dem Erreichen oder der Durchführung kleinerer Fortschritte und Verbesserungen, ohne sich zu kühnen Vorstößen gedrängt zu fühlen. Gelegentlich können äußere Einflüsse das Bild verändern, so wenn eine Disziplin durch eine kritische Phase geht und eine ganze Generation junger Experten aufgerufen ist, nach neuen Antworten zu suchen. Doch auch hier ist Beharrlichkeit nötig; zum Beispiel wußten zahlreiche junge Wissenschaftler von den laufenden Versuchen, die Strukturformel der DNS zu finden, doch zum Erfolg führte – von glücklichen Zufällen unterstützt – erst die besondere Begabung und Hartnäckigkeit von James Watson und Francis Crick.

Schaffung des Werkes. An diesem Punkt der allgemeinen persönlichen Entwicklung konzentriere ich mich auf den schöpferischen Prozeß: Einstein im Augenblick seiner Gedankenexperimente über das Licht, Martha Graham auf der Suche nach einer spezifisch amerikanischen Version der Körpersprache und Gandhi, der im Bemühen, einen scharfen Konflikt ohne physische Gewalt zu lösen, mit unterschiedlichen zwischenmenschlichen Bezugsformen experimentiert. Ich beachte, wie die eigene Domäne gedeutet wird, wo Probleme und Ungewißheiten lokalisiert werden und wie nach neuen Anhaltspunkten oder Gesichtspunkten gesucht wird, mit denen sich einem empfundenen Mangel oder einem verheißungsvollen neuen Hinweis nachgehen ließe.

Aus kognitionspsychologischer Perspektive versuche ich die Vorstellung jedes einzelnen von der gewählten kreativen Aufgabe nachzuzeichnen. Nachdem das konventionelle Idiom oder Symbolsystem der Domäne anfänglich akzeptiert wird, erscheint es bald in mehrfacher Weise als unzulänglich. Zunächst werden kleinere Änderungen versucht – niemand wird mit Vergnügen und leichten Herzens den Plan ins Auge fassen, die gesamte Tradition einer Disziplin auf den Kopf zu stellen, die vielleicht über Jahrzehnte oder gar Jahrhunderte mit Bedacht aufgebaut wurde.

Meist jedoch werden weitergehende Veränderungen nötig. Je nach den besonderen Umständen kann eine Ad-hoc-Lösung als unbefriedigend empfunden werden, kann der Eindruck entstehen, das fragliche Problem sei nur durch eine fundamentale Neuorientierung zu lösen, oder können andere Faktoren den Ausschlag geben. In jedem Fall aber muß eine begrenzte Lösung zugunsten einer weit extensiveren Neuerung oder einer Neukonzeptualisierung aufgegeben werden.

In dieser Situation ist das kreative Individuum aufs äußerste gefordert. Die konventionellen Symbolsysteme genügen nicht mehr; es muß, anfangs weitgehend isoliert, eine neue, adäquatere symbolische Ausdrucksform entwickeln, die dem Problem oder Gegenstand in seiner ganzen Komplexität gerecht wird. Erste Anstrengungen erweisen sich häufig als mangelhaft; der Pionier muß zurück ans Reißbrett. Bei der Verfolgung dieser Ziele fehlen Garantien und eine zuverlässige Richtschnur; er kann nur seiner Intuition vertrauen und muß auf wiederholte und fatale Fehlschläge gefaßt sein.

Ich untersuche in jeder Fallstudie sorgfältig die Momente des Durchbruchs. Dabei ist die geistige Leistung sowohl hinsichtlich der mobilisierten Intelligenzen als auch hinsichtlich der involvierten kreativen Domäne zu unterscheiden. Genauer, die Lösung eines mathematischen Problems oder die Definition eines psychologischen Modells lassen sich mit einer eindrücklichen Bühnenaufführung oder dem steuernden Einfluß auf das Verhalten von Millionen Landsleuten nur bedingt vergleichen. Die naheliegenden Begriffe Problem und Lösung umschreiben die Arbeit des Wissenschaftlers genauer als den schöpferischen Prozeß in der Kunst und im Sozialleben.

Ich fasse zusammen, wo meine Untersuchungen den Gesichtspunkt der Entwicklung ins Spiel bringen: 1. allgemeine und besondere Faktoren der Kindheit, 2. frühe Interessen und ihre Konversion zur Meisterschaft in der Domäne, 3. die Entdeckung oder Schaffung neuartiger oder abweichender Elemente nach dem Erreichen der Meisterschaft, 4. die Auseinandersetzung mit der sich abzeichnenden Neuerung und der Übergang zum explorativen *Programm*, 5. die Unterstützung oder Behinderung durch andere während der Phase der Isolierung, 6. das Vorgehen bei der allmählichen Ausarbeitung der neuen symbolischen Sprache, Ausdrucksform oder Systematik, 7. die ersten Reaktionen relevanter Kritiker und ihr Wandel innerhalb eines signifikanten Zeitabschnitts und 8. die Ereignisse im Zusammenhang einer zweiten, umfassenderen Innovationsleistung, die häufig in die mittlere Lebensphase fällt.

Der Blickpunkt Interaktion:
Wechselwirkung zwischen Individuum, Domäne und Feld

Aus meiner Zusammenarbeit mit Kollegen, insbesondere mit Mihaly Csikszentmihalyi und David Feldman, hat sich in den letzten Jahren ein neues Instrument zur Kreativitätsforschung, die Interaktionsperspektive, entwickelt, die in die vorliegende Arbeit eingegangen ist. Es ist nicht übermäßig komplex, doch facettenreich und verlangt nähere Erklärung. Nachdem ich den systematischen Zugang zunächst über drei intuitiv gewählte Leitthemen gesucht habe, gebe ich hier eine systematische Einführung in drei Phasen: durch eine Definition, unter dem Gesichtspunkt der multidisziplinären Forschung und durch die Neuformulierung einer bekannten Frage. Anschließend erkläre ich die Relevanz der Kategorie für die aktuellen Fallstudien.

Definition. Ich beginne also mit einer Definition des schöpferischen Menschen, die sich für meine Arbeit bewährt hat: Der schöpferische Mensch löst Probleme, gestaltet Objekte oder definiert neue Fragen auf bestimmten Gebieten; er tut dies mehr oder weniger regelmäßig und auf eine Art und Weise, die anfangs als neuartig betrachtet wird, sich aber schließlich in einem bestimmten kulturellen Umfeld allgemein durchsetzt.

In Teilen wird fast jeder psychologisch orientierte Kreativitätsforscher dieser Definition beistimmen, so der Vorstellung, daß Kreativität mit Problemlösung zu tun hat und sowohl Originalität als spätere Akzeptanz umfaßt. Weniger üblich und daher instruktiver sind folgende vier Elemente:

1. Meine Behauptung, daß Kreativität auf spezifische Tätigkeitsgebiete bezogen und kein fachüberschreitendes Merkmal ist, richtet sich unmittelbar gegen die Vorstellung einer multifunktionalen Kreativität, die den Kreativitätstests zugrunde liegt. Ich konzentriere mich auf die besondere Domäne oder Disziplin eines einzelnen und die Möglichkeiten ihrer Neugestaltung als Folge eines schöpferischen Durchbruchs.

2. Meine These, daß individuelle Leistungen mit einer gewissen *Regelmäßigkeit* auftreten, stellt die Vorstellung vom einmaligen Ausbruch schöpferischer Energien in Frage. Kreative Menschen *wollen* kreativ sein, wie Gruber überzeugend gezeigt hat, und sie richten ihr Leben so ein, daß sich die Wahrscheinlichkeit einer Serie kreativer Durchbrüche erhöht. Generell ist wohl nur der frühverstorbene Hochbegabte ein Beispiel für Kreativität als Ausnahmeleistung.

3. Wenn ich betone, daß der Wirkungsradius der Kreativität sich nicht nur auf die Lösung von Problemen, sondern auch auf die *Gestaltung von Produkten* sowie die *Formulierung neuer Fragen* erstreckt, argumentiere ich gegen die Ansätze der Testmethode und Computersimulation, die bei der Lösung gegebener Probleme besser zum Zug kommen als bei der Erfindung neuer Produkte oder der Beschreibung neuer Probleme. Gerade in ihrem Grenzbereich, der hochkreativen Leistung, zielt Kreativität weit häufiger auf die Erfindung neuartiger Produkte oder die Entdeckung teils unbekannter, teils unbeachteter Fragen und Themen, die neuer Forschungsanstrengungen bedürfen.

4. Ich behaupte, daß schöpferische Leistungen nur dann als solche gelten können, wenn sie *in einem besonderen kulturellen Umfeld akzeptiert* sind. Dabei ist keine zeitliche Grenze gesetzt; ein Produkt kann sofort nach seiner Entstehung als kreativ erkannt werden oder ein Jahrhundert oder ein Jahrtausend lang unbeachtet bleiben. Der entscheidende – und umstrittene – Punkt ist, daß nichts an sich kreativ oder nicht-kreativ ist. Was als Kreativität gilt, ist wesentlich gemeinschafts- oder kulturbedingt. Vor der Beurteilung durch die Allgemeinheit läßt sich allenfalls sagen, etwas oder jemand sei „potentiell kreativ". Die Bewertung muß von einem signifikanten Teil der Gemeinschaft oder Kultur ausgehen: andere Instanzen gibt es nicht.

Multidisziplinäre Grundlagen. Die Hauptarbeit der Kreativitätsforschung wird zweifellos von Psychologen und Vertretern verwandter Fächer geleistet. Immer mehr setzt sich jedoch die Einsicht durch, daß gerade Kreativität zu den Erscheinungen oder Begriffen gehört, deren Untersuchung den Rahmen einer Einzeldisziplin sprengt. Der Immunologe und Nobelpreisträger Peter Medawar erklärte einmal:

Die Analyse der Kreativität in allen ihren Erscheinungsformen überschreitet die Kompetenz einer einzelnen Disziplin, welche es auch sei. Sie verlangt ein Konsortium verschiedener Fähigkeiten. Psychologen, Biologen, Philosophen, Computerwissenschaftler, Künstler und Schriftsteller – alle werden ein Wort mitzureden haben. Daß „Kreativität der Analyse entzogen" sei, ist eine romantische Illusion, die wir jetzt hinter uns lassen müssen.

Meiner Überzeugung nach sind bei der Erforschung von Kreativität vier verschiedene Analyseebenen zu berücksichtigen:
1. *Die subpersonale Ebene.* Über die genetischen und neurobiologischen Anlagen kreativer Menschen ist bisher wenig bekannt. Wir wissen weder, ob ein charakteristischer genetischer Aufbau vorliegt noch ob Struktur oder Funktionsweise ihres Nervensystems Besonderheiten aufweisen. Doch jede naturwissenschaftliche Untersuchung von Kreativität wird früher oder später auf biologische Fragen zurückkommen müssen, und es ist zu erwarten, daß solche Untersuchungen bald in Angriff genommen werden.
2. *Die personale Ebene.* Auch in Zukunft werden wichtige Beiträge zum Verständnis kreativer Menschen, Prozesse und Produkte aus den Reihen der Pychologen kommen. Wie in der Vergangenheit – und meinem Überblick über die bisherige psychologische Forschung entsprechend – zeichnen sich zwei wichtige Untersuchungsrichtungen ab: die Konzentration auf die kognitiven Prozesse, die für den kreativen Menschen charakteristisch sind, sowie ergänzend auf die persönlichen, motivationalen, sozialen und emotionalen Aspekte.
3. *Die außerpersonale Ebene.* Wesentlich bestimmend für meine Auffassung von Kreativität ist die Überzeugung, daß es sich sich dabei nicht um eine abstrakte Fähigkeit handelt. Wie Feldman nachdrücklich hervorhebt, verwirklichen wir alle unser mehr oder weniger großes kreatives Potential im Medium bestimmter Tätigkeits- oder Fachbereiche. Jeder kreative Mensch also vollbringt seine optimalen Leistungen nur auf einem besonderen Gebiet, das seinerseits im Rahmen der zeitbedingten theoretischen und technischen Möglichkeiten beschreibbar ist. Einsteins Beiträge zur modernen Physik müssen bezogen auf die Physik von 1900 betrachtet werden, Gandhis Anweisungen für menschliche Verkehrsformen im Licht voraufgegangener Formen der Interak-

tion zwischen kolonisierenden und kolonisierten Völkern. Die Analysen auf der außerpersonalen Ebene werden von Historikern, Philosophen und Forschern im Bereich der künstlichen Intelligenz, vornehmlich aber von Experten des betreffenden Fachbereichs durchgeführt. Da sie sich auf den Erkenntnisvorgang selbst richten, betrachte ich sie als Beiträge zur Erkenntnistheorie.

4. *Die multipersonale Ebene.* Jeder potentiell kreative Mensch oder Gegenstand ist von zahlreichen Individuen und Institutionen umgeben, die lizenziert sind, die Angemessenheit und Qualität der vorliegenden Leistung zu bewerten. Ich übernehme Csikszentmihalyis Begriff des Feldes, um diese chaotische Vielfalt von Kräften zu beschreiben, deren Untersuchung vor allem Aufgabe der Soziologie ist. Die multipersonale Perspektive erfaßt die von den Akteuren des Feldes – den Kritikern, Herausgebern, Agenten, Medienspezialisten, Verfassern von Enzyklopädieartikeln und anderen Evaluatoren – durchgeführten provisorischen Anfangsbewertungen sowie, um die zeitliche Perspektive ergänzt, die Prozesse, die allmählich zu maßgeblichen Urteilen führen. Das Feld kann, wie in der Physik, aus einem schmalen Kreis ausgewiesener Experten bestehen, während es in einem Bereich wie der Unterhaltungskunst unter Umständen nach Millionen zählt.

Die besten Voraussetzungen für eine umfassende Kreativitätsforschung bietet die Untersuchung kreativer Phänomene aus der Mehrfachperspektive des Neurobiologen, des Psychologen, des Fachexperten und des soziologisch orientierten Feld-Spezialisten. Ich versuche hier, diesen Weg einzuhalten, doch meine eigene Ausbildung sowie das Übergewicht psychologischer Untersuchungen bleiben nicht ohne Folgen – ich lege das Schwergewicht auf die persönlichen Faktoren und nehme biologische, erkenntnistheoretische und soziologische Kategorien zu Hilfe, um das von mir gezeichnete Bild zu verdeutlichen. Es könnte der Eindruck enstehen – für den ich mich nicht entschuldige –, daß der Arbeit ein Verständnis von Kreativität zugrunde liegt, in dem die Vorstellung des oder der großen Einzelnen anklingt.

Wo findet Kreativität statt? In einem so schwierigen und komplexen Untersuchungsfeld wie der Kreativitätsforschung lassen sich konzeptuelle Fortschritte nur schwer erreichen. Es war darum ein entscheidender Moment, als Csikszentmihalyi vorschlug, die traditionelle Frage „Was ist Kreativität?" durch die provozierende Frage „Wo ist Kreativität?" zu ersetzen.

Csikszentmihalyi spricht von drei *Knotenpunkten,* die jedes Nachdenken über Kreativität zu berücksichtigen habe: 1. die individuelle Person oder Begabung; 2. die Domäne oder Disziplin, in der diese Person arbeitet; und 3. das umgebende Feld, das über die Qualität der Personen und Produkte urteilt. (Diese drei Punkte entsprechen in etwa den im ersten Kapitel eingeführten Grundkomponenten der Studie sowie dem zweiten, dritten und vierten der vorstehend skizzierten fachspezifischen Ansätze. In Csikszentmihalyis überzeugender Darstellung ist Kreativität weder einem einzelnen Knotenpunkt noch einem Paar inhärent, sondern am ehesten als dialektischer Prozeß, oder Interaktion, zu betrachten, an dem alle drei Elemente beteiligt sind.

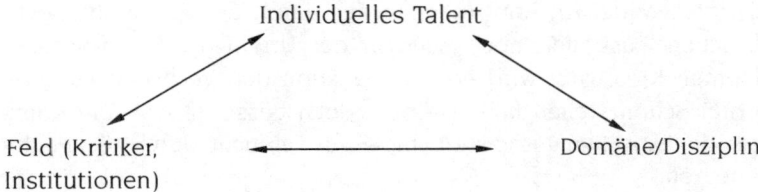

Werfen wir einen Blick zurück auf das Diagramm in Kapitel eins und versuchen wir, es als dynamischen Zusammenhang zu sehen. Am Anfang steht eine Gruppe von Menschen mit verschiedenen Fähigkeiten, Begabungen und Neigungen, jeder in einer anderen Domäne tätig. Diese Domäne hat in jedem historischen Moment ihre eigenen Regeln, Strukturen und Verfahren, in welche die Individuen hineinwachsen und an denen sich, gesellschaftlicher Erwartung gemäß, ihre Arbeit auszurichten hat. Die Individuen arbeiten für das Feld, das seinerseits die verschiedenen Produkte, deren es gewahr wird, einer Prüfung unterzieht. Von den vielen Individuen und Produkten, die das Feld näher ins Auge faßt, werden nur wenige einer anhaltenden Aufmerksamkeit und Begutachtung für wert befunden. Und wiederum nur eine kleine Gruppe derer, die in einem bestimmten historischen Augenblick beurteilt werden, erhält das Prädikat *kreativ* – das heißt, aus dem Rahmen fallend und dennoch relevant für die Domäne. Die so bewerteten Arbeiten (und ihre Autoren) besetzen sodann den wichtigsten Punkt des dialektischen Schemas: Sie bewirken eine Umgestaltung der Domäne. Die nächste Generation von Experten oder Talenten arbeitet jetzt auf einem Gebiet, das sich dank den Leistungen kreativer einzelner verändert hat. In gleicher Weise setzt sich der dialektische Prozeß fort.

Um das Schema zu konkretisieren: Angenommen, in Paris seien tausend junge Maler an der Arbeit, jeder mit den ihm eigenen Stärken und Stilmerkmalen. Alle versuchen, auf dem Gebiet der Malerei, wie es sich ihnen im aktuellen Augenblick darbietet, ihr Können zu beweisen. Die Arbeit aller ist an das Feld gerichtet – die Kritiker, Kunstakademien, Galeristen, Agenten

u. ä. Von diesen tausend gelingt es einigen, die Aufmerksamkeit des Feldes auf sich zu ziehen; und zumindest für heute kann gelten, daß bereits die Originalität des Werks einen wichtigen Selektionsfaktor darstellt. In dieser kleinen Gruppe von Talenten werden nicht mehr als höchstens ein, zwei Künstler sein, deren Arbeiten einen so hohen Grad der Anerkennung erlangen, daß ihre Intentionen die Domäne, das heißt den Fundus an theoretischen und praktischen Fertigkeiten, die von den Malern der Folgegeneration gemeistert werden müssen, schließlich wegweisend beeinflussen. Kreativität ist also weder im Kopf (oder in der Hand) des Künstlers, noch in der praktischen Ausübung noch auch in der Urteilsinstanz zu verorten. Das Phänomen Kreativität wird erst als Funktion der Wechselwirkung zwischen den drei Schnittstellen faßbar – oder doch besser faßbar. Die Komplexität dieser dialektischen Interaktion habe ich versucht durch die Pfeilrichtung anzudeuten.

Nun könnte die Malerei insofern als Sonderfall unter den Domänen erscheinen, als das Feld übermäßige Wichtigkeit beansprucht. Was ließe sich zu einem Kontrastbereich wie der Mathematik sagen, wo finanzielle Erwägungen kaum zählen dürften und die geltenden Normen folglich weniger drastischen Schwankungen unterliegen? Ich behaupte, daß hier parallele Prozesse ablaufen. Man denke sich anstelle der bildenden Künstler die gleiche Zahl von jungen Mathematikern, sagen wir Topologen. Jeder von ihnen muß sein Fach so beherrschen, wie es den derzeit geltenden Normen entspricht. Wer weiterkommen will, muß seine Beweise und Entdeckungen dem Feld vorlegen – in diesem Fall Herausgebern von Fachzeitschriften, Professoren, Preiskomitees sowie den Mitstreitern und Rivalen der Peergroup. Nur wenige unter diesen jungen Topologen werden zu akademischen oder publizistischen Ehren kommen, und noch wenigere werden auf ihrem Gebiet so nachhaltige Spuren hinterlassen, daß die nachfolgende Generation junger Topologen vor einem veränderten fachlichen Aufgabenbereich steht.

Die Biographien bedeutender Persönlichkeiten sind reich an – zuweilen bizarren – Beispielen, wie ein später anerkanntes Werk vom Feld zunächst ignoriert, mißverstanden oder mit Hohnlachen quittiert wurde. Man könnte versucht sein zu behaupten, daß es zum Schicksal wirklich innovativer Werke gehört, auf anfängliche Ablehnung zu stoßen. Doch läßt sich auch das Gegenteil belegen. Gerade auch zahlreiche Meister der Moderne gelangten nach Anfangsjahren des Kampfes und oft auch der Isolation innerhalb eines Jahrzehnts zu Ruhm und Anerkennung – aus historischer Sicht eine bemerkenswert kurze Zeit.

Nach dieser Behauptung drängt sich eine Frage auf, die manchen Leser zweifellos schon beschäftigt hat: Wie aber ist den vielen anderen Rechnung zu tragen, deren Werk nicht weniger neuartig, kreativ und bemerkenswert ist, jedoch aus dem einen oder anderen Grund keine wirkliche Anerkennung fand? An Beispielen fehlt es nicht – Gregor Mendel in der Biologie, Vincent van Gogh in der Malerei, Emily Dickinson in der Dichtung oder Johann Sebastian Bach in der Musik – sie alle wurden erst nach ihrem Tod, zum Teil erst Jahrzehnte später anerkannt. Geht es also hier vielleicht nur um Erfolg und Berühmtheit statt um die reine Kreativität ohne Glanz und Glorie?

Hier wäre nun daran zu erinnern, was *nicht* zur Debatte steht: Ich behaupte nicht, daß sich die Menschen, die als kreativ anerkannt werden, von den ‚Verkannten' oder nicht als kreativ Eingeschätzten in biologischer oder psychologischer Hinsicht unterschieden. Auf ihren Bekanntenkreis in Amherst oder einen Gehirnforscher hat Emily Dickinson vermutlich nicht anders gewirkt als ihre mutmaßlich untalentierte Zwillingsschwester Amelie, die sich ebenfalls für eine ernstzunehmende Dichterin hielt. Ebensowenig behaupte ich, daß Kreative – will sagen, die als solche gelten – in einem absoluten Sinn die ‚größeren Menschen' seien.

Meine These ist vielmehr: Solange ein Urteil durch ein kompetentes Feld aussteht, ist schlicht unentscheidbar, *ob* ein Mensch das Epitheton „kreativ" verdient. Wir dürfen mit Sicherheit behaupten, daß Freud und Einstein kreativ waren, weil wir uns dabei auf die fast hundertjährige stabile Einschätzung der Öffentlichkeit berufen können. Mit einiger Sicherheit läßt sich schließen, daß ihre engen Freunde, Wilhelm Fließ und Michele (Michelangelo) Besso, es nicht waren – ausgenommen vielleicht in der nur wenig anerkannten Domäne der intellektuellen Geburtshilfe. Im Fall Dutzender anderer Physiker oder Psychologen, die sich selbst als kreativ einschätzten, jedoch bis jetzt nicht das Plazet des Feldes erhielten, bleibt nur das sprichwörtliche schottische Verdikt: Beweis nicht erbracht.

Die fruchtbare Asynchronie

Im Mittelpunkt der Fallstudien des zweiten Teils stehen die persönliche Begabung, die Domäne sowie die Funktionsweise des relevanten institutionellen und personellen Feldes. Daneben beschäftigt mich die Verwendbarkeit einer letzten thematischen Leitschiene: Innerhalb der einzelnen Knotenpunkte sowie zwischen ihnen – so meine These – können Asynchronien auftreten, die möglicherweise die Wahrscheinlichkeit kreativer Leistungen verstärken.

Liegt reine Synchronie vor, sind die drei Schnittstellen perfekt koordiniert. Im Fall des allgemein gefeierten Wunderkindes fügt sich die individuelle Begabung nahtlos in das aktuelle Bild der Domäne und die Geschmacksrichtung des Feldes. Eine derart perfekte Übereinstimmung entbindet indes keine Kreativität. Unter *Asynchronie* verstehe ich einen Bruch in der Übereinstimmung, eine Abweichung oder Unregelmäßigkeit im Kreativitätsdreieck. Asynchronie innerhalb einer Schnittstelle liegt dann vor, wenn diese eine Abweichung aufweist, zum Beispiel ein ungewöhnliches Profil der individuellen Intelligenzen (wie die frühreife räumliche Intelligenz des jungen Picasso gegenüber seinen dürftigen schulischen Fähigkeiten), eine Domäne, die einen erhöhten Spannungszustand durchmacht (der Kampf verschiedener musikalischer Richtungen zur Zeit Strawinskys), oder ein Feld im Umbruch (das gleichzeitige Auftreten mehrerer aufgeschlossener Kritikerpersönlichkeiten in den Anfängen des Modern Dance).

Nicht weniger bedeutsam ist die schnittstellenübergreifende Asynchronie: Ein individuelles Begabungsprofil kann in einem bestimmten Fachbereich ungewöhnlich sein (so Freuds für einen Naturwissenschaftler ungewöhnlich hohe personale Intelligenzen); es können Spannungen zwischen Individuum und Feld auftreten (wie im Fall Einsteins, der nach seinem Hochschulabschluß keine Anstellung fand); auch zwischen Domäne und Feld kann ein Gefälle bestehen (die Wende zur Atonalität, während das Publikum und die Kritiker der tonalen Musik verhaftet blieben).

Von Asynchronie ist natürlich jedes Schaffen gekennzeichnet, ob hochkreativ oder nicht. Meine These beruht auf zwei Voraussetzungen. Erstens: Asynchronie kann zu unbetont oder zu stark sein; in keinem Fall resultiert daraus kreative Produktivität. Erwünscht ist ein mittleres Maß an Spannung oder Asynchronie – von mir *fruchtbare Asynchronie* genannt. Zweitens: Je vielfältiger die fruchtbare Asynchronie, desto wahrscheinlicher wird die kreative Leistung. Ein Übermaß an Asynchronie allerdings kann sich als unproduktiv erweisen – wünschbar ist eine substantielle, doch verkraftbare Spannung.

Ebensowenig wie die Entwicklungsperspektive und das Kreativitätsdreieck wird die Hypothese der fruchtbaren Asynchronie mit dem Ziel einer empirischen Überprüfung eingeführt. Sie bildet einen integralen Teil des methodischen Aufbaus der Fallstudien. Der Wert dieses Ansatzes wird sich darin zeigen, ob die Phänomene der Kreativität einer Aufklärung näher gekommen sind. Aus dem methodischen Vorgehen ergibt sich jedoch eine ganze Reihe von Punkten, die empirisch zu behandeln sind. Sie werden nachfolgend vorgestellt.

Empirische Untersuchungen

In den Fallstudien kommen Einzelthemen zur Sprache, die grosso modo unter die bereits beschriebene methodische Rubrik fallen. Ich beabsichtige nicht, im Einzelfall sämtliche Punkte systematisch zu diskutieren und zu evaluieren, wie es eine strenge Anwendung des historiometrischen Ansatzes verlangen würde. Ich halte sie in Bereitschaft, bis sie in einem besonderen Fall sachdienlich erscheinen. In Teil III komme ich im Zusammenhang der relevanten Fallstudien auf diese Punkte zurück und lege eine erste vorsichtige Bilanz vor. Wo es angebracht ist, gehe ich in die Breite und gebe eine provisorische Einschätzung, in andern Fällen beschränke ich mich darauf, einen Eindruck wiederzugeben.

Die persönliche Ebene

1. Ich beginne mit Fragen zum kognitiven Bereich: intellektuelle Stärken und Schwächen (die besonderen Intelligenzen) der einzelnen kreativen Persönlichkeiten und Zeugnisse frühkindlicher Begabung.
2. Hinsichtlich Persönlichkeit und Motivation prüfe ich, wieweit sie den traditionellen Vorstellungen von der schöpferischen Persönlichkeit entsprechen. Ich betrachte die Art der Außenbeziehungen, den Grad der Durchsetzungsfähigkeit und die kindhaften Züge, die sich die kreativen Denker bewahrt zu haben scheinen. Ich berücksichtige ihre Art, Gefühle auszudrücken, und die Spannungen, denen sie ausgesetzt waren.
3. Mit Blick auf sozialpsychologische Faktoren untersuche ich die Kind-Eltern-Beziehung, die in der Familie herrschende Einstellung zu Disziplin und Freizügigkeit sowie den Grad an Marginalität, der die Beziehung zur Gesellschaft und zu anderen Personen der gewählten Domäne charakterisiert.
4. Unter dem Gesichtspunkt typischer Lebensmuster halte ich Ausschau nach Hinweisen auf Höhen und Tiefen im Schaffensverlauf, suche namentlich nach Bestätigung der Zehnjahresregel der Produktivität, der Tendenz zu schöpferischen Durchbrüchen in einem Intervall von zehn Jahren. Ich berücksichtige auch die Bedeutung einer Tätigkeit auf verschiedenen Gebieten und in verschiedenen Lebensabschnitten.

Die Ebene der Domäne

Hier gehe ich folgenden Fragen nach:
1. Ich untersuche die Art der Symbolsysteme, mit denen gearbeitet wird.
2. Ich beschreibe anhand von fünf verschiedenen Tätigkeiten – die auch in den resümierenden Zwischenkapiteln zur Sprache kommen – die verschiedenen kreativen Verfahrensweisen.
3. Schließlich diskutiere ich den Status der Paradigmen, das heißt der im einschlägigen Moment gültigen methodischen Grundprinzipien jeder Domäne, sowie die Innovationsresistenz bzw. -empfänglichkeit der Paradigmen zu Lebzeiten der Meister.

Die Ebene des Feldes

Auf der Feldebene verfahre ich wie folgt:
1. Ich untersuche zunächst die Beziehungen zu Mentoren, Rivalen und Anhängern im Rahmen des Feldes.
2. Es folgt die Behandlung von Art und Ausmaß öffentlicher Auseinandersetzungen innerhalb der Domäne.
3. Abschließend befasse ich mich mit der Frage, wie weit hierarchische Strukturen den Funktionsmechanismus des Feldes bestimmten.

Ich weise noch einmal darauf hin, daß eine abschließende, quantitativ erschöpfende Beantwortung dieser Fragen den Rahmen der vorliegenden Darstellung überschreiten würde. Die Fragen sollten als Orientierungspunkte für meine Untersuchung betrachtet werden; ihre endgültige Beantwortung bleibt einem Zusammengehen von Fallstudie und historiometrischem Verfahren überlassen.

Neue Themen

Während die empirischen Fragen sich organisch aus dem methodischen Grundansatz ergaben und somit erklärter Teil meines Untersuchungsvorhabens waren, gehören zwei weitere Gesichtspunkte nicht zum ursprünglichen Inventar und sind eine Neuentdeckung für mich. Weil sie zu einem wichtigen

Teil meiner Darstellung der Kreativität geworden sind, muß ich sie hier kurz erwähnen.

Unterstützung in der Zeit des Durchbruchs

Der erste Punkt ergab sich bei Betrachtung der Phase des wichtigsten Durchbruchs. Daß zumindest einige der Dargestellten während dieses Zeitabschnitts enge Vertraute besaßen, war mir bekannt. Was schließlich zutage trat, war jedoch weit folgenreicher: Nicht nur verfügten in dieser Phase des schöpferischen Prozesses *alle* über diese oder jene Art von Rückhalt; spezifische Komponenten kamen hinzu.

Nötig waren sowohl der affektive Rückhalt in einer Beziehung emotional entlastender Art wie auch der intellektuelle Beistand durch einen Sachkundigen, der die Bedeutung des Durchbruchs zu erkennen in der Lage war. Daß eine Person beide Funktionen übernahm, kam vor, während sich die doppelte Dienstleistung in andern Fällen als erfolglos oder unmöglich erwies.

Dieses besondere Verhältnis zwischen dem Schaffenden und ‚dem anderen' legt einen konstruktiven Vergleich nahe: die Beziehung zwischen Betreuer und Kind in der ersten Kindheit und die Beziehung zwischen einem Heranwachsenden und seinen Altergenossen in der Adoleszenzphase. In gewisser Hinsicht gleicht der Mensch, der versucht, ein neues Symbolsystem zu entwickeln und durchzusetzen, der Bezugsperson, die das Kind in seine Sprache und Kultur einführt; andererseits gleicht der Autor eines solchen Systems dem Jugendlichen im Umgang mit einem freundschaftlich gesinnten Altersgenossen. Als Psychologe, dessen Interesse der *individuellen* Schöpferpersönlichkeit gilt, überraschte mich jedenfalls die Entdeckung, daß ein kreativer Durchbruch in einem so intensiven sozialen und affektiven Kraftfeld verankert ist.

Der faustische Handel

Die zweite Entdeckung betrifft eine längere, oft ausgedehnte Phase im Leben der sieben Meister. Meine Untersuchungen ergaben, daß alle auf die eine oder andere Weise einen Pakt oder Handel, eine faustische Wette, eingegangen waren, um sich den dauernden Erhalt ihrer außerordentlichen Begabung zu sichern. In der Regel verschrieben sie sich uneingeschränkt der Erfüllung ihrer missionarischen Arbeit und opferten ihr alles, auch die Möglichkeit eines abgerundeten persönlichen Lebens. Die Art dieser Abmachung variiert; sie kann wie bei Freud, Eliot und Gandhi die Verpflichtung auf eine asketische Existenz zum Inhalt haben oder auch die freiwillige Isolation (Einstein und Graham); im Fall Picassos hatte sie als Konsequenz eines ‚zurückgewiesenen Opfers' eine haarsträubende Ausbeutung anderer zur Folge, und im Fall Strawinskys ein von anhaltender Aggressivität geprägtes Sozialverhalten, bei dem gelegentlich selbst die Fairneß auf der Strecke blieb. Gemeinsam ist diesen ungewöhnlichen Kontrakten mit dem Schicksal die Überzeugung, daß die Begabung gefährdet, gar unwiederbringlich verloren sein könnte, wenn die Abmachung nicht peinlichst eingehalten wird, und sich bereits aus nachlassendem Pflichteifer negative Folgen für das Schaffen ergeben.

Damit ist die vollständige Armatur vorgestellt – jedes andere Wort wäre unzutreffend! –, auf die meine Untersuchung sich stützt: drei allgemeine Themen als Leitschienen des Unternehmens in seinen Anfängen; die methodischen Gesichtspunkte: Entwicklung, Interaktion und Synchronie, an denen sich die Einzeluntersuchungen ausrichteten; eine Reihe empirischer Problempunkte, deren Erhellung sich die Studie zum Ziel setzte, sowie zwei Themen, die während der Arbeit auftauchten und in sich bereits als Ergebnisse zu betrachten sind.

Im Mittelpunkt des zweiten Teils stehen Persönlichkeiten, deren schöpferische Leistungen, wie ich glaube, zu Beginn des Jahrhunderts Signalwirkung hatten. Die unstrittige Bedeutung ihres Werks war der wesentliche Grund für ihre Auswahl. Jeder steht aber auch für eine bestimmte intellektuelle Kapazität, Begabung oder Intelligenz eines Wirkungsbereiches seiner Kultur. Für mich gibt es keine Hierarchie der Intelligenzen, sowenig wie sich die Werke nach Bedeutung, nach innovativer oder schöpferischer Kraft einstufen lassen. Ich stelle sie in der Reihenfolge vor, die in etwa der Chronologie ihrer entscheidenden historischen Leistungen entspricht. Mit Freud zu beginnen, der durch sein Werk selbst zu unserem Verständnis des kreativen Denkens beigetragen hat, ist nicht mehr als billig. In diesem zweiten Teil tritt der methodische Apparat in den Hintergrund; ich greife jedoch in den Zwischenkapiteln und bei der Zusammenfassung der Untersuchungsergebnisse in Teil III explizit darauf zurück.

TEIL II
Die Schöpfer der Moderne

3
Sigmund Freud:
Allein mit der Welt

Freud, um 1891

Seit dem Jahr 1902 trafen sich allmittwochabendlich etwa 20 bis 25 Männer bei einem Wiener Arzt und Psychologen mit Namen Sigmund Freud. Zu diesem Kreis stießen in den folgenden Jahren mehrere junge Ärzte, darunter Wilhelm Stekel, Paul Federn und Alfred Adler. Die Mitglieder der Gruppe kamen aus den verschiedensten Ecken der Gesellschaft – der Musikologe Max Graf gehörte dazu, der Musikkritiker David Bach, der Herausgeber Hugo Heller, der Armeearzt Generalmajor Edwin Hollerung und Otto Rank, ein ehemaliger Glasbläser. Häufige Gäste waren die Psychiater Ernest Jones aus London, Carl Gustav Jung aus Zürich und Sándor Ferenczi aus Budapest. Auf Kaffee und Zigarren folgte der Vortrag eines Mitglieds, mitunter eines Gastes, an den sich nach streng festgelegtem Prozedere die Stellungnahmen der Zuhörer anschlossen. Als letzter sprach gewöhnlich Freud.

Die ersten Schüler

Einem Außenstehenden mußten Freuds Mittwochabendgäste als exzentrisches Häuflein erscheinen, das sich einer entschieden exotischen Tätigkeit hingab. Einige der Teilnehmer waren Sonderlinge, Einzelgänger die meisten; fast alle waren Juden und in Wien an einen gewissen Grad der Ausgrenzung gewöhnt. Die meisten Vorträge behandelten ungewöhnliche medizinische oder psychiatrische Beschwerden wie Hysterien, Obsessionen oder Verfolgungswahn; die Ursache der Leiden wurde häufig im Sexualleben gesucht, und es kam vor, daß der Referent anschauliche Schilderungen eigener Träume und sexueller Gewohnheiten zum Vortrag brachte. Mit zuweilen unnötig herber Kritik wurde nicht gespart. Das ‚letzte Wort' jedoch blieb Freud vorbehalten.

Die Zusammenkünfte der Psychologischen Mittwoch-Gesellschaft bedeuteten einen Wendepunkt in Freuds Leben. Nach aussichtsreichen, doch keineswegs triumphalen Anfängen als Medizinwissenschaftler und praktizierender Arzt hatte sich Freud aus seinem beruflichen Umfeld zurückgezogen und mit geringer Unterstützung, manchmal jedoch beträchtlicher Opposition von seiten seiner Kollegen die Grundlagen der psychoanalytischen Theorie und Praxis entwickelt. Nachdem im Jahr 1900 *Die Traumdeutung* erschienen war, die er für sein bedeutendstes Werk hielt, meinte er zum ersten Mal Anzeichen dafür zu erkennen, daß andere seine Ideen ernst nahmen und bereit sein könnten, sie einer breiteren Öffentlichkeit zur Kenntnis zu bringen.

Vielleicht waren die Männer, die sich in der Berggasse 19 versammelten, wie Freuds langjähriger Mitstreiter Ernest Jones behauptet, tatsächlich in ihrer Mehrzahl zweitrangige Größen: „Die Versammlung enttäuschte mich. Sie schien ein unwürdiger Hintergrund für Freuds Genius. Doch im Wien jener Tage, das ihm so voreingenommen gegenüberstand, war es schwer, Schüler zu finden, die einen Ruf zu verlieren hatten, und er mußte nehmen, was sich ihm bot." Sie waren denn auch eine unwiderstehliche Zielscheibe für den Satiriker Karl Kraus, und man könnte sich vorstellen, daß sich ein anderer Tom Stoppard nach dem Vorbild von *Travesties* dieses Häufleins marginalisierter Neurotiker annimmt. Doch aus dem Kern der Mittwoch-Gesellschaft gingen die ehrwürdige Wiener Psychoanalytische Vereinigung und schließlich die Internationale Psychoanalytische Vereinigung hervor. Als loyale Fußsoldaten taten diese Männer sowie ihre Mithelfer und Nachfolger das Ihre, die revolutionären Gedanken ihres Anführers in der intellektuellen Welt zu verbreiten.

Herkunft und frühe Kindheit

Auf den ersten Blick erscheinen Freuds Startchancen äußerst begrenzt. Er kam im mährischen Freiberg zur Welt, einer Kleinstadt mit fünftausend Einwohnern etwa 240 Kilometer nordöstlich von Wien. Seine Eltern gehörten als Juden in der österreichisch-ungarischen Doppelmonarchie nicht zu den wohlgelittenen Bevölkerungsschichten. Der Vater, Jakob Freud, war ein liebenswürdiger, gutartiger und optimistischer Mensch, der als Kaufmann weitgehend erfolglos blieb und den Erwartungen seiner Frau Amalie nie voll zu entsprechen vermochte. Der junge Sigismund – dies sein Taufname, den er erst als Erwachsener in Sigmund änderte – wuchs zunächst in äußerst beengten und unwirtlichen Wohnverhältnissen auf. Später besserte sich Jakob Freuds geschäftliche Lage, und die inzwischen neunköpfige Familie bezog ein komfortableres Quartier. Die familiäre Konstellation hatte ihre Besonderheiten. Vater Jakob lebte in seiner dritten Ehe und war doppelt so alt wie Freuds Mutter; Freud hatte zwei ältere Halbbrüder im Alter seiner Mutter, und ein Neffe und eine Nichte waren genauso alt wie ihr Onkel Sigismund.

Freuds Schriften verdanken wir die Einsicht in die wesentliche Bedeutung der ersten Lebensjahre für die spätere Entwicklung des Menschen. Trotz der von mir geschilderten nachteiligen Umstände war Freud in überwiegender

Hinsicht vom Glück begünstigt. Als Erstgeborener erhielt er die besondere Aufmerksamkeit seiner Mutter, die starb, als Freud siebzig war. Er war der Abgott seiner Kinderfrau, deren Berichte offenbar zu der Überlieferung beitrugen, daß der kleine Freud kein Kind war wie alle anderen. Freuds Jugend fiel außerdem in eine Zeit, in der sich ein früher ausgeprägter österreichischer Antisemitismus zumindest vorübergehend verlor.

Darüber hinaus war der junge Freud ausnehmend talentiert, was nicht unbemerkt blieb. Er scheint unter den sieben hier dargestellten kreativen Persönlichkeiten die größte wissenschaftliche Begabung zu repräsentieren und jeder denkbaren Definition des Wortes entsprechend hochintelligent gewesen zu sein. In seinen autobiographischen Notizen berichtet er: „Auf dem Gymnasium war ich durch sieben Jahre Primus, hatte eine bevorzugte Stellung, wurde kaum je geprüft." Das Abschlußexamen bestand der Primaner *summa cum laude*. Der Tageslauf der Familie richtete sich weitgehend nach den Bedürfnissen des begabten Kindes. Sigismund bekam sein eigenes Zimmer und eigene Büchergestelle, nahm die Mahlzeiten allein in seinem Zimmer ein, und als ihn das Klavierspiel der Schwester störte, wurde das Instrument aus dem Haus geschafft.

Trotz früher Neigung zur Gelehrsamkeit scheint Freud eine im großen und ganzen harmonische Kindheit verlebt zu haben. Er war gern im Freien und wurde ein guter Läufer, Schwimmer und Schlittschuhfahrer. Sein Freundeskreis reichte weit über den Bereich der ausgedehnten Großfamilie hinaus. Wie andere junge Männer seiner und anderer Zeiten begeisterte er sich für das Soldatenleben. Besonders war er von Hannibal beeindruckt, dem großen Feldherrn der Karthager, dessen Schlachten er sich in graphischen Darstellungen vergegenwärtigte. Wäre er nicht Jude, erklärte er, und damit von militärischen Führungspositionen ausgeschlossen, hätte er die Offizierslaufbahn eingeschlagen. So stark ihn das Militär faszinierte, so wenig berührte ihn Religion als formale Glaubenslehre. Doch er fühlte sich emphatisch als Jude, kannte die Bibel ebenso wie andere jüdische Schriften und empfand antisemitisches Gerede und Verhalten als Affront.

Als begabter junger Jude in einem zunehmend freisinnigen Österreich-Ungarn war Freud eindeutig für die akademischen Berufe bestimmt. Sein Vater, in lebhafter Begeisterung über den begabten Sohn – „Mein Sigmund [sic] ist in der kleinen Zehe gescheiter als ich in meinem Kopf ...", soll er einmal bemerkt haben –, stellte ihm die Berufswahl frei. Eine politische oder militärische Karriere kam für einen ehrgeizigen jungen Juden kaum in Frage, doch die Jurisprudenz, die Naturwissenschaften, andere akademische Disziplinen oder die Medizin standen ihm offen. Freud schien einem Studium der Rechte zuzuneigen, bis er in einer öffentlichen Vorlesung Goethes Aufsatz „Über die Natur" kennenlernte. Die Begegnung mit diesem großen Lobgesang auf die Welt der Schöpfung, in der die Natur als allesumfassende Mutterfigur erscheint, bewog Freud dazu, Medizin zu studieren und Naturwissenschaftler zu werden.

Freuds universelle Begabung

In seinem autobiographischen Abriß schrieb Freud: „Eine besondere Vorliebe für die Stellung und Tätigkeit des Arztes habe ich in jenen Jugendjahren nicht verspürt ... Eher bewegte mich eine Art von Wißbegierde ...". Der Kommentar stellt eine krasse Untertreibung dar. In den acht Jahren, die zwischen dem Abitur und seiner medizinischen Abschlußprüfung lagen, versenkte er sich in die Welt der Wissenschaften, und seine Interessen waren weitgespannt. Seine Lektüre umfaßte die Bibel, die griechischen Klassiker, Shakespeare auf Deutsch und Englisch, Cervantes, Molière, Lessing, Goethe und Schiller. Er sprach Englisch und Französisch und eignete sich das Spanische an, um Cervantes im Original lesen zu können. Er liebte die Kunst und das Theater, besuchte Ausstellungen und Schauspielaufführungen und gab gescheite Kommentare über das Gesehene ab. Eine Zeitlang ließ er sich für die Philosophie begeistern. Er schloß sich einer Gesellschaft an, in der die klassischen Philosophen behandelt wurden, übersetzte John Stuart Mill ins Deutsche und hörte Franz Brentanos Vorlesungen über Philosophie und Psychologie. Die Naturwissenschaften kamen nicht zu kurz – Darwins Schriften studierte er ebenso wie die Werke Hermann von Helmholtz', des bedeutendsten Naturwissenschaftlers der damaligen Zeit.

Ein Zeugnis dieses lebhaften, wißbegierigen Geistes sind die Briefe, die Freud an Emil Fluß und Eduard Silberstein, die Freunde dieser Jahre, und kurz darauf auch an seine Verlobte, Martha Bernays, richtete. Freud erscheint darin als lebhafter, begeisterungsfähiger, geistreicher, nicht selten sardonischer und höchst ambitiöser junger Mann mit gelegentlicher Neigung zur Selbstdegradierung. Mit gut entwickelter Einbildungskraft ausgestattet, erfindet er Szenen, Charaktere und Institutionen, gefällt sich in poetischen Höhenflügen; lebhafte Beschreibungen und dramatische Darstellungen in verschiedenen Sprachen fließen offenbar mühelos aus der Feder. Er springt von der Kunst zur Literatur, von der Naturwissenschaft zur Philosophie, vom Persönlichen zu Beruf, Politik und Fragen der Zeit. Bereits zeigt sich der Lehrer – in der Weitergabe eigener Erfahrungen und Erkenntnisgewinne, in pointierten Fragen an die Briefpartner und in den Versuchen, Einzelerkenntnisse synthetisch zu verbinden. In diesem Briefwechsel, meint man schließen zu dürfen, waren die Adressaten auf der Gewinnerseite.

In seinen autobiographischen Notizen weist Freud darauf hin, daß sich seine elementare „Wißbegierde" „mehr auf menschliche Verhältnisse als auf natürliche Objekte bezog". Aus den Briefen spricht denn auch ein fasziniertes Interesse und erstaunlich differenziertes Verständnis für die an Schrullen und Eigenarten reiche Welt der Menschengeschöpfe. Freud konnte detaillierte, komische oder rührende Absätze, Seiten oder auch seitenlange Passagen über die Familie, über Freunde oder Fremde ausspinnen. Anschaulich schilderte er eine Begegnung mit einem gestrengen Professor, die Träume eines ehrgeizigen jüdischen Arztes, der die Tochter seines Chefs geheiratet hatte, und den Selbstmord eines begabten, doch psychisch belasteten Freundes. Er weiß Rat, wenn familiäre Spannungen auftreten, und geht bei der Schilderung eigener Gefühle, Ambitionen und Konflikte nicht zimperlich mit sich um.

Aus der historischen Distanz kann man nicht umhin, mit Überraschung zur Kenntnis zu nehmen, daß sich der junge Freud ungewöhnlich ehrgeizige Ziele setzte. Er schien seit frühesten Zeiten überzeugt, daß er Außerordentliches vollbringen werde. Ungewiß war lediglich, auf welchem Gebiet er sich hervortun würde – *daß* er dazu imstande sei, stand außer Frage. Auch hier repräsentiert er sich innerhalb meines Untersuchungsfeldes als Extremfall – sein expliziter Ehrgeiz und sein Selbstbewußtsein bleiben im Kreis der Sieben unerreicht. Ein häufig wiederkehrendes Thema der Briefe sind die eigene Zukunft, der kommende Ruhm und mögliche Fährnisse beim Griff nach dem Lorbeer, die Verdienste und Schwächen einer Demonstration, einer Vorlesung oder einer Abhandlung, die er in Arbeit hatte, die Möglichkeiten, auf Umwegen oder ohne Verzug zum Ruhm zu gelangen, sowie die Frage, ob diese oder jene Entdeckung vielleicht den Schlüssel zur Größe enthalte. Ein immerwacher Humor und ein Gefühl des Fatalismus sowie die großherzige Überzeugung, daß dieselben Möglichkeiten auch anderen Kollegen offenstünden, lassen das Leitmotiv der ‚Leistung' nie in die Nähe von Obsession oder Größenwahn geraten.

Kaum weniger bemerkenswert ist Freuds Vorliebe für Rätsel und Denksportaufgaben aller Art. Er liebte es offensichtlich, auf Paradoxe zuzusteuern und dann so lange daran herumzuknobeln, bis er eine Lösung heraushatte. Wie die Talmudisten versuchte er jeden Winkel der Existenz hinsichtlich des

Warum und Wozu auszuleuchten: warum ihm und seiner Verlobten die langen Jahre der Trennung als Prüfung auferlegt waren; wie man mit wenig irdischen Gütern glücklich sein kann; warum man freiwillig aus dem Leben scheidet; warum man mit geringer Hoffnung auf eine Entdeckung monatelange Laborarbeit betreibt; ob Frauen Haushalt und Berufsarbeit vereinbaren können.

Zuweilen drückte Freud sein Bedauern darüber aus, kein besseres Gedächtnis und keinen leistungsfähigeren Verstand zu haben, Klagen, die bei den Zeitgenossen – und Nachfolgern – auf wenig Verständnis gestoßen sein dürften. Als Physiker und Mathematiker brachte er es nicht zu Ehren, und seine Musikalität war begrenzt, doch auf dem Gebiet der Humanwissenschaften und allgemeinen Naturwissenschaften arbeitete er kompetent und umfassend. Im Unterschied zu anderen brillanten Gelehrten schloß ihn seine Tätigkeit nicht von der Welt des menschlichen Umgangs aus. Der junge Freud hatte eine Begabung für Freundschaften und war, glaubt man der Mehrzahl der Berichte, ein guter Kamerad, ein glänzender Redner und ein loyales Familienmitglied. Er besaß, um in meiner Terminologie zu sprechen, eine reich ausgeprägte sprachliche und personale Intelligenz, das heißt, er wußte mit Worten und Menschen so gewandt wie kompetent umzugehen. Man gewinnt den Eindruck, daß nach Abschluß seines Studiums die Welt wohlgeordnet vor ihm lag; an der Schwelle zur Moderne in einem der kulturellen Zentren der damaligen Welt beheimatet und mit guten Verbindungen zu einflußreichen Mentoren ausgestattet, standen ihm praktisch unbegrenzte Möglichkeiten offen.

Die ‚erste' Karriere als Neurologe

Der junge Mediziner schrieb an seine Verlobte: „In meinem Hirn gibt's wundersame Einquartierung.... da hausen die Bakterien, die sich bald grün, bald blau färben, da fahren die Ratschläge gegen die Cholera auf, die alle sich sehr schön lesen, wahrscheinlich all nichts taugen." Ein Gutteil dieses Lehrbuchwissens erwies sich für Freud tatsächlich als irrelevant, da er nie als Allgemeinmediziner praktizierte. Er entschied sich für eine wissenschaftliche Laufbahn als Neurologe.

Zunächst arbeitete er im Physiologischen Institut von Ernst Wilhelm von Brücke, einem namhaften Wissenschaftler, der unter dem Einfluß von Helmholtz die Organismen als physikalische Einheiten betrachtete, die analog der übrigen materiellen Welt zu verstehen seien. In Ablehnung jeder vitalistischen oder intentionalistischen Perspektive verfolgten Brücke und seine Schule einen materialistischen und reduktionistischen Ansatz; man erwartete die Antworten auf alle Fragen an die Natur aus der sorgfältigen Untersuchung der Zellen und Zellverbindungen und aus der Analyse der chemischen und physikalischen Kräfte, die ihre biologischen Wechselwirkungen kontrollierten. Freud geriet mitten in diese brisante Atmosphäre und erhielt eng begrenzte Aufgaben; der früheren Arbeit über die Geschlechtsdrüsen des Aals folgten die Untersuchungen einer großen Zelle der Neunaugenlarve, die einer primitiven, fischähnlichen Wirbeltiergruppe angehört, sowie der Feinstruktur der Nervenzellen des Flußkrebses. Im Verlauf der Laborarbeiten genoß er die ersten Früchte wissenschaftlichen Erfindergeistes: Er hatte eine Methode zur Färbung neurologischer Schnitte mit Goldchlorid entdeckt.

Die Arbeit in Brückes Laboratorium vermittelte Freud nicht nur wissenschaftliche Kenntnisse und technische Handfertigkeiten, sie hatte auch persönliche Bedeutung. Neben dem Neurologen Jean-Martin Charcot und dem Arzt Josef Breuer war Brücke unzweifelhaft eine der drei Vaterfiguren Freuds. Brückes Persönlichkeit beeindruckte den jungen Freud: sein erster wissenschaftlicher Mentor war anspruchsvoll, gewissenhaft und von skrupulöser Fairneß, eine geborene Führernatur. Von seinen Studenten verlangte er viel, und Schwächen tolerierte er nicht. Wer sich seinem wissenschaftlichen und persönlichen Format indes gewachsen zeigte, konnte auf Herzlichkeit und Unterstützung zählen. Freud machte sich den Glauben seines Lehrers an materialistische Erklärungen und seine Verachtung alles Mystischen zu eigen; die Fragen jedoch, die Freud schließlich im Namen einer naturwissenschaftlich orientierten Wissenschaft in Angriff nahm, hätten Brücke vermutlich die Sprache verschlagen.

Freuds Publikationsliste in den siebziger und achtziger Jahren umfaßt eine respektable Zahl von Arbeiten zur Gehirnanatomie. Sie bezeugen Freuds Blick für Details und seine Fähigkeit, auf mikroskopischer Ebene die Organisationsprinzipien des Nervensystems aufzuweisen. Freud gelangte in die Nähe der Erkenntnis, daß das Neuron*, die einzelne Zelle mit ihren Fortsätzen, die funktionelle Grundeinheit des Nervensystems darstellt, die Entdeckung jedoch machte einige Jahre später Wilhelm von Waldeyer. Noch immer wartete Freud auf den großen Wurf, der ihn aus der Menge herausheben

* In früheren Schriften taucht die Form „Neurone" auf.

würde. Daß der Wunsch, durch eine Entdeckung bekannt zu werden, seine Gedanken beherrschte, macht ein Brief deutlich, in dem er erklärte:

... bin ganz sicher, etwas zu finden. Nicht so sicher, etwas zu publizieren, denn das Thema ist höchst dankbar, höchst populär, und es ist leicht möglich, daß mir jemand zuvorkommt ... Vom nächsten Monat an werde ich endlich auch zu experimentieren beginnen, ebenfalls über Speichelsekretion an Hunden.

Eine Zeitlang war Freud der Überzeugung, daß ihm durch seine Experimente mit Kokain ein entscheidender Durchbruch gelungen sei. Bei Versuchen mit der damals noch wenig erforschten Substanz hatte er festgestellt, daß ein zwanzigstel Gramm seine schlechte Laune in Heiterkeit verwandelte. Da das Mittel als gastrisches Narkotikum wirkte, glaubte Freud, es könne Brechreiz verhindern. Begeistert über die Entdeckung, gab Freud die Droge einem Freund, der unter Schmerzen litt, und schloß, es handle sich um ein „Zaubermittel". Die Euphorie verführte ihn zu der Fahrlässigkeit, das Kokain Freunden und Kollegen und ebenfalls seiner Verlobten und seinen Schwestern zu geben. Seine Abhandlung über die Kokapflanze ist vielleicht die einzige seiner wissenschaftlichen Schriften, in der er persönlichen Enthusiasmus äußert, wenn er zum Beispiel von der „großartigen anregenden Wirkung" der Substanz spricht.

Die Kokain-Episode endete fatal. Wie sein Freund entdecken mußte, besaß der Stoff ein hohes Suchtpotential, und die erwünschten Nebenwirkungen traten nur zeitweilig und nur bei depressiven Personen auf. Daß Kokain als wirksames Anästhetikum bei Augenoperationen einzusetzen war, entdeckte wenig später ein Kollege Freuds, Carl Koller, was die Seelenpein des enttäuschten Forschers verschärft haben dürfte. Wieder hatte Freud von der Euphorie des Entdeckens gekostet, ohne sich Anspruch auf den Lohn zu erwerben.

Charcot und der Wechsel zur Psychiatrie

Glücklicher war das Jahr, das auf die unglückliche Kokain-Episode folgte. Im Anschluß an eine Zeit existentieller Kämpfe und Unsicherheiten, wie sie für Freuds Karriere typisch waren, erhielt er ein Stipendium für eine Studienreise. Die Zeit vom Dezember 1885 bis Februar 1886 vebrachte er in Paris, und der kurze Aufenthalt in einer Stadt unübertroffener Inspirationskraft veränderte sein Leben. Er arbeitete in der von Jean-Martin Charcot geleiteten Salpêtrière und hatte dort Gelegenheit, Fälle von Neurose, insbesondere verschiedene Hysterien, zu beobachten, ein Krankheitszustand, bei dem die Patienten, meist Frauen, auffällige Symptome wie partielle Lähmungserscheinungen, Blindheit oder anfallartiges Verhalten zeigen, ohne daß ein medizinisch faßbares Leiden vorliegt. Charcots Visiten waren dramatische Demonstrationen dieser Fälle; er analysierte die Symptome im Detail, wies auf bestimmte Gesetzmäßigkeiten der Anfälle hin und traf Abgrenzungen zwischen verschiedenen Formen der Hysterie. Charcot verstand es, in Freuds Worten, „eine Regelmäßigkeit und Gesetzmäßigkeit nachzuweisen, wo die unzulänglichen oder halbherzigen klinischen Beobachtungen anderer nur Verstellung oder einen verwirrenden Mangel an Übereinstimmung mit der Regel sahen."

Charcots besonderes Interesse galt der Klassifikation der Hysterie sowie dem Nachweis, daß es sich um eine Erbkrankheit handle. Doch seine erfolgreich demonstrierten Versuche, bei nichthysterischen Patienten unter Hypnose hysterische Symptome hervorzurufen, legten Freud die Vermutung nahe, daß zumindest ein Teil der hysterischen Symptome ausschließlich seelisch-geistige Ursachen haben könnte. Die Beobachtung, daß bei diesen Patienten von dem in der Hypnose Erlebten oft keinerlei Erinnerung zurückblieb, führte Freud außerdem zum ersten Mal das Wirken starker unbewußter Prozesse vor Augen. Aus den Briefen an die Familie spricht vorbehaltlose Begeisterung:

Ich tue hier gar nichts, als mich am Morgen von Charcot anregen zu lassen, und Nachmittag habe ich Zeit, mich wieder aufzuregen und dazwischen Briefe zu schreiben. ... Charcot, der einer der größten Ärzte, ein genial nüchterner Mensch ist, reißt meine Ansichten und Absichten einfach um. Nach manchen Vorlesungen gehe ich fort wie aus Notre-Dame, mit neuen Empfindungen vom Vollkommenen.

Anstelle des strengen, exakten Gehirnanatomen Brücke wurde der verbindlichere, charismatische, der Psychologie zuneigende Charcot zu Freuds „Ich-Ideal". In einem Brief an seine Verlobte entwarf er seinen neuen Götterhimmel und offenbarte seine unverändert ehrgeizigen Ziele in dem Bekenntnis, er sei der Überzeugung, daß er eines Tages „vielleicht Charcot erreichen könnte".

Die zehn Jahre, die dem Parisaufenthalt folgten, könnten bei einem Menschen von Freuds außerordentlichen Talenten, Energien und Ambitionen als Periode der Stagnation erscheinen. Die Zahl der neurologischen Publikationen nahm ab; auch war hinreichend klar geworden, daß er weder durch seine hirnanatomischen Forschungen noch durch seine Untersuchungen zur kindlichen Neuropathologie in die Annalen der Wissenschaft eingehen würde. Freud entschloß sich, einen großen Teil seiner Forschungsarbeit aufzugeben und eine Privatpraxis zu eröffnen, um zu heiraten und eine Familie zu gründen.

Für die Alltagspraxis der klinischen Medizin verspürte Freud wenig Neigung, und auch die Arbeit am Experimentiertisch der Gehirnanatomie hatte ihm nicht die erwartete Anregung verschafft, ganz abgesehen von der Enttäuschung darüber, daß der erhoffte Beifall seitens der Fachgenossen ausgeblieben war. Freuds drittes Lebensjahrzehnt repräsentierte, um einen Ausdruck des Psychologen Erik Erikson zu verwenden, ein „psychosoziales Moratorium", eine Zeit, in der er wechselnde Lebensrollen und Lebensstile im Hinblick darauf erprobte, welcher am ehesten geeignet wäre, ihn zum Erfolg zu führen. Doch Freud hatte bereits die Witterung der Probleme aufgenommen, die ihn für den Rest seiner wissenschaftlichen Laufbahn beschäftigen sollten. Durch Charcot war er mit der Welt der Nervenleiden bekannt geworden, die nicht nur an sich faszinierend war, sondern sich überdies, wie er meinte, seinen besonderen, gut ausgebildeten Fähigkeiten zur Beobachtung, Klassifizierung und Erklärung förmlich anzubieten schien. Vielleicht war die Erhellung der Neurosen das Gebiet, auf dem er es zu professionellen Ehren bringen würde.

Einer seiner Mitarbeiter in Brückes Labor war der um vierzehn Jahre ältere Arzt Josef Breuer. Breuer, dessen Vater sich aus dem Ghetto ins ‚freiere' Wien geflüchtet hatte, war ein universell begabter Mann, der in den Künsten ebenso zuhause war wie in der Philosophie und Politik. Die beiden Männer fanden Gefallen aneinander, und Breuer versüßte das sich herausbildende Vater-Sohn-Verhältnis durch gelegentliche Geldzuwendungen an den unbemittelten Freud. Bereits seit 1880 behandelte Breuer Patienten mit hysterischen Symptomen. Er berichtete Freud von den klinischen Erfahrungen mit seinen Patienten, vor allem aber von Bertha Pappenheim – die später als Anna O. zu Weltruhm kam. Freud erkannte, daß sich die in Paris geweckten wissenschaftlichen Interessen in einer Wiener Privatpraxis weiterverfolgen ließen und daß der angesehene und gutherzige Breuer sich bei seinen Untersuchungen als wertvoller Partner erweisen könnte.

Der Fall der Anna O. gehört zu den bekanntesten im Freudschen Dossier, obwohl Bertha Pappenheim bereits Breuers Patientin war, als Freud noch Medizin studierte. Die Tochter eines wohlhabenden Wiener Kaufmanns hatte während der Pflege ihres schwerkranken Vaters eine Reihe hysterischer Symptome entwickelt, darunter partielle Lähmungen, Schielen, Sehstörungen,

Halluzinationen und Hemianästhesie. Sie war sich der Merkwürdigkeit ihres Krankheitsbildes durchaus bewußt, wenn auch nicht in der Lage, es zu erklären, sie versuchte zeitweilig, die Symptome zu unterdrücken, gefiel sich manchmal darin und bot so den Eindruck einer verwirrten, gespaltenen Persönlichkeit.

Bertha Pappenheim wurde von mehreren Ärzten behandelt, darunter Breuer und der berühmte Psychiater Krafft-Ebing. Breuer arbeitete mit Hypnose und machte eine bemerkenswerte Entdeckung. Zu Berthas Zustand gehörte das subjektive Unvermögen, Flüssigkeit zu sich nehmen. Einmal hatte sie während der Hypnose in größerer Ausführlichkeit ihren Ärger über eine englische Gesellschafterin ausgedrückt. Nachdem sie ihren aggressiven Gefühlen freien Lauf gelassen hatte, stellte sie fest, daß sie trinken konnte. Mit dem Glas an den Lippen erwachte sie aus der Hypnose und war von diesem einen Symptom seither endgültig befreit. Bei der Wiederholung dieser Therapie erkannte Breuer, daß viele von Berthas Symptomen sich auf starke emotionale Erlebnisse aus der Zeit zurückführen ließen, in der sie ihren Vater pflegte. Statt sich diesen häufig bestürzenden Gedanken zu stellen, hatte das Mädchen sie offensichtlich unterdrückt und damit ein körperliches Symptom aktiviert. Die Artikulierung der früher unterdrückten Gedankeninhalte und die Entladung des sie normalerweise begleitenden Affekts schienen ausreichend, das Symptom zu beseitigen.

Unter Verwendung eines ursprünglich von Bertha Pappenheim geprägten Ausdrucks schrieben Breuer und Freud über die „talking cure" (Redekur)*. Ihrer Analyse zufolge verschwand ein Symptom, wenn der Patient in der Lage war, das Erlebnis, das zu seiner Entstehung geführt hatte, im Zustand der Hypnose zu wiederholen. Es konnte sich dabei um Erlebnisse von großer Tragweite handeln, zum Beispiel um den Wunsch, den Vater oder die Mutter im Zustand der Hilflosigkeit zu verlassen. Zuweilen war dieses Erlebnis zwar weniger bedeutungsvoll, hatte sich aber zu einer Zeit ereignet, als der Patient starken seelischen Spannungen ausgesetzt war. Die Beziehung zwischen der Ursache und den hysterischen Symptomen konnte symbolischer Art sein. Unmotivierte, heftige Schmerzen einer Kranken in der rechten Ferse zum Beispiel wurden auf ihre Befürchtung zurückgeführt, daß sie bei der Einführung in die Gesellschaft „das ‚richtige oder rechte Auftreten' nicht finden könnte".

* Als *talking cure* oder *chimney sweeping* (Kaminfegen) hatte Bertha Pappenheim, die während ihrer Behandlung häufig englisch sprach, die therapeutischen Vorgänge bezeichnet. – Vgl. Clark, 1981, S. 122) [A.d.Ü.]

Als der erste Bericht über den Fall publiziert wurde, galt Bertha Pappenheim als weitgehend geheilt. Breuer und Freud erklärten, wie die unerwünschte Vorstellung zurückgedrängt, verdrängt wurde und dann ins Bewußtsein zurücktrat:

[Die Behandlung] hebt die Wirksamkeit der ursprünglich nicht abreagierten Vorstellung dadurch auf, daß sie dem eingeklemmten Affekte derselben den Ablauf durch die Rede gestattet, und bringt sie zur assoziativen Korrektur, indem sie dieselbe ins normale Bewußtsein zieht (in leichter Hypnose) oder durch ärztliche Suggestion aufhebt ...

Weitere Nachforschungen ergaben jedoch, daß die Heilung nicht vollständig war. Eines Tages hatte die Patientin unter heftigen Bauchkrämpfen gelitten und auf Befragen erklärt: „Jetzt kommt das Kind, das ich von Dr. B. habe". Freud zufolge schreckte Breuer davor zurück, die vollen Konsequenzen dieser Reaktion zu bedenken – die „Übertragung" der Gefühle der Patientin auf den Arzt, die mögliche „Gegenübertragung" vom Arzt auf die Patientin und die sexuellen Untertöne einer hysterischen Schwangerschaft.

Unter dem Eindruck von Breuers ersten Beobachtungen und Berichten benutzte Freud die Hypnose in der Hysteriebehandlung eigener Patienten. Er konnte das anhand des Falles der Anna O. von Breuer gelieferte Bild im großen und ganzen bestätigen. Von Freud überredet, gedrängt auch durch das Erscheinen thematisch verwandter Publikationen des Charcot-Schülers Pierre Janet, erklärte sich Breuer bereit, die Ergebnisse über die Hysterie zusammen mit Freud in einer kurzen Monographie, den „Studien über Hysterie" von 1895, zu veröffentlichen. Der Band enthält fünf Fallbeschreibungen und eine Freuds Worten zufolge „bescheidene" Theorie.

Die in den *Studien* vorgelegte Theorie entsprach dem, was sich von zwei Ärzten der Brücke-Helmholtz-Tradition erwarten ließ. Man ging von der Annahme eines aufgestauten starken Affekts aus, an dessen Stelle sich in einem Konversionsprozeß ein Symptom setzte, welches dasselbe Energiequantum verbrauchte, das in den nicht verdrängten Affekt geflossen wäre. Es war eine „kathartische Technik"; sie baute die aufgestaute Energie ab und eliminierte damit das Symptom.

Breuer hatte sich zur gemeinsamen Publikation der *Studien* bereitgefunden, doch die Freundschaft war bereits erheblichen Spannungen ausgesetzt. In seiner Selbstdarstellung erklärte Freud dazu: „Die Entwicklung der Psychoanalyse hat mich dann seine Freundschaft gekostet. Es wurde mir nicht leicht, diesen Preis dafür zu zahlen, aber es war unausweichlich." Breuer war bereit, eine dynamische Betrachtung der Hysterie zu akzeptieren. Vor der

Diskussion unbewußter Prozesse und vor dem Thema der zwischen Arzt und Patient bestehenden Übertragungssituation, vor allem aber vor der evidenten Bedeutsamkeit sexueller Motive und Motivationen scheute er jedoch zurück. Er zog, wo nur möglich, physiologische Erklärungen vor, während Freud bereits nach psychologischen Ursachen suchte und mit der Arbeit an einer umfassenden Darstellung des seelischen Apparats begonnen hatte, aus der sich Symptome, Abwehr und Katharsis ableiten ließen.

Einen Vorgeschmack künftiger Reaktionen auf seine Arbeit erlebte Freud 1896 aus Anlaß seines Vortrags „Zur Ätiologie der Hysterie" vor dem Wiener Verein für Psychiatrie und Neurologie, in dem er, überzeugt von der Richtigkeit seiner Schlüsse, in großen Zügen über die gewonnenen Erkenntnisse referierte: daß die von Charcot vertretene Erklärung der Neurosen als angeborener Leiden nicht stichhaltig sei; daß hysterische Symptome „überdeterminiert" seien und nur darum übertrieben erschienen, weil der Beobachter in die ihnen zugrundeliegenden Motive nur beschränkt Einblick habe, und daß Männer ebenso wie Frauen Hysterien entwickelten. Alle Neurosen, so seine dezidierte Erklärung, lassen denselben Ursprung erkennen: „das Sexualleben des Individuums, sei es eine Störung seines gegenwärtigen Sexuallebens oder seien es wichtige Ereignisse aus seiner Vergangenheit".

Der Vortrag zeigt Freud auf der Höhe seiner Begabung: eloquent und voller Überzeugungskraft, ausgerüstet mit dem Beweismaterial aus achtzehn Krankheitsfällen und auf mögliche Einwände gewappnet, versetzte er sich in die geistige Ausgangslage seines skeptischen Auditoriums. Nach allen vorliegenden Zeugnissen fand seine Präsentation jedoch wenig Resonanz. „Es klingt wie ein wissenschaftliches Märchen", äußerte sich der Sexualwissenschaftler Krafft-Ebing, der den Vorsitz führte. Freud berichtete, daß er „bei den Eseln eine eisige Aufnahme fand". So tief war die Niedergeschlagenheit über die Aufnahme seiner Entdeckungen, daß Freud in den ihm verbleibenden zweiundvierzig Lebensjahren in Wien nur noch ein einziges Mal eine öffentliche medizinische Vorlesung hielt.

Freud war an einem Wendepunkt angelangt. Eigener Einschätzung nach stand er an der Schwelle außerordentlicher Entdeckungen; er hatte den Kollegen des Psychiatrischen Vereins „die Lösung eines mehrtausendjährigen Problems, ein caput Nili aufgezeigt". Doch weder in Wien noch andernorts fanden seine Darstellungen ein Echo. Überwiegend ignorierte man sie; erwähnt wurden sie allenfalls, um die „Absurdität derart weit hergeholter, unbewiesener und unbeweisbarer Schlußfolgerungen zu verurteilen." Freud, ehemals das Idol seiner Familie, von Lehrern und Fachgenossen respektiert und bewundert, hatte sich in eine höchst unglückliche Lage manövriert: befreundete Kollegen und Mitarbeiter wie Breuer waren nicht länger bereit, ihm zu folgen, während die engsten Vertrauten, seine Frau zum Beispiel, kaum in der Lage waren, seine Ausführungen zu verstehen. Wollte Freud, der einmal so vielfältig mit der Welt verflochten war, den Weg fortsetzen, zu dem er sich berufen fühlte, mußte er ihn im wesentlichen allein gehen.

Einsamkeit und Vertraute

Bis zu diesem Moment hatte Freud in jedem Lebensabschnitt einen oder zwei Menschen um sich gehabt, die ihm besonders nahestanden, denen er seine geheimsten Gedanken, Ängste und Hoffnungen anvertrauen konnte. Freuds Erinnerungen sowie den Bemerkungen anderer ist zu entnehmen, daß in seiner Kindheit seine Eltern und sein Kindermädchen diese Funktionen erfüllten. In der Gymnasial- und Studienzeit scheint sein Freund Eduard Silberstein die Rolle des Busenfreundes übernommen zu haben. Es sind die Hunderte von Briefen an Silberstein, denen wir das Bild des tatkräftigen, lebhaften und nachdenklichen jungen Sigmund Freud verdanken. Freud und Silberstein gründeten ein geheimes Zweierbündnis samt Chiffrenschrift und Insignien.

Während seiner ungewöhnlich langen Verlobungszeit war Martha Bernays die Adressatin seiner beinahe täglichen Seelenergießungen. Obwohl Freuds wissenschaftliche Arbeit vermutlich über Marthas Horizont ging, blieb ihr kaum ein Detail seiner Forscherbemühungen erspart. Und wenn er seine Gefühle einmal nicht bei Martha ablud, konnte er sie auf Marthas Schwester Minna ableiten, eine Frau mit ausgeprägten intellektuellen Interessen, die unverheiratet blieb und über vierzig Jahre lang im Freudschen Haushalt lebte.

Freud war in der Lage, seine Anhänglichkeiten zu diversifizieren, das heißt, sich fachlich an Mentoren wie Brücke oder Charcot zu binden und persönliche Loyalitäten bei Familienmitgliedern zu suchen, schätzte jedoch unzweifelhaft Beziehungen zu Personen, die ihm in Denken und Fühlen verwandt waren. Breuer hatte dem eben Erwachsenen beide Nischen offengehalten, und der Bruch dieser für Freud besonders wertvollen Beziehung kam den Jüngeren hart an. Als Freuds neue Ideen ihn Breuer entfremdeten – oder umgekehrt –, blieb eine fühlbare Lücke.

Freuds Glück wollte es, daß er in Wilhelm Fließ einen Vertrauten fand, der diese Lücke füllte. Fließ war Arzt in Berlin und hatte zu der Zeit, als Breuer die Männer miteinander bekannt machte, in medizinischen Kreisen bereits eine gewisse Reputation erlangt. Er war mit einer hochkomplexen, für heutiges Empfinden bizarren biologistischen Theorie hervorgetreten, der zufolge die Nase das dominierende Organ darstellt, das den gesundheitlichen Gesamtzustand wesentlich beeinflußt. Überzeugt von zahlensymbolischen Gesetzmäßigkeiten, glaubte er, daß das menschliche Leben einer genauen Periodik unterworfen sei und in biorhythmischen Zyklen ablaufe, die beim Mann 23 und bei der Frau 28 Tage umfaßten. Mit zumindest oberflächlichem Erfolg versuchte er jedes medizinische Phänomen durch eine arithmetische Operation mit den einschlägigen Zahlenkombinationen zu erklären.

Fast ein Jahrzehnt lang waren Freud und Fließ, meist per Post, in beinahe unausgesetztem Kontakt. Sie versuchten jedoch auch, sich mindestens einmal jährlich zu „Kongressen" zu treffen, das heißt, an Ferienorten in intimerer Form ihre neuen Ideen zu diskutieren. Beide Männer entwickelten ihre Theorien relativ isoliert, und beide hatten das starke Bedürfnis nach einem Fachgenossen, der weltläufig und beschlagen war, Verständnis zeigte und sich dennoch nicht ganz unkritisch verhielt. Freud wußte dem Berliner Freund Schmeichelhaftes über seine Persönlichkeit und seine Theorien zu sagen. Nur selten ließ er leise Bedenken gegenüber den oft verstiegenen Ansichten und Behauptungen des Freundes erkennen.

Aus der Rückschau scheint Fließ für Freud während der neunziger Jahre eine zweifache Rolle gespielt zu haben. Zum einen diente er ihm als Resonanzboden für die Vielfalt neuer Gedanken und Vorstellungen zur menschlichen Psyche, die Freud fast täglich entwickelte. Nur der regelmäßige Kontakt mit Fließ bewahrte Freud vor der vollkommenen geistigen Isolation. Nicht weniger wichtig war Fließ jedoch als Instanz, die ihm moralische Unterstützung und Zuwendung gewährte und der er sich in allen Belangen anvertrauen konnte. Allen Anzeichen nach spielte Freud für Fließ eine ähnliche Rolle.

Für Freud, der nach geistigem Austausch und Anerkennung hungerte, waren die Jahre des Übergangs zum mittleren Lebensalter eine äußerst schwierige Phase. Er wußte, daß ihm nicht mehr viel Zeit blieb, sein Ziel zu erreichen, sich auszuzeichnen und sein enormes Potential zu realisieren. Wenn er ein Zeichen setzten wollte, mußte er es jetzt, mit vierzig, tun, oder es war zu spät. Vorstellungen von der Begrenztheit menschlicher Existenz bedrängten ihn. Das finanzielle Überleben war noch immer ein Kampf; zeitweise blieben die Patienten aus, und eine Professur schien weiter entfernt denn je. Sein Vater war leidend; er starb 1896, als Freud vierzig Jahre alt war. 1895 zeugte Freud das letzte seiner sechs Kinder und hat kurz darauf, soweit sich erkennen läßt, allen Geschlechtsverkehr aufgegeben. Körperliche und psychische Beschwerden machten ihm zu schaffen – Todesängste, Depressionen, eine Nikotinsucht und ein schmerzhaftes chronisches Magenleiden.

Seiner Einsamkeit und der mangelnden Anerkennung war er sich schmerzlich bewußt. 1887 hatte er an seine Familie geschrieben: „Wissenschaftliche Unterstützung findet man nirgends, vielmehr das Bestreben, ‚einen nicht aufkommen zu lassen', das man sehr unangenehm empfindet ..." Sieben Jahre später schilderte er Fließ seine Lage: „Ich bin hier ziemlich allein mit der Aufklärung der Neurosen. Sie betrachten mich so ziemlich als einen Monomanen, und ich habe die deutliche Empfindung, an eines der großen Geheimnisse der Natur gerührt zu haben." In den Briefen an Fließ schwankt Freud bei der Bewertung seiner Entdeckungen zwischen Gefühlen euphorischer Zuversicht und Verzweiflung:

[2. April 1896]: „Wenn uns Beiden noch einige Jahre ruhiger Arbeit vergönnt sind, werden wir sicherlich etwas hinterlassen, was unsere Existenz rechtfertigen kann."

[16. Mai 1897]: „‚Ach wie bin ich froh, daß es niemand, niemand weiß –!' Niemand hat eine Ahnung davon, daß der Traum kein Unsinn ist, sondern eine Wunscherfüllung."

[4. August 1897]: „... ich bin mit nichts fertig; mit der Psychologie sehr zufrieden, in der Neurotik von schweren Zweifeln gequält, sehr denkfaul und habe es hier nicht zu Stande gebracht, das Wühlen im Kopf und in den Gefühlen zu ducken;"

[25. November 1900]: Ich bescheide mich bereits, zu leben wie ein Fremdsprachiger oder wie Humboldts Papagei!"

Dauerbelastungen dieser Art müssen auch kräftigen Naturen zusetzen. Man meint zu spüren, daß Freud sich am Rand einer Nervenkrise bewegte. 1913 schrieb er zurückblickend:

Ich war damals (1896) auf dem Gipfel der Verlassenheit, hatte alle alten Freunde verloren, noch keine neuen erworben; niemand kümmerte sich um mich, und mich hielt nur ein Stück Trotz und der Anfang der „Traumdeutung" aufrecht.

In seiner Schrift *Zur Geschichte der psychoanalytischen Bewegung* erinnert er sich: „Wenn ich aus den Verwirrungen und Bedrängnissen der Gegenwart auf jene einsamen Jahre zurückblicke, will es mir scheinen, es war eine schöne heroische Zeit; die *splendid isolation* entbehrte nicht ihrer Vorzüge und Reize." Man ist verblüfft, in den Erinnerungen anderer kreativer Geister praktisch übereinstimmenden Worten und Gefühlen – dem Wechselbad von Höhen und Tiefen – zu begegnen, wenn sie ihre subjektive Befindlichkeit im Vorfeld des größten Durchbruchs beschreiben.

Feld und Domäne am Vorabend von Freuds Durchbruch

Bei der Darstellung kreativer Leistungen innerhalb des beschriebenen systematischen Rahmens ist besonders zu beachten, wie das maßgebliche Feld die kritischen Probleme der betreffenden Domäne zum gegebenen Zeitpunkt wahrnahm. Im Zusammenhang der klinischen Syndrome, die Freud fesselten, wurde bereits darauf verwiesen, daß ein Interesse an der Hysterie und den Neurosen in der Medizin jüngeren Datums war. Charcot hatte diese psychischen Störungen ins öffentliche Bewußtsein gerückt und aus einem Zusammenwirken von Erbanlagen mit auslösenden Faktoren erklärt. In den westlichen Kulturen zeigten die Mediziner wenig Neigung, den Phänomenen weiter nachzugehen; sie betrachteten diese Leiden als hereditäre Entartung, als Simulieren oder als Zeichen eines tiefsitzenden moralischen Defekts der ‚Opfer'.

Die akademische Psychologie war eine junge Disziplin. Die ersten psychologischen Laboratorien waren in den späten siebziger Jahren des neunzehnten Jahrhunderts in Deutschland und in den USA entstanden. Die ersten, noch von der Helmholtzschen Wahrnehmungslehre geprägten Psychologen hofften, die menschliche Natur werde sich genauso exakt abbilden lassen wie die physikalische Welt und mit derselben mathematischen Genauigkeit zu berechnen sein. Das Bemühen, die Psychologie auf eine sichere naturwissenschaftliche Grundlage zu stellen, hatte zu einer Konzentration auf Verhaltensmomente geführt, die am verläßlichsten zu messen waren: Reaktionszeiten bei Außenreizen oder die Fähigkeit, Sinnesempfindungen nach ihrer Intensität zu unterscheiden. Die Probleme der Intentionalität und des Willens, die Freud in den Vorlesungen des Philosophen und Psychologen Franz Brentano begegnet waren, lagen außerhalb des Zugriffs dieser neuen Wissenschaft, da sie sich der Erfassung durch die neuen Meßinstrumente der psychologischen Werkstätten entzogen.

Medizin und Psychologie waren offiziell klar umschriebene Disziplinen mit eigenen Zeitschriften, Standesorganisationen und wissenschaftlichen Verfahren. Nicht so das Gebiet, dem Freuds Interesse galt. Für die Untersuchung von Träumen, unbewußten Prozessen oder der eigenen Seele existierten keine Institutionen und keine Verfahren. Einerseits hatten diese Fragen nachdenkliche Gemüter, Künstler vor allem, seit langem beschäftigt. Schon die Ägypter kannten die Traumanalyse; die Erforschung des eigenen Ich war Bestandteil vieler großer Religionen; Bezüge zum Unbewußten ließen sich in den Werken zahlreicher Schriftsteller bis in die Antike zurückverfolgen und tauchten als wichtiges Thema bei Autoren des neunzehnten Jahrhunderts, so bei Herder, Goethe, Schelling, Kierkegaard und Dostojewski auf. Doch so selbstverständlich diese Themen auf bestimmten Gebieten sein mochten, in den Kreisen der Medizin, der neuen Psychologie und der Naturwissenschaften wurden sie ignoriert oder als tabu betrachtet. Als Freud diesen schwer faßbaren Erscheinungen sein Interesse zuwandte, begab er sich auf ein Terrain, das für seine Kollegen nicht existierte.

Die Schlüsselbegriffe der Freudschen Revolution

Es ist immer gefährlich, eine einzelne Idee, ein einzelnes Thema eines geistigen Umbruchs als das entscheidende Moment herauszuheben. Im Fall Freuds erhöht sich das Risiko. Wie ich zu zeigen versuche, ist es die besondere *Verbindung* fruchtbarer Ideen, die einem System seine Eigenart und seine Durchschlagskraft gibt.

Das Beispiel des Wissenschaftshistorikers Gerald Holton vor Augen, wage ich dennoch zu behaupten, daß sich in Freuds Konzeption ein Kernthema, eine zentrale Vorstellung erkennen läßt, an die sich die übrigen leitenden Ideen seiner Theorie zwanglos anschließen. Dieser gedankliche Brennpunkt ist die *Verdrängung*, der Prozeß – genauer der Abwehrmechanismus –, mit dessen Hilfe potentiell alarmierende Vorstellungen vom Bewußtsein ferngehalten werden. Freud hat ausdrücklich auf die zentrale Bedeutung des Begriffs hingewiesen: „Die Verdrängungslehre ist ... der Grundpfeiler, auf dem das Gebäude der Psychoanalyse ruht."

Die Betrachtung der Verdrängung führt ins Zentrum des Freudschen Weltbildes. Als notwendig erscheint die Annahme von Vorstellungen auf dem Weg zum Bewußtsein; eines Zensurmechanismus, der einige von ihnen als allzu beunruhigend klassifiziert, ihnen den Zutritt zum Bewußtsein verwehrt und sie für eine Art Purgatorium im Reich des Unbewußten bestimmt; sodann eines Konversionsprozesses, durch den sich der Affekt, der die beunruhigende Vorstellung begleitet, in ein Symptom verwandelt – ein harmloses wie einen sprachlichen Lapsus oder ein bedrohliches wie einen hysterischen Anfall. Nur wenn die ursprüngliche Vorstellung modifiziert wird, gelingt es ihr, zunächst ins Vorbewußte und schließlich ins Bewußtsein zu gelangen.

Wenn die Verdrängung als zentraler Begriff des Freudschen Lehrgebäudes zu betrachten ist, stellt sich der Traum als privilegiertes Mittel zum Verständnis des Verdrängungsprozesses sowie der seelischen Vorgänge überhaupt dar. Freud hielt die Entdeckung der Bedeutung des Traums für seine entscheidende Leistung. In einem Brief an Fließ fragte er scherzhaft: „Glaubst du eigentlich, daß an dem Hause dereinst auf einer Marmortafel zu lesen sein wird?:

,Hier enthüllte sich am 24. Juli 1895 dem
Dr. Sigm. Freud
das Geheimnis des Traumes'."

Den Traum nannte er „die Via regia zur Kenntnis des Unbewußten im Seelenleben".

In den neunziger Jahren, als diese bahnbrechenden Ideen Gestalt annahmen, arbeitete Freud auf vier lose verknüpften Gebieten, die den Interessen entsprachen, die ihn im Verlauf dieses Jahrzehnts nacheinander beschäftigt hatten. Natürlich kamen Überschneidungen vor. Jedes der vier Themen läßt sich über die gesamte Periode und sogar bis ins frühe zwanzigste Jahrhundert hinein beobachten; jedem sind besondere Aufsätze und Artikel gewidmet. In der *Traumdeutung* von 1899/1900, auf die ich im weiteren zu sprechen komme, werden sie in einer brillanten und eindringlichen Darstellung zu einer Synthese verbunden.

Die Neurosen

In den Jahren nach seiner Rückkehr aus Paris und aus Charcots Klinik bemühte sich Freud um ein Verständnis der verschiedenen Neurosen – der Hysterie sowie der Zwangs- und Wahvorstellungen – und versuchte, ihren Wirkungsmechanismen auf die Spur zu kommen. Als überzeugter Systematiker entwarf Freud eine Abfolge von Organisationsmodellen. Während einer bestimmten Zeit unterschied er Mechanismen der „Affektverwandlung" in der Konversionshysterie, der „Affektverschiebung" in den Zwangsvorstellungen und der „Affektvertauschung" in der Angstneurose und Melancholie. Später teilte er die Neurosen in zwei Primärgruppen, in Abwehr- und Angstneurosen, dann in fünf Kategorien und sogar in „Aktualneurosen" und „Psychoneurosen".

Die Bearbeitungen der Neurosen erforderten die Einführung verschiedener Abwehrmechanismen – Versuche des psychischen Apparats, bedrohliche und brisante Inhalte zu entschärfen. Die Verdrängung als der wichtigste Abwehrmechanismus stand neben der Sublimierung, der Reaktionsbildung, der Projektion, der Verschiebung und Hemmung. Der Kliniker hatte das Spiel der verschiedenen Mechanismen zu beobachten und dem Patienten zu helfen, die Abwehr aufzugeben, damit zunächst das Initialereignis erkannt und in der Folge der Abwehrmechanismus gebrochen werden konnte.

Diese Aufgaben – die Vervollständigung klinischer Darstellungen und Fallstudien, die Ursachenforschung, die systematische Einordnung und Suche nach einem Weg zur Heilung – waren für Freud eine Aktualisierung des Arbeitsmodells, das er in Brückes Labor und in der Salpêtrière kennengelernt hatte. Sie gehörten zur typischen Arbeitsweise der Domäne und zu den üblichen Sujets, die auf Konferenzen mitgeteilt und in Fachzeitschriften publiziert wurden. Als jedoch Freuds Überzeugung von der sexuellen Ätiologie der verschiedenen Neurosen wuchs und als er begann, ihre Mechanismen in den Begriffen der psychischen Verdrängung und unbewußten Prozesse zu beschreiben, stand er bereits mit diesem relativ traditionellen Vorgehen außerhalb des fachlichen Horizonts seiner Wissenschaftskollegen.

Psychologie

1895 ließ sich Freud auf das vielleicht seltsamste wissenschaftliche Unternehmen seines Lebens ein: Er verfaßte eine umfangreiche, unvollständig gebliebene und zu Lebzeiten unpublizierte Monographie, eine *Psychologie für Neurologen* – von ihm meist *Psychologie* oder *Entwurf* genannt –, die als *Entwurf einer Psychologie* veröffentlicht wurde. In diesem Werk, das er in wenigen Monaten fieberhafter Arbeit vorantrieb, versuchte Freud, dem psychologischen Mechanismus, an dem er arbeitete, eine umfassende neurologische Basis zu geben.

Der *Entwurf* wurde zu einer Obsession. An die Stelle des Flickenteppichs verschiedener einzelner Erklärungsmodelle wollte er eine Erklärung *aller* Neurosen in einem einheitlichen systematischen Rahmen setzen und kam zu dem Schluß, daß er zu diesem Zweck eine Psychologie entwerfen müsse, die normale und krankhafte, bewußte und unbewußte Phänomene umfaßte. Das

Werk versuchte, seinen Worten zufolge, „eine naturwissenschaftliche Psychologie zu liefern, d. h. psychische Vorstellungen darzustellen als quantitativ bestimmte Zustände aufzeigbarer materieller Teile, und sie damit anschaulich und widerspruchsfrei zu machen." Zur Zeit der Niederschrift bekannte er:

> Ein Mensch wie ich kann ohne Steckenpferd, ohne herrschende Leidenschaft, ohne einen Tyrannen, mit Schiller zu reden, nicht leben, und der ist mir geworden ... Es ist die Psychologie, von jeher mein fern winkendes Ziel, jetzt seitdem ich auf die Neurosen gestoßen bin, um soviel näher gerückt. Mich quälen zwei Absichten, nachzusehen wie sich die Funktionslehre des Psychischen gestaltet, wenn man die quantitative Betrachtung, eine Art Ökonomik der Nervenkraft einführt, und zweitens, aus der Psychopathologie den Gewinn für die normale Psychologie herauszuschälen.

Der *Entwurf* ist eine anspruchsvolle Lektüre. Freud ringt mit dem Versuch, normalen Erscheinungen wie Aufmerksamkeit und Wahrnehmung theoretisch ebenso gerecht zu werden wie den unbewußten Phänomenen, die er in seiner klinischen Arbeit aufgedeckt hatte. Stellenweise drängen sich schwer verständliche Aussagen. Der Autor bekennt seine Verzweiflung angesichts der Größe der Aufgabe, der dürftigen Instrumente, die ihm zur Verfügung stehen und des scheinbar widersprüchlichen Vorhabens, offenzulegen, was die psychischen Zensoren der Einsicht des Bewußtseins entzogen haben. Eine Zusammenfassung des *Entwurfs* wäre wenig sinnvoll, da schließlich viele, wenn nicht die meisten Ziele des ehrgeizigen Vorhabens bewußt fallengelassen wurden. Wichtig ist dagegen, anhand eines längeren Zitats einen Eindruck von diesem Text mit seinem komplexen, dichten Argumentationszusammenhang zu vermitteln:

> In den φ-Neuronen endigen ferner die ψ-Neuronen, auf welche ein Teil der Quantität ($Q\,\eta$) übertragen wird, aber nur ein Teil, etwa ein Quotient, welcher einer interzellulären Reizgröße entspricht. Es fragt sich hier, ob die auf ψ übertragene Quantität nicht proportional der in φ strömenden Quantität wächst, so daß ein größerer Reiz eine stärkere psychische Wirkung ausübt. Hier scheint eine besondere Einrichtung vorzuliegen, welche neuerdings Quantität (Q) von ψ abhält. Die sensible φ-Leitung ist nämlich in eigentümlicher Weise gebaut, sie verzweigt sich fortwährend und zeigt dickere und dünnere Bahnen, welche in zahlreichen Endstellen ausgehen, wahrscheinlich von folgender Bedeutung: Ein starker Reiz geht andere Wege als ein schwächerer.

Der zitierte Passus zeigt, daß Freud eine regelrechte Terminologie zur Beschreibung des psychischen Apparats entwickelt hatte. Er spricht von freien und gebundenen Quantitäten, von drei Klassen von Neuronen (zur Reizaufnahme, zur Reizübertragung und zur Aufnahme der Bewußtseinsinhalte), von bewußten und unbewußten Prozessen, einer ökonomischen Betrachtung der Nervenkräfte. Die Sichtweise, die ein physiologisches System mit festen Energien voraussetzt, verrät die Schule von Helmholtz. Alle psychischen Vorgänge waren in Begriffen neurologischer Verbindungen und Umwandlungen des Energiestatus zu denken. Im Blick auf Freuds Bemühen, empirisch nachprüfbare Grundgesetze für die Funktion geistig-seelischer Prozesse aufzustellen – daß zum Beispiel Neuronen zur Abfuhr von Quantität tendieren –, ist vom Newtonschen Format der Schrift gesprochen worden. Hinweise auf die Verfahren der Psychoanalyse allerdings sind kaum zu entdecken, die sexuelle Grundlage der Neurosen findet sporadisch Erwähnung, und nur in einzelnen Passagen über Träume und Bewußtsein deuten sich Freuds spätere Durchbrüche an.

Freud war mit seiner Arbeit zunächst sehr zufrieden: „In einer fleißigen Nacht haben sich plötzlich die Schranken gehoben, die Hüllen gesenkt ... Es schien alles ineinanderzugreifen, das Räderwerk paßte zusammen ...". Schon bald jedoch trat eine Ernüchterung ein, zu der nicht unwesentlich die Schwierigkeit beitrug, eine neurologische Erklärung für die Verdrängung zu finden. Fließ meldete er: „Den Geisteszustand, in dem ich die Psychologie ausgebrütet, verstehe ich nicht mehr; ... mir erscheint es als eine Art von Wahnwitz." Er ließ das Manuskript nicht nur unveröffentlicht, sondern scheint sich seiner geschämt zu haben; öffentlich erwähnte es es nie wieder und schien zu hoffen, daß die Erben – die des Freundes oder die eigenen – etwa existierende Kopien vernichten würden.

Den Verleugnungsabsichten seines Autors zum Trotz bin ich der Überzeugung, daß der *Entwurf* in Freuds Entwicklung, wenn auch in negativer Weise, eine entscheidende Rolle spielte. Als Neurologe und Gehirnanatom, der bis zu seinem Tod der Überzeugung anhing, daß alle psychischen Mechanismen auf stofflichen Grundlagen beruhen, fühlte sich Freud zu einem Abriß dieser Art praktisch gezwungen. Er war es dem Metier und seinen Ausbildungsgebieten schuldig.

Ein wichtiges Unternehmen war auch die Schaffung der neuen Sprache und ihrer Symbolsysteme und der Entwurf schematischer Diagramme, die den Verlauf verschiedener Nervenbahnen und Energiefelder festhielten. Die Ideen, mit denen er sich beschäftigte, ließen sich in der medizinischen Fachsprache seiner Zeit nicht leicht darlegen. Wenn er Mißverständnisse wie die Übersetzung seiner Gedanken in unangemessene und obsolete Konzepte ausschließen wollte, mußte er sein eigenes sprachliches und graphisches Vokabular schaffen, das den von ihm anvisierten Sinn genau wiedergab.

Der *Entwurf* hatte im wesentlichen ein einziges Zielpublikum – Freud selbst. In Freuds minuziöser Übermittlung des *work in progress* an Fließ wird jedoch ein Umstand faßbar, den ich im Verlauf meiner Kreativitätsstudien wiederholt beobachten konnte. In Zeiten, in denen kreative Persönlichkeiten an der Schwelle eines radikalen Durchbruchs stehen, empfinden sie das Bedürfnis, die neue Sprache an einem Menschen ihres Vertrauens zu erproben – vielleicht um sich zu vergewissern, daß sie nicht den Verstand verloren haben, sondern möglicherweise einer neuen, wichtigen Entdeckung auf der Spur sind. Dieser Mitteilungswunsch hat seine kognitive und affektive Seite, da der schöpferisch Tätige sowohl kritisches Verständnis als auch bedingungslose emotionale Unterstützung sucht. Ich werde dieses verzweifelte Kommunikationsbedürfnis im weiteren zu den ersten Verständigungsversuchen zwischen Mutter und Kind und mit den Kontakten unter Jugendlichen in Beziehung setzen.

Hätten wir es mit der Physik und nicht mit der Psychologie zu tun und wäre Freud Newton (oder Einstein!) gewesen, wer weiß, ob aus dem *Entwurf* nicht Freuds bedeutendste Abhandlung und damit das neue Wissensgebiet einer psychologischen Neurologie oder neurologischen Psychologie entstanden wäre. So blieb das Unternehmen eine *tour de force*, mit der Freud sich e negativo den Beweis geliefert hatte, daß die Probleme, an denen er arbeitete, in der Sprache und mit den Methoden der naturwissenschaftlich ausgerichteten Neurologie seiner Zeit tasächlich nicht zu lösen waren. Wenn er das Feld weiter beackern wollte, mußte er es als Psychologe tun, der sich außerdem eigene Arbeitsverfahren und eine eigene Sprache erfand, eine Sprache, die, wie sich zeigen sollte, weniger am Fachjargon als am gesunden Menschenverstand orientiert war und sich aus den neurologischen Verankerungen fast völlig gelöst hatte.

Träume und Selbstanalyse

Schon vor der Niederschrift des *Entwurfs* war sich Freud zumindest vage darüber im klaren, daß der Weg zum Verständnis der Psyche, der eigenen so gut wie der menschlichen Psyche schlechthin, über die Traumdeutung führte. Die Einsicht stammte aus dem Sommer 1895, einer Zeit kreativer Fruchtbarkeit, in der Breuer Fließ gegenüber bemerkte: „Freud ist im vollsten Schwung seines Intellekts. Ich sehe ihm schon nach wie die Henne dem Falken." In den folgenden Monaten gelangte er zu dem Schluß, daß die Träume normaler Personen viele von den Prozessen und Mechanismen zu enthalten schienen, die er und Breuer, wenn auch nur dunkel und andeutungsweise, an neurotischen und hysterischen Patienten hatten beobachten können. Auch in den Träumen waren ein Zensurmechanismus, verschiedene Entstellungen, bedrohliche Vorstellungen, die sich auszudrücken suchten, und viel latentes sexuelles Material zu erkennen.

1897 hatte Freud sich mit aller Konsequenz auf seine vielleicht einsamste und folgenreichste Forschungsarbeit, die Selbstanalyse, eingelassen. Ausgehend von seinen nächtlichen Träumen, ließ er zunächst seinen Assoziationen freien Lauf und untersuchte dabei so unbeteiligt wie möglich die zutagetretenden Ideen. Dieses Exerzitium der Selbstreflexion erlaubte ihm nicht nur tiefe Einsichten in die eigene Psyche; er meinte folgern zu dürfen, daß es auch Kräfte und Inhalte erschließen konnte, die das menschliche Bewußtsein überhaupt besetzt hielten. Die Arbeit am Traumprozeß half Freud auch über die einsamen Tage hinweg: „So oft ich auch an der Richtigkeit meiner schwankenden Erkenntnisse zu zweifeln begann, wenn es mir gelungen war, einen sinnlos verworrenen Traum in einen korrekten und begreiflichen Vorgang beim Träumen umzusetzen, erneuerte sich meine Zuversicht, auf der richtigen Spur zu sein." Eine rätselhaft verschlossene Sprache wurde in mühevoller Arbeit dechiffriert.

Freud erkannte, daß alle Träume eine Art Wunsch oder Wunschphantasie enthielten. Der Traum war die verkleidete Erfüllung eines verdrängten Wunsches, ein Instrument der Psyche, mit dem ein früheres Vorhaben, Anliegen oder Begehren weiterverfolgt wurde. Es konnte vorkommen, daß sich der Wunsch, bei Kindern zum Beispiel, offensichtlich und unmaskiert zu erkennen gab, wenn es zum Beispiel um eine begehrte Süßigkeit ging oder um das Verlangen, über einen unfairen Gegner zu triumphieren. Die Wünsche Erwachsener waren gewöhnlich komplexer und traten in verdeckter Form auf.

Im allgemeinen wurden die Träume von einem meist unverarbeiteten Gedanken des vorangegangenen Tages ausgelöst. Um Zugang zu diesem Traumgedanken zu erhalten, mußte durch den „manifesten" (oder vordergründigen) Inhalt hindurch der „latente" (oder tieferliegende) Inhalt des Traums festgestellt werden. Mit Hilfe eines ganzen Lexikons von Symbolen – das allerdings nicht ohne kontextuelle Informationen benutzbar war – wurde der Text des manifesten Inhalts entziffert. Zur Abwehr, welche die Form des Traumes bestimmte, gehörten Verdichtungen, Verschiebungen und verschiedene Verdeckungsmechanismen, die alle geduldig entwirrt werden mußten, um die eigentliche Bedeutung des Traums sichtbar zu machen.

Das leidenschaftliche Interesse Freuds für die eigenen Träume und die seiner Patienten überstieg selbst die Faszination durch Charcots Demonstrationen. Jeder Traum war ein Rätsel – das ein Mensch sich aufgab, der, wie man sich erinnert, Rätsel liebte. Jedes mußte seine Lösung finden, die als Dividende nicht nur Wissenswertes über den Träumer abwarf, sondern über die menschliche Natur in ihren universellen, unbewußten Manifestationen aufklärte. Mit Eifer verhalf Freud verschiedenen Assoziationen zum Bewußtsein und bemühte sich aus allen Kräften, in dem scheinbar sinnlosen Wirrwarr eine Ordnung zu entdecken – oder zu schaffen.

Freuds Traumanalysen sind so bekannt, daß eine Erwähnung genügen dürfte, sie in Erinnerung zu rufen: der Irma-Traum, in dem eine Patientin eine schmerzhafte Spritze erhält und Freud wünscht, daß er nicht für ihr Leiden verantwortlich sei; der Traum vom Grafen Thun, in dem er einem arroganten Politiker entgegentritt und sich damit die Erfüllung des Wunsches suggeriert, daß er es weit bringen werde; der Traum von der botanischen Monographie, der Freud Genugtuung für einen beruflichen Affront gewährt.

Der Prozeß der Analyse und Entschlüsselung des ‚wirklichen' Inhalts solcher Träume forderte ersichtlich Freuds intellektuelle Fähigkeiten heraus und war ihm außerdem ein Vergnügen. Nun konnte er sich von Berufs wegen mit Analysen beschäftigen, wie er sie seit jungen Jahren liebte. Ein ungetrübtes Vergnügen war die Traumdeutung für den einsamen Mediziner jedoch nicht. Sie zwang Freud, sich den unerfreulichen Seiten seiner Natur, der Eitelkeit, gelegentlicher Neigung zur Grausamkeit und seiner Eifersucht, zu stellen und sich mit seinen ambivalenten Gefühlen, besonders dem kurz zuvor verstorbenen Vater gegenüber, sowie seiner Sexualität auseinanderzusetzen, die in der *Traumdeutung* nur ansatzweise zur Sprache kommt. Nicht ganz von der Hand zu weisen wäre die Vermutung, daß Freud die Schmerzen der Selbstanalyse nur darum auf sich nahm, weil seine eigene Verwirrung groß war, weil es ihn selbst nach dem „Schornsteinfegen", der „Redekur" verlangte, die in früheren Zeiten die katholische Beichte ermöglicht hatte und die er als Arzt seinen Patienten anbot. „Der Hauptpatient, der mich jetzt beschäftigt, bin ich selbst", erklärte er in einem Brief an Fließ. Vielleicht war Freud damals von keinem Außenstehenden mehr abhängig, weil er die Rolle des ‚teilnehmenden Zuhörers' dem Analytiker übertrug, den er in sich selbst geschaffen hatte.

Trauminhalte

Den Naturwissenschaftler Freud mochte es anfänglich zur Traumdeutung gezogen haben, weil diese Tätigkeit versprach, ihm Aufklärung über die Mechanismen der Abwehr und des Bewußtseins zu verschaffen. Bald jedoch stand er vor Entdeckungen, die den Inhalt der Träume betrafen und sich für seine weiteren Forschungen als entscheidend erwiesen.

Der zweifellos meist diskutierte und vielleicht auch wichtigste Fund war die zentrale Bedeutung des Ödipuskomplexes. Freud hatte bei sich selbst tiefsitzende und tief ambivalente Gefühle gegenüber seinen Eltern entdeckt, die bis in die früheste Kindheit zurückreichten. In der Analyse hatte er festgestellt, daß der Knabe seine Mutter als Person von großer Anziehungskraft erlebt, die Liebe und Lust in ihm erregt, während er dem Vater mit Eifersucht, Angst, ja Haß gegenübersteht. Diesen gemischten Gefühlen entspringen die unbewußten Wünsche, die Mutter zu heiraten und den Vater zu töten. Erste Beobachtungen dieser Gefühle in der eigenen Psyche führten Freud aufgrund seiner ausgedehnten literarischen Kenntnisse und der analytischen Befunde bei seinen Patienten bald zu dem Schluß, daß es sich um Empfindungen handeln müsse, die zum Grundbestand der menschlichen Emotionalität gehörten. Er sah in ihnen die Basis sowohl der griechischen Ödipussage als auch der Geschichte Hamlets. In unverarbeiteten Ödipus-Gefühlen erkannte er die Wurzel vieler Neurosen und lokalisierte ödipale Motive – bei Frauen in Gestalt des analogen „Elektra-Komplexes" – im unbewußten Seelenleben aller Individuen.

Freud hatte seit langem vermutet, daß bei der Entstehung der Neurosen sexuelle Faktoren eine wichtige Rolle spielten, und er zitierte häufig Äußerungen seines Lehrers Charcot, seines Kollegen Breuer und Rudolf Chrobaks, eines namhaften Wiener Gynäkologen, die in diese Richtung wiesen. In seiner Traumanalyse fand Freud nun die Bestätigung dafür, daß das Unbewußte bei allen Menschen stark von sexuellen Inhalten geprägt ist und daß sich die Entwicklung von Abwehrmechanismen hauptsächlich als Reaktion des Widerstandes gegen die verwirrenden, nur ungern eingestandenen sexuellen Motive verstehen ließ.

Kurz nach Abfassung des *Entwurfs* sah Freud sich zu einer traumatischen Revision seiner theoretischen Annahmen genötigt. Er hatte seit Mitte der neunziger Jahre psychische Beschwerden seiner erwachsenen Patienten auf reale sexuelle Verführungen in der frühen Kindheit, das heißt der Zeit vor dem Erwachen der Sexualität, zurückgeführt, eine Vermutung, die er 1896, in einem Vortrag vor den Wiener Neurologen, ausdrücklich vertreten hatte. In einem Brief an Fließ aus dem Jahr 1897 gestand Freud jedoch ein, daß er sich geirrt hatte, daß in vielen Fällen keine frühkindlichen sexuellen Belästigungen durch Eltern oder andere Erwachsene nachzuweisen waren und die Verführung nur in der lebhaften Einbildungskraft des Kindes existierte.

Viele Kritiker haben Freuds Kehrtwende in dieser Materie als dramatischen Sinneswandel und möglicherweise gigantische Fehlleistung beurteilt. Andere halten es für unverzeihlich naiv, daß er sich zu der Annahme verleiten ließ, Wiener Eltern könnten sich mit ihren Sprößlingen auf sexuelle Aktivitäten einlassen. Eine dritte Gruppe, darunter der umstrittene Psychoanalytiker und Wissenschaftler Jeffrey Masson, ist der Meinung, Freud habe die Hypothese der frühen Verführung aus unlauteren Motiven zurückgezogen – weil es ausgeschlossen schien, daß seine Zeitgenossen sie schlucken würden. Meines Erachtens war die theoretische Richtungsänderung, die Freud sichtlich zu schaffen machte, für die Entwicklung seiner theoretischen und klinischen Erkenntnisse nicht besonders entscheidend. Ob diese Verführungen ‚tatsächlich' vorkamen oder nur zu geschehen *schienen*, blieb ohne Einfluß auf Freuds Denken in den zentralen Fragen. Sie mußten in jedem Fall offengelegt und ‚behandelt' werden. Daß Freud nicht bereit war, eine so dramatische gedankliche Wende öffentlich zuzugeben, gibt dennoch zu denken. Er war in der Lage, gedankliche Korrekturen vorzunehmen, doch zu stolz und zu eigenwillig, sich rückhaltlos dazu zu bekennen.

Aus derselben Zeit stammt die Vorstellung der kindlichen Sexualität. Die Deutung von Träumen und seine Selbstanalyse hatten Freud davon überzeugt, daß in Kindern schon vom Säuglingsalter an starke Sexualtriebe wirksam sind, ein Lustverlangen psychischer wie auch somatischer Natur. Jedes Kind macht verschiedene libidinöse Stadien durch, in denen sich die sexuelle Energie in besonderen Körperzonen konzentriert: im Mund zunächst, dann im Anal- und Urethralbereich und zuletzt in den Genitalien. Nicht weniger als seine übrigen Ansichten war es Freuds Annahme der kindlichen Sexualität, die Kollegen und Leser befremdete und eine gewisse gesellschaftliche Ächtung bewirkte. Wie sollten die unschuldigen Kleinen der von Anstand und Sitte geprägten Ära der Habsburger starke sexuelle Gefühle nähren, mochten diese auch im Unbewußten wirken? Wäre es Freud nur darum gegangen, Anhänger zu gewinnen, hätte sich erwarten lassen, daß er auf diesem Gebiet größere Zurückhaltung zeigte.

Dazu kamen weitere zentrale Themen: das Interesse an Erinnern und Vergessen, am Witz, am sprachlichen Lapsus und anderen aufschlußreichen Fehlleistungen; die Erkenntnis primärer und sekundärer Prozesse, verschiedener Formen der Verdrängung und der psychischen Mittel bei der Verarbeitung von Schmerz und Lust. In der Folge machten auch Freuds therapeutische Verfahren einen Wandel durch: von der Elektrotherapie zur Hypnose und Suggestion und den weit weniger spektakulären Methoden der freien Assoziation auf der Couch, denen der Analytiker außerhalb des Blickfeldes der Patienten und überwiegend in Schweigen gehüllt beiwohnt. Die Mehrzahl dieser Ideen sollte jedoch erst im neuen Jahrhundert zur Anwendung und Darstellung kommen.

Die Traumdeutung: Freud im Jahr 1900

In Freuds großem Werk *Die Traumdeutung*, das 1899, auf 1900 vordatiert, veröffentlicht wurde, kamen die Ideen der achtziger und neunziger Jahre zum Austrag. Den Angaben seines Verfassers zufolge standen alle theoretischen Hauptpositionen des Buchs seit Ende 1896 fest; doch die Verarbeitung von Sekundärliteratur und die Niederschrift des umfangreichen Manuskripts habe Zeit gekostet. Freud war sich darüber im klaren, daß die Traumdeutung sein wichtigstes Werk und seine selbständigste Leistung war – wie kein anderes Werk „mein eigen Mistbeet, mein Setzling und eine *nova species mihi* darauf". Er hielt es, wie er später erklärte, für „den schönsten, den wahrscheinlich einzig überlebenden Fund, den ich gemacht habe". Das Buch legt in aller Ausführlichkeit dar, warum die Träume der Weg zum Unbewußten sind, und erläutert den Mechanismus der Traumarbeit und Freuds Vorstellungen von der Beschaffenheit des psychischen Apparats.

Trotz der zutageliegenden Unterschiede zwischen der *Traumdeutung* und dem *Entwurf* ist der Zusammenhang beider Werke unübersehbar: Die *Traumdeutung* ist der logische Abkömmling des Frühwerks, ist der *Entwurf* ohne den neurologischen Unterbau und die Terminologie. Darüber hinaus ergänzt sie den *Entwurf* um ein faszinierendes Sujet, die menschlichen Träume, sowie ein spannendes Handlungsgerüst – die Erklärung, was Träume sind, wie sie entstehen, was sie enthalten und wie ihr Ablauf zustande kommt.

Im letzten, dem schwierigsten Kapitel der *Traumdeutung* erläutert Freud die „Psychologie der Traumvorgänge". Er beschreibt verschiedene psychische Systeme: Wahrnehmungszentren und motorische Zentren; ein System, das vornehmlich dem Gedächtnis vorbehalten ist (das Erinnerungsspuren zurückbehalten muß), und eine Wahrnehmungsfunktion (die „aufnahmefähig" bleiben muß und darum keine Gedächtniskapazität enthalten darf). Mit der Behandlung des Erinnerungsvermögens betrat Freud Neuland. Das Gedächtnis arbeitet unbewußt, doch können Träume den entscheidenden Hinweis auf die Funktionsweise des Unbewußten liefern.

Freud spricht von der Notwendigkeit der Annahme zweier „psychischer Instanzen", eines Mechanismus (oder Zensors), der kritisiert, und des Materials, auf das die Kritik sich richtet. Er beschreibt außerdem ein neues Systemganzes: ein Kontinuum („Instanzenzug"), das sich von der Wahrnehmung über die Erinnerung aufs Unbewußte und Vorbewußte erstreckt. Der Traumanstoß kommt aus dem Unbewußten, das den Traumwunsch enthält, der ins Vorbewußte zu dringen versucht, während des Tages jedoch durch die Zensorinstanz daran gehindert wird und erst nachts, wenn der Widerstand nachläßt, mit Hilfe verschiedener Entstellungen und Kompromißbildungen Zugang zur Traumexistenz findet.

Auf den abschließenden Seiten wertet Freud sein Modell aus, um die verschiedensten Erscheinungen zu erklären: die Erfahrung von Angst, die Schmerzempfindung, das komplexe Denken und den dominanten psychischen Mechanismus – die Arbeit der Verdrängung. Er deutet alle psychoneurotischen Symptome als Erfüllung unbewußter Wünsche. Aus den Einsichten und Gedankenmodellen des zurückliegenden Jahrzehnts war ein neues Weltbild entstanden.

Ein Indikator von Freuds Fähigkeiten

In der *Traumdeutung* zeigen sich die Stärken und Grenzen von Freuds intellektuellen Fähigkeiten. Die eindringliche sprachliche Gestaltung ist Ausweis seiner nicht geringen literarischen Begabung. Das Werk enthält ein Panorama von Verweisen und Quellen und legt Zeugnis ab von Freuds Kenntnissen der wissenschaftlichen Literatur, der literarischen Klassiker sowie der politischen und kulturellen Ereignisse der eigenen Zeit und vergangener Epochen. Mit dramatischer Anschaulichkeit schildert Freud die psychischen Mechanismen sowie die Eigenart individueller Träume und Traumfiguren und bleibt dabei die logische Beweisführung und eine Fülle unterstützender klinischer Daten nicht schuldig. Andererseits fehlt dem Werk eine quantitative Dimension, was vielleicht Freuds Einschätzung der eigenen intellektuellen Begabung bestätigt: „Ich habe sehr begrenzte Fähigkeiten oder Talente. Keine für die Naturwissenschaften, keine für die Mathematik, für nichts Quantitatives." Auch wird nur wenig Material zur Sprache gebracht, das dazu dienen könnte, Freuds zentrale Thesen in Zweifel zu ziehen.

Es mag überraschen, daß Freuds lebhafte Beschreibungen wenige räumliche, visuell-räumliche oder körperlich-kinästhetische Bilder aufweisen – in naturwissenschaftlichen Werken eine Seltenheit. Darwin als Biologe und der Physiker Einstein gaben einem bildhaften Denken den Vorzug; Einsteins Bilder veranschaulichten dabei häufig die Phänomene, deren Gesetzmäßigkeit der Forscher zu erhellen trachtete (vgl. Kapitel 4). Freuds wissenschaftliche Darstellung dagegen lebt fast ausschließlich von der Sprache, und die wenigen einfachen Diagramme fügen der überzeugenden narrativen Darlegung kaum Wesentliches hinzu. Im Sprachlichen aufgehoben, enthält Freuds wissenschaftliches Denken zwar logische, doch nur wenige räumliche Komponenten. Vielleicht hatte Freud dieses Argumentationsmuster im Auge, als er seine geringe Begabung für die Vorstellung räumlicher Verhältnisse und folglich für die Geometrie beklagte.

Vor allem aber bezeugt die *Traumdeutung* Freuds Überlegenheit im Bereich des Personalen. Er beweist einfühlsames Verständnis für die Sehnsüchte, Bedürfnisse, Wünsche und Ängste der Individuen, deren Träume er analysiert, für die gleichen Elemente in den eigenen Träumen und für die Faktoren, die wie die Leidenschaften des Ödipus- und Elektra-Komplexes das Schicksal aller Menschen beeinflussen. Das von Jugend an lebhafte Interesse Freuds an den individuellen Eigenarten im Familienkreis und an der Welt der Literatur sowie das Talent zu dramatischer Darstellung, das sich in seinen Jugendbriefen zu erkennen gibt, kommen in seinen Werken über den Traum und in den nachfolgenden Arbeiten zur Psychoanalyse voll zum Durchbruch und tragen zum Reiz und zur Eindrücklichkeit der Freudschen Schriften bei. Unter den Vertretern der exakten Wissenschaften ragt Freud durch die Fähigkeit hervor, das Personale mit dem Bereich sprachlicher und logischer Darstellung zu verknüpfen – ein Kennzeichen des prototypischen Verhaltenswissenschaftlers.

Freuds wissenschaftliche Methode

Freuds zweimaliger Ansatz bei der Konzipierung seines zentralen Aufgabengebiets gleicht dem methodischen Vorgehen anderer Wissenschaftler. Erste Unstimmigkeiten entdeckte er bei der Arbeit mit hysterischen Patienten, deren Verhalten sich mit den verschiedenen auf organische Ursachen rekurrierenden Standarderklärungen nicht mehr erfassen ließ. Versuche, die Hysterie zu erklären, wurden zunächst auf die ganze Bandbreite neurotischer Verhaltensweisen ausgedehnt, um mit dem *Entwurf* schließlich auch die normalen psychischen Prozesse einzubeziehen. Das im *Entwurf* ausgearbeitete Symbolsystem mag für Freud (wenn nicht für Fließ) hilfreich gewesen sein, er entschied jedoch, daß ein so fachspezifisches, mit Neologismen durchsetztes System weder nötig noch geeignet sei, wenn er sich einem breiteren Publikum verständlich machen wollte.

Statt sein eigenes neuropsychologisches Modell zu vervollkommnen, schlug Freud einen Haken; er benutzte die Erscheinungen und Mechanismen der Träume, um eine neue Theorie des menschlichen Verhaltens und des Unbewußten zu schaffen. Unter Verwendung bereits existierender deutscher Begriffe und weniger einfacher Schemata, die ebenso leicht verbal zu beschreiben waren, schuf er eine neue Sprache samt dem zugehörigen Erklärungsapparat. Der terminologische Rahmen erwies sich als so fruchtbar, daß nicht nur Freud selbst daraus für den Rest seiner langjährigen beruflichen Laufbahn schöpfen konnte; auch zahlreichen anderen Forschern und Klinikern bot er Anregung für eigene Arbeiten.

Freuds wissenschaftliche Leistung unterscheidet sich von den Werken anderer Naturwissenschaftler, Einsteins zum Beispiel, durch ihre relativ offene Formulierung und Darstellung. Freud beschäftigte sich nicht mit einem Einzelproblem oder einer Kette von Fragen, sondern mit einem ganzen Problemkreis, und nirgendwo ist die Rede von entscheidenden Prüfungsverfahren für die zentralen Thesen. Wie es eher für geisteswissenschaftliche Arbeiten charakteristisch ist, enthielt Freuds Begriffsgefüge ein Potential, das von verschiedenen Wissenschaftlern auf die verschiedenste Weise genutzt werden konnte.

Im Gegensatz zu zahlreichen anderen Wissenschaftlern wäre es Freud aufgrund seines intellektuellen Begabungsspektrums möglich gewesen, sich auch auf anderen Gebieten auszuzeichnen. Während es schwierig ist, sich Picasso nicht als Maler, Einstein nicht als Physiker zu denken, hätte Freud ebensogut als bedeutender Biologe (in der Tradition Darwins), als Anwalt, Jurist oder religiöser Führer hervortreten, sicherlich aber auf vielen Wissensgebieten fruchtbare Arbeit leisten können. Vielleicht fand er die seinen Talenten optimal entsprechende Domäne; die einzig vorstellbare war sie nicht.

Erste Reaktionen

Das Erscheinen der Publikation, die Freud als sein Meisterwerk betrachtete, mußte zeigen, ob die Welt die Bedeutung seiner Entdeckungen zu ermessen vermochte. Es war zu erwarten, daß eine Abhandlung dieses Formats in der

Fachwelt nicht ohne Widerhall bleiben würde. Bekanntlich wurden jedoch von der ersten Auflage der Traumdeutung in den ersten zwei Jahren ganze 351 Exemplare verkauft, und die Auflage wurde aus dem Druck genommen. Es erschienen zwar zahlreiche, zum Teil wohlwollende Besprechungen, doch anders als etwa Darwins Ursprung der Arten fand das Werk weder im Kreis der Wissenschaft noch in der Öffentlichkeit größere Beachtung. Nach der Publikation hielt Freud es nicht mehr für unmöglich, daß er den Rest seines Lebens als wenig bekannter Facharzt verbringen und dem Vergessen anheimfallen würde. An Fließ schrieb er: „... kein Blättchen rauscht, um zu verraten, daß die Traumdeutung irgendwem das Gemüt bewegt. ... Der Empfang des Buches und das Stillschweigen seither haben das keimende Verhältnis zum Milieu wieder zerstört." Jones gegenüber machte er später einmal die scherzhafte Bemerkung: „Es scheint mein Schicksal zu sein, nur Binsenwahrheiten zu entdecken: daß Kinder sexuelle Gefühle haben, was jedes Kindermädchen weiß, und daß nächtliche Träume wie Tagträume Wunscherfüllungen sind."

Der Schauplatz Wien

Keine Weltstadt wie London oder Paris und als historisches Kleinod mit Rom oder Athen kaum zu vergleichen, übertraf Wien seine Konkurrenten unter den europäischen Hauptstädten zu Jahrhundertbeginn vielleicht dennoch an geistiger Lebendigkeit. Persönlichkeiten von Rang und Namen, so die Familie des ‚Walzerkönigs' Strauß, der Philosoph Ludwig Wittgenstein, der Essayist und Schriftsteller Robert Musil, der Architekt Adolf Loos, der Stadtplaner Otto Wagner, der Essayist Karl Kraus, der Dichter und Schriftsteller Hugo von Hofmannsthal und der Physiker Ludwig Boltzmann lebten im Wien der Jahrhundertwende auf engstem städtischen Raum nebeneinander; man traf sich in den Kaffeehäusern und zum öffentlichen Gedankenaustausch. Freud, dem belesenen und gebildeten Kosmopoliten, waren die Namen geläufig, und ihre Träger kannte er zum Teil persönlich: Gustav Mahler suchte Freuds ärztlichen Beistand wegen zeitweiliger Impotenz, Breuer war Arzt von Freuds Lehrer Franz Brentano, und Freuds große Bewunderung galt Arthur Schnitzler, dem führenden Dramatiker Wiens, der in seinen Theaterstücken viele Probleme behandelte, die Freud bei der Analyse seiner Wiener Patienten aufdeckte. Eine jüngst erschienene Darstellung der alten Kaiserstadt hält die Atmosphäre fest: „Für einen wunderbaren Augenblick wurden Klimt, Wagner und Loos die Tischgenossen von Freud, Mahler und Wittgenstein – in einem imaginären Kaffeehaus Wiens, der ‚Wiege der Moderne'."

Freuds Gefühle für die Stadt, in der er fast sein ganzes Leben verbrachte, waren zwiespältiger Natur. Mit Wehmut erinnerte er sich der bäuerlichen Heimatregion Mähren, und in der Wahl seiner Ferienorte behauptete sich erkennbar die Vorliebe zum Ländlich-Idyllischen. Außer einer wie immer begründeten Abneigung gegen den urbanen Raum empörte und kränkte ihn das wissenschaftliche und geistige Klima der Stadt, das er als autoritär, engstirnig und antisemitisch empfand. Er zögerte nicht zu bemerken: „Die Stadt Wien hat aber auch alles dazugetan, um ihren Anteil an der Entstehung der Psychoanalyse zu verleugnen. An keinem anderen Orte ist die feindselige Indifferenz der gelehrten und gebildeten Teile dem Analytiker so deutlich verspürbar wie gerade in Wien."

Man hat behauptet, Freuds Wiener Natur habe sich nicht zuletzt in seiner erklärten Abneigung gegen seine Stadt offenbart. Als er Wien nach dem *Anschluß** Österreichs an das nationalsozialistische Deutschland im hohen Alter verlassen mußte, tat er es mit Bedauern. Ob Freud Wien tatsächlich liebte, ist hier jedoch ohne Belang; seine wissenschaftliche Laufbahn und die Entstehung seines Werks sind in einer wesentlich anderen Umgebung kaum vorstellbar.

Freuds Ideen scheinen ein Reflex, vielleicht auch das organische Produkt des Milieus, in dem er lebte. Die bigotte Sexualmoral stand in krassem Widerspruch zur verbreiteten sexuellen Freizügigkeit des Wiener Bürgertums und vermutlich auch der übrigen Schichten. Während man in Politik und Gesellschaft an konservativen Werten festhielt, konnten sich in den Künsten dank erstaunlicher Toleranz Avantgarde-Positionen entfalten, solange sie die politischen Strukturen nicht unmittelbar bedrohten. Rhetorischer Antisemitismus war an der Tagesordnung, doch stand dem Fortkommen der Juden, der getauften vor allem, in den freien akademischen Berufen nichts im Wege. Freud mochte auf Ablehnung, Kritik und Nichtachtung stoßen, eine amtliche Zensur brauchte er nicht zu fürchten – nicht mehr jedenfalls als die zeitgenössischen Wiener Vertreter des Zionismus, der Städteplanung, der medizinischen Reformen oder künstlerischen Revolutionen. Die bemerkenswerte Diskrepanz zwischen der offiziellen Rhetorik und den tatsächlichen Arbeitsbedingungen kam Freud zugute; im vorgeblich so toleranten England wären seine Texte über Sexualität sehr wahrscheinlich mit einem Druckverbot belegt worden.

* im Orig. deutsch

Daß Freuds revolutionäre Thesen in Wien, diesem Bollwerk Habsburger Konventionalität, mit offenen Armen begrüßt wurden, war nicht zu erwarten; die Wiener hatten dergleichen akzeptiert, solange es im ‚Kostüm' von Schnitzlers Dramen auftrat. Doch einige wenige Personen hatten die von Freud beschriebenen Zusammenhänge in Beobachtungen des eigenen Alltags bestätigt gefunden – sei es bei der Lektüre der Nachrichten, der Behandlung von Patienten oder mit Blick auf ihr persönliches Leben. Aus ihrem Kreis kamen Freuds erste Schüler, kamen die Mitglieder der Mittwoch-Gesellschaft.

Daß Freud Schüler um sich sammeln und diese Öffentlichkeit begrüßen würde, war nicht als selbstverständlich anzunehmen. Wir haben gesehen, daß er sich zeitweise resigniert damit abgefunden hatte, ein Unbekannter zu bleiben. Wie sein Freund Fließ hätte er geneigt sein können, an seine Ideen zu glauben, ohne sich mit Nachdruck für ihre Verbreitung einzusetzen. Er hätte, mit anderen Worten, ein geistiges Eremitenleben führen können. Es bestand die Möglichkeit, daß er sich auf die Rolle des Pater familias zurückzog, ein Leben behaglicher jüdischer Geselligkeit pflegte und sich zu Kartenspiel und Gespräch mit den Freunden aus der Wiener Loge von B'nai B'rith traf, der er 1897, in der Zeit seiner größten Einsamkeit, beigetreten war. Möglich war auch, daß er Anhänger suchte und wie so viele hoffnungsvolle Revolutionäre in dem Bemühen, sie zu finden oder zu halten, erfolglos blieb; daß er wie der Philosoph und Pädagoge John Dewey anderen erlaubte, sich in seinem Namen zu versammeln, ohne auf ihre Aktivitäten Einfluß zu nehmen, oder nach dem Vorbild von Karl Marx versuchte, auf der Basis seiner Ideen eine Bewegung zu gründen, um sie im Laufe des Prozesses praktisch zu vernichten. Freud beschritt im Umgang mit seinen Anhängern einen anderen, weit erfolgreicheren Weg.

Freud als Führer: die Erweiterung des Wirkungskreises

Als Freud in den ersten Jahren des zwanzigsten Jahrhunderts seine Bewegung gründete und ausbaute, kamen latente Persönlichkeitszüge zum Tragen: seine Begeisterung für Militärisches und sein Verlangen, sich als Führer an die Spitze einer engagierten, kampfbereiten Einheit zu stellen. In den Begriffen des im zweiten Kapitel dargestellten analytischen Dreiecks läßt sich sagen:

Freud hatte als individuelles *Talent* ein revolutionäres Theorienspektrum entworfen; diese Ideen standen nicht im Einklang mit den seinerzeit maßgeblichen Lehren der *Domänen* Psychologie, Psychiatrie und verwandter Disziplinen; wenn er ihnen zu Einfluß verhelfen wollte, mußte Freud ein *Feld* instituieren, das Schützenhilfe leistete und die Ideen bewerten und verbreiten konnte.

Die Mittwochabend-Sitzungen in der Berggasse dienten mannigfaltigen Zwecken. Nicht zuletzt ging es darum, Freud eine führende Position zu verschaffen. Freud hatte nie Hemmungen gehabt, öffentlich aufzutreten, Vorlesungen zu halten oder seine Position zu vertreten. Inzwischen jedoch war er der Autor mehrerer eigener Theoriekonzepte und hatte seiner Richtung einen Namen gegeben – die Psychoanalyse. Er war der unbestrittene Führer dieser Gruppe, nicht nur Autorität im eigenen Heim, sondern auch der Vater einer Schule.

Freuds Name stand nicht nur für bestimmte Ideen, sondern auch für bestimmte praktische Verfahren. Daß seriöse Wissenschaftler originelle Ideen entwickeln, gilt als selbstverständlich. Es ist die Grundlage ihres Berufs. Doch nur selten sind diese Ideen wesentlich praxisbezogen, und noch seltener führen sie zu einer grundlegend neuen Heilmethode. Wie Gandhi auf einem anderen Kontinent war Freud in der Lage, eine potentiell weit größere Gemeinschaft anzusprechen, weil er Techniken entwickelt hatte – freie Assoziation, Traumdeutung und therapeutische Verfahren –, die eingesetzt werden konnten, um den Menschen zu helfen; Freuds Ziel war die Behandlung kranker, unglücklicher Menschen, die verzweifelt Heilung suchten.

Kaum merkliche Veränderungen begleiteten Freuds Übergang ins mittlere Lebensalter. Er hatte seit Jahren davon geträumt, nach Rom zu reisen, sich das Vergnügen indes aus einer Reihe von weithin irrationalen, selbsterzieherischen Gründen versagt. Seit 1901 unternahm Freud mehrere Romreisen, zum Teil als Belohnung für die Ausdauer, beim sprichwörtlichen Leisten geblieben zu sein, und für die Fertigstellung seines großen Werks. Er hatte ebenfalls von einer Professur geträumt, jedoch gezögert, sich auf die taktischen Schachzüge einzulassen, die zur Verfolgung dieses Ziels unumgänglich waren. Jetzt sah er sich in der Lage, sich über seine moralischen Skrupel hinwegzusetzen, ließ die nötigen Beziehungen spielen und erhielt nach siebzehnjährigem Wartestand im Dozentenrang die Ernennung zum Ordinarius.

Unverändert blieb seine immense Produktivität. Noch während er an der *Traumdeutung* arbeitete, hatte er zwei seiner bedeutendsten und erfolgreichsten Werke in Angriff genommen: *Zur Psychopathologie des Alltagslebens* (1901), eine Analyse verschiedenartiger sprachlicher und praktischer „Fehlleistungen", und *Der Witz und seine Beziehung zum Unbewußten* (1905), eine Untersuchung der Funktionen des Witzes und anderer Formen des Lächerlichen. Er veröffentlichte seine revolutionären *Drei Abhandlungen zur Sexualtheorie* über abweichende Formen des Sexualverhaltens, kindliche Sexualität und Pubertät. Eine Reihe von Fallstudien über seine Patienten, unter denen Künstler, Ärzte, Schüler, Adlige und paranoide Persönlichkeiten zu finden waren, Publikationen über therapeutische Methoden sowie Theoretisches zum Thema Psychoanalyse sorgten dafür, daß die Mittwoch-Gesellschaft reichlich mit Diskussionsstoff versorgt war und die Psychoanalyse keine trockene Textsammlung blieb.

Freud erwies sich als glänzender persönlicher Anwalt der Psychoanalyse. Er überwand die Anfängerscheu oder Arroganz, die seinen Vortrag ein oder zwei Jahrzehnte zuvor vielleicht noch beeinträchtigt hatten, und wurde dank der sprachlichen Gewandtheit, die schon in seinen frühen Briefen auffällt, ein mitreißender Redner. Mit offenbar minimaler Vorbereitung war es ihm möglich, eine buntgemischte Zuhörerschaft auf persönliche, durchdachte und facettenreiche Weise anzusprechen. Er holte seine Beispiele aus der Geschichte, der Kunst, den verschiedensten Literaturen sowie der Gegenwart und dem Interessenbereich des jeweiligen Publikums. Er war in der Lage, die Einwände seiner Zuhörer vorauszusehen, nahm sie sogar vorweg und konnte auf diese Weise Vorbehalte und Kritik zum Teil entkräften. Es läßt sich kaum bezweifeln, daß viele nachdenkliche junge Menschen durch die wachsende Überzeugungskraft von Freuds Publikationen oder seine charismatische Persönlichkeit für die Psychoanalyse gewonnen wurden.

Der Vater der Bewegung

Ich hatte Freud den Vater der psychoanalytischen Bewegung genannt. Freud verdanken wir den Hinweis auf die einzigartige Rolle des Vaters im Leben jedes jungen Mannes. Als nicht weniger wichtig erwies sich das Vaterbild innerhalb der Bewegung. Unter Freuds Schülern und Anhängern stiftete es Verwirrungen, die dem Chaos kaum nachstanden, das es, den Worten des Meisters zufolge, in der prototypischen ödipalen Situation ausgelöst haben soll.

Unter den frühen Schülern Freuds war der um neunzehn Jahre jüngere Schweizer Psychiater Carl Gustav Jung zweifellos der bedeutendste. Jung, ein brillanter Kopf und eine bezwingende Persönlichkeit, begrüßte die Ideen des obskuren jüdischen Mediziners aus Wien mit rückhaltlosem Interesse, das frei war von Hintergedanken. Er repräsentierte die Zustimmung eines anderen Landes, einer anderen kulturellen, sozialen und religiösen Herkunft, eine Anerkennung, wie Freud sie bis dahin nie erfahren hatte. In einem Brief an Jung schrieb er nach Erwähnung der langen Jahre „ehrenvoller, aber schmerzlicher Einsamkeit" von einer „ruhigen Zuversicht, die mich endlich in Besitz nahm und warten hieß, bis eine Stimme aus dem unbekannten Haufen der meinigen antworten würde. Es war die Ihrige." Freud zögerte nicht, Jung in seinem kleinen Kreis eine Führungsrolle zuzuweisen. 1910 bot er ihm den Vorsitz der neu gegründeten Wiener Psychoanalytischen Vereinigung an, ein Schritt, den er bedauern sollte, als zwischen den beiden starken Persönlichkeiten bald darauf vehemente Spannungen ausbrachen.

Die Literatur über die Fehden in den Reihen der ersten Psychoanalytiker füllt Bände, und dennoch fällt es dem Außenstehenden bis heute schwer, zu entscheiden, wieweit der Konflikt normal, unvermeidlich und vielleicht sogar gesund war und wieweit sich in ihm die pathologischen Persönlichkeitszüge des Gründungsvaters und seiner ersten Anhänger spiegelten.

Ein wiederkehrendes Verhaltensmuster ist unübersehbar. Der Neuling, besonders wenn er von weither kam, Ausländer oder anderen Glaubens war, sah sich mit gewinnender Offenheit willkommen geheißen. Freud wollte mit allen Mitteln vermeiden, daß die Psychoanalyse zu einer Bewegung jüdischer Intellektueller wurde, und war willens, die Christen zu belohnen, die sich unter sein Dach verirrten. (Die verbindlichen Briefe an Persönlichkeiten des öffentlichen Lebens, die sich wohlwollend über die Psychoanalyse äußerten, sind ein deutlicher Hinweis darauf, daß er beständig nach einflußreichen Proselyten Ausschau hielt.) Eine Zeitlang blieb die Herzlichkeit ungebrochen: Freud konnte ein geduldiger Lehrer sein und tolerierte Abweichungen vom Kanon, wenn der Jünger allgemein zu gefallen wußte. Es kam sogar vor, daß einflußreiche und wohlwollende Kritiker in den inneren Zirkel aufgenommen und zu Diskussionen über schwierigere Mitglieder oder Abweichler von der reinen Lehre herangezogen wurden. Mitgliedschaft in dieser Elite besiegelte Freud mit dem Geschenk eines goldenen Ringes, der mit einer griechischen Figur geschmückt war.

Letztlich jedoch verlangte Freud Loyalität, persönliche und ideelle Loyalität. Wen die Rolle des Jüngers nicht befriedigte, der mußte in der Bewegung früher oder später scheitern. Für einige wie Adler und Jung kam der Bruch bald, und man schied nicht ohne Erbitterung; andere wie Rank und Ferenczi blieben über viele Jahre Mitglieder des innersten Zirkels, bevor eine schmerzhafte Trennung erfolgte. Nur ein kleiner Kreis von Anhängern hielt der Bewegung und ihrem charismatischen, doch machtbewußten Gründer ein ganzes berufliches Leben lang die Treue.

Man braucht keine Ausbildung in der Theorie der Psychoanalyse, um die Auswirkungen dieser Konstellationen auf Freud selbst zu entdecken. Er hatte in seinen Schriften über den Ödipus-Komplex die Konflikte zwischen Vater und Söhnen bereits in den neunziger Jahren vorweggenommen. Persönliche Erlebnisse sowie die über Europa aufziehenden Gewitterwolken könnten dazu geführt haben, daß Freud sich ausdrücklich gesellschaftlich-anthropologischen Themen zuwandte. In *Totem und Tabu* (1912–13), das in der Zeit der ersten Absetzbewegungen entstand, spricht er von den besonderen Kräften der Tabu-Gestalt, dem wachsenden Drang der Urhorde, den Vater zu töten, und dem darauffolgenden Kampf unter den Brüdern um Herrschaft und Macht. Für die Leser mochte die Schrift eine Parabel sein, für den Freudschen Kreis war sie Lebensgeschichte.

Soziale und kulturkritische Probleme spielen auch in den folgenden Werken, *Das Unbehagen in der Kultur* (1930) und *Die Zukunft einer Illusion* (1927) eine immer wichtigere Rolle. In seinem letzten Werk, *Der Mann Moses und die monotheistische Religion* (1939), identifizierte sich Freud unverhohlen mit dem Gründer einer neuen Religion, der von der Gemeinschaft, welcher er den „wahren" Weg gezeigt hat, zurückgewiesen wird. Der Aufsatz bedeutete eine bemerkenswerte, dem Autor vielleicht nicht voll bewußte Kehrtwende, da Freud die Absage an jede dogmatische Religion zur Grundlage seiner persönlichen und wissenschaftlichen Überzeugungen gemacht hatte.

Trotz oder vielleicht sogar wegen dieser Konflikte und Spannungen erlebten die Ideen der Psychoanalyse in den ersten Jahrzehnten des zwanzigsten Jahrhunderts ihre bedeutende Ausbreitung in der westlichen Welt. 1908 wurde aus der Mittwoch-Gesellschaft die Wiener Psychoanalytische Vereinigung, das Modell für zahlreiche Nachfolgeorganisationen in aller Welt. In der Begleitung von Jones und Jung machte Freud 1909 eine wichtige Reise in die Vereinigten Staaten und erlebte an der Clark University in Worcester, Massachusetts, die erste Anerkennung seines Werks außerhalb Europas. 1910 wurde die Internationale Psychoanalytische Vereinigung gegründet, die eine Reihe nationaler Organisationen unter einem gemeinsamen Präsidenten zusammenfaßte. 1920, als im Haag der erste Kongreß nach Kriegsende stattfand, gab es aktive psychoanalytische Bewegungen in den größeren westeuropäischen Staaten, in Rußland und Indien sowie zwei Schulen in den USA. Zu diesem Erfolg der Bewegung trug unzweifelhaft Freuds ausgeprägtes Führungstalent bei, und wenn der Name Freud heute bekannter ist als der seines einstigen Mitarbeiters Jung und seines langjährigen Rivalen Janet, so liegt das möglicherweise nicht an der Überlegenheit der Freudschen Ideen, sondern an dem brillanten und kämpferischen Einsatz Freuds für ihre Anerkennung – auszuschließen ist diese Vermutung zumindest nicht.

Auf dem Weg zum Ruhm

Allmählich erlangte Freuds Name Weltgeltung. Sein Ruf erreichte den eines Einstein oder Gandhi und behauptete sich neben dem Glanz der großen Namen aus Film und Sport. ‚Öffentliche Freundschaften' verbanden ihn mit bedeutenden Schriftstellern wie Romain Rolland, Thomas Mann, Arnold und Stefan Zweig, persönlichere Beziehungen mit einigen seiner Schüler, so mit Lou Andreas-Salomé, der, wie es heißt, einstigen Geliebten Friedrich Nietzsches; mit Einstein führte er einen „öffentlichen Briefwechsel" über Krieg und Frieden. Daneben fehlte es nicht an Gegnerschaften, unter denen die langjährige Fehde mit Janet, dem annähernd Ebenbürtigen unter den Kollegen in der europäischen Psychiatrie, die bekannteste ist. Er richtete ein Augenmerk auf alle, die über ihn und die Psychoanalyse berichteten, und machte, wenn es ihm nötig schien, je nach strategischer Zweckmäßigkeit mit gütlichem Zureden oder mit scharfer Kritik seinen Einfluß geltend.

Es ist zu beklagen, daß eine Reihe von Schülern, ehemalige zumeist, die mit der Lehre gebrochen hatten, für ihre Verbindung zu Freud einen hohen Preis entrichteten. Freuds junger Protégé Viktor Tausk, den die spannungsreiche Beziehung zu seinem unversöhnlichen Lehrer niederdrückten, schied freiwillig aus dem Leben; dasselbe Schicksal teilten mindestens sechs andere aus dem Kreis der frühen Anhänger. Diese Tatsache ist der erste Hinweis auf eine Gefährdung, die nicht selten mit einem Engagement im Umfeld hochkreativer Menschen verknüpft ist.

Weder der Gewinn neuer Schüler und Anhänger noch Fahnenflucht oder Selbstmorde vermochten Freud je wieder so tief zu berühren wie die frühen Erfahrungen der Nähe und anschließenden Distanzierung von Breuer und Fließ, eine emotionale Reserve, die nur zum Teil dem Alter zuzurechnen ist. Es wird mit den Jahren schwieriger, sich intensiv an neue Menschen zu binden, und man hat sich gegen zunehmende Verluste aus dem Kreis der Altersgenossen zu wappnen. Ich glaube jedoch, daß im Falle Freuds außer der altersbedingten Distanziertheit drei weitere Faktoren eine Rolle spielten. Zum einen hatten die Jahre einsamer Zwiesprache mit seinen Ideen wohl eine gewisse Verhärtung mit sich gebracht und ihn gelehrt, sich nicht im Übermaß von anderen abhängig zu machen. Zweitens wähnte Freud durchaus, soziale Beziehungen zu pflegen – sie waren nunmehr weniger persönlich, waren intellektuell geprägt und institutionalisiert. Und schließlich – ich wage eine sehr spekulative Vermutung – sah er sich als militärischen Führer in einer schwierigen Kampagne. Es ist Teil eines solchen Unternehmens, riskante Operationen einzuleiten, Einsätze zu wagen, die steckenbleiben, und die Übung, wenn nötig, abzubrechen, Umgruppierungen vorzunehmen, die Strategie zu ändern und sich erneut in die Schlacht zu stürzen. Es kommt vor, daß große Führer andere mit der Realisierung solcher Maßnahmen betrauen. Moses zog zweifellos Nutzen aus der Tätigkeit seines Bruders Aaron, und Darwin überließ es willig dem Biologen Thomas Huxley, für die Evolutionstheorie die Trommel zu rühren; Freud dagegen nahm im allgemeinen sowohl die Funktion des Generals als auch des Oberleutnants wahr.

Neben seinen Pflichten als Stratege in eigener Sache fand Freud Zeit für andere Aufgaben. Er war wie immer der interessierte Ratgeber seiner großen Familie, empfing täglich acht bis neun Stunden lang seine Patienten, machte seinen Nachmittagsspaziergang, pflegte seine Beziehungen zu Freunden und zu den Mitgliedern von B'nai B'rith, las, sammelte Antiquitäten und arbeitete von elf Uhr abends bis ein oder zwei Uhr morgens an seinen Aufsätzen. Die Reihe auch nur seiner Publikationen aus den Jahren 1910 bis 1930 aufzuzählen würde mehrere Seiten in Anspruch nehmen. Ganz ohne Zweifel entsprach Freud dem bürgerlichen Ideal des neunzehnten Jahrhunderts vom unermüdlichen Arbeiter, der fast jede Stunde des Tages produktiver Beschäftigung widmet und sich erbarmungslos zur Rechenschaft zieht, sobald er den Wunsch in sich verspürt, das Joch abzuschütteln. Im England der Puritaner hätte das Geschäft des Naturwissenschaftlers keinen schlechten Nährboden gefunden; Jahrhunderte später erlebte es unter den Juden Wiens unzweifelhaft seine Glanzzeit.

In seinen Arbeiten hatte Freud die Grenzen der Fallstudien und klinischen Abhandlungen weit hinter sich gelassen. 1915, als der Erste Weltkrieg mit größter Heftigkeit tobte, schrieb er in zwei Monaten sechs große Essays über Metapsychologie. An Themen aus *Totem und Tabu* anknüpfend, stieß er mit psychoanalytischen Ansätzen tiefer auf politisches und kulturelles Gebiet vor. Er verfaßte weitere bedeutende und kontroverse Arbeiten: über Massenpsychologie, Religion und Politik, über Krieg und Aggression sowie den Titelaufsatz eines Bändchens kulturkritischer Essays über das „Unbehagen in der Kultur". Mit seinen thematischen Neuansätzen gab Freud den starken philosophischen und kulturellen Neigungen nach, die er sechzig Jahre zuvor „rücksichtslos unterdrückt" hatte, als er sich für die medizinisch-naturwissenschaftliche Laufbahn entschied. Und er wandte sich an ein Publikum, das in der Zeit nach den traumatischen Kriegserlebnissen eine Erklärung für die menschliche Zerstörungswut suchte.

Wie erwähnt bin ich in meinen Fallstudien wiederholt auf eine ‚Zehnjahres-Regel' gestoßen: nach zehnjähriger Arbeit in einer bestimmten Domäne erfolgt ein erster kreativer Durchbruch, an den sich, abhängig von verschiedenen Umständen, in Intervallen von zehn Jahren weitere Durchbrüche anschließen können. Freud ist ein Beleg für den ersten Teil der Regel. Seine Arbeit über den Traum begann fast genau ein Jahrzehnt nach seiner Lehrzeit bei Charcot. Unzweifelhaft blieb Freuds Schaffenskraft über Jahrzehnte hinaus erhalten. Er gleicht in diesem Punkt den Künstlern Picasso, Strawinsky und Graham und weniger dem Physiker Einstein. Problematischer ist die Frage, ob die weiteren Entdeckungen in exakten Dekadenintervallen aufeinander folgten, doch läßt sich immerhin sagen, daß Freuds erste Beschäftigung mit sozialen Themen in die Zeit um 1910 fiel und sein Interesse für politische und kulturelle Fragen sich in den zwanziger und dreißiger Jahren voll entfaltete.

Freuds spätere, kulturkritische Arbeiten wurden zwar mit großem Vorbehalt aufgenommen, trugen jedoch wesentlich dazu bei, Freud zu einer Gestalt von Weltgeltung zu machen, zum Gegenstand bleibenden Interesses für die Bürger zahlreicher Nationen und Wissenschaftler zahlreicher Disziplinen. Solange sich seine Schriften auf Fragen und Verfahren der Medizin beschränkten, gehörte er zur Welt eines Havelock Ellis und Krafft-Ebing – Ärzte, die an Tabus rührten und es wagten, über sexuelle Probleme zu schreiben. Mit seinen neuen Themen reihte er sich in die internationale literarische Tradition ein, zu der ältere Philosophen wie Rousseau und John Stuart Mill beigetragen hatten und zeitgenössische Vertreter wie Walter Lippmann, Bertrand Russell und Henri Bergson gehörten. Freud erhielt die Anerkennung, die Denkern von Weltrang zuteil wird. Unter den zahlreichen Ehrungen und Auszeichnungen schätzte er den Goethe-Preis für Literatur als „Höhepunkt meines bürgerlichen Lebens". Vielleicht ironisch nannte Freud diese Phase ein „Stück regressiver Entwicklung". Sein Interesse, schrieb er, sei „nach dem lebenslangen Umweg über die Naturwissenschaften, Medizin und Psychotherapie ... zu jenen kulturellen Problemen zurückgekehrt, die dereinst den kaum zum Denken erwachten Jüngling gefesselt hatten."

Freud blieb bis in die letzten Tage seines Lebens tätig. Auch nach der durch die politischen Umstände erzwungenen Emigration im Jahr 1938 setzte der damals Zweiundachtzigjährige seine analytischen Behandlungen fort und arbeitete an seinen schriftlichen Aufzeichnungen. Der stoische Gleichmut, mit dem er die quälenden Beeinträchtigungen durch die Krebskrankheit, den

Verlust der Heimat und das Bewußtsein des nahen Todes ertrug, ist immer wieder bewundert worden. Die anhaltende Überlebenskraft, Vitalität und Produktivität Freuds war ein Geschenk für alle, die ihm verbunden waren, und für die übrige Welt von hohem symbolischem Wert. Doch darf man gefahrlos behaupten, daß die Geschichte seiner Bewegung sich nicht geändert hätte, wenn Freud im Alter von fünfundsechzig oder siebzig Jahren gestorben wäre. Freud hatte etwas für einen Forscher und Wissenschaftler unserer Zeit Präzedenzloses vollbracht – allenfalls Marx wäre ihm hierin zur Seite zu stellen: Er hinterließ nicht nur ein eindrückliches Werk, das zu lesen, zu studieren, anzufechten oder zu befolgen war, sondern eine organisierte Institution, die psychoanalytische Bewegung, die nach seinem Tod an sein Werk anknüpfen konnte.

Weltweite Gefolgschaft

Heute finden sich in allen Ländern der industrialisierten Welt von Argentinien bis Japan, ebenso aber auch in Schwellenländern wie Indien ausgebildete Experten, die als Psychoanalytiker bezeichnet werden und ihren Stammbaum bis auf den Freudschen Urzirkel zurückführen können, Vereinigungen, Zeitschriften und Ausbildungsinstitute, die sich psychoanalytisch nennen oder auf Freud (seltener auf Jung, Adler oder Lacan) beziehen, sowie Angehörige anderer Fachbereiche (von der Geschichte bis zur Philosophie) oder Berufsgruppen (Künstler und Kritiker), die sich der psychoanalytischen Bewegung zugehörig fühlen. Freud hatte nicht alle von ihnen vorausgesehen und hätte nicht alle gebilligt, doch ihre Existenz ist ohne sein Werk und Beispiel undenkbar.

Auch seine Ideen haben nichts von ihrer Wirksamkeit eingebüßt. Neben den Strenggläubigen, die jedes Wort des Meisters heilig halten, und den lautstarken Kritikern, die das Werk in Bausch und Bogen verdammen, gibt es ernstzunehmende Wissenschaftler und Praktiker, die das Erbe sichten. Sie entnehmen der psychoanalytischen Bewegung, was tauglich und zeitgerecht ist, erhalten sie am Leben und lenken sie in produktive Richtungen, darunter einige, die für die Mitglieder der Mittwochabend-Versammlungen nicht voraussehbar waren.

Ein Jahrhundert nach den ersten Anfängen geht der Streit der Meinungen mit unverminderter Heftigkeit weiter. In England und Frankreich verhandeln die Diskussionen um das Werk von Melanie Klein und Jacques Lacan das ganze Spektrum der klassischen Fragen zur Psychoanalyse. In den Vereinigten

Staaten beweist das enorme Interesse an Janet Malcolms Büchern über die Psychoanalyse als Beruf und über die Verwaltung der Freud-Archive das fortdauernde Interesse an Freud und allen Freudschen Themen. Wiederholt stand Freuds Integrität in Frage, wurden die Genauigkeit seiner Fallberichte und seine Motive für die Behandlung vermögender Patienten in Zweifel gezogen. Und sooft der nächste Text oder Brief, das nächste Tagebuch, die nächste Konfusion auftaucht oder eine Sperre aufgehoben wird, melden sich die bekannten Autoritäten zu Wort und geben ihr Urteil ab, versorgen die New York Times mit Stoff und beflügeln vielleicht die Phantasie von Tom Stoppard oder Woody Allen.

Freud betrachtete sich als Naturwissenschaftler und die Psychoanalyse als empirische Wissenschaft. Er war überzeugt, daß man letzten Endes auch die neurologische und chemische Basis seiner Entdeckungen würde anerkennen müssen. (Das hinderte ihn – und andere – nicht daran, die künstlerischen und philosophischen Seiten seines Werks und die Konquistadorenzüge seiner Persönlichkeit wahrzunehmen.) Auch wenn einige Aspekte der Psychoanalyse im Laufe der Jahre in bescheidenem Umfang naturwissenschaftliche Bestätigung erfuhren, sollte nicht ungesagt bleiben, daß das Interesse an der Psychoanalyse in weit überwiegendem Maß nicht aus dem Kreis der Naturwissenschaftler kam, deren eingefleischte Vertreter Freud als Mitglied der Kaste nicht ernst nehmen. Freud wäre vom Stand der Dinge enttäuscht, doch kaum überrascht gewesen und hätte unbeirrt an seinem Glauben festgehalten, daß die naturwissenschaftliche Grundlage seiner Entdeckungen auf lange Sicht ihre Bestätigung finden werde. Mir scheint es im Zusammenhang meiner Fragestellung sinnvoller, Freud wie seine Helden Shakespeare und Sophokles zu betrachten – als einen Ergründer der menschlichen Seele, der darüber hinaus einen Beitrag zu unserer Einsicht in die Natur der menschlichen Gesellschaft geleistet hat. Er ist damit neben Nietzsche und Schopenhauer zu stellen, deren Lektüre er eigenen Worten zufolge „lange gemieden" hat, weil er ahnte, daß sie viele seiner eigenen Einsichten vorweggenommen hatten.

Heute gehört Freud der Welt. Es ist kaum anzunehmen, daß sein Ansehen in absehbarer Zukunft an Glanz verlieren wird. Eine derartige Akzeptanz zu erreichen ist ein bemerkenswertes Resultat für einen Menschen, der noch vor einem Jahrhundert unbekannt war, der bis zum Ausbruch des Zweiten Weltkriegs lebte und nicht das Schwert, von dem er als Knabe träumte, zu seiner wirksamsten Waffe machte, sondern ein besonderes Verfahren zur Befragung von Träumern und Träumen.

Für meine Untersuchung ist Freud ein Symbol, ein frappierendes Beispiel für die Fähigkeit, durch Einsatz einer besonderen Intelligenz höchste schöpferische Leistungen zu erreichen: durch die intrapersonale Untersuchung eigener Gedanken und Gefühle, und, wie im Fall Freuds, durch eine Beharrlichkeit, die auch dann nicht ins Wanken kommt, wenn die Umwelt kein Zeichen der Zustimmung und des Verständnisses für die gezeigten Bemühungen erkennen läßt. Freud lenkte seine Kräfte in eine neue Richtung und überzeugte eine oft feindliche Welt von der Glaubwürdigkeit seiner Entdeckungen. Der Weg des Weltkindes zu einer Arbeit in hermetischer Isolation und wieder zurück ins Gespräch mit einem vielfältig zusammengesetzten Personenkreis ist ein nachdrücklicher Hinweis auf das Doppelgesicht der Kreativität: den Durchbruch innerhalb einer bestimmten Domäne, deren Einfluß im Lauf der Zeit möglicherweise die Interessen und Ideale unterschiedlicher menschlicher Gemeinschaften erreicht.

4
Albert Einstein: Das ewige Kind

Einstein, 1898

In seiner wissenschaftlichen Autobiographie, die er „so etwas wie den eigenen Nekrolog" nannte, rief sich Albert Einstein eine Reihe eindrucksvoller Kindheits- und Jugenderlebnisse in Erinnerung. Dem Vier- oder Fünfjährigen zeigte der Vater einen Kompaß. Die Unbeirrbarkeit der Nadel, die auch dann bewegungslos verharrte, wenn das Gehäuse sich drehte, schien dem Knaben wie ein Wunder. Einstein vergleicht den rätselhaften Kompaß mit anderen Kindheitseindrücken, die, aus langer Gewohnheit vertraut, dieses Staunen nicht hervorrufen: das Fallen berührbarer Körper, der Mond und die Tatsache, daß dieser nicht vom Himmel fällt. Weiter erinnert er sich an das Gefühl einer tiefen Verwunderung beim Betrachten eines Büchleins über die Euklidische Geometrie, das er mit etwa 12 Jahren in die Hand bekam. Erstaunliche Aussagen wie die Behauptung, daß die drei Höhen eines Dreiecks einander in einem Punkt schneiden, ließen sich mit einer Sicherheit beweisen, die jeden Zweifel ausschloß.

Der junge Einstein zeigte eine weitere aufschlußreiche Neigung: Er legte sich sperrige Probleme vor, über die er lange nachgrübelte. Als Sechzehnjähriger stellte er sich die vielleicht zukunftsträchtigste solcher Fragen: Was wäre, wenn man mit Lichtgeschwindigkeit einem Lichtstrahl nachliefe und ihn schließlich einholte? Wenig später kam eine andere Frage hinzu: Man stelle sich vor, daß ein Mann, in einen Kasten eingeschlossen, einen ausreichend tiefen Schacht hinabfällt – was würde mit den Dingen passieren, die er bei sich trägt, wenn er sie aus der Tasche nähme? Würden sie auf den Boden des Kastens fallen oder einfach in der Luft schweben?

Die Vorliebe für die Erfindung von Denksportaufgaben blieb dem Heranwachsenden erhalten. Der ältere Einstein, der immer wieder auf kosmologische Fragen angesprochen wurde, formulierte wiederholt den beunruhigenden Gedanken, ob Gott es wagen würde, mit seiner Schöpfung Würfel zu spielen.

Kinderfragen

Einsteins Denkanstöße sind Fragen, wie Kinder sie stellen, falls ihnen die „ewige Fragerei" nicht durch die Erwachsenen ausgetrieben wird. In den ersten fünf bis zehn Jahren ihres Lebens haben Kinder reichlich Gelegenheit, ihre Einbildungskraft spielen zu lassen, den Dingen nachzuhängen, die Furcht oder Zweifel erregen, und diese Ungewißheiten in Zeiten, da sie sich selbst überlassen sind, während des Spielens oder vor dem Einschlafen, bei sich zu bedenken. Die kindlichen Grübeleien können die menschlichen Beziehungen betreffen, die Macht der Eltern oder unerwünschte Geschwister, Beispielfiguren des Guten oder des Bösen – Freuds Fragen waren von dieser Art. In anderen Fällen sind die Probleme, wie wir es bei den Künstlern beobachten werden, in nicht-sprachlichen Symbolsystemen angesiedelt: Was ist die eindringlichste Melodie für diese Arie? Welche Möglichkeiten stecken in dieser Farbe? Kann ich tanzen, was ich fühle? Die Fragen Einsteins gleichen wie die vieler anderer Kinder dem Typus von Fragen, die der bekannte Psychologe Jean Piaget seinen kleinen Testpersonen stellte: warum sich ein Gegenstand in dieser oder jener Art verhält oder ob sich Naturgesetze ändern lassen und mit welchen Folgen.

Einstein war sich der Verwandtschaft seiner Denkweise mit der gemeinhin Kindern zugeschriebenen Gedankenwelt bewußt, wie aus einer mit viel Understatement vorgebrachten Selbsteinschätzung hervorgeht:

Wenn ich mich also frage, woher es kommt, daß gerade ich die Relativitätstheorie gefunden habe, so scheint es an folgendem Umstand zu liegen: Der normale Erwachsene denkt nicht über die Raum-Zeit-Probleme nach. Alles, was darüber nachzudenken ist, hat er nach seiner Meinung bereits in der frühen Kindheit getan. Ich dagegen habe mich derart langsam entwickelt, daß ich erst anfing, mich über Raum und Zeit zu wundern, als ich bereits erwachsen war. Naturgemäß bin ich dann tiefer in die Problematik eingedrungen als ein gewöhnliches Kind.

Es war Einstein, der Piaget vorschlug, Kinder nach ihren intuitiven Vorstellungen von Geschwindigkeit und Raum zu befragen, und der damit eines der fruchtbarsten Forschungsthemen des Psychologen anregte.

Die Annahme fundamentaler Ähnlichkeiten zwischen dem kindlichen Denken und dem Denken des kreativen Erwachsenen ist eine relativ junge, wenn nicht moderne Idee. In der Mitte des neunzehnten Jahrhunderts knüpfte Charles Baudelaire die Verbindung von Kinderzeichnungen und Bildern erwachsener Künstler und nannte das Kind den „Maler des modernen Lebens". Erst seit dem letzten Jahrhundert zeigen Künstler, Schriftsteller und andere schöpferisch Tätige ein anhaltendes Interesse an dem, was Kinder produzieren, wenn sie die künstlerischen Symbolsysteme benutzen. Unter den Naturwissenschaftlern zeichnete sich Einstein durch sein lebenslanges Interesse am kindlichen Denken aus. Von ihm stammt die Behauptung, im Alter von drei Jahren wüßten wir alles, was wir jemals an physikalischem Wissen benötigten.

Doch Einstein stellte seine Fragen auch den Kollegen, und er stellte sie in ihrem Namen. Die Fragen vieler Experten in den verschiedenen Disziplinen sind nur denen verständlich, die über die einschlägige Ausbildung verfügen, und Einstein war ein Spezialist für derartige Denkaufgaben. Die besondere Bürde des Physikers allerdings sind die Fragen nach den Grundlagen der Existenz: nach dem Anfang des Universums, den kleinsten Teilchen der Materie, nach der Definition der Zeit und den Grenzen des Raums. Es ist das besondere Verdienst der Physik des zwanzigsten Jahrhunderts – Einsteins zumal –, daß sich Antworten abzuzeichnen beginnen, die Endgültigkeit versprechen. Ein anderer namhafter Physiker des Zeitalters, I. I. Rabi, erklärte: „Ich glaube, die Physiker sind die Peter Pans der Menschheit. Sie werden nie erwachsen und behalten ihre Wißbegierde. Wenn man erst einmal gebildet ist, weiß man zuviel, viel zuviel."

Eine gar nicht so ungewöhnliche Kindheit

Legenden umgeben die Kindheit des Mannes, der wie kein anderer in unserem Jahrhundert zu einem Symbol geistiger Brillanz geworden ist. Verschiedenen Zeugnissen zufolge soll er spät sprechen gelernt und an einer Form von Dyslexie gelitten haben. Er wird als Einzelgänger, Wunderkind, als mäßiger Student und ungeschliffener Diamant beschrieben. Für alle Behauptungen lassen sich Bruchstücke von Beweisen vorlegen, die Wahrheit indes scheint weniger spektakulär zu sein.

Einsteins Kindheit ist der Freuds nicht unähnlich. Beide Männer stammten aus aufstrebenden, seit Generationen assimilierten jüdischen Familien, die sich beruflich und finanziell zwar noch nicht konsolidiert hatten, vom schlimmsten Antisemitimus jedoch verschont blieben und auf eine bessere Zukunft in den Reihen des Bürgertums hofften. In der seit 1880 in München ansässigen Familie Einstein herrschte offenbar ein natürlicher, fröhlicher und relativ liberaler Geist. Alberts Vater Hermann, ein umgänglicher Geschäftsmann, der sich weder durch übermäßigen Ehrgeiz noch Erfolg auszeichnete und seine beruflichen Höhen und Tiefen durchlebte, erinnert an Jakob Freud. Einsteins Mutter scheint wie Amalie Freud kultivierter und ehrgeiziger gewesen zu sein als ihr Mann. Daß Albert wie Freud der Abgott seiner Mutter war, ist nicht bezeugt, doch hatte sie, wie ein Biograph vermerkt, „ein wenig von jener Rücksichtslosigkeit", mit der auch Albert später seine Interessen verfolgte.

Angehörige der Familie bestätigen, daß Albert tatsächlich relativ spät und sehr langsam sprechen lernte und nicht durch verbale Lebhaftigkeit auffiel.

Anders als der sprachlich begabte Freud mit seiner regen Anteilnahme an der Welt der anderen, zeigte der junge Albert ein entsprechendes Interesse für die Dingwelt – „schien" es jedenfalls zu zeigen, wie er selbst es einmal mit skrupulöser Genauigkeit ausdrückte. Vater Hermann stellte zusammen mit seinem Bruder Jakob elektrische Geräte her, die die Neugier des Kindes weckten. Der kleine Einstein liebte Konstruktionen aller Art. Er baute Kartenhäuser, die eine Höhe von vierzehn Stockwerken erreichen konnten, liebte Puzzles und war fasziniert von Rädern und anderen Gegenständen mit beweglichen Teilen.

Nicht prononciert menschenscheu, schien Einstein es dennoch seit frühesten Jahren vorzuziehen, seine eigenen Wege zu gehen. Der Dreijährige, wird berichtet, soll allein durch die Straßen von München spaziert sein. Auch in Gegenwart anderer Kinder spielte er am liebsten allein. Gewöhnlich war er still und nachdenklich, konnte aber auch das Opfer heftiger Wutanfälle werden und ließ sich einmal dazu hinreißen, einen Stuhl nach seiner Hauslehrerin zu werfen. Die meiste Zeit verbrachte er damit, zusammen mit ein paar wenigen Freunden über wissenschaftliche Probleme und Fragestellungen nachzugrübeln.

Ein Verhaltenszug des jungen Einstein, der bisher kaum zu Kommentaren Anlaß gegeben hat, ist seine bewußt geübte Religiosität. Wie viele emanzipierte jüdische Familien der damaligen Zeit zeigten die Einsteins wenig Interesse für die dogmatische Seite des Religiösen. Sie betrachteten sich als ‚Freidenker'. Der junge Albert indessen war fromm und gottesgläubig und nahm es mit seinen religiösen Pflichten sehr genau. Er setzte sich damit in Widerspruch zu seiner Familie und zur Mehrzahl der Mitschüler in der katholischen Schule. Auf die Klassenkameraden muß seine Frömmigkeit befremdlich gewirkt haben. Mir scheint die ausgeprägte Religiosität des jungen Einstein ein Zeichen seiner starken geistigen Bedürfnisse, seines Interesses an letzten Fragen und einer Fähigkeit – wenn nicht Neigung –, sich gegen konventionelle Überzeugungen zu wenden.

Anders als der Dauerprimus Freud stand Einstein mit der Bildungseinrichtung Schule auf gespanntem Fuß. Ihm mißfiel das autoritäre Regiment, das in den meisten deutschen Schulen jener Zeit den Unterricht bestimmte, und seine besondere Abneigung galt allem Stoff, der ‚gebüffelt' werden mußte. Seiner Verachtung gab er durch mangelhafte Leistungen und aufsässiges Gebaren im Unterricht unverhohlen Ausdruck. Kamen Gebiete zur Sprache, in denen er sattelfest war, konnte er überheblich auftreten, was einen Lehrer zu der Bemerkung veranlaßte, Einsteins ungeniertes Benehmen untergrabe den Respekt der Klasse vor dem Lehrer.

Außerhalb der Schule jedoch vertiefte er sich mit Enthusiasmus in bestimmte Themen. Als ihn sein Onkel Jakob mit Algebra und Geometrie bekannt gemacht hatte, versuchte er sich diese Gebiete auf eigene Faust zu erschließen. Er liebte die Schönheit und Ordnung der Geometrie, der systematischen Beweise, die Verbindung der graphischen Darstellungen mit dem denkenden Verstand, und wenn ihn Beweise nicht überzeugten, zögerte er nicht, auch gegen die Autorität des Geometriebuchs auf seinem Standpunkt zu beharren.

Die ersten Schritte in die Wissenschaft

Eine Zeitlang war Max Talmey – damals, bis zu seiner Übersiedlung in die USA, noch *Talmud*, ein wenig bemittelter jüdisch-russischer Medizinstudent, regelmäßiger Gast am Mittagstisch der Familie Einstein. Talmey faßte eine Zuneigung zu dem jungen, damals dreizehnjährigen Albert und brachte ihm Bücher zur Lektüre, darunter die Werke Kants und Darwins. Als er das besondere Interesse des Jungen für die Physik bemerkte, verschaffte er ihm auch naturwissenschaftliche Werke, so Büchners *Kraft und Stoff*. Als besonders bedeutend für Einsteins Entwicklung erwies sich die mehrbändige populärwissenschaftliche Darstellung der Naturwissenschaft aus der Feder des Universalgelehrten Aaron Bernstein, des Isaac Asimov der damaligen Zeit. Einstein entnahm diesen Werken offensichtlich nicht nur die sachlichen Informationen, sondern auch eine bestimmte wissenschaftliche Weltanschauung: eine – dem Wissenschaftsbild des jüngeren Freud entsprechende – rein mechanistische und atomistische Naturauffassung und eine vorbehaltlos optimistische Einschätzung der Möglichkeiten wissenschaftlicher Forschung. Einstein las dergleichen hingebungsvoll, gründlich und kritisch. Talmey erinnerte sich: „Bald war der Flug seines mathematischen Genies so hoch, daß ich ihm nicht mehr folgen konnte." Die frühere religiöse Begeisterung wurde durch die philosophischen und naturwissenschaftlichen Neigungen verdrängt.

Es zeigte sich, daß Einstein nicht jeder Art institutioneller Wissensvermittlung Widerstand entgegebrachte. Nach einem schwierigen Lebensabschnitt erhielt der Sechzehnjährige die Möglichkeit, in dem dreißig Kilometer nördlich von Zürich gelegenen Aarau die „fortschrittliche" Kantonsschule zu besuchen. Die Schule wurde im Geiste des Pädagogen Johann Heinrich Pestalozzi geführt, der den Menschen und seine ganzheitliche Ausbildung in den Mittelpunkt des Unterrichts gestellt und die Bedeutung der visuellen Orientierung, der Anschauung*, bei der Vermittlung begrifflicher Inhalte erkannt hatte. Einstein fühlte sich in dieser Schule sehr wohl, genoß die Ausrichtung auf praktische wie auch theoretische Naturwissenschaft, gewann gute Freunde und machte insgesamt eine Wende zum Besseren durch. Nur einen Monat vor seinem Tod erinnerte er sich: „Diese Schule hat durch ihren liberalen Geist und durch den schlichten Ernst der auf keinerlei äußerliche Autorität sich stützenden Lehrer einen unvergeßlichen Eindruck in mir hinterlassen". Die Erfahrungen in Aarau (wo seine Schülerarbeiten aufbewahrt sind) machten Einstein bewußt, daß er in einem geeigneten Umfeld mit der Förderung seiner persönlichen Interessen rechnen konnte.

Nach dem erfolgreichen Abschluß der Kantonsschule stand ihm der Zugang zum angesehenen Zürcher Polytechnikum, der heutigen Eidgenössischen Technischen Hochschule, offen, an deren Aufnahmeprüfung er ein Jahr zuvor gescheitert war. Seine Studienwahl hatte er im französischen Abituraufsatz in illusionsloser Selbsterkenntnis wie folgt erklärt: „Die folgenden Gründe führen mich zu diesem Plan ... Vor allem meine Neigung zu abstraktem und mathematischem Denken und mein Mangel an Phantasie und praktischen Fähigkeiten."

Es gibt wohl keinen besseren Hinweis auf Einsteins spätere Laufbahn als eine kleine Abhandlung, die der Sechzehnjährige an seinen Onkel Cäsar in Stuttgart sandte. In dem fünfseitigen überaus anregenden Aufsatz „Über die Untersuchung des Ätherzustandes im magnetischen Felde" beschrieb er die damaligen Kenntnisse des Elektromagnetismus mit Rücksicht auf den Äther, das hypothetische Medium der Wellenübertragung. Er schlug vor, den Zustand des Äthers in Magnetfeldern verschiedener Art zu untersuchen und Experimente durchzuführen, um „die elastische Deformation" und die deformierenden Kräfte des Äthers oder des Feldes zu messen, Versuche, die die zeitgenössische experimentelle Physik beschäftigten. Einstein schloß mit dem Kommentar: „Ich glaube, daß die quantitative Erforschung der absoluten Dichtigkeit und elastischen Kraft des Äthers erst dann beginnen können, wenn qualitative Ergebnisse vorliegen, die mit gesicherten Ideen verbunden sind."

Da diese Ideen von einem jungen Mann geäußert wurden, der sich vorgestellt hatte, mit Lichtgeschwindigkeit einen Lichtstrahl zu verfolgen, ist es kaum unrealistisch, die Schrift des Sechzehnjährigen als Keim der Speziellen Relativitätstheorie zu betrachten, die zehn Jahre später zur Reife kam. Im

---

* im Orig. deutsch

Unterschied zu den meisten Gelehrten, brillante Forscher wie Freud eingeschlossen, deren eigentliche Ausbildung mit dem Universitätsstudium beginnt, scheint das wissenschaftliche Profil des jugendlichen Einstein in seinen wichtigsten Zügen bereits voll ausgeprägt: er hatte die Probleme vor Augen, die ihn bleibend beschäftigen sollten, und verfügte über ein wissenschaftliches Credo, das er in Diskussionen und der Lektüre populärwissenschaftlicher Literatur gewonnen hatte, sowie über positive Vorbilder wissenschaftlichen Arbeitens aus dem Familienunternehmen und der anregenden Atmosphäre seiner Aarauer Schule. Schon damals verband Einstein die Neugier und Empfänglichkeit des Kindes mit den Methoden und Zielvorstellungen des reifen Erwachsenen.

Lehrjahre

Einsteins hindernisreicher Bildungsweg setzte sich während der Studienzeit am Zürcher Polytechnikum fort. Von dem Studenten wurde erwartet, daß er sich mit der Physik und Mathematik seiner Zeit bekannt machte, das heißt, Vorlesungen besuchte, die einschlägigen Werke las, im Labor arbeitete, die klassischen Aufgaben des Faches beherrschte und seine Examen ablegte. Einstein besuchte tatsächlich eine erstaunliche Anzahl von Vorlesungen: über Geographie, über die Finanzmärkte, über die schweizerische Politik, über Anthropologie, Geologie und das Werk Goethes. Unzufrieden war er mit den Hauptvorlesungen in den naturwissenschaftlichen Fächern.

Besonders enttäuschend fand er die Vorlesungen des Dozenten für Elektrotechnik, Heinrich Weber, die vor allem für künftige Ingenieure gedacht waren. Weber behandelte die klassische Physik bis zu Helmholtz, seinem Lehrer, ließ jedoch die folgenreichen Arbeiten von James Clark Maxwell und die Probleme des Elektromagnetismus außer acht, die Einstein bereits damals faszinierten. Einstein schwänzte die Vorlesungen und konnte sich zum Glück auf seinen Freund Marcel Grossmann verlassen, der ihm seine exzellenten Vorlesungsnotizen zur Verfügung stellte. Privat beschäftigte sich der eingefleischte Eigenbrötler mit den Theorien Maxwells samt ihren Ergänzungen und Neuformulierungen durch Heinrich Hertz und Hendrik Antoon Lorentz sowie mit den Schriften anderer theoretischer Physiker wie Ludwig Boltzmann und Gustav Kirchhoff.

Bei der Rekonstruktion der geistigen Entwicklung genialer Neuerer rücken naturgemäß jene Vorgänger ins Blickfeld, die dem Werk des großen Entdeckers am nächsten stehen. Die ‚Vorgeschichte' von Einsteins Errungenschaften kreist daher um die Namen von Maxwell und Lorentz und den großen französischen Mathematiker Jules-Henri Poincaré. Doch ebenso wie zweitrangige Romanciers zuweilen die genaueste Darstellung ihrer Zeit überliefern, können repräsentative, wenn auch weniger glanzvolle Figuren bei der Entwicklung der Fragen und Probleme, die die Aufmerksamkeit junger kreativer Denker auf sich ziehen, eine entscheidende Rolle spielen.

Der Wissenschaftshistoriker Gerald Holton hat auf die Schriften eines bislang wenig bekannten Physikdozenten namens August Föppl aufmerksam gemacht, mit dessen Arbeiten Einstein in den späten neunziger Jahren bekannt wurde. Einstein scheint Föppls *Einführung in die Maxwellsche Theorie der Elektrizität* eingehend studiert zu haben, und es ist denkbar, daß ihn diese in bewußt allgemeinverständlicher Form geschriebene Darstellung auf Fragen hinführte, die im Mittelpunkt seines Denkens standen. So brachte Föppl ihm die Einsicht nahe, daß die Mechanik ein Teil der Physik ist und daß eine Behandlung dieser Themen notwendig in philosophische und erkenntnistheoretische Fragen mündet. Im 5. Hauptabschnitt seines Buchs, „Die Elektrodynamik bewegter Leiter", erklärte Föppl:

Den Untersuchungen der Kinematik, der allgemeinen Bewegungslehre, liegt meistens das Axiom zu Grunde, daß es bei den Beziehungen der Körper zu einander nur auf die Relativbewegungen ankomme. Von einer absoluten Bewegung im Raume könne gar keine Rede sein, da jedes Mittel fehle, eine solche Bewegung zu konstatieren, wenn kein Vergleichskörper vorhanden wäre, von dem aus sich die Bewegung beobachten und ausmessen ließe. ... Der absolut leere Raum wäre dann überhaupt kein Gegenstand einer möglichen Erfahrung mehr, oder mit anderen Worten, wir müßten die uns aus den vorhergehenden Entwickelungszeiten menschlichen Denkens überkommenen Raumvorstellungen einer durchgreifenden Revision unterziehen. Die Entscheidung der soeben berührten Frage bildet vielleicht die wichtigste Aufgabe der Naturforschung unserer Zeit."

In seiner klassischen Schrift von 1905 über das Relativitätsprinzip übernahm Einstein eine Reihe der Föpplschen Grundbegriffe und sogar eines der von Föppl in dem genannten Abschnitt beschriebenen Gedankenexperimente.

Seine eigenen Gedankenversuche, das Studium und die Lektüre von Autoren wie Föppl hatten Einstein instand gesetzt, die Fragen zu identifizieren, die ihn in den kommenden Jahren beschäftigen würden: die Beziehung zwischen Elektrizität und Magnetismus, die mutmaßliche Rolle des Äthers und die von Philosophen wie Kant und Naturwissenschaftlern wie Maxwell entwickelten Vorstellungen von Raum und Zeit. In seinem autobiographischen Rückblick erinnerte sich Einstein:

> Was aber auf den Studenten den größten Eindruck machte, war weniger der technische Aufbau der Mechanik und die Lösung komplizierter Probleme, als die Leistungen der Mechanik auf Gebieten, die dem Anscheine nach nichts mit Mechanik zu tun hatten: die mechanische Lichttheorie, die das Licht als Wellenbewegung eines quasi starren elastischen Äthers auffaßte, vor allem aber die kinetische Gastheorie.

Damals beschäftigten Einstein diese Fragen vor allem auf der Ebene empirischer Forschung. Er dachte zum Beispiel darüber nach, mit welchen Experimenten sich dem Wesen und Wirken des Äthers auf die Spur kommen ließe. 1897, im Alter von achtzehn Jahren, plante er den Bau eines Apparats zur Messung der Erdbewegungen im Raumäther, und 1901, ein Jahr nach seiner Diplomprüfung am Polytechnikum, schrieb er seinem Freund Marcel Grossmann vom Entwurf einer neuen, einfacheren Methode zur Untersuchung der Relativbewegung der Materie gegen den Lichtäther. Bei seinen späteren Versuchen zur Lösung des Problems kamen vermehrt theoretische Überlegungen ins Spiel, doch der junge Physiker hatte, weitgehend im Alleingang, die Weichen für seine berufliche Zukunft bereits gestellt. 1936 schrieb der Philosoph Morris Raphael Cohen, Einstein sei nicht „wie so viele der sehr jungen Männer, die die moderne Physik revolutioniert haben, durch den Ballast erlernten Wissens und der im Deutschen so genannten Fachliteratur behindert worden".

Der wissenschaftliche Hintergrund: Von Galilei zu Lorentz

Jeder schöpferische Durchbruch findet im Kontext einer bestimmten Disziplin, oder Domäne, statt. Im Fall von Picasso oder Strawinsky ist die Domäne ohne weiteres zu bestimmen und die innovative Leistung relativ einfach zu beschreiben. Problematischer wird die Identifikation der Domäne eines Freud, dessen Arbeiten nicht nur die Neurologie, Psychologie, klinische Psychiatrie, Traumuntersuchung und Selbstanalyse sowie allgemeinere Gebiete, etwa die Darstellung der menschlichen Natur, beeinflußten, sondern ihn schließlich auch als Urheber eines neuen Faches mit dazugehörigem Feld legitimierten.

Der Wissenschaftstheoretiker Thomas Kuhn bezeichnete Wissensgebiete wie die Psychologie und andere Sozialwissenschaften als „präparadigmatisch", das heißt, diesen Forschungen fehlt ein überlieferter Wissenskanon ebenso wie ein allgemeiner Konsens über die angewandten Untersuchungsmethoden und die Einschätzung der erreichten Entwicklungsschritte. Im Unterschied dazu stützen sich die paradigmatischen Wissenschaften auf einen Bestand relativ gesicherter historischer Kenntnisse, auf anerkannte Aufgaben- und Problembereiche, einvernehmlich geltende Lösungsverfahren und eindeutige Kriterien zur Beurteilung neuer Ergebnisse.

Für einen charakterisierenden Überblick über die Geschichte einer Domäne wie der Physik erweist sich der Paradigmenbegriff ungeachtet seiner Grenzen als überaus nützlich, ja, die Physik kann als paradigmatischer Fall einer paradigmatischen Disziplin gelten. Man könnte von einem Aristotelischen und mittelalterlichen Paradigma sprechen, vom Galileischen und Newtonschen Paradigma, von Paradigmen des zwanzigsten Jahrhunderts, die an Einsteins Arbeiten zur Relativitätstheorie und an die Forschungen zur Quantenmechanik geknüpft sind. In jedem Fall genoß das ältere Paradigma unter Wissenschaftlern eine Zeitlang unbestrittene Geltung, wurde unter seiner Ägide einvernehmlich geforscht und experimentiert. Auftretende Unstimmigkeiten bleiben anfänglich außer acht, sie werden jedoch mit der Zeit auffällig, hinderlich und ärgerlich: es ist, so beschrieb der ältere Einstein diese Erfahrung, „wie wenn einem der Boden unter den Füßen weggezogen worden wäre, ohne daß sich irgendwo fester Grund zeigte, auf den man hätte bauen können".

In solchen Zeiten des Umbruchs werden früher oder später von einem oder mehreren Forschern Ideen, Prinzipien oder theoretische Begründungen vorgelegt, die den Versuch enthalten, bisher unvereinbare Ergebnisse miteinander in Einklang zu bringen und in einen neuen, erweiterten Zusammenhang zu stellen, der die frühere Synthese ganz oder weitgehend in sich faßt. In dem vorliegenden Beispiel wird die Physik Newtons zum besonderen Fall innerhalb eines umfassenderen Ganzen – der Einsteinschen Physik oder Relativitätstheorie.

Die Physik im neunzehnten Jahrhundert

Ich muß darauf verzichten, die wissenschaftliche Ausgangslage für Einsteins bahnbrechende Arbeiten eingehend zu erörtern. Für eine derartige wissenschaftshistorische Darstellung fehlen mir die Voraussetzungen. Doch sollte man, um die Leistungen Einsteins auch nur ansatzweise würdigen zu können, zumindest über einige Vermutungen und Probleme im Bilde sein, denen sich die Physiker im ausgehenden neunzehnten Jahrhundert gegenübersahen.

Der revolutionäre Fortschritt, den Galilei und Newton im Feld der Mechanik herbeiführten, beruhte auf dem Glauben, alle physikalischen Erscheinungen ließen sich nach dem Modell einfacher Maschinen wie Hebel oder Rad erklären. Die Wissenschaftler hatten die tradierte Lehrmeinung in Frage gestellt, derzufolge die Körper ihren Platz im Universum einfach deshalb einnahmen, weil sie dorthin „gehörten"; sie suchten stattdessen nach Gesetzen, die für das Verhalten aller Körper – von fallenden Äpfeln bis zu Himmelskörpern – und für alle Bewegungen gelten konnten, für gleichförmige – konstante – Geschwindigkeiten ebenso wie für die konstante Fallbeschleunigung der Schwerkraft. Galilei zufolge galten die Bewegungsgesetze für jedes physikalische System, vorausgesetzt, daß es sich im Verhältnis zu seinem Nachbarsystem in gleichförmiger Bewegung befand. Er fragte weiter, was geschehen würde, wenn man Gegenstände vom Mast eines fahrenden Schiffes fallen ließe, und beschrieb die verschiedenen Eindrücke der Beobachter je nach ihrem Standort an Deck oder am Kai. Wir sehen, wie Galilei hier mit den ersten Ansätzen der Relativität ringt, wenn er versucht, Beobachtungen im Rahmen verschiedener Systeme miteinander in Einklang zu bringen.

Newton versuchte die Gesetze der mechanischen Bewegung nicht nur auf Himmelskörper und terrestrische Materie, sondern auch auf optische Phänomene, auf den Elektromagnetismus und auf die Wärme anzuwenden. Er stellte fest, daß er nicht ohne absolute Formulierungen auskam, und postulierte die „absolute Bewgung", die „absolute Zeit" und den „absoluten Raum". Gewiß hatte Newton seine Zweifel, so, ob ein Körper als absolut unbewegt vorstellbar sei; doch galten ihm die drei absoluten Erscheinungen als unerklärbar: sie mußten seiner Ansicht nach in der Natur existieren, selbst wenn sie nur für Gott erkennbar waren.

Die Wissenschaftler schlossen sich Newtons überzeugenden Ideen an und versuchten sie in allen physikalischen – und schließlich auch psychischen – Bereichen anzuwenden. In strikter Ausrichtung am Kausalitätsprinzip glaubten sie, daß sich aus dem Verständnis der mechanischen Gesetze eines Systems (das heißt der Lage und Geschwindigkeit aller darin enthaltenen Teile) auf die Zukunft dieses Systems schließen lasse. Diese Möglichkeit der Voraussage künftiger Bewegungen wird manchmal als *relatives* Prinzip der mechanischen Physik bezeichnet, weil es sich nur auf die relative, nicht die absolute

Bewegung bezieht. Einsteins große Leistung, so sein Biograph Philipp Frank, war die Entdeckung, daß dieses relativistische Prinzip auch dann gilt, wenn Newtons „absolute" mechanische Gesetze, wie in Fällen großer Geschwindigkeiten, nicht mehr anwendbar sind.

Newtons Erkenntnisse erlaubten sehr exakte Extrapolationen über die Bewegung von Himmelskörpern. Ein anderer Anwendungsbereich indes gab Anlaß zu Kontroversen. Entgegen Newtons Annahme schien das Licht nicht aus Korpuskeln oder Partikeln zu bestehen, die den Bewegungsgesetzen gehorchen, sondern war als Wellenbewegung zu denken, die sich wie der Klang in Schwingungen der Luft fortpflanzt. Die Wissenschaftler griffen zur Annahme des Äthers, einer Art Medium, das den Schwingungen der Lichtwellen als Träger diente. Eine Reihe von Fragen schlossen sich an: Lassen sich durch den Äther die Bewegungen von Gegenständen feststellen, zum Beispiel die Bewegung der Erde um die Sonne? Behindert der Äther die Fortbewegung der Körper, die sich durch ihn hindurchbewegen, und ist ein Widerstand wirksam?

Ein weiterer Dauerbrenner im physikalischen Diskurs der Ära nach Newton war das Verhältnis von Elektrizität und Magnetismus. In den dreißiger Jahren hatte der hochbegabte englische Autodidakt Michael Faraday Prinzipien der elektromagnetischen Induktion entdeckt; er untersuchte Magneten und Strom in relativer Bewegung und postulierte die Existenz elektromagnetischer Kraftlinien. Faraday entwickelte das Konzept des Feldes als Medium der Energieübertragung. Er beschrieb das Feld als einen Teil des Raums, in dem bestimmte physikalische Bedingungen geschaffen und Kräfte übertragen werden. Das Interesse am Feld führte zur Beschäftigung mit dem Medium als Träger von Wellen und damit wiederum zur Frage nach dem Äther.

James Clark Maxwell suchte Faradays Entdeckungen eine mathematische Basis zu geben und verknüpfte die Theorien des elektrischen Stroms und des magnetischen Feldes mit der Wellentheorie des Lichts. Die vereinten Anstrengungen beider Forscher richteten sich gegen Newtons Vorstellung entfernter Wirkungsmomente zugunsten der Annahme des Feldes als fundamentaler Variable mit eigener Realität. Die Energie hatte ihren Platz in der Zeit, und ihre Wirkungskräfte ließen sich in jedem beliebigen Punkt als Vektoren beschreiben. Maxwell wies die Vorstellung der absoluten Zeit und des absoluten Raums ausdrücklich zurück und erklärte:

Unser gesamtes Wissen von Raum und Zeit ist wesentlich relativ. ... Daß der Ort relativ ist, ist evident, denn wir können die Lage eines Körpers nicht anders als in Relationen ausdrücken. ... Im Raum gibt es keine Marksteine; jeder Teil des Raums ist das genaue Ebenbild jedes anderen. ... Wir befinden uns sozusagen auf unbewegter See.

Wir sahen, daß Maxwells Entdeckungen Einstein faszinierten; er sprach von einer „Offenbarung". Maxwells Darstellungen beschäftigten Einstein mehr als jede andere Lektüre, vielleicht weil sie ihm Fragen erhellten, die ihn seit seinen spielerischen jugendlichen Aktivitäten und Tagträumereien beschäftigten. Er ging bald über die von Föppl gelieferten Berichte hinaus und lernte Maxwell, Hertz, Kirchhoff und andere Autoritäten aus erster Hand kennen. Einstein war beeindruckt von der Tatsache, daß eine Äther-Theorie die Existenz genau definierter Ruhezustände – ruhend bezüglich anderer Systeme – voraussetzten. Doch die Suche nach dem absoluten Ruhezustand erwies sich als vergeblich. Die Maxwell-Faradaysche Elektrodynamik zeigte die Existenz elektromagnetischer Vorgänge, die unabhängig sind von jeglicher ponderabler Materie: Wellen, die aus elektromagnetischen ‚Feldern' im leeren Raum bestehen. Sollte die Mechanik als Grundlage der Physik aufrecht erhalten bleiben, mußten Maxwells Gleichungen mechanisch gedeutet werden. Doch, wie Einstein bemerkte, „verließ man halb unbemerkt die Mechanik als Basis der Physik, weil deren Anpassung an die Tatsachen sich schließlich als hoffnungslos darstellte".

Heinrich Hertz hatte den Ansatz von Maxwell und Faraday einen Schritt weiter gebracht. Nachdem er 1888 die elektromagnetischen Wellen experimentell nachgewiesen hatte, ging er daran, diese Vorgänge durch eine physikalische Theorie darzustellen. Er stellte fest, daß dies im Rahmen der mechanistischen Physik schwierig sein würde, daß sich die elekromagnetischen Erscheinungen einfacher direkt durch die Maxwellschen Gleichungen der elektrischen und magnetischen Kräfte und Ladungen darstellen ließen. Auf den Erkenntnissen Maxwells aufbauend, kam er zu dem entscheidenden Schluß, daß man Gleichungen nicht aus der Erfahrung abzuleiten brauchte, sondern sie als Hypothesen auffassen konnte, deren Wahrscheinlichkeit sich nach der Anzahl von Naturgesetzen bemaß, die sie umfaßten.

Erst durch den Philosophen Ernst Mach und sein Werk *Die Mechanik in ihrer Entwicklung* wurde nach Einsteins Worten „das Vertrauen auf die Mechanik als die endgültige Basis alles physikalischen Denkens" erschüttert. Mach betonte die Notwendigkeit der Einfachheit und Ökonomik einer physikalischen Theorie; es sollten nur solche Sätze verwendet werden, aus denen Aussagen über beobachtbare Vorgänge abzuleiten waren. An der Newtonschen Mechanik kritisierte er, daß sie kein Prinzip enthalte, das dem menschlichen Verstand evident sei. Newton habe lediglich Erfahrungen zusammengefaßt, so daß die Richtigkeit seiner Prinzipien und Voraussagen von der Richtigkeit der sie begründenden Erfahrungen abhängig bleibe. Insbesondere wandte Mach sich gegen Newtons Ausdrücke „absoluter Raum" und „absolute Zeit", die nicht durch Zurückführung auf beobachtbare Quantitäten zu erklären seien: „*Alle* Massen, *alle* Geschwindigkeiten, demnach *alle* Kräfte sind relativ." Jeder einzelne Körper im Weltraum stehe zu jedem anderen Körper des Weltraums in einer bestimmten Beziehung. Mach eliminierte den Begriff des absoluten Raums und formulierte Newtons Gesetz in Begriffen beobachtbarer, definierbarer Erscheinungen: Jeder Körper, der sich selbst überlassen bleibt, behält seine Geschwindigkeit, Größe und Richtung relativ zu den Gestirnen des Fixsternhimmels so lange bei, als ihn keine anderen Kräfte daran hindern. Der undefinierbare „absolute Raum" ist durch den sinnlich erfahrbaren „Fixsternhimmel" ersetzt.

Im Bemühen, die verwickelten Probleme im Zusammenhang des Äthers und des Feldes zu lösen, richteten die Wissenschaftler ihr Hauptaugenmerk auf die empirischen Untersuchungen und kamen zu folgender Überlegung: Für jeden Beobachter, der sich im Bezug auf den Äther bewegt, wird die Lichtgeschwindigkeit kleiner oder größer, je nachdem, ob der Beobachter sich in Fortpflanzungsrichtung des Lichts oder gegenläufig bewegt. Wenn sich also zum Beispiel die Erde durch den Äther bewegt, ohne ihn bei ihren Umdrehungen um die Sonne mit sich zu ziehen, müßte sich durch den Vergleich der Geschwindigkeiten des Lichts verschiedener Richtung in Relation zur Erde die Geschwindigkeit der Erdbewegung relativ zum Äther feststellen lassen. Diese Überlegung führte zu einer Reihe wichtiger Versuche, deren bekanntester im Jahr 1887 von Michelson und Morley durchgeführt wurde.

1887 gingen Albert Michelson und Edward Morley von der Annahme aus, daß der Äther als Strömung mit einer Geschwindigkeit von circa dreißig Kilometern in der Sekunde an der Erde vorbeifließt. Sie stellten sich die Frage, ob sich die Lichtgeschwindigkeit in Abhängigkeit vom Erdumlauf durch den Äther verändert. Zu erwarten war, daß auf der Erde die Lichtgeschwindigkeit in Richtung der Erdbewegung von der Geschwindigkeit bei entgegengesetzter oder senkrechter Richtung leicht abwich.

Die Michelson-Morley-Versuche wurden in wechselnder Anordnung mehrmals wiederholt. Unverändert blieb dabei die Grundidee: ein Lichtstrahl wurde in zwei rechtwinklig zueinander stehende „Lichtbündel" gespalten, die sich über eine Strecke von gleicher Länge auf der angenommenen Ätherströmung hin und her bewegten – einmal quer zu ihr und einmal auf und ab –, bevor sie wieder zum Ausgangspunkt des Versuchs, dem Okular eines Teleskops, zurückgelenkt wurden. Hatte der Ätherstrom die normalen mechanischen Auswirkungen, dann mußte sich bei den beiden zurückkehrenden Lichtstrahlen eine Phasenverschiebung feststellen lassen. Der Versuch ergab jedoch eindeutig, daß die Lichtgeschwindigkeit konstant blieb, gleichgültig ob der Strahl quer oder parallel zur Erdbewegung lief. Ob sich der Beobachter oder die Lichtquelle bewegte, erwies sich als bedeutungslos. Dieses Ergebnis war mit der Annahme des Äthers im besten Fall schwierig in Übereinstimmung zu bringen, und alle Versuche, Michelson-Morley und verwandte Experimente mit der Existenz des Äthers zu vereinbaren, blieben mehr oder minder Ad-hoc-Erklärungen.

Angesichts der verschiedenen von Mach bis Maxwell reichenden Modifikationen in Theorie und Darstellung und ihrer Ergänzung durch die empirischen Demonstrationen von Forschern wie Michelson und Morley schien die Newtonsche Synthese kaum haltbar. Wie die Idee des Unbewußten im späteren neunzehnten Jahrhundert ‚in der Luft lag', war auch das Konzept der Relativitätstheorie dem befähigten jungen Wissenschaftler in großen Zügen erkennbar vorbereitet. Es erhoben sich denn auch vereinzelt Fragen nach den Grenzen unserer Naturerkenntnis und Zweifel an der Gültigkeit mechanistischer Erklärungsmodelle, während daneben die Forderung nach einer stärkeren logischen Analyse als Grundlage einer neuen Naturwissenschaft laut wurde.

Zwei Forschern gehört das Verdienst, über die bloß intuitive Erkenntnis von Problemen und Möglichkeiten hinaus den entscheidenden Schritt zur Anerkennung der relativistischen Perspektive getan zu haben. Hendrik Antoon Lorentz, der führende holländische Physiker seiner Zeit, zeigte, daß Maxwells Gleichungen im Sinne der nach ihm benannten „Lorentz-Transformationen" invariabel waren, das heißt, es kamen dieselben Gleichungen zur Anwendung, ob ein Fahrzeug im Äther ruhte oder sich gleichförmig zu ihm bewegte. Die Transformationen ermöglichen es, die Raum- und Zeitkoordinaten von Vorgängen in einem System zu bestimmen, wenn sie in einem anderen bekannt sind und wenn die relative Geschwindigkeit beider Systeme bekannt ist. In dieser Darstellung sind jedoch zwei in einem System gleichzeitig ablaufende Ereignisse in einem anderen System nicht mehr gleichzeitig. Die Transformationen verbinden also in neuer Weise die Raum- und Zeitkoordinaten eines Ereignisses des einen Systems mit denen desselben Ereignisses in einem anderen System.

Dabei stellte sich ein Problem: Variablen der Lorentz-Transformation konnten nicht mit den tatsächlichen Raum/Zeitkoordinaten im neuen Bezugssystem zusammenfallen, so daß Lorentz Raum und Zeit als eine Art fiktive Variable behandeln mußte, indem er zum Beispiel mit Hilfe einer besonderen Variablen eine „Ortszeit" definierte. In wachsender Unzufriedenheit mit der Vorstellung des Äthers als erklärender Variabler faßte ihn Lorentz als absolut fixiert und nicht durch Materie beeinflußbar; da er erkenntnistheoretisch auf die Existenz des Äthers verpflichtet blieb, erwies er sich als unfähig, ihn endgültig in Frage zu stellen.

Der zweite Antizipator der Relativitätstheorie war der große französische Gelehrte und Mathematiker Jules-Henri Poincaré. Er sprach als erster von einem „Prinzip der Relativität" als Ausdruck für das Scheitern der Wissenschaft bei der Bestimmung der absoluten Erdbewegung. In einem bemerkenswerten Aufsatz aus dem Jahr 1898 stellte er fest: „Wir *haben keine direkte Empfindung für die Gleichheit zweier Zeitintervalle.* ... Die Gleichzeitigkeit zweier Ereignisse oder ihre Reihenfolge und die Gleichheit zweier Zeiträume müssen derart definiert werden, daß der Wortlaut der Naturgesetze so einfach wie möglich wird."

Zwei Jahre später stellte er die herausfordernde Frage, ob der Äther wirklich existiere, und machte sich lustig über Versuche, die im Anschluß an Michelsons und Morleys negative Egebnisse bemüht waren, den Begriff des Äthers durch Ad-hoc-Hypothesen zu retten. In Fortführung dieses Gedankens sprach er 1904 von zwei Beobachtern, die sich relativ zueinander in gleichförmiger Bewegung befinden und ihre Uhren per Lichtsignal synchronisieren wollen. Er wies darauf hin, daß sie nur eine „Ortsszeit" festhalten können, und „also hat er [der Beobachter], wie es das Prinzip der Relativität verlangt, gar kein Mittel zu wissen, ob er in absoluter Ruhe oder in Bewegung ist". Er vermutete: „Vielleicht müßten wir ... eine neue Mechanik ersinnen, die uns nur undeutlich vorschwebt, worin ... die Geschwindigkeit des Lichtes eine unüberschreitbare Grenze wäre. ... Ich füge aber ... hinzu, daß wir noch nicht so weit sind."

Zweifellos hatte die Theoriebildung in den zwei Jahrhunderten nach Newton und besonders in den letzten zwei Jahrzehnten des neunzehnten Jahrhunderts deutliche Erkenntnisfortschritte mit sich gebracht und Probleme von überwältigender Komplexität geschaffen. Einige Wissenschaftler schienen 1905 bereit, auf die Theorie des Elektromagnetismus als zukunftsweisende Richtung einzuschwenken und in Lorentz' Theorie eine einleuchtende Basis für die Vorstellung der Natur als eines einheitlichen Feldes anzuerkennen. Doch Poincarés Fragen sowie die mit Lorentz' Arbeiten verbundenen Zweifel und Ad-hoc-Annahmen legten für zumindest *einen* jungen Forscher die Vermutung nahe, daß ein weit einschneidenderer Wechsel der Denkgewohnheiten erforderlich war. Es stand zu erwarten, daß er von einer Persönlichkeit eingeleitet wurde, die die Fähigkeit besaß, fundamentale Fragen zu stellen und mit den jüngsten Entdeckungen in der Physik zwar vertraut, doch noch nicht auf den neuesten Kurs eingeschworen war – einen zugleich jungen und reifen Geist.

Einsteins „objektzentriertes" Denken

Das vorangehende Kapitel war dem Denken, der Persönlichkeit und der Arbeitsweise des Einstein-Zeitgenossen Sigmund Freud gewidmet, der mit dem dreiundzwanzig Jahre Jüngeren in späteren Jahren auch persönlich in Verbindung stand. Während sich die Interessen Freuds von frühestem Alter an auf andere Menschen richteten, galt Einsteins Augenmerk der Welt der Dinge und den physikalischen Kräften, die sie umgaben. Als Kind beschäftigte er sich bezeichnenderweise lieber mit seinem Spielzeug oder las, statt sich anderen Kindern anzuschließen. Freud war, um eine der gängigen Unterscheidungen zu benutzen, die vorwiegend personzentrierte, Einstein die objektzentrierte Persönlichkeit; genauer gesagt, Freud ließ sich von den Beziehungen zwischen Menschen, Einstein von den Beziehungen zwischen Objekten fesseln. Einstein erklärte im Alter, er sei „vom Ich und vom Wir in das Es" geflohen, als er sich „mit Haut und Haar der Wissenschaft verschrieb". Es könnte als Paradox erscheinen, daß er dennoch gute Freunde hatte, denen er viele Jahre hindurch verbunden blieb, und daß er vermutlich wärmere Sympathien weckte als Freud in seinen mittleren und späten Jahren. Vom sexuell enthaltsamen Freud unterscheidet ihn außerdem ein unverhülltes und keineswegs einseitiges Interesse an jungen Frauen.

Während seines Studiums an der ETH Zürich befreundete sich Einstein mit dem jungen Mathematiker Marcel Grossmann, eine Beziehung, aus der sich nach wenigen Jahren eine berufliche Zusammenarbeit entwickelte. Eine engere Bindung knüpfte ihn an die Kommilitonin Mileva Marić. Die 1903 geschlossene Ehe wurde nach etwa fünfzehn Jahren geschieden. Mit dem jungen Ingenieur Michelangelo (Michele) Besso, einem Kollegen am Berner Patentamt, führte er endlose Diskussionen über seine heranreifenden Entdeckungen, und die beiden standen bis zu ihrem fast gleichzeitigen Tod im Frühjahr 1955 in regelmäßiger Verbindung. Vielleicht besaß keine dieser Freundschaften die Intensität und Leidenschaftlichkeit einiger kollegialer Beziehungen Freuds, doch sie erwiesen sich als beständiger und blieben weitgehend frei von den Spannungen und paranoiden Anwandlungen, die mit der Zeit fast alle intensiver gepflegten professionellen Kontakte Freuds trübten.

Besondere Erwähnung verdient das Freundestrio mit dem Spitznamen „Akademie Olympia". Als Einstein sich nach Studienabschluß in Bern niederließ, traf er sich regelmäßig mit Maurice Solovine, einem vielseitigen jungen Gelehrten, und Conrad Habicht, einem ehemaligen Aarauer Schulkameraden, der in Zürich studierte. Die drei Mitglieder von „Olympia" absolvierten ein systematisches Lektüreprogramm. Man las aus den Werken der Philosophen Mill, Hume und Spinoza, der Mathematiker Riemann und Poincaré sowie wissenschaftliche Texte von Karl Pearson und Ernst Mach. Über Poincarés *La science et l'hypothèse* (dt. Wissenschaft und Hypothese), das den Begriff der absoluten Zeit in Frage stellte, berichtete Solovine: „Dieses Buch beeindruckte uns tief und hielt uns wochenlang gefangen". Die drei gingen gemeinsam zelten und schwimmen, führten hitzige Diskussionen und ließen auch persönliche Zukunftshoffnungen und -ängste zu Wort kommen. Einstein, der um wenige Jahre älter, war der natürliche Führer der Gruppe, deren Treffen auch nach seiner Heirat im Jahr 1903 fortgesetzt wurden. Sie fanden ihr Ende, als Habicht und Solovine Bern 1905 verließen.

Man könnte die Hypothese aufstellen, daß Freud auf die Gesellschaft, die persönlichen Bindungen und affektive Zuwendung enger Freunde wie Fließ angewiesen war, während Einstein es schätzte, seine Ideen im gedanklichen Austausch mit anderen, so mit den Genossen von „Olympia", mit Besso oder seiner Frau Mileva, der Physikerin, zu erproben und sich ihre Reaktionen zunutze zu machen. Sogar die Behauptung ließe sich wagen, daß beide Männer ohne die Anregung und Kritik aus einem Kreis enger persönlicher Vertrauter möglicherweise niemals zu ihren innovativen Durchbrüchen gelangt wären. (Einstein dankte Besso ausdrücklich für ein Gespräch, das den Anstoß zur Formulierung der Speziellen Relativitätstheorie gab, und in den letzten Jahren wird unter Wissenschaftlern darüber spekuliert, ob vielleicht auch Mileva Marić an der Entstehung seiner originellsten Ideen beteiligt war.)

Ein Bedürfnis nach Unterstützung ist indessen nicht mit der Abhängigkeit von anderen bei der Entwicklung wesentlich eigener Gedanken gleichzusetzen. Weder im Falle Freuds noch Einsteins entsteht der Eindruck, daß das endgültige Werk dem kollegialen Feedback wesentliche Änderungen verdankt. Beide Männer wußten, worauf sie hinauswollten, und jedem anderen wäre es vermutlich schwer gefallen, sie zu einem entscheidenden Kurswechsel zu bewegen.

Einstein suchte die Einsamkeit nicht, empfand sie jedoch, anders als Freud, auch nicht als Bedrohung. Er war von frühestem Alter an gern mit sich allein und konnte die Gesellschaft anderer entbehren. Diese Selbstgenügsamkeit könnte erklären, warum keine der beiden Ehen Einsteins glücklich verlief und auch das Verhältnis zu seinen zwei Söhnen menschliche Befriedigung vermissen ließ. „Ich führte ein zurückgezogenes Leben auf dem Land und bemerkte, wie sehr die Monotonie eines ruhigen Lebens die kreativen Kräfte anregt", bemerkte er später zu seiner Arbeitsweise und kommentierte nicht ohne leichte Wehmut: „Bestimmte Berufe in unserer modernen Organisation verlangen eine derart isolierte Lebensführung, die an körperliche und intellektuelle Kräfte keine besondere Anforderung stellt. Ich denke an Tätigkeiten wie den Dienst auf Leuchttürmen oder Feuerschiffen."

Einstein verfügte über eine bemerkenswerte Konzentrationsfähigkeit und konnte stunden- und sogar tagelang ohne Unterbrechung an einem Problem arbeiten. Einige Themen, die ihn interessierten, beschäftigten ihn über Jahrzehnte. Er entspannte sich beim Musizieren und Segeln, doch häufig ging die Arbeit auch in solchen Momenten weiter; gewöhnlich hatte er ein Notizbuch bei sich, in das er jede plötzlich auftauchende Idee eintrug. Nach der Veröffentlichung der Relativitätstheorie vertraute er seinem Kollegen Wolfgang Pauli an, er wolle sein Leben damit verbringen, über das Licht nachzudenken. Vielleicht ist es nicht ganz zufällig, daß auch das neugeborene Kind die erste visuelle Aufmerksamkeit dem Licht zuwendet.

Einstein erkannte, daß seine mathematische Begabung begrenzt war, und verzichtete bewußt auf weiterführende Kurse und Beschäftigung in diesem Bereich.

Daß ich die Mathematik bis zu einem gewissen Grade vernachlässigte, hatte nicht nur den Grund, daß das naturwissenschaftliche Interesse stärker war als das mathematische, sondern das folgende eigentümliche Erlebnis. Ich sah, daß die Mathematik in viele Spezialgebiete gespalten war, deren jedes diese kurze uns vergönnte Lebenszeit wegnehmen konnte. ... Freilich war auch die Physik in Spezialgebiete geteilt, ... Aber bald lernte ich es hier, dasjenige herauszuspüren, was in die Tiefe führen konnte, von allem anderen aber abzusehen, von dem Vielen, das den Geist ausfüllt und von dem Wesentlichen ablenkt.

Die Fähigkeit zur Konzentration auf das Wesentliche war gepaart mit der Suche nach möglichst umfassenden Begriffen. „Bei einem Menschen meiner Art", erklärte er, „liegt der Wendepunkt der Entwicklung darin, daß das Hauptinteresse sich allmählich weitgehend loslöst vom Momentanen und Nur-Persönlichen und sich dem Streben nach gedanklicher Erfassung der Dinge zuwendet."

Wie jeder Mensch hatte Einstein auf dem Weg zum gereiften Denker bestimmte Entwicklungsstufen zu durchlaufen. Auch Wunderkinder fallen nicht vom Himmel! Seine ersten Aufsätze erschienen in den damals bedeutenden Fachjournalen, fielen aber nicht aus dem Rahmen des Üblichen. Doch entwickelte Einstein von früh an einen unverwechselbaren wissenschaftlichen Stil. Schon in Gymnasialzeiten waren seine Aufzeichnungen knapp und gedrängt; mit schnörkelloser Präzision hielt er die Ergebnisse von Aufgaben oder die Argumente von Artikeln fest. Von der theoretischen Physik fühlte er sich besonders angezogen, weil er die Gelegenheit suchte, die unglaublich komplexen Naturvorgänge auf die allgemeinsten physikalischen Prinzipien zurückzuführen.

Einstein war somit nach eigenem Bekunden ein Mensch, den die Erscheinungen der materiellen Welt interessierten, die sich in mathematischen Begriffen ausdrücken ließen. Er hatte keine Schwierigkeiten, sich schriftlich adäquat auszudrücken, doch die Sprache als solche interessierte ihn wenig; wiederholt beklagte er sein dürftiges Talent für die Aneignung von Fremdsprachen und das genaue Speichern sprachlicher Inhalte. Außerordentlich waren dagegen seine logisch-mathematische und räumliche Intelligenz. Es fiel ihm leicht, die „geistigen Bilder" aufzufassen, die andere Wissenschaftler als Modelle entwarfen. Der Unterschied zu Freuds kognitiven Stärken ist augenfällig.

Einstein scheint die bei Physikern nicht selbstverständliche Gabe besessen zu haben, relevante Probleme und Situationen zu erkennen und mit Gedankenexperimenten, den anschaulichen und aufschlußreichen Spielen des Intellekts, zu arbeiten. Am Anfang dieses Kapitels habe ich einige physikalische Phänomene beschrieben, die den jungen Einstein faszinierten und jahrelang beschäftigten. Er war in der Lage, diese Beispiele auszuspinnen und ebenso produktiv wie mühelos zahlreiche Varianten seines imaginären Raum-Schiffs oder Zuges oder freifallenden Kastens zu entwerfen. Die Fähigkeit, sich diese räumlichen Konstellationen vor Augen zu führen und sie konstruktiv zu bearbeiten, spielte in Einsteins wissenschaftlichem Denken eine wesentliche Rolle – es waren die Symbolsysteme seiner Wahl. In einer reflektierenden Betrachtung dieser gedanklichen Tüfteleien, beschrieb er die Eigentümlichkeiten seines Denkens:

Die geschriebenen oder gesprochenen Worte der Sprache scheinen mir im Mechanismus meiner Gedanken keine Rolle zu spielen. Die psychischen Komplexe, die meinen Gedanken als Elemente dienen, sind bestimmte Zeichen und mehr oder weniger klare Bilder, die ‚willkürlich' reproduziert und kombiniert werden können. ... Aber vom psychologischen Standpunkt scheint dieses kombinatorische Spiel ein wesentlicher Zug beim produktiven Denken zu sein. ... Die ... Elemente sind in meinem

Fall von visueller und einige von taktiler Art. Konventionelle Worte und andere Zeichen müssen erst in einem zweiten Stadium mühsam gesucht werden, wenn das Spiel der Assoziationen hinreichend etabliert ist und willentlich reproduziert werden kann.

Außer diesen Komponenten, die auf verschiedenen Wahrnehmungssystemen beruhen, betonte Einstein die wichtige Rolle der Phantasie und Vorstellungskraft – beides habe für ihn immer größere Bedeutung gehabt als die Bearbeitung positiven Wissens. Offensichtlich liebte er es, Gedankenwelten zu erschaffen und zu erforschen; doch anders als die Welten der reinen Mathematik waren seine Schöpfungen den Prinzipien der materiellen Realität verwandt und von ihnen bestimmt.

So wichtig räumliche Visualisierung und Vorstellung für Einstein waren, Begriffe wie die „Relativität der Gleichzeitigkeit" gehen nicht in einer einfachen Modellvorstellung auf. Seine Innovation entsprang der Fähigkeit, räumliche Bilder, mathematische Formelhaftigkeit, empirische Erscheinungen *und* elementare philosophische Probleme zusammen zu denken. Philipp Frank sprach von Einsteins schwelgerischem Vergnügen an einer Vielfalt von Darstellungsmodi:

Wenn Einstein einen Gedanken durchgedacht hatte, so war es ihm immer ein Bedürfnis, ihn in alle möglichen verschiedenen Formen zu bringen und so darzustellen, daß er auch für Leute der verschiedensten Denkungsart und Vorbildung verständlich war.

In seinem Werk *Die Bildlichkeit im wissenschaftlichen Denken* beschreibt Arthur I. Miller, wie Einstein die verschiedenen Modi handhabte:

Es kann nicht genug hervorgehoben werden, daß die Betonung des visuellen Denkens unter den deutschsprachigen Ingenieuren und Naturwissenschaftlern in der Zeit um 1900 weit verbreitet war. Doch es war Einstein, der dieses visuelle Denken 1905 mit Gedankenexperimenten und quasi ästhetischen Vorstellungen kombinierte und einen überwältigenden Erfolg errang.

Einstein konnte apodiktisch und dickfellig sein – auch das gehörte zu seiner wissenschaftlichen Persönlichkeit. „Gott schuf den Esel und gab ihm ein dickes Fell", soll er Grossmann gegenüber mit Anspielung auf das eigene Naturell gescherzt haben. Kritische Einwände äußerte er, ohne ein Blatt vor den Mund zu nehmen und sich durch Rücksichten stören zu lassen, doch frei von jeder Gehässigkeit. Besso behauptet, er habe Einstein davor bewahrt, in einem frühen Aufsatz den derzeit bedeutendsten deutschen Physiker, Max Planck, durch seine Unverblümtheit zu brüskieren und somit den

Weg für die spätere Freundschaft zwischen den beiden Titanen der Physik frei gehalten. Auch die Behandlung von Boltzmanns Gastheorie in Einsteins Dissertationsentwurf war so kritisch ausgefallen, daß er schließlich auf den Passus verzichtete. Sein Naturell brachte ihn wiederholt mit Autoritäten in Konflikt, so daß er sich wahrscheinlich vor allem in jungen Jahren keine Gelegenheit entgehen ließ, namhafte Persönlichkeiten herauszufordern. Er war stolz auf seine allenfalls lückenhafte Kenntnis der Fachliteratur und machte keinen Hehl aus seiner Verachtung für Wissenschaftler, die davor zurückscheuten, sich die ehrgeizigsten Ziele zu setzen: „Ich habe wenig Geduld mit Wissenschaftlern, die ein Brett dahernehmen, sich die dünnste Stelle aussuchen und dort einen Haufen Löcher bohren, wo es sich mühelos bohren läßt."

Einstein leugnete nicht, daß große Opfer nötig waren, um dem Bild des Wissenschaftlers zu genügen, das ihm vorschwebte. Nur Monomanen, gestand er seinem Freund Besso, machten wissenschaftliche Entdeckungen. Auch Wagemut war unerläßlich – „eine Art skrupelloser Opportunist" müsse man sein. Der Physiker Robert Millikan bezeichnete einen von Einsteins Aufsätzen des Durchbruchsjahres 1905 als „verwegen".

In ihrer wissenschaftlichen Persönlichkeit waren sich Einstein und Freud nicht unähnlich. Beide zeichneten sich durch Ehrgeiz, Hartnäckigkeit und Risikofreude aus; beide waren willens, Isolierung auf sich zu nehmen, ja Kampfbereitschaft zu zeigen. Doch die Tätigkeitsfelder, die sie gewählt hatten oder die ihnen bestimmt waren, konnten innerhalb der Wissenschaft verschiedener nicht sein. Als Physiker hatte es Einstein mit relativ klar umschriebenen Problemen zu tun, über die seit Jahrzehnten geforscht wurde, wenngleich der Weg zu ihrer Lösung im dunkeln lag. Auf seinen Interessengebieten arbeiteten die hervorragendsten Köpfe der Zeit, unter ihnen Lorentz und Poincaré. Wenn noch keiner dieser älteren Gelehrten das Problem ‚geknackt' hatte, so wäre es mit an Sicherheit grenzender Wahrscheinlichkeit einem anderen aus der Generation Einsteins gelungen – vielleicht nicht unbedingt einem Genie seiner Art. Einstein selbst, der nicht dafür bekannt war, daß er ungerechtfertigte Lobsprüche austeilte, äußerte die Überzeugung, daß sein französischer Kollege Paul Langevin die Spezielle Relativitätstheorie formuliert hätte, wenn er ihm nicht zuvorgekommen wäre. Wie es für ein Gebiet mit genau zu umschreibenden Problemen und klar erkennbaren Lösungen typisch ist, hatte Einstein mit dreißig einen Großteil seines innovativen Werks vorgelegt, und er gehörte noch vor Vollendung seines vierten Lebensjahrzehnts in seinem Fach zur Weltelite.

Hier wird der Unterschied zu Freud am deutlichsten faßbar. Mit sechsundzwanzig hatte Freud gerade sein Medizinstudium beendet, mit dreißig seinen Studienaufenthalt bei Charcot absolviert, und der Vierzigjährige praktizierte noch immer als unbekannter Wiener Facharzt, der stark daran zweifelte, ob sein Name jemals Bedeutung erlangen oder gar sein Werk als bahnbrechend anerkannt würde. Weder ihm noch anderen war klar, in welcher Domäne er arbeitete und wer über den Wert seiner Arbeit zu befinden hatte. Er mußte, wie bereits festgestellt wurde, vielleicht seine Domäne und das entsprechende Feld schaffen, ehe das Verdienst seines Werks angemessen gewürdigt werden konnte. Einstein bewirkte zweifellos die einschneidende Veränderung einer Domäne, doch das Feld blieb das alte, auch wenn es die jüngeren Experten des Faches waren, die die Tragweite der außerordentlichen Leistung ihres Altersgenossen erkannten und später sein Unvermögen beklagten, diese Leistungen fortzusetzen.

1905: Einsteins annus mirabilis

In den Jahren 1665 und 1666 zog sich Isaac Newton, damals wenig über zwanzig Jahre alt, für längere Zeit aus der Universität Cambridge aufs Land zurück. In der ruhigen Kleinstadt Woolsthorpe entwickelte er, im wesentlichen selbständig arbeitend, die Differential- und Integralrechnung, gelangte zu bedeutenden Erkenntnissen über das Licht und die Farben und schuf die Voraussetzungen zur Entdeckung des Trägheitsgesetzes. Auf der Grundlage dieser Arbeiten entstand im weiteren die erste moderne Gesamtschau der physikalischen Welt, ein Bild, das sich auf die Mechanik gründete und in dem sich die kleinsten Teilchen ebenso wie die größten Himmelskörper nach denselben mathematischen Prinzipien bewegten. Später erinnerte sich Newton: „Ich war damals auf der Höhe meiner erkennenden Fähigkeiten, und Mathematik und Philosophie waren wichtiger für mich als jemals sonst." Es ist wohl kein Zufall, daß Einstein dem englischen Gelehrten große Verehrung entgegenbrachte und daß ein Porträt Newtons über seinem Bett hing.

Erst 1905 war in der Geschichte der Physik eine Zeit erreicht, die an Bedeutung der Periode der Newtonschen Entdeckungen gleichkam; erst Albert Einstein ist eine Gestalt vom Format Newtons. In weniger als einem Jahr schrieb und veröffentlichte Einstein vier bedeutende Arbeiten, von denen jede auf entscheidende Weise zu unserer Erkenntnis der Welt der Materie beitrug. Für seine Lichtquanten-Hypothese wurde ihm siebzehn Jahre später der Nobelpreis verliehen, und eine zweite Arbeit enthielt die Grundbegriffe seiner größten Entdeckung, der Relativitätstheorie. Im folgenden schildere ich die wichtigsten Umstände, die zur Abfassung der Schrift führten, stelle ihre zentralen, revolutionären Gedanken vor und untersuche die Vorgänge, durch welche die Theorie – und ihr Schöpfer – zu weltweiter Bekanntheit und Anerkennung gelangten.

Einsteins erste Berufsjahre

Einstein hatte gehofft, nach Studienabschluß am Zürcher Polytechnikum oder an einer anderen Hochschule eine Anstellung zu finden. Doch weder eigene Bemühungen noch die zu Herzen gehende Intervention seines Vaters, der sich mit einem Brief an F. W. Ostwald für ihn einsetzte, reichten aus, Einstein ein akademisches Lehramt zu verschaffen. Es scheint kaum glaublich, daß einem jungen Mann seiner Begabung nur wenige Jahre vor seinen epochemachenden Entdeckungen der berufliche Zugang zur Hochschule verschlossen blieb. (Man fragt sich, ob heute möglicherweise ähnliche blinde Flecken wirksam sind.) Bekanntlich gelang es Einstein, als Beamter am Schweizerischen Patentamt in Bern unterzukommen. Wenn er nicht damit beschäftigt war, Erfindungen zu begutachten, arbeitete er weiter an Problemen der Physik.

Die Arbeit am Patentamt, anfänglich eine Notlösung, erwies sich im großen und ganzen als ausgesprochen befriedigend. Er traf sich regelmäßig mit den Genossen der „Olympia", heiratete und wurde Vater zweier Söhne. Die Zeit in Bern, in der er ungestört seiner wissenschaftlichen Arbeit nachgehen konnte, behielt er als die glücklichste seines Lebens in Erinnerung. Vielleicht geneigt, aus der Notlage eine Tugend zu machen, schrieb er rückblickend: „Endlich ist ein praktischer Beruf für Menschen meiner Art überhaupt ein Segen. Denn die akademische Laufbahn versetzt einen jungen Menschen in eine Art Zwangslage, wissenschaftliche Schriften in impressiver Menge zu produzieren – eine Verführung zur Oberflächlichkeit, der nur starke Charaktere zu widerstehen vermögen."

Einem zeitgenössischen Beobachter jedoch mußte der junge Einstein eher als Versager erscheinen: zu seinen Ungunsten sprachen eine abgebrochene Gymnasiallaufbahn, der Mißerfolg bei der ersten Zulassungsprüfung am Polytechnikum, der Mangel an einflußreichen Mentoren und Gönnern. Ferner war es ihm nicht gelungen, sich eine akademische Anstellung zu sichern, und seine Dissertation hatte er nicht beendet. Es war kaum anzunehmen, daß er aus dem Dunkel des Berner Patentamts ans Licht der Öffentlichkeit treten würde.

Die ersten bahnbrechenden Publikationen

Die ersten Veröffentlichungen Einsteins im neuen Jahrhundert waren nicht ausnahmslos wissenschaftliche Juwelen. Später erklärte er einige für wertlos. Doch auch die bedeutungslosesten verraten ein bezeichnendes Interesse an den zentralen Fragen der Physik. Von 1901 bis 1904 arbeitete Einstein in der Tradition von Boltzmann über statistische Mechanik, über das Wärmegleichgewicht und den zweiten Hauptsatz der Thermodynamik. Genauer, er versuchte die Dimension der Moleküle und die Art der Verbindung von Flüssigkeitsmolekülen zu bestimmen. 1901 schrieb er an Grossmann: „Es ist ein herrliches Gefühl, die Einheitlichkeit eines Komplexes von Erscheinungen zu erkennen, die der direkten sinnlichen Wahrnehmung als ganz getrennte Dinge erscheinen."

Was für die Physik gilt, läßt sich auf ihre theoretische Bearbeitung anwenden: Einsteins Abhandlungen des Jahres 1905, bemerkte Gerald Holton, sind nur dem Anschein nach heterogen. Drei epochale Aufsätze, in Abständen von nur acht Wochen entstanden, scheinen gänzlich verschiedene Gebiete der Physik zu behandeln: eine Darstellung des Lichts, derzufolge sich das Licht aus Energiequanten zusammensetzt; eine Erklärung der Brownschen Molekularbewegung, die die Vorstellung der atomaren Struktur der Materie stützte; und schließlich die Einführung des „Prinzips der Relativität", das unser Verständnis des physikalischen Raums und der physikalischen Zeit revolutionierte. Holton machte darauf aufmerksam, daß alle drei Schriften aus demselben Grundproblem hervorgingen: den Fluktuationen des Strahlungsdrucks. Ferner wies Holton auf frappierende stilistische Übereinstimmungen der drei Publikationen hin. Jede beginnt mit der Feststellung einer formalen Asymmetrie oder einer anderen Inkongruenz wesentlich ästhetischer Art und legt dann ein Prinzip vor, das die beobachtete Asymmetrie elegant auflöst, Redundanzen eliminiert und eine oder mehrere empirische Voraussagen ermöglicht.

Es wäre absurd anzunehmen, daß diese in so kurzer Zeit entstandenen Darstellungen nichts weiter reflektierten als die Überlegungen der vorhergehenden Tage. In einem Brief an seinen Freund Carl Seelig erläuterte Einstein: „Zwischen der Konzeption der Idee der Speziellen Relativitätstheorie und der Beendigung der betreffenden Publikation sind fünf oder sechs Wochen vergangen. ... Die Argumente und Bausteine waren jahrelang bereit, allerdings ohne die endgültige Entscheidung vorher zu bringen." Über die „endgültige Entscheidung" macht Einstein hier keine weiteren Angaben. Anderen Schriften läßt sich entnehmen, daß sie durch ein Gespräch mit Besso angeregt wurde und Einstein den Weg zur Lösung vor sich sah, als er am darauffolgenden Morgen erwachte. Er kam zu dem Schluß, die Vorstellung von der absoluten Bedeutung der Gleichzeitigkeit distanter Ereignisse aufzugeben; eine absolute Definition erweist sich als unmöglich, da zwischen der Zeit und der Signalgeschwindigkeit ein unauflösbarer Zusammenhang besteht. Wir wissen, daß die Spezielle Relativitätstheorie einem Gedankenexperiment entsprang, das Einstein mehr als ein Jahrzehnt lang beschäftigte, daß die Lektüre des Studenten vornehmlich dem Wunsch gewidmet war, die Rätsel um Raum und Zeit zu entwirren, und zahlreiche Briefe sein andauerndes Bemühen bezeugen, die Elektrodynamik bewegter Körper zu erklären. Es kann kaum Zweifel daran bestehen, daß ähnlich vorbereitendes Beackern auch den übrigen Publikationen dieses Jahres vorangegangen war, obwohl, wie der Fall Newtons zeigt, die Geschwindigkeit nicht unterschätzt werden sollte, mit welcher ein auf Mathematik und exakte Wissenschaft konditioniertes Gehirn auf der Höhe seiner Leistungsfähigkeit arbeitet.

Einsteins Abhandlung über die spezielle Relativität ist mit entwaffnender Einfachheit und Direktheit geschrieben. Zitate aus der Fachliteratur fehlen ebenso wie Auseinandersetzungen mit anderen Wissenschaftlern, die sich mit der Idee der Relativität beschäftigt hatten; die einzige Danksagung ist dem Freund Besso gewidmet. Entwürfe des Manuskripts wurden nicht gefunden. Mit einer wissenschaftlichen Abhandlung, schrieb der Physiker Hermann Bondi, lege der Autor „eine Darstellung von äußerster Unpersönlichkeit und Abstraktheit vor, wohl wissend, daß andere es dennoch lesen müssen, wenn sie sich über das Erreichte informieren wollen". Man gewinnt den Eindruck, Einstein sei nach langem Überlegen zu seinen Schlüssen gekommen und habe sie in der ihm logisch und direkt erscheinenden Form niedergeschrieben. Er wies in der Folge darauf hin, daß er auch nach Jahren der Diskussion wenig an der Argumentation oder Darbietung zu ändern sähe.

Der Kern der Speziellen Relativitätstheorie

Die mathematischen Aspekte der Schrift erfordern einige technische Vorkenntnisse, doch die wesentlichen Aussagen lassen sich ohne größere Umwege verständlich machen. Zahlreiche Wissenschaftler, unter ihnen Einstein, haben Einführungen in die Spezielle Relativitätstheorie verfaßt. Ich habe sie für die im folgenden benutzten Beispiele und Analogien herangezogen.

Auf die einfachste Art und Weise liest man die Abhandlung „Zur Elektrodynamik bewegter Körper" als Antwort auf das Gedankenexperiment aus der Mitte der neunziger Jahre. Rückblickend erklärte Einstein: „Intuitiv klar schien es mir von vornherein, daß von einem solchen Beobachter aus beurteilt [der versucht, mit Lichtgeschwindigkeit einem Lichtstrahl nachzueilen], alles sich nach denselben Gesetzen abspielen müsse wie für einen relativ zur Erde ruhenden Beobachter. Denn wie sollte der erste Beobachter wissen, bzw. konstatieren können, daß er sich im Zustand rascher, gleichförmiger Bewegung befindet?"

Einstein stand vor einer paradoxen Unvereinbarkeit, die sich aus zwei Annahmen ergab: 1. Die Lichtgeschwindigkeit ist im leeren Raum stets konstant. 2. Naturgesetze sind unabhängig von der Wahl des Inertialsystems. Wenn er sich diesen Annahmen ohne Wenn und Aber stellte, mußte er zu dem radikalen und unerwarteten Schluß kommen, daß es unmöglich war, sich mit Lichtgeschwindigkeit zu bewegen, weil nur das Licht diese Geschwindigkeit erreichte. Die Annahme der Lichtgeschwindigkeit als Grenzwert (300000 km pro Sekunde) stellt einen der Grundsätze der Physik – und des gesunden Menschenverstandes – in Frage. Wenn man sich mit einer bestimmten Geschwindigkeit bewegt und sich dabei auf einem Objekt befindet, das seinerseits in Bewegung ist, ist die eigene Geschwindigkeit normalerweise die Summe beider Geschwindigkeiten. Wenn sich jedoch eine Lichtquelle gegen einen Beobachter mit annähernder Lichtgeschwindigkeit bewegt und ein Lichtsignal aussendet, ist die Geschwindigkeit des Signals für den Beobachter noch immer dieselbe. Genauer gesagt, kein materieller Körper kann sich mit Überlichtgeschwindigkeit bewegen. Der Fehler des alten Prinzips, die Geschwindigkeiten (von einem System in ein anderes) zu addieren, liegt in der Annahme, die Dauer eines Ereignisses sei unabhängig von der Bewegungsart des Bezugssystems, in dem die Dauer gemessen wird. Woraus folgt, daß die Newtonsche Mechanik für diese Geschwindigkeiten nicht gültig ist.

Genauer betrachtet, ging die Theorie von zwei Postulaten aus: 1. Naturgesetze sind unabhängig davon, auf welches von zwei gleichförmig gegeneinander bewegten Koordinatensystemen sie sich beziehen. 2. Jede Lichtwelle bewegt sich in einem solchen Koordinatensystem mit derselben Geschwindigkeit, gleichgültig ob sie von einer ruhenden oder bewegten Quelle ausgeht. Alle Erscheinungen sind also von relativen Prinzipien bestimmt, und alle gleichförmig gegeneinander bewegten Systeme sind gleichwertig. Lorentz' Begriffe der allgemeinen Zeit, des allgemeinen Raums und der absoluten Bewegung sind sinnlos. Das Relativitätsprinzip jedoch ist mit der Annahme der Konstanz der Lichtgeschwindigkeit vereinbar. Die Lorentz-Gleichungen können somit auf die Behauptung reduziert werden, daß elektrische und magnetische Kräfte nicht unabhängig von der Bewegungsart des Koordinatensystems existieren. Die Gleichungen sollten sich auf ein bewegtes Bezugssystem ebenso anwenden lassen wie auf die Invarianz der Lichtgeschwindigkeit.

Aus diesem neuartigen Vorgehen und den es begründenden Annahmen ergeben sich verblüffende Folgerungen für unsere Zeitwahrnehmung. Zwei für den Beobachter in einem System X gleichzeitig ablaufende Ereignisse sind für den Beobachter in einem zu X gleichförmig bewegten System Y zeitlich verschoben. Wie Einstein bemerkte: „Wir sehen also, daß wir dem Begriff der Gleichzeitigkeit keine *absolute* Bedeutung beimessen dürfen, sondern daß zwei Ereignisse, welche, von einem Koordinatensystem aus betrachtet, gleichzeitig sind, von einem relativ zu diesem System bewegten System aus betrachtet, nicht mehr als gleichzeitige Ereignisse aufzufassen sind." Konkreter, wenn die Elemente A und B in dem einen Bezugssystem noch gleichzeitig erscheinen, gibt es andere Bezugssysteme, in denen A vor B abläuft, und wieder andere, in denen A auf B folgt.

Einige der besonders wunderlichen Folgerungen haben sich auch dem Bewußtsein von Nichtphysikern eingeprägt. Zum Beispiel haben Systeme ihre eigenen Uhren, und bewegte Uhren ändern während der Bewegung ihren Rhythmus. Die Uhr eines Systems in relativer Bewegung geht für den Betrachter langsamer als eine Uhr, die sich ihm gegenüber in Ruhelage befindet. Stäbe scheinen sich in Richtung ihrer Bewegung zusammenzuziehen, wenn sie beim Übergang aus dem Zustand der Ruhe in den einer gleichförmigen Bewegung beobachtet werden – oder allgemeiner ausgedrückt, ohne die Festlegung des Betrachterstandpunktes bleibt die Länge des Stabes unbestimmt. Der relative Raum- und Zeitbegriff erfordert es nun, die zentralen Begriffe der Physik – Geschwindigkeit, Beschleunigung, Kraft, Energie – neu zu denken. Die Masse eines bewegten Körpers zum Beispiel wächst mit seiner Geschwindigkeit gegenüber einem Beobachter. Von epochaler Bedeutung schließlich war die Folgerung, daß sich die Summe der Massen verändert, wenn eine Agglomeration von Massen entsteht oder – wie bei der Abgabe von Strahlung – zerfällt: daher die berühmte Gleichung $E = mc^2$, in der das von Einstein festgehaltene Ergebnis vereinfacht dargestellt ist.

Die Neuausrichtung physikalischer Vorstellungen

Einstein hielt seine Veröffentlichung von 1905 nicht für revolutionär; er sah darin „eine verblüffend einfache Zusammenfassung und Verallgemeinerung der früher voneinander unabhängigen Hypothesen, auf welchen die Elektrodynamik aufgebaut war". Im Widerspruch zu dem, was andere mit einiger Unterstützung Einsteins behaupteten, spielten die Michelson-Morley-Beweise der Null-Wirkung des sogenannten Äthers bei der Entwicklung der Relativitätstheorie keine signifikante Rolle. Durch seine Lektüre der allgemeinen Fachliteratur, die sich zweifellos auch auf die Resultate des Äther-Drift-Experiments erstreckte, war Einstein jedoch zu der Einsicht gelangt, daß die Annahme eines Äthers nicht weiterführte. In seinen Worten: „Die Einführung eines ‚Lichtäthers' wird sich insofern als überflüssig erweisen, als nach der zu entwickelnden Auffassung weder ein mit besonderen Eigenschaften ausgestatteter ‚absolut ruhender Raum' eingeführt, noch einem Punkt des leeren Raumes, in welchem elektromagnetische Prozesse stattfinden, ein Geschwindigkeitsvektor zugeordnet wird." Die Existenz eines Äthers hätte es möglich gemacht, Licht- und Erdgeschwindigkeit zu addieren oder, wenn die Erde sich in Gegenrichtung bewegte, die Geschwindigkeit der Erdbewegung zu subtrahieren. Folglich konnte Einstein im Verzicht auf diese Möglichkeit die Konstanz der Lichtgeschwindigkeit als Ausgangspunkt benutzen, statt sie als Schlußfolgerung aus experimentellen Ergebnissen zu betrachten.

Der erwähnte Sachverhalt verdient Beachtung. Während es dem üblichen physikalischen Vorgehen entsprochen hätte, Prinzipien und Theorien aus Beobachtungen und gesammelten systematischen Angaben abzuleiten, hatte Einstein das Verfahren umgekehrt. Er arbeitete auf einer höheren Abstraktionsebene, stellte elementare physikalische Gesetze auf – postulierte zum Beispiel die von der relativen Bewegung unabhängige Konstanz der Lichtgeschwindigkeit – und zog daraus Schlüsse für empirische Daten und Verbindungen zu anderen Gesetzen.

Gewiß konnte Einstein sich unmittelbar auf die theoretischen Arbeiten verschiedener Vorgänger stützen. Galileis Erkenntnisse über die Mechanik wandte er auf das Licht und andere elektromagnetische Erscheinungen an; er erweiterte Newtons Behauptung, daß sich von einer Ausgangsposition her eine zukünftige Bewegung voraussagen ließ, wenn man die Bewegung des Inertialsystems in Rechnung stellte, und mit seiner Kritik am Begriff der absoluten Gleichzeitigkeit eliminierte er die Vorstellung der Gleichzeitigkeit von Fernwirkungen.

Die Elektrodynamik von Maxwell und Faraday mit der Theorie des Kraftfeldes schien umfassender als Galileis und Newtons mechanistische Theorien. Die Feldtheorie erklärte entfernte Vorgänge überzeugender als die älteren Vorstellungen von Materie plus Bewegung. Gefordert war jedoch eine neue Mechanik, anwendbar auf Elementarteilchen, die sich mit hoher Geschwindigkeit bewegen. Mit Hilfe der Lorentzschen Transformationen konnten die Raum-Zeit-Koordinaten von Vorgängen in einem System bestimmt werden, wenn sie im anderen System bekannt waren und wenn die relative Geschwindigkeit beider Systeme bekannt war. Das neue Relativitätskonzept erlaubte es, die mechanistische mit der Feld-Theorie zu verbinden.

Wenn aber eine Kontinuität zu früheren Arbeiten der Physik und Mechanik bestand und wenn Teile der Theorie vereinzelt bereits im Werk verschiedener Forscher angelegt waren, dann hatte Einstein unleugbar Erstaunliches geleistet. Allein mit logisch-mathematischen Überlegungen und visuell-räumlicher Vorstellungskraft, gestützt durch die Bereitschaft, sich vorzuwagen und an Grundprinzipien zu rütteln, hatte der sechsundzwanzigjährige Patentamt-Experte die Vorstellung der Physiker und später auch Nichtphysiker von der Wirklichkeit grundlegend neu orientiert.

Was andere allenfalls aufgrund experimenteller Demonstrationen hätten gelten lassen, machte Einstein zur Ausgangsbasis seiner Überlegungen. Über die Zeit „schon kurz nach 1900" schreibt er in seinem autobiographischen Rückblick: „Nach und nach verzweifelte ich an der Möglichkeit, die wahren Gesetze durch auf bekannte Tatsachen sich stützende konstruktive Bemühungen herauszufinden. Je länger und verzweifelter ich mich bemühte, desto mehr kam ich zu der Überzeugung, daß nur die Auffindung eines allgemeinen formalen Prinzips uns zu gesicherten Ergebnissen führen könnte."

Unterschiede zwischen wissenschaftlichen Neuerern

Einsteins Beschreibung seiner Situation läßt die geistigen und psychischen Voraussetzungen erkennen, die wissenschaftliche Revolutionen möglich machen. Einerseits müssen die neuesten Funde und Prinzipien der Domäne den Forschern ausreichend geläufig sein, oder sie riskieren, bereits Gefundenes ein zweites Mal zu entdecken – daß er bereits bekannte Ergebnisse duplizierte, mußte Einstein in den Anfängen seiner Karriere wiederholt feststellen. Mit den Problemen der Relativität jedoch schlug er sich seit zehn Jahren herum, und das Gebiet war ihm vertraut. Andererseits muß man willens sein, sich über die Fakten und selbst über den Horizont der Domäne hinauszuwagen und neue Lösungswege vorzuschlagen. Mit zunehmendem Alter wird solche Kühnheit weniger wahrscheinlich. Einstein besaß den Willen, einen Schritt ins Unbekannte zu tun, und bekundete damit eine der wesentlichen Affinitäten zum geistigen Habitus des Kindes, die ihm über viele Jahre erhalten blieb.

Es lohnt sich, Einsteins Leistung mit der anderer Revolutionäre der Wissenschaft wie Freud oder Darwin zu vergleichen. Alle drei waren die Urheber bedeutender Innovationen. Was sie unterscheidet, ist erwähnenswert. Von Darwin stammen ein Modell und einige elementare Annahmen über die Ausbreitung und Verschiedenheit der Arten in Gegenwart und Vergangenheit. Freud machte auf ein bis dahin vernachlässigtes Gebiet des Denkens und Verhaltens aufmerksam und erklärte einige Prozesse, nach denen dieses Gebiet des Unbewußten funktioniert. Statt geltende Paradigmen zu ersetzen oder sich Teilen früherer Synthesen anzuschließen, schlugen Darwin wie Freud neue Wege ein, und als Erfolg ihrer Bemühungen gilt vor allem die Tauglichkeit ihrer Modellvorstellungen zur Erklärung traditionell anerkannter wie auch später entdeckter Phänomene. Weil zudem die Domänen ihrer Wahl Neuland waren und weil viele Fragen, mit denen sie und andere sich in der Folge beschäftigten, von ihnen selbst formuliert wurden, waren beide Männer in der Lage, bis ins hohe Alter befruchtend auf die Entwicklung der Domäne Einfluß zu nehmen.

Anders Einstein, der sich unmittelbar mit älteren Ideen auseinandersetzte: mit dem seit langem gültigen Werk Newtons, den jüngeren Entwicklungen von Maxwell und Faraday, der zeitgenössischen Problematik von Lorentz und Poincaré. Indem er ihre Variablen zum fundamentalen Postulat machte, gelangte er zu Umformungen elementarer Vorstellungen von Raum und Zeit sowie anderer Modelle der physikalischen Welt. Wie der Historiker Arthur I. Miller gezeigt hat, ging Einstein von bestimmten Aussagen Boltzmanns, Hertz', Poincarés, Machs und anderer aus „und löste die Probleme wie Alexander den Gordischen Knoten – indem er eine Sicht der Physik erfand, in der bestimmte Probleme nicht vorkommen ... indem er die Notwendigkeit einer Abgrenzung zwischen empirischen Gegebenheiten und den geistigen Konstrukten – Konzepten und Axiomen – erkannte und uns schließlich die Version der Raum-Zeit präsentierte, die unbemerkt in der Luft gelegen hatte".

Einsteins Fund war insofern ein Durchbruch der klassischen Art, als er die Elemente einer physikalischen Analyse zu vereinheitlichen suchte und die älteren Beispiele und Prinzipien in einen größeren Zusammenhang stellte. Revolutionär wirkte er durch die bleibende Veränderung unserer Vorstellung von Raum und Zeit, Materie und Energie. Raum und Zeit sind nicht länger absolute Größen, sondern Formen der Wahrnehmung, die ebensowenig von

Perspektive und Bewußtsein zu trennen sind wie die Farben der Dinge oder die Länge eines Schattens. Der Philosoph Ernst Cassirer hielt fest, in der Relativität sei die Vorstellung der Konstanz und Absolutheit der Elemente zugunsten der Permanenz und Notwendigkeit der Gesetze aufgegeben. Damit war eine Verbindung von der Philosophie über die Physik zur Psychologie geschaffen. Weil jedoch die Domäne so viel stärker belegt war und weil andere Wissenschaftler sich, wenn sie wollten, das neue Paradigma aneignen konnten, war keineswegs ausgemacht, daß Einstein bis zum Ende seines Lebens grundlegend neue Erkenntnisse zur Entwicklung der Physik würde beisteuern können.

Die Relativität: unmittelbare Folgen

Einstein, wie gesagt, betrachtete seine Arbeit über die Elektrodynamik bewegter Körper, die im Juni 1905 in den *Annalen der Physik* erschien, nicht als revolutionär, ein Wort, das er für seine „heuristische" Schrift über die Quantentheorie reservierte. Die biographische Skizze seiner Schwester jedoch berichtet von Einsteins Erwartungen, daß die Publikation über die Relativität Aufmerksamkeit erregen, vielleicht Kontroversen entfachen werde, und von der Enttäuschung, als sie in den folgenden Nummern der *Annalen* keine Erwähnung fand. Dann meldete sich Max Planck, der Herausgeber des Blattes, und bat um ergänzende Erklärungen zu einigen Punkten. Er hatte jedoch den Artikel zweifellos verstanden.

Die Erörterung der Reaktionen auf die Relativitäts-Schrift stellt eine skurrile Anwendung der Theorie selbst dar. Einerseits war die Reaktion langsam: nur eine einzige unmittelbare Erwiderung in einer wichtigen Zeitschrift, etwa drei Jahre später ein akademischer „Fühler", vier Jahre später die erste Einladung, auf einer wichtigen Konferenz zu sprechen. Erst nach sieben Jahren wurde die Theorie Gegenstand einer ernsthaften wissenschaftlichen Abhandlung; häufig verwechselte man sie mit Lorentz' Elektrodynamik und nannte sie das Lorentz-Einstein-Prinzip. Außer in Deutschland wurde sie vor 1912 kaum diskutiert.

Stellt man jedoch in Rechnung, daß der Autor ein unbekannter Experte für Patente war, der außerhalb der akademischen Zentren Europas arbeitete und zu einer Zeit schrieb, als die Kommunikation weit weniger schnell und extensiv war als heute, dann muß man von einer geradezu prompten Reaktion sprechen. Außer Planck hatten einige der bedeutendsten jungen Physiker von der Publikation gehört, sie umgehend gelesen und von ihren eminenten Auswirkungen auf ihr Denken berichtet. Bereits 1908 erklärte der bekannte Mathematiker Hermann Minkowski in einer öffentlichen Vorlesung:

Meine Herren! Die Anschauungen von Raum und Zeit, die ich Ihnen entwickeln möchte, sind auf experimentell-physikalischem Boden erwachsen. Darin liegt ihre Stärke. Ihre Tendenz ist eine radikale. Von Stund an sollen Raum für sich und Zeit für sich völlig zu Schatten herabsinken und nur eine Art Union der beiden soll Selbständigkeit bewahren.

Minkowskis Worte lösten in wissenschaftlichen Kreisen lebhaften Widerhall aus. Andere Zeichen der Anerkennung folgten. Einstein erhielt Briefe, die irrtümlich an den Professor Einstein an der Universität Bern gerichtet waren; 1909 wurde er auf einen Lehrstuhl nach Zürich berufen, wo sich knapp zehn Jahre zuvor keine Stelle für ihn fand; die Universität Genf verlieh ihm den Ehrendoktor, und bereits 1912 wurde er für den Nobelpreis vorgeschlagen, der ihm allerdings erst zehn Jahre später zugesprochen wurde.

Zusammenfassend läßt sich sagen, daß Einsteins Arbeit eine schnelle und vergleichsweise positive Würdigung fand. Es hat die Wissenschaftler in der Nachfolge Einsteins jedoch immer wieder fasziniert, daß die Physiker, die der Entdeckung der Relativität am nächsten gekommen waren und auf Einsteins Denken den größten Einfluß ausgeübt hatten, der Theorie in ihrer ganzen Tragweite die volle Anerkennung versagten. In meiner Terminologie – die einflußreichsten Mitglieder des Feldes verweigerten sich der neuen Entdeckung. In einem posthum veröffentlichten Dokument bekannte Mach, die Theorie habe ihn unberührt gelassen und ihre dogmatischen Anhänger seien ihm wenig sympathisch. Planck zeigte sich halb enthusiastisch, sprach indes lieber vom Prinzip als von der Theorie der Relativität und betrachtete die Theorie vor allem als Verallgemeinerung der Arbeiten von Lorentz.

Noch rätselhafter ist das vollständige Schweigen, mit dem Poincaré in den sieben Jahren vor seinem Tode auf die Theorie reagierte. Poincaré hatte viele Argumente und sogar sprachliche Formulierungen der Relativitätstheorie vorweggenommen. Man weiß, daß er Einsteins Arbeiten kannte, und an dem nötigen Verständnis für die wesentlichen Argumente dürfte es ihm nicht gefehlt haben. Über diese Reaktionslosigkeit ist viel spekuliert worden. Die nächstliegende Hypothese – Ärger über den schnelleren Kollegen und Neid – ist nicht von der Hand zu weisen, doch wenig wahrscheinlich, da er im allgemeinen ein großzügiger Mensch gewesen zu sein scheint und sich lobend über Einsteins Begabung geäußert hat. Einleuchtender scheint, daß

Poincaré ein Mann der kleinen Schritte war und zögerte, eine Theorie anzuerkennen, die mit so unverhohlen revolutionärem Anspruch auftrat und deren Folgerungen so bündig und kompromißlos präsentiert wurden. Poincaré wollte Newton nicht völlig aufgeben, besonders nicht um eines unbewiesenen Ersatzes willen, obwohl er selbst nur allzu gern provozierende Fragen stellte. Er könnte das Relativitätsprinzip als empirische Behauptung verstanden haben, die im Licht experimenteller Daten zu bearbeiten war, und nicht als Grundlegung einer neuen Physik. Als Mathematiker ließ sich Poincaré von Gedankenexperimenten der Physiker wenig beeindrucken; die Regeln und Konventionen von Gleichungen interessierten ihn mehr als deren Fähigkeit, ein Bild der Wirklichkeit zu schaffen oder zu verändern.

Nicht weniger verwirrend war die Reaktion von Hendrik Lorentz, mit dem Einstein Freundschaft schloß und in einer für ihn ungewöhnlichen Verehrung verbunden blieb. Auch Lorentz war einigen Ideen der Relativität nahegekommen, hatte aber anders als Poincaré ihre Sprache und ihre Vorstellungen nur widerstrebend benutzt. Im Unterschied zu Einstein und Poincaré lagen ihm philosophische Diskussionen nicht. In seinen frühen Arbeiten hatte er die Terminologie der Relativität herangezogen, weil die Experimente es erforderten, nicht aber aus der Einsicht, damit über eine adäquate Sprache zu verfügen. Und wo Lorentz durch die Benutzung seiner Gleichungen und seine Datenanalysen zu Schlüssen mit Relativitätscharakter gelangt war, ging Einstein von Annahmen aus und erhielt Gleichungen und Daten als Ergebnis. Lorentz' Arbeiten sind weitestgehend als Versuch zu betrachten, die klassische Physik von innen heraus zu retten, obwohl dieser Versuch extensives Ad-hoc-Denken verlangte. Gerald Holton veranschaulicht diese Bemühungen:

Versucht man, die Unterschiede zwischen der Lorentzschen und der Einsteinschen Relativitätsphysik kurz zusammenzufassen, so erscheint Lorentz dabei als tapferer und außergewöhnlicher Kapitän, der ein angeschlagenes Schiff gegen übermächtige experimentelle Strömungen zu behaupten sucht, während Einsteins Arbeit sich weigert, diese Strömung direkt zu bekämpfen – und lieber das Transportmittel wechselt.

Wie Planck äußerte sich schließlich auch Lorentz positiv über die Relativität und ging damit über Poincarés und Machs Reserve hinaus. Doch er hatte viel in das Äther-Konzept investiert und noch mehr in die klassische Physik des neunzehnten Jahrhunderts. Die volle Anerkennung der Relativitätstheorie mußte Lorentz, den älteren und damit weniger flexiblen Denker, überfordern.

Die genannten Beispiele stützen Thomas Kuhns Behauptung, daß grundlegend neue wissenschaftliche Ideen selten von der älteren Generation, dem tonangebenden Feld mit seinen Eigeninteressen, begrüßt werden. Die Akzeptanz neuer Paradigmen läßt auf sich warten, bis eine neue, weniger rigide Generation von Wissenschaftlern herangereift ist. Eine überzeugende Illustration dieser These sind die Aufzeichnungen eines Seminars, das unter Beteiligung führender Vertreter der damaligen Physik im Sommer 1905 an der Universität Göttingen stattfand; sie lassen keine Vorwegnahme der Themen von Einsteins bahnbrechender Publikation erkennen, die damals bereits zur Veröffentlichung vorlag.

Lebhafter als die gedämpften Reaktionen der großen Theoretiker war das Interesse von seiten der Experimentalphysik. Walter Kaufmann, einer ihrer bekanntesten Vertreter, gab Resultate bekannt, die Lorentz' und Einsteins Theorien zu widersprechen schienen. Es ist bezeichnend, daß Einstein solche empirisch begründeten Angriffe fast immer unerwidert ließ. Sein Interesse an einer Theorie, die nur auf experimentellen Ergebnissen beruhte, hatte abgenommen, und überdies sagte ihm ein sublimes Selbstvertrauen, daß seine sehr allgemein anwendbaren Theorien zutreffen *mußten* – eine Haltung die ihm in der ersten Hälfte seiner wissenschaftlichen Laufbahn zustatten kam.

Die Reaktionen auf die Relativitätstheorie variierten auch je nach Kulturraum. Der Historiker Stanley Goldberg weist darauf hin, daß sie in Großbritannien (der Heimat der Äthertheorie), in Frankreich, wo Poincaré den Ton angab, und in den Vereinigten Staaten, das in den Naturwissenschaften noch tiefste Provinz war, kaum diskutiert wurde. In Deutschland hingegen und in den deutschsprachigen Ländern führte sie zu lebhaften Debatten. Neben dem Umstand, daß sie auf Deutsch verfaßt war, trug dazu auch der demokratischer und flüssiger strukturierte Wissenschaftsbetrieb dieser Länder bei. Nach ihrem Bekanntwerden allerdings fand sie auch in den USA breiteste Resonanz.

In den zwanzig Jahren nach ihrem Erscheinen wurde die Theorie in ihrer speziellen wie auch allgemeinen Form innerhalb der Welt der Physik weithin akzeptiert. Es gab Ausnahmen, die sich im Lauf der Jahre jedoch immer weniger auf die Wissenschaft und zunehmend auf politische Erwägungen bezogen.

Die Tatsache, daß eine Lehrmeinung wie die Theorie der Relativität allgemeine und andauernde Zustimmung finden konnte, macht den Unterschied zwischen der Domäne Physik und anderen Disziplinen wie der Psychologie deutlich. Noch heute, fast ein Jahrhundert nach Freud und ein halbes Jahrhundert nach der Blütezeit des Behaviorismus, sind sich die Wissenschaftler über den Wert dieser beiden psychologischen Revolutionen keineswegs einig. Eine so wenig entwickelte Disziplin wie die Psychologie führt eher zur

Bildung von rivalisierenden Schulen als zu einem normativen Paradigma, das vom Feld als Gruppe anerkannt wird und alle Mitglieder um sich vereint. Anders war die Situation, als sich die Physik quantentheoretischen Fragen zuwandte. Einzelne Forscher, die weiterhin der Relativitätstheorie anhingen, wurden nicht sich selbst überlassen; man wandte sich Problemen zu, die weder von der klassischen Physik Newtons noch von der ‚klassischen' Einsteinschen Theorie adäquat erfaßt werden konnten. Ähnlich verhalf Darwin der Biologie mit der Formulierung der Evolutionstheorie zum Status einer entwickelten Naturwissenschaft: in den 135 Jahren seit Erscheinen des *Origin of Species* (1859) folgten dem Darwinismus der Neodarwinismus und die gegenwärtige Auseinandersetzung zwischen den Verfechtern einer graduellen und denen einer diskontinuierlichen Evolution. Die Biologie steht in dieser Hinsicht der Physik näher als der Psychologie.

Einstein avanciert

Nach ersten Jahren der Unsicherheit ging es mit Einsteins Karriere stetig aufwärts. Als Physiker ersten Ranges und geschätzter Kollege von Planck, Poincaré, Lorentz, Ernest Rutherford und Marie Curie nahm Einstein am Solvay-Kongreß teil, der ersten internationalen Konferenz für Physik, die 1911 in Brüssel stattfand. Schon 1912 gehörte er mit Sigmund Freud zu den führenden Wissenschaftlern seiner Zeit, die in einer öffentlichen Erklärung gegen die Metaphysik Stellung nahmen und erklärten, die Philosophie solle außerhalb der Naturwissenschaften ihren eigenen Weg verfolgen.

Dem Ruf nach Zürich folgten im Verlauf zweier Jahre die ehrenvolle Berufung nach Prag, die Rückkehr nach Zürich und dann eine herausragende Position in Berlin: Einstein wurde von der Königlich Preußischen Akademie der Wissenschaften zum Direktor des neu zu gründenden Physikalischen Instituts der Kaiser-Wilhelm-Gesellschaft ernannt, eine hoch dotierte Stellung ohne Vorlesungsverpflichtung. Umgeben von den besten Physikern der Welt, unter ihnen der verehrte Planck, konnte er sich uneingeschränkt der Forschung widmen.

Einstein scheint kein Mensch gewesen zu sein, der wie Freud vom Ehrgeiz getrieben wurde. Er ließ sich nicht in kleinliche Fehden und Rivalitäten verstricken. Bis 1920 kümmerte er sich nicht um eine systematischen Sammlung seiner persönlichen Papiere, ebensowenig schritt er zu dramatischen Vernichtungsaktionen. Er schätzte jedoch angemessene Arbeitsbedingungen, Kollegen und Anerkennung und folgte aus diesem Grund dem Ruf aus einem

Land, dem er seit seiner unglücklichen Schulzeit wenig Zuneigung entgegenbrachte. Diese Entscheidung sollte ihn in einer nicht vorauszusehenden Art und Weise ins Rampenlicht stellen.

Der internationale Ruhm: Kampf an zwei Fronten

In weit jüngerem Alter, doch etwa gleichzeitig mit Freud wurde Einstein zu einer Figur von internationalem Renommee. Bereits seit den zwanziger Jahren war sein Gesicht weltbekannt. Wohl hatte nur ein Bruchteil derer, die seinen Namen, sein Gesicht oder den Titel seiner Theorien kannten, eine Ahnung von dem, was er schrieb. Zeitweise wurde ernsthaft behauptet, allenfalls ein Dutzend Physiker verstünden die Relativitätstheorie, und bissige Zungen ergänzten, acht davon lebten in Berlin. Ein britischer Bewunderer Einsteins, der Astronom Arthur Eddington, unterstellte gar, daß sich nicht einmal drei fänden, die den vollen Umfang seiner Gedanken begriffen.

Trotz regelmäßiger Klagen schätzte Einstein seinen Ruhm und betrachtete ihn als eine Art Rache an den vielen, die ihn so lange ignoriert oder geringgeschätzt hatten. Vielleicht weil Ruhm und Anerkennung ihm so früh zugefallen waren, vielleicht weil ihm am Beifall der Menge so wenig lag, fühlte er sich im Scheinwerferlicht der Öffentlichkeit nicht restlos behaglich. Der Ruhm brachte es mit sich, daß er in der zweiten Hälfte seines Lebens, etwa seit seinen frühen vierziger Jahren, inmitten vielfältiger Beanspruchungen um seine Arbeitszeit kämpfen mußte. Ein Kampf gleicher Härte fand darüber hinaus in seinem wissenschaftlichen Werk statt, denn er bemühte sich mit aller Kraft, den Kurs zu ändern, den seine Domäne, die Physik, einzuschlagen schien.

Einsteins Ruhm

Über die Gründe für Einsteins außerordentlichen Ruhm während der zwanziger Jahre und danach ist viel gerätselt worden. Durch einen einzelnen Faktor allein ist er nicht ausreichend zu erklären. Gewiß, Einstein war der angesehenste Wissenschaftler der Welt – doch wie viele Leute könnten die Frage nach dem angesehensten Wissenschaftler der heutigen Zeit beantworten? Daß er radikal neue Ideen über Raum und Zeit vorlegte und sie mit dem eingängigen Titel der „Relativität" versah, mag einen Teil der Wirkung erklären – die einflußreichere „Quantentheorie" hat es nie zu vergleichbarer Popularität gebracht.

Einsteins Bekanntheit scheint sich mindestens zu gleichen Teilen seiner Persönlichkeit zu verdanken. Durch die frappierende äußere Erscheinung, die Unbekümmertheit des ewigen Bohemien, leger gekleidet, mit wildem Haarschopf und buschigem Schnauzbart, erschien er als liebenswerter Kauz mit leicht ridikülem Anstrich. In seinem Aussehen und Auftreten, seiner schlecht verhehlten Gleichgültigkeit gegenüber den Spielregeln der ‚Erwachsenen' behielt er zeitlebens etwas Kindliches. Noch im hohen Alter hatte er die sorglose Art des Kindes, das sich weigert, sein Verhalten den gesellschaftlichen Konventionen oder dem stirnrunzelnden Mißfallen der Älteren anzupassen. Seine Bereitschaft, vor der Kamera Faxen zu machen oder mit Kindern und Hunden zu spielen, war ein erfrischender Kontrast zum geläufigen Stereotyp des Professors im Elfenbeinturm. Fast fünfzig Jahre nach seinem Tod schmückt das Bild der verkörperten Irreverenz die heute allgegenwärtigen T-Shirts.

Der Einzelfaktor jedoch, der am meisten zu Einsteins Ruhm beitrug, war die weltweite Reaktion auf ein bedeutendes empirisches Forschungsunternehmen, das nach dem Ersten Weltkrieg durchgeführt wurde. Als Teil seiner 1915 und 1916 publizierten Allgemeinen Relativitätstheorie hatte Einstein eine Rotverschiebung der Spektrallinien und eine Lichtablenkung von 1,75 Bogensekunden für die Lichtstrahlen von Fixsternen vorausgesagt, die das Schwerefeld der Sonne passieren. 1919 reisten britische Wissenschaftler nach Sobral in Nordbrasilien und auf die Insel Principe vor der Küste von Neu-Guinea, um eine Sonnenfinsternis zu beobachten. Ihre genauen Messungen bestätigten Einsteins Vorhersage. Einstein dankte Lorentz, der ihm die telegraphische Bestätigung geschickt hatte, und benachrichtigte dann seine Mutter, daß die britische Expedition die Lichtablenkung in Sonnennähe bewiesen hatte.

Auf einer gemeinsamen Sitzung der *Royal Society* und der *Royal Astronomical Society* wurden die epochemachenden Resultate verkündet. Der Astronom Frank Dyson berichtete: „Die Ergebnisse der Expedition ... lassen kaum Zweifel daran, daß in der Nähe der Sonne tatsächlich eine Lichtablenkung stattfindet und den Betrag hat, der sich aus Einsteins verallgemeinerter [sic] Relativitätstheorie in Anwendung auf das Schwerefeld der Sonne ergibt." Der Präsident der *Royal Society* bezeichnete Einsteins Werk als „eine der größten

Errungenschaften in der Geschichte menschlichen Denkens". Der Philosoph Alfred North Whitehead, der an der Versammlung teilnahm, erklärte zusammenfassend: „Ein großes Gedankenabenteuer war schließlich sicher zu Ende gegangen."

Die Zeitungen, allen voran die ehrwürdige *London Times*, erklärten Einstein zu einem Mann, dessen Ruhm die Jahrhunderte überdauern werde. Innerhalb eines Jahres erschienen einhundert Bücher zur Relativitätstheorie. Auf der ganzen Welt wurden Vorträge gehalten. Den Autor eines allgemeinverständlichen Artikels, der die Theorie in dreitausend Wörtern erläutern konnte, erwartete ein Preis von mehreren tausend Dollar. Einsteins Biograph Banesh Hoffmann kommentiert: „Einstein war weltberühmt. Dieser im Innersten einfache Mensch, ein weltabgewandter Sucher der Schönheiten des Kosmos, war ein Symbol für die Welt geworden, ein Brennpunkt globaler Verehrung – und tiefverwurzelten Hasses." Die Tatsache, daß die theoretischen Überlegungen eines exotischen Visionärs die genauen Messungen einer Sonnenfinsternis vorwegnehmen konnten, schienen Einstein eine besondere Aura zu verleihen.

Zusammen mit dem Weltruhm kamen Deutungen und Mißverständnisse seiner Theorie. Manchmal war er geduldig und freundlich, so in dem folgenden Erläuterungsversuch der Hauptgedanken seiner Theorie im Kreise von Reportern:

Wenn Sie die Antwort nicht gar zu ernst nehmen wollen und sie nur als eine Art Spaß ansehen, so kann ich Ihnen das so erklären: Früher hat man geglaubt, wenn alle Dinge aus der Welt verschwinden, so bleiben noch Raum und Zeit übrig. Nach der Relativitätstheorie verschwinden aber Zeit und Raum mit den Dingen.

Von der unzugänglichen Seite zeigte er sich zum Beispiel, als ein Kunsthistoriker versuchte, die Relativitätstheorie mit dem Kubismus zu verbinden. Und wenn Wissenschaftler ihn mit bewußten Entstellungen seiner zentralen Thesen zu reizen versuchten, um ihr politisches Mütchen zu kühlen, wahrte er stoisches Schweigen.

Eine Rolle in der Weltpolitik

Einsteins Liebe gehörte vor allem anderen der Wissenschaft, doch seit er Ende 1913 nach Deutschland zurückgekehrt war, wurde er mehr und mehr in die internationale Politik verwickelt. Ein knappes Jahr später führte Deutschland Krieg. Dem Schweizer Bürger Einstein blieb jede Teilnahme an den

Kriegsanstrengungen erspart; er hielt sich jedoch nicht an die Schranken der Neutralität und äußerte seine Bedenken über die Rolle Deutschlands im Ersten Weltkrieg. Einstein, der seit seiner Jugend alles Militärische vehement ablehnte, bekannte sogar öffentlich seine unverbrüchliche Bindung an den Internationalismus, Pazifismus und Sozialismus.

In den zwanziger Jahren schloß er sich pazifistischen Bestrebungen an und unterstützte den Zionismus. Mit Deutschland verband ihn eine Haßliebe; er war stolz auf die wissenschaftliche und kulturelle Größe der deutschen Vergangenheit und sah mit Entsetzen die Zeichen des keimenden Totalitarismus. Deutschland verkörperte die Verheißung wie auch die Gefährdung der Menschheit.

Als sich in Europa das Gespenst des Faschismus erhob, wurde deutlich, daß Einstein mit seinen Sympathien für die Linke und seiner starken Identifikation mit der Sache des Judentums die Berliner Stellung nicht länger würde halten können. Mit Erleichterung folgte er einem Ruf an das nicht lange zuvor gegründete *Institute for Advanced Study* in Princeton, wo er sich bei wiederum großzügiger Bezahlung nach Belieben seiner wissenschaftlichen Arbeit widmen konnte – ein Symbol freier Forschung in unserer Zeit.

Als seine einstigen Kollegen in Deutschland die „jüdische" Physik angriffen und seine Schriften verbrannt wurden, begann Einstein die Nationalsozialisten offener zu kritisieren, und als Hitlerdeutschland den Krieg begonnen hatte, der die westliche Zivilisation bedrohte, faßte der lebenslange Pazifist die Möglichkeit ins Auge, daß die Alliierten sich auf einen totalen Krieg einzustellen hätten. Er setzte seine Unterschrift unter ein Schreiben an Präsident Roosevelt, eine der bekanntesten und folgenreichsten Aktionen, die je ein Wissenschaftler unternommen hat. Die von dem Physiker Leo Szilard entworfene knappe Mitteilung setzte die Regierung davon in Kenntnis, daß die Möglichkeit bestehe, Bomben von ungeheurer Wirkungskraft zu entwickeln, wenn sich in großen Mengen von Uran erfolgreiche Kettenreaktionen auslösen ließen. Einstein wies darauf hin, daß Deutschland, die damals führende Nation auf dem Gebiet der Kernphysik, diese Möglichkeit erkannt und seine Uranverkäufe bereits eingestellt habe. Sechs Jahre später war auf der Grundlage von Einsteins Formeln über das Verhältnis von Masse und Energie die mächtigste Waffe des Planeten gebaut und zur Detonation gebracht worden.

Bereits eine Größe der Wissenschaftsgeschichte, war Einstein jetzt auch in die Geschichte der Weltpolitik eingegangen. Sein Ruhm als Wissenschaftler wuchs aufgrund der bestimmenden Rolle, die er bei der Entwicklung der Waffe spielte, die „den Krieg gewann" und zu einem entscheidenden Faktor des nachfolgenden Kalten Krieges werden sollte. In seinen späten Jahren – 1949 wurde er siebzig – war Einstein die überragende Legende seiner Zeit. Selbst die größten Gelehrten begegneten ihm mit Ehrfurcht. Sein Ansehen war zweifellos nicht geringer als das prominenter politischer Führer wie Chaim Weizmann oder David Ben Gurion oder großer Denker wie Bertrand Russell und Sigmund Freud. Mit Freud führte Einstein einen bekannten, wenn auch wenig ergiebigen schriftlichen Gedankenaustausch zum Thema „Warum Krieg?" Über eine Begegnung mit dem großen Physiker scherzte Freud: „Er ... versteht von Psychologie soviel wie ich von Physik, und so haben wir uns sehr gut gesprochen."

Die Allgemeine Relativitätstheorie

Einstein hatte nicht nur den Widerspruch zwischen seiner Rolle als Wissenschaftler und als Exponent der Weltpolitik auszuhalten. Eine zweite, nicht weniger tiefgreifende Auseinandersetzung betraf die künftige Richtung der physikalischen Wissenschaft. Das Jahrzehnt, das auf die Publikation der Speziellen Theorie folgte, war für Einstein eine produktive, doch schwierige Zeit. Schon 1907 beschäftigte ihn das Verhältnis von Gravitation und Beschleunigung. Er arbeitete mit Erfolg, stand jedoch unter großem Druck, Umstände, die zu einem vorübergehenden nervösen Zusammenbruch führten. Einstein entwickelte in diesen Jahren seine Allgemeine Relativitätstheorie, ein umfassenderes und kühneres Werk als die frühere Schrift, das kompliziertere mathematische Voraussetzungen verlangte und eine komplexere, technisch brillantere Leistung darstellte. Doch wie schon in der Speziellen Theorie arbeitete Einstein primär die Implikationen seiner intuitiven Einsichten heraus. Hatten diese Einsichten im früheren Fall Systeme in gleichförmiger geradliniger Bewegung betroffen, schlossen sie jetzt Systeme mit gleichmäßig beschleunigten sowie beliebigen Bewegungen ein.

Leopold Infeld, Einsteins Mitarbeiter, berichtet, daß Einstein sich eine Reihe von Fragen stellte, die das Verhalten der Naturgesetze in einem frei fallenden Lift betrafen. In einem Wolkenkratzer befindet sich die Glaskabine eines Aufzugs gleichmäßig beschleunigt im freien Fall. Darin eingeschlossene Beobachter nehmen gleichzeitig mit Außenbeobachtern Messungen vor und machen Aufzeichnungen. Es handelt sich jetzt um zwei verschiedene Systeme, da der fallende Aufzug im Gegensatz zur Außenwelt beschleunigt ist.

In der Kabine läßt ein Beobachter Puderdose und Lippenstift fallen. Für den Beobachterstandpunkt innerhalb der Kabine verharren die beiden Gegenstände in Ruhe, denn alle Objekte, einschließlich der Liftkabine, haben in Relation zur Erde dieselbe Fallbeschleunigung. Wird die Puderdose angestoßen, bewegt sie sich gleichförmig in Stoßrichtung, bis sie an die Wand der Kabine stößt. Der Beobachter in der Kabine also, der keine Anzeichen eines Schwerefeldes entdeckt, kommt zu dem Schluß, daß alle Gegenstände innerhalb des Systems unbewegt bleiben oder sich so lange gleichförmig bewegen, bis sie von Kräften, den Wänden des Systems oder dem Boden des Liftschachts, aufgehalten werden.

Einstein faßte Räume wie den fallenden Aufzug und seinen Inhalt, von innen betrachtet, als „raum-zeitliche Gebiete, die sich ... (annähernd) galileisch verhalten, d. h. Gebiete, in denen Gravitationsfelder fehlen". Sie sind nicht absolut inertial, weil der Lippenstift früher oder später mit der Kabinenwand kollidieren wird und der Aufzug früher oder später auf den Boden des Liftschachts auftreffen wird. Für den Außenbeobachter jedoch fallen alle Elemente – Aufzug, Beobachter, Puderdose etc. – mit derselben durch die Erdanziehungskraft bedingten Beschleunigung. Wir haben es also mit zwei Systemen zu tun – dem annähernd inertialen System in der Aufzugkabine und dem System der Außenbeobachter, das der Schwerkraft unterliegt. Es sind folglich zwei Systeme in Betracht zu ziehen, die sich relativ zueinander in beschleunigter Bewegung befinden. Jeder Übergang von einem System ins andere bedeutet notwendig die Erscheinung eines Schwerefeldes in dem einen und sein Verschwinden im anderen. Will man ungleichförmig gegeneinander bewegte Systeme einbeziehen, ist also die Schwerkraft zu berücksichtigen, die ungleichförmig bewegte Systeme verbindet. Das Gravitationsfeld kann durch die Wahl eines entsprechenden Bezugssystems geschaffen oder eliminiert werden.

Von diesen Überlegungen ausgehend entwickelte Einstein die Allgemeine Relativitätstheorie. Die Gedanken*experimente werden zunehmend komplexer: Man bohrt Löcher in die Wände der Liftkabine, durch die Licht fällt. Die Bahn des Lichts wird dem Beobachter in der Kabine und dem Beobachter außerhalb der Kabine jetzt verschieden erscheinen. Weil die Schwerkraft das Licht ebenso beeinflußt wie die Materieteilchen, wird der Beobachter eine Ablenkung des Lichtstrahls feststellen.

Wie aus der Speziellen Theorie ergeben sich aus der Sicht der Allgemeinen

---

* im Orig. deutsch

Relativitätstheorie exotische Tatsachen und Voraussagen. Der Raum ist – in einem spezifischen Sinn – als gekrümmt zu betrachten, und die euklidische Geometrie ist im Gravitationsfeld nicht anwendbar. In der Nähe von Massen gehen Uhren langsamer. Licht wird abgelenkt. Die elliptische Umlaufbahn eines Planeten macht eine langsame Rotation in Richtung der Bewegung durch. Und so weiter ... Lincoln Barnett, Autor populärwissenschaftlicher Werke, schreibt: „Das Universum ist kein starres, feststehendes Gebäude, das unabhängige Materie in unabhängigen Raum- und Zeitstrukturen birgt; es ist vielmehr ein amorphes Kontinuum ohne feste Architektur, plastisch und variabel, konstanter Veränderung und Deformation unterworfen."

Ablenkungen dieser Art sind von Bedeutung, weil sie, wie wir sahen, im Rahmen kosmischer Erscheinungen beobachtet werden können. Während einer Sonnenfinsternis lassen sich Sterne in der Nähe der Sonne messen und Lichtstrahlen auf ihrem Weg am Sonnenrand vorbei zur Erde beobachten. Um diese Messungen möglich zu machen, hatte Einstein, da die Geometrie Euklids aufgegeben werden mußte, Probleme der mathematischen Darstellung zu lösen. Die von ihm gefundene mathematische Methode erlaubte den Astronomen der Sonnenfinsternis-Expedition des Jahres 1919 zu prüfen, ob Lichtstrahlen in der Nähe von Gravitationsfeldern eine Ablenkung erfahren und ob diese quantitativ mit den Vorhersagen der Relativitätstheorie übereinstimmt.

Mit der Theorie der allgemeinen Relativität hatte sich Einstein seinen Platz unter den größten Physikern aller Zeiten gesichert. Es war ihm nicht nur gelungen, Probleme von größter Komplexität darzustellen und zu lösen; er hatte Voraussagen gewagt, deren Richtigkeit bewiesen werden konnte. Einstein selbst hatte daran nie gezweifelt. Während die Welt auf die Bestätigung der Theorie durch die britische Expedition anstieß, war Einstein gelassen, ja überheblich. Einer Studentin, die ihn an diesem Tag besuchte, erklärte er, er habe *gewußt*, daß die Beobachtungen zu dem vorliegenden Ergebnis führen würden; auch der Anerkennung anderer Wissenschaftler war er sich sicher. Indessen sind leise Zweifel angebracht, ob Einstein wirklich so unbekümmert war, wie seine Bemerkungen es andeuten. Jüngst entdeckte Briefe belegen, daß er bereits 1916 einen Schüler dazu anregte, sich um experimentelle Daten zum Beweis der Allgemeinen Theorie zu bemühen.

Im wissenschaftlichen Abseits

Der Zeitpunkt und die Art ihrer Entstehung machen die Spezielle und Allgemeine Relativitätstheorie über die Fachgrenzen hinweg zum Musterbeispiel kreativer Arbeit. Nach einer zehnjährigen Lehrzeit in der gewählten Domäne tat Einstein in noch jungen Jahren einen entscheidenden Schritt und gab damit der Physik eine neue Richtung. Nach einem zweiten Jahrzehnt, in dem sich zahlreiche Fachleute und Laien mit den Folgen seines ersten, radikalen Schrittes auseinandersetzten, folgte der nächste entscheidende Schritt. Die Allgemeine Theorie bezog sich auf sein erstes Durchhauen des Gordischen Knotens der klassischen Physik und dehnte, darin weit allgemeiner, die frühere Entdeckung auf die übrigen Fachbereiche, insbesondere die Schwerkraft, aus.

Schon 1913 war jedoch unübersehbar geworden, daß sich die Physik in eine neue Richtung bewegte, eine Richtung, die zwar nicht in direktem Widerspruch zur Relativitätstheorie stand, Einstein jedoch zunehmend beunruhigte. Die Arbeit der Physiker wandte sich der quantenmechanischen Darstellung der Materie zu. Von Max Planck im Jahr 1900 inauguriert und von Einstein in seinem für den Nobelpreis vorgeschlagenen Aufsatz von 1905 nachdrücklich unterstützt, wurde diese Forschungsrichtung innerhalb der Physik in kürzester Zeit zu einer neuen Weltanschauung.

In der Mitte der zwanziger Jahre trieben die Ereignisse mit einer Serie weitreichender Entdeckungen junger Physiker – Erwin Schrödinger, Louis de Broglie, Paul Dirac und Werner Heisenberg – einem Höhepunkt zu. Der um weniges ältere, angesehene dänische Physiker Niels Bohr leistete ihnen rhetorische Schützenhilfe. Bohr beschrieb den quantenmechanischen Grundkonsens, welcher besagt, daß nur operationalen Bedeutungen zu vertrauen sei, daß man sich mit der Wahrscheinlichkeit abzufinden habe, statt nach Kausalgesetzen zu suchen, und daß jeder Beobachter die Wirkungen des Beobachtungsvorgangs auf das Beobachtete berücksichtigen müsse.

Einstein erfaßte die quantenmechanischen Ansprüche und bewunderte viele ihrer Ergebnisse; die Theorie verursachte ihm Unbehagen. Er war überzeugt, die Welt müsse sich auf eine tiefere Weise erklären lassen, ohne die klassische Kausalität zu leugnen und ohne die *Möglichkeit* einer vollständigen wissenschaftlichen Darstellung in Frage zu stellen. In einem seiner berühmt gewordenen Aussprüche bekannte er sich zu der mehrfach ausgedrückten Überzeugung, daß Gott mit seiner Schöpfung nicht Würfel spiele. Für Einstein mußte die Wissenschaft bis ins kleinste Detail geordnet sein. „Der Gedanke, daß ein einem Strahl ausgesetztes Elektron aus freiem Entschluß den

Augenblick und die Richtung wählt, in der es fortspringen will, ist mir unerträglich", schrieb er an seinen Kollegen Max Born, „wenn schon, dann möchte ich lieber Schuster oder Angestellter in einer Spielbank sein als Physiker." Einstein und Bohr hatten den tiefsten Respekt voreinander und debattierten öffentlich und privat mehr als dreißig Jahre lang über „Komplementarität" versus „objektive Realität", ohne daß einer den anderen in seiner Überzeugung hätte nennenswert erschüttern können. Ihr persönliches Verhältnis war dabei von großer Herzlichkeit und steht somit in auffallendem Gegensatz zu den Beziehungen zwischen Freud und seinen Widersachern.

In den folgenden zwanzig Jahren kam es zu einem der ergreifendsten Vorgänge der jüngeren Wissenschaftsgeschichte. Einstein, der seinen wissenschaftlichen Überzeugungen unerschütterlich treu blieb, führte als zunehmend isolierter Einzelkämpfer ein Nachhutgefecht gegen die Quantenmechanik. Die Wertschätzung und Verehrung seiner zahlreichen Freunde blieb ihm dennoch ungeschmälert erhalten. Sie hörten mit Respekt die Einwände an, die er in seinen Vorträgen und Schriften zu bedenken gab, gewannen jedoch den Eindruck, daß er in seiner eigenen Welt befangen blieb und dem neuen Paradigma der Physik nicht wirklich nähertrat. Einstein war sich dieser einsetzenden Entfremdung bewußt und machte sogar seine Glossen darüber. Unverdrossen, doch erfolglos bemühte er sich darum, eine einheitliche Feldtheorie zur Verbindung von Quanten- und Relativitätsforschung zu entwickeln, für die meisten Beobachter ein aussichtsloses Unterfangen. Die allgemeine Relativität erklärte das Wirken der Schwerkraft und kosmischer Phänomene in großen Dimensionen, ließ sich aber nicht auf die Elementarteilchen der Materie und der Strahlung anwenden. Dazu wurde die Quantenmechanik gebraucht.

Daß sich in der Forschung die Wege seiner Kollegen von den seinen trennten, empfand Einstein unzweifelhaft als schmerzlich. Auch der Kontrast zwischen der Glorifizierung seiner Arbeit in der Relativitätsperiode und dem mitfühlenden Schweigen, das seine wissenschaftlichen Verlautbarungen in der Quantenära begrüßte, konnte ihn nicht völlig unberührt lassen. Trost fand er vermutlich in der Überzeugung, daß er auch in der Vergangenheit mit seiner letztlich bestätigten Einsicht allein gestanden hatte, und in dem quasi-religiösen Glauben an eine umfassende gesetzmäßige Ordnung des Kosmos, eine Art „Weltformel", die existieren *mußte*, auch wenn sie den Sterblichen vorderhand – oder auf ewig – undurchschaubar blieb.

Intuitive und reflektierende Vernunft

Lassen sich im Alter über vierzig in den Naturwissenschaften höchstqualifizierte wissenschaftliche Leistungen erbringen? Die wenigen außerordentlichen Begabungen unter den Naturwissenschaftlern haben ihre großen Werke in jungen Jahren geschaffen. Die Hauptexponenten der Quantenmechanik zum Beispiel erreichten ähnlich wie Einstein ihren Durchbruch im Alter zwischen zwanzig und dreißig. Die meisten hatten weitere Jahrzehnte erfolgreicher wissenschaftlicher Tätigkeit vor sich, keiner von ihnen jedoch ist mit einer zweiten Entdeckung von vergleichbarer Bedeutung hervorgetreten. In den übrigen Wissenschaften dagegen oder in weniger exakt strukturierten Gebieten wie der Psychologie oder vordarwinschen Biologie ist jahrzehntelange wissenschaftliche Leistungsfähigkeit möglich.

Man könnte sich vorstellen, daß die intellektuelle Leistungsfähigkeit der Naturwissenschaftler sprunghaft nachläßt, wenn sie die Dreißig überschritten haben, doch scheint die anhaltende Fähigkeit älterer Wissenschaftler zu produktiver kritischer Arbeit dieser Annahme zu widersprechen. Auch die akute zeitliche Beanspruchung und damit das Fehlen der früheren *splendid isolation*, der Voraussetzung wirklich revolutionärer Forschungsarbeit, ließe sich als Begründung für das Abebben schöpferischer Impulse ins Feld führen.

Eigene Überlegungen führten mich demgegenüber zu der Annahme, daß die radikalen Umbrüche in den Naturwissenschaften aus einer besonderen Verbindung von Jugendlichkeit und Reife hervorgehen, die sich nur während eines relativ schmalen Lebensabschnitts herstellen kann. In den Naturwissenschaften ist der Leistungsbereich der einzelnen Fächer eng definiert, und nur wer mit den früheren Arbeiten seines Fachbereichs gründlich vertraut ist, kann damit rechnen, bedeutende Fortschritte zu erzielen. Einstein wäre nicht in der Lage gewesen, über Maxwell, Lorentz und andere hinauszugelangen, hätte er nicht verstanden, worin ihre besonderen wissenschaftlichen Verdienste, ihre Stärken und Grenzen lagen. Gleichzeitig kann sich auch ein Übermaß an Zeit und Erfahrung in gewisser Weise als innovationshemmend auswirken. Vielleicht hatten festgefahrene Denkgewohnheiten Lorentz und Poincaré daran gehindert, eine neuartige Methode zur Darstellung von Raum und Zeit und verwandten Problemen zu würdigen.

Die geistige Unbefangenheit, die es Einstein 1905 erlaubte, die Ansätze dieser Vorgänger zu überholen und zehn Jahre später erneut einen Schritt nach vorn zu tun, ist ein unwiederholbares Geschenk seiner Jugend. In einer ahnungsvollen Bemerkung sagte der erst Siebenunddreißigjährige über

162 Die Schöpfer der Moderne

Mach: „Es ist nicht unwahrscheinlich, daß Mach auf die Relativitätstheorie gekommen wäre, wenn in der Zeit, als er jugendfrischen Geistes war, die Frage nach der Bedeutung der Konstanz der Lichtgeschwindigkeit schon die Physiker bewegt hätte." Einem Freund bekannte er: „Ich habe hundertmal mehr über Quantenprobleme nachgedacht als über die allgemeine Relativitätstheorie." Sein leidenschaftliches Interesse an den Themen hielt an, doch die Intensität der Anteilnahme genügte nicht, einen weiteren bahnbrechenden Erfolg ins Werk zu setzen.

Die Synthese von Jugendlichkeit und Reife könnte ein Identifikationsmerkmal wissenschaftlicher Kreativität sein. Möglicherweise ist sie auch nur eine notwendige und nicht hinreichende Voraussetzung. Einstein war in doppelter Weise vom Glück begünstigt, da die Fragen, die ihn in jungen Jahren beschäftigten, auch die zentralen Probleme der damaligen Physik darstellten und seine ausgeprägte räumlich-visuelle Vorstellungskraft seinen wissenschaftlichen Forschungen zugute kam. Hätte er zwanzig Jahre später gelebt, wäre dasselbe individuelle Talent und Weltverständnis in einer quantenmechanischen Ära, die sich weniger auf räumliches Denken als auf logisch-mathematische Fähigkeiten stützte, womöglich chancenlos gewesen.

Daß Jugend und Reife in Einsteins Persönlichkeit eine bemerkenswerte Verbindung eingingen, ist häufig festgestellt worden. Einerseits ließ sich der Physiker lebenslang von den großen und kleinen physikalischen Rätselerscheinungen unserer Welt faszinieren. Hoffmann schreibt in seiner Biographie:

Bei allem, was er tat, beherrschte die Naturwissenschaft seine Gedanken. Wenn er den Tee umrührte, bemerkte er, daß sich die Teeblätter im Zentrum des Tassenbodens sammelten und nicht am Rand. Er fand die Erklärung und verknüpfte sie mit einem völlig fernliegenden Sachverhalt – den Windungen der Flüsse. Durch Sand watend, stellte er mit Erstaunen fest, was die meisten von uns fraglos zur Kenntnis nehmen – daß feuchter Sand dem Fuß einen besseren Halt gibt als trockener oder überschwemmter. Auch hierfür fand er eine wissenschaftliche Erklärung.

In Fragen der Kunst trug er die konservativen Neigungen des Alters zur Schau; keine der künstlerischen Richtungen der Moderne, die in seinem Schatten entstanden, fand seinen Beifall. Er liebte die Musik der Barockzeit und der Klassik, die Kunst des Mittelalters und der Renaissance und ließ bereits 1911, als erste Hinweise bekannt wurden, daß auf subatomarer Ebene nur eine Wahrscheinlichkeit von Ereignissen anzunehmen sei, konservative Züge erkennen.

Dem brillanten jungen Naturwissenschaftler stehen zwei Wege offen, auch im mittleren und fortgeschrittenen Alter schöpferisch zu wirken: er kann in einer Disziplin wie der Sozialwissenschaft arbeiten, einer lose strukturierten Domäne, die folglich zahlreiche Möglichkeiten bietet, auf Neuland vorzustoßen. Bezeichnenderweise haben bereits mehrere produktiv arbeitende Physiker mittleren Alters, offenbar auf der Suche nach neuen Impulsen oder bemüht, geistigen Abnutzungserscheinungen entgegenzuwirken, ihre Tätigkeit in die Biologie und sogar in die Psychologie oder die kognitiven Wissenschaften verlagert. Die zweite Möglichkeit bestünde darin, eine Entdeckung von so erheblicher Tragweite zu machen, daß sich von ihrem intellektuellen Kapital auf Lebenszeit zehren läßt. Darwin ist diesen Weg gegangen, und auch Freuds letzte Jahre waren in gewissem Sinn dem Bemühen gewidmet, Entdeckungen auszuloten, die er mit vierzig, für einen praktizierenden Wissenschaftler also relativ spät, vorgelegt hatte. Je größer die Anzahl begabter junger Wissenschaftler, die gleichzeitig auf einem bestimmten Gebiet arbeiten, desto geringer ist natürlich die Wahrscheinlichkeit, daß ein einzelner die Domäne zu eigenem Nutzen bearbeiten kann. Der Unterschied zwischen dem glanzlosen Anstrich von Freuds früher Gefolgschaft und dem geistigen Format der ersten Leser Einsteins ist in diesem Zusammenhang bezeichnend.

Es erscheint paradox, daß Einstein im Alter zu einem Lorentz und Poincaré *wurde*. Er blieb ein ebenso brillanter wie weitblickender Denker und Kritiker, dem die Kollegen mit unverminderter Achtung begegneten, war jedoch wie seine großen Vorgänger nicht in der Lage, die neuen Prinzipien in der Darstellung physikalischer Gegebenheiten vorbehaltlos anzuerkennen. Er verpflichtete sich der klassischen Physik, wenn auch nicht der traditionellen eines Galilei oder Newton, sondern einem Neuentwurf eigener Prägung, was auch der Grund dafür sein mag, daß er den Anteil von Lorentz und Poincaré an der Entdeckung der Relativität in seinen letzten Arbeiten so uneingeschränkt würdigte, wie es ihm vorher nie möglich gewesen war.

Während Einsteins Beiträge zur modernen Physik nach 1920 bescheiden blieben, wuchsen sowohl sein Verständnis für die Fragen, die sich aus seinem Werk ergaben, als auch seine Fähigkeit, die Wissenschaft mit anderen Lebensbereichen zu verbinden. Man könnte sagen, daß nicht der Physiker Einstein sich entwickelte, sondern die denkende Persönlichkeit. Über den engen Rahmen der wissenschaftlichen Kapazität hinausgehend, gelangte er zur Betrachtung allgemein-menschlicher und ethischer Probleme. Seine einzigartige Stellung in der zeitgenössischen Welt führe ich darauf zurück, daß er zum Symbol nicht nur des genialen Physikers, sondern vor allem der gereiften menschlichen Vernunft wurde – ein Mensch, der sich über die Wissenschaft und ihren Platz in der Welt Rechenschaft ablegte. Die Genialität des Jugendalters besteht in der schnellen und scharfsinnigen Auswertung intuitiver Erkenntnisse. Eine andere Art geistiger Begabung, die man *reflektierende Vernunft* nennen könnte, kann lebensbegleitend sein. Man findet sie im allgemeinen bei politischen und religiösen Vorbildfiguren, doch glaube ich, daß sie, wie der Fall Einstein erweist, gelegentlich auch Wissenschaftler auszeichnet.

In den letzten dreißig Jahren seines Lebens wandte sich Einstein mit der ihm eigenen Energie und Begabung Fragen zu, die gewöhnlich den Weisen und Philosophen beschäftigen. Er äußerte sich über die Arbeitsweise und den Reiz der Naturwissenschaft, über Erkenntnistheorie und Denkpsychologie, eingeschlossen persönliche Denkprozesse, über die Beziehung des gesunden Menschenverstandes zum wissenschaftlichen Denken, die Bedeutung der Religion, die Existenz Gottes und der Welt sowie die Rolle ästhetischer Empfindsamkeit in den exakten Wissenschaften. Zu jedem Thema legte er provozierende Gedanken vor. Er sprach von der Wesensverwandtschaft der Naturwissenschaft mit der Erkenntnistheorie, bezeichnete das wissenschaftliche Denken als erweiterten *common sense* und sah den Wissenschaftler und den Künstler in der Flucht vor dem Alltag vereint. Seine Aufgabe als Wissenschaftler erkannte er darin, die wesentlichen Elemente des Plans zu entdekken, den Gott mit subtiler, doch nicht undurchschaubarer Raffinesse entworfen hatte. Er erklärte: „Ich will wissen, wie Gott diese Welt erschaffen hat. Ich bin nicht an dieser oder jener Erscheinung interessiert, am Spektrum dieses oder jenes Elements. Ich möchte Seine Gedanken kennen, das übrige sind Details." Die philosophischen Aussagen Einsteins bestechen weniger durch Originalität als durch Bestimmtheit, Kohärenz und beschwörende Eindringlichkeit und gehören damit zu den beeindruckendsten persönlichen Gedankengebäuden unserer Zeit.

Meines Erachtens ist Einsteins Darstellung der wissenschaftlichen, religiösen und ästhetischen Aspekte der menschlichen Erfahrung in sich stimmig; er unterstreicht die Erkennbarkeit der Welt und ihre wesentliche Rationalität, Gesetzmäßigkeit und Harmonie. Wie Freud bleibt auch dieser Mitbegründer der Moderne ein Erbe der europäischen Aufklärung. Was in seiner Kindheit als großartige Intuition begann, klärte sich in späteren Jahren zu einem beachteten und umfassenden Weltbild. Dennoch war Einstein nicht blind für das Irrationale und Regellose im Leben. Er schrieb im Vorwort zu der von seinem Schwiegersohn verfaßten Biographie: „Was vielleicht übersehen worden ist, ist das Irrationale, das Inkonsistente, der Spaß und sogar das Verrückte, das die unerschöpfliche Natur, scheinbar zu ihrem eigenen Amüsement, dem Individuum mitgibt. Aber diese Dinge werden nur im

Schmelztiegel des eigenen Geistes getrennt." Die Aufklärung dieser Schliche der Natur erwartete er jedoch nicht von der Wissenschaft – ein Grund vielleicht für seine Skepsis gegenüber der Psychologie Freuds. Die Aufgabe, den ewigen Prinzipien auf die Spur zu kommen, die den physikalischen Kosmos beherrschen, war gewaltig genug.

Von Einsteins langjähriger Sekretärin Helen Dukas stammt die Äußerung, Einstein hätte unter Eisbären zur Welt kommen können und wäre doch Einstein geblieben. Ich halte es für ausgeschlossen, daß Einsteins geniale Begabung sich außerhalb seines Faches mit gleicher Wirksamkeit entfaltet hätte; die theoretische Physik war in just dem Stadium, das sie zu Beginn dieses Jahrhunderts erreicht hatte, unzweifelhaft das ideale Terrain für einen Mann seiner Talente (und Grenzen). Denkbar ist allenfalls, daß sein hartnäckiges Interesse an den Problemen, die ihn bewegten, und der Wunsch, vereinheitlichende Bezüge zwischen den verschiedenen Lebenssphären herzustellen, sich auf Bärenart auch dann gezeigt hätten, wenn er Musiker, Rabbi oder Ingenieur geworden wäre.

Der Denker und Visionär

In seinen letzten Lebensjahrzehnten wurde Einstein immer wieder nach seinen Ansichten zum politischen und sozialen Geschehen in aller Welt befragt. Es mag überraschen, daß er solchen Bitten nachkam. Er äußerte sich über die verschiedensten Probleme: die militärische und friedliche Verwendung der Nuklearenergie, die Notwendigkeit einer Bestrafung und dauernden Überwachung Deutschlands, die Beziehung zwischen Arabern und Juden, die Wünschbarkeit einer Vernichtung aller Waffen und den Niedergang der bürgerlichen Freiheiten im Amerika der McCarthy-Ära. Daß Einsteins Gedanken zu diesen Themen weniger prägnant und originell waren als seine wissenschaftlichen und philosophischen Überlegungen, ist kaum zu bestreiten. Doch auch sie waren Teil seines kohärenten Weltbildes.

Aus der Gesamtheit dieser biographischen und philosophischen Gesichtspunkte ergibt sich ein komplexes, letztlich indes plausibles Bild: Einstein war ein Mensch scheinbarer Widersprüche, teils jung, teils reif über seine Jahre; ein Ungläubiger, der viel Zeit damit verbrachte, über Gott nachzudenken; ein Pazifist, der die Herstellung der tödlichsten Waffe in der Geschichte der Menschheit anregte; ein Radikaler unter den Wissenschaftlern, der in seinen letzten Jahren das neue, radikale Paradigma der Physik zu widerlegen suchte; ein Wissenschaftler, der sich als Theoretiker im wesentlichen an ästhetischen

Normen orientierte; ein Mensch, der von der physikalischen Welt besessen war, der über Zeitloses ebenso nachsann wie über den Begriff der Zeit, sich daneben aber auch den Problemen widmete, die seine Generation bedrängten.

Diesen scheinbar disparaten Zügen zum Trotz verbinden sich Einsteins wissenschaftlicher Genius, sein Sinn für ästhetische und religiöse Werte und seine Anteilnahme an den Geschäften der Welt zu einem geschlossenen Persönlichkeitsbild. Der Ideengeschichtler Isaiah Berlin vermutet mit Blick auf Einsteins vielseitige Veranlagung, daß der direkte, intuitive Sprung, der zum Begreifen der physikalischen Welt führt, anderer Art ist als die Sensibilität für Grenzen, Nuancen und Kompromisse, wie sie die soziale Welt bestimmen. Berlin erklärt, „gerade die Abweichung von den für die normale menschliche Erfahrung notwendigen Kategorien, nämlich die Vorstellungsgabe für Inhalte, die sich in der gewöhnlichen Sprache grundsätzlich nicht vorstellen oder ausdrücken lassen, ist die Voraussetzung weitreichender Entdeckungen wie der imaginären Zahlen, der nichteuklidischen Geometrie oder der Quantenmechanik." Wie Newton und Kopernikus hatte Einstein eine anschauliche Vorstellung von einer einheitlichen, harmonisch geordneten und kausal bestimmten Welt. Dieses dissoziative Denken führte zu den genialen Einsichten Einsteins in der Physik und seinen anregenden, doch letztlich weniger folgenreichen Überlegungen zu Fragen der Weltordnung.

Berlin verweist ferner auf den offensichtlichen Gegensatz zwischen dem Menschen Einstein mit kümmerlicher Begabung für enge zwischenmenschliche Bindungen und dem Weltbürger, der für Fremde erstaunlich leicht zugänglich war und sich den großen Problemen der Menschheit widmete. Doch auch hier läßt sich ein tieferer Zusammenhang vermuten. Wenn Einstein, darin Gandhi ähnlich, auf familiäre Nähe verzichtete, sich seinen Söhnen entfremdete und sogar die Vaterschaft des ersten Kindes, einer Tochter, leugnete, so könnte er in der Absage an enge persönliche Bindungen die Freiheit für das umfassendere Engagement mit dem Weltganzen gesucht haben, dessen physikalische Natur er mit so großer Hingabe erforschte. Wie die folgende Äußerung zeigt, war er sich des faustischen Handels, mit dem er diese Freiheit erkaufte, zumindest andeutungsweise bewußt:

Meine leidenschaftliche Teilnahme an Fragen sozialer Gerechtigkeit und sozialer Verantwortung hat immer in einem seltsamen Gegensatz zu dem ausgesprochenen Fehlen eines Wunsches gestanden, mit Männern und Frauen in persönliche Verbindung zu treten. Ich bin ein Einspänner und in einem Doppelgeschirr oder für Gemeinschaftsarbeit nicht zu brauchen. ... Solche Isolierung ist oft bitter, aber ich bedaure es nicht, daß ich so von dem Verständnis und der Sympathie anderer Menschen abgeschnitten bin. ... dafür bin ich auch unabhängig von den Sitten, Meinungen und Vorurteilen der andern und unterliege nicht der Versuchung, meinen Seelenfrieden auf so unsichere Grundlagen zu bauen.

Als origineller wissenschaftlicher Denker hatte sich Einstein mit vierzig erschöpft. Mit seinen Reflexionen zur Wissenschaft, Philosophie, Psychologie, zur menschlichen Natur und zu den Problemen der Weltgemeinschaft konnte er seine produktive geistige Tätigkeit bis ans Lebensende fortführen. Nur wenige Menschen haben unsere Erkenntnisse auf diesen Gebieten entscheidend gefördert – aus jüngerer Zeit wären hier Freud und Gandhi zu nennen. Einstein konnte, besonders in den Bereichen, die ihm unmittelbar vertraut waren, notwendige und substantielle Erkenntnisse beitragen. Ähnlich triftige Aussagen über wissenschaftliches Arbeiten und Denken sind rar. Auch Einsteins Weltsicht und seine Verhaltensmaximen können, selbst bei denen, die sie nicht teilen, Bewunderung wecken. In der Beschäftigung mit Disziplinen, die weniger exakt strukturiert sind als die Physik, vollzog sich der natürliche und angemessene Übergang vom kindlich-intuitiven Denken zur reflektierenden Vernunft.

Zwischenbetrachtung 1

Ich lasse den ersten Einschnitt folgen und trete, wie einleitend vorgesehen, zurück, um das sich abzeichnende Bild der Kreativität zu betrachten. Zur Diskussion steht jedesmal eine andere Art des schöpferischen Prozesses: Der wissenschaftlichen Arbeit folgt die künstlerische und im dritten Resümee die Welt der ausübenden oder ‚Live'- Darsteller.

Die Einstein und Freud gewidmeten Fallstudien ließen mit Blick auf Biographie, Persönlichkeit und Einstellung zum Werk eine Reihe von Ähnlichkeiten und Unterschieden erkennen. Beide Männer waren in erster Linie wissenschaftliche Theoretiker, Denker und akademische Gelehrte, Persönlichkeiten also, die ihr Leben in den Dienst der menschlichen Erkenntnis stellten. Einstein, der seine wissenschaftliche Arbeit deutlicher von seinen weltanschaulichen Reflexionen abgrenzte, ist mit größerem Recht der exakten Wissenschaft zuzuordnen als Freud, zumal der Freud des spekulativen Spätwerks. Doch selbst wer geneigt ist, den wissenschaftlichen Charakter des Freudschen Werks zu bezweifeln, wird anerkennen müssen, daß Freud eine praktische wissenschaftliche Ausbildung durchgemacht hat und seine Arbeitsmethoden dem Instrumentarium des Naturwissenschaftlers zurechnete.

Aufgabe des Wissenschaftlers ist im weitesten Sinn die Beschreibung und, soweit möglich, Erklärung verschiedener Aspekte der Welt – der materiellen Welt, der sozialen Welt und der Welt des Geistes. Im Zentrum der Geisteswissenschaften stehen konkrete Erscheinungen wie Werke der Literatur oder Kunst, das Leben einzelner Menschen oder historische Ereignisse, die mit den ihnen angemessenen Methoden untersucht werden. Der Naturwissenschaftler dagegen versucht Systeme zu entwickeln, die Klassen von Entitäten und Reihen von Ereignissen erklären und, soweit möglich, Voraussagen darüber erlauben, wie sich diese Gegenstände oder Ereignisse unter bestimmten Voraussetzungen verhalten bzw. entwickeln.

Die Arbeit aller Wissenschaftler bezieht sich zum großen Teil auf Themen oder Probleme, welche die eigene Forschungsdisziplin für sie bereithält. Biologen klassifizieren neue Arten oder erforschen Enzyme; Historiker untersuchen Verträge oder religiöse Gruppierungen; Anthropologen beobachten fremde Kulturen und erarbeiten Modelle zu deren Beschreibung. Auch Teile der Arbeiten Freuds und Einsteins lassen sich ohne Mühe in die Rubrik der Naturwissenschaften einordnen: Freuds Einteilung der Hysterien zum Beispiel und Einsteins Versuche, die Dimension der Moleküle zu bestimmen.

Höhere Ansprüche erhebt die Arbeit des Wissenschaftlers, wenn sie über die Lösung von Problemen hinausgeht, die von anderen gestellt wurden. Was Einstein mit der Relativitätstheorie und Freud mit der Darstellung des Unbewußten vorlegte, ist angemessener als Aufbau neuer Systeme zu betrachten. Wenn die Wissenschaftler nach Betrachtung der Konzeptionen und erklärungsbedürftigen Fakten einer Domäne zu dem Schluß kommen, daß die geltenden Theorien unzureichend sind, gehen sie sozusagen ans Reißbrett zurück.

Freud untersucht eine von seinen Kollegen vernachlässigte Erscheinung, die Struktur und die Prozesse des Unbewußten, und entwickelt ein neues Modell und eine neue Sprache zu seiner Erfassung. Einstein demonstriert die Unzulänglichkeit früherer Bemühungen, die Begriffe von Gleichzeitigkeit, Raum und Zeit widerspruchsfrei zu verknüpfen, und durchschlägt den Gordischen Knoten mit der Einführung verschiedener kühner Thesen, tritt den Beweis ihrer logischen Schlüssigkeit an und bedenkt anschließend die Folgerungen, die sich aus seinen Thesen ergeben.

Daß Einstein die Entdeckungen Freuds gemacht haben könnte und vice versa, ist zwar nicht ausgeschlossen, doch unwahrscheinlich. Wie ich zu zeigen versuchte, ist das Denken beider so verschieden wie die Symbolsysteme, mit denen sie arbeiten. Freuds Stärke war die sprachliche und persönliche Intelligenz: seit jungen Jahren ein scharfsinniger Beobachter der menschlichen Natur, griff er in erster Linie auf die Sprache als bevorzugtes Ausdrucksmittel zurück, und das von ihm entworfene Deutungsmodell ist denn auch vornehmlich sprachlich-begrifflicher Art. Sein System, dem räumliche und logische Inhalte so gut wie ganz fehlen, ließe sich weitgehend in Begriffen der Allgemeinsprache und in Beweisen ausdrücken, die intuitiv zu erfassen sind. Versuche, das Freudsche System in einen Komplex logischer Lehrsätze umzuwandeln, waren umstritten; die Arbeit Freuds wird durch neue Fallbeschreibungen und die Schaffung neuer Begriffe und modifizierter sprachlich beschriebener Modelle fortgesetzt. Freud war in letzter Instanz ein Porträtkünstler, und das Feld beurteilt die Aussagekraft der von ihm geschaffenen Porträts.

Der Gegensatz zu Einstein könnte größer nicht sein. Die sprachliche Begabung des Physikers war bescheiden und sein Interesse an allem Persönlichen eng begrenzt. Sein Denken zeichnete sich, wie es einem Vertreter seines Faches zukommt, durch einen Reichtum visuell-räumlicher Bilder und denkbarer Experimente aus, die er mühelos zu mathematischen Gesetzmäßigkeiten und Begriffen logisch-mathematischer Strukturen in Beziehung setzte. Der Laie konnte Einsteins Leistungen zwar bewundern, mußte sich jedoch mit einem allenfalls oberflächlichen Verständnis begnügen.

Einsteins Leistung ist letzten Endes eine Aufstellung logisch verknüpfter Thesen über die Beschaffenheit des Universums. Die Naturwissenschaftler beurteilten sein System im wesentlichen nach der logischen Stringenz und Deutungskraft seiner in sich zusammenhängenden Behauptungen. Schließlich ergab sich die Möglichkeit, einige der Folgerungen aus der Speziellen und Allgemeinen Relativitätstheorie auf ihre Richtigkeit zu prüfen, und die Bestätigungen bekräftigten die Verläßlichkeit seiner Ideen. Einstein allerdings erklärte wiederholt, er sei willens, sich auf die logischen und ästhetischen Grundlagen seiner Theorien zu verlassen.

Die Leistung beider Wissenschaftler ließe sich als Erfindung von Denksystemen oder Denkrichtungen betrachten; man kann Freudianer und Anhänger der Theorien Einsteins sein. So verschieden die beiden Systeme sind, sie stehen ihrerseits in noch ausgeprägterem Gegensatz zu den Entwürfen der Künstler, denen wir im folgenden Abschnitt des zweiten

Teils begegnen, und den Produktionen der ‚Aktionskünstler', die Gegenstand der beiden letzten Fallstudien sind.

In der Darstellung Freuds und Einsteins kommen darüber hinaus einzelne Motive ins Spiel, die im weiteren durchgehend erörtert werden. Obwohl beide in der Zeit vor ihrem größten Durchbruch weitgehend isoliert lebten, mangelte es ihnen nicht ganz an geistigem und affektivem Beistand – Freud hatte die Unterstützung eines einzelnen, Einstein konnte sich mit einer Gruppe befreundeter Mitdenker beraten. Beide überwanden anfängliche Enttäuschungen und verfolgten mit Beharrlichkeit ihre Ziele, vielleicht nicht ohne den Kontroversen, in die sie verwickelt wurden, ein Stück Vergnügen abzugewinnen. Und schließlich zahlten beide ihren Preis, um dem Werk ihre ungeteilte Kraft widmen zu können: Freud, asketisch gesonnen, verzichtete auf ein aktives Sexualleben, während Einstein nicht willens oder fähig war, ein befriedigendes Ehe- und Familienleben zu führen.

Daneben sind bezeichnende Unterschiede erkennbar. Als Wissenschaftler, der neue Zugänge zu einem Gebiet erschlossen hatte, dem eine prägende paradigmatische Struktur bis dahin fehlte, konnte Freud seine innovative Tätigkeit bis ans Ende seines Lebens fortsetzen. Anders Einstein, dessen ebenso revolutionäres Debut in einer bereits scharf profilierten Disziplin stattfand. Er blieb bis zum Ende seines Lebens in seinem Fach tätig, wurde jedoch relativ schnell von jüngeren und flexibleren Kollegen, den Einsteins der Nachfolgegeneration, überholt. Mehr als in der geliebten Physik hatte er in späteren Jahren im Feld der Philosophie und sozialen Ethik zu sagen. Den Aufstieg aus obskuren Anfängen bewältigte Einstein mit unverzagter Gelassenheit, während Freud als Agitator in eigener Sache auftrat; er sah sich als Führer einer kämpfenden Truppe, einer Kampagne, deren weit gesteckte Ziele noch lange nicht erreicht waren.

Ein adäquater Beitrag zu einer Untersuchung der Moderne ist Freuds und Einsteins ausgeprägtes Interesse für die Kindheit. In Freuds Arbeiten erscheinen die Erlebnisse der Kindheit als wichtigste Triebkraft des Seelenlebens und der Persönlichkeit des Erwachsenen. Einstein schätzte das kindliche Bewußtsein, schrieb ihm große intuitive Einsicht in physikalische Vorgänge zu und regte, wie erwähnt, seinen Schweizer Kollegen Piaget dazu an, die Entwicklung des physikalischen Denkens bei Kindern zu untersuchen.

Weder bei Einstein noch bei Freud treten erkennbar kindliche oder kindische Züge zutage, wie Picasso und zu Zeiten auch Gandhi sie erkennen ließen. Schließlich entstammten beide dem deutschen Bürgertum und vertraten in Erscheinung und Auftreten die Traditionen ihrer Herkunft. Auch angesichts der Photographien, die einen clownesken Einstein zeigen, und trotz Freuds Reputation als Erzähler von Witzen wäre es ungerechtfertigt, sie als Menschen zu betrachten, die nie erwachsen wurden.

Auf einer tieferen Ebene jedoch lassen sich auch bei ihnen die Querverbindungen zur Kindheit entdecken, die im Leben aller hochkreativ Tätigen eine Rolle zu spielen scheinen. Einstein wies wiederholt darauf hin, daß die Probleme, die ihn beschäftigten, typischen Kinderfragen entsprächen, die der Erwachsene üblicherweise hinter sich lasse. Freuds Themen sind zwar als Inhalte des kindlichen Denkens wenig wahrscheinlich, dominieren jedoch das reale Leben des Kindes: nicht nur Erscheinungen wie Träume, Witze und sexuelle Spiele gehören dazu, sondern auch seelische Vorgänge wie Entstellung, Verdichtung und Ersatzbildung. Nur ein Mensch, dem die Erlebnisse der Kindheit nahe sind, konnte diese Phänomene erschließen. Und nur die Generation der anbrechenden Moderne, möchte ich hinzusetzen, war prädisponiert, sie so systematisch und doch fruchtbar zu untersuchen.

5
Pablo Picasso:
Ein Wunderkind und seine Entwicklung

Picasso, 1904

Man müßte bis zu Mozart und damit zwei Jahrhunderte zurückgehen, um auf den Namen eines Künstlers zu stoßen, der in seinen ersten Lebensjahrzehnten so Erstaunliches leistete wie Pablo Picasso und in der Zeit seiner Reife zu einer vergleichbaren Meisterschaft fand. Beide ließen seit ihren ersten Lebensjahren eine ungewöhnliche künstlerische Begabung erkennen, wurden von einem Vater intensiv gefördert, der in ihrem Fach als Künstler und Pädagoge tätig war, und beide hatten bereits als Jugendliche sowohl den Vater als auch andere lokale Größen ihres Faches überflügelt. Mozart wie auch Picasso suchten die kulturellen Zentren Europas auf und gehörten nach wenigen Jahren zu den herausragenden Vertretern ihrer Kunst, in deren Entwicklung sie dann ihre eigenen Wege gingen, ohne Rücksicht darauf, ob die persönliche Neigung dem Zeitgeschmack entsprach. Picasso erreichte ein biblisches Alter und lebte im Glanz eines Ruhms, der Mozart erst ein Jahrhundert nach seinem Tode zuteil wurde, doch die außerordentliche Frühbegabung und spätere Genialität Mozarts blieb auch bei denen unbestritten, die für Mozarts Musik nur wenig und für seine Marotten noch weniger übrig hatten.

Das Wunderkind-Phänomen

Von einem *Wunderkind* spricht man, wenn die besondere Begabung eines Kindes ans Unglaubliche grenzt. Auch wer nicht bereit ist, an Wunder zu glauben, muß anerkennen, daß Leistungen wie die des jungen Wolfgang Amadeus oder Felix Mendelssohn, des jugendlichen Picasso oder des englischen Malers John Everett Millais außerordentlich und erstaunlich sind. Man nimmt allgemein an, daß ungewöhnliche Begabungen dieser Art – die sich summarisch als Leistungen eines Kindes auf dem Niveau eines Erwachsenen definieren ließen – nur auf bestimmten Gebieten vorkommen und in der Musik, Mathematik oder im Schach wahrscheinlicher sind als in der Literatur oder den Naturwissenschaften. Ferner scheint diese Form der Hochbegabung bei Männern häufiger zu sein als bei Frauen; da jedoch das Interesse bisher fast auschließlich auf die Ausbildung vielversprechender junger Männer gerichtet war, läßt sich kaum etwas darüber sagen, wieweit das Überwiegen männlicher Schach- und Mathematikgenies ein kulturelles Phänomen darstellt.
Ich lasse das Thema der Geschlechterdifferenz bei Frühbegabten beiseite.

Meiner Ansicht nach zeichnet sich das Wunderkind durch eine signifikante genetische oder neurobiologische Komponente aus: Irgend etwas in der Struktur oder Funktionsweise des Nervensystems machte es Mozart, dem Schachspieler Bobby Fischer oder dem Mathematiker Carl Gauß ungewöhnlich einfach, die Zusammenhänge musikalischer Töne oder die Anordnung von Schachfiguren beziehungsweise die Möglichkeiten von Zahlenverhältnissen zu begreifen und beherrschen zu lernen. Doch auch die Anhänger der Theorie einer neurobiologischen ‚Prädisposition‘ des Wunderkindes sollten die kulturellen Aspekte nicht außer acht lassen.

Wie David Feldman gezeigt hat, muß die Begabung des Wunderkindes auf einem Gebiet liegen, das kulturelle Wertschätzung genießt und relevantes Verhalten von Kindern zumindest bemerkbar werden läßt. Wenn zeichnerischer Ausdruck kulturell belanglos ist, wenn kindliche Kritzeleien gewohnheitsmäßig übersehen werden und im Papierkorb landen, wird es keine zeichnenden Wunderkinder geben. Finden fachspezifische Aktivitäten von Kindern in einer Kultur hingegen Beachtung – wie im modernen China die Leistungen auf dem Gebiet der bildenden Kunst –, wird die Entdeckung unerwarteter Talente möglich. Ein chinesisches Mädchen namens Wang Yani ist möglicherweise das begabteste malende Wunderkind der Geschichte. Ihre seit frühester Jugend außerordentliche graphische Begabung widerlegt die oben erwähnte geläufige Charakterisierung des Wunderkindes als junges männliches Schach-, Musik- oder Mathematikgenie aus westlichen Kulturen.

Neben der kulturellen Bevorzugung und Förderung eines bestimmten Bereichs repräsentiert das Wunderkind eine Koinzidenz verschiedener Faktoren. Das heißt, ein ‚prädisponiertes‘ Kind und eine ‚aufnahmebereite‘ Kultur genügen nicht – erforderlich ist darüber hinaus eine soziale Unterstützung größten Umfanges: gute Lehrer, aufmerksame Eltern, uneingeschränkte Übungs- und Darbietungsmöglichkeiten, Entlastung von konkurrierenden Verpflichtungen, Zugang zur Öffentlichkeit sowie die Gelegenheit, eine Reihe fachspezifischer Hürden zu nehmen. Das Kind, das auf einem Gebiet zu Hoffnungen Anlaß gibt, bewältigt diese Schwierigkeiten lediglich schneller und müheloser als seine Altersgenossen. Wir werden sehen, daß alle diese Faktoren im Leben des jungen Picasso wirksam waren.

Das Wunderkind wird trotz seiner Besonderheit auf Hindernisse stoßen. Vor allem in frühen Jahren ist es auf einen oder mehrere Erwachsene angewiesen, die ihm den Weg ebnen, Möglichkeiten eröffnen, es gegen Kritiker verteidigen, befriedigende Erklärungen (oder Entschuldigungen) für wirkliche oder vermeintliche Rückschläge anbieten und Energien und Talent in produktive Richtungen lenken. So gut die Übereinstimmung zwischen dem

Kind und dem fachlichen Umfeld auch sein mag, es läßt sich nicht erwarten, daß ein naiver Jugendlicher den Unwägbarkeiten dieses Feldes gewachsen ist. Das Wunderkind wird seine Arbeit im allgemeinen in Unkenntnis dessen ausüben, was an der Spitze der Domäne vor sich geht, und auch bei äußerster mimetischer Begabung, wie sie nicht selten ist, kaum über die konventionellen Techniken seines Faches hinausgelangen. Ja, es wird sich darauf konzentrieren, bedeutenden ‚anderen' zu gefallen oder den gebräuchlichen Code des Metiers zu beherrschen, sich indessen nicht auf einen wirklichen Dialog mit den führenden Neuerern seiner Zeit oder mit Vorbildern aus der Vergangenheit einlassen.

Im Lauf seines zweiten Lebensjahrzehnts erlebt das Wunderkind unvermeidlich einen schweren Schock. Bis dahin wurde es als Liebling der Götter gefeiert und nahm die Huldigung eines Publikums entgegen, das weniger prüfen als bewundern wollte. Wächst der Kinderstar jedoch in die Ähnlichkeit mit seinen erwachsenen Fachgenossen hinein, ist es mit seiner ungewöhnlichen Begabung nicht länger getan; der Heranwachsende muß fähig sein, sich mit den großen Meistern seiner Zeit zu messen, nicht anders als die Altersgenossen, die keine Wunderkinder waren, jedoch im Lauf der Jahre Boden gutgemacht haben. Gleichzeitig wird gerade dem Wunderkind aus westlichen Kulturen die Tatsache bewußt, daß es bis dahin als Medium für den Ehrgeiz der Eltern, eines energischen Lehrers oder anderer penetranter Förderer gedient hat, was seinen langfristigen Interessen nicht unbedingt dienlich ist. In diesem Augenblick muß – oder sollte – es sein Leben jedoch in die eigenen Hände nehmen, und der Griff nach der Eigenverantwortung bringt es häufig in Konflikt mit denen, die seine Karriere bis jetzt bestimmt haben.

Der Übergang vom jugendlichen Talentwunder zur Meisterschaft des Erwachsenen ist irritierend und quälend. Heutzutage machen fast alle Wunderkinder während der Adoleszenz eine Phase durch, die von der Musikpsychologin Jeanne Bamberger „Midlife-crisis" genannt wurde. Und viele, vielleicht die meisten unter ihnen, werden den in sie gesetzten Erwartungen nicht gerecht. Picasso und Mozart sind offensichtlich Ausnahmefälle. Üblicher ist vermutlich die von Hector Berlioz gekennzeichnete Situation, der dem einstigen Wunderkind Camille Saint-Saëns süffisant attestierte: „Er weiß alles. Was ihm fehlt, ist Unerfahrenheit." Schöpferischer Fortschritt in einer bestimmten Domäne ist etwas grundsätzlich anderes als die meisterhafte Beherrschung der konventionellen Techniken dieses Fachs.

Das Wunderkind Picasso

Um ehemalige Wunderkinder, die auf ihrem Gebiet als Neuerer hervorgetreten sind, ranken sich zahlreiche, mitunter selbsterzählte Jugendgeschichten. Wenn auch nicht alle Berichte über den jungen Picasso der Wahrheit entsprechen – daß er ein Wunderkind war, steht fest.

Erste Zeichen früher Begabung

Picasso, der als Sohn eines akademischen Malers von bescheidenem Talent 1881 im provinziellen Málaga zur Welt kam, soll, so wird überliefert, ebenso früh gezeichnet wie gesprochen haben – sein erstes Wort sei *piz*, das heißt *lapiz*, Bleistift, gewesen. Als Kind zeichnete er unaufhörlich und mit zunehmendem Geschick. Seine langjährige Freundin Gertrude Stein bemerkte: „Picasso schrieb Bilder, wie andere ihr ABC schrieben ... malen war immer seine Art zu sprechen." Auch er ist zweifellos durch die üblichen Stadien früher Kritzelein gegangen und hat rein geometrische Formen wie Kreise, einfache Figuren wie Sonne und Blumen und „eindimensionale" Bildkompositionen zu Papier gebracht, aber schon die ersten erhaltenen Zeichnungen des Neunjährigen zeigen eine erstaunliche Beherrschung von Linie und Bildaufbau. Picassos Vater zeichnete gerne Tauben und liebte wie viele Spanier den Stierkampf – in den frühen Arbeiten des Knaben zwei häufig anzutreffende Motive. Die stärkere Faszination ging für Picasso indes von der Welt der Menschen aus. Beginnend mit dem zweiten Lebensjahrzehnt zeigt seine Malerei eine ungewöhnliche Betonung der menschlichen Form und der Vielfalt menschlicher Emotionen.

Picasso verfügte ersichtlich über die manuelle Fertigkeit, die eine fruchtbare und kompetente malerische Produktion erlaubt. Er verstand es außerdem, ein beliebiges Ausgangsmotiv in scheinbar flüchtigster Manier weiterzuführen und dennoch eine geschlossene Komposition zu erreichen. Er hatte ein Auge für visuelle Details und Zusammenhänge, ein ausgeprägtes räumliches Vorstellungsvermögen, erinnerte sich praktisch jedes einmal gesehenen wirklichen oder gemalten Vorfalls und war ein sensibler Beobachter fremder Lebenszusammenhänge. In den Begriffen der Theorie multipler Intelligenz läßt sich somit sagen, daß seine frühreife Begabung im räumlich-visuellen, kinästhetisch-körperlichen und interpersonalen Bereich lag. Es sind Talente, die bei einem bildenden Künstler nicht überraschen, doch

Künstler unterscheiden sich darin, ob ihre besondere Stärke mehr in motorischer, visueller oder räumlicher Richtung geht oder menschliche Beziehungen einschließt. Ein Teil von Picassos besonderer frühkindlicher Begabung liegt darin, daß er auf jedem der relevanten Gebiete befähigt war und von diesen Talenten synergetischen Gebrauch machte. Hier ist der Vergleich mit Mozart gerechtfertigt. Auch Mozarts Begabung umfaßte die Gesamtbreite des musikalischen Spektrums – Interpretation, Komposition und die dramatische Darstellung des menschlichen Lebens.

Schwierigkeiten in den übrigen Wissensgebieten sind kein notwendiger Begleitumstand künstlerischer Frühbegabung, zeigten sich aber im Fall Picassos. Er haßte die Schule, versuchte sich dem Schulbesuch furchtlos und mit allen Mitteln zu entziehen, und seine Leistungen, wenn er zum Unterricht erschien, waren kümmerlich. Lesen und schreiben lernte er nur mit Mühe. Noch schwerer fiel ihm das Rechnen. Offenbar neigte er dazu, Zahlen als visuelle Chiffren zu behandeln statt als Mengensymbole, eine Taube zum Beispiel als Komposition zu sehen, in der die Augen als 0, die Flügel als 2 und die Grundlinie als Summe erschienen. Die Kunsthistorikerin Mary Gedo vermutet: „Er anthropomorphisierte die Ziffern und wurde durch seine wunderlichen Wahrnehmungsfähigkeiten abgelenkt." Ohne die guten Beziehungen der Eltern, ohne extensiven Nachhilfeunterricht und unverblümten Betrug hätte er die Grundschule möglicherweise nicht geschafft. Von neurotischer Angst geplagt, bestand er darauf, daß der Vater ihn zur Schule begleitete, in der Nähe auf ihn wartete oder versprach, zu einer bestimmten Zeit zurückzukommen.

Es wurde behauptet, daß Picasso einige elementare Gebiete nie beherrscht habe und abstraktes Denken ihm immer schwer gefallen sei. Ohne so schroff zu urteilen, läßt sich doch sagen, daß die Diskrepanz (in meiner Terminologie – die Asynchronie) zwischen seinen vollendeten künstlerischen Fähigkeiten und seiner dürftigen Schulbildung dem jungen Picasso sichtlich zu schaffen machte. Der Mangel hat sein Verhältnis zur Wissenschaft und zu den Intellektuellen, sofern diese nicht zugleich Künstler waren, auf Lebenszeit beeinträchtigt.

Die Juvenilia eines Künstlers können als Fingerzeig für die spätere Meisterschaft dienen. Picassos Familie hat seit 1890 – Picasso war damals neun – praktisch jeden Papierfetzen mit Malereien des Jungen gesammelt, ebenso zahlreiche Zeichenhefte, Schulbücher und andere Materialien, auf denen er seine graphischen Impressionen festhielt (Abbildung 5.1 zeigt das erste erhaltene Werk). Diese Dokumentation macht Picassos hartnäckiges Bemühen sichtbar, sämtliche formalen Seiten der belebten und unbelebten Modelle,

ABBILDUNG 5.1:
Der Picador (1889–90), Öl auf Holz. Picassos frühestes erhaltenes Werk. © 1993 ARS, N. Y./SPADEM, Paris

die sich ihm boten, zu beherrschen; wichtiger ist die Beobachtung seiner geradezu zwanghaften Experimentierlust – Versuche, wechselnde Bildkompositionen auszuprobieren, denselben Gegenstand aus verschiedenen Blickwinkeln zu zeichnen und unterschiedliche Emotionen festzuhalten, darunter höchst ausdrucksvolle und dramatische.

Die Hefte zeigen einen Picasso im frühen Jugendalter, der in der Lage ist, mit dem Zeichenstift nahezu jeden Gegenstand in seiner Umgebung virtuos, geistvoll und originell festzuhalten. Pflanzen und Tieren aller Art, Gebrauchsgegenstände und wundervoll lebendige Porträts junger und alter Menschen, Gesunder und Kranker, grotesker und sinnlicher Modelle. Ausgesprochen Erotisches und willkürliche Gewalttätigkeit fehlen als Motiv, sind aber in Ansätzen erkennbar.

Deutlichere Hinweise auf die Kunst des reifen Picasso sind die Brechung und Verzerrung der Formen und Proportionen, die von Zahlen- und Buchstabensymbolen eingefaßten Darstellungen, die reiche Anwendung des Trompe d'oeil, visueller Witz, haarsträubende Karikaturen, abwegige Kombinationen und ähnliches. Ob Picasso bewußt an diese graphischen Experimente dachte, als er zusammen mit Georges Braque den Kubismus erfand, wissen wir nicht, doch die Möglichkeit bestand, daß er aus diesem Reservoir jugendlicher Experimentierfreude unbewußte Anregungen bezog.

Experimente dieser Art spielen in den frühen Arbeiten eines Künstlers eine entscheidende Rolle. In der Regel eignen sich Frühbegabte mehr oder weniger schnell die überlieferten Techniken ihrer Domäne an, während junge Talente, die bereits ungewohnte Formen erproben und ihr Fach in neue Richtungen lenken, die Ausnahmen sind. In der Musik zum Beispiel stehen jedem Kind, das mit dem musikalischen ‚Kanon' experimentiert, das die Musik, deren Interpretation man von ihm erwartet, ‚dekomponiert', Dutzende anderer gegenüber, die brav spielen, wie man sie gelehrt hat, und nie daran dächten, rhythmisch oder thematisch neue Wege einzuschlagen.

Picassos Vater scheint ein ausgesprochen mittelmäßiger Künstler gewesen zu sein, den jeder Gedanke daran, den Kanon in Frage zu stellen, empört hätte. (Er war es, der darauf bestanden hatte, daß Picasso die traditionellen Akademien in Barcelona und Madrid besuchte, um als Lehrer an den Kunstschulen der Provinz in die Fußstapfen des Vaters treten zu können.) Picasso wurde also nicht dadurch zum Rebellen, daß er das Verhalten des Vaters nachahmte, ebensowenig wie Mozart seinen Ikonoklasmus dem Beispiel seines prosaischen, gesetzestreuen Vaters verdankte. Für Picassos Unabhängigkeit und seine Mißachtung von Autorität und Herkommen lassen sich andere Rollenvorbilder denken – von der willensstarken Mutter bis zum wohlhabenden Onkel Salvador.

Denkbar scheint mir allerdings auch, seine Bereitschaft zum Experiment als endogenen Faktor zu betrachten, wurzelnd in einem Temperament, das Erregungen sucht, in schierer Lust an der Arbeit mit seinem Medium, im Vertrauen auf die sich entfaltenden eigenen Kräfte und vielleicht in der weniger erfreulichen Asynchronie zwischen der spielenden Beherrschung des eigenen künstlerischen Ausdrucksmittels und dem beschwerlichen schulischen Bildungsgang. Wenn der Lernerfolg dort ausbleibt, wo man ihn vom Kind im allgemeinen erwartet, wird es möglicherweise dort glänzen wollen, wo seine Stärken liegen, und so die persönliche Enttäuschung bekämpfen und die Familie verblüffen.

Prägende Erfahrungen und belastende Erinnerungen

Eine weitere Facette von Picassos Kindheit könnte für seinen späteren künstlerischen Werdegang entscheidend gewesen sein. Ich spreche von einer Reihe traumatischer Erlebnisse in Picassos Kindheit und Jugend, die einen bleibenden Eindruck hinterließen. Gewiß macht jedes Kind traumatische Episoden durch, und die Ängste des Kindes und das Ausmaß der psychischen Verletzung lassen sich nicht messen. Doch war Picasso allen

Anzeichen nach ein hochsensibles Kind, dem Ereignisse und Personen auch aus seinen ersten Lebensjahren mit verblüffender Lebendigkeit in Erinnerung blieben.

Besonders verstörend scheint ein Erdbeben gewirkt zu haben, in dessen Verlauf der Dreijährige mitten in der Nacht aus dem Elternhaus fortgebracht wurde, weil man den Ausbruch eines Feuers befürchtete. Fünfzig Jahre später erinnerte sich Picasso an den Anblick seiner besorgten Mutter, die ein Tuch um den Kopf geschlungen hatte, an seinen Vater mit dem Cape über der Schulter, wie sie aus dem Haus eilten, um die Familie zu retten. Den vierzehnjährigen Picasso erschütterte der Tod der jüngeren Schwester Conchita, die einer Diphtherie erlag. Der qualvolle, schonungslos sichtbare – und hörbare – Todeskampf der Schwester dauerte Wochen. Den jungen Pablo trieb das Erlebnis nicht nur in äußerste Verzweiflung, er schien sich unverständlicherweise auch für diesen Tod verantwortlich zu fühlen und dafür büßen zu wollen. Es wurde vermutet, damals habe er gelobt, die Malerei aufzugeben, wenn Gott Conchitas Leben verschone. Nach dem Tod der Schwester habe der tief abergläubische Picasso sich berechtigt gefühlt, in seinem beruflichen und persönlichen Leben nach Willkür und Belieben zu handeln, während ihn die Hybris zugleich in tiefe Schuldgefühle trieb. Ein ähnlicher „Pakt mit den göttlichen Mächten" ist im Kreis der hier behandelten schöpferischen Geister kein Einzelfall.

Picasso hegte heftige und ambivalente Gefühle gegenüber den überlebenden Familienangehörigen. Er war eifersüchtig auf die jüngere Schwester Lola, die einen Teil der mütterlichen Aufmerksamkeit beanspruchte, die bis dahin ihm zugewandt war. Und er grollte seiner Mutter, Maria, als sie begann, Lola größere Zuneigung zu zeigen. Picassos Mutter bewunderte ihren Sohn; sie hielt ihn für gutaussehend und setzte große Hoffnungen auf seine Zukunft, zeigte indessen kaum Verständnis für die Originalität seines Talents. Ihre dominierende Persönlichkeit scheint mit dem ebenso eigensinnigen Temperament des Sohnes schlecht harmoniert zu haben. Mit Gereiztheit begegnete er dem begüterten Onkel Salvador, einem einflußreichen Mann, der die Ausbildung des Neffen finanziell nicht unwesentlich unterstützte und in Picasso damit die aus Dankbarkeit und Bitterkeit gemischten Gefühle hervorrief, die Wohltätigkeit so häufig begleiten. (Man denke an Freuds Abneigung gegenüber Breuers Großzügigkeit.) Die Anwesenheit der fünf arroganten Frauen im elterlichen Haushalt, zu dem außer seiner Mutter vier unverheiratete weibliche Verwandte gehörten, erdrückte ihn.

Entschieden ambivalent aber war Picassos emotionales Verhältnis zum Vater. Einerseits hing er mit verzweifelter Liebe an ihm, und seine tägliche, ja stündliche Abhängigkeit von ihm hielt bis ins frühe Jugendalter hinein an; andererseits erkannte er die Schwäche und blamable Würdelosigkeit des Vaters, der sich zu Schmeicheleien herabließ, um seine Stelle zu behalten, und seine Beziehungen spielen ließ, um die Karriere des Sohnes zu fördern, der künstlerischen Wagnissen aus dem Weg ging und alle akademischen und bürgerlichen Werte hochhielt, die der junge Pablo verachtete. Picasso ging so weit, seinen Vater zu verunglimpfen und ein wenig schmeichelhaftes Porträt von ihm zu malen. Ob José Ruiz Blasco wirklich zu malen aufhörte, als sein Sohn ihn an Können übertraf, ist ungewiß, verbürgt ist dagegen, daß Pablo den Namen des Vaters, Ruiz, ablegte, um unter dem Namen seiner Mutter, Picasso, weltbekannt zu werden.

Die Werke der Kindheit

Die überlieferte Geschichte von Picasso, dem malenden Wunderkind, das alle Künstler seiner Umgebung mühelos in den Schatten stellte, ist kürzlich von John Richardson, Picassos scharfsinnigem Biographen, in Frage gestellt worden. Richardson räumt Picassos frühe Begabung ein, hält sie jedoch für weniger außerordentlich, als gemeinhin angenommen wird, und hebt hervor, daß Picassos malerische Erfolge hart erarbeitet waren. „Picasso", glaubt er, „war – anders als einige Komponisten, zum Beispiel Mozart – kein ‚früh Vollendeter', sondern bestätigt die Regel, daß kein großer Maler vor der Pubertät Werke von ernsthafter Bedeutung hervorgebracht hat." Auch einige der Legenden über Picassos Lernversagen und frühe malerische Triumphe zieht Richardson in Zweifel und unterstellt, Picasso (und seine Hagiographen) hätten sich dazu hinreißen lassen, das junge Genie ungerechtfertigt glanzvoll und heroisch darzustellen.

Es lohnt sich, Picasso selbst zu diesem Thema zu hören. In einem Gespräch mit dem Freund Brassaï (Pseudonym des Malers Gyula Halasz) erklärte Picasso:

Im Gegensatz zur Musik gibt es in der Malerei keine Wunderkinder. Was man für ein frühreifes Genie halten könnte, ist in Wahrheit der Genius der Kindheit. Er verschwindet in einem bestimmten Alter, ohne Spuren zu hinterlassen. Möglich, daß dieses Kind einmal ein wirklicher Maler wird, ... aber dann wird er ganz von vorn anfangen müssen. Ich zum Beispiel habe dieses Genie nicht gehabt. Meine allerersten Zeichnungen hätten nicht in einer Ausstellung von Kinderzeichnungen hängen können. Das Kindlich-Linkische, das Naive fehlte ihnen fast völlig. ... Im Alter dieses Jungen malte ich ganz akademisch, so kleinlich und genau, daß ich heute entsetzt bin.

Bekannt, wenn auch dunkel ist die aphoristische Bemerkung Picassos anläßlich einer Ausstellung von Kinderzeichnungen: „In ihrem Alter konnte ich malen wie Raffael; aber um malen zu können wie sie, habe ich ein Leben gebraucht."

In diesen und ähnlichen Bemerkungen glorifiziert Picasso die künstlerische Leistung von Kindern und weist einen Vergleich der eigenen jugendlichen Versuche mit einer romantisierenden Kunstbetrachtung dieser Art zugleich weit von sich. Es ist richtig, daß die erhaltenen frühen Malereien Picassos weniger einen bezaubernden Naiven als einen aufstrebenden akademischen Künstler zeigen. Doch fehlen die Arbeiten Picassos aus den ersten acht Lebensjahren, so daß kein Urteil darüber möglich ist, wie weit seine frühen malerischen Versuche denen anderer Kinder gleichen. Die Experimente und flüchtig hingeworfenen Skizzen können für seine künstlerische Entwicklung überdies ebenso entscheidend gewesen sein wie seine traditionellen Entwürfe. Ich neige zu der Vermutung, daß Picassos Malerei in seinem ersten Jahrzehnt sich durch ungewöhnliches Geschick und weniger durch eindeutige Frühreife auszeichnete, daß sich jedoch für die stupenden Fortschritte der folgenden Jahre kein anderer Begriff als der des Wunderkindes finden läßt – wir sehen uns also mit dieser Einschränkung dazu berechtigt, ihn als Wunderkind zu bezeichnen.

Ein Talent wächst heran

Wie die meisten begabten Jugendlichen, die ihren Einführungsunterricht abgeschlossen haben, ließ Picasso seine ersten Lehrer bald hinter sich. Die Geschichte seiner künstlerischen Ausbildung läßt an Mozart denken – der praktisch unnötige Eintritt in verschiedene Kunstschulen, die Verachtung für mittelmäßige Lehrer, unerfreuliche persönliche Zusammenstöße und erneutes autodidaktische Studium zu Füßen der Meister vergangener Epochen. Zunächst trat Picasso in die Kunstakademie von Barcelona ein; er bestand die Zulassungsprüfung ohne Mühe, nahm selten am Unterricht teil, erwies sich als völlig unfähig, mit Regeln und Vorschriften zurechtzukommen, und verließ die Anstalt nach kurzer Zeit. (Der Verbleib an einer Schule muß Schülern schwerfallen, wenn sie sich ihren Lehrern fachlich überlegen dünken und dieses Gefühl nicht trügt!) Sein Onkel Salvador schickte ihn sodann auf die Akademie San Fernando in Madrid, wo sich der Vorgang wiederholte. Der ruhelose Picasso lernte in den Galerien des Prado und in den Straßen und Bordellen der Hauptstadt weit mehr als in den würdigen Lehrsälen der Akademie.

Madrid ließ ihn unbefriedigt. Der Siebzehnjährige kehrte nach Barcelona zurück und fand hier zum ersten Mal Eingang in eine Gesellschaft jenseits von Provinz und Familie. Er lernte ältere Maler wie Isidre Nonell und Roman Cases* kennen und schloß sich einem Kreis junger Künstler, Schriftsteller und Intellektueller an, zu denen der Maler Carlos Casagemas und der Dichter Jaime Sabartés gehörten. Sein Talent, sein Charme und seine Courtoisie machten ihn bald zum Anführer einer *tertulia*, eines Zirkels von Freunden und Bohemiens, die sich im Restaurant Els *quatre Gats* (Die vier Katzen) trafen. Er arbeitete unermüdlich und fand ein Tätigkeitsfeld in der Zeitschrift Arte *Joven* (Junge Kunst), deren wichtigster Illustrator er wurde. Die unter den jungen Männern kursierenden politischen und künstlerischen Ideen nahm er begeistert auf. Der begabte junge Mann und gesellschaftliche Außenseiter erkannte in den avantgardistischen und anarchistischen Neigungen eigene Empfindungen.

Während des Aufenthaltes in Barcelona formte sich Picassos Talent, gewann Sicherheit und Tiefe. Er setzte seine Studien der alten Meister fort und lernte von Goya, Velázquez und Zurbarán, ohne sich den modernen Tendenzen des Impressionismus und der Cabaret-Kunst eines Toulouse-Lautrec zu verschließen. Gleichzeitig wandte er sich von der glatten, leicht hingeworfenen Wiedergabe ab, versuchte sich an psychologischen Porträts von Matrosen und Hafenarbeitern, an der emotionalen Grundierung von Landschaften und Straßenszenen, den oft spannungsvollen menschlichen Beziehungen in Familienporträts und Szenen aus dem Nachtleben. Er suchte in die Welt der Not und Armut einzudringen. Besessen von der betörenden Erscheinung einer Nachtclubtänzerin konnte er in sein Zimmer zurückkehren und die Nacht damit verbringen, die verschiedenen Ausdrucksnuancen und Posen auf Papier oder Leinwand festzuhalten. Er setzte sich unmittelbarer und kraftvoller mit den Themen Sexualität, Tod und Anarchie auseinander, und seine Selbstporträts zeigen ihn sowohl naturgetreu als auch in einer verwirrenden Anzahl von Gewandungen und Kostümen. Sein virtuoses Geschick, den Ausdruck, die Persönlichkeit und sogar die Gedanken seiner Modelle mit Witz und Scharfsinn in wenigen Strichen einzufangen, hat Beobachter immer wieder beeindruckt. Im Kreis seiner Malerfreunde erkannte man bald, daß Picasso ein Mensch mit ungewöhnlichen Fähigkeiten und seltener Empfindsamkeit war, ein geborener Führer, der mitriß und bezwang, auch wenn er schwieg. Vielleicht zum ersten Mal im Leben wurde sich Picasso seiner grenzenlosen

---

* Die katalanischen Namensformen für Isidro Nonell und Ramón Casas, wie sie auch häufig zitiert werden.

Möglichkeiten bewußt. Danach war es nur noch eine Frage der Zeit, wann er wie so viele andere begabte junge Talente den Weg in die Kunstmetropole Paris finden würde.

Der junge Künstler in Paris

Auch Wien, Berlin und andere europäische Hauptstädte waren bedeutende Kunstzentren der damaligen Zeit, doch keine zweite Stadt besaß das aus Kunst, Intellektualität, Kulissenzauber und Romantik gemischte verlockende Fluidum, das sich an den Namen Paris knüpfte. Für den neunzehnjährigen Picasso war Paris ein Muß, nicht anders als zu ihrer Zeit für Freud, Strawinsky, T. S. Eliot und selbst Gandhi; und es war unausbleiblich, daß Picasso diesen Inbegriff der bildenden Kunst und legendären *vie bohémienne* zu seinem Lebensmittelpunkt wählte, nachdem er sich im Alter von dreißig Jahren in der französischen Hauptstadt einen Namen gemacht hatte.

Als Picasso nach Paris kam und sich am Montmartre, dem Viertel der Künste, einquartierte, gehörte der Impressionismus, die überragende Kunstströmung des späteren neunzehnten Jahrhunderts, bereits der Geschichte an. Eine Bewegung gegen das Establishment, die den großen klassischen Themen, den pathetischen Gefühlen und dem Ideal eines photographischen Realismus ein Ende machte, war ihrerseits arriviert und zur Norm geworden: der Alltagsgegenstand als Thema, das „wissenschaftliche" Experimentieren mit Licht und Oberflächenstruktur und der Wunsch, den transitorischen visuellen Augenblick festzuhalten – all das war bereits ein Gemeinplatz. Wie andere einst umstrittene Bewegungen hatte der Impressionismus seine Gegenbewegungen, darunter den Neoimpressionismus und Expressionismus, hervorgebracht. Picasso sah sich nicht nur mit den prototypischen impressionistischen Werken von Claude Monet, Auguste Renoir, Camille Pissarro und den neoimpressionistischen Werken von Georges Seurat und Paul Signac konfrontiert, sondern auch mit dem Expressionismus van Goghs, den primitivistischen Gemälden Gauguins, den sozial und politisch gefärbten Plakaten von Henri de Toulouse-Lautrec, den wuchtigen, ausdrucksvollen Skulpturen Rodins und dem Symbolismus von Eugène Carrière sowie mit der blühenden Illustrationskunst der Zeitschriften und der Werbegraphik. Keine Schule dominierte – wie die Physik und die Psychologie stand auch die Kunst im Zeichen ruhelosen Wechsels.

Picasso, der schnell lernte und instinktiv nachahmte, machte sich die charakteristischen Merkmale der verschiedenen ästhetischen Modelle, die sich ihm boten, im Flug zu eigen. Er verbrachte Stunden in Galerien, nahm auf, was er sah, und war anschließend in der Lage, es anscheinend mühelos zu reproduzieren. Dennoch schuf der Zwanzigjährige keine simplen Imitationen. In den ersten Jahren nach Barcelona entstanden in mehreren Phasen Werke eigener Prägung, die sich durch eine besondere Unmittelbarkeit, durch Härte und Pathos auszeichneten. Wäre Picasso im Alter von fünfundzwanzig Jahren gestorben, hätte er nicht als Revolutionär gegolten, doch wie die früh Verstorbenen Toulouse-Lautrec und Seurat ein eigenes malerisches Weltbild hinterlassen.

Picassos Pariser Leben war anfangs wenig idyllisch. (Ich denke vor allem an Picasso, wenn ich Czesław Miłosz' anrührendes Gedicht lese, das diesem Buch vorangestellt ist.) Als Ausländer mit relativ dürftiger Bildung, der des Französischen kaum mächtig war, fühlte er sich im kosmopolitischen Paris verloren. Das überall sichtbare Elend von Armut und Krankheit erschütterte ihn, und wenn er sich auch allmählich an die Bilder des Unglücks gewöhnte – die Erfahrung einer Not, die von so vielen geteilt wurde, ging an dem anarchistisch gesonnenen, empfindsamen Zwanzigjährigen nicht folgenlos vorüber. Er neigte zu abergläubischer Angst vor Verkrüppelung, Blindheit und Geschlechtskrankheiten, deren Opfern er täglich begegnete. Anfangs verkaufte er seine Arbeiten schlecht und lebte in Armut. Zumindest einmal trug er sich mit Selbstmordgedanken. Obwohl er seiner Familie teilweise entfremdet war, blieb er emotional und finanziell abhängig und empfand immer wieder das Bedürfnis, ins Elternhaus zurückzukehren, vor allem dann, wenn in seiner kargen Wohnung die Kälte einzog. Während der Jahre 1899 bis 1904 pendelte er zwischen Paris, Málaga, Barcelona und Madrid.

Angesichts der Tatsache, daß zahlreiche große Künstler zu ihren Lebzeiten vergeblich auf Anerkennung warteten, setzte sich Picasso erstaunlich schnell durch. Seine Virtuosität und Vielseitigkeit wurden bald erkannt. Mit kaum zwanzig machte er seine erste Ausstellung, und Félicien Fagus äußerte sich in *La gazette d'art* lobend über die Frische seiner Malerei, sein Gefühl für Farben und Motive, seine unbegrenzte Neugier und die ungeheure Vielfalt der Einflüsse, die er in seinen Arbeiten umsetzte. Dem Lob des begabten Jünglings („es heißt, er soll noch nicht zwanzig Jahre alt sein und täglich nicht weniger als drei Gemälde vollenden") läßt der Kritiker eine klarsichtige Warnung folgen:

Gerade in diesem Ungestüm liegt für ihn auch eine Gefahr, sie kann ihn leicht zu einer wohlfeilen Virtuosität verführen. Viel zu produzieren ist nicht mit Fruchtbarkeit gleichzusetzen; beides ist so verschieden wie Gewalttätigkeit und Kraft. Angesichts einer so brillanten Ausdruckskraft wäre das bedauerlich.

Die erste Phase, mit der Picasso als Maler bekannt wurde, ist bekanntlich die sogenannte Blaue Periode und umfaßt Darstellungen, in denen die Nachtseite des Pariser Lebens festgehalten wird: Bettler, traurige Paare, arme Familien – präzise ‚Typen', die dennoch individuelle Züge haben. Er schien fasziniert von den Einzelgängern, den kaputten Familien, vom Nebeneinander der Menge und des anonymen Einzelnen im Schmelztiegel einer Metropole. Ein Kritiker nannte es „die Schönheit des Schreckens", ein anderer sprach von „diese[r] sterile[n] Trauer", ein dritter von „negative[m] Lebensgefühl". Er ging sogar ins Gefängnis von Saint-Lazare, um sich die Gelegenheit zu eingehenden Studien von Prostituierten zu verschaffen.

Als Picassos Lebensumstände eine Wende zum Besseren nahmen und ein erstes festeres Liebesverhältnis begann, folgte die Rosa Periode, Werke in leichterem Ton, die Szenen aus dem Zirkusleben und Figuren zeigen, die, zwar nicht heiter und friedvoll, zumindest nicht vom Harm der nackten Not gezeichnet scheinen. Nicht mehr die Armut ist das dominierende Thema, sondern das Leben der Künstlerbohème. Die Blaue und Rosa Periode ist als Picassos erstes Stadium der Reife zu betrachten, die Zeit, in der er zu einem eigenen, doch noch nicht wirklich neuartigen Stil gefunden hatte.

Im Jahr 1905 hatte sich Picassos persönliche Situation merklich verbessert. Wie in Barcelona fünf Jahre zuvor sammelte sich ein Kreis von Künstlern, Schriftstellern und Intellektuellen – *la bande Picasso* – um den talentierten jungen Spanier. Der Schriftsteller Guillaume Apollinaire, der Kritiker André Salmon und der Dichter Max Jacob – um nur drei zu nennen – gehörten zu den jungen Franzosen, die sich von Picasso angezogen fühlten, junge Rebellen des Bürgertums, voll Tatkraft und Lebenslust, sarkastisch, ambitiös und bereit, die Welt zu erobern. Auch Picassos alter Freund, der Spanier Sabartés, schloß sich der Gruppe an und nahm damit ein Leben auf, das praktisch uneingeschränkt im Dienst des bewunderten Landsmannes stand.

Picasso schätzte vor allem die Gesellschaft von Dichtern und Schriftstellern, deren Interessen und Fähigkeiten die seinen ergänzten. Sie halfen ihm, sich seine Ziele bewußt zu machen, seine beträchtlichen Energien zu kanalisieren, führten ihn in die Welt der Ideen ein und sorgten dafür, daß seine Werke bekannt wurden. Die Meister des Wortes wiederum standen mit staunender Bewunderung vor der Virtuosität Picassos, der mit wenigen, meisterhaften Pinselstrichen die Facetten eines Charakters einzufangen verstand, die sie ihrerseits in der natürlichen Sprache des Menschen wiederzugeben suchten. Ausgeprägt symbiotisch war seine Beziehung zu Apollinaire: beider Denken schien sich in ähnlichen Bahnen zu bewegen, ihre Interessen und Vorstellungen ergänzten sich, ihre künstlerische Entwicklung schien parallel zu verlaufen. John Richardson sieht ein „Verhältnis gegenseitiger Befruchtung und Stimulation, wie es in Literatur- und Kunstgeschichte einzigartig ist".

Die Nachwehen einer Tragödie

Vor dem Hintergrund der schwierigen Pariser Anfänge und der ersten Anzeichen des Erfolges erlebte Picasso das schwerste Trauma seiner frühen Mannesjahre. Sein engster Freund aus Barcelona, der begabte, doch innerlich zerrissene Maler Carlos Casagemas hatte ihn nach Paris begleitet. Sie teilten die Unterkunft, den Besitz, bei Gelegenheit auch eine Geliebte. Seine Lebensumstände, insbesondere aber problematische sexuelle Beziehungen (er scheint impotent gewesen zu sein), trieben Casagemas in eine Depression. Während einer Spanienreise Picassos versuchte er seine Geliebte zu töten und nahm sich das Leben. Die Tragödie setzte sich fort, als Casagemas' Mutter in unmittelbarer Folge des Selbstmordes starb – Berichte sprechen davon, daß sie beim Anhören der Todesnachricht leblos zu Boden sank.

Jede Begegnung mit dem Tod stellte für Picasso lebenslang eine schwer erträgliche Belastung dar. Im allgemeinen versuchte er den Gedanken daran vollständig zu verdrängen. Er sprach nicht über Sterbende, weigerte sich, an Begräbnissen teilzunehmen, und fürchtete jede Person, jeden Umstand, an den sich Krankheit, Altern oder Tod knüpfen konnten. Derartige Reaktionen sind nicht ganz ungewöhnlich und mögen für den abergläubischen Spanier seiner Generation vielleicht sogar kennzeichnend gewesen sein. Bei Picasso gingen sie jedoch mit der nicht minder starken Faszination durch Gewalt, Tod und Tragik einher, wie sie im Stierkampf, in internationalen politischen Konflikten und im Elend vom Montmartre zutage traten, das er mit einer an Charcot gemahnenden klinischen Präzision studierte.

Eine Zeitlang versuchte Picasso, sich innerlich von Casagemas und seinem tragischen Selbstmord zu distanzieren. (Aus dieser Zeit ist die Bemerkung überliefert: „Wenn ich daran denke, daß Casagemas tot ist, muß ich blaue Bilder malen". Er malte Casagemas ein paarmal mit dem Einschußloch in der Schläfe.) John Richardson kommt zu dem Schluß: „Ob Picasso der Vorwurf trifft, als Freund versagt zu haben, muß offen bleiben – doch die Gewissensnot beim Tod des Freundes und früher beim Tod der Schwester ... das Schuldgefühl gegenüber dem Vater, den er töten wollte, waren fraglos die kathartischen Ereignisse, deren seine Kunst bedurfte."

Zwei oder drei Jahre später vollendete Picasso ein Werk, das in mancherlei Hinsicht das größte und bedeutendste seines jungen Lebens darstellt. Das

Pablo Picasso: Ein Wunderkind und seine Entwicklung 189

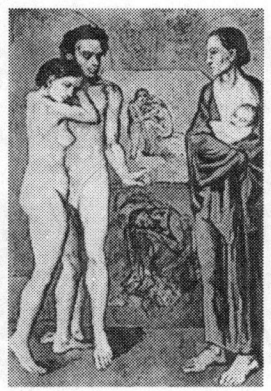

ABBILDUNG 5.2
La vie (Das Leben) (1903), Öl auf Leinwand, 196,5 × 129,2 cm. Meisterwerk Picassos aus der Zeit der Blauen Periode. © 1993 ARS, N. Y./SPADEM, Paris

Bild ist der Blauen Periode zuzurechnen und trägt den Titel La vie*, Das Leben (s. Abb. 5.2). Im Atelier eines Künstlers ist zwei zentralen Figuren – vermutlich Casagemas, mit der Wunde in der Schläfe, und seine Geliebte – eine auratisch-dunkle madonnenähnliche Gestalt mit herben Zügen gegenübergestellt, die ein Kind im Arm hält. Ein kleines Bild im Hintergrund zeigt zwei sitzende, aneinandergeschmiegte weibliche Aktfiguren. Die Geliebte lehnt an der Schulter des Mannes, der sich der Situation zu entziehen scheint – Casagemas, schwankend zwischen Tod und Umarmung.

Das Bild dürfte Picassos Versuch darstellen, mit Leben und Tod Casagemas' sowie mit dem Strudel seiner verstörenden Gefühle ins reine zu kommen. In einem weiteren Sinn berührt es seine Beziehung zum Tod, den Verlust der geliebten Schwester, seine Haltung zu künstlerischer Produktivität und Unfruchtbarkeit und schließlich sein Verhältnis zur Familie und zu den Frauen, das zeit seines Lebens von tiefer Ambivalenz geprägt war.

---

* Ich benutze die Werkbezeichnungen, die außerhalb der Fachliteratur am gebräuchlichsten sind.

190 Die Schöpfer der Moderne

ABBILDUNG 5.3
Die Gauklerfamilie (1905), Öl auf Leinwand, 211,8 × 229,6 cm. Das Hauptwerk Picassos aus der Rosa Periode. © 1993 ARS, N. Y./SPADEM, Paris

La vie als erstes Schlüsselwerk

Picasso war ein Künstler von stupender Virtuosität, der in fast jedem Jahr seines langen Lebens Hunderte von Gemälden, Zeichnungen, Skulpturen und Radierungen geschaffen hat. Doch steht außer Zweifel, daß Picasso diesen Arbeiten unterschiedliche Bedeutung beimaß. Von Zeit zu Zeit nahm er ein Gemälde in Angriff, in dem er offenbar eine Art Summe zog, eine Synthese versuchte – ein Oratorium unter Liedern, einen Roman unter Kurzgeschichten. Die Leinwand war im allgemeinen größer, die Vorbereitung nahm mehr Zeit in Anspruch, zahlreiche Skizzen und Entwürfe gingen voraus, Thema, selbst Titel waren bedeutungsvoll, vor allem aber wurden in den optischen und thematischen Elementen Motive gebündelt, die zersprengt bereits in früheren Werken aufgetaucht waren. Dieser Prozeß läßt sich an Picassos berühmtesten Werken beobachten, in der Gauklerfamilie (1905 – s. Abb.5.3), in Les demoiselles d'Avignon (1907 – s. Abb.5.5), Der Tanz (1925 – s. Abb.5.4), Guernica (1937 – s. Abb.5.10), Das Beinhaus (1945) und anderen, zwischen denen oft Jahrzehnte lagen. Der Prototyp dieser Synthesen oder Schlüsselwerke ist La vie.

Studien der Skizzen und radiographische Untersuchungen des Gemäldes in der Endfassung lassen erkennen, daß die Vorbereitung weitgehend eine Phase des Experimentierens war. Verschiedene Zusatzmotive gingen nach-

Pablo Picasso: Ein Wunderkind und seine Entwicklung 191

ABBILDUNG 5.4
Der Tanz (1925), Öl auf Leinwand, 215,5 × 142,5 cm. Ein Schlüsselwerk aus der nachkubistischen Periode. © 1993 ARS, N. Y./SPADEM, Paris

einander in das Bild ein: ein Selbstporträt Picassos, das Porträt einer jungen Frau mit wechselnden Gesichtszügen, mehrere Malereien im Bildhintergrund, ein Vogelmensch, ein Akt und ein Porträt seines Vaters. In seiner geistigen Substanz erinnert das Werk als Ganzes an ein El Greco nachempfundenes Gemälde, die Anrufung von 1901, das Casagemas' Begräbnis und Himmelfahrt darstellt.

Wie Mary Gedo in einer detaillierten Untersuchung von La vie zeigen kann, findet sich jede Figur und jede Stellung bereits in früheren Arbeiten Picassos. Zum Schlüsselwerk wird La vie durch die besondere Konfiguration der einzelnen Motive und den Nachdruck, mit dem es den Themen von Liebe und Leben, Keuschheit, Sünde und Tod Ausdruck verleiht.

Mary Gedo weist ferner auf den extrem fluktuierenden Charakter der zentralen Figuren in den ersten Entwürfen des Bildes hin. Picasso spielte in seinen Hauptmotiven eine Skala wechselnder graphischer Identitäten, Posen und Stimmungen durch, bis die gesuchte Verbindung endlich gefunden war. Das Stadium einer wiederum nicht in allen Skizzen angedeuteten Schwangerschaft änderte sich von Entwurf zu Entwurf; ein Künstlerporträt (anfänglich Picasso ähnelnd) wurde ins Bild aufgenommen und später entfernt.

Besonders aufschlußreich ist vielleicht die Abwandlung der Beziehung zwischen den beiden zentralen Figuren: Zuneigung weicht zunächst der Distanz, die sich zum körperlichen Angriff des Mannes auf die Frau steigert. John

Richardson vergleicht die Figuren von La vie mit den Figuren auf Tarotkarten und weist darauf hin, daß sie ebenso doppelsinnig zu deuten sind: „Wie alle Arkana im Tarot kann sie [die Karte] positive oder negative Bedeutung annehmen ... je nachdem, in welche Richtung die Karte weist, wenn sie ausgeteilt wird." In derartigen Überarbeitungen – Analogien zu den Exposés von Freuds „Entwurf" oder zu Eliots frühen Entwürfen von The Waste Land – sieht man das Denken des bildenden Künstlers am Werk, den in Symbole gefaßten Prozeß der Problemsuche und Problemlösung. Verschiedene Symbole und Intelligenzen kommen zum Zug, die ein dichtes Bedeutungsgefüge und schließlich ein Werk von einzigartiger Intensität ergeben.

Es ist gewagt, aus einer so immens reichen künstlerischen Produktion wie der Picassos einzelne Werke als Wendepunkte herauszugreifen. Vermutlich ließen sich Arbeiten in beliebiger Zahl nennen, die sowohl seine Entwicklung als auch das Bild bestimmt haben, das sich die Welt von seiner Kunst gemacht hat. Nahezu jedes bedeutendere Werk Picassos ist zugleich Höhepunkt und Hinweis auf Kommendes, und die meisten schöpfen mit genialem Geschick aus seinen Erlebnissen und Unternehmungen der unmittelbar voraufgegangenen Jahre. Soviel jedoch läßt sich sagen: La vie ist Sinnbild, Symptom und Prototyp der Veränderungen in der Bildsprache des jungen Spaniers.

Wenn Picasso und andere bedeutende Künstler die Möglichkeiten ihres Mediums ausschöpften, kamen Schlüsselwerke zustande, in denen persönliche Ereignisse und Gefühle mit Themen und Bildern von allgemeiner Bedeutung verknüpft sind – eine Binsenwahrheit, die an Gültigkeit nicht verloren hat. Wie andere Hauptwerke Picassos spricht La vie von Gefühlen, die den Maler mit den ihm nahestehenden Menschen, der Familie, den Freunden und seinen Geliebten, verbanden, und teilt sich dabei Betrachtern in den verschiedensten Lebenssituationen mit.

Wie kein anderes Werk dieser Periode zeigt La vie den Maler auf dem Weg zu sich selbst. Kaum älter als zwanzig, gehört Picasso bereits zu den bedeutenden Malern der Generation von van Gogh und Cézanne und kann sich dem großen Zeitgenossen ebenbürtig fühlen, mit dem er sich sein Leben lang messen wird – Henri Matisse. Den eingeschlagenen Weg setzte er fort und fand zu einer Malerei, die in einem neuen Jahrhundert neue Maßstäbe setzte.

Les demoiselles d'Avignon: das Bekenntnis zum experimentellen Stil

1905 hatte Picasso als Maler in Paris Fuß gefaßt. Bei Kunsthändlern, die Interesse zeigten, als Agenten für ihn aufzutreten, sowie bei regelmäßigen Käufern konnte er die Preise für seine Bilder bestimmen. Als einstiges Wunderkind, dem der schwierige Übergang in eine definitiv persönliche Schaffensphase – und in ein fremdes Land – gelungen war, hätte er versucht sein können, den gefundenen Stil sowie eine Anhängerschaft zu kultivieren und das Rad weiter in Richtung Erfolg zu drehen. Doch in Picasso steckte etwas – vielleicht derselbe Impuls, der hinter den zertrümmerten Formen der frühen Skizzen stand –, das ihn hinderte, sich auf Erreichtem auszuruhen. In kreativer Unrast drängte es ihn unablässig dazu, Neues in Angriff zu nehmen, sich beruflich wie privat auf unbekannte Höhen zu wagen und sich dem Risiko schmerzhafter Abstürze auszusetzen. Denselben rücksichtslosen Tatendrang ließen auch die anderen Meister meiner Fallstudien erkennen; er könnte sich als ihr bestimmendes Merkmal erweisen.

Apollinaire unterscheidet zwei Typen von Künstlern: den virtuosen Meister des „Zusammensetzens", der seine Anregungen aus der Natur holt, und den reflektierenden künstlerischen Intellektuellen. Mozart kann als Prototyp des ersteren, Beethoven des zweiten gelten. Als Wunderkind repräsentierte Picasso den Typus des ‚Naturtalents', war jedoch, wie Apollinaire feststellte, in der Lage, sich in den Antityp zu verwandeln: „Das Schauspiel seiner Metamorphose zum Künstler des zweiten Typs war phantastisch". Picasso spürte diese Widersprüchlichkeit. Gertrude Stein gegenüber klagte er: „Wenn ich so gut male wie Raffael, habe ich doch wenigstens das Recht, meinen Weg zu wählen, und dieses Recht sollte man anerkennen. Aber nein, man weigert sich."

Wie gesagt, ist bei jeder Identifizierung von Schlüsselwerken und ‚Wendepunkten' eine gewisse Vereinfachung im Spiel. Das *Bildnis Gertrude Stein* (1906) bietet sich aufgrund der Besonderheit des Entstehungsprozesses als Beispiel an: Picasso verlangte mehr als achtzig Sitzungen, dann verließ er Paris während der Sommermonate, löschte nach seiner Rückkehr die erkennbaren Gesichtszüge und vollendete das Porträt in der Abwesenheit Gertrude Steins; an die Stelle der realistischen setzte er maskenhaft starre Züge. (Den Tadel, das Porträt sei dem Modell keineswegs ähnlich, soll er mit einem der bemerkenswerten Künstlerbonmots des Jahrhunderts gekontert haben: „Warten Sie ab!") Ein weiteres Beispiel, die im selben Jahr entstandenen *Zwei Frauenakte*, zeigt zwei kräftige, skulptural empfundene und stark typisierte Frauenfiguren, ausgeführt in massigen, breit aufgetragenen Farbflächen. In diesen Zusammenhang gehört auch Picassos *Selbstbildnis mit Palette* von 1907, in dem die Gesichtszüge eher geometrischen Formen gleichen als lebendigem, geformtem Fleisch – ein weiteres Beispiel maskenähnlicher Porträtdarstellung.

Doch niemand, der diese Bilder zu Gesicht bekam, war auf den Schock gefaßt, den 1907 die *Demoiselles d'Avignon* auslösten (s. Abb. 5.5), ein Werk, in dem viele das bedeutendste Bild des Jahrhunderts und einen der entscheidenden Wendepunkte der Kunstgeschichte überhaupt sehen. Wie andere Schlüsselwerke Picassos ziehen die *Demoiselles* die Summe aus der Malerei der früheren Jahre, weisen indes deutlicher als alle vergleichbaren Werke auf eine neue Form der Malerei voraus, in der sich das ästhetische Gewicht auf die formale Zusammensetzung des abgebildeten Gegenstandes verlagert hat.

Über die Entstehungsgeschichte der *Demoiselles*, dieses Marksteins auf dem Weg zum Kubismus, ist reichlich Tinte geflossen. Zweifellos hat das Werk seinen Kontext sowohl in der älteren als auch der jüngeren Kunstlandschaft Europas; Verweise auf eine Reihe klassischer Meister von Ingres, Delacroix und El Greco bis zu Manet und Gauguin sind unübersehbar. Die altiberische Kunst, die Picasso kurz zuvor beschäftigt hatte, macht ihren Einfluß ebenso geltend wie die mächtigen menschlichen Figuren der Fauves, insbesondere von Matisse. Ebenfalls gesichert ist die Anregung durch afrikanische Masken, die er im Pariser Musée ethnographique du Trocadéro gesehen hatte, obwohl Picasso selbst sich über einen Zusammenhang zwischen den *Demoiselles* und der Kunst afrikanischer Stämme im Laufe der Jahrzehnte verschieden geäußert hat. Auch die großflächigen Aktkompositionen, mit denen die Rivalen Matisse und Derain kurz zuvor an die Öffentlichkeit getreten waren, dürften Picasso inspiriert und motiviert haben. Erst in jüngster Zeit konnte durch Quellenfunde belegt werden, daß Picasso die Bordellszenen aus dem Privatbesitz von Degas gesehen hatte und auch diese in sein Schlüsselwerk eingegangen sind.

Der für Picasso wie auch für Braque und Matisse wichtigste künstlerische Individualeinfluß dürfte indes vom unmittelbaren Vorgänger Cézanne ausgegangen sein. Cézanne, weder als Zeichner noch als Kolorist von überragender Bedeutung, hatte die Auffassung der Malerei vorbereitet, die dem zwanzigsten Jahrhundert entsprach. Seine künstlerische Entwicklung hatte ihn dazu geführt, die Malerei wesentlich als Akt der Formgebung zu betrachten, das heißt, als einen Vorgang, in dem formale Probleme entscheidend waren und die allem Wahrnehmbaren zugrundeliegenden geometrischen Formen zum

Pablo Picasso: Ein Wunderkind und seine Entwicklung 195

ABBILDUNG 5.5
Les demoiselles d'Avignon (1907), Öl auf Leinwand, 243,9 × 233,7 cm.
Picassos früher schöpferischer Durchbruch. © 1993 ARS, N. Y./SPADEM, Paris

Fundament des bildnerischen Schaffens wurden. „Man muß in der Natur den Zylinder, die Kugel, den Kegel sehen", hatte er erklärt.

Cézanne gab vor allem in seinen späteren Jahren die Perspektive auf und ließ Vordergrund und Hintergrund in einem Ensemble sich überschneidender Formen und Farben verschmelzen. Auf seiner Suche nach der Essenz des Malerischen wandte er sich vom Credo der Impressionisten, daß Malerei wesentlich Farbe sei, ebenso ab wie von der expressionistischen Ausdruckskunst. Eine große Cézanne-Ausstellung, 1907, ein Jahr nach dessen Tod gezeigt, wurde für die jüngeren Zeitgenossen zum Erlebnis. „Ob ich Cézanne kenne? Er ist der einzige Lehrer, den ich jemals hatte", äußerte sich Picasso Jahrzehnte später zu Brassaï.

In den letzten Jahren ist eine kaum glaubliche Fülle von Picassoskizzen ans

Licht gekommen; entdeckt wurden etwa 175 Notizblöcke des Malers aus den Jahren 1894 bis 1964; nicht weniger als acht von ihnen enthalten die Vorstudien zu Les Demoiselles d'Avignon. Ferner zeigte sich, daß einige Formen, die in den Demoiselles verwendet wurden, bereits in früheren Carnets auftauchen, in denen Picasso den menschlichen Körper in zahllosen Deformationen und Karikaturen abbildete. 1991 wurde die einzige Vorstudie des Bildes in Öl gefunden.

Picassos Vorstudien zeigen eine faszinierende Arbeitstaktik. In Repetitionen und Variationen konnte er, sämtliche Formmodalitäten ausschöpfend, bestimmte Bildgedanken über Jahre und Jahrzehnte verfolgen. Endlose Variationsketten entfalten seine bekannten Motive: Stiere, Pferde, die beiden Frauentypen (von ihm „Göttinnen" und „Fußabtreter" benannt), Wohnungsinterieurs und Haushaltgegenstände (nach jedem Umzug verbrachte er einen Monat damit, seine neue Umgebung zu skizzieren), Wiedergaben und Umformungen eigener Bilder und fremder, bewunderter Werke. Es heißt, daß Picasso kein Bild vergaß, das er gemalt oder gesehen hatte, und noch nach Jahrzehnten mit früher verwendeten Formen spielen konnte.

Sieht man von einem Film aus den fünfziger Jahren ab, der den Künstler bei der Arbeit zeigt, bieten Picassos Skizzenbücher den besten Zugang zum Wirken seiner ebenso reichen wie beweglichen Schöpferkraft. Sie sind Protokoll und Kommentar der Dinge und Probleme, die ihn beschäftigten, Abbild der Vorstellungen, die seinen unruhigen Geist bewegen mochten. Man erinnert sich der Bemerkung seines Freundes Sabartés, daß diese Notizen auch sein Privatleben umfaßten: „In seinen Arbeiten entdeckten wir seine geistigen Höhen und Tiefen, Wendepunkte des Schicksals, Befriedigung und Ärger, Freude und Begeisterung, die Leiden bestimmter Tage oder Zeiten." Picasso sagte es kurz und bündig: „Meine Arbeit ist wie ein Tagebuch." Die erste Ausstellung dieser Skizzenbücher hieß mit gutem Grund „Je suis un cahier..." („Ich bin ein Heft").

Wie jedes epochale Werk lassen sich die Demoiselles d'Avignon verschieden und aus wechselnder Perspektive beschreiben. Grob vereinfacht, ist das Bild ein circa zwei Meter vierzig mal zwei Meter vierzig großes, verzerrendes Porträt von fünf Prostituierten, die, in leicht unterschiedlicher Haltung und voneinander isoliert, in einer markanten Gesamtkomposition festgehalten sind. Die Gesichter sind leer und ausdruckslos; die großen, schwarzen Augen starren unabhängig von der Kopfrichtung direkt aus dem Bild heraus; die flachen, praktisch formlosen Körper sind nur teilweise ausgeführt. Eine Spannung zwischen dem weichen menschlichen Fleisch und den harten, eckigen Formen, in denen es dargestellt ist, deutet sich an. Das Bild ist nicht auf eine genaue inhaltliche Aussage festzulegen, jedoch zweifellos als drastische allegorische Darstellung der Prostitution zu lesen. (Ein früherer Bildtitel lautete *Der Sünde Lohn*). Ebenso eindeutig ist die ästhetische Aussage: Picasso hatte dem Begriff einer realistischen oder erbaulichen Malerei den Krieg erklärt und setzte mit Nachdruck auf den von Cézanne geforderten Vorrang formaler Eigenschaften. Doch während Cézanne entweder neutrale Themen (Stilleben) oder beschauliche Sujets (Badende, Kartenspieler) bevorzugte, verloren Picassos Motive nichts von der quälenden Eindringlichkeit, die ältere Werke wie *La vie* oder spätere wie *Guernica* auszeichnet.

Nur wenige Bilder Picassos wirken wie abgeschlossene Arbeiten. Meist stößt man auf kaum weniger befriedigende Vorstudien oder auf spätere Bilder, die als Varianten eines früheren Werks gelten könnten. Diesen Eindruck des Unvollendeten vermitteln auch die *Demoiselles d'Avignon*. Einerseits deutet das Skizzenhafte in allen Details – Spuren intensiver ‚Denkarbeit im Medium' – auf die Konzipierung der Arbeit in ihrer jetzigen Form hin. Andererseits zeigen frühere Fassungen eine erzählerische, weniger grell-plakative Darstellung. Wie häufig lief die Entwicklung von Picassos Arbeiten auf Verknappung und Verdeutlichung hinaus, eine Tendenz, die auch in den Notizbüchern dieser Periode sichtbar wird.

Ursprünglich hatte das Bild zwei Männerfiguren enthalten: im Zentrum einen Matrosen, Neuling vielleicht in der Praxis des Gewerbes, und einen Medizinstudenten am linken Bildrand, der einen Schädel, in anderen Versionen ein Buch in der Hand hält. Vermutlich sollten diese Figuren das Kundenspektrum des Bordells und die unterschiedlichen Einstellungen zur Prostitution – oder auch verschiedene Aspekte der physischen und psychischen Verfassung des Künstlers veranschaulichen. Auch das Bordell war detaillierter ausgeführt, durch einen geöffneten Vorhang unter anderem, der den Blick ins Innere freigab. Zeitweilig taucht in den Skizzen ein homunkulus- oder embryoartiges Wesen auf. Die spätere Ausschließung der verschiedenen moralistischen ‚Kommentator-Figuren' ermöglichte es Picasso, die Prostitution krasser ins Bild zu rücken. Auch die Darstellung und selbst die Zahl der Frauen schwankte; die beiden Figuren am rechten Bildrand sind eine spätere Ergänzung, und die anfangs im Stil seiner Iberischen Periode gemalten Gesichter erhielten die Züge afrikanischer Masken. Ein von Anfang an durchgehendes Bildmerkmal ist der hochgereckte ‚Verkündigungsarm' der linken Figur; eine ähnlich ausgreifende Armbewegung zeigt dreißig Jahre später auch *Guernica*.

Was immer die Veränderungen bestimmt hat, das endgültige Werk ist von außerordentlicher Intensität. Der Kunsthistoriker und Kritiker Timothy Hilton sieht seine bleibende Wirkung darin, daß „es kein anderes Bild gibt, das ein vergleichbares System innerer Torsionskräfte aufweist, ein Volumen, das auf die gewundene oder scharf schneidende Linie reduziert ist". Das Werk ist zu einem Höhepunkt der verschiedenen Experimente geworden, von denen Picassos Skizzenbücher zeugen – Vielfalt der Perspektive, Gegensatzpaare, runde und kantige Formen, die kollidieren, warme und harte Farben, die sich beißen; es scheint, Picasso habe ausprobieren wollen, wieviel er sich und anderen auf einer einzigen Bildfläche zumuten konnte. Sein Biograph Roland Penrose führt die Eindrücklichkeit des Werkes darauf zurück, daß Picasso selbst einen Kampf austrug, den Konflikt zwischen dem delikaten Zauber seiner Blauen und Rosa Periode und dem formalen Reiz einer geometrischen Gestaltung, daß die Leinwand zum Kampfplatz wurde und damit einen Wendepunkt in der Geschichte der westlichen Kunst verkörpert.

Die Resonanz bei Freunden und Bekannten verstärkte Picassos ambivalente Einstellung zu seinem Werk. Auch die Bewunderer seiner frühen Arbeiten standen den *Demoiselles* verständnislos gegenüber. Die Reaktionen reichten von ratloser oder faszinierter Verblüffung bei den Geschwistern Stein und bei Braque bis zu offener Wut bei Matisse. Nur zwei Kunsthändler, Daniel-Henry Kahnweiler und Wilhelm Uhde, zeigten sich interessiert. Kahnweiler erinnerte sich später: „Vor allem eines möchte ich Ihnen klarmachen: den unglaublichen Heroismus eines Mannes wie Picasso, dessen geistige Einsamkeit zu jener Zeit erschreckend war. Nicht ein einziger seiner Malerfreunde war ihm auf seinem Weg gefolgt. Alle fanden das Bild verrückt oder monströs." Picasso schilderte die Gefühle, die solche Zeiten außerordentlicher Wagnisse begleiten: „Malen bedeutet Freiheit. Wenn man springt, riskiert man, auf der falsche Seite des Seils zu landen. Aber was hat man davon, wenn man das Risiko scheut, sich den Hals zu brechen? Man kann nicht springen. Und man muß die Leute doch aufwecken. Ihre Sehgewohnheiten revolutionieren. Man muß Bilder schaffen, gegen die sie sich wehren." Die meist feindlichen Reaktionen schmerzten Picasso, ohne ihn aus der Bahn zu werfen; er ließ das Bild verschwinden und stellte es einige Jahre nicht öffentlich aus.

Im Lauf der Zeit wurden die wegweisenden Neuerungen der *Demoiselles d'Avignon* und die einzigartige Stellung des Werks in der Kunstgeschichte seiner Zeit allgemein anerkannt. (In diesem Punkt gleicht seine Wirkungsgeschichte ein Stück weit derjenigen von Strawinskys *Le sacre du printemps* – vgl. dazu Kapitel 6 –, einem anderen Werk, das zum Test für sein Publikum wurde und genau sechs Jahre später zum ersten Mal über die Bühne ging.) Soziologisch gesprochen, entschloß sich die Fachwelt dazu, das Bild als Meisterwerk zu betrachten.

Man könnte vermuten, daß Picasso, derart rehabilitiert, nun auch mit Stolz auf Ursprünge und Entwicklung seines Werks hingewiesen hätte. Er hat die zahlreichen Vorstudien zu den *Demoiselles* jedoch nie öffentlich bekanntgemacht. Erst einige Zeit nach seinem Tod wurde in einem der Notizbücher, gefaltet, als wäre es eine Einkaufsliste, eine vollständige Bleistiftskizze des Werks gefunden, während der erwähnte Entwurf in Öl in den frühen neunziger Jahren auftauchte. Picasso liebte es, mit seinem Publikum zu spielen – vielleicht hatte er ihm ein paar posthume Überraschungen zugedacht. Da Picasso jedoch kein Mensch war, der lange der Vergangenheit nachsann, liegt die Vermutung nahe, daß *Les demoiselles* für ihn nur eine Station auf dem Weg zum entscheidenen Spiel des Kubismus darstellten.

Die Partnerschaft, aus der der Kubismus entstand

Georges Braque, 1882 geboren und unmittelbarer Zeitgenosse Picassos, ist in fast jeder Hinsicht das Gegenteil des spanischen Künstlers. Picasso, klein, stämmig und leidenschaftlich, war Rebell aus Instinkt und ebenso selbstbewußt wie begabt. Der großgewachsene Franzose Braque gab sich ungeniert bürgerlich, war exakt und scheu, boxte und tanzte gern und spielte das Akkordeon. Keine geniale Frühbegabung, war er als Zeichner nicht einmal besonders befähigt und stellte nur ungern Menschen dar. In die Malerei geriet er mehr durch Zufall und stand unter dem Einfluß der Fauves sowie der Arbeiten von Cézanne. Braque und Picasso trafen sich 1907, dem Jahr der *Demoiselles d'Avignon*. Auf den jungen Braque wirkte das Bild tief und verstörend. Später kommentierte er: „Ich hatte das Gefühl, da trinke jemand Benzin und speie Feuer." Er hatte in wenigen Monaten seinen *Großen weiblichen Akt* vollendet, eine ungewöhnliche Behandlung des traditionellen Motivs, in der dieselben künstlerischen Vorstellungen anklangen, die Picasso umtrieben.

Die beiden Künstler wurden Freunde, und 1908 begann eine Zusammenarbeit, die sechs Jahre dauerte, bis Braque 1914 zum Kriegsdienst eingezogen wurde. In einigen modernen Berufen, im Bereich der Naturwissenschaften oder im Geschäftsleben, gehört Teamwork zum Alltag. In der Malerei ist sie selten. Das gemeinsame Schaffen von Picasso und Braque war, unabhängig davon, was die beiden so unterschiedlichen Persönlichkeiten zueinander zog, auf die Arbeit an künstlerischen Innovationen konzentriert. Es vertrat im Bereich der Malerei den intimen geistigen Austausch, den Picasso bis dahin über die Grenzen der künstlerischen Disziplinen hinweg mit seinem engen Freund Apollinaire gepflegt hatte.

Kurz, im Rahmen ihrer Zusammenarbeit erfanden und erprobten Picasso und Braque die Kunstrichtung, die unter dem Namen Kubismus bekannt wurde. Denkbar, daß beide auch im individuellen Arbeitsprozeß die Entwicklung vollendet hätten, die von Cézanne eingeleitet wurde: das Aufbrechen figurativer Malerei in ihre Linien, Formen und Ebenen, das Ertasten zukünftiger, abstrakterer Verfahren. Fraglos waren die besondere Form des Kubismus und das Tempo, in dem er die Welt der bildenden Kunst veränderte, das Ergebnis der intensiven und produktiven Zusammenarbeit dieser zwei noch nicht dreißigjährigen Künstler.

Monatelang waren die beiden Männer unzertrennlich. Sie malten tagsüber und trafen sich abends, um ihre Arbeiten zu vergleichen. Ihre Werke wurden einander zeitweise so ähnlich, daß nur Experten sie unterscheiden können. Wie um die Unpersönlichkeit ihres Stils zu bestätigen, weigerten sie sich, bestimmte Bilder zu signieren: Vorrang hatte der Prozeß kubistischer Dekomposition, nicht die Identität des einzelnen Künstlers. Jeder schätzte die Gesellschaft des anderen, scherzhaft nannten sich sich „Orville und Wilbur Wright". Picasso machte Braque mit Frauen bekannt, und durch den Freund lernte Braque auch seine spätere Ehefrau kennen. Nicht nur gemeinsame Arbeit, auch ein freundschaftlicher Wettstreit verband die Männer; es kam vor, daß sie mit neuen Arbeiten hinterm Berg hielten, und ab 1911 nahm dieser persönliche Ehrgeiz zu. Im großen und ganzen aber war die Zusammenarbeit eng und symbiotisch. Ein halbes Jahrhundert später erinnert sich Braque:

Wir lebten am Monmartre, wir sahen uns täglich, wir redeten ... Während dieser Jahre sprachen wir, wie heute niemand mehr spricht ... unverständlich und abstrus und hatten unseren Spaß daran. ... Es war, als wären wir zusammen an einer Bergwand angeseilt. ... Vor allem gingen wir in unserer Arbeit auf.

Daß Picasso nur in diesen sechs Jahren auf regelmäßige Eintragungen in Notizhefte verzichtete, ist ein weiterer Hinweis auf die Bedeutung Braques für sein Leben. Picasso benutzte die Notizbücher als Mittel und Ansporn zum Denken – als Ort, Ideen durchzuspielen, zu reflektieren, seinen Kurs festzulegen. Gewiß hat dieser Prozeß während der kubistischen Periode nicht vollständig ausgesetzt, doch möglicherweise war die Rolle, die gewöhnlich dem stummen Tagebuch zufiel, von einen lebendigen, reaktiven Mitarbeiter und Kritiker übernommen worden.

In meiner Freudstudie habe ich die wichtige, vielleicht unentbehrliche Rolle behandelt, welche der Unterstützung durch andere dann zufallen kann, wenn das kreative Individuum sich auf Gebiete vorwagt, die nicht nur neu sind, sondern in den Augen der Mitwelt Tabubereiche darstellen. Im Fall Picassos ist ferner zu beobachten, wie ein loses soziales Netzwerk – die Bohème von Barcelona und Paris – einer intimeren Verbindung Platz machte, der Beziehung zu einer Einzelperson, die geistige und affektive Bedürfnisse erfüllte und hier darüber hinaus als Partner an der Schaffung eines neuen Symbolsystems beteiligt war.

Mary Gedo ist der Ansicht, daß Picassos Bedürfnis nach unterstützender Zuwendung besonders ausgeprägt war und sehr wohl auf das ungelöste Bindungs- und Abhängigkeitsverhältnis zu den Eltern zurückgehen könne. Die Ansprüche im künstlerischen Bereich konnten im allgemeinen Literaten erfüllen – beginnend mit Sabartés in der frühen Jugend, dem während der ersten Pariser Jahre Apollinaire und Max Jacob und später der Dichter und Maler Jean Cocteau, der Dichter Paul Eluard und der Bildhauer Julio González folgten. Wenn es aber darum ging, neue ästhetische Dimensionen auszuloten, könnte es für Picasso wichtig gewesen sein, mit einem Menschen zu arbeiten, der mit den Besonderheiten und technischen Details seiner Kunst vertraut war.

Der Kubismus und seine Ursprünge

Keine Geschichte im Themenbereich moderner Kunst ist so oft erzählt worden wie die Geschichte der Entstehung des Kubismus. Der Wunsch nach einer überzeugenden Kunsthistorie hat seinen Grund nicht nur in der besonderen Bedeutung der kubistischen Bewegung, sondern auch in der Vielzahl möglicher sowie bereits erzählter glaubwürdiger Entstehungsgeschichten. Erwähnt wurde die entscheidende Rolle, die Cézanne und sein Werk als Wegbereiter spielten, eine Rolle, die von beiden Gründerfiguren ausdrücklich anerkannt wurde.

Diesem kunstgeschichtlichen Zeugnis läßt sich eine Sammlung von Geschichten über den Ursprung des Kubismus zur Seite stellen. So betrachtet man den Kubismus als Akzentuierung primitiver Formen afrikanischer Stammesmasken, die Picasso in der Wohnung von Matisse gesehen und im Trocadéro studiert hatte, oder der flächigen Formen der klassischen ägyptischen Kunst; andere sehen im Kubismus die Übernahme von damals schon allgemein gebräuchlichen formalen Verfahren der Karikatur, der Plakatmalerei und anderer Formen der U-Kunst oder „Volkskunst". Der Kubismus wird als ein Versuch verstanden, die optische Wahrnehmung des Kindes und ihre graphische Umsetzung nachzuahmen, oder als vielleicht unbewußte Rückkehr zu den Kritzeleien, graphischen Experimenten und Glossen, mit denen der Knabe Picasso wie andere Schulkinder seine Hefte verzierte. Als Erklärung dienten auch die Erkenntnisse über die menschliche Wahrnehmung und deren Modelle, die von Psychologen um die Jahrhundertwende vorgestellt wurden. Und schließlich deutete man den Kubismus als Teil der umfassenderen künstlerischen und wissenschaftlichen Tendenz, eine einzige „richtige" oder „privilegierte" Perspektive zugunsten einer Viefalt von Standpunkten oder einer relativierenden Einstellung aufzugeben. Mit einem Anflug von Gereiztheit bemerkte der Kunsthistoriker Alfred Barr:

Mathematik und Trigonometrie, Chemie, Psychoanalyse, Musik und was nicht alles wurde mit dem Kubismus in Verbindung gebracht, um ihn leichter erklären zu können. Alles das war bloße Literatur, um nicht zu sagen Unsinn, der üble Folgen nach sich zog und die Leute mit Theorien blendete.

In einer Bemerkung Picassos klingt dieses Urteil nach: „Als wir den Kubismus erfanden, hatten wir nicht die Absicht, den Kubismus zu erfinden; wir wollten einfach ausdrücken, was wir dachten und empfanden."

Jedem epochalen Wandel oder „Paradigmenwechsel" liegt allem Vermuten nach ein Bündel von Ursachen zugrunde, von denen keine unabdingbar ist. Der Kubismus ist auch ohne die nigerianischen Masken im Trocadéro vorstellbar, ohne die optischen Illusionen in William James' psychologischem Lehrbuch, die Entdeckungen Einsteins, die Werke der Symbolisten oder die Bildwelt der Schülerhefte, ohne die Cabaretplakate oder den Altmeister Cézanne. Signifikant ist vermutlich die Tatsache, daß ikonoklastische Tendenzen, die auf den Wandel in der bildenden Kunst hindeuteten, gehäuft auftraten, was die Wahrscheinlichkeit dieses Wandels und einer zureichenden Akzeptanz erhöhte.

Ungeachtet dieser Voraussetzungen – ein ‚prädisponiertes' Umfeld und historische Logik – konnten sich die Wissenschaftler bis heute nicht auf eine genaue Charakterisierung des Kubismus und seiner Bedeutung einigen. Kommt der kubistischen Bilderfindung selbst bahnbrechende Geltung zu, oder war sie lediglich das Signal für die schwindende Kraft der gegenständlichen Malerei und ein Wegbereiter der rein abstrakten Kunst? Erlaubt die Zerlegung des Objekts dem Betrachter eine intensivere Zusammenschau von

Masse und Bewegung? Verstärkt sie nicht vielmehr das Gefühl sowohl der Unmöglichkeit, einen Gegenstand in seiner vollen Ausdehnung jemals zweidimensional zu erfassen, als auch der Diskontinuität aller Erfahrung? Versucht der Kubismus, die physischen Dimensionen der Gegenstände spürbar zu machen, oder lenkt er das Augenmerk auf die materiellen Elemente der Farbe und die Erfahrung des Malvorgangs? Sind die kubistischen Werke im wesentlichen als Exploration der Wirklichkeit und ihrer Wahrnehmung angelegt? Oder sind sie in dieser Absicht nicht völlig ernst zu nehmen – wollten sie ebenso unterhalten und provozieren wie belehren? Zielten sie auf politische und soziale Kritik an der damaligen Gesellschaft, oder legen sie nicht vielmehr in so kontroversen Fragen eine bewußte Neutralität an den Tag? Sogar der Name war Anlaß zur Entzweiung: Wurde er zur abschätzigen Bezeichnung von Künstlern gebraucht, die alles auf „kleine Kuben" reduzierten, oder bekundet sich in ihm Anerkennung der besonderen Leistung Picassos und Braques, durch Hervorhebung der geometrischen Objektstruktur das Wesen des Gegenstandes zu erfassen?

Mir scheint, so vielfältig der Ursprung des Kubismus war, so vielfältig waren seine Intentionen. Neben der unbezweifelbaren Ernsthaftigkeit forschenden Interesses standen der Bildwitz der Künstler und die Absicht, sich und andere zu amüsieren. Es lag ihnen daran herauszufinden, wie weit sich ein Gegenstand (oder ein Ensemble von Gegenständen) auf der zweidimensionalen (und dann letzten Endes doch mehr als zweidimensionalen) Oberfläche darstellen ließ; sie wußten aber sehr wohl, daß jede Festlegung der anschaulichen Darstellung, so groß der Gewinn ist, auch ihren Preis fordert. Sie wollten die Dominanz der realistischen, objektzentrierten Kunst herausfordern, empfanden jedoch das kompensatorische Bedürfnis, ihre Arbeiten in der Welt der Gegenstände zu begründen. Ungleich ihren Kollegen, die mit anderen Ausdrucksformen arbeiteten, wagten sie nie den entscheidenden Sprung in eine vollkommen gegenstandslose Kunst. Denkbar, daß allein schon das Engagement in einem so neuartigen – und fast gefährlich anarchischen – Unternehmen die Suche vorantrieb; die Antwort jedenfalls, zu der man schließlich gelangte, war weit weniger bedeutend als die gestellten Fragen und die Suche selbst.

Einige der paradoxen Seiten des Kubismus mögen im unterschiedlichen Naturell und künstlerischen Verfahren der beiden Maler begründet sein. Es ist denkbar, daß Picasso als der begabtere Gestalter von Mensch und Natur für die figurativen Aspekte, für die Konzentration auf Gegenstände mit ihren Eigentümlichkeiten verantwortlich war, während es Braque stärker zur Abstraktion drängte. Picassos virtuoses Temperament kontrastierte mit Braques

Interesse und Begabung für technische Aspekte wie Bildraumgestaltung und Bildkomposition.

Die Annahme aber, daß der Kubismus im wesentlichen die Stärken und Schwächen der beiden Künstler reflektiert, wäre eine unzulässige Vereinfachung. Befruchtung und der Ansporn, Neues zu schaffen, ging von beiden Seiten aus. Picasso wäre ohne das disziplinierte Beispiel von Braque seinem leidenschaftlichen Temperament ausgeliefert gewesen, Braque hätte, ohne das Vorbild des anregenden und einfallsreichen Picasso vor Augen, vielleicht niemals Gegenstände und graphische Elemente aus den verschiedensten Bereichen verarbeitet.

Die Phasen des Kubismus

Jenseits ihrer divergierenden Deutungen des Kubismus stimmen die Kunsthistoriker darin überein, daß die Bewegung zwischen 1910 und 1916 verschiedene Phasen durchlief: in der Periode des frühen, klassischen oder Analytischen Kubismus der Jahre 1910–11 wurde die Methode der Dekomposition erprobt. Es war die Phase formaler Strenge und profaner Motive, die monochrom wiedergegeben wurden (s. Abb. 5.6) Das Ziel war die Auflösung des natürlichen Gegenstandes in seine Komponenten unter Reduktion der natürlichen auf halbgeometrische Formen, die ihrerseits weiter untergliedert, disloziert oder verflacht wurden. Die Wiedererkennbarkeit des Gegenstandes war von zweitrangiger Bedeutung, da jetzt der Prozeß der Abbildung gegenüber dem abgebildeten Gegenstand Vorrang erhielt. Die auf frühen Bildern noch in Erscheinung tretende räumliche Tiefe wich zunehmender Flächenhaftigkeit.

Gelegentlich herrschte selbst bei den Künstlern Uneinigkeit über die figurativen Elemente, wenn sie wechselseitig ihre Arbeiten inspirierten. Aus der Zeit um 1911 wird berichtet, daß Picasso auf einem Bild von Braque ein Eichhörnchen zu erkennen glaubte, worauf auch Braque es entdeckte und die folgende Woche ergebnislos damit zubrachte, die realistischen Spuren zu tilgen. Die Zusammenarbeit war beispiellos eng. Jedes Werk der beiden Künstler nahm im Rahmen eines spezifischen Symbolsystems auf frühere Werke Bezug; die Fülle dieser persönlichen und malerischen Wechselbeziehungen wird sich Außenstehenden kaum voll erschließen.

Es folgte eine entspänntere Phase, deren Bildsprache von Heiterkeit, Witz und Phantasie geprägt ist. In dieser mittleren Periode, von 1912–13, experimentierten Picasso und Braque mit der Verwendung von Gegenständen, Zei-

Pablo Picasso: Ein Wunderkind und seine Entwicklung 205

ABBILDUNG 5.6
Porträt Wilhelm Uhde (1910), Öl auf Leinwand, 81 × 60 cm. Ein geometrisches und monochromes Porträt, charakteristisch für den Analytischen Kubismus. © 1993 ARS, N. Y./SPADEM, Paris

tungen, Briefen, Wörtern, Wortspielen, Kostümen, Notenblättern, Tapeten, Tabakpackungen und anderen Elementen, die sich in ihre Bilder integrieren ließen. Picasso übernahm die aktivere Rolle bei der Einführung von Collage-Techniken, als er ein Stück Wachstuch mit Rohrstuhlgeflecht auf eine Leinwand klebte (s. Abb. 5.7). Braque erfand „papiers collés", Papiercollagen, in denen er seinen Bildern Papierstücke – Ausrisse aus Tapeten, Zeitungen u. ä. – einfügte, die, Zitate ihrer selbst, ins Bildvokabular eingingen und doch als Papierstücke erkennbar blieben. Anstelle sorfältig aufgetragener Ölfarbe benutzten die beiden Künstler jetzt einen gröberen, härteren Strich und mischten der Farbe zuweilen Sand oder Sägespäne bei – ‚demokratische' Materialien, denen sie die Vermittlung von Sinn übertrugen. Die Objektteile wurden größer und deutlicher erkennbar. Immer wieder wurden auch Zeitungsausschnitte verwendet, einzelne herausgeschnittene Wörter und andere künstliche und numerische Zeichen, die sie ihrer Anschaulichkeit, aber auch ihrer politischen wie sozialen Inhalte wegen einsetzten.

Die mittlere Periode der Einführung bildexterner Elemente in das gemalte Werk markiert den Übergang des „Analytischen" in den „Synthetischen" Kubismus. Während der analytischen Phase stand das Zerlegen oder Aufbrechen der Gegenstände im Mittelpunkt, in der synthetischen Phase das Zusammensetzen von Gegenständen aus Einzelteilen, Bruch- und Reststücken.

ABBILDUNG 5.7
Stilleben mit imitiertem Stuhlgeflecht (1912), Öl und Wachstuch auf Leinwand, umrahmt von einem Seil, 27 × 35 cm. Eine für den Synthetischen Kubismus typische Collage.
© 1993 ARS, N. Y./SPADEM, Paris

Die Bilder entstanden in schneller Folge und unbekümmerter, großzügiger Manier; sie enthielten kaum noch etwas von der meditativen Qualität der frühen Periode. Man meint zu spüren, daß den Künstlern die gemeinsame Arbeit behagte und diese gleichzeitig ihre ursprüngliche Intensität verlor. Die Rivalität verschärfte sich, so wenn Braque es vorsätzlich unterließ, in Picassos Anwesenheit neue Ideen zu diskutieren, um allein daran zu arbeiten und Picasso und die Öffentlichkeit später gemeinsam damit zu konfrontieren. Der Synthetische Kubismus blieb für ein weiteres Jahrzehnt bestimmend, ohne daß Braque oder Picasso seinen Verlauf nach 1914 noch merklich beeinflußt hätten.

An der späteren Entwicklung des Kubismus sind außerdem andere Künstler beteiligt, in erster Linie der jüngere spanische Maler Juan Gris (José V. González). Alfred Barr spricht in seiner Kunstgeschichte vom „surrealistischen", vom „Rokoko-" und „kurvilinearen" Kubismus. Braque ging an die Front, und Picasso machte zwar weiterhin von kubistischen Techniken Gebrauch, scheute sich jedoch nicht, daneben auf Elemente seiner vorkubistischen Zeit zurückzugreifen, kunstgeschichtliche Reminiszenzen zu verarbeiten und neue, entschieden nicht-kubistische Stilformen zu inaugurieren. Im

Jahr 1915 oder 1916 war die kubistische Ära Picasso-Braque endgültig zu Ende.

Zeiten der Gemeinsamkeit, Zeiten der Trennung

Daß zwei Künstler in gemeinsamer Arbeit eine revolutionäre Stilwende einleiten konnten, ist erstaunlich. Nicht weniger bemerkenswert erscheint die Tatsache, daß zwei Küstler von so unterschiedlichem Temperament und Talent zumindest anfänglich zu einer gemeinsamen Entwicklung in der Lage waren. Voraussetzung für ein derartiges Bündnis ist eine Selbstbeschränkung, die zumindest für Picasso eine beachtliche Leistung darstellte. Unzulässig wäre der Schluß, die Dynamik des künstlerischen Fortschritts habe allein auf der eingespielten Kooperation beider Männer beruht. Vor allem für Picasso war es wichtig, sich von Zeit zu Zeit aus dem Arbeitsalltag in andere Lebens- und Denkgewohnheiten zurückzuziehen, Ausflüge, die auch eine Unbeschwertheit und Lebensfreude in ihm weckten, wie sie die beengten, kompetitiven und oft schwierigen Lebensverhältnisse der Großstadt nur selten aufkommen ließen.

Die erste einer Reihe von ähnlichen Exkursionen führte den jugendlichen Picasso schon 1898 in Begleitung des jungen Malers Manuel Pallarés nach Horta de San Juán. Picasso lernte das Landleben kennen, die Arbeit der Bauern und eine fruchtbare Landschaft, umgeben von den kahlen Hängen eines Kalksteingebirges. Penrose zufolge gab die Erinnerung an diese Umgebung zehn Jahre später den Anstoß zur Entstehung der ersten kubistischen Landschaften. Im Sommer 1906 reiste Picasso mit seiner Geliebten Fernande Olivier ins katalanische Gósol am Südabhang der Pyrenäen. In diesem Bauerndorf mit seinen spanischen Volksbräuchen inmitten der wilden Gebirgskulisse war Picasso entspannt, glücklich und produktiv. In zehn Wochen vollendete er so viele Bilder wie in den sechs Monaten davor. Zwar überwogen in den Arbeiten aus Gósol bukolische Themen, doch fiel Picasso nicht in die Sentimentalität seiner früheren Werke zurück; er kombinierte klassizistische mit den stark vereinfachenden Elementen altiberischer, „primitiver" Kunst und arbeitete außerdem intensiv an einer Reihe formaler Probleme, die ihn in den vorausliegenden Monaten beschäftigt hatten. Wieder in Paris, vollendete er das *Bildnis Gertrude Stein*, das er im Frühsommer unfertig zurückgelassen hatte.

Im Sommer 1908 reiste Braque ins südfranzösische L'Estaque, wo er Landschaftsbilder malte, die den Stempel Cézannes trugen und später als kubistisch bezeichnet wurden. Zur selben Zeit kehrte Picasso mit Bildern, die denen von Braque glichen, aus La Rue-des-Bois zurück. Ein Jahr darauf, nach den ersten Fanfarenstößen des Kubismus, weilte Picasso erneut in Horta de San Juan, doch mit einem anderen künstlerischen Programm. Die schon vertraute Landschaft konnte nun im Licht der mit Braque begonnenen formalen Experimente neu untersucht werden. In Anlehnung an Cézanne entstanden Landschaften, die erkennbar, aber stereometrisch vereinfacht waren. Die Erkenntnisse, die er mit Blick auf die menschliche Gestalt erarbeitet hatte, fanden ihre Bestätigung in den Darstellungen der natürlichen und vom Menschen geschaffenen Umgebung dieses entlegenen Dorfes: Hügel und Häuser wurden in ein Vexierbild sich überlagernder Flächen aufgelöst. Die Ausbeute dieses Sommers war ein Schub neuer Bilder, in denen sich deutlicher als bisher die Entwicklung des neuen Stils abzeichnete.

Selbst in den engsten und gelungensten Beziehungen zwischen Menschen besteht das Bedürfnis nach Zeiten der Trennung, nach ungeteilter Verfügung über Zeit und Raum, nach der Möglichkeit, alte Themen im Licht neuer Perspektiven zu betrachten. Vielleicht gilt das besonders für kreative Menschen, die Neuland erschließen. Andere können dabei, das war meine These, die wichtigen Hebammendienste leisten – die Verbindung Braque-Picasso und spätere Beziehungen Picassos zu Frauen lassen das zweifelsfrei erkennen. Unter Umständen jedoch kann eine Distanzierung von ebenso entscheidender Bedeutung sein. Picasso und Braque respektierten diesen Rhythmus menschlicher Beziehungen, wie die einsame Arbeit während des Tages und regelmäßige Zeiten der Trennung in den Sommermonaten zeigen. (Ihr Entschluß, den Sommer des Jahres 1911 gemeinsam in Céret zu verbringen, könnte rückblickend als Fehler erscheinen.) Die Intervalle des Rückzugs erwiesen sich als ebenso notwendig wie die Phasen intimer Vertrautheit. Im Lauf der Zeit wurden die Spannungen akut, das Bedürfnis nach Distanz verstärkte sich, und Braques Weggang zum Militär setzte den Schlußpunkt unter die Beziehung. Picasso bemerkte mit metaphorischer Prägnanz: „Danach sah ich Braque nie wieder." Doch ist es vielleicht kein Zufall, daß weder Picasso noch Braque eine vergleichbar enge Bindung mit anderen Künstlern suchte und daß keiner von beiden in seinen späteren Arbeiten noch einmal so bahnbrechende Zeichen setzte.

Die Reaktionen
in der Öffentlichkeit und in der Avantgarde

Von der Kunstkritik wurde die Bedeutung des Kubismus bald erkannt, die Mehrheit des Publikums indes reagierte spröde. Noch heute, fast ein Jahrhundert nach seinem Erscheinen, wird der Kubismus mit moderner Kunst schlechthin gleichgesetzt und von vielen nicht als künstlerische Hochleistung, sondern als verwirrendes Kuriosum behandelt. Während jedoch die *Demoiselles d'Avignon* so viel Anstoß erregten, daß Picasso sie dem Publikum jahrelang entzog und seine kubistischen Werke nur sehr selten öffentlich ausstellte, wurde die neue kubistische Kunst von Anfang an allgemein bekannt. Schon 1913 wurde sie in einer denkwürdigen Ausstellung im Zeughaus des 69. Regiments in New York, der Armory-Show, als die moderne Kunst an der Küste Nordamerikas eingeführt.

Der Kubismus war umstritten. Picasso versuchte diesen Auseinandersetzungen aus dem Weg zu gehen. Er weigerte sich, in den Salons auszustellen und schlug Möglichkeiten aus, den Kritikern zu entgegnen. Doch der Streit der Meinungen hielt an. Viele Kritiker taten die Werke als dilettantisch oder wertlos ab – Worte wie *grotesk, barbarisch, ultrarevolutionär, lächerlich* und *vorsätzlich schockierend* machten die Runde. Wenn ihr künstlerisches Potential anerkannt wurde, so nur mit der Einschränkung, es sei hermetisch und elitär. Zahllose Parodien und Satiren kursierten. Als Hauptverteidiger der Bewegung trat vor allem Picassos langjähriger Freund Apollinaire in Erscheinung. In einer Reihe von Artikeln und einem einflußreichen Buch suchte er die Logik der kubistischen Strömung und ihre Bedeutung sowie die Leistungen ihrer Schöpfer zu erklären. Seiner Darstellung nach läßt der Kubismus Schönheit auf völlig neue Art begreifen. Andere Kritiker, bei denen die neuen Versuche Zustimmung fanden, sprachen von einer Verbindung von Wissenschaft und Kunst, von der ersten objektiven Kunstrichtung, von einer beispiellos luziden Darstellung der Struktur des Gegenstandes. Und einige, wie John Middleton Murry, erklärten die kubistischen Malereien zu Meisterwerken, obwohl sie zugaben, sie nicht zu verstehen.

Ein Unterschied zwischen dem Kunstverständnis der Publikumsmehrheit und dem der Avantgarde ist in der Kunstgeschichte nichts Neues und läßt sich für die meisten Kunstrichtungen nachweisen, die seit Mitte des neunzehnten Jahrhunderts entstanden. Doch erst seit dem Kubismus (und gleichzeitigen Neuentwicklungen in den übrigen Künsten) ist zu beobachten, daß die von den Kennern geschätzten Kunstwerke dem größeren Publikum auf lange Zeit fremd bleiben. Die Namen Picasso und Braque, Strawinsky und Schönberg, Isadora Duncan und Martha Graham, T. S. Eliot und Joyce sind heute jedem halbwegs Gebildeten bekannt, und doch zieht es das Publikum zum leichter zugänglichen Werk der Vorgänger – zu Monet und van Gogh, Brahms und Wagner, Dickens und George Eliot und zum klassischen Ballett. Diese Kluft zwischen Avantgarde und Mehrheitspublikum ist in unserem Jahrhundert breiter geworden, und noch läßt sich nicht abschließend beurteilen, ob die Distanz zunimmt und welche Gruppe die wirksamere ist. In Details – vom Werbespot bis zur Designerkunst – ist der Kubismus längst zum Teil unseres Alltags geworden. Aus welcher Quelle die Bildersymbolik stammt, ist dem Publikum oft nicht bewußt.

Nach dem Kubismus: Leben im Rampenlicht

Picassos jüngste Werke mochten stirnrunzelndes Befremden hervorrufen, der junge Maler war nach seiner kubistischen Periode auf dem besten Weg, zur internationalen Institution zu werden. Er galt als genialer, gereifter Künstler von großer Vielseitigkeit und beispiellosen schöpferischen Ressourcen. Während er fortfuhr, im Stil des Synthetischen Kubismus zu arbeiten, entstanden daneben realistische Bleistiftporträts und Zeichnungen, die mehr an Ingres als an Cézanne denken lassen. Die Bilder der Rosa und Blauen Periode, die Bettler und Artisten, brachten ansehnliche Einkünfte; während die kubistischen Werke weiterhin als Kuriositäten galten, sprachen die nach 1914 entstandenen Malereien erneut die Kunstkonsumenten an. Um den Künstler sammelte sich ein Troß von Freunden und Agenten, die die Vermarktung seiner Werke übernahmen, sie an wohlhabende Sammler verkauften und ihn als den größten Künstler der Epoche feierten. Picasso hatte die Zeitgenossen in seinen Schatten verwiesen und sich zur überragenden Erscheinung seines Fachs entwickelt, die einzig an den großen Meistern der Vergangenheit zu messen war – und ist.

Das Wunderkind ist groß geworden

Man könnte erwarten, daß dieser fast sensationelle Ruhm an Picasso, dem großen Rebellen, abgeglitten wäre oder ihn enerviert hätte, zumal ein begeistertes Gefolge (wie so häufig) wenig von dem begriff, was der Meister im Sinn hatte. Doch nachdem Braque Paris verlassen hatte und die Geliebte Eva* an Tuberkulose gestorben war, gab Picasso seinem Leben eine neue Wende.

Er war Mitte der Dreißig und hatte bereits mehrere Leben gelebt: das Leben des unglücklichen Schuljungen, des genial veranlagten, vagabundierenden Gesellen, des Akademierebellen, des jungen Intelligenzlers in den Cafés von Barcelona und Paris, das Leben des kämpfenden Malers vom Montmartre, des Künstlers auf der Schwelle zum Ruhm in der Zeit nach der Rosa-Blau-Periode und des selbsternannten Führers der Avantgarde während der Phasen des Kubismus. In der sicheren Gewißheit, nun ein wohlhabender, erfolgreicher und anerkannter Künstler zu sein, gab Picasso fortan einer komfortableren, bürgerlichen Lebensweise den Vorzug.

Der Wechsel erfolgte auf mehreren Ebenen. Picasso bezog ein luxuriöseres Quartier und bewegte sich in der gehobenen Gesellschaft. Er arbeitete an gemeinsamen Projekten mit führenden Künstlern der Zeit, mit dem Choreographen Serge Diaghilew, dem Komponisten Eric Satie, mit Jean Cocteau und Igor Strawinsky. Er unternahm Reisen, die ihn über Frankreich und Spanien hinausführten. Von größerer Bedeutung ist seine Eheschließung. Nach wechselnden Beziehungen heiratete er Olga Koklova, eine russische Balletteuse und Generalstochter mit Vorliebe für den Glanz der High Society. Seine Krönung erfuhr der bürgerliche Lebensstil mit der Geburt des Sohnes Paolo im Sommer 1921.

Die ersten postkubistischen Malereien Picassos sind die Werke eines Wunderkindes, das den Übergang zum Erwachsenen – vielleicht allzu gut – bewältigt hat. Seine Entwicklung hatte bereits verschiedene Stadien durchlaufen, und in den Bildern des folgenden Jahrzehnts schöpfte er in großem Umfang aus den eignen Werken. Neue Strömungen wie den Surrealismus und die abstrakte Malerei nahm er zur Kenntnis, ohne sich ihnen anzuschließen. Er wandte sein Interesse anderen Ausdrucksformen zu und experimentierte vor allem mit der Bildhauerei. Es ist die Zeit, die oft als seine klassische oder klassizistische Periode bezeichnet wird, denn er wählte bewußt antikische Motive und Formen. Doch wie Strawinsky, der zur selben Zeit durch seine klassizistische Schaffensphase ging, prägte auch Picasso den Werken aus dieser Periode unverkennbar die eigene Handschrift auf. Er hat den Charakter seiner Arbeiten selbst am besten erfaßt:

Erwarten Sie nicht, daß ich mich wiederhole. Meine Vergangenheit interessiert mich nicht. Statt mich selbst zu kopieren, würde ich lieber andere kopieren. Zumindest

---

* eigentlich Marcelle Humbert

würde ich etwas Neues hineinbringen, ich liebe Entdeckungen. ... Was ist denn schließlich ein Maler? Ein Sammler, der Bilder sammeln möchte, die er in den Sammlungen anderer gesehen hat. So fängt es an, aber dann wird etwas anderes daraus.

Turbulenzen im Privatleben und in der Kunst

Auf eine Periode relativer Ruhe, die von 1916 bis 1926 dauerte, folgten schwierige Jahre. Picassos Privatleben wurde zunehmend kompliziert und belastend. Treue war eine Vorstellung – und Praxis –, mit der er sich schwertat. Seine sexuelle Rastlosigkeit wuchs; neben einer Reihe flüchtiger Affären ging der Endvierziger eine längere Beziehung mit der jungen Marie-Thérèse Walter ein. Er scheute sich nicht, die Geliebte gegen die Ehefrau auszuspielen. Eine Tochter, Maia, wurde geboren. (Getauft war Maia nach Picassos Mutter und seiner verstorbenen Schwester auf den Namen Maria Concepción). Die Spannungen nahmen zu, als Olga Picasso sich zur Scheidung entschloß und eine weitere Geliebte, die intellektuelle Dora Maar, ins Spiel kam. Picasso liebte seine Kinder, solange sie klein waren, wurde ihrer jedoch bald überdrüssig; Paolo entfremdete er sich.

Die privaten Turbulenzen blieben nicht ohne Auswirkung auf Picassos Arbeit. Vielleicht zum ersten Mal im Leben kam es vor, daß er über längere Zeit nicht malte. Ein paar Jahre lang ließ seine Produktivität nach – es entstanden weit weniger Bilder als früher. Mary Gedo gibt an, Picasso habe in einem Jahr gewöhnlich etwa dreihundert Bilder und Zeichnungen gemalt; zwischen 1926 und 1936 waren es selten mehr als hundert. Picassos Experimente mit Frauen, mit künstlerischen Verfahren und Ausdrucksmitteln deutet Timothy Hilton als verzweifeltes Aufbegehren des Künstlers gegen das Versiegen der schöpferischen Inspiration (und möglicherweise auch gegen das nahende Alter). Vielleicht spielte Picasso wie früher in seiner Kunst nun auch im Leben unbewußt mit höherem Einsatz, um seine Vorstellungskraft zu reizen.

Ob seine Arbeit in dieser Zeit auch an künstlerischer Kraft einbüßte, ist schwer zu beurteilen. Ersichtlich ist die Hinwendung zu tragischen Themen und zur Vehemenz des Körperlichen. Picasso hatte immer kühl, mit klinischer Distanziertheit gemalt; in seiner kubistischen Zeit empfand man ihn als eisig. Jetzt sind die Frauenporträts oft gewaltsam deformiert, zeigen unförmige oder abgetrennte Gliedmaßen, groteske Positionen und verzerrte Gesichtszüge; weibliche Figuren in den Skizzenbüchern gehen durch Stadien zunehmender Verformung. In den Bildern tauchen die ersten mythischen Tiergestalten auf, auffällig die Minotauren (Monster mit dem Kopf eines Stiers und menschlichem Körper), die, ambivalent konzipiert, einmal als brutale Vergewaltiger, einmal als ruhige, sogar unschuldige Zuschauer, bisweilen als Triumphgestalten, dann wieder als Opfer eines bösartigen Ungeheuers erscheinen. Die zahllosen Darstellungen der Corrida zeigen verletzte Stiere und sterbende Pferde. Weitere Themen und Motive sind Bacchanalien, bizarre sexuelle Paarungen, verrenkte Genitalien und entstellte Kreuzigungen, dazu die wachsende Besessenheit von der voyeuristischen und ausbeuterischen Beziehung des Malers zu seinem Modell. Kunstwerke mußten schockieren. Picasso sagte es einmal voll Überzeugung: „Ein Kunstwerk darf nicht unberührt lassen, darf nichts sein, an dem man mit flüchtigem Blick vorbeigeht. ... Es muß eine Reaktion auslösen, starke Gefühle, den Impuls, selber zu schaffen, und sei es nur in der Phantasie. ... Es muß den Menschen aus seiner Trägheit reißen."

Unterdessen waren über Europa dunkle Wolken aufgezogen. Nach den vergleichsweise ruhigen zwanziger Jahren brach sich in Italien, Deutschland und Spanien mit aggressiver Gewalt der Faschismus Bahn. Demonstratives politisches Engagement war Picassos Sache nicht, doch seine Sympathien lagen unzweifelhaft auf seiten der Demokratie, des Kommunismus und, das vor allem, der Anarchie, und nicht des Faschismus. Die chaotischen Brüche in Picassos persönlichem Leben schienen im allgemeinen Verfall der überlieferten geistigen Traditionen Europas ihr Echo zu finden.

Guernica: ein erklärtes Meisterwerk

Es gibt Menschen, bei denen äußere oder innere Bedrängnisse zu einer Krise im Arbeitsleben führen. Picasso war dieses Übel nicht fremd, doch zu seinen ausgeprägten Persönlichkeitsmerkmalen gehörte der Trieb, malend zu opponieren. Viele Elemente besonders in den späten Werken gehen auf einen gewalttätigen, destruktiven Zug zurück. „Man kann schließlich nur im Widerspruch zu etwas malen", erklärte er einmal. „Ich male scharfe, bissige Bilder. Gewalt, harte Beckenschläge ... Explosionen ... Ein gutes Bild – jedes Bild! – ist mit Rasierklingen gespickt."

Mitte der dreißiger Jahre schlagen die Spannungen und Konflikte seines Lebens auf seine Bilder durch. In Einzelwerken und Bilderzyklen wie *Traum und Lüge Francos*, einer Folge von achtzehn Aquatinta-Radierungen, oder dem *Minotaurus* offenbart sich ein Zug von Tragik und Gewalt, den frühere Werke

214 Die Schöpfer der Moderne

nur andeuten. Die Franco-Blätter zeigen den Caudillo in karikierenden, erschreckenden und obszönen Szenen; ein Stier zerreißt einem an Franco gemahnenden Monster mit Pferdeleib und Polypenkopf die Eingeweide. Ein Werk von großer Komplexität ist die *Minotauromachie* von 1935: Vor einem bedrohlichen Minotaurus, einem Pferd mit zerrissenen Eingeweiden und einem sterbenden weiblichen Matador, steht ein Mädchen, das eine Kerze trägt. Ein paar menschliche Figuren blicken auf die seltsame Szene herab, darunter eine christusähnliche Figur am linken Bildrand, die über eine Leiter zu flüchten scheint (s. Abb. 5.8). (Das Bild zeigt, einer der zahlreichen Deutungen zufolge, den Geschlechtsakt in der Optik eines Kindes.) Die *Weinende Frau* (1937) stellt das weibliche Gesicht im Ausdruck unerträglichen Leidens mit extrem aufgebrochenen, disharmonischen Zügen dar (s. Abb. 5.9). Man darf annehmen, daß Picasso selbst von Phantasiebildern unheimlicher, rasender Gewalt gepeinigt wurde; er bezeichnete diese Periode häufig als die leidvollste seines Lebens – gerechterweise müßte man hinzusetzen, daß Picassos Nöte zu guten Teilen selbstverschuldet waren.

In dieselbe Zeit fiel eine Erschütterung, die nicht der eigene Dämon ausgelöst hatte: In einem Akt brutalster Gewalt wurde am 26. April 1937 der Marktflecken Guernica, einstiger Hauptort des Baskenlandes, von deutschen

ABBILDUNG 5.8
Minotauromachie (1935), Radierung, 49,8 × 69,3 cm. Malerischer Ausdruck von Picassos Gewaltphantasien. © 1993 ARS, N. Y./SPADEM, Paris

Pablo Picasso: Ein Wunderkind und seine Entwicklung 215

ABBILDUNG 5.9
Weinende Frau (1937), Öl auf Leinwand, 60 × 43 cm. © ARS, N. Y./SPADEM, Paris

Bombenschützen in Francos Armee dem Erdboden gleichgemacht. Tausende, die sich am Markttag durch die Straßen drängten, fielen diesem Willkürangriff zum Opfer, der weltweites Entsetzen auslöste und Franco und sein Militär für immer zum Regime der Unmenschlichkeit stempelte. Picasso beschloß, das Ereignis für alle Zeiten in einem Bild festzuhalten. Anfang 1937 hatte er den Auftrag bekommen, für den spanischen Pavillon der Pariser Weltausstellung ein Wandbild zu schaffen, und er wußte, daß kein anderes Thema sein Beitrag sein konnte.

Ich habe bestimmte frühe Bilder wie La vie und Les Demoiselles d'Avignon als Schlüsselwerke bezeichnet, Werke, in denen sich die kreativen Erfahrungen einer Zeitspanne konzentrieren und eine Art künstlerische Bilanz gezogen wird. Dieser Kategorie ließen sich auch einige Werke der zwanziger und dreißiger Jahre zurechnen: die Drei Musikanten von 1921, Der Tanz (1925 – s. o. Abb. 5.4), Die Frau im Sessel (1929) und die Minotauromachie. Zwar hatte Picasso erklärt: „Wenn es möglich wäre ... würde es nie ein ‚fertiges' Bild geben, nur verschiedene Stadien ein und desselben Werks", doch nur wenige Werke in der Geschichte der Malerei lassen sich so eindeutig als bilanzierende Darstellung verstehen wie gerade Picassos Guernica (1937 – s. Abb. 5.10).

Picasso war überzeugt, daß sein Wandbild, in dem er, stilistisch an seinen späteren, eklektischen Kubismus anknüpfend, ein Thema und eine Komposition von klassischer, monumentaler Größe bewältigte, in die Geschichte eingehen werde. Er hat seine Vorstudien in allen Einzelheiten sorgfältig dokumentiert. Zu diesem Vorgehen erklärte er: „[Alle meine Arbeiten] sind For-

ABBILDUNG 5.10
Guernica (1937), Öl auf Leinwand, 351 × 782 cm – von Picasso selbst zum Meisterwerk erklärt © 1993 ARS, N. Y./SPADEM, Paris

schungen ... Sie folgen einer logischen Entwicklung. Darum numeriere ich sie. Sie sind ein einziges großes Experiment. Ich numeriere und datiere sie. Eines Tages wird man mir vielleicht dankbar sein." Und er führte aus: „Es genügt nicht, die Arbeiten eines Künstlers zu kennen – man muß auch wissen, wann, warum, wie, unter welchen Umständen er sie schuf ... Sicher wird es eines Tages eine Wissenschaft geben – vielleicht wird man sie die Wissenschaft vom Menschen nennen –, die sich mit dem schöpferischen Menschen befaßt, um Erkenntnisse über den Menschen im allgemeinen zu gewinnen." Insgesamt entstanden etwa fünfundvierzig Vorstudien zu *Guernica*, die mit wenigen Ausnahmen numeriert und datiert sind. Dank Dora Maar, der damaligen Geliebten des Künstlers, ist auch die Arbeit am Wandbild in seiner endgültigen Form dokumentiert. Sie hat sieben Stadien seiner Entstehung photographisch festgehalten.

Wenn der Welt berühmtester Künstler das Bild des Jahrhunderts schafft und dabei minuziös artikulierte Spuren hinterläßt, darf man sicher sein, daß die Zeugnisse von Experten der verschiedensten Disziplinen auf das genaueste unter die Lupe genommen werden. Vom Kurator Anthony Blunt bis zum Psychologen Rudolf Arnheim haben sich Dutzende von Wissenschaftlern an den Entwürfen zu *Guernica* versucht. (Später beschreibe ich ähnliche Reaktionen anläßlich der Entwürfe für Strawinskys *Sacre du printemps* und Eliots *The Waste Land*.)

Die Untersuchungen kommen zu verblüffend übereinstimmenden Ergebnissen. Vorbilder für die Komposition des Bildes, so die Wissenschaftler, sind in verschiedenen Werken nachzuweisen, die Picasso kurz zuvor vollendet hatte, namentlich in der Bildserie *Traum und Lüge Francos* sowie der *Minotauromachie* von 1935. Als Quellen werden außerdem klassische Werke genannt, die heroische Themen behandeln, unter anderem von Poussin, Ingres, Grünewald und Delacroix. Unverkennbar ist auch der Bezug zum Motiv der „Schlachtung der unschuldigen Kindlein". Picassos lebenslange Begeisterung für den Stierkampf ist in Inhalt und Ausdruck des Werks ebenso eingegangen wie Spuren eigener Erlebnisse, so seine Erinnerung an die Flucht der Eltern vor dem Erdbeben.

Arnheim sieht bereits in einer flüchtigen ersten Skizze (s. Abb. 5.11) die Komposition des fertigen Bildes angelegt; Hilton lenkt die Aufmerksamkeit auf die zwei ersten Entwürfe, in denen er eine Wiederholung des kompositionellen Grundschemas der *Minotauromachie* erkennt. Glaubt man Zeugnissen von Picasso, setzt sich über alle Zwischenstadien die erste Konzeption im allgemeinen durch. „Im Grunde ändert sich ein Bild nicht", versicherte er. „Anderem Anschein zum Trotz bleibt die erste Vorstellung fast vollständig erhalten."

Mir scheint, nur der wissende Rückblick ist scharf genug, in den flüchtig hingeworfenen Skizzen das Werk in seiner endgültigen Form zu erkennen. Doch wird man, besonders mit Blick auf die *Minotauromachie*, die Möglichkeit einräumen müssen, daß Picasso das kompositorische Grundschema von Beginn an im Kopf hatte. Zumindest aber wußte er, daß es ein großformatiges Werk von epischem Zuschnitt sein würde, auch wenn er sich über das Verhältnis der Teile, die darzustellende Figurengruppe und die Verteilung der expressiven Valeurs noch nicht im klaren war.

Die Arbeit an *Guernica*

Picassos Arbeitsmethode, wie sie uns bereits aus seinen Skizzenbüchern bekannt ist, tritt in den Entwürfen zu *Guernica* mit drastischer Deutlichkeit hervor. Wie in einem Barockkonzert begegnet man einem unablässigen Oszillieren zwischen den Teilen und dem Ganzen, zwischen chaotischen Gliedern und verdrehten Torsi einerseits und einem angedeuteten Dorfpanorama andererseits. Besessene Arbeit am Detail wechselt mit distanzierteren Übersichtsentwürfen, in denen das kompositorische Grundschema fixiert ist, und mit unbekümmertem Skizzieren, in dem Picasso seinem graphischen Esprit freien Lauf läßt. Sechs der etwa vierzig Studien bearbeiten die Gesamtkom-

218 Die Schöpfer der Moderne

ABBILDUNG 5.11
Erster Entwurf zu *Guernica*: „1. Mai 1937 (I)", Bleistift auf blauem Papier, 21 × 27 cm.
© 1993 ARS, N. Y./SPADEM, Paris

position (s. Abb. 5.12); zu den übrigen Entwürfen gehören Experimente mit einzelnen Figuren von Tieren und Menschen, Gesichtern und Formen entsprechend ihrer Bedeutung in der endgültigen Bildfassung, darunter eine sorgfältig ausgeführte Augenstudie, Experimente mit der Anordnung der zentralen Figurengruppe, ein Dutzend verschiedener Ansichten des Stiers (s. Abb. 5.13) und ein in kindlicher Manier dargestelltes kraftvolles Pferd. Eine Reihe von Skizzen zeigen den Künstler und ihm nahestehende Personen, deren Spuren noch in der letzten Bildfassung erkennbar sind.

Einige wenige Motive, so die Frau mit der Lampe, durchziehen kaum verändert den gesamten Entstehungsprozeß; andere wie die Mutter mit dem toten Kind wechseln ihre Stellung im Bildganzen oder werden stark überar-

ABBILDUNG 5.12
Kompositionsstudie „9. Mai 1937 (II)", Bleistift auf weißem Papier, 24 × 25 cm.
© 1993 ARS, N. Y./SPADEM, Paris

Pablo Picasso: Ein Wunderkind und seine Entwicklung 219

ABBILDUNG 5.13
Stierkopf mit Augenstudie „20. Mai 1937", Bleistift und graue Gouache auf weißem Papier, 23 × 29 cm. © 1993 ARS, N. Y./SPADEM, Paris

beitet. Der sterbende Soldat zum Beispiel rückt im Laufe der Arbeit ins Zentrum der Komposition; auch die Stellung des Stiers, die Behandlung des Stierkopfes und der Grad seiner Loslösung aus dem szenischen Zusammenhang variieren nicht nur in den Entwürfen, sondern noch während der Arbeit am Wandbild (s. Abb. 5.15). (Einige Entscheidungen konnten offenbar erst getroffen werden, als das Werk seine endgültige, großformatige Dimension annahm.) Laufend verändert zeigen die ersten Entwürfe das kompositionelle Verhältnis der von Schmerzen zerrissenen Frau und dem unbewegten Stier. Bis zuletzt scheint Picasso unschlüssig gewesen zu sein, welche Ausdrucksnuancen der Gutartigkeit, Bedrohlichkeit oder Unberührtheit den Stier kennzeichnen sollten, und er erklärte denn auch, daß der Stier kein eindeutiges Symbol des Faschismus sei, das Pferd aber „das Volk" repräsentiere. Die verschiedenen Veränderungen reflektieren Picassos Denken im Medium des Symbolsystems der Bildgestaltung.

Die Art und Weise, wie der Künstler hier wie schon in anderen Schlüsselwerken aus dem Fundus des eigenen bildnerischen Kosmos schöpft, macht Guernica sowohl für die Kunstwissenschaft als auch für die Kreativitätsforschung zu einem Gegenstand von bleibendem Interesse. Ein Werk nicht nur tiefer persönlicher Betroffenheit, ist Picassos Darstellung der vom Bombenkrieg terrorisierten spanischen Kleinstadt von nationaler, ja universaler Bedeutung. In seiner Verbindung von klassischer Kompositionstechnik mit einer Bildwelt von kindlicher Unmittelbarkeit erscheint Guernica als Vision des Chaos in der Wahrnehmung eines Kindes. Picasso erfaßte Dissonanz in vielfältiger

ABBILDUNG 5.14
Pferd und Mutter mit totem Kind „8. Mai 1937 (II)", Bleistift auf weißem Papier, 24 × 45 cm.
© 1993 ARS, N. Y./SPADEM, Paris

Form, im nationalen Zwiespalt des spanischen Bürgerkriegs ebenso wie in der Zwiespältigkeit der eigenen Natur, sei es im Verhältnis zur Gewalt, zur Sexualität oder zur künstlerischen Arbeit. Sein Bild ist eine leidenschaftliche Absage an den Krieg und eine kompromißlose Verurteilung des Francofaschismus. Zum

ABBILDUNG 5.15
Das Wandbild Guernica in der ersten Fassung (1937) © 1993 ARS, N. Y./SPADEM, Paris

Pablo Picasso: Ein Wunderkind und seine Entwicklung 221

politischen Engagement des Künstlers sagte Picasso: „Ich war und bin der Meinung, daß der Künstler, der in einer Welt geistiger Werte lebt und arbeitet, in einem Konflikt, in dem die höchsten Werte der Menschheit und Zivilisation auf dem Spiel stehen, nicht indifferent abseits stehen sollte." Und unmißverständlich: „Was ist denn in Ihren Augen ein Künstler? Ein Idiot ...? Er ist gleichzeitig ein politisches Wesen und immer sensibel für bewegende, verzehrende oder beglückende Ereignisse. ... Nein, Malerei ist keine Innendekoration. Sie ist eine Waffe zum Angriff und zur Abwehr des Feindes."

Guernica ist ein ästhetisches *Summum bonum*. Aus der Kombination von Symbolen, die Picasso bereits seit Jahren immer wieder benutzte, war ein kontrolliertes Chaos von bisher unerreichter Dichte entstanden. Anthony Blunt hält fest: „Es vereinigt die emotionale Intensität der Blauen Periode mit der Phantasie seiner metamorphischen Bilder und macht andererseits von der klassischen Zeichenkunst der frühen zwanziger Jahre ebenso Gebrauch wie von der strengen formalen Disziplin des Kubismus." In seiner endgültigen Form enthält das Wandbild, das nahezu alle Obsessionen Picassos aufgreift, eine fast überwältigende Informationsdichte. Dank seiner enormen Größe und epochalen Thematik hat sich *Guernica* dennoch durchgesetzt.

ABBILDUNG 5.16
Nächtlicher Fischzug in Antibes (1939), Öl auf Leinwand, 213 × 345 cm. Ein verspieltes, friedvolles Werk aus der Entstehungszeit von *Guernica*. © 1993 ARS, N. Y./SPADEM, Paris

Es dürfte kaum übertrieben sein, in *Guernica* Picassos Summa schlechthin zu sehen – den selbstgewissen und kühnsten Griff nach der künstlerischen Unsterblichkeit. Das Werk umfaßt wie *La vie* die Themen Liebe und Tod, zeigt wie *Les demoiselles d'Avignon* Unmenschlichkeit und Elend, aufflammenden Wahnsinn und ekstatische Gewalt wie der surrealistische *Tanz*, die Deformationen der *Frau im Sessel* und der *Weinenden Frau* sowie die Verschlingung von Themen und Figuren der *Minotauromachie*. Die verspielte Beschaulichkeit des *Nächtlichen Fischzugs in Antibes* (s. Abb. 5.16) und der *Drei Musikanten*, auch sie nicht ohne Spuren dunkler Ahnung, mußte dem Wandbild fehlen.

Das Wunderkind im Alter

Picasso war zweiundfünfzig, als er mit *Guernica* den künstlerischen Höhepunkt seines Wirkens erreichte. Wäre er in diesem Alter gestorben, sein Tod hätte weder an der Kunstgeschichte noch an seinem Ruf Wesentliches geändert. Picasso lebte noch sechsunddreißig Jahre, malte noch Tausende von Bildern, deren Wert in die Millionen geht, und versuchte sich in verschiedenen künstlerischen Ausdrucksformen von kommerziell gewinnbringender Keramik bis zu farcesken surrealistischen Dramen. Sein komplexes Privatleben hatte an Unübersichtlichkeit zugenommen – es folgten die stürmischen zehn Jahre mit der Malerin Françoise Gilot, Rechtsstreitigkeiten über Besitz und Publikationen, wechselnde Stadien der Entfremdung von seinen vier Kindern sowie vier Abstecher in die Politik, darunter der Eintritt in die Kommunistische Partei im Jahr 1940.

Beachtung verdient des Verhältnis zwischen dem chaotischen Privatleben Picassos und seiner anhaltenden künstlerischen Produktivität. In Picassos Laufbahn lösten nicht nur neue Domizile, Geliebte, Kinder und Sommerresidenzen einander ab, sondern auch neue Stilrichtungen und Schlüsselwerke. Wiederholt wurde bemerkt, so von Mary Gedo, Picasso habe jede neue Geliebte als Katalysator für neue künstlerische Versuche erlebt. Auch wenn man dem Impuls widersteht, die Marksteine in Picassos persönlicher Biographie und den Verlauf seiner kreativen Entwicklung auf ein simples Eins-zu-eins-Verhältnis zu bringen – daß dem Künstler und Menschen Picasso dieses Leben voll spannungsreicher Wirren und schroffer Kehren gedeihlich anschlug, ist nicht zu bezweifeln. Er war auf einem Feld tätig, das eine lebenslange Entfaltung grundsätzlich nicht ausschließt, und könnte versucht haben, sich einer andauernden Entwicklung durch die Suche nach Experimenten zu versichern, von denen jedes belebend und katalytisch war und neue *flow*-Erfahrung versprach.

Bis weit in die Achtziger war Picasso voll Energie und Tatendrang; er lebte, um zu arbeiten. Er wandte seine Aufmerksamkeit den Meistern der Vergangenheit zu und schuf ‚Neufassungen' vieler älterer Meisterwerke, die meisten von Manet, Courbet, El Greco, Delacroix und Velázques, darunter eigene Versionen von *Las meninas*. 1940 ging er mit einigen seiner Werke in den Louvre und hielt sie vergleichend neben die seiner großen Lehrer, Delacroix, Ingres und Zurbarán. Freunden berichtete er später: „Ich war gar nicht mal so schlecht." An seiner künstlerischen Unsterblichkeit schien er also nicht zu zweifeln.

Es gibt Kritiker, die dieser späten Phase seines Schaffens ablehnend gegenüberstehen. Sein Biograph John Berger schreibt: „Picasso fühlt sich nur wohl, wenn er arbeitet. Doch eigene Stoffe fehlen ihm. Er greift die Bildthemen anderer auf. Er bemalt Teller und Töpfe, die andere für ihn produzieren. Er bleibt ihm nichts, als Kind zu spielen. Er wird wieder zum Wunderkind." Es heißt, Picasso selber habe zuzeiten daran gezeifelt, ob sein Spätwerk von Wert sei. Bei der Kritik hatte es fraglos einen schweren Stand. Viele Betrachter reagierten mit ratlosem Befremden auf die grotesken Darstellungen der Sexualität und auf Werke, in denen der Künstler mit fast klinischer Präzision seinen körperlichen und vielleicht auch geistigen Verfall festhielt (s. Abb. 5.17). Doch ist zu betonen, daß Picasso in seiner Arbeit bis zum Ende furchtlos blieb und Wagnisse nicht scheute. Ein Mensch, der selbstzufrieden auf Erreichtes blickt, hätte sich nicht dem Affront ausgesetzt, den das späte, ‚dekadente' Werk Picassos mit Sicherheit hervorrufen mußte.

Der fotogene, im öffentlichen Umgang geschickte Picasso erfreute sich einer beneidenswerten Presse. Er war der große Magier der Malerei, von schier endloser Schaffenskraft und wie Chaplin und Einstein immer bereit, seinem Publikum entgegenzukommen. Mitte der fünfziger Jahre entstand ein wunderbarer Film, *Le mystère de Picasso*, der den Künstler fünfundsiebzig Minuten lang fast kommentarlos bei der Arbeit zeigt. Der Film ist ein überzeugender Beleg für die Behauptung, daß Picasso auf Leinwand und Papier gelang, was er wollte, und daß er charmant, witzig, selbstkritisch und ernsthaft sein konnte. In einer typischen, fesselnden Sequenz beginnt er mit einer Blume, aus der zuerst ein Fisch, dann ein Küken entsteht; danach wechselt er vom Schwarz-Weiß-Bild zur Farbe, und aus der Komposition wird das Bild einer Katze, der sich menschliche Figuren zugesellt haben. Der Biograph Roland Penrose und der Photograph David Douglas Duncan hatten jederzeit

224   Die Schöpfer der Moderne

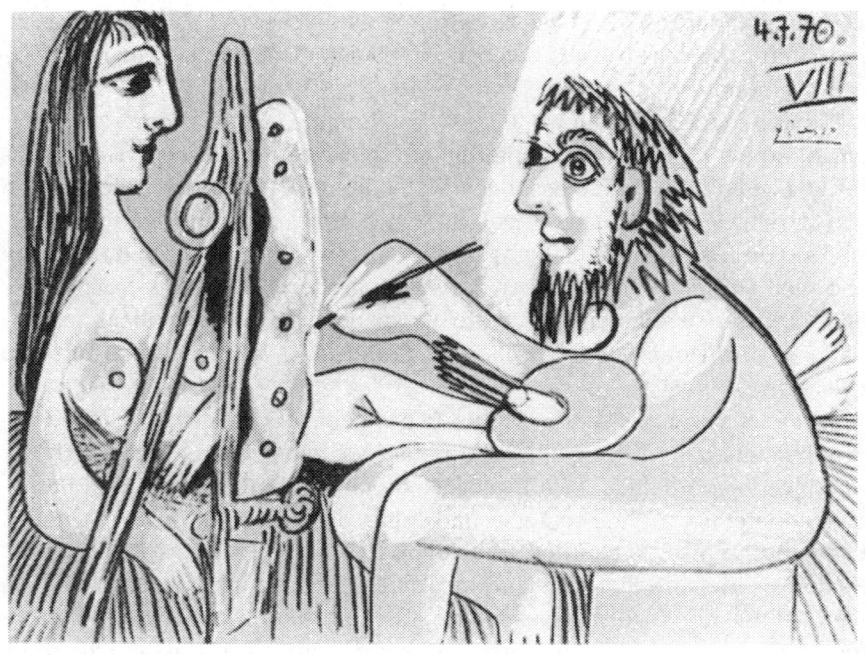

ABBILDUNG 5.17
Der Künstler und sein Modell, VIII (4. Juli 1970), Farbstift auf Karton, 23,8 × 31,5 cm.
© 1993 ARS, N. Y./SPADEM, Paris

freien Zutritt ins Atelier, eine Gegenleistung für schmeichelhafte visuelle und verbale Porträts des Meisters. In ihrem Buch „Leben mit Picasso" hat Françoise Gilot dokumentiert, daß im Reich des großen Mannes nicht alles so rosig war, wie es nach außen erschien, doch nicht wenige seiner Verehrer beeilten sich, Gilots Schilderungen und ihre Beweggründe in Frage zu stellen.

Kritische Betrachtungen prominenter Persönlichkeiten haben Hochkonjunktur, und es überrascht nicht, daß in den zwanzig Jahren seit Picassos Tod auch zahlreiche bittere und schonungslos brutale Darstellungen des Malers erschienen sind. Keiner unter den ‚Helden' meines Buchs ist von heftiger Kritik verschont geblieben, die Postmortem-Porträts von Picasso indes zeigen einen Menschen, der von Egoismus und Grausamkeit beherrscht schien. Zumindest in den letzten fünfzig Jahren seines Lebens duldete Picasso nur Menschen um sich, die ihm rückhaltlos ergeben waren und keine Götter hatten neben ihm. In noch größerem Ausmaß als Freud verlangte er von

Frauen und alten Getreuen bedingungslose Loyalität und behandelte sie, wie es ihm beliebte, spielte sie gegeneinander aus und gab ihnen mit brutaler Unberechenbarkeit den Laufpaß. Er hatte einen sadistischen Zug und konnte seine Geliebten auch physisch mißbrauchen – nach den Worten von Marie-Thérèse Walter sah er einen inneren Zusammenhang zwischen Arbeit und Vergewaltigung. Er weigerte sich, auf kritische Bedenken befreundeter Kollegen einzugehen, mochten die Kritiker Chagall oder Giacometti heißen. Und der Umgang, den er zu Lebzeiten und auf dem Weg über testamentarische Bestimmungen mit seinen Kindern pflegte, ist der Stoff für eine tragische mittelalterliche Moritat.

Andere geniale Geister mögen für Tod oder Unglück einer kleinen Anzahl von Menschen die Verantwortung tragen. Wer in Picassos Leben verhakt blieb, hatte mit einiger Gewißheit ein bitteres Schicksal zu erwarten, Frauen zumal. Picasso identifizierte sich zunehmend mit seinem Minotauros, der Frauen mit Leib und Seele zum Opfer verlangte. Seine erste Frau Olga wurde geisteskrank; sie starb 1955; 1977 erhängte sich die heiterste, unbeschwerteste Geliebe, Marie Thérèse Walter; Dora Maar, die Intellektuelle unter den Freundinnen, erlitt einen Nervenzusammenbruch. Sein Enkel nahm sich das Leben, als ihm untersagt wurde, an Picassos Begräbnis teilzunehmen – er starb nach der Einnahme von konzentriertem Chlorkalk. Seine zweite Frau (und Witwe) Jacqueline erschoß sich an dem Abend, als sie die Vorbereitungen für eine Ausstellung ihrer Sammlung von Werken Picassos vollendet hatte. Mary Gedo nennt Picasso einen *tragedy addict*, einen Mann, der süchtig war nach Tragödien und ein Faible für sensible, verletzbare Frauen hatte, die er so lange an sich band, bis die Tragödie eintrat. Als arglos wird Picasso in diesem Zusammenhang nicht gelten dürfen. Er hatte prophezeit: „Mein Tod wird wie ein Schiffbruch sein, und wie beim Untergang eines großen Schiffes werden viele Menschen mit in den Untergang gezogen."

Auch Picassos Freunde hatten unter ihm zu leiden: von Apollinaire distanzierte er sich, als dieser zu Unrecht eines Verbrechens angeklagt wurde; er lehnte es ab, sich für den Freund Max Jacob zu verwenden, als der Schriftsteller, den er seit vierzig Jahren kannte, ins Konzentrationslager deportiert wurde. Er hatte Affären mit den Frauen und Geliebten mehrerer Freunde, auch des unglücklichen Casagemas; mit Intrigen versuchte er der Karriere seines jungen Landsmannes Juan Gris zu schaden, äußerte sich abschätzig über den alten Freund Braque und zeigte seinem Händler Kahnweiler die kalte Schulter, als während des Zweiten Weltkriegs dessen Vermögen konfisziert wurde. Sein Freund Sabartés sagte von ihm: „Picasso wählte seine Freunde aus, wie er beim Malen die Farben auswählte, jede zu ihrer Zeit und zu einem besonderen Zweck." Richardson, ein überaus wohlwollender Biograph Picassos, beschreibt dieses Verhaltensmuster so: „[Picasso] blieb zeit seines Lebens auf einen Freund angewiesen, dessen Loyalität, Verständnis und Geduld er einer rücksichtslosen Verschleißprobe aussetzte, auf einen Menschen, der ihn, Picasso, über alles stellte."

Einzig den künstlerisch ebenbürtigen Matisse behandelte Picasso, wie es Freunden zukommt – als Gleichrangigen und mit Anstand. Matisse, in der Zeit ihrer ersten Begegnung bereits ein anerkannter Künstler, war die unangefochtene Autorität. Picasso mochte ihn herausfordern – *Les demoiselles d'Avignon* sind als Antwort auf die *Frau mit Hut* und *Bonheur de vivre* von Matisse gedeutet worden –, doch er räumte ein, daß Matisse ihm in Linienführung und Kolorit, in der Ausgeglichenheit, Reinheit und gelösten Heiterkeit des Ausdrucks ebenbürtig, wenn nicht überlegen war. Zu Matisse sagte er einmal: „Die Zeichnung habe ich im Griff, ich suche die Farbe; Sie haben die Farbe im Griff und suchen die Zeichnung." Und wiederholt bemerkte er: „Am Ende bleibt doch nur Matisse". Nach dem Tod von Matisse sah er sich offenkundig als den einzigen noch lebenden großen Meister des Jahrhunderts.

Ich erwähne die negativen Seiten Picassos nicht, um ihn zum vollendeten Bösewicht zu stempeln – er konnte großzügig sein, und während des Zweiten Weltkriegs bewies er Mut. Noch will ich seine künstlerische Leistung relativieren. Bei der Bewertung eines Künstlers oder auch Wissenschaftlers sollten die menschlichen Schwächen nicht in Anschlag kommen, auch wenn wir letzten Endes alle als Menschen beurteilt werden müssen. Ebenso fern liegt es mir, Picassos zerstörerische Persönlichkeit mit der Bedeutung seines Werks zu entschuldigen oder gar zu rechtfertigen. Keiner der sieben Protagonisten meines Buchs war ein Heiliger, doch ihre Untugenden verblassen neben Picassos arroganter Rücksichtslosigkeit.

Unbegreiflich ist es nicht, daß Picasso der wurde, der er war: Nutzen und Nachteile seiner Anfänge als genialer Frühbegabter prägten sein Leben. Seine Fähigkeiten im Verein mit einer außerordentlichen Vitalität stellten sicher, daß er, von wenigen Ausnahmen abgesehen, lebenslang tun konnte, was er wollte, wann und wo immer er wollte. Seine Meisterschaft wurde nie ernsthaft in Frage gestellt, geschweige denn übertroffen, und in allen Bereichen, die für ihn zählten, kamen nur die wenigsten, Mann oder Frau, an ihn heran. Bemerkenswert, daß die zwei Menschen, die allenfalls Anspruch auf diesen Rang erheben konnten, Françoise Gilot und Henri Matisse, freundschaftliche Beziehungen unterhielten und dieses Verhältnis Picassos eifersüchtigen Ärger erregte.

Doch Picasso blieb wesentlich im Netz seiner genialen Begabung gefangen. Seine Einstellung und sozialen Beziehungen zu einer Welt der Reife und Vernunft waren von einer gewissen Infantilität geprägt. Wie ich anfangs ausführte, sah Picasso sein Leben im Zeichen eines Paktes, einer faustischen Wette, die vielleicht bis auf früheste Zeiten, auf den Tod seiner Schwester Conchita zurückging und ihm das Recht gab, sich im Dienst seines Talents alles zu erlauben und ihm alles zu opfern. Ein tief abergläubischer und oft extrem furchtsamer Mensch, aufgewachsen in einem Land und sozialen Umfeld von weithin vormoderner Prägung, hatte Picasso sich einen Überbau, eine Legitimationslegende zurechtgezimmert, die ihm als dürftig verschleierter Vorwand diente, ungehemmt seinen Launen zu leben. Er war von dem Gedanken besessen, daß er in Erfüllung der ihm auferlegten künstlerischen Mission sein Werk und sein Überleben über alle irdischen Belange zu setzen hatte. So weigerte er sich aus berechtigter Angst, vom Tod zu reden und den Tod anderer zur Kenntnis zu nehmen. Ungeachtet dieser vollendeten Egozentrik konnte er, wenn er wollte, außerordentlich liebenswürdig, entgegenkommend und großzügig sein, ebenso wie er bereit war, über alle und alles hinwegzugehen, wo es um seine Arbeit ging. Wenn er sich, was denkbar ist, zeitweise schuldig fühlte, wurden diese Skrupel wohl von der großen Leidenschaft verzehrt, die ihn an seine Arbeit band.

Wie mir scheint, lassen nur wenige, vielleicht vier seiner Beziehungen den befremdlich ausbeuterischen Zug vermissen. Das Verhältnis zu seiner frühen Geliebten Eva scheint enger gewesen zu sein als alle späteren emotionalen Bindungen. Die jahrelange Beziehung zu Matisse blieb, so prekär sie war, doch immer von Achtung geprägt. Françoise Gilot, die zu zerstören er kaum etwas unversucht ließ, ging unbeschädigt aus allen Stürmen hervor und nötigte ihn damit zu widerwilligem Respekt. Vielleicht müßte in diesem Zusammenhang auch Gertrude Stein erwähnt werden, mit der er später allerdings kaum mehr Verbindung hatte.

Bleibt als letzte Ausnahme das für die Kunstgeschichte und unsere Untersuchung wichtigste, fast ein Jahrzehnt während Verhältnis zu Braque zu nennen. Die persönliche und künstlerische Bindung war stark genug, ein gemeinsames Arbeiten zu ermöglichen, mit dem ein neues Kapitel in der Geschichte westlicher Kunst seinen Anfang nahm. Stärker als je zuvor oder nachher gelang es Picasso, sein Ego und seine Persönlichkeit zurückzunehmen und sich durch diese Selbstbeschränkung neue Sehweisen zu erschließen. Später nannte er diese Zeit die glücklichste seines Lebens. Ob Picasso in der Beziehung zu Braque kindliche, familiäre Anhänglichkeiten auslebte, ob unterschwellige homosexuelle Bindungen wirksam waren und ob das Verhältnis ähnlich revolutionäre Fortschritte Picassos für immer verhinderte, muß die klinische Psychologie entscheiden. Ersichtlich scheint, daß Picasso, um über die *Demoiselles d'Avignon* hinauszugelangen, emotionalen Halt in anderen Bindungen brauchte.

6
Igor Strawinsky:
Poetik und Öffentlichkeit der Musik

Strawinsky, 1915

„... ich bin der Ansicht, daß die Musik ihrem Wesen nach unfähig ist, irgend etwas ‚auszudrücken'". Der wohl berühmteste Satz aus Igor Strawinskys Autobiographie löste beim Erscheinen des Werks Überraschung aus. Hatte nicht Strawinsky vom lyrischen *Petruschka* bis zum dramatischen *Sacre du printemps* (Frühlingsopfer) und der elegischen *Symphonie des psaumes* (Psalmensymphonie)* musikalische Werke geschaffen, die zu den expressivsten des zwanzigsten Jahrhunderts gehörten? Die Reaktion verkannte die heimliche Stoßrichtung des Verdikts, den Seitenhieb des eingefleischten Polemikers Strawinsky auf alle Fachgenossen, in denen er wie in den Nachfolgern Richard Wagners die Gegner seiner Ästhetik sah – Sünder gegen das Reinheitsgebot in der Musik, die Musikalisches in den Dienst sachfremder Ziele stellte, seien dies nationale Einheit oder Religionsfreiheit. Im Bestreben, ein gestörtes Gleichgewicht wiederherzustellen, entwarf Strawinsky das Bild eines Komponisten, der vor allem Handwerker ist und dessen Material, Tonhöhe und Rhythmus, genausowenig Ausdruck enthält wie der Balken des Zimmermanns oder der Stein des Juweliers.

Kreativität und Öffentlichkeit

Es mag zutreffen, daß Musik, wie Strawinsky behauptet, ohne ein von außen vermitteltes „Programm" nichts ist als Musik. Er spricht von einer „musikalischen Poetik" und damit im buchstäblichen Sinn also vom ‚Machen' (poiesis) der Musik. Eine andere Wahrheit ist jedoch Strawinskys Lebensgeschichte zu entnehmen, die ungewollt und drastisch illustriert, daß sich ohne ein weitgehend von außen steuerndes Wirken nur bedingt Musik machen läßt.

Alle kreativen Menschen und im besonderen Musiker leben im Umkreis von Menschen, die ihnen nicht nur helfen, ihre Visionen zu verwirklichen, sondern später auch in einer breiteren Öffentlichkeit das Schicksal ihrer Werke bestimmen.

Im Vergleich zu den bisher betrachteten künstlerischen und wissenschaftlichen Arbeiten erscheint das Komponieren als eminent öffentlicher Vorgang. Die Wirkung der Musik als zu lesender Notentext bleibt schmal. Voraussetzung dafür, daß eine musikalische Idee ihren öffentlichen Ausdruck findet,

---

* Im folgenden werden die Werke in der gebräuchlichsten Form angegeben

sind mehrere Personen (darunter Musiker, Verleger, Konzertveranstalter und Billettverkäufer) sowie bestimmte materielle Voraussetzungen (darunter Instrumente, ein Konzertsaal, Plakate und Programme). Und wenn wie im Falle Strawinskys musikalische Großveranstaltungen, Ballette und Opern, in Szene gesetzt werden, geht die Zahl der benötigten Personen sehr bald in die Hunderte.

Für Robert Craft, den Freund und Mitarbeiter Strawinskys, ergab sich bei der Durchsicht der Korrespondenz des Komponisten aus fast sieben Jahrzehnten ein überraschendes Bild. Strawinsky scheint der Verwaltung seiner musikalischen Laufbahn einen nicht geringeren Teil seiner beträchtlichen Energien gewidmet zu haben als dem Komponieren und Inszenieren. Und er hat sich darüber hinaus offenkundig mit Genuß und Entschlossenheit in die öffentliche Arena gestürzt. Craft hält fest:

Ob Strawinskys Briefe an Banken, Börsenmakler, Anwälte und Immobilienmakler für die Diagnose einer ‚gespaltenen Persönlichkeit' ausreichen, sei dahingestellt, doch die Konzentration, Logik und Detailbesessenheit, die er auf geschäftliche Angelegenheiten verwandte, sind, an einem großen Musiker zumindest, beängstigend ... Strawinskys Geist scheint nicht weniger der eines Geldverleihers als der eines musikalischen Genies ... Nach der Beendigung von *Le sacre du printemps* an einem Novembermorgen des Jahres 1912 scheint er den Nachmittag mit Briefen über Vermögensinvestitionen zugebracht zu haben.

In seiner Einführung zu drei umfangreichen Briefbänden bemerkt Craft fast entschuldigend:

Der ausführliche Briefwechsel zwischen Strawinsky und seinen Banken in Rußland von 1912 bis zur Revolution wurde nicht in die *Korrespondenz* aufgenommen. Ebenso fehlen die zahlreichen brieflichen Bitten um Vorauszahlungen, gerichtet an Verlage, Theaterdirektoren, Gönner und Konzertagenturen, Dokumente, die in auffallendem Gegensatz stehen zu Briefen, die bei Strawinsky die Bezahlung offener Rechnungen anmahnen ... Unberücksichtigt bleibt in diesem Kapitel das runde Dutzend von Strawinskys unüberlegten Rechtshändeln.

Strawinskys anhaltende kämpferische Verwicklungen in persönliche und berufliche Querelen stellten nicht nur im Kreis unserer sieben Meister, sondern auch innerhalb der Komponistenpopulation einen Extremfall dar. (Vergleichbar sind allenfalls Picassos wachsende erotische Verstrickungen; es scheint nicht undenkbar, daß diese konfliktträchtigen Verhältnisse für beide Männer einen psychischen Lust- und Energiegewinn bedeuteten.) Man braucht keine – vorwiegend erfolglosen – Prozesse zu führen, um ein großer Physiker oder unsterblicher Komponist zu werden. Doch das in der Biographie Strawinskys auffallende öffentliche Engagement des Künstlers für sein Werk belehrt darüber, wie eng ein Künstler mit dem Feld zusammenarbeiten muß, das für sein Fach zuständig ist. Nur den wenigsten Glücklichen ist es vergönnt, ganz ohne äußeres Zutun vom Feld akzeptiert zu werden; nur selten können Künstler auf einen Menschen zählen, der bereit ist, sich ausdauernd für sie einzusetzen, und zumindest bis in jüngere Zeit war die Notwendigkeit, das eigene Schaffen vor der Öffentlichkeit rechtfertigen zu müssen, für Frauen eine zusätzliche Belastung. Ob sie dabei mit Geschick oder dilettantisch zu Werk gehen, ob widerwillig oder mit Eifer – fast alle kreativen Menschen sind gezwungen, bedeutende Kräfte in die Förderung ihrer Laufbahn zu investieren. Diese Bemühungen garantieren keineswegs einen Erfolg, doch ohne sie riskieren junge kreative Talente, für immer unbeachtet zu bleiben.

Eine Kindheit in Rußland

In fast allen Kindheitserinnerungen ersteht die Vergangenheit als Bild freundlicherer und einfacherer Zeiten. Das scheint besonders für Kinderjahre im vorsowjetischen Rußland zu gelten. Die Lebenserinnerungen von Schriftstellern wie Vladimir Nabokov oder Boris Pasternak erzählen von russischen Großstädten der Zarenzeit voll wunderbarer Palais, köstlicher Schätze, eleganter Hotels und Klubs, von weiten schneebedeckten Ebenen, übersät mit prächtigen Datschas, und einer endlosen fröhlichen Geselligkeit im Kreis beschützender Großfamilien, treuer Diener, liebevoller Großeltern und sorgender Kinderfrauen. In seiner wehmütig-sehnsüchtigen Haltung zum Rußland seiner Jugend unterscheidet sich Strawinsky nicht von anderen Emigranten der Vorkriegsgeneration, seine persönlichen Erinnerungen sind jedoch weit weniger idyllisch gefärbt als die seiner literarischen Zeitgenossen.

Strawinsky wurde 1882 im russischen Oranienbaum als dritter von vier Söhnen einer Familie geboren, die auf väterlicher und mütterlicher Seite zum wohlhabenden Landadel gehörte. Er verbrachte die Wintermonate in St. Petersburg, einer Stadt, deren Schönheit er rühmt. Sommers lebte die Familie auf den verschiedenen Landgütern der weitverzweigten Familie. Der Wohnsitz in St. Petersburg war eines der intellektuellen Zentren der Hauptstadt, in dem nicht selten auch Dostojewski anzutreffen war. Strawinskys Vater, ein Bassist von Rang und begabter Schauspieler, war Mitglied der Kaiserlichen

Oper. Für den jungen Igor gehörte Musik zum täglichen Leben, und es war eines der größten Erlebnisse des Neunjährigen, als er kurz vor dem Tod des großen Komponisten unter den Zuhörern im Opernhaus Peter Tschaikowski erspähte.

Strawinskys Musikinteresse scheint bis in die frühe Kindheit zurückzugehen. Zu den lebhaftesten und deutlichsten unter seinen ersten Erinnerungen zählen Klangeindrücke. In der Autobiographie berichtet er von einem stummen Bauern, der auf faszinierende Art sehr laut mit der Zunge schnalzte und mit großer Geschwindigkeit und Fertigkeit ein Lied aus zwei Silben sang, den einzigen, die er hervorstoßen konnte. Er ‚begleitete' diese zwei Töne, indem er die rechte Hand gegen die linke Achselhöhle preßte, den linken Arm auf und nieder bewegte und so eine Serie von Geräuschen hervorbrachte, die euphemistisch ausgedrückt wie schmatzende Küsse klangen. Zuhause versuchte Strawinsky diese musikalische Vorführung nachzuahmen. Als Kind imitierte er auch den einstimmigen Gesang von Frauen des Nachbardorfs auf dem Heimweg von der Feldarbeit.

Es ist riskant, prägenden Kindheitserlebnissen dieser Art zu viel Bedeutung beizumessen, denn sowohl genial Begabte als auch ihre Angehörigen werden nach ersten Anzeichen des Talents Ausschau halten und dazu neigen, Erinnerungen so weit auszuspinnen, daß sie sich als ‚würdige' Vorboten der späteren Vollendung erweisen. Doch sicherlich unterscheiden sich Personen in der Art und Weise voneinander, wie sie prägende, unauslöschliche Kindheitseindrücke empfangen, und folglich sind Strawinskys akustische Erfahrungen mit Einsteins Faszination durch den Kompaß und Eliots intensiven visuellen und taktilen Eindrücken zu vergleichen. Strawinsky waren auch die visuellen Details dieser Szenen lebhaft gegenwärtig, Ausschmückungen, die sich erübrigt hätten, wäre es nur um den Versuch gegangen, das musikalische Gehör in die früheste Kindheit zurückzudatieren. Es ist daran zu erinnern, daß Strawinsky sich vor anderen Komponisten durch einen besonderen Sinn für die visuelle Seite dramatischer Aufführungen auszeichnete.

Obwohl er in einer Musikerfamilie aufwuchs, war Strawinsky kein frühbegabtes musikalisches Talent. Der Musik zog er das Malen und Theaterspielen vor. Als Neunjähriger, also relativ spät, begann er Klavier zu spielen und machte schnelle Fortschritte. Er studierte in der Bibliothek seines Vaters Opernpartituren und wurde ein eifriger Konzertbesucher. Schon früh zeigte er Interesse am Improvisieren und ließ sich nicht davon abhalten, eigene Melodien und Variationen zu schreiben, obwohl Eltern und Lehrer seine Versuche als Zeitvergeudung kritisierten.

Das familiäre Umfeld begünstigte die musikalische und intellektuelle Entwicklung Strawinskys, doch ungleich anderen jungen Russen seiner Schicht und Generation verlebte er, wie seine „Erinnerungen" bezeugen, keine glückliche Kindheit. Sein Vater, der nicht nur auf der Bühne der Kaiserlichen Oper stand, sondern auch als Jurist ein Amt im Staatsdienst bekleidete, war streng und kühl. Der Mutter gegenüber kannte der junge Igor nur „Pflichten". Er hing an Bertha Esser, dem deutschen Kindermädchen der Familie; ihr Tod, schreibt er, habe ihn tiefer getroffen als der Tod der Mutter. Von seinen Geschwistern stand ihm nur der jüngere Bruder Gury nahe, der im Ersten Weltkrieg in Rumänien den Tod fand. Strawinsky erinnert sich später, ein zutiefst einsames Kind gewesen zu sein: „Ich begegnete keinem Menschen, der mich wirklich anzog." Ähnlich wie Einstein fand er geistige Anregung und Förderung bei einem Onkel, dem Musikliebhaber und liberalen Intellektuellen Alexander Jelatschitsch, und bei einem älteren Freund, Ivan Pokrovskij, der ihn mit zeitgenössischen französischen Komponisten bekannt machte.

Nach eigenem Bekunden war Strawinsky kein guter Schüler, und seine Leistungen erreichten für gewöhnlich knapp den Klassendurchschnitt oder blieben darunter. Anders als Picasso, der Lernschwierigkeiten hatte, fehlte Strawinsky das Interesse an schulischer Unterweisung; er zog es lebenslang vor, sich selbst zu bilden. Den Vater ließ Igors Abneigung gegen institutionalisierte Wissensvermittlung unbeeindruckt; Fjodor Ignatewitsch verlangte, daß Igor in seine Fußstapfen trat und ein Jurastudium absolvierte. Die Rechtswissenschaft sagte Strawinsky wenig zu, und diese Dissonanz belastete das gespannte Verhältnis zum Vater und vertiefte sein allgemeines Unbehagen.

Das Musikleben der Metropole

Als er an der Petersburger Universität sein Studium aufnahm, stand für Strawinsky bereits fest, daß sein Beruf die Musik sein würde. Einen großen Teil seiner musikalischen Ausbildung verdankte er auch weiterhin der eigenen Initiative. Kontrapunkt interessierte ihn mehr als Harmonielehre, und er liebte es, die zahlreichen, dort anfallenden Aufgaben zu lösen. Er hörte die neuere Musik, und bald bewegte er sich wie andere aufstrebende junge Künstler und Intellektuelle seiner Zeit in einem Kreis Gleichaltriger, die ähnliche Ambitionen und ein gemeinsames Interesse an den zeitgenössischen geistigen Ausdrucksformen Rußlands und Westeuropas zusammenführte.

Das wichtigste Ereignis in Strawinskys musikalischer Ausbildung war seine Begegnung mit Rimskij-Korsakov, dem großen alten Mann des damaligen russischen Musiklebens. Rimskijs Urteil über die Kompositionen des Jüngeren fiel kühl aus, er stand ihm jedoch als Mentor bei seinen musikalischen Studien zur Seite und bot ihm zu seiner großen Überraschung an, ihn zu unterrichten.

Sechs Jahre, bis zum Tod des Komponisten im Jahr 1908, blieb Strawinsky Rimskij-Korsakovs Schüler und wurde immer mehr auch zu seinem Freund und Vertrauten. Der Unterricht umfaßte vor allem theoretische und praktische Instrumentierung. Beide orchestrierten dieselben Werkpassagen und verglichen dann ihre Fassungen. Strawinsky war ein begabter Schüler, seine Fortschritte freuten den Lehrer, und vielleicht zum ersten Mal im Leben war der junge Igor in ein Milieu eingebunden, in dem er sich voll engagierte. Die frühe Identifizierung mit der Musik wurde jetzt lebensbestimmend.

Strawinsky und Rimskij-Korsakov trafen sich in ihren pädagogischen Grundsätzen: beide favorisierten die Einhaltung strikter Disziplin. Strawinsky hielt später fest: „Für den Anfänger gibt es in jedem Fach nur ein Vorgehen: er muß zunächst eine von außen auferlegte Disziplin befolgen, doch nur mit dem Ziel, für die eigenen Ausdrucksmethoden frei zu werden und darin Sicherheit zu erlangen." Ihre musikalischen Neigungen gingen indessen weit auseinander. Die Musik Tschaikowskis zum Beispiel, des russischen Antipoden Rimskij-Korsakovs, lag Strawinsky in mancher Hinsicht näher als die Programmusik seines Lehrers, der Strawinskys Vorliebe für alte russische Formen ebenso ungern sah wie die Schwärmerei seines Schülers für die zeitgenössische französische Musik und sein Interesse für die neuesten Kreuzungen russischer und europäischer Musiktradition. „Igor Strawinsky ist mein Schüler", erklärte er in einer Mischung aus Stolz und Zweideutigkeit, „doch er wird weder meine noch die Nachfolge eines anderen Komponisten antreten, denn sein musikalisches Talent ist einzigartig groß und ursprünglich."

Die russische Musik befand sich damals in einem Stadium dauernder Veränderungen, die an die ‚mehrfachen Optionen' erinnern, wie sie in der deutschen Physik und in der französischen Malerei dieser Zeit zu entdecken sind. Bedeutenden Einfluß übte eine Gruppe von fünf Komponisten aus, die sich um 1875 zusammengeschlossen hatten, um eine nationale Schule russischer Musik zu gründen. Außer Rimskij-Korsakov gehörten dazu Alexander Borodin, Cesar Cui, Mili Balakirev und Modest Mussorgskij – Komponisten, die sich in Opposition einerseits zu Tschaikowski und Glinka sahen, deren Beeinflussung durch westliche Musiktraditionen sie monierten, und andererseits zu Alexander Glasunov, dem Vertreter eines akademischen Stils, der den klassischen orchestralen Formen treu blieb. Strawinsky griff später auch auf Werke und Traditionen vieler europäischer Komponisten früherer Jahrhunderte zurück.

Kritischen Stimmen zufolge waren Strawinskys erste kompositorische Versuche unbedeutend. Wie alle Anfänger im Vorfeld kreativen Schaffens beherrschte er die Techniken der Vorgänger. Strawinsky ließ sich von zeitgenössischen Komponisten auf äußerst vielseitige Art inspirieren. In seinen frühesten Kompositionen ist der Einfluß nicht nur Rimskij-Korsakovs, sondern auch Tschaikowskis und anderer russischer Komponisten erkennbar, deren Werke ihn interessierten und die er oft bewußt nachahmte. Auch Anklänge an Beethoven, Wagner, Richard Strauss und andere deutsche Komponisten fehlen nicht. Seiner Begeisterung für die neuesten Musikströmungen folgte Strawinsky mit der Teilnahme an den „Abenden für zeitgenössische Musik", gegründet im Jahr 1902, die sich die Pflege der faszinierenden neuen französischen Musik zum Programm machten. Obwohl Strawinsky während eines Jahrzehnts vor allem der wißbegierige Schüler blieb, sind seine Fortschritte in dieser Zeit bemerkenswert. Der Kritiker Jeremy Noble hält fest, daß Strawinsky „in den vier, fünf Jahren seit der Sonate [von 1903 und 1904] eine erstaunliche Wegstrecke zurücklegte".

Erste Triumphe
und eine schicksalhafte Begegnung

Strawinsky trat zum ersten Mal öffentlich hervor, als im Jahr 1907 in St. Petersburg seine Sonate in fis-moll aufgeführt wurde; die Aufführung seiner ersten Symphonie folgte im Jahr darauf. Der Komponist war damals Mitte zwanzig und somit kein ausgesprochen jugendlicher Debütant. Die Stücke wurden weder von Rimskij-Korsakov noch vom Publikum mit besonderem Beifall aufgenommen. Auf bessere Resonanz stießen die zwei kurz danach aufgeführten kurzen Stücke für großes Orchester – das *Scherzo fantastique* und *Feu d'artifice* (Feuerwerk), zwei explosive, brillante Programmwerke voller Dynamik; die Orchestrierung einfacher Motive mit reichen Harmonien verriet reife musikalische Könnerschaft. Vor allem aber wird in diesen kurzen Kompositionen zum ersten Mal Strawinskys eigene künstlerische Stimme vernehmbar.

Unter den Zuhörern eines Konzerts, bei dem vermutlich auch Feuerwerk zur Aufführung kam, war ein junger russischer Impresario und ehemaliger Anwalt namens Sergej Diaghilew. Die begonnene Komponistenlaufbahn hatte er auf Anraten Rimskij-Korsakovs abgebrochen und nachfolgend eine Zeitschrift gegründet: Mir Iskusstva (Die Welt der Kunst) wurde zum Sammelbecken junger Künstler und übernahm die Rolle, die Arte Joven wenige Jahre zuvor für Picasso und seinen Kreis in Barcelona gespielt hatte und Blast einige Jahre später für T. S. Eliot, Ezra Pound und Wyndham Lewis in London spielen sollte. Die Zeitschrift war kurzlebig wie die meisten ihrer Art und hielt sich nur fünf Jahre; sie verschaffte der Kunst der russischen Avantgarde ihren Platz zwischen den Künstlern der Akademie auf der einen und den politischen Revolutionären auf der anderen Seite. Ihr Programm, die neue l'art pour l'art-Ästhetik, ergänzt durch eine intelligente Mischung authentisch russischer und zeitgenössischer westeuropäischer Einflüsse, zog die begabtesten jungen Talente des damaligen Rußland in Diaghilews Umkreis.

Diaghilew war eine bemerkenswerte Persönlichkeit, halb eindrucksvoller Grandseigneur, halb Spielernatur, ein Intellektueller mit künstlerischem Einschlag, ein Träumer und Intrigant. Er liebte die Intrigenspiele, an denen das Leben des charismatischen Homosexuellen inmitten eines Kreises junger Künstler und Musiker nicht eben arm war. Junge Talente erkannte er mit dem Blick des Hellsehers, und er besaß ein untrügliches Gespür für das, was ein Publikum schockieren (und faszinieren) konnte. Sexualität und Ekstase, Gewalt und Tod waren seine bevorzugten Themen, und während er Ultramodernem den Weg bahnte, verlor er Publikum und Theaterkasse nie aus dem Blick.

Diaghilew wußte sich einzuschätzen. Als junger Mann Anfang Zwanzig hatte er seiner Stiefmutter geschrieben:

Ich bin erstens ein großer Scharlatan – con brio, zweitens ein großer Charmeur, bin drittens, milde gesagt, nicht mit Schüchternheit geschlagen, besitze viertens eine gehörige Menge Logik, doch sehr wenig Prinzipien und glaube, fünftens, daß mir wirkliche Talente fehlen. Ich glaube dennoch, soeben meine wahre Berufung gefunden zu haben – die Rolle des Maecenas. Ich besitze dazu alles Nötige außer dem Geld – mais ça viendra [doch das wird sich finden].

Strawinsky schrieb von ihm: „Er hatte ein unerhörtes Fingerspitzengefühl, eine außerordentliche Fähigkeit, auf Anhieb das Frische und Neue einer Idee zu erkennen und sich ihr sofort ohne Überlegung hinzugeben." Vom Schicksal nicht zum Künstler bestimmt, gehört Diaghilew zu der verschwindend kleinen Zahl der Ziehväter und Mentoren großer Begabungen in unserem Jahrhundert. Der Photograph Alfred Stieglitz zählt zu ihnen, die Kompositionslehrerin Nadia Boulanger, der Herausgeber Maxwell Perkins und der Theaterdirektor Max Reinhardt – Persönlichkeiten, die in der Kunst des zwanzigsten Jahrhunderts Geschichte machten.

Nachdem er St.Petersburg durch seine brillanten Publikationen, erfolgreichen künstlerischen Produktionen und seinen eindrucksvollen Stall junger Talente erobert hatte, richtete Diaghilew seinen Blick auf Europa, genauer Paris. Zunächst organisierte er 1906 eine Ausstellung russischer Kunst im Grand Palais; im Jahr darauf folgten fünf Konzerte in der Oper und 1908 ein *Boris Godunov*, der zur Sensation wurde.

1909 unternahm Diaghilew mit der Gründung der *Ballets russes* den vielleicht gewagtesten Schritt seiner Karriere. Der Ruf des Balletts als Kunstform war zweifelhaft; viele Intellektuelle hielten es für ein antiquiertes künstlerisches Genre, das seine besten Zeiten hinter sich hatte. Diaghilew hingegen war der Meinung, daß es eine ganze Reihe bedeutender Ballette gebe und die Form, vor allem in Hinblick auf die besonderen Fähigkeiten seiner russischen Truppe, unausgeschöpfte Möglichkeiten berge. Mit dem von Chopin inspirierten Ballett *Les Sylphides*, den *Polowetzer Tänzen* von Borodin und anderen Aufführungen nahm Diaghilew Paris im Sturm.

Im Jahr 1909 hatte Diaghilew bereits eine hervorragende Truppe von Tänzern und Tänzerinnen – unter ihnen Vaclav Nijinskij –, Choreographen (Michail Fokin*) und Bühnenbildnern (Léon Bakst und Alexander Benois) um sich gesammelt. Was ihm fehlte, war ein Komponist, der regelmäßig mit der Truppe zusammenarbeitete. Als er die Komposition Strawinskys hörte, wußte er, daß er seinen Mann gefunden hatte. Diaghilew, der seinen Impulsen bedenkenlos vertraute, zögerte nicht, Strawinsky ohne Umschweife zu bitten, das Nocturne in As-dur und den *valse brillante* aus *Les Sylphides* zu orchestrieren. Er spielte mit der Idee eines Balletts um die Geschichte des Feuervogels und gab Strawinsky, der damals schon Ende Zwanzig war, den Auftrag, das dramatische Volksmärchen zu vertonen.

Die Begegnung mit Diaghilew und der Vorschlag, sich den *Ballets russes* anzuschließen, veränderten Strawinskys Leben. Soeben noch Schüler des jüngst verstorbenen Rimskij-Korsakov und junger Komponist mit einigem Talent, doch ohne Beziehungen zu den maßgeblichen Institutionen und ohne wegweisende Aufgaben, wurde Strawinsky über Nacht zum geschätzten Mitglied der damals vermutlich innovativsten Gruppierung auf dem Gebiet der

---

* in der fanzösischen Schreibweise Michel Fokine

darstellenden Kunst. So umstandslos sich Strawinsky in die strenge Unterrichtsdisziplin Rimskij-Korsakovs gefunden hatte, so mühelos lebte er sich in das Ensemble bizarrer Talente ein, das sich um den zielstrebigen Diaghilew scharte.

Statt wie bisher allein zu arbeiten, stand Strawinsky jetzt in beinahe täglichem Kontakt mit der Ballett-Truppe, eine neuartige und überwältigende Erfahrung für einen Menschen, dem der selbstverständliche Umgang mit Gleichgesinnten immer gefehlt hatte. Strawinsky erwies sich auch hier als williger Schüler, der schnell auffaßte und auf alles lebhaft reagierte. Er war flexibel, neugierig und beweglich genug, mit Bühnenbildnern, Tänzern, Choreographen und selbst mit den Administratoren der Kompanie zusammenzuarbeiten. Benois bemerkte, daß Strawinsky mit seinem tiefgehenden Interesse sowohl für das Theater als auch für Architektur und die bildenden Künste unter den Musikern einen Sonderfall darstellte. Der Schule Diaghilews verdankte der junge Strawinsky, wie er in seiner Autobiographie berichtet, zwei entscheidende Fähigkeiten: termingerecht zu komponieren und zwischen unbeirrbaren, doch divergierenden künstlerischen Entwürfen zu vermitteln.

Der Meister des Balletts:
Feuervogel und *Petruschka*

Die beiden so verschiedenen Fähigkeiten eignete sich Strawinsky an, als er im Winter 1909 und Frühjahr 1910 an der Partitur zum Ballett *Feuervogel* arbeitete. Später erinnerte er sich: „Während des ganzen Winters schrieb ich eifrig an meiner Musik, und durch diese Arbeit kam ich in ständige Berührung mit Diaghilew und seinen Mitarbeitern. Sobald ich Teile der Partitur ablieferte, legte Fokin die Choreographie fest, und ich war bei jeder Probe der Truppe zugegen. Hinterher war ich dann mit Diaghilew und Nijinskij zusammen – der übrigens in diesem Ballett nicht auftrat –, und wir beendeten den Tag jedesmal mit einem erlesenen Mahl, zu dem wir einen guten Bordeaux tranken."

Der *Feuervogel* bot Strawinskys keimender Begabung einen glänzenden Rahmen. Die Geschichte vom bösen Zauberer Katschej, vom Zarewitsch Iwan, von der Prinzessin und der ‚guten Fee', dem glitzernden Feuervogel, hat märchenhaftes Kolorit. Das phantastische Wesen wird zunächst gefangen genommen, dann befreit und hilft am Ende dem Zarewitsch, die Prinzessin aus der Gewalt des Zauberers zu retten.

In der dramatischen Märchenhandlung konnte sich Strawinskys theatralische Vorstellungskraft voll entfalten. Auf Verfahren zurückgreifend, die er bei Rimskij-Korsakov gelernt hatte, fand er für jeden Charakter ein bezeichnendes Register – Chromatik für den Bereich des Übernatürlichen, Diatonik für die menschliche Sphäre und orientalische Anklänge, um die Märchenwelt des alten Rußland zu beschwören. Er hatte überdies die Gelegenheit, die für jeden Protagonisten typischen Gesten und Bewegungen musikalisch auszudrücken. Da die Komposition neunzehn verschiedene Szenen enthielt, konnte er auch seine Instrumentierungskunst voll ausschöpfen. Französische und russische Vorbilder waren unüberhörbar, doch offenbarten die Beherrschung der Melodik, die harmonischen Durchgänge und der rhythmische Ablauf einen Komponisten, der zu sich selbst gefunden hatte, der farbige musikalische Themen, aber auch einen Dialog kraftvoll kontrastierender Abschnitte und Fragmente schaffen konnte. Nicht wenige Hollywoodfilme haben mit Erfolg musikalische Verfahren ausgebeutet, die in diesem ersten größeren Werk Strawinskys meisterhaft zur Darstellung kamen.

Diaghilew war überzeugt, daß sich dem Komponisten durch seine Arbeit für den *Feuervogel* neue Welten öffnen würden. Am Premierenabend erklärte er: „Schaut ihn euch gut an – das ist ein Mann auf der Schwelle des Ruhms." Die Zuschauer, Debussy und andere Altmeister waren darunter, nahmen das Werk so enthusiastisch auf, daß Strawinsky fast über Nacht zur Berühmtheit wurde. Der biographische Eintrag im *New Grove Dictionary of Music* verzeichnet:

Der Erfolg des *Feuervogels* veränderte Strawinskys Leben. Damals war Paris das internationale Zentrum der künstlerischen Welt, das Russische Ballett eine seiner Hauptsensationen und Strawinskys Werk die bedeutendste Originalkomposition im Ballettrepertoire. Über Nacht wurde Strawinsky als der begabteste russische Komponist der jüngeren Generation bekannt, und seine Musik war in den folgenden Jahren in Westeuropa bekannter als in seiner Heimat Rußland.

Keine der sieben in diesem Buch dargestellten Persönlichkeiten hat einen so kometenhaften Aufstieg erlebt. Der Erfolg des *Feuervogels* gab Diaghilews Kompanie ein kosmopolitisches Flair und verband die Lebensläufe Diaghilews und Strawinskys für die nächsten zwei Jahrzehnte eng miteinander.

Strawinsky stand dem Erfolg seiner ersten Ballettkomposition ambivalent gegenüber. Sie blieb bis zum Ende seines Lebens das Werk, das seinen Ruhm begründete und das die häufigsten Aufführungen – und Parodien – erlebte (zum größten Ärger des streitbaren Komponisten meist ohne Copyright).

Möglicherweise hat Strawinsky die Originalität der Komposition und ihren Einfluß auf seine nachfolgenden Werke unterschätzt; er hielt den *Feuervogel* in Konzeption und Instrumentierung für konventionell, für einen Rückfall in die deskriptive Musik des neunzehnten Jahrhunderts mit ihren obligaten Anbiederungen beim Zuhörer und ihrem expressivem Überschwang. Unzufrieden mit einigen Teilen der Choreographie, war er offenbar erleichtert, daß die Suite im Lauf der Zeit als Teil eines Orchesterkonzerts aufgeführt wurde. Sein späterer ironischer Kommentar lautete: „Das Stück ist zwar vitaler als die meiste komponierte Volksmusik aus dieser Zeit, ist aber auch nicht besonders originell – zwei gute Voraussetzungen für einen Erfolg." Zur Zeit eben dieses Erfolges aber plagten Strawinsky weder Stolz noch Reue. Mit der schöpferischen Ungeduld des kreativen Künstlers arbeitete er bereits an seinen nächsten Kompositionen.

Petruschka und seine Innovationen

Als Diaghilew Strawinsky im Sommer 1910 in der Schweiz besuchte, hatte der Komponist ein neues Konzertstück in Arbeit. Ausgangspunkt der Komposition war die „Vorstellung einer Gliederpuppe, die plötzlich Leben gewinnt und durch das teuflische Arpeggio ihrer Sprünge die Geduld des Orchesters so sehr erschöpft, daß es sie mit Fanfaren bedroht. Daraus entwickelt sich ein schrecklicher Wirrwarr, der auf seinem Höhepunkt mit dem schmerzlich-klagenden Zusammenbruch des armen Hampelmanns endet." Diaghilew hatte Feuer gefangen und überredete Strawinsky, aus dem Stück das Tanzspiel *Petruschka* zu machen. Im Herbst und Winter arbeitete Strawinsky an der Partitur; im Juni wurde das Ballett im Pariser Théâtre du Châtelet aufgeführt und mit Begeisterung aufgenommen.

Der *Feuervogel* hatte gezeigt, daß Strawinsky in der Lage war, das von den Vorgängern und Lehrern Gelernte zusammenhängend zu verarbeiten und eine Komposition zu schaffen, die das Expertenfeld seiner Zeit in enthusiastische Erregung versetzte. *Petruschka* war ein kühneres Unterfangen. Die Vertonung ist zugleich altertümlich und modern – eine Mischung traditioneller Bauernlieder mit städtischer Folklore und Trivialmusik vor dem Hintergrund eines Volksfests. Die Stimmung oszilliert zwischen lyrischen, pikaresken und tragischen Partien, wobei die Tragik anders als im *Feuervogel* nicht formelhaftes Zitat, sondern genuin empfunden ist.

Strawinsky benutzte neue Kompositionstechniken: Harmonik wechselt mit Polyphonie, Polytonalität und einem Schuß Chromatik; das bestimmende diatonische Vokabular kontrastiert mit einem dissonanten Idiom. Zentral ist der grelle Petruschka-Akkord, in dem sich C-dur und Fis-dur überlagern. Strawinsky schafft winzige Episoden, einige kaum mehr als Phrasen, die beim ersten Hören oft dissonant erscheinen und sich doch bruchlos aneinanderfügen; sie erscheinen in wechselnden Kontexten und verbinden sich zu einem größeren, hochexpressiven und befriedigend integrierten Ganzen. Daneben stehen interessante Charakterisierungen: Der melancholische Petruschka zum Beispiel wird durch das scheinbar konträre Medium des karnevalesken Jahrmarkttreibens dargestellt.

Die vermutlich einschneidendsten Neuerungen zeigen sich in der Rhythmik. Bei scheinbar unerschöpflichem Erfindungsreichtum neuer Metren, die von Zweier- und Dreierrhythmen überlagert sind, entsteht dennoch der Gesamteindruck eines vollkommen einheitlichen musikalischen Textes von geradezu mechanischer Präzision. Durchgehendes, archaisches Strukturelement ist der Rhythmus, dessen peitschendes Regelmaß von Episoden kalkulierter Asymmetrie und Synkopen durchbrochen wird. Es überrascht nicht, daß Strawinsky die Komposition einer so unkonventionellen Partitur nicht leicht von der Hand ging. Einen Monat lang versuchte er sich am wehmütigen Finale und suchte auf dem Klavier die letzten Takte des Bildes.

Entschiedener als der *Feuervogel* ist *Petruschka* als Collage komponiert – ein Verschnitt einzelner Bilder, die kunstvoll zu einem überzeugenden, größeren Klangteppich montiert sind. Während der *Feuervogel* sich an die bekannte Handlungssequenz des Märchens anlehnt, ist *Petruschka* der Versuch, Stimmung oder Gefühle der Puppe und ihrer Welt wiederzugeben. Angesichts der Tatsache, daß gleichzeitig Braque und Picasso an visuellen Collagen arbeiteten und Eliot „aufgeschnappte" Gesprächsfetzen in seine Gedichte einstreute, ist man versucht, einen künstlerischen Zeitgeist* am Werk zu sehen.

Auch während der Entstehung von *Petruschka* arbeitete Strawinsky eng mit Diaghilews Truppe zusammen; das Libretto verfaßte er gemeinsam mit Benois. Doch im Gegensatz zum üblichen Verfahren entstand zuerst die musikalische Vorlage, danach und ihr untergeordnet die Form des Tanzes – ein Vorgehen, das Strawinsky entgegenkam, Fokin indessen weniger zusagte, der die Truppe in der Folge verließ. Auch an der Inszenierung war Strawinsky diesmal weit stärker beteiligt. Sein Biograph André Boucourechliev hält fest: „Gar nicht hoch genug einzuschätzen ist ferner die Rolle des Komponisten bei der Bühneneinrichtung des Werks, die ihn endgültig als professionellen

---

* im Orig. deutsch

Theaterpraktiker auswies." Mit wachsender Kenntnis und Sicherheit sah Strawinsky sich zunehmend auch in Auseinandersetzungen über Darstellung, Choreographie und Instrumentierung verstrickt, und mußte schließlich noch mit Benois einen erbitterten Kampf um die Rechte am Stück ausfechten.

Petruschka, unter der kompetenten musikalischen Leitung von Pierre Monteux, inszeniert von Benois und choreographiert von Fokin, wurde wie der *Feuervogel* zum Triumph. Ein nicht unerheblicher Anteil am Erfolg der Uraufführung ist unbestritten Nijinskijs brillanter Darstellung der Puppe zuzuschreiben. Strawinsky hat Nijinskijs stupende Ausdrucks- und Erfindungsgabe immer gewürdigt: „Als Petruschka war er das aufregendste menschliche Wesen, das mir je auf einer Bühne begegnet ist." Die positive Aufnahme des Werks bedeutete auch für Strawinsky viel. „Der Erfolg von Petruschka war insofern gut für mich, als er mir das absolute Zutrauen in mein Gehör gab, und das gerade in dem Moment, als ich die Arbeit an *Le sacre du printemps* aufnahm."

Ein bezeichnender Fehlschlag

Angesichts von Strawinskys unglaublicher Produktivität während der Jahre 1910 bis 1913, in denen drei unbestrittene Meisterwerke entstanden, könnte man versucht sein, sich den Werdegang des jungen Komponisten als eine Kette nicht abreißender Erfolge zu denken. Tatsächlich jedoch verwandte Strawinsky in derselben Zeit beträchtliche Energien an eine Komposition, auf die er große Hoffnungen setzte, die jedoch wirkungslos blieb: *Le roi des étoiles* (Zveszdolikij – Der Sterngesichtige), eine kurze Kantate für Männerchor und großes Orchester auf einen Text des Lyrikers Konstantin Balmont, die er Debussy gewidmet hatte. Wegen seiner Komplexität und anderer Schwierigkeiten erlebte das Stück erst 1939 seine Uraufführung und ist seitdem nur selten öffentlich gespielt worden.

Es ist wichtig, den singulären Fehlschlag auf dem Hintergrund eines so beispiellosen Erfolges anzuerkennen. Er erinnert daran, daß selbst die kreativsten Neuerer nicht dagegen gefeit sind, eine falsche Richtung einzuschlagen, und daß sie sich von anderen durch ihr Regenerationsvermögen und nicht durch ihre Unfehlbarkeit unterscheiden. Der Kreativitätsforscher Dean Keith Simonton hat, wie ich erwähnte, Beweise zusammengetragen, die dafür sprechen, daß die großen Schöpfernaturen sich durch eine erhöhte Produktionsfähigkeit auszeichnen, aus der ebenso ein Plus an unbedeutenden wie an überdurchschnittlichen Werken hervorgeht. Man sollte *Le roi des étoiles* wie einen ausgesonderten Entwurf von *The Waste Land* oder wie Freuds „Projekt" betrachten, als eine Art fehlgeschlagener *Demoiselles d'Avignon* – eine Phase der tastenden Suche des Künstlers nach einem allgemein verständlichen Symbolsystem zum Ausdruck einer noch vagen persönlichen Vision. Auch wenn sie den üblichen Erfolgskriterien nicht standhalten, können derartige Umwege und Sackgassen für den kreativen Menschen außerordentlich bedeutungsvoll sein: sie helfen ihm bei einer Einschätzung des bisher Erreichten und bei einer Festlegung des künftigen Vorgehens.

Le sacre du printemps: Klänge eines neuen Jahrhunderts

Strawinsky berichtet von einem Tagtraum, den er während der Arbeit am Feuervogel hatte: „... die Vision einer großen heidnischen Feier: alte weise Männer sitzen im Kreis und schauen dem Todestanz eines jungen Mädchens zu, das geopfert werden soll, um den Gott des Frühlings günstig zu stimmen. Sie wurde zum Thema des ‚Frühlingsopfers'." Es gibt Hinweise darauf, daß die Vorstellung von einem Gedicht des modernistischen russischen Lyrikers Sergej Gorodeckij angeregt war. In den folgenden drei Jahren, vor allem nach der Vollendung von *Petruschka* arbeitete Strawinsky an der Partitur. Trotz des bekannten Premierenskandals wurde das Werk schon innerhalb weniger Jahre als bahnbrechende musikalische Leistung und als Wendepunkt der modernen Kompositionstechnik anerkannt.

Es fällt mir schwerer, über Musik und Ballett zu schreiben als über Literatur oder Dichtung, doch ich werde versuchen, die musikalische Entstehung des Werks und die öffentlichen Reaktionen auf *Le sacre* nachzuzeichnen. Die Entstehungsgeschichte ist unübersichtlich. Strawinsky erhielt den formellen Kompositionsauftrag, kurz nachdem er Diaghilew von seiner Vision erzählt hatte. Er erkannte, daß ihm die intime Kenntnis russischer Volksbräuche von Nutzen sein würde, und suchte die Zusammenarbeit mit dem Maler, passionierten Archäologen und Ethnographen Nikolaj Roerich. Obwohl die konzentrierte Kompositionsarbeit erst zwei Jahre später begann, erklärte Roerich bereits 1910: „Das neue Ballett stellt Szenen aus einem nächtlichen Ritus der heidnischen Slaven dar. Die Handlung beginnt während einer Sommernacht und endet unmittelbar vor Sonnenaufgang, mit dem Erscheinen

der ersten Lichtstrahlen. Die Choreographie besteht aus rituellen Tänzen, und das Werk wird der erste Versuch sein, das Leben der heidnischen Bevölkerung ohne Benutzung dramatischer Handlungselemente darzustellen."
Fokin war bereits für andere Projekte verpflichtet, so daß die Choreographie an Nijinskij fiel; und da die Mitglieder der Ballets russes schon für die nächsten zwei Aufführungen probten – Ravels Daphnis und Chloe und Debussys L'Après-midi d'un faune – konnte die Premiere des Sacre nicht vor 1913 angesetzt werden.

Bedingt durch die Neuartigkeit und unerhörte Komplexität der Aufgabe gestaltete sich die Kompositionsarbeit hindernisreicher und langwieriger als bei den früheren Werken. Dem Feuervogel hatte Strawinsky einen bekannten Erzählstoff und geläufige musikalische Techniken (wenn auch in hoch differenzierter Anwendung) zugrunde gelegt, und das Werk war in enger Zusammenarbeit mit dem gesamten Ensemble Diaghilews entstanden; in Petruschka benutzte er die ebenfalls bekannte Geschichte eines Harlekins in einer Jahrmarktkulisse und hatte das Glück, in Nijinskij über einen Tänzer zu verfügen, dessen geniale Begabung auf die Rolle zugeschnitten schien. Im Sacre jedoch waren sämtliche Komponenten neu – Thema und Material, Roerich als Mitarbeiter, Nijinskij als Choreograph und vor allem ein radikales, neu konstruiertes musikalisches Idiom.

Es existieren Entwürfe der Sacre-Partitur, doch scheinen sie mir in jeder Hinsicht weniger ergiebig, als man auf den ersten Blick annehmen würde. Vor allem fehlt Material aus der ersten Kompositionsphase: Strawinskys „Skizzenbuch" ist eher ein Arbeitstagebuch, ein Protokoll der entscheidenden Momente in der Entwicklung der Partitur. Zweifelsfrei belegt scheinen folgende Tatsachen: Die Titel der einzelnen Abschnitte und das Szenario wurden im Sommer 1911 mit Roerich ausgearbeitet. In derselben Zeit entstanden Einzelentwürfe für die Teile: Augures printaniers (Frühlingsbeschwörung), Rondes printanières (Frühlingsrondo), Jeux des cités rivales (Wettspiele der Stämme). Volksmelodien waren wichtige Bestandteile einzelner Abschnitte. Ein früher Einfall war auch der Akkord, dessen rhythmische Artikulation zur Signatur des Werks geworden ist – der stark dissonante Sacre-Akkord, eine Schichtung von Fes-Dur-Dreiklang Fes-As-ces-fes und dem Quintsextakkord g-b-des'-es'. In seinen Erinnerungen bemerkt Strawinsky, daß er die Entstehung des Akkords weder erklären noch rechtfertigen konnte; er habe gesucht, bis das Gespielte „dem Ohr gefallen" habe. Interessanterweise wurden die Eröffnungsteile, die das Erwachen der Natur schildern und die Grundlage für den Sacre-Akkord darstellen, später komponiert, vermutlich sogar erst nach der Beendigung des ganzen ersten Teils.

246 Die Schöpfer der Moderne

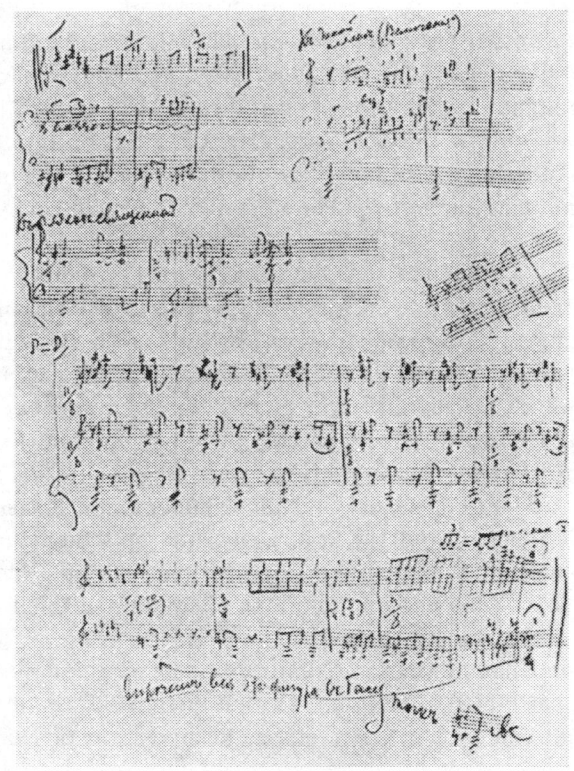

ABBILDUNG 6.1
Skizzenblatt aus *Sacre du printemps*: verschiedene Entwürfe für „Tanz der Erde", „Weihevolle Ahnenfeier" und „Heiliger Tanz". © André Meyer/Bibliothèque Nationale, Paris.

Strawinsky hatte bereits bei den ersten Ideen und den frühen Entwürfen die Klangvorstellung des Gesamtwerks vor Augen. (Hierin erinnert der Ausgangsplan an die frühen Entwürfe von *Guernica* und *The Waste Land* – sehr schematisch, doch exakt hinsichtlich der Stimmung und der Gliederung.) „Ich sah das Schauspiel vor mir als eine Folge ganz einfacher rhythmischer Bewegungen, die von blockartig aufgebauten Gruppen ausgeführt werden, so daß ein unmittelbarer Eindruck auf den Zuschauer entsteht. Alle überflüssigen Einzelheiten, alle Verwicklungen, die den großen Eindruck hätten abschwächen können, sollten verbannt sein; nur für den ‚Heiligen Tanz', mit dem das Werk endet, war eine Solotänzerin vorgesehen."

Im allgemeinen komponierte Strawinsky ein Werk von Anfang bis Ende durch, und bis auf wenige bezeichnende Ausnahmen scheint auch dieses mehr oder minder in der heute zu hörenden Form entworfen zu sein. Einzig das Vorspiel könnte aus einer späteren Phase stammen (s. Abb. 6.1). Andererseits aber ergaben sich während des Komponierens Probleme. Für den *Chorovod*, einen langsamen Reigen, der das „Frühlingsrondo" einrahmt, liegen nicht weniger als sieben Einzelentwürfe vor, und die langsamen chromatischen Abschnitte im einleitenden Vorspiel zum zweiten Teil scheinen unter Kämpfen entstanden. Im Skizzenbuch sind die pianistischen Teile in der annähernd endgültigen Form festgehalten, während die Teile, denen der klaviernahe Charakter fehlt, gründlich bearbeitet sind. Da Strawinsky am Klavier zu komponieren pflegte, ist es begreiflich, daß ihm die nicht-pianistischen Teile am meisten Schwierigkeiten machten.

Eine wichtige Änderung in der Abfolge der einzelnen Werkabschnitte betrifft die „Entführung". Ursprünglich weit ans Ende des ersten Teils, hinter die „Weisen" gesetzt, folgt sie jetzt bereits auf das „Frühlingsrondo". Pierre van den Toorn, von dem eine der ausführlichsten Untersuchungen des *Sacre* stammt, nimmt als Begründung an, daß der erste Teil nicht die Funktion einer Antiklimax erhalten sollte.

Die Entwürfe zeigen eine weitere Besonderheit. Als bedeutende Neuerung des Werkes gelten heute die Dominanz des Rhythmus und dessen Gestaltung. Doch scheint in den Skizzen das Gewicht auf der Instrumentierung zu liegen. Ob Strawinsky die rhythmischen Details bereits ausgearbeitet hatte oder ob er sie in seinen Entwürfen üblicherweise nicht berücksichtigte, ist nicht zu klären.

Fraglos war die Entstehung des *Sacre* ein langer, komplexer und mühseliger Prozeß, der Strawinsky bedeutende Kräfte abverlangte. Am Ende des eigentlichen Kompositionsentwurfs findet sich im Skizzenbuch die bekannte Bemerkung: „Heute, den 4./17. XI. 1912, Sonntag, unter unerträglichen Zahnschmerzen, habe ich die Musik des Sacre beendet. I. Strawinsky, Clarens, Châtelard Hotel" (s. Abb. 6.2). Auch die Proben verliefen nicht ohne Hindernisse. Strawinsky feuerte den deutschen Pianisten und übernahm bei den Proben den Klavierpart selbst. Dann blieb er ohne Begründung den Proben immer häufiger fern und überließ ihre Leitung dem fähigen Dirigenten Monteux (führte aber bis kurz vor der Premiere die von Monteux erbetenen Veränderungen aus). Wenig Zeit blieb für die Bühnenproben im neuen Théâtre des Champs-Elysées, wo Ende Mai 1913 die Uraufführung stattfinden sollte.

Obwohl die Probezeit für ein so schwieriges und neuartiges Stück viel-

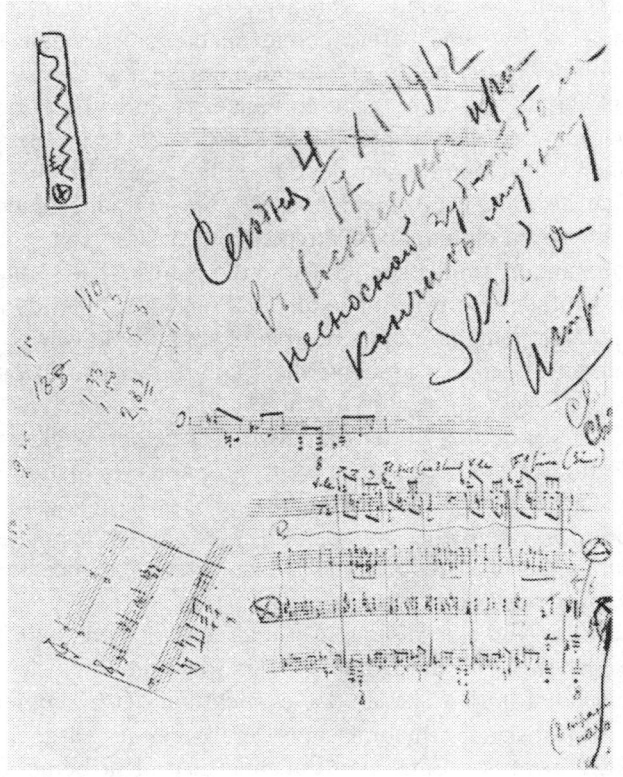

ABBILDUNG 6.2
S. 96, Ende der Kompositionsskizzen *Le sacre du printemps*, gezeichnet I. Strawinsky, datiert November 1912. © André Meyer/Artephot-Ziolo, agence photographique, Paris

leicht allzukurz bemessen war, sah man keinen Anlaß, mit einer so vehement feindseligen Reaktion des Premierenpublikums zu rechnen. Strawinsky hatte Debussy das Stück im Frühjahr 1913 aus dem Klavierauszug zu zwei Händen vorgespielt, und Debussy war tief beeindruckt – „als wäre ein Sturmwind aus der Vergangenheit vorübergebraust und hätte unser Leben bis in die Wurzeln erschüttert" so schilderte ein Zeuge, Louis Laloy, das Ereignis. Bei der Generalprobe am 29. Mai waren Debussy, Ravel und die Pariser Presse anwesend; auf die turbulenten Ereignisse des nächsten Tages schien keiner der Teilnehmer gefaßt.

Le sacre du printemps: Uraufführung und Nachspiel

Kein zweites bedeutendes Musikstück der klassischen Moderne wurde so unverblümt feindselig aufgenommen wie dieses. Bereits auf die ersten Takte reagierte das Publikum mit Rufen und Gelächter quittiert. Als der Vorgang sich hob und den Blick auf die hüpfenden Tänzer freigab, folgten Pfiffe und Buhrufe. Der Lärm wuchs – Pfeifen und Gestampf wechselten mit dem Jaulen von Autohupen und spöttischen Zurufen. Das Getöse übertönte die Musik und die Stimme des Choreographen Nijinskij, der in den Kulissen stand und laut schreiend den Takt skandierte.

Das Ausmaß der Mißfallenskundgebungen geht aus den immer wieder zitierten Augenzeugenberichten hervor. Die Künstlerin Valentine Gross Hugo sagte: „Das Theater schien von einem Erdbeben heimgesucht und unter dem Tumult zu erzittern. Schreie, Beschimpfungen, Hupen, langgezogene Pfiffe übertönten die Musik; Geknall und sogar Buhrufe folgten." Der Schriftsteller und Photograph Carl van Vechten schrieb: „Pfiffe und lautes Zischen folgte den ersten Takten; auf eine Kaskade von Schreien erhob sich Applaus ... etwa vierzig Ruhestörer wurden aus dem Theater gewiesen, was den Aufruhr jedoch nicht erstickte. Das Licht im Zuschauerraum wurde vollständig gelöscht, doch der Lärm ging weiter, und ich erinnere mich an die chaotischen Wutkundgebungen einer entfesselten Menge von zornigen Männern und Frauen."

Auch die ersten Kritiken waren in ihrer Mehrheit vernichtend:

Dergleichen müßte wohl auf Steinzeitinstrumenten gespielt werden – oder besser gar nicht.

Die Musik ist genial, denn falls der Komponist älter ist als zwei Jahre, muß er, um sie zu erfinden, alles bereits Gelernte verdrängt haben.

Eine Horde von Wilden mit genug Kenntnis oder Instinkt, Instrumente zum Klingen zu bringen, könnte derartige Geräusche hervorgebracht haben.

Mit Musik, wie die meisten von uns sie verstehen, hat das Ganze so gut wie nichts zu tun.

Ernest Newman, der Doyen der britischen Musikkritik, verkündete in der *Sunday Times*: „Das Werk ist tot ..., der Bluff ist geplatzt" und nannte die Aufführung „eine groteske Hochstapelei, die in der modernen Musikgeschichte ohne Beispiel ist".

Wie läßt sich eine derart negative und feindselige Reaktion auf ein Werk erklären, das während der Proben Zustimmung fand und von vielen Musikkennern und- liebhabern der Pariser Gesellschaft mit Spannung erwartet wurde? Das Thema der Jungfrau, die sich zu Tode tanzt, um den Gott des Frühlings gnädig zu stimmen, mochte provozieren, doch wohl kaum mehr als die bluttriefende Erotik der *Salome* von Richard Strauss. Das Stück war lang, doch nicht wesentlich länger als andere Werke von Strawinsky, Tschajkovskij, Ravel oder vergleichbaren zeitgenössischen Komponisten. Dem Anschein nach chaotisch, ist die Komposition instrumentell und rhythmisch höchst differenziert durchstrukturiert.

Einen möglichen Hinweis bietet die technische Versiertheit des Komponisten und die allgemein anerkannte Brillanz des Russischen Balletts. Das Pariser Publikum war daran gewöhnt, sich provozieren zu lassen – Debussys *L'après-midi d'un faune* hatte es gezeigt –, dabei jedoch immer Herr der Bühnenereignisse geblieben. Das Schockpotential anderer Stücke war ironisch markiert, suchte augenzwinkerndes Einverständnis mit den Zuhörern. *Le Sacre* scheint das gewohnte Schema durchbrochen zu haben, und die Anomie irritierte. Die auf der Bühne versammelte tänzerische und musikalische Außerordentlichkeit schien mit der einzigen Absicht präsentiert, Anstoß, Ärger und Provokation zu erregen. Diesmal gefiel sich das Publikum in der Rolle des Spielverderbers. Besonders die ersten Kritiker betrachteten das Bestreben offenbar als Zumutung, und sie benutzten ihre journalistische Plattform, um ihrer Verstimmung Luft zu machen.

Ich glaube, daß nicht ein bestimmtes Moment, sondern eine Kombination mehrerer Faktoren die Wut und Distanzierung ausgelöst hat. Zum einen ließ die unverbrämte Thematik des heidnischen Menschenopfers, der willentlichen Selbstvernichtung, jedes Moment von Pathos oder Mäßigung vermissen; es war die nackte Amoral. Der dissonante *Sacre*-Akkord wurde nicht nur mehrere Male repetiert – sondern geschlagene 35 Takte lang und insgesamt etwa 280mal allein in einem Abschnitt. Auch winzige thematische Bausteine aus zwei, drei Noten wiederholen sich in monotonen, unaufhörlichen Alterationen. Rhythmenwechsel sind nicht nur häufig – das Metrum wechselt fast von Takt zu Takt, etwa von 9/8 zu 5/8, 3/8, 2/4, 7/4, 3/4, 7/4, 3/8, 2/4, 7/8 und so fort. Die Musik war nicht einfach laut; sie bewegte sich über lange Passagen mit Schlaginstrumenten in einem anhaltenden Fortissimo, um dann unvermittelt abzubrechen. Aufreizend kurze Melodiefetzen wurden unverhofft fallengelassen. Die Asymmetrie war Strawinskys Element seit dem *Feuervogel*, doch jetzt brach ein Sturm dissonanter Akkorde, unregelmäßiger Rhythmen und exotischer Tonarten über den Zuhörer herein. Die Methode der melodischen Entwicklung – eine Zerlegung, Neuordnung und Vertauschung einfacher eintaktiger Motive folkloristischen Ursprungs – mußte Hörgewohnheiten schockieren, die sich an den symphonischen Formen des neunzehnten Jahrhunderts herausgebildet hatten. Auch die Schichtung einfachen diatonischen Themenmaterials und dissonanter, komplexer Harmonien innerhalb einer relativ handlungsarmen Gesamtform war schwer verdaulich. Praktisch jede Erwartung an Musik und Ballett wurde in höchst provozierender Weise abgewiesen. Was im *Feuervogel* noch kaum vernehmbar gewesen war und in *Petruschka* irritiert hatte, überschritt im *Sacre* die Schwelle des Erträglichen.

Hinzu kam, daß Nijinskijs Choreographie dem damaligen Publikum sinnlos vorkommen mußte. Daß die Tänzer ohne erkennbaren Grund in die Luft sprangen oder herumgingen, erschien als weitere Verhöhnung der Konvention; die symmetrischen Körperbewegungen waren durch Schlurfen, Zucken oder Stampfen ersetzt. Statt in Pirouetten, Arabesken oder Pas de deux setzten die Tänzer die neuen Metren und gellenden Klänge in nicht-prästabilierte, unmittelbar expressive Bewegungsabläufe um.

Unter den Kommentatoren der Uraufführung bewies vermutlich Ravel die tiefste Einsicht, der erklärte, nicht die Instrumentierung mache das Neuartige des Stückes aus, sondern das musikalische Ganze. Das Orchester müsse als ein einziges Instrument mit vielen Registern gesehen werden, das eine einheitliche Wirkung anstrebt. Strawinsky leugnete später eine revolutionäre Absicht des Stückes: „Mit ‚Sacre du printemps' wollte ich das erhabene Erwachen der Natur ausdrücken, die sich aus sich selbst erneuert", erklärte er. Dennoch kann das Werk nur als Ganzes angenommen oder abgelehnt werden.

Es zeigte sich, daß das Werk so viele seiner ersten Hörer aus denselben Gründen verschreckte, aus denen es bald darauf als anerkannte, ja selbstverständliche künstlerische Leistung gewürdigt wurde. Natürlich machte nicht das Werk, sondern das Feld einen Wandel durch. Mit der Zeit wurden die rhythmischen Experimente als rein musikalische Vorgänge wie auch in ihrer expressiven Kraft gehört und gewürdigt – als aufregende Neudefinition des musikalischen Materials und als besonders angemessener Ausdruck des ersten Frühlingserwachens, der Spannungen zwischen den kampflustigen Jünglingen, den weisen Alten und der unglückseligen Jungfrau. Das kurze Antippen so vieler Motive, die in einer sich steigernden Kakophonie eingeführt und sofort wieder abgebrochen wurden, schien etwas vom vielfältigen Anteil der Natur an den heidnischen Riten zu vermitteln und nahm die unaufhaltsame Entwicklung der zerstörerischen Klimax vorweg. Gerade dieses Antippen und Fallenlassen einzelner Abschnitte war der Appell an die Hörer, eine kreative, integrative Funktion zu übernehmen. Einen weiteren Anhaltspunkt für den Hörer stellte die kunstvolle, variative Wiederholung bestimmter Töne und Phrasen dar. Das Spiel archaischer Volksmelodien mit vollem Orchester gab die Distanz des Komponisten zu den dargestellten Ereignissen zu erkennen; es entstand der Eindruck, der heidnische Ritus vollziehe sich – Eliots *The Waste Land* vergleichbar – im klaren Bewußtsein zeitgenössischer urbaner Existenz. Debussys Kommentar zum *Sacre* trifft den Kern: „Etwas Außergewöhnliches, Wildes. Man könnte sagen – primitive Musik mit modernem Komfort."

Debussy paraphrasierend ließe sich sagen, beim Komponieren des *Sacre* benutzte Strawinsky jede Geste und jeden Trick, die ihm zu Gebot standen, um eine originäre Idee mitzuteilen. Nicht ob die Kombination gefiel, war dabei die Frage, sondern ob man sie akzeptierte. Es überrascht nicht, daß die älteren, konventionellen Hörer gekränkt, wenn nicht beleidigt reagierten. Auf die jüngeren, die den Klamauk genossen und der musikalischen Spätromantik des ausgehenden neunzehnten Jahrhunderts nicht weniger überdrüssig waren als der Komponist, die wie er versuchten, den Erfahrungsbereich von Auge und Ohr zu erweitern, wirkte das Stück innervierend. Gerade die Wiederholungen und Abbrüche, die das Publikum zunächst überfordert hatten, wurden für eine jüngere Zuhörerschaft, deren Hörgewohnheiten durch wiederholte Darbietungen des *Sacre* geformt worden waren, zur Essenz des Werks. Die Front verlief zwischen den Generationen wie in den ersten Reaktionen auf Joyce' *Ulysses*, Eliots *The Waste Land* und die ersten frühkubistischen Malereien. Und ebenso wie in vergleichbaren Fällen wichen anfängliche Abneigung und Verständnislosigkeit sehr bald der Erkenntnis, daß man es mit einem neuartigen Werk von außerordentlicher Kraft, wenn nicht einem Meisterwerk zu tun hatte. Strawinskys Biograph Alexandre Tansman schreibt: „Es ist schwer zu sagen, was im ‚Frühlingsopfer' mehr Bewunderung erregt – die Kühnheit der Neuerungen oder die vollkommene Unbedenklichkeit bei ihrer Verwirklichung im Bund mit der absoluten Gewißheit unbegrenzter Vollmacht, die vor nichts haltmacht."

Was aber waren Strawinskys Reaktionen? An seiner Enttäuschung und Niedergeschlagenheit über das anfängliche Ausbleiben einsichtsvoller Zustimmung zu seinen musikalischen Absichten ist nicht zu zweifeln. Plan und Ausführung standen ihm selbst klar vor Augen; die Leistung von Monteux als Dirigent entsprach seinen Wünschen, während er Nijinskijs Choreographie mit der Zeit kritischer beurteilte. Wie schon bei seinen früheren Balletten befriedigte es ihn, daß sich das Stück so leicht und wirkungsvoll als Orchesterwerk aufführen ließ. Seine Reaktion auf den Skandal ist unklar. Diaghilew konnte ihm offenbar einiges Vergnügen abgewinnen, und in späterer

Zeit war sich Strawinsky der profitablen Konsequenzen öffentlicher Kontroversen nur allzu bewußt.
Strawinsky hat die Partitur des *Sacre* weiter bearbeitet. Die extensiven Revisionen, die sich bis in die späten zwanziger Jahre fortsetzten, betreffen die Verdeutlichung des Entwurfs und der Harmonik. Er korrigierte auch die Grundlagen des Werks, das heißt, er nahm narrative und bildhafte Elemente zugunsten des rein Musikalischen zurück. Die Veröffentlichung späterer, präziserer Druckfassungen erlaubte es Strawinsky überdies, die Aufführungen des Werks zu kontrollieren und neue Tantiemen zu kassieren. Das Werk wurde später zur vollen Zufriedenheit Strawinskys von Léonide Massine neu choreographiert; in der Neufassung, die im April 1930 in New York und Philadelphia zur Aufführung kam, tanzte Martha Graham die „Auserwählte".

Das Werk und seine Öffentlichkeit

Am Vorabend der Uraufführung des *Sacre du printemps* gab Strawinsky der Zeitschrift *Montjoie!* ein Interview, in dem er schilderte, was er mit seiner neuesten Komposition ausdrücken wollte. Dem heutigen Leser erscheint die Darstellung klar und übersichtlich. Jeder der etwa ein Dutzend Abschnitte des Werks ist nach Thema und Orchestrierung beschrieben. Der Komponist schließt mit einem Dankeswort an Nijinskij, den Choreographen, und Roerich, den Bühnenbildner.
Strawinsky jedoch war empört über die Veröffentlichung des unter seinem Namen in Artikelform veröffentlichten Interviews und behauptete, er sei falsch verstanden worden. Besonders aufgebracht zeigte er sich von dem leicht bombastischen dritten Absatz, in dem er mit den Worten zitiert wurde: „Im Vorspiel, das bei geschlossenem Vorhang gespielt wird, habe ich meinem Orchester den Ausdruck der großen Angst anvertraut, die jeden sensiblen Geist vor der machtvollen ‚Urkraft' ergreift, die anwachsen und sich ins Unendliche entwickeln kann." Als das Interview auch in der russischen Zeitschrift *Muzyka* erschien, sah sich Strawinsky zu der Erwiderung veranlaßt, das Interview sei „praktisch im Vorbeigehen" gegeben worden, die russische Fassung noch ungenauer als die französische und der Stil irreführend. Er schrieb dem Herausgeber von *Muzyka*: „Es ist überaus ungenau, voller unzutreffender Informationen, besonders in dem Teil, der das Thema meines Werks betrifft." Doch eine von ihm durchgesehene Fassung des Artikels enthält überwiegend

grammatikalische Veränderungen. Volle siebenundfünfzig Jahre nach der ersten Veröffentlichung in *Montjoie!* erklärte Strawinsky in einer Mitteilung an *Nation*, das Interview, von dem er sich bereits mehrfach distanziert habe, sei „das Produkt eines französischen Journalisten".

Wie man in der Öffentlichkeit über die Entstehung seines berühmtesten Werks berichtete, konnte Strawinsky nicht gleichgültig sein. Ungewöhnlich sind indes zwei weitere Umstände: Als man ihm anbot, Korrekturen am Artikel vorzunehmen, brachte Strawinsky nur wenige Veränderungen an, und in verschiedenen mündlichen Berichten über *Le Sacre* benutzte er dieselben Wendungen, die er im *Montjoie!*-Artikel beanstandet hatte. Als absonderlich fällt außerdem auf, daß ein Komponist, von dessen Musik sich erwarten ließ, daß sie für sich selber sprach (oder sang), einem beiläufigen Interview, das zu Beginn des Jahrhunderts in einer obskuren Zeitschrift erschienen war, so viel Bedeutung beimaß.

Ein Kasuist am Werk

Doch, wie bereits bemerkt, besaß Strawinsky einen ausgesprochenen Hang zur Rechthaberei und Querulanz. Wie sein Vater war er Jurist. Man darf annehmen, daß die Atmosphäre in Strawinskys Elternhaus und eventuell auch im weiteren gesellschaftlichen Umkreis der Familie durch ein vielleicht kombattantes Rechtsdenken geprägt war. Auch Diaghilew hatte eine juristische Ausbildung, und Strawinsky konnte seinen Mentor während der zwanzigjährigen Zusammenarbeit bei zahlreichen Verhandlungen beobachten. Verschiedentlich fochten beide auf derselben Seite, doch im Lauf der Jahre kam es zwischen Strawinsky und seinem künstlerischen Mentor immer häufiger zu Unstimmigkeiten.

Eine Quelle der Information über den ‚politischen Strawinsky' ist sein voluminöser schriftlicher Nachlaß. Er zeigt die Beziehung Strawinsky-Diaghilew nicht von ihrer glänzenden Seite. Die Telegramme, die zwischen den beiden hin und her gingen, sind nicht nur knapp, es fehlt ihnen jede menschliche Wärme. Im Lauf der Zeit mehrten sich kaum verhüllte Drohungen. In seinen Briefen konnte Strawinsky noch bissiger sein. So schrieb er seinem Freund, dem Dirigenten Ernest Ansermet, im Jahr 1919 über Diaghilew:

Mit seiner „moralischen Integrität", über die er unaufhörlich spricht, ist es nicht weit her ... Ich wurde krank, als ich von alldem erfuhr, nicht so sehr, weil er zu diesen „Rechten" Zuflucht nimmt, sondern weil er darauf anspielt, und das zu einer Zeit, in der ein Freund sich in schwieriger Situation befindet. Eine seltsame Art, seine Freundschaft auszudrücken ... Ich werde von jetzt an alle Gelder zurückweisen, die er mir ohne Anerkennung meiner Rechte zukommen läßt; Gelder, die ich als Geschenk betrachte, weigere ich mich anzunehmen. Er soll sich nicht über ein Verhalten beklagen, das er selbst provoziert hat.

Im folgenden geht Strawinsky detailliert auf die zwischen ihm und Diaghilew zur Debatte stehenden Besitztitel ein und setzt dabei genaue Daten, die Dauer der Verpflichtung sowie Eigentums- und Aufführungsrechte fest, wie sie in den verschiedenen Teilen der Welt üblich sind.

Ein paar Jahre später war auch das Verhältnis zu Ansermet gespannt. Er schrieb: „Zwei Worte als Antwort auf Ihre seltsame Mitteilung vom 15., mon cher. Es tut mir leid, aber ich kann Ihnen nicht erlauben, in *Jeu de cartes* irgendwelche Kürzungen zu machen. Die absurde Kürzung, die Sie vorschlagen, würde meinen kleinen Marsch *verkrüppeln* ... Ich wiederhole es: entweder Sie spielen *Jeu de cartes*, wie es ist, oder Sie spielen es gar nicht. Sie scheinen nicht verstanden zu haben, daß mein Brief vom 14. Oktober in diesem Punkt kategorisch war." Ähnlich spitze Wortwechsel ergeben sich mit Monteux, der Strawinskys Frühwerk so mustergültig zur Aufführung gebracht hatte, sowie mit dem Dirigenten Serge Kussewitzky, den Strawinsky als „den Feind" bezeichnete.

Die Spannungen erstreckten sich sogar auf die Beziehung zum Schweizer Schriftsteller C. F. Ramuz, der Strawinsky verehrte und mit dem der Komponist einige Jahre lang ein Verhältnis künstlerischer Intimität pflegte, das an Picassos Zusammenarbeit mit Braque denken läßt und auch die Familien der beiden Künstler einschloß. Ihre Korrespondenz enthält zahlreiche scharfe Bemerkungen über die Rechte an den verschiedenen Bestandteilen der Werke, die sie zusammen verfaßt hatten. Strawinsky scheint jederzeit entschlossen, sich keinen Vorteil entgehen zu lassen, und sei er noch so bescheiden. Er versuchte Ramuz einzuschüchtern: „Ich bleibe bei meiner Behauptung, lieber Ramuz, und wäre sehr betrübt zu erfahren, daß Sie diese bedauerliche Einlassung über Urheberrechte verfaßt haben, bewußt und mit Hintergedanken." Man fühlt sich an die Redensart erinnert, daß um die kleinsten Gewinne am härtesten gefeilscht wird.

Nichtkünstlern gegenüber konnte Strawinsky noch rücksichtsloser und brutaler auftreten. Seine Korrespondenz ist durchsetzt mit Prozeßandrohungen und nicht nachlassenden Versuchen, die Phalanx der Agenten, Makler, Banker, Verleger und Werbeberater zu bearbeiten, mit denen er es im Lauf seiner langen Karriere zu tun hatte. Im Streit mit seinen Koautoren ging es meist um winzige Beträge. Strawinskys rastlose Beschäftigung mit Geldangelegenheiten war nicht unbegründet: als die Bolschewisten am Ende des Ersten Weltkriegs in Rußland die Macht übernahmen, hatte er sein Vermögen zurücklassen müssen; und in den zwanziger Jahren war er nicht nur für seine vier Kinder verantwortlich, sondern für eine sich ständig erweiternde Großfamilie emigrierter Verwandter. Als die Familie geschrumpft und Strawinsky längst zu einem vermögenden Mann geworden war, gingen Rechtsstreitigkeiten und Knauserei indes unvermindert weiter. Die kleinlichen Seiten seiner Persönlichkeit treten im Briefwechsel mit seinen Kindern und Catherine, seiner bedauernswerten ersten Frau, nur allzu deutlich zutage.

Nun war Strawinsky keineswegs unfähig, seine Worte in verbindlicher Weise zu setzen. Wenn er Komponisten, Darsteller oder Agenten für sich einspannen wollte, konnte er überaus charmant sein. Zum Beispiel gelang es ihm, dem Schweizer Kunstmäzen Werner Reinhart die Bezahlung von Aufführungen abzunötigen, die nicht stattfanden, und seine Verhandlungserfolge auch noch als Zugeständnisse erscheinen zu lassen. Wo es ihm darum ging, einen Wunsch durchzusetzen – eine Amerikareise während des Zweiten Weltkriegs, die Aufnahme in die Académie française oder die Zusicherung, eine Zusammenarbeit geheimzuhalten –, scheute er vor unverfrorenen Schmeicheleien nicht zurück. Bei aller Egozentrik und Konzentriertheit auf die eigenen Bedürfnisse vergaß er nie das Stimmregister zu ziehen, das der Durchsetzung des Gewünschten förderlich war. Wie dem Strategen Carl von Clausewitz galt ihm der Krieg mit Drohungen und Prozessen als Fortführung von Verhandlungen mit anderen Mitteln. Wenn kreative Persönlichkeiten generell nicht geneigt sind, juristischen Auseinandersetzungen auszuweichen, scheint Strawinsky Rechtsstreitigkeiten genossen und sie zeit seines Lebens gesucht zu haben.

In gewissem Umfang reflektieren solche Neigungen ohne Zweifel Zufälle der Persönlichkeitsstruktur und Sozialisierung. Weder Strawinskys Starrsinn noch seine Händelsucht gehören zum notwendigen psychischen Inventar des Künstlers, und nur eine Minderheit kreativer Persönlichkeiten wächst wie Strawinsky in einer Juristenfamilie auf. Andererseits wird jeder Künstler, der mit Werken größeren Stils hervortritt, in die Arena des öffentlichen Lebens gezogen, ob in eigener Person wie der jüngere Strawinsky oder durch die Vermittlung verschiedener Repräsentanten, Agenten und Gönner – ein Verfahren, das der Komponist im späteren Alter vorzog.

Strawinskys frühe Berufserfahrungen entsprechen denen zahlreicher anderer Künstler, die nicht die Möglichkeit haben, sich durch bezahlte Experten oder durch Mäzene vertreten zu lassen. Künstler, die mit anderen arbeiten wollen, müssen also letzten Endes entweder für ihre Rechte und Überzeugungen kämpfen oder diese an Zeitgenossen verlieren, die über mehr Macht oder bessere Argumente verfügen. Die großen kreativen Denker sind praktisch immer auch Perfektionisten, die jedes Detail ihrer Konzeptionen mit äußerster Sorgfalt erarbeitet haben und es ablehnen, weitere Veränderungen anzubringen, es sei denn, man könne sie davon überzeugen, daß solche Korrekturen ihre Berechtigung haben. Nur wenige, beherzte Künstler dürften bereit sein, anderen Rechte über ihr Werk zuzubilligen, und selbst wenn sie dazu geneigt scheinen, könnte ihre unbewußte Treue zu einem ursprünglichen Entwurf sie daran hindern, dieser Neigung zu folgen.

Musikalische Miniaturen

Es kann nicht überraschen, daß Strawinsky, nachdem er in kurzer Zeit drei große Werke geschaffen und sich aktiv an der hektischen Atmosphäre ihrer Bühnenproduktion beteiligt hatte, eine Zeitlang kein großes Ballett in Angriff nahm. Seine physische und geistige Erschöpfung, der Ausbruch des Ersten Weltkriegs, die Übersiedlung der Familie in die Schweiz sowie die zeitbedingt eingeschränkten Aufführungsmöglichkeiten für größerbesetzte Werke machten es praktisch unvermeidlich, daß sich Strawinsky kammermusikalischen Formen zuwandte.

Eine Vorliebe Strawinskys für die japanische Kunst hatte schon vor dem Krieg begonnen. Er schreibt: „Mir fiel auf, daß sie [japanische Gedichte] in gleicher Weise auf mich wirkten wie die Kunst des japanischen Holzschnitts. Die Art nun, wie in der japanischen Graphik die Probleme der Perspektive und der körperlichen Darstellung gelöst werden, reizte mich, etwas Analoges für die Musik zu erfinden." Er komponierte also eine Reihe von Miniaturen, darunter mehrere, die auf russischen Volksliedern basierten, und setzte einige davon für kleines Orchester. Die Zusammenarbeit mit Ramuz konzentrierte sich auf holzschnittartige Kammerformen; die *Geschichte vom Soldaten* (*L'histoire du soldat*) zum Beispiel, konnte in kleiner Besetzung „gelesen, gespielt und getanzt" werden. Andere Werke aus dieser Zeit, *Renard*, *Katzenwiegenlieder*, *Vier russische Lieder*, sind sämtlich intimere Formen, wenn auch nicht weniger originell als *Petruschka* oder *Le Sacre*. Es könnte die Zeit gewesen sein, in der Strawinsky zur expliziten Philosophie seines Komponierens fand: einer rigorosen Selbstbeschränkung, die als Befreiung erfahren wurde.

Les noces: Eine Meisterwerk anderer Art

Bereits 1912 hatte Strawinsky an die Komposition eines Chorwerks zum Thema russische Hochzeitsriten gedacht. Während erste Pläne die Dramatisierung einer Hochzeitszeremonie vorsahen, erkannte Strawinsky schon bald, daß er „Materialien echter Hochzeitszeremonien durch direkte Zitate volkstümlicher, d. h. nichtliterarischer Verse" wiedergeben wollte. Wie er später erklärte, sollten Les noces aus einer Folge von Hochzeitsbräuchen bestehen, die in der Art des Ulysses durch eine Sammlung von Clichés und typischen Redewendungen dargeboten werden. Statt individueller Rollenfiguren sollten die Solisten verschiedene Rollentypen verkörpern.

Im Jahr 1914 begann Strawinsky mit der Arbeit an der Komposition. Als er Diaghilew 1915 eine erste Fassung vorspielte, war der Impresario zu Tränen gerührt. Les noces wurde sein Lieblingsstück unter den Werken Strawinskys und ist ihm gewidmet. Auch Strawinsky soll das Stück seinen übrigen Kompositionen vorgezogen haben. 1917 war der Klavierauszug fertiggestellt, die Instrumentierung wurde erst 1923, kurz vor der Premiere vollendet.

An keinem seiner Stücke hat Strawinsky so lange experimentiert, keines hat, wie er sich ausdrückte, „so viele instrumentale Metamorphosen" durchgemacht. Die ursprüngliche Partitur war für großes Orchester skizziert. In einer folgenden Stufe verteilte Strawinsky die verschiedenen Instrumentalgruppen als Einzelensembles auf der Bühne – die Streicher zum Beispiel wurden den Blechbläsern gegenüber plaziert. In anderen Fassungen kontrastierte er Holzblas- und Schlaginstrumente oder kombinierte Klaviere mit Blechbläsern. Später wurde das Blech durch ein Harmonium und die Streicher durch ein Klavier und zwei Zymbeln ersetzt. Endlich fand er 1921 die befriedigende Lösung: „... ich erkannte plötzlich, daß ein Orchester von vier Klavieren alle meine Bedingungen erfüllen würde". Die Klaviere wurden durch ein Schlagzeugensemble ergänzt.

Aus der langen Kompositionsphase mit den wechselnden Orchestrierungsplänen gingen Les noces dennoch als organisches Ganzes hervor. Das Stück ist als viersätzige Suite gebaut und in vier Bilder unterteilt. Musik und Text gehen auf verschiedene Episoden der traditionellen russischen Hochzeitsbräuche zurück – Trennung des Brautpaars, im Haus der Braut, im Haus des Bräutigams, Aufbruch der Braut, Klage, elterlicher Segen, Opfer, Hochzeitsmahl, das Hochzeitsbett, Begräbnis der Jungfräulichkeit.

Die Komposition ist außerordentlich kompliziert. Strawinsky hatte das altertümliche Russisch der Volkslieder genau studiert; er wollte die ‚verschobenen' Akzente, eine Art Stampfen der Instrumentalbegleitung festhalten. Ein witziges Moment fügte er durch synkopische Rhythmen und Chorstimmen ein. Der Rhythmus ist ein obsessives, synchrones Pulsieren; als eines der Grundmotive, eine Art Leitintonation, erscheint der altertümliche russische Quartenakkord mit Terzenstütze. Der Komponist griff auf Melodien echter Volkslieder zurück, und die charakteristische Klangfarbe beruht auf dem Kontrast zwischen den Schlaginstrumenten und der Kontinuität des Gesangs. Das auf eine Schlagzeuggruppe reduzierte Orchester bietet einfache Kombinationen von Klavier, Xylophon und Triangel.

Man kann Les noces als Pendant zum Sacre betrachten. Das Stück wurde als zivilisierte Antwort auf das explosive, „heidnische" Ritual des Sacre bezeichnet. Ihm fehlen die Aggressivität, die abrupten Wechsel und grellen Klänge des Sacre; das Stück ist karg, konzis, konzentriert, intellektuell beherrscht und dabei doch menschlich und belebt. Die durchgehende ‚vertikale' Chromatik des Sacre ist durch eine weitgehend diatonische Klangwelt ersetzt, das spektakuläre Bühnenthema durch das formalisierte Tableau, das machtvolle Orchester durch ein kompaktes und rigoros funktionalisiertes Ensemble von Spielern und Vokalstimmen, die nicht weniger wichtig sind als die Begleitung. Beide Kompositionen schaffen sich ihre eigene Form, wobei das thematische Material sich dem dynamisch pulsierenden Rhythmus unterordnet, in Les noces jedoch mit dem Rhythmus enger verknüpft ist. Wie im Sacre ergibt sich der musikalische Fluß aus der Verbindung, Rotation und metrischen Transformierung einer kleinen Zahl von Melodiekernen. Wie Ulysses und The Waste Land, die beide etwa gleichzeitig beendet wurden, ist der Text eine Montage von zusammenhängenden, doch bewußt unorganisierten, populären Redensarten; die Verbindung muß sich im Bewußtsein des Zuhörers herstellen und wird eher auf intuitive als anlysierende Art geschaffen.

Die ausgedehnten experimentellen Phasen im Entstehungsprozeß des Werks geben Einsicht in Strawinskys Kompositionstechnik. Strawinsky ging im allgemeinen von einer klaren formalen Vorstellung aus, und mit Hilfe des Klaviers war er in der Lage, die grundlegenden Themen und Rhythmen festzulegen. Bei der Verwirklichung seiner musikalischen Ideen und bei der Entscheidung, wie verschiedene Fragmente und Abschnitte zusammenzustellen waren, um die gesuchten musikalischen und expressiven Wirkungen zu erreichen, stützte er sich, selbst kein Virtuose der melodischen Erfindung, auf die Motive des klassischen und volksmusikalischen Liedguts sowie auf die eigene Erfahrung mit den optimalen Instrumenten und Ensembles.

Strawinsky hatte sich auf ein komplexes Unternehmen eingelassen, bei dem er literarische Themen, dramatische Rollenfiguren und dominante Stimmungen gegen die verfügbaren instrumentalen und musikalischen Mittel abzuwägen hatte. Man könnte sagen, das primäre Symbolsystem, in dem er arbeitete, war die tonale Musik, die aber im Licht sprachlicher, personaler, szenisch-visueller, körperlich-kinästhetischer und metrischer Überlegungen beständig modifiziert werden mußte. Die Vielfalt der Entwürfe zeigt seine wechselnden Versuche, zwischen diesen Elementen zu vermitteln.

Ich betrachte *Le Sacre* und *Les noces* als die wichtigsten Kompositionen Strawinskys, als Werke, die neben Joyce' *Ulysses* und *Finnegan's Wake*, neben Picassos *Demoiselles d'Avignon* und *Guernica* zu stellen sind – und, wenn man eine Brücke zwischen Kunst und Wissenschaft schlagen will, auch neben die beiden Relativitätstheorien Einsteins. Wieder ist die „Zehnjahresregel" erkennbar – das Auftreten signifikanter Innovationen und Neuorientierungen in Intervallen von etwa zehn Jahren, die sich an eine erste Dekade von Lehrjahren anschließen. Im Fall Strawinsky sind die Verhältnisse komplizierter, weil beide Kompositionen fast gleichzeitig in Angriff genommen wurden, *Les noces* aber eine ungewöhnlich lange Entstehungszeit hatte. Die Reaktionen auf *Les noces* waren zunächst gemischt, mit der Zeit jedoch wurde die Genialität des Werks erkannt. Heute ziehen viele das Werk dem großartigeren, doch formal weniger eleganten *Sacre* vor.

Die stilistische Herkunft der beiden Werke kann in unserem Zusammenhang außer acht bleiben. Nur soviel sei gesagt, daß Strawinsky in beiden Kompositionen versuchte, die verschiedenen Einflüsse, unter denen er stand, mit eigenen Impulsen zu versöhnen. In den drei großen Werken der unmittelbaren Vorkriegszeit gelingt es Strawinsky, sich vom traditionellen russischen Ballett zu lösen und Themen und Instrumentalpartien mit wachsender Radikalität zu gestalten: vermutlich hätte Rimskij-Korsakov den *Feuervogel* mit beifälligem Stolz, *Petruschka* mit gemischten Gefühlen aufgenommen und *Sacre du printemps* als persönlichen Affront empfunden. Das „Frühlingsopfer" gehört in das Umfeld der Pariser Avantgarde, die es zu formulieren half; es ist weder in der traditionellen noch in der europäisch beeinflußten russischen Musik beheimatet.

In *Les noces* hingegen wird eine Rückkehr und verstärkte Zuwendung des Komponisten zu seinen russischen Ursprüngen erkennbar. Er schöpfte ähnlich wie Bartók in Sprache und Musik extensiv und eingehend aus der nationalen Foklore und entfernte sich damit aus dem Kontext der zeitgenössischen westeuropäischen Avantgarde. Das Stück stellt einen weiteren Schritt in der Entwicklung zur musikalischen Sprache des reifen Meisters dar.

Neue Beziehungen zur alten Musik

Mit Les noces spannte Strawinsky den Bogen von der russischen Vergangenheit zur Moderne. Das Verlangen, zwischen den beiden Polen seiner Person zu vermitteln, ließ ihn zeitlebens nicht los – er blieb von Anfang bis Ende seiner Karriere traditionell russisch und kosmopolitisch modern zugleich.

Schon lange vor Beendigung von Les noces hatte Strawinsky sich auf ein neues Projekt eingelassen – die Neuentdeckung der klassischen Musik der Vergangenheit und ihre Wiederbelebung in einem neoklassischen Stil. Als Neoklassiker verschrieb er sich der melodischen Sensibilität und den Formen klassischer Komponisten. Wie immer war Strawinsky selbst sein bester Lehrer, und er studierte die Werke des siebzehnten und achtzehnten Jahrhunderts mit derselben Disziplin wie zwei Jahrzehnte zuvor die Meister der beginnenden Moderne. Boucourechliev kommentiert: „Er war entschlossen, sich die gesamte Musikgeschichte anzueignen, sie für alles und jedes zu benutzen, was ihn in diesem Augenblick anzog und inspirierte, so auch dazu, ein neues Werk von Strawinsky zu schaffen."

Es war nach dem Ende des Ersten Weltkriegs während eines Spaziergangs mit Diaghilew über die Place de la Concorde, als der Freund ihm vorschlug, sich mit der Musik von Giovanni Pergolesi zu beschäftigen. Strawinsky gefiel diese Musik des achtzehnten Jahrhunderts, und er beschloß, eine von Pergolesi inspirierte Ballettmusik zur Pulcinella-Figur zu schreiben. Picasso, den Strawinsky einige Jahre zuvor kennengelernt hatte, wurde von Diaghilew für das Bühnenbild verpflichtet. So fanden die beiden großen Meister der modernen Kunst zur ersten und einzigen Zusammenarbeit. Strawinsky berichtet: „Picasso nahm den Auftrag, das Bühnendekor für Pulcinella zu entwerfen, aus demselben Grund an, aus dem ich die Musik arrangierte – aus Spaß an der Sache." Und er fügt hinzu: „Was Picasso geleistet hatte, war wundervoll, und ich kann schwerlich sagen, was mich mehr begeistert hat, die Farbe, die räumliche Gestaltung oder der staunenswerte Theaterinstinkt dieses außerordentlichen Künstlers."

Die Arbeit am Pulcinella fiel in eine für Strawinsky entscheidende Zeit. Im Jahr 1920 verlegte er seinen Wohnsitz aus der Schweiz, dem neutralen Niemandsland, nach Frankreich und hatte sich damit für den Westen entschieden, mit dessen klassischen Traditionen er sich jetzt deutlicher als zuvor identifizierte. Strawinsky war sich des schicksalhaften Moments bewußt: „'Pulcinella' war meine Entdeckung der Vergangenheit, eine Epiphanie, durch die mein späteres Werk möglich wurde. Natürlich war es ein Blick zurück –

die erste von vielen Liebesaffären in dieser Richtung –, aber es war auch ein Blick in den Spiegel".

Auf die Parallelen zu Picasso ist wiederholt hingewiesen worden. Beide wuchsen am Rand der damaligen westeuropäischen Kulturlandschaft auf, in die sie im Abstand eines Jahres hineingeboren wurden. Beide zog es ins Zentrum Paris, wo sie – der frühreife Picasso um Längen voraus – zu Jahrhundertbeginn mit ihren Kunstwerken erstmals für größeres Aufsehen sorgten. Die pointiert avantgardistischen Arbeiten entstanden in den Jahren unmittelbar vor dem Ersten Weltkrieg, als Picasso mit Braque und Strawinsky mit den *Ballets russes* verbunden war. Beiden blieb die Teilnahme am Krieg erspart; Picasso lernte in diesen Jahren seine erste Frau kennen, die, ein bemerkenswertes Detail, zur Truppe der *Ballets russes* gehörte. Gegen Ende des Krieges führten beide Männer das intensive Gesellschaftsleben des Pariser Bürgertums und gingen, jeder in Kenntnis der neuesten Arbeiten des anderen, in ihre neoklassische Phase. Eine heiter verspielte Note kennzeichnete das Werk beider in der unmittelbaren Nachkriegszeit, während zugleich intimere Kompositionsformen herangezogen wurden.

Das Interesse an Kunstwerken der Vergangenheit kann bei einem Meister besonders dann nicht überraschen, wenn er seine Kunst mit profunder Sachkenntnis betreibt und sich auch ihrer Ursprünge und des eigenen Anteils an ihrer Entwicklung bewußt ist. Ebensogut läßt sich eine Hinwendung zu historischen Formen als normale Reaktion auf eine frühere Entwicklungsphase erklären, in der man über die Tradition und die eigenen Wurzeln bewußt hinweggesehen hat. Was in der Jugend intuitiv aufgenommen wurde, kann in späterer Zeit eine bewußtere und distanziertere Wiederbelebung erfahren. Der früher vollzogene scharfe Bruch mit der Vergangenheit verhindert, daß sie als lähmende Belastung empfunden wird. Wie Strawinsky erklärte, wendet man sich in der Regel den weiter zurückliegenden Perioden zu: „Es liegt in der Natur der Dinge ..., daß Epochen, die eben erst vergangen sind, uns entschwinden, während andere, die viel weiter zurückliegen, sich uns wieder nähern."

Diese anregende und fortdauernde dialektische Beziehung zur Kunst der Vergangenheit ist meines Erachtens einer der entscheidenden Gründe dafür, daß beiden Künstlern ihre Kreativität so lange erhalten blieb. Auf dem Weg, die Kunst der Vergangenheit umzuschaffen und aus ihr zu lernen, entdeckten sie neue Dimensionen der eigenen künstlerischen Möglichkeiten und konnten damit von einer Option Gebrauch machen, die den Naturwissenschaftlern und Mathematikern fehlt. Hätten sie nicht den künstlerischen Reichtum der Vergangenheit genutzt, ihnen wäre kaum eine andere Wahl geblieben als eine verstärkte Hinwendung zum Individuellen und Radikalen, ein Vorgehen, das sich vielleicht als schwierig und fruchtlos erwiesen hätte.

Nach der programmatischen und produktiven Zusammenarbeit, aus der das Frühwerk entstanden war, arbeitete Strawinsky in den zwanziger und dreißiger Jahren vor allem allein. Wo er die Mitarbeit anderer suchte, stellte er sie auf eine neue Grundlage – er begnügte sich damit, Werke anzuregen, und statt als Teil eines etablierten Kollektivs zu wirken, wandte er sich an ein oder zwei künstlerische Mitarbeiter seines Ranges.

Das waren nach Ramuz und Picasso der französische Dichter Jean Cocteau, mit dem er an *Ödipus Rex* und *Persephone* arbeitete, und der Romancier und Dramatiker André Gide. Eine Zusammenarbeit mit Brecht zog er in Erwägung, sah sich jedoch außerstande, im Rahmen des revolutionären politischen Theaters zu arbeiten. Die künstlerische Verbindung mit dem russisch gebürtigen Tänzer und Choreographen George Balanchine wurde zur längsten, fruchtbarsten und wichtigsten seines Lebens. Das enge, von gegenseitigem Respekt geprägte Verhältnis der beiden Männer blieb über vierzig Jahre erhalten und wurde nur selten von Spannungen getrübt, wie sie Strawinskys übrige Arbeitsbeziehungen kennzeichneten. Balanchine trennte genau eine Generation von Strawinsky, der ihm Mentor und Vater-Figur war, und stand ihm, was Herkommen, Begabung und künstlerisches Wollen betraf, von allen Mitarbeitern vermutlich am nächsten. Durch ihre soziale und künstlerische Herkunft verbunden, trafen sie sich in Fragen des Geschmacks und persönlicher Neigungen ebenso wie in ihren Ansichten über Tanz und Musik.

Strawinsky machte es sich in dieser Periode bewußt zur Aufgabe, zeitgenössische mit alter Musik zu verbinden. Wie Eliot in *The Waste Land* setzte er ostentativ Material aus anderen Epochen ein. Es war seiner Ansicht nach unnötig, daß der Hörer ein Zitat identifizierte; daß er die Verwendung von Themen mit historischer Substanz und Anspielungen spürte, schien ihm ausreichend – eine Vorstellung, die Eliots *objective correlative* (objektives Korrelat) verwandt ist, von dem in Kapitel 7 die Rede sein wird. Wie Eliot verschmähte Strawinsky Kunst als individuellen Selbstausdruck. Er suchte eine Tradition zu bestätigen und zu erhalten, nicht einen Individualstil zu schaffen. Die europäische Musik sah er als einheitliches, unauflösbares Ganzes, zu dem jeder beitragen konnte. So wie er es einmal formulierte: „Sind Eliot und ich nicht ausgezogen, alte Schiffe wieder flottzumachen? Diese Neuausrüstung ist die eigentliche Aufgabe des Künstlers, der, auf seine Art, immer nur neu sagen kann, was bereits gesagt ist."

Mit wachsendem Ruhm war Strawinsky in der Lage, sich mehr Einfluß auf die Arbeitsbedingungen zu sichern. Perfektionist, der er war, suchte er sich die Kontrolle über möglichst viele Aspekte zu sichern. Er setzte die strengsten Maßstäbe für die Aufführungen seiner Stücke und bestand häufig darauf, seine Werke selbst zu dirigieren oder zu spielen. Den persönlichen Deutungsspielraum seiner Dirigenten und Interpreten schränkte er mit diktatorischer Willkür ein und verlangte strikte, unveränderte Wiedergabe. Er schrieb Klavierwerke für den eigenen Vortrag und Violinmusik für einen jungen russischen Geiger, Samuel Duschkin, der sich den Grillen des Meisters willig und uneingeschränkt fügte. Der Strawinsky der zwanziger und dreißiger Jahre wurde zu einem kleinen musikalischen Industrieunternehmen, in dessen Mittelpunkt die Laufbahn des Meisters stand.

Mensch und Künstler in der Zeit der Reife

Während Strawinsky die Musik der Vergangenheit zur Grundlage seiner künstlerischen Arbeit machte, formten sich andere Aspekte seiner gereiften Persönlichkeit. 1926 reiste er durch Italien und nahm an der Siebenhundertjahrfeier zum Fest des Heiligen Antonius in Padua teil, ein Ereignis unter anderen, die zu tiefen Glaubenserlebnissen führten und ihn zum Wiedereintritt in die russisch-orthodoxe Kirche veranlaßten. Ein seltsamer Zufall wollte es, daß seine Bekehrung zum Glauben seiner Jugend fast aufs Jahr mit Eliots Konversion zum Anglokatholizismus zusammenfiel. Man mag sich fragen, ob die Konversion der zwei Emigranten außer dem begreiflichen Bedürfnis, in Zeiten persönlicher und weltweiter Turbulenzen in den Schutz einer großen Glaubengemeinschaft zu treten, auch eine Buße für die frühen ‚Sünden' des ästhetischen Ikonoklasmus darstellt. Denkbar wäre sie auch als Teil eines Abkommens mit Gott, das den Künstlern anhaltende Schöpferkraft sichern sollte. Mochte Strawinskys Entschluß auch verschiedene Gründe haben, seine religiösen Gefühle waren zweifellos stark und wahrhaftig und wirkten sich lebenslang bis in den Alltag aus. Er erklärte: „Ich betrachte mein Talent als Gabe Gottes und bete täglich um die Kraft, es nutzen zu können. Als ich in früher Kindheit entdeckte, daß ich zum Wächter dieser Gabe gemacht worden war, gelobte ich Gott, mich ihrer würdig zu erweisen ... Erste Ideen sind sehr wichtig. Sie kommen von Gott." Robert Craft überlieferte das Bekenntnis, er, Strawinsky, müsse, um seine religiösen Werke zu schaffen, „nicht nur in einem symbolischen Sinn glauben, sondern an den Teufel als Person und an das Mysterium der Kirche".

Für die Welt jedoch, soweit sie ihn kannte, war Strawinsky nicht der Mensch, der mit seinem Dämon rang, sondern der Inbegriff des Künstlers und Kosmopoliten – einflußreich, elegant, Bon vivant und Ehemann mit einer attraktiven Geliebten, Vera de Bosset, die er 1940, nach dem Tod seiner ersten Frau heiratete; zu Schiff und später im Jet rastlos unterwegs zwischen den Kontinenten, um für die eigene Musik zu werben und über die Musik anderer den Segen – oder Fluch – zu sprechen. Im Alter trug Strawinsky durch seine scharfzüngigen Veröffentlichungen und verschiedene Versuche, seine fesselnde Persönlichkeit dramatisch in Szene zu setzen, aktiv zu dieser Legendenbildung bei. Er war ohne Frage charmant, gebildet und geistreich, ein Mann, dessen Gesellschaft die happy few entzückte, die in seinem kleinen Kreis Aufnahme- und Bleiberecht fanden. So gern ich alle Persönlichkeiten kennengelernt hätte, über die in diesem Buch berichtet wird – als Lauscher am Diner der Strawinskys teilzunehmen, hätte mir wohl das größte Vergnügen gemacht.

Am liebsten jedoch sah sich Strawinsky als Handwerker und Glied einer langen Traditionskette:

Ich bin außerhalb der Zeit geboren, in dem Sinne, daß ich von Talent und Begabung her besser für das Leben eines kleinen Bach gepaßt hätte, für ein Leben in Anonymität, ein regelmäßiges Komponieren für einen institutionalisierten Kirchendienst und für Gott. Ich habe die Welt überstanden, in die ich hineingeboren wurde, ich habe sie gut überstanden, kann man sagen, und ich habe die Hysterien von Verlegern, Festivals, Plattenfirmen und Werbung – wenn auch nicht ganz unbeschädigt – überlebt, meine eigene eingeschlossen.

Der Charmeur und Polemiker, der dramatische Strawinsky der Öffentlichkeit, hatte eine andere Seite – den mit kühl kalkulierendem Intellekt und disziplinierter Härte arbeitenden Praktiker seines Metiers. Er verstand sich als Vertreter des apollinischen Prinzips der Ordnung und Klarheit, der sich nur gelegentlich Ausflüge ins chaotische Reich des Dionysischen gestattete.

Strawinsky arbeitete jahrelang täglich zehn Stunden oder länger. Beginnend mit einer Bach-Fuge auf dem Klavier komponierte er morgens gewöhnlich vier bis fünf Stunden; nach dem Lunch instrumentierte und transkribierte er bis zum Abend. Er war von peinlicher Ordnungsliebe. Sein Biograph Michail Druschkin hält fest: „Strawinskys Arbeitstisch glich eher dem eines Chirurgen als eines Musikers. Die Sauberkeit und Präzision seiner Partituren erinnerte an Landkarten, jede Silbe, jede Note und jede Pause wie gestochen gezeichnet." Er hatte alles nur denkbare Schreibgerät und Zubehör parat, das er für die Notentexte vielleicht benötigen würde, und benutzte es mit routiniertem Geschick.

Mit Distanz und Einsicht beschrieb Strawinsky seine Kompositionstätigkeit: „Für mich als Komponist ist Komponieren eine tägliche Verrichtung, die zu erfüllen ich mich berufen fühle. ... Ich bin weit davon entfernt, die Inspiration zu leugnen. ... Wie der Appetit beim Essen kommt, so ruft die Arbeit die Inspiration herbei, falls diese nämlich nicht von Anbeginn vorhanden ist." (Man fühlt sich an Freuds Charakterisierung seiner Arbeitsweise erinnert: Früher habe er gewartet, „bis mir ein Einfall kam. Jetzt gehe ich ihm entgegen.") Über das Elemet des Zufalls beim Komponieren schrieb er: „Im Laufe meiner Arbeit stoße ich plötzlich auf etwas Unerwartetes. Dieses unerwartete Element fesselt mich. Ich schreibe es auf. Bei Gelegenheit werde ich es verwenden." Wenn er über die Arbeit an *Petruschka* spricht, würdigt er seine Körperintelligenz: „Was mich an der Arbeit am meisten faszinierte, war die Beobachtung, daß die verschiedenen rhythmischen Episoden von den Fingern selbst diktiert wurden.. Finger sind keineswegs zu verachten; sie haben große inspirierende Kraft und können in Verbindung mit einem Musikinstrument oft unbewußten Ideen zum Ausdruck verhelfen, die sonst möglicherweise nie ans Licht kämen." Er kommentiert seine Neigung zu obsessiver Beharrlichkeit: „Ich würde ewig an meinen Kompositionen herumverbessern, wenn ich nicht zu beschäftigt wäre, neue zu komponieren." Und fährt fort: „Man denkt, ich schriebe wie Verdi! Was für ein Unsinn! Man hört gar nicht hin. Immer versucht man mich festzulegen. Aber das gelingt ihnen nicht! Bei der nächsten Gelegenheit schreibe ich etwas ganz anderes, und das verwirrt sie." Diese Worte sind ein Echo von Selbstbeobachtungen, wie wir sie von Picasso, Martha Graham und anderen kreativen Denkern kennen.

Als belesener Intellektueller – der Picasso nie war – gelangte Strawinsky in mittleren Jahren zu einer Philosophie der Musik. Literarischer Tätigkeit abhold, war er indessen äußerst wortgewandt. In Zusammenarbeit mit begabten Ghostwritern wie Pierre Suvchinsky und Alexis Manuel Lévy (der unter dem Pseudonym Roland-Manuel publizierte) stellte er seine Philosophie in zwei grundlegenden Werken dar: in seiner Autobiographie von 1936 (*Chronique de ma vie*) und in seinen *Charles Eliot Norton Lectures*, den Vorlesungen für die Gastprofessur auf dem Charles Eliot Norton-Lehrstuhl in Harvard, die er 1939 und 1940 vortrug und 1942 als *Musikalische Poetik* veröffentlichte.

Strawinsky entwickelte in diesen Schriften seine Gedanken zur Musik, benutzte aber auch die Gelegenheit, seine musikalischen Gegner zu geißeln. Ein Ärgernis war ihm die Musik Wagners mit ihrem Anspruch auf den Status eines quasireligiösen Gesamtkunstwerks, die ihn zu dem Diktum veranlaßte, daß die Musik in ihrer reinen Form nichts auszudrücken vermöge.

Er wollte die „endlose Melodik" durch Ordnung ersetzen; an die Stelle synkretistischer und synthetischer Formen sollten unabhängige Formen treten, und rein musikalische Aussagen sollten die Musik als Ausdruck des Emotionalen ablösen.

Strawinsky unterdrückte die revolutionären Impulse der eigenen Natur, ignorierte die reiche emotionale Breite seiner frühen Meisterwerke und betonte die Bedeutung von Tradition und Konvention sowie den Nutzen selbstauferlegter Beschränkungen. Er verabscheute Unordnung, Willkür und Zufall, den Sirengesang des Chaos. Musik war für ihn dem mathematischen Denken und mathematischen Verhältnissen verwandt, in denen er wirksame, unumstößliche Gesetz am Werk sah. In dem mit Paradoxen durchsetzten Schlußsätzen von Kapitel 3 der *Musikalischen Poetik* erklärt er: „... meine Freiheit wird um so größer und umfassender sein, je enger ich mein Aktionsfeld abstecke und je mehr Hindernisse ich ringsum aufrichte. Wer mich eines Widerstandes beraubt, beraubt mich einer Kraft. Je mehr Zwang man sich auferlegt, um so mehr befreit man sich von den Ketten, die den Geist fesseln."

Strawinskys Gedanken über die Musik und das Komponieren haben eine nicht unbeträchtliche Bedeutung erlangt. Ihrem Geist, wenn auch nicht ihrer Wirkung nach lassen sie sich mit den etwa zur gleichen Zeit publizierten literaturtheoretischen Überlegungen Eliots vergleichen. In ihrer Fähigkeit zu kohärenter – und erstaunlich übereinstimmender – Reflexion unterscheiden sich die zwei Künstler von Picasso, dessen intellektueller Ehrgeiz hinter seinem künstlerischen Furor zurücktrat. Gemeinsam war ihnen außerdem eine konservative politische Haltung, die nicht frei war von antisemitischen Ressentiments und einer Sympathie für den Faschismus; in einem Brief an seinen deutschen Manager erklärte Strawinsky: „Ich hasse den ganzen Kommunismus, Marxismus, das scheußliche sowjetische Monstrum und auch den Liberalismus, Demokratismus, Atheismus etc. Wie unsäglich und vorbehaltlos ich das alles verabscheue!" Sein politischer Konservativismus machte ihn nicht blind für den Wert radikaler musikalischer Neuerungen. Derselbe Mann, der Traditionen und Disziplin pries, erklärte auf denselben Seiten: „...: ich bin der erste, der in der Kühnheit den Antrieb für die schönsten und größten Aktionen erblickt; ... Ich billige die Kühnheit; ich setzte ihr keine Grenzen ..."

Anderes, nicht weniger Wichtiges trennt die beiden Künstler. Politik interessierte Strawinsky nur sofern sie sich auf seine Arbeit auswirkte oder das Schicksal seiner geliebten Heimat, Rußlands, betraf. Und während sich Eliots

Lyrik heute als unverhüllt biographische Chronik persönlicher Nöte lesen läßt, scheint Strawinskys Musik sich aus sich selbst heraus entwickelt zu haben. Vielleicht ist diese fehlende Verbindung zwischen musikalischen und außermusikalischen Ereignissen die Bestätigung für Strawinskys Überzeugung, daß das Medium Musik nichts als sich selbst ausdrückt.

Der Altmeister

Nach dem Zweiten Weltkrieg lebte Strawinsky als Emigrant in Südkalifornien. Er ging auf die Siebzig zu, hatte seine revolutionäre Frühphase weit hinter sich gelassen und ein umfangreiches Programm neoklassischer Werke geschaffen. Rußland und Europa lagen in Trümmern. Seine Eltern, seine erste Frau und eine Tochter hatte er durch den Tod verloren; die übrigen Kinder waren erwachsen, und es wäre nicht unverständlich gewesen, hätte sich Strawinsky aus der Öffentlichkeit zurückgezogen oder den Verlockungen Hollywoods nachgegeben. Es gab in der Tat mehrere Versuche, ihn zu Kompositionen für amerikanische Unterhaltungsfilme und Boulevardstücke zu engagieren. Strawinskys Einstellung zu diesen Angeboten läßt sich nicht besser darstellen als in der Geschichte seiner Begegnung mit dem bekannten Impresario Billy Rose. Dieser hatte mit Begeisterung Strawinskys *Scènes de ballet* gehört, war jedoch der Ansicht, die Komposition könne durch eine Bearbeitung an Wirkung gewinnen. Er telegraphierte an Strawinsky:

> IHRE MUSIK GROSSER ERFOLG STOP WÄRE SENSATIONELL MIT RETUSCHEN AN INSTRUMENTIERUNG DURCH ROBERT RUSSELL BENNETT STOP ERTEILEN SIE RECHTE?

Strawinskys umgehende und ernüchternde Antwort lautete:

> GROSSER ERFOLG GENÜGT

Im Alter sprach Strawinsky von zwei Lebenskrisen, die er zu bewältigen hatte: nach 1920 den Verlust Rußlands und seiner Muttersprache und nach dem Ende des Zweiten Weltkriegs die Auseinandersetzung mit einer neuen Form der Musik, der strengen Zwölftonmusik, die zu Beginn des Jahrhunderts von Schönberg entwickelt worden war und sich bei der musikalischen Elite durchgesetzt hatte. Er war in beiden Situationen zu einer Anpassungsleistung fähig, die sein Überleben als Musiker sicherte.

Strawinsky war in der glücklichen Lage, seinen ersten Schaffensphasen eine dritte ‚Modulation' anzuschließen, die es ihm ermöglichte, bis in die letzten Lebensjahre produktiv zu bleiben. Voraussetzung dafür waren die ihm eigene Energie und Inspirationskraft, die allerdings durch folgenreiche Kontakte mit zwei jüngeren Künstlern verstärkt wurden. Bei einem Besuch des Chicago Art Institute im Jahr 1947 beeindruckte ihn ein Zyklus von acht Kupferstichen des englischen Malers und Graphikers William Hogarth: *The Rake's Progress*. Mit seinem Freund Aldous Huxley prach Strawinsky über einen Plan, das Thema zu einer Oper zu verarbeiten, und kurze Zeit später machte ihn Huxley mit dem jungen britischen Lyriker W. H. Auden bekannt, der ebenfalls in die USA emigriert war.

Auden nahm den Vorschlag Strawinskys an, mit ihm eine große abendfüllende Oper, *The Rake's Progress* (Geschichte eines Wüstlings), zu schreiben. Das Werk entstand innerhalb von drei Jahren; auf jeden der drei Akte verwandten sie etwa ein Jahr. Für beide scheint die Zusammenarbeit ein reines Vergnügen gewesen zu sein, ob sie sich in die Details des Versrhythmus versenkten oder über die Heroen der europäischen und amerikanischen Gegenwart und Vergangenheit tratschten. In den frühen fünfziger Jahren wurde die Oper in Europa und in den Vereinigten Staaten mit großem Erfolg gespielt. Sie wird häufig als Höhepunkt von Strawinskys neoklassischer Periode betrachtet und demonstrierte seine Fähigkeit, ein größeres Werk in englischer Sprache auszuführen und ein neues Publikum anzusprechen, ohne seine künstlerische Integrität zu kompromittieren.

Etwa zur gleichen Zeit begegenete Strawinsky dem jungen amerikanischen Dirigenten Robert Craft. Craft war fasziniert von den neuen kompositorischen Möglichkeiten der von Schönberg begründeten Zwölftonmusik der Wiener Schule. Strawinsky waren diese Experimente natürlich nicht unbekannt. In jüngeren Jahren hatte er zustimmend von einigen Werken Schönbergs Kenntnis genommen und *Pierrot Lunaire* ein „brillantes Orchesterwerk" genannt. In seinen Harvard-Vorlesungen findet sich das Urteil: „Wer eine wahre musikalische Kultur hat und ehrlich ist, wird fühlen, daß der Komponist des *Pierrot Lunaire* genau sich dessen bewußt ist, was er tut, und daß er niemanden irreführt."

Doch Strawinsky war zur Zwölftonmusik auf Distanz gegangen. Die Gründe reichen von seiner persönlichen Antipathie gegen Schönberg bis zu seiner Ablehnung vorgegebener Kompositionsschemata und dem begreiflichen Unbehagen gegenüber einem großen Komponisten, der das eigene Werk mit

Überheblichkeit, das Ballett mit Sarkasmus und Strawinskys Arbeit mit Geringschätzung betrachtete. (Man denke an Schönbergs Bemerkung, seine musikalische Entdeckung werde der deutschen Musik für ein Jahrhundert die Überlegenheit sichern.) Zwischen den beiden leicht paranoiden Persönlichkeiten waren Dissonanzen unvermeidlich. Die frostige Distanz war um so bedauerlicher, als beide nicht weit voneinander entfernt in Los Angeles ihren Wohnsitz hatten und durch gemeinsame Interessen und Bekannte verbunden waren.

Craft ließen diese Stammesfehden der Alten Welt unbeeindruckt. Mit sanfter Beharrlichkeit drängte er den Meister dazu, sich die Musik des Schönberg-Kreises anzuhören, und Strawinsky empfand sie als unerwartet stimulierend. Besonders angetan war er vom Werk des Schönberg-Schülers Anton Webern, dessen pointillistische intervallische Konstruktionen seinem Ohr mehr zusagten als Schönbergs opulenterer und stärker harmonisch orientierter Stil. Nach dem Tod Schönbergs im Jahr 1951 – der etwa mit dem Abschluß des *Wüstling*-Projekts zusammenfiel – fühlte sich Strawinsky frei, mit eigenen Experimenten im Zwölftonverfahren zu beginnen.

Wie schon der Kontakt mit Diaghilew den jungen Musiker inspiriert hatte und die Hinwendung zur musikalischen Klassik Strawinsky in mittleren Jahren neue Impulse gab, so wußte der alternde Komponist aus der Begegnung mit der Zwölftonmusik neue schöpferische Kraft zu gewinnen. Er hatte das Alter erreicht, in dem andere, wie Eliot, die Arbeit aufgeben oder wie Picasso zu Wiederholungen neigen, sah sich jedoch in der Lage, kompositorisch neue Wege zu gehen und eine Reihe von Werken zu schaffen, die zwar nie ausgesprochen populär wurden, einigen Kritikern jedoch als ebenso bedeutend und originell gelten wie seine frühen Arbeiten. Mit *Canticum sacrum* (1956), *Agon* (1953–1957), *Threni* (1958) oder den *Movements* für Klavier und Orchester schuf Strawinsky Werke im Idiom der Zwölftontechnik, die seine persönliche Stimme bewahrten und in ihrer Verbindung von Tonalität und Dodekaphonie seiner lebenslangen ästhetischen Vision treu blieben. Melodische Inventionen und emotionale Unmittelbarkeit treten gegenüber den früheren Werken vielleicht zurück, doch seine Geschmeidigkeit in der Handhabung von Themen und Kontrapunkt entwickelte sich weiter, und die ausgeprägte Strawinskysche Tonalität, der rhythmische Aufbau und die schroffen Übergänge behaupteten sich.

Etwas dieser Synthese Entsprechendes wäre entstanden, hätte Picasso den Rubikon zur rein abstrakten Malerei überschritten und dabei an zentralen Kompositionsprinzipien seiner früheren Bilder festgehalten, oder, bildlich gesprochen, wenn es Einstein gelungen wäre, Relativitäts- und Quantentheorie zu verknüpfen. Strawinskys Kompositionen in der seriellen Technik erwiesen sich als sperrig-hermetische Gebilde und wurden seltener aufgeführt als frühere Werke. Strawinsky nahm es mit resignierter Gelassenheit. In seiner Autobiographie bemerkte er: „... ich spüre sehr deutlich, daß ich im Lauf der letzten fünfzehn Jahre der überwiegenden Mehrheit meiner Hörer eigentlich fremd geworden bin. ... Ihre Haltung wird mich nicht von meinem Wege abbringen."

In seinem neunten Lebensjahrzehnt begann Strawinskys große Vitalität sich zu erschöpfen; eine Reihe kräftezehrender Krankheiten beeinträchtigte seine Tätigkeit als Komponist und Interpret. Im internationalen Musikleben blieb er dank erstaunlicher Aktivität jedoch weiterhin präsent – die Folge einer Reihe von Büchern und Aufsätzen, die er zusammen mit Robert Craft verfaßte. Craft ist ein begabter Schriftsteller, ein tüchtiger Musiker und ein scharfer Beobachter der zeitgenössischen Musikszene. Während der rund zwanzig Jahre enger Vertrautheit mit den Strawinskys war er praktisch zum Familienmitglied geworden. Er kannte die Gedanken des Meisters und ließ es sich angelegen sein, ihn mit der neuesten Musik bekanntzumachen und ihm dadurch neue Anregungen zu verschaffen.

Die gemeinsame schriftstellerische Produktivität, die im Jahr 1957 mit einer Reihe von Fragen und Antworten zu Strawinskys fünfundsiebzigstem Geburtstag begonnen hatte, gipfelte in Texten, „in denen aus der Zusammenarbeit der zwei Männer eine neue Persönlichkeit hervorging, die mit den Kardinaleigenschaften ihrer beiden Autoren ausgestattet war" – so *The New Grove Dictionary of Music*. Umstritten ist, wie weit Strawinsky von Craft Worte in den Mund gelegt wurden – eine Frage, die sich auch mit Bezug auf die früheren Koautoren Strawinskys stelle ließe –, Suvchinsky in der Autobiographie und Claude Roland-Manuel in der Poetik. Doch ohne Craft, den unermüdlichen Gesprächspartner und Chronisten dieser seltsamen Freundschaft insistierender Vergangenheitsbeschwörung, wären uns wichtige Seiten von Strawinskys Denken und Empfinden unbekannt. Es ist, als hätten Johnson und Boswell oder Goethe und Eckermann fünfzehn Jahre lang gemeinsam publiziert; als wäre Françoise Gilot Picasso freundschaftlich verbunden und damit als Mittel zur Ausdrucksfindung erhalten geblieben. Strawinsky selbst meinte: „Das ist nicht einfach Ghostwriting – ich werde weitgehend neu geschaffen."

Wie wir sahen, erhielt Strawinsky in jungen Jahren geistige und affektive Unterstützung durch Diaghilew und Roerich sowie die übrigen Mitglieder des eng verflochtenen russischen Ensembles. Ohne diesen Beistand hätte er sich möglicherweise niemals aus der Rimskij-Nachfolge, der Form von *Feuerwerk* und *Feuervogel*, gelöst und nicht zu der neuen Sprache von *Le sacre du printemps* und *Les noces* gefunden. In seinen mittleren Jahren konnte Strawinsky sich auf einen großen Kreis von Freunden und Anhängern stützen; doch scheint er seine neoklassischen Experimente wie Picasso nicht nur in Auseinandersetzung mit großen Zeitgenossen, sondern auch mit den illustren Vorgängern aus vergangenen Jahrhunderten geführt zu haben. Der Alternde jedoch könnte das Bedürfnis nach einem Menschen empfunden haben, von dessen größerer Vitalität er zehren konnte, das heißt nach einer Elterninstanz nicht weniger als nach einem geistigen Stimulus. Daß sich Strawinsky seine Kreativität bis ins hohe Alter ungebrochen und länger bewahren konnte als andere schöpferische Menschen, geht vielleicht nicht zuletzt auch darauf zurück, daß Craft diesem Bedürfnis so perfekt entsprach. Ich sehe in Craft den letzten und in vieler Hinsicht einflußreichsten in der Reihe der Mitarbeiter, die dem Meister im Laufe seines langen Lebens als kognitive und affektive Kraftquelle dienten.

Strawinskys Lebenszeit reicht wie die Picassos bis tief ins zwanzigste Jahrhundert, dessen geistige Gestalt beide Künstler mitgeprägt haben. Er konnte Einflüsse in großer Zahl verarbeiten, ohne die eigene, sehr persönliche kompositorische Handschrift – oder Handschriftenvielfalt – zu verlieren. Strawinsky mögen die rastlose Energie und proteische Leichtigkeit Picassos gefehlt haben, überlegen ist er ihm durch die größere Kohärenz seines Werks, durch die Entwicklung einer zusammenhängenden Theorie seiner Kunst und durch die Fähigkeit, seine Vorstellungen in Worten nicht weniger geläufig auszudrücken als in seinem künstlerischen Medium.

Als Komponist, der sich zudem vorwiegend auf Formen festgelegt hatte, deren Realisierung eine große Zahl Mitwirkender beanspruchte, war Strawinsky zur Gemeinschaftsarbeit gezwungen, auf die der relativ unabhängig arbeitende Lyriker oder Maler verzichten kann. In Diaghilew, dem exemplarischen Koordinator, besaß er ein Vorbild. Strawinsky hat viele positive, aber auch nicht wenige der unattraktiveren Züge der dominanten Persönlichkeit des Kunstmäzens internalisiert. Auf der Höhe seiner Laufbahn konnte er ein äußerst unangenehmer Mitarbeiter sein, und selbst Craft zeigte sich, wie anfangs bemerkt, leicht schockiert über die breite Spur grimmiger Pamphlete, die der Meister in den ersten Jahrzehnten seiner Karriere hinter sich zurückließ.

In späteren Jahren scheint Strawinsky ein gelasseneres Verhältnis zu sich selbst und seiner Umwelt gefunden zu haben. Zwar blieb er bis ans Ende seiner Tage ein Knauser und Pedant, was seiner Lebensfreude indes wenig Abbruch tat; er genoß den Umgang mit Freunden, die Reisen und die Publizität, die er brauchte, nicht weniger als die Zurückgezogenheit, die er schätzte. Bei seinem Sinn für Theatereffekte konnte es nicht ausbleiben, daß er als dramatisch profilierte Künstlerpersönlichkeit in Erscheinung trat. Er genoß den Vorzug einer bis ins hohe Alter ungebrochenen Schaffenskraft, deren er sich in einer Form bedienen konnte, die seinen Wünschen und Zielen entsprach und mit der künstlerischen Entwicklung seiner Zeit Schritt hielt. Er war klug genug, die Zusammenarbeit mit jüngeren Männern wie Auden und Craft zu suchen, die ihm den Zugang zum Tagesgeschehen offenhielten, und zeigte sich darin glücklicher als Picasso, dessen Kampf gegen das Alter zwar leidenschaftlicher, aber auch törichter war und sich vor allem im rastlosen Verlangen nach jungen Geliebten erschöpfte, während der Kontakt mit den neuesten und fruchtbarsten künstlerischen Strömungen beiläufig blieb. Es war Strawinsky offenkundig in größerem Maß als anderen Schöpfern gegeben, sich entscheidende Ressourcen seiner Kindheit zu bewahren und gleichzeitig die Früchte der Reife zu genießen.

Eine Dissonanz soll nicht unerwähnt bleiben. Strawinskys Beziehungen zu seinen drei überlebenden Kindern waren wenig harmonisch und wurden gegen Ende seines Lebens durch gerichtliche Streitigkeiten über das Eigentum an Rechten zunehmend gereizt. Vera de Bosset, die langjährige Geliebte und zweite Frau Strawinskys, war von den Kindern nie akzeptiert worden und lehnte bei seinem Tod jeden Kontakt mit ihnen so entschieden ab, daß selbst um die Teilnahme am Begräbnis und an den Gedenkgottesdiensten gestritten wurde. Wie bereits andere Fallstudien dieses Buchs erkennen ließen, scheinen vertiefte Beziehungen zur Mitwelt um den Preis harmonischer und liebevoller Familienbeziehungen erkauft.

Zu spüren, daß die Lebenskräfte sich erschöpfen, ist für uns alle schmerzlich und besonders bitter wohl für die schöpferischen Titanen eines Zeitalters. Dem Alter war Strawinsky nicht weniger gut gewachsen als andere Meister der Moderne – er komponierte und führte mit Frau und ‚Sohn' Craft ein Leben reich an persönlichem Glück. Er wurde, eine letzte Geste des Friedens, auf seinen Wunsch im geliebten Venedig beigesetzt, unweit der Ruhestätte Serge Diaghilews, mit dem er sich ein halbes Jahrhundert zuvor entzweit hatte, mit dessen Genius als Wegbereiter der Künste er am Ende jedoch die Versöhnung suchte.

7
T. S. Eliot:
Der Meister am Rande

Eliot, 1914

The Waste Land – wiederentdeckt

In der Berg Collection der New York Public Library wurde 1968 ein Manuskript entdeckt, das als verloren galt. Das Paket enthielt vierundfünfzig Seiten, teils maschinengetippt, teils ein- oder beidseitig handbeschrieben. Ein paar Seiten wiesen nur geringfügige Verbesserungen auf, andere waren von verschiedener Hand extensiv redigiert und mehrere vollständig durchgestrichen. Bunt war auch die sprachliche Form des Textes – englische Kolloquialismen wechselten mit eleganter oder abstruser Hochsprache und Einsprengseln in verschiedenen europäischen Sprachen sowie in Sanskrit.

Kein gewöhnliches Manuskript war ans Licht gekommen. Bei den wiedergefunden Seiten handelte es sich um Entwürfe von The Waste Land, dem mutmaßlich berühmtesten und, so darf man mit einiger Sicherheit behaupten, einflußreichsten Gedichtzyklus unseres Jahrhunderts in englischer Sprache. Der im amerikanischen Saint Louis geborene, in England ansässige Lyriker T. S. (Thomas Stearns) Eliot hatte um 1914 mit der Niederschrift des Zyklus, oder von Gedichten, die Teil des Zyklus wurden, begonnen und Ende 1921 einen vollständigen Entwurf von etwa 1000 Zeilen beendet. Diesen Entwurf übergab er sowohl seiner Frau Vivien* wie auch einem engen Freund, dem amerikanischen Dichter Ezra Pound, der sich ebenfalls in England niedergelassen hatte. Zusammen mit Eliot nahmen diese zwei „freundlich gesinnten Kritiker" an den Gedichten substantielle Veränderungen vor. Pounds Vorschläge reduzierten das Gedicht auf die Hälfte seiner Länge. Die Eliotspezialistin Helen Gardner urteilt: „Pound machte aus einem Sammelsurium guter und schlechter Passagen ein lyrisches Poem."

Eliot erkannte die Bedeutung von Pounds Mithilfe. In der Gewißheit, daß die Gedichte als außerordentliches Werk anerkannt würden, machte er das Manuskript einem amerikanischen Agenten, John Quinn, zum Geschenk, der mit Geschick (und ohne Entgelt) Eliots Publikationsinteressen in Amerika vertrat. Quinn starb ein Jahr nach Erhalt des Manuskripts, das im Laufe der Nachlaßregelungen unauffindbar wurde. Eliot nahm an, es sei verlorengegangen. Die Entdeckung des Manuskripts nach fünfundvierzig Jahren löste nicht nur das Rätsel seines Verschwindens, sie ermöglichte außerdem einzigartige Einblicke in den Enstehungsprozeß eines großen Kunstwerks und offenbarte die Rolle, die ein wohlwollender, doch aufrichtiger Kritiker spielen

---

* Gelegentlich findet sich die Schreibung „Vivienne".

kann. Sie warf ferner Licht auf die Frage, warum zwei junge amerikanische Emigranten aus ihrer historischen Position nach dem Ende des Ersten Weltkriegs über den Verfall der Kultur schrieben.

Traditionsstränge in Eliots Herkunft

In St.Louis am Mississippi geboren und aufgewachsen, liegt über Eliots Erziehung und Jugend dennoch der Schatten Neuenglands. Seine Vorfahren mütterlicher- und väterlicherseits stammten aus der Gegend von Boston, wo sie seit dem siebzehnten Jahrhundert als Geistliche und Pädagogen wirkten. Sein Großvater William Greenleaf Eliot war nach St.Louis gekommen, wo er als einflußreicher unitarischer Priester und begabter Financier die Washington Universität gegründet hatte. T. S. Eliots Vater, Henry Ware Eliot, ein wohlhabender, leistungsorientierter Geschäftsmann, war Präsident eines Unternehmens für hydraulische Pressen, seine Mutter, Charlotte Champe Eliot, eine ambitionierte Dichterin mit einigem Talent, die darunter litt, daß sie auf eine Hochschulbildung verzichten mußte. Die Atmosphäre im elterlichen Haus war moralisch, ja moralistisch geprägt. Beide Eltern glaubten an die Bedeutung ‚guter Werke' und waren außerdem Perfektionisten. Ein entfernter Cousin, Charles William Eliot, wurde 20 Jahre vor der Geburt des Dichters Präsident der Harvard Universität, im Eliot-Klan kein Verdienst, das aus dem Rahmen fiel.

Eliot war ein schwächliches Kind und wurde von der Mutter mit besonderer Sorge umgeben. Er wuchs in einem Kreis von Frauen auf, mit Mutter und Schwestern, entfernteren weiblichen Verwandten und dem geliebten irischen Kindermädchen Annie Dunne. An den hochintelligenten, begabten Knaben knüpften sich schon früh hohe Erwartungen. Eliot stand unter dem Anspruch, den Idealen seiner puritanischen Vorväter Genüge zu tun, und empfand die verinnerlichte Kritik als große Belastung. Sein größtes Vergnügen waren die Sommermonate im Ferienhaus der Familie an der Küste von Massachusetts, wo er las und segelte. Er schätzte jedoch auch das Leben am Mississippi. „Ich glaube, in der Erfahrung, am Ufer eines großen Stromes aufzuwachsen, liegt etwas, das sich anderen, die diese Erfahrung nicht haben, kaum wiedergeben läßt", schrieb er später.

Übereinstimmenden Zeugnissen nach war der junge Tom Eliot ein überaus feinnerviges Kind. Seine Schwester berichtete, er habe im Alter, als er sprechen lernte, ohne Wörter zu bilden, den Rhythmus ganzer Sätze reproduziert. Sinneseindrücke – Gerüche, Geräusche und Bilder – faszinierten ihn, Holzfiguren, Räucherwerk und Kerzen zogen ihn an. Noch nach Jahrzehnten erinnerte er sich an die Signalhörner der Dampfschiffe, an den Fluß bei Hochwasser mit seiner Last von menschlichen Körpern, Tierkadavern und allerlei Treibgut ebenso wie an die Gebete seines irischen Kindermädchens und ihre Gespräche über die Existenz Gottes. Ungewöhnlich ist bereits die starke Empfänglichkeit für Sinneseindrücke, seltener noch die Eliot gegebene Fähigkeit, sich Jahrzehnte später lebhaft daran zu erinnern, und die Neigung, sie in Gedichten festzuhalten.

Die Sprache in ihrer schriftlichen Form war auf beiden Seiten der Familie seit Generationen ein wichtiges Kommunikationsmittel. Charlotte Eliot verfaßte religiöse Lyrik. Der junge Eliot hatte ein hervorragendes Sprachgedächtnis. Er gab seine eigene, mit Witzen gespickte Schülerzeitschrift heraus, schrieb Seefahrergeschichten und Knittelverse und als Heranwachsender lyrische Gedichte. In Geschichten über die Südsee und Hawaii ließ er seiner Phantasie freien Lauf. Nicht unbedingt der Ausweis eines frühreifen Talents, zeigen Eliots allererste Verse dennoch einen Sinn für die Form und einen eigenen Ton. Ein Exempel seiner parodistischen Begabung ist die gekonnte Ben-Jonson-Imitation, die er als Sechzehnjähriger verfaßte.

Auch als Schüler zeichnete Eliot sich aus. Seine Leistungen an der *Smith Academy* (ebenfalls eine Gründung seines Großvaters) waren sehr gut, und ein zusätzliches Schuljahr an der *Milton Academy* in Massachusetts schloß er mit hervorragenden Prädikaten ab. Er besaß ausgedehnte Kenntnisse der englischen, lateinischen, griechischen und französischen Literatur. Mühe machte ihm einzig das Schulfach Physik; für die Naturwissenschaften bewies er lebenslang wenig Neigung und Begabung – seine Heimat war die Geisteswissenschaft, in der Darstellung des Natur- und Geisteswissenschaftlers P. C. Snow die ältere der beiden akademischen Kulturen.

Harvard – im fremden Element

Alles schien dafür zu sprechen, daß die Harvard Universität des beginnenden zwanzigsten Jahrhunderts für den jungen Eliot die natürliche Umgebung sein würde. Seine Familie war der Hochschule seit langem verbunden und verbrachte die Sommerferien regelmäßig an der Küste nördlich von Boston.

Eliot war belesen, gebildet und witzig, Züge, die am einem Harvardstudenten geschätzt wurden. (Interessanterweise beschreibt sich Eliot als Snob, während ihn Altersgenossen unterschiedlich als heiter, zurückhaltend, mutwillig, attraktiv und charmant schilderten.) Dazu kommt der Umstand, daß Eliot zum Jahrgang 1910, dem wohl berühmtesten der Geschichte Harvards, gehörte, aus dem der Essayist Walter Lippmann, der Politiker Hamilton Fish und der politische Revolutionär John Reed hervorgingen. Gleichzeitig studierten in Harvard auch der Dichter Conrad Aiken, ein lebenslanger Freund Eliots, und der Literaturkritiker Van Wyck Brooks.

Die Hochschule reflektierte den Geist ihres Präsidenten Eliot und der Roosevelt-Ära und galt allgemein als liberal, demokratisch, fortschrittlich, materialistisch, individualistisch und pluralistisch. Überraschenderweise war dies nicht der Geist, der Tom Eliot behagte. Er empfand die Atmosphäre Harvards als kalt und meinte beanstanden zu müssen, daß die Geisteswissenschaften als Fächer minderen Ranges galten.

Eliot sah sich widersprüchlichen inneren Impulsen ausgesetzt. Die literarische Produktion des damaligen Amerika betrachtete er als hohl und nichtssagend. Das patriotische Versgeklingel des Dichterlieblings von Cambridge, Henry Wadsworth Longfellow, ließ ihn unberührt, er suchte die Arkana vergangener Literaturen und fremder Länder; sein bevorzugter Lehrer wurde Irving Babbitt, ein Romanist mit konservativen und römisch-katholischen Neigungen; mehr als im plebejischen Unitarismus seiner Vorfahren fühlte sich Eliot im orientalischen Mystizismus beheimatet, und er mißbilligte Charles Eliots renommiertes „free elective system", die freie Kurswahl durch die Studenten, suchte die Orientierung an der Sicherheit eines gültigen Kanons und studierte systematisch und mit vorausschauender Konzentration.

Mit lyrischen Gedichten beteiligte er sich an der Studentenzeitschrift *Advocate*. In den generell wenig bemerkenswerten Versen des jungen Studenten tauchen bereits die Themen Großstadt und Tod der Natur auf; auch eine orientalische Sensibilität wird erkennbar. Wie so häufig in Gedichten der Adoleszenz diktieren starke Gefühle den Ton. Sie bleiben jedoch undifferenziert und werden für den Leser weder faßbar noch nachvollziehbar.

Zum entscheidenden Erlebnis für Eliots Studienzeit wurde die Entdeckung von Arthur Symons' Buch *The Symbolist Movement in Literature* (Der Symbolismus in der Literatur). Eliot reagierte begeistert auf Symons' Absage an die Prosaik des Realismus. Die Auffassung der Kunst als Religion, die Suche nach einem spirituellen Weltbild, in dem poetische Symbole das Wesen der Dinge erfassen konnten, und die Überzeugung, daß das Gedicht eine eigene Welt erschaffe und auf nichts als sich selbst verweise, waren für Eliot eine

Offenbarung. Symons' Buch brachte Eliot die französische Dichtung nahe, vor allem das Werk von Jules Laforgue, einem wenig bekannten Lyriker des neunzehnten Jahrhunderts.

Eliot entdeckte alsbald eine „Wahlverwandtschaft" mit dem poetischen Geist von Laforgue und seiner experimentierenden Verwendung verschiedener Stimmen zum Ausdruck von Leid, Umgangston und lehrhaftem Kommentar. Laforgue erlebte die Welt als dekadent und bedrückend und vereinigte jugendlichen Ennui mit der Abgeklärtheit des Alters; Ernsthaftes behandelte er mit Ironie, Humor und emotionaler Distanz. Eliot schrieb rückblickend: „Niemandem bin ich dankbarer als ihm. Ich glaube, kein Schriftsteller hat mir seither so viel bedeutet, wie er in dem Augenblick, als ich ihn kennenlernte."

Zweifellos unter dem Eindruck der jüngst entdeckten französischen Symbolisten sowie des älteren Vorbildes Charles Baudelaire kultivierte Eliot eine persönliche Sensibilität. Er wanderte durch die verfallenden Quartiere Bostons, deren Anblick ihn gleichermaßen anzog wie abstieß, und verkehrte in den Salons der Bostoner Bildungsbürger und den Klubs und Bars der Harvardelite. Ihm schien, das einst lebendige und dynamische Boston sei in Trägheit versunken, seine Bürger erstarrt und entfremdet, das zielgerichtete, wenn auch harte puritanische Leben durch krassen Kommerz und urbane Verwahrlosung ersetzt. Der Kontrast zwischen den beiden Sphären – der Welt der Slums und der Distinktion von Cambridges Gelehrtenelite, des Elends der verarmten Schichten und der Heuchelei sorgloser Müßiggänger – wirkte auf den empfindsamen jungen Studenten tief und verstörend. In den Gedichten der Jahre 1908 und 1909 versuchte er diesen neuen, komplexen Gefühlen Ausdruck zu geben.

Kristallisationserlebnisse können sehr spezifisch sein, wie Eliots Entdekkung der zweiten Ausgabe von Symons' Buch im Club seiner Universität im Dezember 1908 oder seine erste begeisterte Lektüre von Jules Laforgue im folgenden Frühling zeigen. Ein weiteres Jahr später stand Eliot erneut unter dem Eindruck eines persönlichen Erlebnisses, das bedeutsam für ihn wurde, obwohl er das Erlebte nie genau qualifizieren konnte. Es war etwa zur Zeit seiner ersten Diplomprüfung bei einem Spaziergang durch Boston, als er wahrzunehmen meinte, daß die Straßen schrumpften und sich teilten und um ihn herum eine große Stille entstand. „Man könnte es eine Kommunion mit dem Göttlichen nennen oder eine zeitweilige Kristallisierung des Geistes", kommentierte er später die halluzinationsähnliche Erfahrung.

Meiner Ansicht nach ist das Erlebnis als Symbol für einen Wandel zu verstehen, der sich damals in dem jungen Eliot vollzog – ein Gefühlswandel, der ihm in einem poetischen Bild am leichtesten faßbar wurde. Bis zu diesem Augenblick hatte er sein Leben nach den Erwartungen seiner Familie eingerichtet, hatte gute Schulleistungen, gute Prüfungen und gute Gedichte präsentiert und dokumentierte seit jüngstem anscheinend leicht und mühelos die wissenschaftlichen und sozialen Fertigkeiten, die man von ihm erwartete. Weil es ihn zur Philosophie gezogen hatte, nahm man an, er werde sein Studium in Harvard mit dem Ziel einer Philosophieprofessur fortsetzen.

Eliots innere Entwicklung jedoch war anders verlaufen. Er hatte sich seiner Umgebung mehr und mehr entfremdet – das Boston, das St.Louis, das Amerika seiner Zeit mißfiel ihm. Er fühlte sich der Studentenclubatmosphäre ebenso fern wie der Bostoner Intellektuellenszene und dem erbärmlichen Leben der städtischen Unterschichten. Unter älteren Frauen aufgewachsen, wußte er weder mit Frauen seines Alters umzugehen, die ihm bedrohlich erschienen, noch mit der eigenen Sexualität, war also ratlos und frustriert.

Andere Welten, wenig begangene Pfade abseits der akademischen Heerstraße zogen ihn an. Frankreich und England lockten – Länder mit einer längeren Geschichte, einer subtileren literarischen Kultur, stärkerem Empfinden für geistige und religiöse Fragen und tieferer Ironie. Die Philosophie reizte ihn, doch suchte er daneben nach dichterischen Ausdrucksmöglichkeiten, in denen all das, was ihn bewegte – die konkreten Eindrücke, die starken Gefühle und die Vorstellungen vom Leben und von der Kultur, zu einem Ganzen gerinnen konnten.

Das Bostoner ‚Kristallisations'-Erlebnis mit seiner Andeutung einer göttlichen Inspiration schien Hinweis auf eine Möglichkeit, dieser widersprüchlichen emotionellen Regungen Herr zu werden, seine Entfremdung im dichterischen Ausdruck aufzufangen. Eliot unterstrich die Bedeutung des unbewachten Augenblicks – wie er in *The Waste Land* schrieb: „the awful daring of a moment's surrender ... by this, and this only, we have existed" (das ungeheure Wagnis, sich einen Augenblick lang aufzugeben ... darin, und einzig darin, waren wir.) Die Straßenverzweigung diente als eindringliches Bild, und die Straßen werden sich als bedeutungsvolle Symbole in Eliots Dichtungen wiederholen. Doch die Vision, der unbewachte Augenblick, war nur ein flüchtiger Hinweis; in den vor ihm liegenden Jahren stand Eliot vor der Aufgabe, sich den Weg zur Verwirklichung dieser dunkel erfühlten Synthese zu suchen.

Neue Lebensversuche

Eliots starke Entfremdungsgefühle und sein Ringen um inneren Halt legten fast zwangsläufig den Entschluß nahe, nach Studienende eine Europareise anzutreten. Auf der Suche nach der Welt Laforgues und ihrem geistigen Klima ging er zunächst nach Frankreich: „Die Art von Dichtung, die ich brauchte, um meine Stimme zu finden, existierte im Englischen nicht; nur in Frankreich konnte ich sie finden." Eliot besuchte unter anderem Vorlesungen der französischen Philosophen Henri Bergson und Emile Durkheim; besonders faszinierten ihn die konservativen Ansichten von Charles Maurras, einer an Babbitt gemahnenden Gestalt klassischkatholischen und monarchischen Zuschnitts. Eliot machte die Bekanntschaft junger Franzosen, unter anderem des künftigen Romanciers Alain-Fournier (Henri-Alban Fournier) und eines Medizinstudenten und Schriftstellers mit Namen Jean Verdenal, mit dem er sich anfreundete und dessen Tod im Ersten Weltkrieg er traumatisch erlebte.

Eliots Leben in Paris scheint nicht viel glücklicher gewesen zu sein als das des Bostoner Studenten. Erneut empfand er den Widerspruch zwischen den Salons der Intellektuellen, der Welt der künstlerischen Avantgarde und den abstoßenden Bildern der Armut. Doch seine Briefe an die Familie zeigen, daß er in lebhaftem Tempo Informationen und Eindrücke aufsog. Er reiste außerdem mindestens einmal nach London, besuchte Deutschland und vollendete im Sommer einen Entwurf seines ersten bedeutenden Gedichts, *The Love Song of J. Alfred Prufrock* (J. Alfred Prufrocks Liebesgesang).

Eliot erwog zunächst, als Dichter und Schriftsteller in Europa zu bleiben, entschloß sich jedoch 1911, in Harvard sein Studium mit einer Dissertation in Philosophie abzuschließen. Rückblickend läßt sich diese Periode als eine Art Rückfall, wenn nicht gar Regression betrachten: Wieder erfüllte Eliot die Erwartungen seiner ehrgeizigen, konservativen und auf ein hohes Berufsethos verpflichteten Eltern. Eliot sprach sogar von beängstigenden „Anfällen nächtlicher Panik", unter denen er während seines Europaaufenthalts gelitten habe. Es war jedoch auch eine Zeit, in der er im Geist weiterhin verschiedene Lebensentwürfe, persönliche Philosophien und Ausdrucksweisen durchspielte. Er besuchte die Kurse von Bertrand Russell, der ihn als schweigsamen jungen Dandy ohne Enthusiasmus und Daseinsfreude erlebte. Er studierte Sanskrit, las religiöse Texte des Hinduismus und Buddhismus und schrieb Gedichte – in der Sprache des Psychoanalytikers Erik Erikson: Eliot experimentierte mit mehreren Identitäten und disparaten Stimmen. Ein

Ausdruck dieser Unsicherheit, änderte sich in dieser Phase sogar mehrmals seine Handschrift.

Als Doktorand beschäftigte sich Eliot mit dem Werk von F. H. Bradley, einem zeitgenössischen britischen Philosophen, der über das Verhältnis von Schein und Realität, Erfahrung und Wahrheit, subjektiver Erfahrung und objektiver Wahrheit arbeitete. Die uralten Fragen der Philosophie hielten Eliot in Bann; er ging ihnen später in seiner Lyrik und in anderen Schriften nach. Unklar ist, ob Bradleys Lösungen Eliot überzegten, doch beider Neigungen gingen in gleiche Richtung: ein Hang zum Ritual, zu einem ausgeprägten Ordo-Denken und zu inneren Erfahrungen; beide zeigten Interesse, widersprüchliche Anschauungen in Einklang zu bringen, und beide mißtrauten der „diskursiven" Intelligenz. Sein Dissertationsthema – *Experience and the Objects of Knowledge in the Philosophy of* F. H. *Bradley* (Erfahrung und die Gegenstände der Erkenntnis in der Philosophie von F. H. Bradley) – gab ihm die Möglichkeit, einer Frage nachzugehen, die für ihn von allergrößter Bedeutung war: „ein verzweiflungsvoll kurzer visionärer Augenblick und seine widersprüchlichen Deutungen". Bradley ist vielleicht der einzige Philosoph, der außerhalb der Fachwelt bekannt geblieben ist, weil er Gegenstand der Doktorarbeit eines bedeutenden Dichters wurde.

Der Doktorand Eliot scheint glücklicher gewesen zu sein als der Student. Seine Lehrer in Harvard schätzten ihn und versuchten einige Jahre, ihn für die Fakultät zu gewinnen. Doch kurz vor Ausbruch des Zweiten Weltkriegs ging Eliot nach London zurück und blieb anschließend fast zwanzig Jahre lang in Europa. Er verzichtete auf ein idyllisches Professorenleben und erklärte: „Wieviel schärfer ist man sich seiner selbst bewußt, wenn man in einer Großstadt lebt." Er hatte den Schritt an den Rand getan, war bereit, als Schriftsteller zu leben und an neuen Ufern seinen Weg zu machen.

Zwei Dichter bündeln ihre Kräfte

Der Entschluß des jungen Eliot, die Annehmlichkeiten der heimischen Existenz und eine beginnende Laufbahn als Hochschulphilosoph hinter sich zu lassen, um im Ausland als Künstler zu reüssieren, grenzte an Hybris. Für London und Paris zumal, die damaligen Kulturmetropolen, war Amerika das Hinterland geblieben, das auf künstlerischem Gebiet wenig Bedeutendes geleistet hatte. Nur einer außergewöhnlichen Persönlichkeit wie Henry James war es gelungen, in Europa Fuß zu fassen. Und auch James fühlte sich, nachdem er ein halbes Jahrhundert dort gelebt hatte, noch immer als Außenseiter.

Allerdings hatte kurz vor Eliot ein begabter junger Dichter aus Idaho, Ezra Pound, denselben Versuch unternommen. Pound, eine starke Natur voller Widersprüche, hatte das Kunststück fertiggebracht, die literarischen Zirkel Englands durch seine Persönlichkeit ebenso zu beeindrucken wie durch seine fünf Lyrikbände. Von Eliot, den er im September 1914 kennenlernte und der damals noch nichts veröffentlicht hatte, war er sogleich begeistert. Er schrieb an Harriet Monroe, die Herausgeberin von *Poetry*, der *Prufrock* sei das beste Gedicht eines Amerikaners, das ihm bisher unter die Augen gekommen sei, und dem Schriftsteller H. L. Mencken beschrieb er Eliot als seine Entdeckung des „letzten intelligenten Menschen". Eliot erinnerte sich: „1914 änderte sich mein Leben durch die Begegnung mit Ezra Pound. Meine Gedichte begeisterten ihn; auf Lob und Ermunterung zu stoßen, wie er sie mir zukommen ließ, erwartete ich längst nicht mehr." Die beiden Männer, deren Herkunft so ähnlich war wie ihre Temperamente verschieden, wurden schnell zu Freunden.

In den nächsten Jahren arbeiteten Eliot, Pound und der britische Schriftsteller und Maler Wyndham Lewis zusammen an neuen Ausdrucksformen des Englischen. Eliot hielt diese Neuerung für überfällig, die zeitgenössische Kunst für hoffnungslos romantisch und bekennerhaft. Er schrieb später „Die Dichtung der Jahre 1909 oder 1910 stagnierte in einem Maß, wie es für einen jungen Lyriker unserer Tage kaum vorstellbar ist." Die drei Jungreformer erprobten neue Techniken; Pounds indirekte Verfahren, seine Textfragmentierungen und seine verblüffenden Kombinationen hinterließen ihre Spuren in Eliots Gedichten.

Sie stützten einander auch psychologisch, insbesondere ist die Bedeutung von Pounds Einsatz für Eliot hervorzuheben. Pound, der unternehmendere, machte eine Reihe einflußreicher Persönlichkeiten in England und in den Vereinigten Staaten mit Eliot und dessen Arbeiten bekannt. Er wirkte als eine Art Agent und Vermittler, vertrat Eliots Talent, wo immer er Zuhörer fand, und war sogar vor der Familie des Freundes ein Fürsprecher von Eliots Emigration. Es ist sehr wohl denkbar, daß Eliot ohne Pound weder in England geblieben wäre, noch den Übergang vom Philosophen zum Dichter vollzogen hätte, seine erste Ehe geschlossen, den Agenten Quinn kennengelernt oder Gedichte in Amerika publiziert hätte.

Man fragt sich mit Recht, aus welchem Grund das lyrische Werk eines Amerikaners, der unter dem Einfluß der symbolistischen Lyrik Frankreichs stand, für das britische Publikum von Interesse sein konnte. Meines Erachtens wurden bestimmte Veränderungen, die damals im Westen stattfanden, im insularen England weniger deutlich wahrgenommen als auf dem Kontinent. Die Großreiche des neunzehnten Jahrhunderts lösten sich auf; der liberale Konsens, in dessen Verständnis eine aufgeklärte Aristokratie ihre Kräfte in gemeinsamer Anstrengung zum Wohle der Gesamtgesellschaft einsetzte, war zerbrochen; die Ungleichheiten zwischen den Klassen wurden krasser und problematischer, das Großstadtelend konnte längst nicht mehr als vorübergehende Fehlsteuerung der Industrialisierung gelten und wurde als bleibendes Übel betrachtet; anerkannte religiöse Formen und Wertsysteme wurden ausgehöhlt, obwohl man sie dringlicher denn je entbehrte.

Andeutungen dieser und anderer Umwälzungen waren in der Kunst bereits um die Jahrhundertwende spürbar geworden. Romanciers wie Emile Zola in Frankreich und Theodore Dreiser in den USA versuchten die Erschütterungen ihrer Zeit darzustellen. Maler wie Picasso und Braque in Frankreich hatten einen Formenmix aus E- und U-Kunst geschaffen, Komponisten wie Strauss, Schönberg und Strawinsky, jeder von eigenen Visionen geleitet, hatten die lauschigen romantischen Formen des neunzehnten Jahrhunderts aufgegeben. Großbritannien indessen, wo die erwähnten Umwälzungen weniger spürbar zutage traten, stand unverändert im Bann der Dichtungen von Alfred Lord Tennyson und Rudyard Kipling, der Romane von George Eliot und Thomas Hardy, der akademischen Kompositionen von Edward Elgar und der Malerei von Walter Sickert.

Zu Beginn des zwanzigsten Jahrhunderts geriet das literarische Leben Englands unter den Einfluß, ja die Vorherrschaft von Nicht-Briten: James Joyce, William Butler Yeats und George Bernard Shaw waren Iren, Eliot und Pound Amerikaner, Joseph Conrad war Pole. Sie alle beherrschten die Landessprache, konnten darin jedoch, vielleicht weil sie Ausländer waren, Möglichkeiten wahrnehmen, die sich erst aus einer Distanz zu den selbstverständlichen Voraussetzungen des viktorianischen neunzehnten Jahrhunderts erschlossen. Fraglos hätten sich die Formen der englischen Kunst auch ohne diese Außenseiter und sprachlichen Randsiedler geändert; die revolutionäre Virginia Woolf war immerhin eine blaublütige Britin (doch, signifikanterweise vielleicht, kein Brite). Die Landesfremden trugen indes zur Beschleunigung dieses Wandels bei, dem sie außerdem eine internationale Prägung gaben.

Das Talent wird offenkundig

Eliots frühes Gedicht *The Love Song of J. Alfred Prufrock* leistete einen wichtigen Beitrag zur Modernisierung der englischen Literatur. Die Verkoppelung des absurden Namens mit der romantischen Vorstellung eines „Liebesgesangs" kündigt an, daß die ästhetische Form des Gedichts die Inkongruenz ist. Ein italienisches Motto, ein Refrain über Frauen, *talking of Michelangelo*, Anspielungen auf Hamlet, Lazarus, einen Ewigen Diener und den Narren weisen den Sprecher als kenntnisreichen, ästhetisch sensiblen Menschen aus. Slangverweise auf billige Absteigen, schmierige Restaurants, eine kahle Stelle in der Kopfmitte, dünne Arme und Beine, Röcke, die über den Boden fegen, und hochgekrempelte Hosen deuten auf einen Autor hin, dem das Leben und die Sprache der Straße, des Varietés und des Pub gleichermaßen vertraut (oder gleichermaßen unbehaglich) ist.

> Let us go then, you and I,
> When the evening is spread out against the sky
> Like a patient etherized upon the table

> Gehn wir also, du und ich –
> Der Abend liegt am Himmel ausgestreckt
> Wie auf dem Tisch ein Kranker in Narkose

Bereits die ersten Zeilen nehmen gefangen; eine dichterische Stimme läßt sich hören, die spielerisch die disparatesten Elemente verbindet: einen romantischen Abend und einen mit Äther betäubten Patienten. Diese verblüffenden Paarungen wiederholen sich: Visiten im Zeichen überwältigender Fragen; Zeit, andere zu treffen und zu morden; ein ruheloses Hin und Her und Gespräche über Michelangelo; Leben, das kaffelöffelweise vertan wird, das Wagnis ... einen Pfirsich zu essen, den Gang des Weltalls zu stören; das Universum in einen Ball gepreßt; ein Kopf, mit schütter werdendem Haar, der wie das Haupt Johannes' des Täufers auf einem Tablett hereingetragen wird. Diese Paarungen geben nicht nur bizarre Unvereinbarkeiten in der Welt der Objekte zu erkennen, sondern verraten die Empfindlichkeiten eines Menschen, den diese Inkompatibilität frappiert.

Vom Widerspruch als Prinzip ist auch die formale Konzeption bestimmt. Der Protagonist ist gleichzeitig Zentrum des Gedichts und der geschilderten weltlichen Betriebsamkeit entrückt; zu hören sind alternierend junge, alte und alternde Stimmen; Identifikation findet mit dem Weiblichen ebenso statt wie mit dem Männlichen, mit dem aktiven Leben wie mit einer Attitüde der Erstarrung. Verse mit regelmäßigem Reim und Rhythmus stehen neben Ellipsen und unerwarteten Kurzzeilen. In Momentaufnahmen geistig-seelischer Zustände ist die Brüchigkeit der Welt festgehalten, genauer der verschiedenen Welten, die den jugendlichen Dichter verstört hatten. Das Gedicht ist durchdrungen von Laforguescher Ironie und Selbstironie, die es zusammenhalten.

Prufrock und ein weiteres frühes Gedicht, Portrait of a Lady, wiesen Eliot als begabten jungen Dichter aus. Die meisten Lyriker beginnen sehr früh zu schreiben; erste Talentproben, die bis in Eliots frühe Knabenjahre zurückgehen, warten noch immer auf ihre Veröffentlichung. Im allgemeinen sind solche frühen Versuche von geringem Interesse, wenn auch in Eliots Fall eine beeindruckende sprachliche Souveränität, ein Flair für Ton und Form, ein gewinnender Humor und das Interesse an den Themen Tod, Verlust und Vergänglichkeit deutlich werden. Ein rapider Entwicklungsschritt folgt im allgemeinen in der Adoleszenz, wenn der Dichter innerhalb weniger Jahre eine eigene Stimme oder, wie Eliot, ein eigenes Stimmenensemble entdeckt. Die Stimme Eliots verbindet das Philosophische mit dem Prosaischen, was vor ihm auf bewerkenswerte Weise John Keats gelungen war. Eliot konnte die philosophischen Themen behandeln, die ihn beschäftigten, und sie in Worte und Bilder des Alltags kleiden.

Eliot war sich keineswegs sicher, ob er das Sprachrohr Prufrocks oder der Betrachter der „Lady" bleiben sollte. Er experimentierte mit lyrischen Versuchen in französischer Sprache, knappen französischen Vierzeilern, in denen er Pariser Szenen festhielt. Sein Frühwerk enthält außerdem Versuche im Stil der Elisabethanischen Dramen, esoterische Bilder und reine Satire neben Reflexionen über religiöse Themen. In Briefen an Freunde entwarf er ganze lyrische Dramen ebenso wie unverblümt vulgäre Knittelverse. (Diese unbekümmerte briefliche Experimentierlust setzte sich durch alle Lebensphasen fort.) Seit frühester Zeit bekundete Eliot ein wunderbares mimetisches Talent und parodierte mühelos die verschiedensten literarischen Stile. Er befaßte sich mit Philosophie, schrieb wissenschaftliche Artikel sowie längere Abhandlungen und über längere Zeit kein einziges Gedicht.

Sogar mit der Veröffentlichung des Prufrock schien Eliot es nicht eilig zu haben, obwohl ihm bewußt war, daß das Gedicht ernstzunehmende poetische Kraft besaß. Ohne das Drängen von Aiken und Pound hätte er es möglicherweise gar nicht oder doch vorläufig nicht publiziert; er empfand es, wie er eingestand, in gewisser Hinsicht als seinen Schwanengesang. So reif er anderen erschienen sein mag, er selbst war immer noch im ungewissen darüber, was (oder wer) er werden sollte. Ganz der Außenseiter, zeigte er nur selten die frappierende Selbstsicherheit, wie sie Freud, Einstein oder Picasso in jungen Jahren an den Tag legten.

Europa wird zur Heimat

Als der Erste Weltkrieg ausbrach, erkannte Eliot klarer als je zuvor, daß seine Zukunft in Europa lag. Er lehnte die angebotene Verlängerung seines Harvard-Stipendiums für ein zweites Studienjahr in Europa ab und versuchte als Lehrer und Schriftsteller im Raum London sein Leben zu bestreiten.

Eliot hatte bis zu dieser Zeit praktisch keine sexuellen oder auch nur erotischen Erfahrungen. In einem Brief an Conrad Aiken bekannte er: „Es wäre wohl besser gewesen, wenn ich mich meiner Jungfräulichkeit und Scheu schon vor Jahren hätte entledigen können. Und zuweilen scheint es mir ratsam, das noch vor einer Heirat nachzuholen." Doch 1915, wenige Monate vor der Begegnung mit dem stimulierenden Pound, lernte er Vivien Haigh-Wood kennen, eine intelligente, lebhaft bis exaltierte, offene und sensitive junge Engländerin. Tom und Vivien verliebten sich und heirateten.

Über Eliots erste Ehe ist viel spekuliert worden (noch in *Tom und Viv*, einem vor kurzem in London uraufgeführten Theaterstück). Es war allen Zeugnissen zufolge eine exzeptionell unglückliche, ja tragische Verbindung. Offensichtlich hatten sich Gegensätze angezogen: der gedankenvolle, einsiedlerische, extrem introvertierte und jungfräuliche Gelehrte aus Amerika und die quecksilbrige, lebenshungrige, mondäne, sexuell erfahrene Engländerin. Jeder mußte im anderen die Ergänzung, die Lösung für persönliche Ängste und eigenes Versagen gesucht haben. Trotz fast zwanzigjährigen Bemühens, der Ehe zu einem Erfolg zu verhelfen, gelang ihr anscheinend nicht einmal der Start. Bertrand Russell, der Eliot damals seit einigen Jahren kannte und schätzte und mit Vivien während der ersten Jahre der Ehe eine kurze Affäre hatte, gibt folgende Erklärung: Er glaubte, Eliot habe Vivien in der Hoffnung geheiratet, von ihr stimuliert zu werden, jedoch bald entdeckt, daß diese Stimulierung nicht möglich war. Eliot war in seiner sexuellen Identität zweifellos unsicher, wenn es auch für ausgesprochen homosexuelle Neigungen keine überzeugenden Beweise gibt.

Kurz nach der Heirat stellte sich heraus, daß Vivien unter häufigen Erkrankungen litt, von denen einige offensichtlich somatisch bedingt waren (Gesichtsschwellungen, Drüsenstörungen, Brustfellentzündung, Rückenverletzung); dazu kamen nervöse Störungen mit vermutlich psychosomatischen und hysterischen Elementen. Sie scheint sehr anfällig gewesen zu sein, doch kräftig genug, den überempfindlichen Eliot durch ihre Bemerkungen zu treffen. Er war seiner Frau, zumindest nach außen hin, ein guter Krankenpfleger, kümmerte sich um sie, zeigte sich sehr besorgt über ihren Zustand und blieb ihr treu. Gleichzeitig jedoch litt er unter der Unverträglichkeit ihrer Naturen und bekannte kurz nach der Heirat: „Ich habe in den letzten sechs Monaten genug Material für ein ganzes Dutzend langer Gedichte erlebt." Auch Eliot geriet zunehmend aus dem Gleichgewicht und erlitt in den Monaten vor der Entstehung von The Waste Land einen nervösen Zusammenbruch. Es ist kaum zu entscheiden, in welchem Ausmaß jeder durch die eigenen neurotischen Züge zu den Schwierigkeiten des anderen beitrug und ob beide einander durch das, was sie sagten und taten, zum Wahnsinn trieben.

Eine Zeitlang führte Eliot das typische aufreibende Leben des jungen Künstlers, gab tagsüber Unterricht und schrieb in der Nacht. Zeugnissen zufolge war er ein pflichtbewußter und guter Lehrer, den seine Schüler schätzten. Doch wieder einmal wich Eliot von der Norm ab. Er beschloß, im Bankfach zu arbeiten, und entdeckte nicht nur zu seiner eigenen Überraschung, daß ihm die ausgesprochen unkünstlerische Tätigkeit gefiel. Es machte ihm Spaß, mit Zahlen zu jonglieren, die Büroroutine einzuhalten und die Rolle des konventionellen Managers aufzubauen und auszufüllen. Er erwies sich als fähiger Bankexperte und wurde später mit der verantwortungsvollen Aufgabe betraut, die Kriegsschulden zu bearbeiten.

Das Werk wächst und mit ihm die Reputation

Obwohl Eliot um sein Auskommen kämpfen mußte, relativ wenig Gedichte schrieb und ein ungewöhnlich niederdrückendes Eheleben führte, aus dem er wenig Gewinn für sich zog, begann seine literarische Karriere Gestalt anzunehmen. Mit außerordentlicher, selbstloser Unterstützung durch Pound konnte er einen großen Teil seiner Arbeiten veröffentlichen. Im Juni 1917 erschien Prufrock and Other Observations in England und drei Jahre später in den Vereinigten Staaten. Eliot schrieb Artikel, kritische Beiträge und Gedichte für damals führende englische und amerikanische Zeitschriften wie Poetry, Dial und Nation. 1920 veröffentlichte er The Sacred Wood, einen Band kritischer Schriften, und bereits in den frühen zwanziger Jahren war Eliot, damals Anfang Dreißig, in der Verlagswelt diesseits und jenseits des Atlantiks als vielseitig begabter Schriftsteller von Rang und Einfluß anerkannt, respektiert und gelegentlich gefürchtet.

Unbestritten haben Pounds und Eliots Verbindungen zu wichtigen Vertretern der Londoner Literaturszene Eliots Karriere gefördert. Eliot stand dem einflußreichen Bloomsbury *circle*, dem Kreis um E. M. Forster, Lytton Strachey und Virginia Woolf, nahe und entdeckte dort eine persönliche und berufliche Affinität zu Virginia Woolf. Die Tatsache, daß praktisch eine ganze Generation junger Engländer an der Front war und viele der Begabtesten nicht zurückkehrten, hatte ein kulturelles Vakuum geschaffen. Ausländer wie Pound und Eliot waren bereit und lebhaft gewillt, es ausfüllen.

Eliots Erfolg verdankte sich zweifellos auch eigenen Anstrengungen. Seine jüngst veröffentlichte Korrespondenz zeigt deutlich, daß Eliot von Beginn an darauf bedacht war, seinem Werk zur Anerkennung zu verhelfen. Der einst so scheue Eliot gewann zunehmend an Bestimmtheit und Autorität. Sorgfältig pflegte er einflußreiche Förderer in den Vereinigten Staaten wie Schofield Thayer vom *Dial*, die wohlhabende Gönnerin Isabella Stewart Gardner in Boston, den bedeutenden New Yorker Verleger Alfred Knopf und John Quinn, seinen loyalen Agenten ehrenhalber. In England suchte er sich durch umsichtiges Vorgehen die Gunst von Richard Aldington, Bruce Richmond und anderen führenden Persönlichkeiten der literarischen Welt zu erhalten. Er legte im Umgang mit den einzelnen den angemessenen Grad an Respekt oder Autorität an den Tag und traf die nötigen taktischen Vorkehrungen, die sich von einem Brief oder Jahr oder Treffen zum nächsten aufdrängten.

In einem langen Brief gab er seinem Bruder Henry Eliot erstaunlich ausführliche und genaue Instruktionen, wie er mit bestimmten einflußreichen Leuten in Boston und New York Verbindung aufnehmen solle, welche Zeitschriften aufzusuchen, welche Bekanntschaften zu vermitteln seien und ähnliches. Eliot rät seinem Bruder, „Herausgeber mit Personen bekannt zu machen, die gesellschaftlich höher stehen als sie selbst". Er äußert den Wunsch, „daß mein Name bei diesen erwähnten Zeitschriften über persönliche Vermittlung bekannt wird ... und sich eine feste Verbindung anknüpfen läßt, durch einen ‚Brief aus England' vielleicht oder die Diskussion von zeitgenössischen französischen Themen".

Eliot war auch in der Lage, die eigene Position zu analysieren; in einem Brief an einen früheren Lehrer, den Philosophiedozenten J. H. Woods, erklärte er:

Es gibt nur zwei Wege, auf denen ein Schriftsteller zu Bedeutung gelangt – sehr viel zu schreiben und überall gedruckt zu werden oder sehr wenig zu schreiben. ... Ich schreibe sehr wenig und würde nicht an Bedeutung gewinnen, wenn ich mehr schriebe. ... Mein Ruf in London beruht auf einem einzigen schmalen Bändchen mit Gedichten. ... Wichtig ist nur, daß jedes davon in seiner Art so vollkommen ist, daß es zum Ereignis werden kann. Was Amerika angeht: Ich bin hier einflußreicher, als ich es zu Hause wäre. ... Wenn man sich selbst erhalten muß, ist die sicherste Beschäftigung darum eine, die von den Künsten so weit wie möglich entfernt ist.

Einer Entschuldigung an den Agenten Quinn für einen Band, der Prosa mit kritischen Texten verbindet, fügte er begründend bei: „Es ist an der Zeit, daß ich in Amerika ein Buch herausbringe, und das ist die einzige Möglichkeit".

Es ist nicht ungewöhnlich, daß junge Genies ihren Familienangehörigen und einflußreichen Mentoren die Techniken abschauen, die ihnen helfen, auf das Feld einzuwirken. Eliot bediente sich offensichtlich sowohl der Taktiken seiner Mutter, die sich seit frühesten Zeiten bemüht hatte, ihrem begabten Sohn ein aufmerksames Umfeld zu schaffen, als auch Pounds, der in der anglo-amerikanischen Literaturszene zuhause war. Doch Eliots Karriereplanung war nicht minder eine überlegte und überlegene Eigenleistung. Vielleicht weil er aus den Fehlern anderer lernte, trat er in der Öffentlichkeit weniger offensiv auf als Pound und strapazierte persönliche Beziehungen weniger unnachsichtig als seine Mutter. Vom Zeitpunkt seiner Niederlassung in Großbritannien im Jahr 1914 bis zu seiner Etablierung als internationale Berühmtheit in den dreißiger Jahren war Eliot mit dem wohlerwogenen, planmäßigen Ausbau seiner Laufbahn befaßt.

Immer noch schüchtern und etwas steif, ein Mensch, der sich in seiner Haut nicht wohlfühlte, hinterließ Eliot bei den mächtigen und einflußreichen Persönlichkeiten, mit denen er bekannt wurde, dennoch den besten Eindruck. Seine Kultiviertheit und Zurückhaltung, sein enzyklopädisches Wissen (das er beiläufig behandelte), ein feiner Humor und sein habituelles Einzelgängertum machten es leicht, an ihm Gefallen zu finden. Anziehend zu wirken ist kein Nachteil; ohne daß man von Charisma sprechen könnte, besaß Eliot die vielleicht wichtigere Eigenschaft, einflußreiche Menschen dazu zu bewegen, ihm zu Hilfe zu kommen. Auch wenn seine Bücher alles andere als wohlwollende Kritiken erhielten und sich schlecht verkauften, auf die englischen Intellektuellen übten sie eine außerordentliche Wirkung aus. Und dieses positive Clair-obscur erwies sich schließlich als entscheidend.

The Waste Land:
Voraussetzungen und Entstehung

Schon 1914 hatte Eliot mit der Arbeit an einem „langen Gedicht" begonnen und ließ in den folgenden Jahren weitere Fragmente folgen. Unklar ist, ob Eliot sich über Thema und Struktur im klaren war; zweifelsfrei geplant waren eine wichtige Grundsatzaussage über sein Zeitalter und die Beschreibung einer spirituellen Reise, der klassischen ‚Lebensreise', wie sie ihn und seine Mutter seit je fasziniert hatte. Es gab zahlreiche verfehlte Ansätze, vieles wurde fallengelassen; frühe Andeutungen enthält ein französisches Gedicht mit dem Titel *Dans le restaurant*. 1921 konnte Eliot seinem Freund Wyndham Lewis vier Teile eines Gedichts zeigen, das den Titel trug: *He Do the Police in Different Voices*.* An seinen Agenten Quinn schrieb er, Familienangelegenheiten hätten ihn gehindert, das Gedicht wie geplant bis Juni fertigzustellen.

Zwei Faktoren trugen dazu bei, das Gedicht, aus dem schließlich *The Waste Land* wurde, Wirklichkeit werden zu lassen: erstens Eliots Lektüre von Jessie L. Westons Buch über die Gralssage *From Ritual to Romance*. Die Vorstellung einer Suche, die im Zustand desolater Zweifel beginnt, beschäftigte Eliot schon lange, doch Westons reichhaltige Darstellung mythischer Reisen und Themen aus verschiedenen Kulturen bot sich Eliots bislang disparaten Vorstellungen als brauchbares und vielseitiges Medium an. Der zweite, zunächst hemmende Faktor war Eliots sich akut verschlechternder Gesundheitszustand.

Im September 1921 hatten persönliche und berufliche Belastungen Eliots Kräfte so weit erschöpft, daß er am Rand eines Nervenzusammenbruchs stand. Ein Arzt empfahl vollständige Ruhe und Entspannung, und Eliot suchte sich zunächst in Margate an der Küste von Kent, dann im schweizerischen Lausanne zu erholen. Im Laufe dieser drei Monate, die er zum größten Teil allein verbrachte, schrieb er einen vollständigen Entwurf des lyrischen Werks, das jetzt etwa tausend Zeilen umfaßte.

Noch ist die Entstehungsgeschichte von *The Waste Land* unter Wissenschaftlern nicht völlig geklärt, doch über einen Punkt herrscht Einigkeit: Ende 1921 übergab Eliot das Manuskript an Pound, der es extensiv überarbeitete. Dieses mit Anmerkungen durchsetzte Manuskript ging als Dankesgeschenk Eliots an seinen Agenten Quinn und wurde einige Jahrzehnte später wieder-

---

* ein Zitat aus Charles Dickens' Roman *Our Mutual Friend* (Dt.: *Unser gemeinsamer Freund*): „Die Polizeiberichte liest er mit anderer Stimme."

entdeckt. Inzwischen haben Eliotspezialisten die von Pound vorgeschlagenen sowie die von Vivien Eliot und Eliot selbst eingetragenen Veränderungen untersucht, und der Entstehungsprozeß des Gedichts ist jetzt nicht weniger klar als der anderer literarischer Werke des zwanzigsten Jahrhunderts.

Eliot hatte im Laufe einiger Jahre, besonders aber von September bis Dezember 1921, eine Reihe von Abschnitten oder Episoden fertiggestellt, die die unterschiedlichsten Situationen behandelten: das Alltagsleben der Unterschicht im zeitgenössischen London; Szenen mit Figuren aus der griechischen Mythologie; Naturschilderungen, in denen Motive von starker Beschwörungskraft wie Winter, Knochen und Wüsten verwendet werden; Konversationen in verschiedenen Sprachen; Zeilen und Bruchstücke aus der Bildungsliteratur (Shakespeare, Dante, Baudelaire); Parodien (Pope); Lobeshymnen; leidenschaftliche Sermone sowie Einschübe in Sanskrit. Die episodische Qualität des *Prufrock* und der *Lady* war erweitert und verfeinert worden. Man stand nicht mehr vor der Sprache eines einzelnen, des leicht desorientierten Mannes in mittleren Jahren, sondern vor einer Flut von Stimmen, die das Bewußtsein von Akteuren und Gegenständen aus den verschiedensten Zeiten und Regionen reflektierten.

Bei unzweifelhafter Eindringlichkeit und Suggestivkraft war der Originaltext aufgebläht. Statt ein Gefühl für diese verschiedenen Welten wachzurufen, rieb Eliot sie dem Leser unter die Nase und kam wieder und wieder auf sie zurück. Im Ganzen herrschte Planlosigkeit, Wiederholung und Monotonie: zu viele Stimmen und zu wenig vereinheitlichende Steuerung im Wechsel der Themen, Formen und Schauplätze. Pounds große Leistung bestand darin, Überdeutliches und Weitschweifigkeiten, die das Gedicht ins Diffuse überdehnten, zu kürzen, die verbleibenden Verse durch Streichen überflüssiger oder irreführender Wörter und Wendungen zu verknappen und Störendes sowie Ambivalentes zu eliminieren. Erbarmungslos verfuhr er mit Eliots gewollt oder ungewollt parodistischen Einlagen, die er in der Mehrzahl für dürftig oder überflüssig hielt, und strich oder monierte Wendungen mit misogynem oder antisemitischem Innuendo und ähnlichen persönlichen Idiosynkrasien. Er riet dazu, die eingestreuten und angehängten Gedichte separat zu veröffentlichen. Er brachte die Musikalität des Werks im Zeilenmetrum wie auch im thematischen und rhythmischen Gesamtverlauf deutlicher zu Gehör. Die wichtigsten Motive sowie die Leitthematik ließ er unangetastet und beschränkte seine Bemühungen auf die Verdeutlichung, Verstärkung und Präzisierung von Eliots düsterer Botschaft.

Seinen eigenen Worten zufolge war Pound „Geburtshelfer" von Eliots Werk, für Eliot war er *il miglior fabbro* – der bessere Handwerker. Das Ergebnis ist ein profilierterer, dichterer, wirkungsvollerer Text. Die einzelnen Teile sind schärfer herausgearbeitet, und in der letzten Version bleibt es dem Leser überlassen, die Verbindung zwischen den fünf Abschnitten herzustellen.

Vivien Eliots weniger extensive Änderungsvorschläge ergänzen die Eingriffe Pounds. Sie besaß ein gutes Ohr für Details und ein bewundernswertes Geschick, die Ausdrucksweise des einfachen Londoners zu karikieren. Sie lobte die besten Verse, änderte einiges und ergänzte ein paar prägnante Zeilen, so: If *you don't like it you can get on with it* (wenn's dir nicht paßt, mach doch weiter) und What *you get married for if you don't want to have children* (Wieso heiraten, wenn man keine Kinder will).

Zu behaupten, Pound habe die literarischen Ratschläge beigesteuert, Vivien Eliot die affektive Unterstützung geleistet, ergäbe ein faßliches Bild, wäre jedoch irreführend. Vielmehr scheinen beide sich in beiden Rollen bewährt zu haben.

Auch Eliot selbst redigierte das Gedicht gründlich und ging den strukturellen Problemen ebenso nach wie den Korrekturen einzelner Verszeilen. Er folgte Pounds Ratschlägen nicht immer, und einige Wissenschaftler bedauern, daß sein Widerstreben nicht weiter ging. Nur die wenigsten indessen bestreiten, daß die endgültige Form des Gedichts als ganze dem Entwurf weit überlegen ist. Wäre es um ganz oder gar nichts gegangen, hätte er besser daran getan, alle zu befolgen, als alle zu ignorieren.

Der Entwicklungsprozeß von The Waste Land ist ein ausgezeichnetes Beispiel für die unersetzliche Rolle, die Außenseiter bei der Entstehung schöpferischer Werke spielen können. Eliot schrieb sein Gedicht unter verzweifelten Umständen. Sein Privatleben war unglücklich, seine Stellung in der literarischen Welt keineswegs gesichert. Er legte einen ausufernden lyrischen Entwurf vor, der viel versprach, doch möglicherweise nicht leicht sein Publikum gefunden hätte. Eliot hatte das Glück, daß zwei ihm nahestehende Menschen die Fähigkeit besaßen, mit ihm zusammenzuarbeiten, und war in der glücklichen Lage, daß er ihre Kritik konstruktiv verwerten konnte.

Wie andere schöpferische Menschen in der Phase ihres großen Durchbruchs wurde auch Eliot von dem inneren Zwang getrieben, ein neues Symbolsystem, eine neue Sprache zu schaffen. Er suchte die lyrische Stimme, die seiner persönlichen Verzweiflung ebenso Ausdruck gab wie dem Niedergang der europäischen Kultur. Die verschiedenen Fragmente, die er im Lauf der Jahre geschaffen hatte, glichen den Einzelentwürfen, die Picassos Demoiselles d'Avignon und Guernica vorausgingen, und den musikalischen Bruchstücken und Volksliedern, die Strawinsky in Le sacre und Les noces integrierte. Eliots handverlesene Kritiker erkannten, daß er den richtigen Ton und die richtigen

Mittel gefunden hatte, sein Ziel zu erreichen, und sie versuchten nicht, in die ‚Musik' oder die Aussage des Gedichts einzugreifen; wie Eltern, die ihrem Kind helfen wollen, für das, was es im Sinn hat, die richtigen Worte zu finden, begnügten sich Eliots literarische Hebammen damit, den verbalen Wildwuchs zu beschneiden, um einer größeren Leserschaft den Ton und die Stimmungen des Gedichts zugänglich zu machen. Auch hier wurde wie im Fall von Freud, Einstein, Picasso und Strawinsky erkennbar, daß ein kreativer Mensch auf der Schwelle zu seiner entscheidenden Leistung durch enge, eltern- oder geschwisterähnliche Beziehungen zu respektierten Vertrauenspersonen gestützt wird.

Die Bedeutung des Werks

Wenige lyrische Werke sind in ihrer Bedeutung als revolutionäre literarische Neuerung und geistige Signatur einer Generation so schnell anerkannt worden wie *The Waste Land*. Eliot selbst hat nach Jahren, in die auch seine Konversion zum englischen Katholizismus fiel, den Anspruch des Werks geringer veranschlagt und nannte es „eine persönliche und gänzlich bedeutungslose Lebensverdrossenheit ... ein Stück rhythmische Nörgelei"; einer Generation europäischer und amerikanischer Leser hat es weit mehr bedeutet.

Eliot hatte in Wort und Form das verbreitete, an Endzeitängste rührende Unbehagen in einer Kultur festgehalten, die, einmal ein sinnvolles in sich geschlossenes Ganzes, plötzlich einem rapiden Zerfall ausgesetzt schien und richtungslos, ja sinnlos dahintrieb. Eliot vermittelt diese Aussage, die wenige Jahre zuvor Oswald Spenglers *Untergang des Abendlandes* explizit dargelegt hatte, weitgehend auf indirektem Weg. Das Gedicht enthält keine ausdrücklichen Hinweise auf die westliche Kultur, auf existentielle Ratlosigkeit, auf den Verfall oder das Fehlen von Werten. (Pound überredete Eliot, auf ein Conrad-Motto zu verzichten, in dem ein Protagonist seiner Verzweiflung Ausdruck gibt.) Die Befindlichkeit ist vielmehr durch eindringliche Porträtierungen wiedergeben – die fade Lust des Immobilienangestellten und der Sekretärin zum Beispiel –, durch Bildzitate aus der antiken Literatur: Phlebas, der einmal stark und schön war, der androgyne Teiresias, der alles erlitten hat, oder durch die unausgesprochene Kontrastierung des entseelten, steril gewordenen Westens mit einem weiseren und friedfertigeren Osten, dem der Dichter im abschließenden dreifachen „Shantih" der Upanischaden, dem Aufruf des Friedens, „der höher ist als alle Vernunft", das letzte Wort überläßt.

Eliots Leistung frappiert auch in anderer Hinsicht. Das Gedicht war schwierig und abweisend, voll von Versen, die nur Gelehrten verständlich waren, und Anspielungen, die auch die zahlreichen Fußnoten nicht ausreichend erhellten. Doch statt die Leser zu verblüffen oder zu verprellen – ich denke vor allem an die jungen Leser –, scheint das Verrätselte und Dunkle des Textes ein Bestandteil seiner Wirkung gewesen zu sein und mehr vermittelt zu haben als den snob appeal, der bei der Lektüre eines so offenbar profunden Stücks Literatur zwangsläufig ins Spiel kam. Es war Eliot gelungen, dem Publikum die Botschaft seines Textes nahezubringen, auch wenn der Sinn im einzelnen dunkel blieb. Beim Lesen und Wiederlesen – wie andere moderne Texte verlangt und belohnt Eliots Gedicht die wiederholte Lektüre – wurden die einzelnen Abschnitte vielleicht nicht transparenter, doch Eliots elegischer Ton gewann an Intensität und Überzeugungskraft. Auch hier sind die Analogien zu Les Demoiselles d'Avignon und Guernica, zu Le sacre und Les noces evident.

Reaktionen auf The Waste Land

Eliots lyrisches Meisterwerk wurde von der Kritik weit positiver aufgenommen als andere epochale Werke der Zeit, Strawinskys Sacre oder Les demoiselles zum Beispiel. Natürlich fehlten ablehnende, ja abschätzige Stimmen nicht. Die Dichterin Amy Lowell nannte es „Stuß", der Lyriker William Carlos Williams beklagte sich: „Meine erste Reaktion: Ich bin um zwanzig Jahre zurückgeworfen", und der Manchester Guardian sprach von „reiner Papierverschwendung". Die Mehrzahl der Kritiker indes äußerte sich mit eindeutiger oder vorsichtiger Zustimmung. Conrad Aiken sprach von „eine[r] Reihe brillanter, kurzer Bilder, nicht oder oder nur vage verbunden, in denen sich Bewußtsein entlädt", Edmund Wilson verstieg sich zu der Behauptung, es habe „eine ganze Generation entflammt und niedergeschmettert"; Karl Schapiro nannte es „das bedeutendste Gedicht des zwanzigsten Jahrhunderts", und Times Literary Supplement befand am 26. Oktober 1922: „Es hat Weite, Tiefe und Ausdruck. Was mehr ist von einem großen Gedicht zu erwarten?"

Wie andere literarische Werke des zwanzigsten Jahrhunderts ist The Waste Land seit seinem Erscheinen mit Akribie untersucht worden. Seine polyphone Struktur bot sich zu unzähligen Lesungen und Debatten an. Kontroversen unter den Experten knüpften sich an verschiedene Fragen. Einige betrachteten das Gedicht in erster Linie als Ausdruck persönlicher Verzweiflung, andere wollten eine allgemeine Aussage darin erkennen. Und während es der Mehrzahl der Kritiker experimentell und avantgardistisch schien, meldeten sich ebenfalls Stimmen, die es als bewußt oder ungewollt regressiv bezeichneten. Ein wiederkehrender Streitpunkt betraf eine der aristotelischen Forderungen an die Literatur – die Geschlossenheit der Darstellung. Die skeptischen Geister sprachen von Inkohärenz, von einer sinnlosen Persiflage, der die Kontinuität und Orientierung fehle. Die Verteidiger machten einerseits geltend, gerade um diese Inkohärenz gehe es im Gedicht: Da das moderne Leben und Lebensgefühl faktisch chaotisch seien, müsse ein Gedicht, das lyrische Register dieser Stimmung, selbst ein Aufweis dieser Ordnungslosigkeit sein. Andere wiesen auf eine erkennbare innere Ordnung hin. So sprach der Kritiker I. A. Richards, einer der hellsichtigsten unter den frühen Lesern des Werks, von einer emotionalen, nicht logischen Einheit des Textes, der seine Wirkung aus der „Musik der Ideen" beziehe; ein einheitstiftendes Element erkannte er in Kontrast und Wechselwirkung emotionaler Effekte. Cleanth Brooks war der Ansicht, die durchgehend ironische Haltung schaffe eine über die Einzelerfahrungen und Abschnitte des Textes hinausgehende Verbindlichkeit. Eine ähnlich lebhafte Diskussion entspann sich zur Frage des lyrischen ‚Ich': Sprach das Gedicht mit *einer* Stimme oder mit einer Stimmenvielfalt? Und wenn es eine einzige war – wer sprach: Eliot, ein Stellvertreter des Dichters, der Seher Teiresias oder das moderne europäische Bewußtsein? Im Verlauf der Zeit und der wissenschaftlichen Forschungen konzentrierten sich viele Kommentatoren auf die Deutung der autobiographischen Elemente, in denen sie das Bild eines depressiven, kraftlosen Einzelgängers zu erkennen meinten.

Wie immer die Reaktionen ausfielen, Eliot war zu einem bedeutenden Dichter geworden, und *The Waste Land* bewies sich als Dichtung von beeindruckendem Format, die den Wunsch seines Autors, ein großes Werk zu schaffen, deutlich machte – und vielleicht verwirklichte. Selbst der zurückhaltende Eliot wagte das Urteil, es sei „gut", „das beste, was ich gemacht habe". Ein noch junger Künstler hatte, darin dem Schöpfer des *Sacre* ähnlich, das Feld davon überzeugt, daß sein jüngstes Werk einen Höhepunkt, einen Kristallisationspunkt nicht nur der eigenen Entwicklung, sondern auch der seiner Zeitgenossen und vielleicht sogar der Evolution der Domäne darstellte. Wesentlich war nicht, daß das Werk für Eliot besondere Bedeutung besaß und er es für geglückt hielt, sondern daß es ihm gelang, dieses Gefühl anderen zu vermitteln. Über alle werkimmanenten Qualitäten hinaus trugen die Länge, die Planung und sogar die pompöse und gewichtige Präsentation des

Textes dazu bei, ihn in den Augen des Autors und seiner Leser zu einem Schlüsselwerk zu machen.

Die besondere Leistung des Dichters

Ich glaube, daß *The Waste Land* mehr als jedes andere lyrische Werk seiner Zeit die Stimmungen und Themen wiedergab, die das Bewußtsein der literarischen Zeitgenossen besetzt hielten. In weniger als fünfhundert Verszeilen gelang es Eliot, eine erstaunliche Anzahl von Welten heraufzubeschwören und aufzuschließen. Jede Zeile, gewiß aber jede Strophe ist dicht mit Sinn befrachtet und könnte Ausgangspunkt eines neuen Gedichts oder Themas werden. Dieser Reichtum vermittelte dem Leser das Bild eines lyrischen Universums, bot dem Publikum aber auch vielfältige Anhaltspunkte zur Deutung. In einigen Abschnitten drängen sich Kolloquialismen, beißende Karikaturen, eindringliche Naturbeschreibungen, mystische Bilder, witzige Repliken, makabre Großstadtszenen, narrative Skizzen, reine Klangspiele, grelle Momentaufnahmen und vieles mehr. Auch in anderen Meisterwerken der modernen Ära, man denke an *Ulysses* oder *Auf der Suche nach der verlorenen Zeit*, macht der Cluster koinzidierender Themen, die am Anfang angeschlagen und in der Folge verschiedenartig entwickelt werden, einen großen Teil der Wirkung aus. Zu den Themen in Eliots Gedicht gehören: Vegetations-, insbesondere Fruchtbarkeitsriten, der mythische Fischerkönig, das Tarot, die Geschichte vom Gral, der Schmutz des großstädtischen London mit seinen alten Brücken und Kirchen, das Geplänkel zwischen den Gästen in einer Bar, Bruchstücke aus High Society-Konversationen, Lust ohne Liebe, die Möglichkeit der Erlösung und das verführerische Echo östlicher Religionen und Philosophien. Die gewichtigen Motive sind eingebettet in ein Gedicht, das ausdrucksstarke Zeilen und schmucklose Aussagen in klassischen Pentametern verbindet. *The Waste Land* läßt sich beschreiben als dichtes und dennoch expressives Abbild eines tief verunsicherten Geistes, des modernen Geistes schlechthin. So fern es einer rein epischen Darstellung steht, ist es dem traditionellen Sujet der ‚Lebensreise' dennoch verwandt genug, um dem Leser das Erlebnis eines vollendeten, abgeschlossenen Ganzen zu vermitteln.

Die Stimmung des Gedichts, dies meine abschließende These, entsprach den Gefühlen der europäischen Bevölkerung nach Ende eines langen und weithin fruchtlosen Krieges, ein Zustand, den Eliot auf seinen Streifzügen durch Boston ein Jahrzehnt zuvor visionär antizipiert hatte. Unter der jüngeren Bevölkerung und unter den Intellektuellen – die hinsichtlich des Gedichts das Feld darstellten – herrschte Übereinstimmung darin, daß der Krieg ohne nennenswerte Ziele geführt worden war und daß die geringen Aussichten für eine vitale, zukunftsgerichtete Kultur sich weiter verschlechtern würden. Die Religion hatte jede Bedeutung verloren, eine Verwilderung der moralischen und ethischen Werteinstellungen war die Folge. Einst lebendige Städte boten ein Bild der Verwahrlosung und des Verfalls. Viele Menschen suchten, bewußt oder unbewußt, nach Kunstwerken, in denen diese desolate Stimmung zum Ausdruck kam. The Waste Land war die überzeugendste Antwort auf diesen Wunsch, und das Gedicht wurde zum Symbol für eine ganze Generation von Enteigneten, für Gertrude Steins *lost generation*. Wie der Dichter C. Day Lewis es ausdrückte: „[The Waste Land] vermittelt einen authentischen Eindruck von der geistigen Befindlichkeit kultivierter Menschen in der seelischen Krise unmittelbar nach Kriegsende." Unabhängig von aller Kritik wurde die breite Leserschaft das Feld, dem The Waste Land seinen Ruhm verdankt.

Ein Nachlassen der schöpferischen Produktivität

Eliot hatte den *Prufrock* geschrieben, als er Anfang Zwanzig war, The Waste Land in den frühen Dreißigern. Wieder ist die von mir beschriebene Zehnjahresregel zu beobachten; zwischen den Marksteinen in Eliots Entwicklung liegt ein Intervall von etwa zehn Jahren. In den folgenden vier Jahrzehnten schrieb Eliot beachtenswerte Lyrik, darunter ein drittes poetisches Meisterwerk, sowie eine Flut von Werken in anderen Gattungen. Die Produktion in seinem bevorzugten Genre aber hatte mit der Veröffentlichung von The Waste Land ihren Höhepunkt erreicht. Danach gibt es in Eliots Lyrik keine bedeutenden Neuerungen mehr. Hätte er nach 1923 keine Gedichte mehr geschrieben, seine Stellung in der Geschichte der Lyrik wäre davon wesentlich unbeeinflußt geblieben, was nicht für seinen Rang als Schriftsteller gilt.

Die Gründe für diesen Rückgang der schöpferischen poetischen Kraft nach den frühen Erfolgen sind ebenso in der persönlichen Entwicklung wie in der Eigentümlichkeit der Domäne zu erkennen. Nach den frühen zwanziger Jahren verstärkten sich Eliots konservative Neigungen und scheinen dazu beigetragen zu haben, daß sein lyrisches Schaffen nicht nur schmaler wurde, sondern auch für die Leser zeitgenössischer Lyrik an Faszinationskraft verlor. Wie erwähnt, ist Dichtung, vor allem Lyrik, im allgemeinen das Werk junger Autoren. Die meisten großen Dichter der letzten Jahrhunderte schrieben ihre charakteristischen Werke spätestens in ihren Dreißigern; viele starben früh, andere wandten sich in den späteren Lebensjahrzehnten von der Dichtung ab. Wenn sie beim lyrischen Genre blieben, folgte keine merkliche Entwicklung oder Veränderung mehr. Ein Durchbruch in mittleren Jahren ist bei Lyrikern seltener als bei Romanciers, Komponisten oder Malern – William Butler Yeats oder Robert Penn Warren gehören zu diesen Ausnahmen. Die Romanautorin Marcia Davenport bemerkte vor kurzem: „Alle großen Dichter sind früh gestorben. Die reifen, mittleren Jahre sind die Zeit der literarischen Prosa, und die Kunst des Alters ist der Essay."

Eliot als Gestalt des öffentlichen Lebens

Auch nachdem *The Waste Land* erschienen war und Eliot als Stimme seiner Generation Anerkennung gefunden hatte, blieb sein häusliches Leben eine Quelle des Leidens. Viviens Anfälligkeit und ihre öffentlichen Gefühlsausbrüche dauerten an, und Eliots psychischer Zustand war prekär, obwohl es nicht mehr zu akuten Krisensituationen kam. Unmittelbar nach Abschluß des Gedichts erklärte er: „[Ich] bin allmählich so weit, die Literatur hinzuschmeißen und mich zurückzuziehen; ich sehe nicht ein, warum ich auf ewig in Nachhutgefechte gegen Zeit, Erschöpfung, Krankheit und die komplette Blindheit gegenüber allen drei Tatsachen verstrickt bleiben soll".

Die häusliche Situation besserte sich nicht. Schließlich kam Eliot im Jahr 1933 während einer Reise in die Vereinigten Staaten zu dem Entschluß, daß er eine Beziehung, die so schmerzlich für ihn war und keine Aussicht auf Veränderung, es sei denn zum Schlechteren erkennen ließ, nicht aufrechterhalten konnte. Durch einen Anwalt ließ er eine Trennung von Vivien arrangieren und hat nach seiner Rückkehr jede Begegnung mit ihr vermieden. Vivien hat sich von dem brutalen und feigen Rückzugsakt ihres Ehemannes nicht mehr erholt; sie wurde nach einiger Zeit in eine psychiatrische Anstalt eingewiesen, wo sie 1948 starb.

Eliot flüchtete aus seinen Nöten in eine Flut anspruchsvoller Aufgaben. Er beteiligte sich aktiv an der Herausgabe sogenannter kleiner Periodika (Sammlungen von Lyrik, Prosa und Kritiken) auf beiden Seiten des Atlantiks. Er arbeitete zwölf bis fünfzehn Stunden täglich, erwachte frühmorgens, absolvierte seine Bürozeit bei Faber & Faber und schrieb bis spät in die Nacht Briefe, Artikel und Rezensionen. Ein paar hundert Aufsätze sind in diesen Jahren entstanden, einige anonym und viele noch nicht in Eliots gesammelte

Werke aufgenommen. Hinter diesem Arbeitsrausch standen zum Teil zweifellos Wille und Ehrgeiz, zum Teil aber auch die Angst vor leeren Stunden und vor einem Verlust seiner dichterischen Schaffenskraft.

Am wichtigsten war seine Arbeit am *Criterion*, einer Zeitschrift, die er gleichzeitg mit dem Abschluß von *The Waste Land* gegründet hatte. In der ersten Nummer der Zeitschrift, die er bis Ende der dreißiger Jahre leitete, ist das Gedicht – ohne die Anmerkungen – zum ersten Mal erschienen. Es war Eliots erklärte Absicht, in dem Organ „das Beste von dem, was heute gedacht und geschrieben wird, zusammenzubringen". Dank Eliots rastloser Arbeit und seinem wachsenden gesellschaftlichen und literarischen Einfluß blieb der Erfolg nicht aus, was allerdings, wie bei den kleinen Periodika üblich, eher Prestige- als Einkommensgewinn bedeutete.

Ein Einblick in die Korrespondenz des Herausgebers Eliot offenbart ein Beziehungsgeflecht, das kaum weniger von Kabalen und Kontroversen geprägt ist als Strawinskys musikalische Welt. Eliot konnte sich über Wörter und Satzzeichen ereifern; er bezirzte oder bedrohte säumige Autoren und wurde in Finanzintrigen und Machtspiele hineingezogen. Dergleichen Verwicklungen ins Feld scheinen mit der Übernahme einer zentralen Rolle in der Welt der Künste und Ideen zwangsläufig verbunden, zumal dann, wenn finanzielle Sicherheiten fehlen. Doch anders als Strawinsky und Picasso hat Eliot aus diesen mit seiner Stellung verknüpften Scharmützeln auch unbewußt wohl wenig Genuß gezogen. Er betrachtete sie als notwendige Übel des literarischen Lebens und scheint sich mit Erleichterung in die Rolle des *elder statesman* hineingefunden zu haben, sobald er in der Lage war, sich dem Hickhack zu entziehen.

Nach einigen Jahren im Bankgeschäft nahm Eliot 1925 die Gelegenheit wahr, in den Verlag von Geoffrey Faber einzutreten, wo er bis zum Ende seines Lebens wichtige Funktionen wahrnahm und eine Generation junger Dichter heranzog – unter ihnen H. W. Auden, Ted Hughes, Louis MacNeice und Stephen Spender. Er leistete hervorragende Arbeit als Chefredakteur und Mitglied der Geschäftsleitung. Den Unterricht im Klassenzimmer hatte Eliot wenig geschätzt, er reagierte jedoch mit äußerst wertvoller und präziser schriftlicher Kritik auf die Schreibversuche junger Autoren und zahlte damit seine Schuld an Ezra Pound zurück. Am meisten überrascht vielleicht, daß er bei zunehmend konservativer Haltung in berufliche Fragen – wie Strawinsky – unvoreingenommen und offen blieb und Schriftsteller der verschiedensten weltanschaulichen und stilistischen Richtungen förderte. Im Unterschied zu seinem Bittstellerpart als Herausgeber kleiner Magazine mit großem Anspruch und kleinem Budget bot sich ihm hier die Möglichkeit, Richter und Wohltäter zu sein, Rollen, an denen er im Lauf der Jahre weit mehr Gefallen fand.

Das Echo auf eine Konversion

Den verschiedenen Spielarten des amerikanischen Protestantismus hatte Eliot schon in jungen Jahren kritisch gegenübergestanden. Es fehlte ihnen seiner Ansicht nach an gedanklicher und praktischer Schärfe. Konservatives politisches Gedankengut, das ihm zunächst durch Irving Babbitt und später durch Charles Maurras vermittelt wurde, zog ihn an. Er war ein eifriger Leser und Apologet von Schriften vergangener Zeiten und schätzte vor allem die „metaphysical poets" und Dramatiker des siebzehnten Jahrhunderts.

Für die meisten seiner literarischen Weggefährten war es dennoch ein Schock, als er 1928, im Anschluß an seine Konversion erklärte, er fühle sich „in der Literatur dem Klassischen, in der Religion dem Anglo-Katholizismus und in der Politik dem Royalismus" verpflichtet. In den folgenden Jahren entwickelte Eliot eine tief konservative, sehr persönlich gefärbte Philosophie der Literatur, Politik und Gesellschaft. Was die früheren Schriften latent geprägt hatte, kam nun als Thema von Lyrik und Drama ausdrücklich zur Sprache. Es ist anzunehmen, daß er im Gefühl seiner prekären geistig-psychischen Verfassung versuchte, in der Bindung an rigide Wertsysteme einen Halt zu finden. Doch seine zunehmend doktrinäre Attitüde kostete ihn die Sympathie vieler alter Freunde.

Ich habe in früheren Kapiteln davon gesprochen, daß schöpferische Menschen dazu neigen, mit den Göttern oder mit sich selbst eine Art Handel einzugehen, um sich ihrer Schaffenskraft zu versichern. Eliot unterhielt, hierin Strawinsky ähnlich, äußerst schwierige Beziehungen zu seinen Altersgenossen und hatte seinen Frieden mit Gott gemacht, als er ein treues Mitglied der anglikanischen Kirche wurde. Wie Freud übte er asketischen Verzicht; er erlaubte sich keine Süßigkeiten, ehe er, weit über sechzig, das Rauchen aufgab, und scheute sogar beim Rasieren die Gegenwart seiner Frau. Daß er so lange in einer unglücklichen Ehe lebte, könnte man als Symptom einer masochistischen Natur diagnostizieren.

Eliot als literarischer Guru

Nicht weniger glanzvoll als Eliots Aufstieg zum gefeierten Dichter seiner Generation war seine Stellung als Literaturkritiker. Eliot schrieb über die englische Literatur der Gegenwart und Vergangenheit und behauptete seine Autorität auf dem Gebiet der europäischen Literatur- und Geistesgeschichte. Er schrieb viel, und er schrieb gut. Seine Bedeutung scheint er auch hier weithin der *Art* zu verdanken, in der er schrieb.

Zunächst konnte er beanspruchen, als Dichter zu sprechen, in der europäischen Geisteswelt ein Status von höchstem Rang. Er vertrat den Standpunkt, Dichter seien in besonderer Weise qualifiziert, über Dichtung zu schreiben, und ging so weit, Nichtdichtern, die sich anheischig machten, Lyrik zu beurteilen, die Berechtigung dazu abzusprechen. Er gab sich als versierter Richter über Werke und Autoren und formulierte seine Urteile mit epigrammatisch zugespitzter Überzeugungskraft, als wären sie die lapidaren Zeilen der eigenen Gedichte. Ob gesprächsweise, in Briefen oder Aufsätzen – er urteilte schnell und selbstsicher, im literarischen Journalismus eine unerläßliche Fähigkeit. Die Urteile stützten sich nicht immer auf logisches oder systematisches Argumentieren, konnten aber dank sorgfältigster Formulierung rhetorisch überzeugen. Von größter Wirksamkeit war Eliots mit den Jahren erworbene Fähigkeit, seine Ansichten auf gelassene, sachliche Art vorzubringen. Er schien ein olympisches Richteramt auszuüben, wenn er bislang vernachlässigten oder unterschätzten Persönlichkeiten oder Werken neuen Rang verlieh, geltende Größen in Frage stellte. Wie groß sein persönliches Interesse im einen oder anderen Fall gewesen sein mag, Eliot verharrte in der Pose des unparteiischen Beobachters, der nur einen einzigen Auftrag kannte – den literarischen Denkmalschutz.

Eliots eigenwillige literarische Grenzsetzungen erwiesen sich als überraschend erfolgreich. Der Erkenntnisschock, den viele bei der Lektüre seiner Lyrik empfunden hatten, wiederholte sich bei der Begegnung mit seinen oft verblüffenden literarischen und kulturellen Bewertungen. Daß er Dante als ebenso begabte, doch reifere Persönlichkeit gegen Shakespeare ausspielte, wurde ernst genommen, Beachtung fand seine Kritik an Milton als einem früh verkümmerten Buchgelehrten; sein Unbehagen gegenüber urbaner Intellektualität, Frauen, Liberalen, Juden und „unreinen Rassen" schlug beim Publikum verwandte Saiten an. Seine Bevorzugung der *Metaphysicals*, der französischen Symbolisten und der Predigten des englischen Barocktheologen Lancelot Andrewes beeinflußte die Lesegewohnheiten und Einstellung von mehr als einer Studentengeneration. Und obwohl seine konservative Rhetorik kaum einen seiner Leser zu einem weltanschaulichen Positionswechsel veranlaßt haben dürfte, verlieh sie Meinungen, die man sonst möglicherweise als Entgleisungen abgetan hätte, eine gewisse Respektabilität.

Es mutet ironisch an, daß ein Mensch, der so wesentlich als Außenseiter auftrat, für sich in Anspruch nahm, für den englischen und gar europäischen Mainstream zu sprechen. Eliot, der aus Neuengland kam und im mittleren Westen lebte, der Konservative im fortschrittlichen Harvard, der Amerikaner in England, der städtische, effeminierte Intellektuelle mit stereotyper Negativbewertung von Frauen und Intellektuellen, mutete sich zu, seinen fraglos weniger randständigen Lesern die geistige Richtung vorzuschreiben. Eliot, der sich zeit seines Lebens als Außenseiter empfand, war für diese Ironie nicht blind, doch entschlossen, aus der Not eine Tugend zu machen. Nur Ausländer, behauptete er, seien geeignet, die resümierende und wertende Aufarbeitung vorzunehmen, die er als seine Aufgabe sah. Für Engländer sei es schwierig, das Terrain klar und unvoreingenommen zu betrachten. Mit Henry James war er der Überzeugung, ein Amerikaner könne so weitgehend zum Europäer werden, wie es keinem Engländer möglich sei.

Während Eliots Erklärungen in vielen Bereichen heute als Kuriosa erscheinen, finden seine poetologischen Ansichten – die zum großen Teil aus jüngeren Jahren stammen – zu Recht noch immer Aufmerksamkeit. Eliot betrachtete die Poesie nicht als Tummelplatz von Emotionen oder Idiosynkrasien, sondern als Ort, beidem zu entkommen, wies jedoch scharfsinnig darauf hin, daß nur derjenige, der Persönlichkeit und Emotionalität besitzt, wissen könne, was Flucht vor ihnen bedeutet: „Je vollkommener der Künstler, desto strikter werden der leidende Mensch und der schaffende Geist in ihm getrennt sein." Seine Weggefährten im Kreis der Moderne, Picasso, Strawinsky und Graham, scheinen aus ihm zu sprechen, wenn er bemerkt, daß der unfertige Dichter nachahme, der reife aber stehle und dabei das Plagiat in etwas Persönliches und nicht selten Besseres umschaffe.

Ein großer Teil seiner Reflexionen betrifft die Entstehung von Lyrik. Er sah den Dichter mit einer Sensibilität ausgestattet, die Erfahrungen und Erlebnisse aller Art aufsaugt, und seinen Geist als Sammelbecken für die Aufnahme und Aufbewahrung unzähliger Gefühle, Sätze, Bilder und dergleichen. Diese Inhalte bleiben unbewußt und rudimentär, bis sie in einer neuen Verbindung zusammenschießen können. Er sprach von einer „Logik der Einbildungskraft", die auf ihr Art nicht weniger wirksam sei als die Logik der Begriffe und Ideen. Die Lektüre von Gedichten beschrieb er als emotionale Erfahrung, dem Hören von Musik vergleichbar, die durch Einsatz der Verstandeskräfte erschwert werden könne. Die beste Dichtung sei im unbewußten Erinnern verankert – sie gründe und beziehe sich auf einen Rhythmus im Unbewußten.

Sein wohl bekanntester Beitrag zur Analyse von Literatur ist die These vom *objective correlative* oder „gegenständlichen Korrelat": Dichter teilen Gefühle nicht unmittelbar mit, sondern schaffen eine Situation oder ein Bild, an dem die Emotion bei der Wahrnehmung mühelos und eindrücklich ablesbar wird. Dazu dient „eine Reihe von Gegenständen, eine Situation, eine Kette von Ereignissen, die zur Formel dieser *besonderen* Emotion werden, so daß bei der Nennung der externen Facetten, die auf einen Sinneseindruck hinauslaufen, die Emotion evoziert wird". Die bedeutendsten Dichter hätten die Gabe besessen, solche gegenständlichen Korrelate zu schaffen. Eliot zog den Schluß: „Ohne diese wenigen, die eine außerordentliche Sensibilität mit außerordentlicher Macht über das Wort verbinden, wird nicht nur unsere Fähigkeit, Gefühle auszudrücken, verkümmern, sondern das Vermögen selbst, mehr als die elementarsten Gefühle zu empfinden."

Wenn Eliot von objektiven Korrelaten sprach, könnte er an seine eigenen Erfahrungen gedacht haben, die Versuche zum Beispiel, seine frühen, sinnlich erlebten Umwelteindrücke und den gespenstischen Gang durch die Straßen von Boston in Worte zu fassen. Eliots Ansichten über die Literatur, inbesondere die Lyrik, gehen jedoch offensichtlich über seine persönlichen Erfahrungen und Vorurteile hinaus. Seine Überlegungen verraten genaue Einsichten in den Entstehungsprozeß namentlich der zeitgenössischen Lyrik, das eigene Werk eingeschlossen. Indem er seine Erfahrung als Kritiker und Philosoph dazu benutzte, über die Kunst seiner Zeit aufzuklären, konnte Eliot zwei Funktionen verknüpfen, die im allgemeinen von Experten mit unterschiedlicher Ausbildung und Sensibilität wahrgenommen werden. Was ihm als Dichter einerseits und Kritiker andererseits an Erfolg und Anerkennung zuteil wurde, gewann durch die Tatsache, daß er in beiden Rollen seine Zeitgenossen überragte.

Eliots Nachdenken über die Dichtung wirft ein Licht auch auf seine eigenen intellektuellen Fähigkeiten. Als Lyriker hatte er es in erster Linie mit linguistischen Symbolen zu tun – den Bedeutungen, Nuancen und Kombinationen der Wörter in den von ihm benutzten Sprachen. Im Prozeß des Schreibens indes griff er auf Material aus anderen Gebieten zurück – auf logisch-philosophische Begriffe, historische und literarische Quellen aus den verschiedensten Kulturen, auf Einsichten in die Welt anderer Individuen und in erster Linie vielleicht auf das Gespür für die eigene Emotionalität. Er setzte dieses Material in seinen Dichtungen nicht direkt um, sondern verarbeitete es in den literarischen Bildern und Formen seiner Verse. Die zahlreichen Veränderungen in den eigenen Entwürfen sowie die einfühlsamen Ratschläge an Dichterkollegen zeigen sein Bemühen, diese Bedeutungen unmittelbar und genau im Medium des lyrischen Ausdrucks festzuhalten.

Anders als seine bleibenden Beiträge zur literarischen Diskussion bewegen sich Eliots Äußerungen auf nichtliterarischem Feld zwischen Banalität und Bizarrerie. Er kultivierte das Bewußtsein der ersten Christen und setzte in abwegiger Hoffnung auf den vollständigen Zusammenbruch von Kultur und Zivilisation; er mißtraute jeder Idee des Fortschritts, lobte traditionelle Bilder und Formen und war allem Modernen abhold. Ohne offene Zuneigung zum Faschismus oder Totalitarismus, lehnte er es ab, Individualismus und Demokratie als Werte anzuerkennen; er sprach mystisch von „Banden des Bluts" zwischen den Trägern derselben Taditionen und schien keinen Anlaß zu sehen, den Holocaust zu verurteilen. In seinem überzeugten Eurozentrismus und Obskurantismus erschien er immer mehr als Gestalt aus einem anderen Jahrtausend. Dem Einwand, daß die heutigen Menschen doch so viel mehr wisse als die Alten, gab Eliot recht, setzte jedoch schroff hinzu: „und sie sind, was wir wissen".

Alles weist darauf hin, daß Eliot ein Mensch war, dem man nicht leicht näher kam; eng verbunden fühlten sich ihm nur wenige. Besonders im späteren Leben scheint er ein distanziertes Verhältnis zu seiner Umgebung geschätzt zu haben. Er läßt ein Verhalten erkennen, das bereits in anderen Fallstudien zu belegen war: Bei Gelegenheit konnte er Menschen, mit denen er eng verbunden schien, schockieren und verletzen, indem er abrupt alle Beziehungen zu ihnen abbrach. Somit stellt sich die Frage nach Eliots Außenbeziehungen in den Anfängen seiner Karriere, als ihm berufliche Unterstützung und der seelische Komfort freundschaftlicher Bindungen möglicherweise gelegen kamen.

Bei der Durchführung meiner Untersuchung hat mich wiederholt überrascht, mit welcher Schnelligkeit und Behendigkeit die begabten jungen Leute – wie Exemplare einer selten Spezies – in der Menge der Gleichaltrigen ihre Artgenossen aufspüren. Der junge Picasso, noch kaum des Französischen mächtig, stieß früh auf Max Jacob, Gertrude Stein, Guillaume Apollinaire, Henri Matisse und Georges Braque; ein oder zwei Jahre nachdem er sich aufs Komponieren verlegt hatte, soupierte Strawinsky allabendlich mit Diaghilew und Vaclav Nijinskij und tauschte mit Debussy und Ravel Kompositionen und Komplimente aus. Ungeachtet seiner späteren Reserviertheit ist dieses Verhaltensmuster auch für den jungen Eliot zu belegen. Seine frühen Freundschaften mit den Amerikanern Conrad Aiken und Ezra Pound ergänzte er um die wichtigen Beziehungen zu Wyndham Lewis, Richard Aldington, Aldous Huxley, Julian Huxley und anderen führenden Vertretern der britischen Kunstszene.

Zyniker könnten den Schluß ziehen, daß hier nicht zukünftige Koryphäen instinktsicher den Kontakt mit ihresgleichen suchen, sondern Erfolgsorientierte bestrebt sind, mit gespieltem Interesse an der Karriere des anderen das eigene Fortkommen zu fördern. Zweifellos sind diejenigen im Nachteil, die solche sozialen Kontakte meiden oder entbehren, während die genialen Selbstvermarkter gegenüber anderen zumindest einen vorübergehenden Vorsprung gewinnen können.

Meinem Vermuten nach liegt diesem Gruppenverhalten ein anderer Mechanismus zugrunde. Die Begabtesten unter den jungen Anfängern sind als Vertreter ihres Faches, in den seltensten Fällen mehrerer Fächer, bereits auf der Höhe ihrer Zeit und brennen darauf, auf Neuland vorzustoßen. Solche Persönlichkeiten haben eine besondere Witterung für Fachgenossen, die gleich ihnen an einem kritischen Punkt angelangt sind. Sie sind sich fraglos darüber im klaren, daß diese anderen Konkurrenten sind, und einige sind denn auch unfähig, sich über den Revierneid hinwegzusetzen. Doch vielfach erkennen sie, daß ihnen nicht schadet, was der Gruppe nützt – der Partnerschaft Eliot-Wyndham-Pound zum Beispiel, aus der 1914 die Publikation des avantgardistischen *Blast* hervorging. Damit wird der Wettbewerbssituation zumindest der Stachel genommen.

Wenn ich versuche, das Puzzle von Eliots Außenbeziehungen zusammenzusetzen, ergibt sich folgendes Bild. Eliot war zweifellos ein emotional unsicherer, introvertierter Mensch, der Gefahr lief, ein Leben als isolierter Außenseiter zu führen. Als Bonus erwies sich sein gewinnendes Auftreten; er wurde geschätzt und weckte Wohlwollen und Hilfsbereitschaft. Seine wichtigsten und dauerhaftesten Freundschaften schloß er in der Adoleszenz und im frühen Erwachsenenalter, der Zeit, in der das Bedürfnis nach Kontakten mit Altersgenossen am größten ist. Wenn Eliot die Tatsache, daß diese Beziehungen seiner Karriere förderlich waren, gewiß nicht übersah, so besteht doch kein Grund zu vermuten, daß Eliots enger Umgang mit Pound oder Aiken zynischen Absichten entsprang. Auch der Verheiratung mit Vivien Haigh-Wood lag sicher wenig anderes zugrunde als der ehrliche Wille, mit einer attraktiven jungen Frau ein gemeinsames Leben zu führen. Mit zunehmendem Alter jedoch, als die gesellschaftliche Hilfestellung entbehrlicher wurde, gewann seine natürliche Neigung zu Abkapselung und Distanz schlagartig die Oberhand. Nur in Gesellschaft einiger alter Freunde und sympathischer junger Leute konnte er sich entspannen und aufschließen.

Außerordentlichem Talent hat Eliot seine Bewunderung nie versagt. Er bewunderte und verehrte James Joyce als den herausragenden Literaten seiner Zeit und hielt den *Ulysses*, der beinahe zur gleichen Zeit erschien wie *The Waste Land*, für das größte Werk der Epoche. Joyce hatte mit einer Viertelmillion Wörter eine ähnliche, freilich daseinsfreudiger gestimmte Darstellung von Gegenwart und Vergangenheit gegeben, wie Eliot sie in bloßen 433 Zeilen angestrebt hatte. Eliot bekannte mit vielleicht unfreiwilliger Offenheit: „Ich bewundere Joyce als Menschen, der unabhängig ist von äußeren Stimuli und darum vermutlich erstklassige Werke produzieren wird, bis zu seinem Tod."

Als gleichrangig betrachtete er auch Virginia Woolf. Er bewunderte ihre literarischen Innovationen, und beide unterhielten jahrelang freundschaftliche Beziehungen. In früherer Zeit hatte er geäußert, er schätze kein positives Urteil so hoch wie das ihre. Starke Affinität empfand der Autor von *The Waste Land* zu Strawinskys *Sacre*:

Ich weiß nicht, ob Strawinskys Musik bleiben oder sich als ephemer erweisen wird, doch jedenfalls schien sie den Rhythmus der Steppe in das Gellen der Hupen, das Geratter der Maschinen, das Knirschen der Räder, das Gehämmer von Eisen und Stahl, das Heulen der Untergrundbahn und in die anderen barbarischen Schreie des modernen Lebens zu verwandeln und diese verzweiflungsvollen Geräusche in Musik.

Eliots spätere Jahre

Es ist häufig festgestellt worden, daß frühreife Kinder in gewisser Hinsicht älteren Menschen gleichen. Doch selbst unter den Frühreifen erscheint Eliot als vorzeitig gealtert. Wie man es im allgemeinen eher an Erstgeborenen beobachtet, identifizierte sich Eliot, das jüngste von sechs Kindern, seit frühester Kindheit mit seinen Eltern, mit Vorfahren und anderen Vertretern der Tradition. Da das Vorbild der Familie Eliot nicht ganz der eigenen Persönlichkeit entsprach, suchte der junge Eliot sich alternative Vaterfiguren in Babbitt, Maurras und Pound und gelangte wie sie zur Identifikation mit ultrakonservativen und -religiösen Anliegen.

Wie zum Ausgleich behielt Eliot lebenslang etwas anrührend Kindliches. Seine lebhafte Korrespondenz mit Dichterkollegen und seine hinreißenden Briefe an die Kinder von Freunden vermitteln ein deutlicheres Bild seines Humors und seiner zwanglosen Art als die professionellen Schriften. Doch auch seine Rückkehr zur Burleske in *Old Possum's Book of Practical Cats* (*Old*

Possums Katzenbuch) und seine wiederholten Selbstparodien lassen erkennen, daß ihn sein Daseinsernst nicht blind machte für die Widersprüchlichkeiten des Lebens und der eigenen Persönlichkeit. Im Alter wurde ihm Groucho Marx ein geschätzter Genosse, mit dem er seine Vorliebe für Katzen, Zigarren, Wortspiele, Vaudeville-Kalauer und schlüpfriges Liedgut teite. Daneben blieben in seinem Eigensinn und seiner Verbissenheit die weniger sympathischen Eigenschaften des Kleinkindes virulent.

Wir alle sehnen uns nach unserer verlorenen Jugend, und keiner so sehr wie der lyrische Dichter. Für Eliot indes, darauf deuten alle Anzeichen hin, scheinen Lizenzen und Lasten der reiferen Jahre keine Bürde gewesen zu sein. Er fühlte sich wohl in der Rolle des Bankmanagers, des Geschäftsmannes und angesehenen Redakteurs im Hause Faber & Faber. Er war ein treuer und regelmäßiger Kirchgänger, der beinahe täglich zur Messe ging, und schätzte seinen Dienst als Luftschutzwart im Zweiten Weltkrieg. Er reiste weit, um Auszeichnungen entgegenzunehmen, und besetzte bereitwillig die Nische des literarischen Doyen. Nachdem er elf Jahre die Wohnung mit dem invaliden John Hayward geteilt hatte, verließ er diesen buchstäblich von einem Tag auf den anderen und heiratete als beinahe Siebzigjähriger seine ihm ergebene Sekretärin, die dreißigjährige Valerie Fletcher. Eliot ließ keinen Zweifel daran aufkommen, daß er diese Heirat für die beste Entscheidung seines Lebens hielt und daß er seiner zweiten Ehe Jahre eines letzten Glücks verdankte.

Von 1925 bis 1940 schrieb Eliot in größeren zeitlichen Abständen weitere Gedichte. 1925 publizierte er *The Hollow Men* (Die Hohlen Menschen), 1930 folgte *Ash Wednesday* (Aschermittwoch) und 1942 sein längstes lyrisches Werk, *Four Quartets* (Vier Quartette). Die Gedichte waren ein Erfolg und befestigten sein Ansehen als Lyriker, doch nur die wenigsten Kritiker vermochten darin eine wesentliche Entwicklung zu erkennen, und die unverhüllt liturgischen Töne, die Buß- und Erlösungsthematik stieß vereinzelt auf Unbehagen oder Ratlosigkeit.

Meines Erachtens stellen die *Four Quartets* ein lyrisches Meisterwerk dar, das in der Ein- oder Zweidekadensequenz kreativer Höhepunkte seinen Platz beanspruchen darf. Ähnlich anderen Spätwerken, *Les noces* oder *Guernica*, sind sie modern in Sprache und Empfinden, schöpfen aber zugleich aus der historischen sowie persönlichen künstlerischen Entwicklung. Direkter und weniger ironisch als bisher bringt Eliot seine Vergangenheit, die lebenslangen spirituellen und philosophischen Interessen an den Fragen von Zeit, Raum und Erinnerung, zur Sprache. Im Unterschied zu den vergleichbaren Werken anderer großer Meister bedeuten die *Vier Quartette* jedoch keinen zweiten Durchbruch; sie wirken wie ein schöpferischer Ausklang und lassen die Erinnerung etwa an Strauss' *Vier letzte Lieder* wachwerden. Die Vergangenheit, die Eliot schon immer angezogen hatte, schien jetzt zu seinem Lebensraum geworden zu sein. Vielleicht war Eliot dazu verurteilt, rückwärts gewandte Dichtung zu schreiben, wenn ihm ein starkes Vorbild wie Laforgue oder ein unbestechlicher Kritiker wie Pound fehlte.

Theaterstücke, Versdramen im besonderen, hatten Eliot seit je interessiert. Einem frühen Kommentar zufolge wird im Schauspiel „ein Bild im Bild sichtbar, zeichnet sich hinter dem bewußten Handlungsmuster der Figuren ein zweiter Aktionsraum ab, den wir im wirklichen Leben nur in seltenen Augenblicken geistiger Abwesenheit und Losgelöstheit wie von Licht überflutet wahrnehmen". Als wolle er das Nachlassen seiner lyrischen Produktion in den dreißiger Jahren kompensieren, schrieb er in den folgenden zwei Jahrzehnten eine Reihe von Theaterstücken: *Murder in the Cathedral* (Mord im Dom) (1935), *The Family Reunion* (Der Familientag) (1939), *The Cocktail Party* (Die Cocktailparty) (1950), *The Confidential Clerk* (Der Privatsekretär) (1954) und *The Elder Statesman* (Ein verdienter Staatsmann) (1958). Diese späteren Werke sind gekennzeichnet durch ihre religiöse und spirituelle Thematik, durch einen Ablauf und Aufbau von geradezu mathematischem Gleichmaß, durch eine Vermischung des Komischen und Tragischen und ihre ironische Grundhaltung.

Daß Eliots Lyrik mit ihren lebendigen Personifizierungen und ihrer Stimmenvielfalt eine starke dramatische Komponente besitzt, wurde früh bemerkt. Jetzt stellte man fest, daß seine Dramen sich durch ihre Verskunst auszeichneten und ebenso wirkungsvoll gelesen wie aufgeführt werden konnten. Jedes der Stücke ist auf seine Art bemerkenswert, und einige – *Die Cocktailparty* und *Mord im Dom*, möchte man annehmen – dürften sich im Bühnenrepertoire behaupten. Doch ihre Bedeutung verdankt sich zum großen Teil dem Namen des Autors. Hätten die Stücke nicht die renommierteste Figur der englischen Literaturszene zum Verfasser, wären sie auf den Bühnen von London und New York wohl nicht einmal gespielt worden.

Mit dem gewagten Entschluß, für die Bühne zu schreiben, bewies der Dichter den persönlichen Mut, den wir auch an anderen Schöpfertitanen entdeckt haben. Leicht hat es sich der gehemmte Eliot gewiß nicht gemacht, als er, bereits ein allseits verehrter Dichter und Kritiker, seinen Ruf einem so öffentlichen und unberechenbaren Medium wie den Londoner und New Yorker Bühnen anvertraute. Seine Werke der mittleren Jahre haben nicht die Kraft der späteren Arbeiten von Picasso, Strawinsky und Martha Graham; eher erinnern sie an die weniger erfolgreichen Bemühungen des älteren Einstein, seine Interessen auf andere Arbeitsgebiete zu verlagern.

Etwa zeitgleich mit Eliots 101. Geburtstag, im November 1989, unterzog die amerikanische Romanautorin und Kritikerin Cynthia Ozick den Schriftsteller ausgerechnet auf den Seiten des *New Yorker* einer vernichtenden Kritik. Sie beginnt mit dem zutreffenden Hinweis auf den beispiellosen Einfluß, den Eliot im Zenit seines Ruhms von etwa 1930 bis 1960 auf die eigene Generation und das jüngere Lesepublikum ausübte, und stellt die Autorität Eliots in jeder Hinsicht in Frage. Sie kritisiert die Qualität seiner Lyrik (nur dreiundvierzig Gedichte insgesamt, von denen einzig der *Prufrock* noch regelmäßig in Anthologien erscheint), die Blutlosigkeit seiner Dramen (reine Zeitdokumente), den ungerechtfertigten Ikonoklasmus seiner Kritik, seinen anachronistischen Glauben an die Gültigkeit eines Kanons, den zu definieren er als seine höchsteigene Befugnis ansah, die abschätzigen Urteile über Frauen, Juden, Liberale und andere, die er von seiner erhabenen Warte als angesehenes Mitglied des literarischen, gesellschaftlichen und politischen Establishments als *low-lifes* charakterisierte.

Ozick beschuldigt Eliot, nicht einmal das gewesen zu sein, wofür er sich hielt. Er sah sich als Klassiker, war jedoch in Wahrheit subjektiv und mystisch; er identifizierte sich mit Donne und Dante, glich aber weit eher Tennyson und Whitman – nicht als ersten Modernisten sollte man ihn sehen, sondern als letzten Romantiker. Ozick schließt: „Seit Dr. Johnson ist kein englisch schreibender Autor so überschwenglich mit Lob bedeckt worden, ist keiner so ehrfurchtgebietend erschienen. ... Es könnte peinlich sein, jetzt zurückzublicken – auf diese fast universale Huldigung für einen gehemmten, depressiven, engstirnigen und überaus bigotten Autokraten und Möchtegern-Engländer".

Wenn ich mit Ozick im wesentlichen übereinstimmte, hätte ich Eliot kaum in meine Studie aufgenommen. Eliot ist nicht der einzige unter den Großen der Moderne, der heute Kritik auf sich zieht. Seine Zeitgenossen Strawinsky, Picasso und Martha Graham sind aus Gründen ihres persönlichen Verhaltens wie auch ihrer Leistungen nicht weniger heftig angegegriffen worden. Doch Eliots geistige Haltung dürfte, so bedauerlich sie ist, kein hinreichender Grund dafür sein, seine Dichtungen für bedeutungslos zu erklären – sowenig wie Yeats' faschistische, Picassos kommunistische und Einsteins pazifistische Neigungen genügen, ihr Werk zu denunzieren. Anzumerken ist auch, daß Eliot seinen publizierten Diffamierungen zum Trotz auch zu solchen Menschen persönlich in freundlichster Beziehung stand, von denen man erwarten würde, daß er sie ablehnte. Gerade weil wir heute besser verstehen, daß *The Waste Land* auch das Dokument einer persönlichen Hölle ist, brauchen wir die Dichtung nicht geringer einzuschätzen; in gewisser Weise können wir ihre Leistung aufgrund dieser neuen Erkenntnis sogar besser würdigen.

Eliots Gedichte, Theaterstücke und literaturkritische Schriften gehören zum Grundstock der Moderne. Die besten seiner Werke – *Prufrock*, *Das wüste Land*, *Vier Quartette*, *Mord im Dom* und seine gesammelten Vorlesungen, *The Use of Poetry and the Use of Criticism* (1933) – werden als maßgebliche Leistungen unserer Zeit Bestand haben, als deren Signatur *The Waste Land* gelten darf. Was Joyce und Woolf für den Roman und Richards' Werk für die Philosophie der Literatur bedeutet, hat Eliot auf dem Gebiet der Lyrik und allgemeinen Literaturkritik verwirklicht.

Von unseren Meistern der Moderne kann jeder auf seine Weise als Außenseiter gelten: Martha Graham als Frau in einer Welt männlicher Pioniere und Impresarios, Gandhi als Inder, der Briten und Südafrikanern gegenüberstand, Picasso als Spanier in Frankreich, Strawinsky als Russe in Frankreich und den Vereinigten Staaten, Freud und Einstein als Juden in einem Europa, das antisemitisch wurde. Keiner von ihnen blieb so wesentlich und geflissentlich der Außenseiter wie Eliot.

Eliots Marginalität entspringt einem Paradox. Dem Sohn einer angesehenen Familie und Bürger eines Landes von internationalem Gewicht stand entschieden die Möglichkeit offen, sich dem Mainstream anzuschließen, wie es ihm so viele männliche Mitglieder seiner Familie vorgelebt hatten. In die soziale Rolle des Sonderlings wurde er zweifellos nicht gedrängt, sie entsprach seiner Wahl. Er mochte sich ursprünglich vielleicht in einem psychologischen Sinn als Randgänger empfunden haben und traf dann die Entscheidungen, die diesen Status unterstrichen: der Midwesterner in Harvard, der Konservative unter liberalen Studenten, der Amerikaner im Dauerexil, der Intellektuelle im Bankfach, der Reaktionär unter Künstlern, der Zölibatär im Kreis der Libertins, der Gläubige unter den Atheisten, Dichter unter Philosophen und Philosoph unter Dichtern, der dramatische Dichter und der lyrische Dramatiker. Eliot fühlte sich offensichtlich an den Rand getrieben, und wenn sich diese Position nicht natürlich ergab, ergriff er Maßnahmen, sich ihrer zu versichern.

Doch das Gefühl, Einzelgänger zu sein, schließt das Bedürfnis nach Gemeinschaft ein. (Wer sich in einer Gemeinschaft aufgehoben fühlt, hegt kein Außenseiterbewußtsein.) Vieles weist darauf hin, daß Eliot ein starkes Bedürfnis nach Gemeinschaft empfand. Aus diesem Grund trat er später der Church of England bei, verfolgte seine eigene politische Linie und bemühte sich, ein guter, ein mustergültiger Engländer zu werden. Dem hält der Kritiker Donald Davie entgegen, daß Eliot in England unverkennbar ein Außenseiter blieb, weil sein Leben sich ausschließlich in einem sehr spezifischen und exklusiven Londoner Zirkel abspielte. Ebenso eindeutig war Eliots Bedürfnis, sich zumindest teilweise als Einzelgänger innerhalb einer Gemeinschaft, als ursprünglich Fremder zu definieren. Er benutzt das Vokabular wiederholt, nennt sich „Metöke, Ausländer". Man fühlt sich veranlaßt, erneut den Pakt Faustens in Erinnerung zu bringen, wenn er erklärt: „Die Kunst verlangt, daß der Mensch aufgebe, was er besitzt, auch Familie und Stammbaum, und allein der Kunst folge; denn sie will, daß der Mensch nicht Mitglied einer Familie oder Kaste oder Partei oder Koterie ist, sondern einzig und allein er selbst." Es ist vielleicht kein Zufall, daß ihm seine großen Durchbrüche in Zeiten gelangen, in denen er sich markant als Außenseiter positionieren konnte: als junger Ästhet, der in *Prufrock* und *Porträt of a Lady* das Milieu von Boston erkundet; als Mann in mittleren Jahren, den der Kulturzerfall verstört, wie ihn *The Waste Land* und *The Hollow Men* beschreiben, und schließlich als distanzierter Kritiker, der sich in einer subversiven Haltung gefällt, Künstler aus dem zweiten Glied favorisiert und Denkmäler schmäht. Eliots literarische Stimme – oder, wie er gesagt haben könnte, seine verschiedenen Stimmen – waren das Organ seiner Marginalität, für die er seinen Preis bezahlte. So wie er hat wohl kein anderer aus der Reihe unserer sieben Meister an seiner persönlichen Existenz gelitten, einer Kette von Leiden, Krankheiten und Traumata, unterbrochen von seltenen Augenblicken des Glücks. Sein Leben war von so trostloser Härte, daß er sich häufig als Gefangenen bezeichnete, obwohl er sich auch die Freiheit nehmen konnte, seiner Drangsal poetische Späße abzugewinnen.

Eliot verkörpert damit einen Zug, den ich bei allen sieben der von mir untersuchten genialen Menschen feststellen konnte: ein Außenseiterbewußtsein, verbunden mit der Fähigkeit, die Marginalität in den Dienst der Lebensaufgabe zu stellen. Der Fall Eliot scheint überdies ein Beleg dafür, daß das schöpferische Individuum, wenn diese Randstellung fehlt, eine Selbstausgrenzung in dem Grad vornimmt, daß eine fruchtbare Asynchronie erreicht wird. Da Ausgrenzung nur innerhalb der Möglichkeit von Gemeinschaft sinnvoll ist, wird sich darüber hinaus ein Oszillieren zwischen Gefühlen und Zeiten der Ausgrenzung und der Gemeinschaftsverbundenheit beobachten lassen, und das ist vielleicht nur eine neue Version der Erkenntnis, daß der geniale Mensch zum Teil der Welt und zum Teil nur sich selbst gehört. Aus der Spannweite zwischen diesen Polen ergibt sich ein Teil der positiven und negativen Asynchronien.

Erst als er sich von Vivien getrennt, seinen Ruhm gefestigt und Valerie geheiratet hatte, scheint Eliot eine gewisses Maß an Frieden und Erfüllung gefunden zu haben, ein Zustand, der mit einem deutlichen Rückgang seiner literarischen Wirksamkeit einherging und in ein Alter fiel, in dem Künstler wie Graham, Yeats, Picasso oder Strawinsky noch auf der Höhe ihrer Schaffenskraft standen. Da Eliot seine singulären Erfolge in den Zeiten prononcierter Marginalität erreichte, wäre für eine Fortsetzung der Triumphe möglicherweise eine weitere Ausgrenzung nötig gewesen, die er weder wünschte noch hätte ertragen können.

Zwischenbetrachtung 2

Wo es um die Entwicklung der Künste in zwanzigsten Jahrhundert geht, taucht das Dreigestirn der Namen Picasso, Eliot und Strawinsky auf. Etwa gleichen Alters standen sie Anfang des Jahrhunderts an der Spitze ihres Faches, waren fast ein halbes Jahrhundert lang die Kultfiguren ihrer Kunst und schufen innovative Werke, während sie sich gleichzeitig so eng an Traditionen der Vergangenheit anlehnten, daß sie auch als neoklassische Künstler bezeichnet werden. Jeder von ihnen kann mit gleichem Recht den Rang eines Meisters der Moderne für sich in Anspruch nehmen.

Die geläufigen Gemeinsamkeiten sind im Hinblick auf unser Thema zu ergänzen: Alle drei Künstler entstammen bürgerlichen Familien, in denen ihr Fach Ansehen genoß; sie unterscheiden sich in diesem Punkt von Freud und Einstein, deren Berufswahl die Familien zwar bewundernd, doch ohne Verständnis aufnahmen. Alle zogen bereits in jungen Jahren in das europäische Zentrum ihrer Kunst – Eliot nach London, Picasso und Strawinsky nach Paris – und standen bald im Mittelpunkt des progressivsten hauptstädtischen Intellektuellen- und Künstlerkreises. Bei der Entwicklung ihrer bahnbrechenden Werke zogen sie Nutzen aus dem Umgang mit Menschen, denen sie persönlich nahestanden und beruflich vertrauten: Picasso hatte Georges Braque zur Seite, Strawinsky den Diaghilew-Zirkel und Eliot seine Frau Vivien und Ezra Pound. Die Hinwendung zu einem bürgerlichsaturierten Leben in den mittleren Jahren sollte ebensowenig übersehen werden wie die Bedeutung eines jugendlichen Partners im fortgeschrittenen Alter: in Jacqueline Picasso, Robert Craft und Valerie Eliot bot sich sich der Jungbrunnen an, aus dem die greisen Künstler frische Kraft schöpften. Schließlich läßt sich im Leben aller so etwas wie der Umriß eines Handels ausmachen, der ihnen die Erhaltung der schöpferischen Energien und der Arbeitskraft sichern sollte: Picasso betrieb seine Flucht vor Alter, Verfall und Tod unter zynischer Mißachtung derer, die ihm am nächsten standen; Strawinsky opferte enge Beziehungen und hielt die Prozeßmaschinerie in Gang, und Eliot wählte wie Freud den Weg der Askese, legte jedoch außerdem eine Nichtachtung für die Gefühle anderer an den Tag, die an Sadismus grenzte.

Weitere Vergleichsmöglichkeiten liegen nahe: Die intellektuelle Begabung variiert. Da ist Eliot, der die Hochschulkarriere ausschlug, Strawinsky, der ein lebhaftes Interesse an ästhetischen und philosophischen Fragen zeigte, und Picasso, dem die Wissenschaften am wenigsten zu sagen hatten und der zu den Ideologen und Intellektuellen seiner Zeit in einem Katz-und-Maus-Verhältnis stand. Markante Abweichungen zeigen sich auch im Hinblick auf die Religiosität: Strawinsky und Eliot brauchten die Zugehörigkeit zu einer Kirche, der sie sich fast im gleichem Alter zuwandten, während Picasso allenfalls zum Aberglauben neigte. Enorm ist die Spannweite im politischen Bereich, die von Eliot, dem

Konservativen aus Instinkt, bis zum Anarchisten Picasso reicht, dessen politische Parteinahme Reflex war.

In diesem Zusammenhang ist auf einen grundsätzlichen Unterschied zwischen der Kreativität in den Künsten und den exakten Wissenschaften hinzuweisen. Die Mathematiker oder Naturwissenschaftler erbringen kreative Leistungen in relativ jungen Jahren, und sie haben durchaus die Möglichkeit, mit zahlreichen Innovationen die Entwicklung auf ihren Gebieten zu beeinflussen. Anders als die Künste machen diese Gebiete aufgrund der Entdeckungen ihrer genialsten Vertreter jedoch eine rasche Entwicklung durch. Die in den Jahren jugendlicher Forschungsarbeit ausgearbeiteten Ergebnisse und Methoden können ihre Funktion oder Bedeutung verlieren, so daß fortgesetzte innovative Leistungen hohe Dynamik erfordern, will man nicht wie Einstein Gefahr laufen, endgültig hinter die gleichaltrigen Kollegen zurückzufallen und schließlich vom Feld ignoriert zu werden. Wesentlich ist ferner, daß den Wissenschaftlern eine wichtige Inspirationsquelle fehlt, nämlich die Möglichkeit, sich wie die Künstler mit Gewinn der Vergangenheit ihrer Domäne zuzuwenden und mit den Altmeistern ihrer Zunft in Dialog zu treten. Wo sie diesen Weg beschreiten, treten sie als Historiker, Philosophen, Dichter oder – wie Einstein – als weise, hochverdiente Veteranen ihres Faches in Erscheinung, nicht aber als Exponenten der aktuellen wissenschaftlichen oder mathematischen Domäne.

Künstlern bleibt eine realistische Möglichkeit zu originärem Schaffen erhalten, solange sie gesund sind. Martha Graham, Picasso und Strawinsky kosteten diese Möglichkeit voll aus. Den Zehnjahreszyklus schöpferischer Erneuerung wiederholt durchlaufend, erschlossen sie sich immer neue Schaffensphasen und blieben bis ins hohe Alter kreativ. Eliot nimmt hier eine Sonderstellung ein. Niemals so wandlungsfähig und produktiv wie Picasso und Strawinsky, gab er das Dichten auf, als er die Vierzig überschritten hatte. Seine Laufbahn als Schriftsteller indessen setzte er fort, schlug den risikoreichen Weg des Dramatikers ein und waltete als maßgeblicher Literaturkritiker und Torhüter in verschiedenen Bereichen der Literatur. Ob der Abbruch seiner lyrischen Produktion von den Gesetzen der Domäne erzwungen wurde, die oft als das Medium junger Menschen bezeichnet wird, oder ob persönliche Umstände eine Rolle spielten, ist nicht schlüssig zu beantworten.

Wie läßt sich das schöpferische Wirken dieser drei Meister charakterisieren? Es handelt sich nicht wie bei Freud oder Einstein um Problemlösungen oder – nicht wesentlich zumindest – um die Entwicklung neuer Denkkonzepte. Ihre Arbeit ließ sich nicht in Lehrbüchern festhalten oder in Zusammenhängen rationaler Logik diskutieren; sie konnte nicht von anderen aufgegriffen, weiterentwickelt oder widerlegt werden. Sie waren vielmehr berufen, neue Werke innerhalb einer Gattung zu schaffen und daraus ein Gesamtwerk aufzubauen, in dem das von ihnen erlebte Weltbild sichtbar wurde.

Wären diese Männer in einer anderen Zeit oder mit anderem Naturell zur Welt gekommen, hätten sie ihre Aufgabe möglicherweise im Rahmen fest gegründeter Traditionen erfüllt. Sie lebten jedoch in einer Zeit, in der sich die traditionellen Formen ihrer Kunst *erschöpft hatten und Pionierarbeit gefragt war. Eliot, Strawinsky und Picasso nahmen die Herausforderung an. Nachdem sie es in den überlieferten Symbolsystemen ihres Faches als junge Künstler zur Meisterschaft gebracht hatten, gingen sie daran, diese Systeme in neuer Funktion zu verwenden, auf eine Art, die zuvor nie in Betracht gekommen war und die schließlich sowohl ihnen selbst wie schließlich auch ihren Zeitgenossen sinnvoll erschien.*

Picasso und Braque zerstörten das traditionelle Bild des Menschen in der westlichen Kunst und lenkten die ästhetische Aufmerksamkeit, die sich vordem auf das Abgebildete gerichtet hatte, auf die Formen der Gestaltung, auf das Medium selbst und verklammerten die neue Sprache in Werken wie „Les demoiselles d'Avignon" und „Guernica" mit zentralen Themen des menschlichen Lebens. Strawinsky experimentierte auf vorher unbekannte Art mit Rhythmen und Dissonanzen und schuf mit „Le sacre du printemps" und „Les noces" Gattungen eigener Art. Eliot führte Themen und Versmuster in die Lyrik ein, die seinen Lesern unvertraut waren, und machte „The Waste Land" zur Stimme einer verlorenen Generation. Im nächsten Kapitel ist zu zeigen, daß Martha Graham sich in ihrer Arbeit mit den Ausdrucksformen des Körpers und Themen ihres Landes auf ähnliche Art von den hergebrachten Formen tänzerischer Darstellung entfernte.

Aus größerer Distanz lassen sich diachrone und synchrone Kontinuitäten erkennen: Neben der Verbindung zu einer Generation der Väter – Picassos mit Cézanne, Strawinskys mit Debussy, Eliots mit Laforgue – zeigen sich frappierende Parallelen zwischen den Exponenten der Moderne: das Interesse am Fragment, an der Form um der Form willen, die Spannungen zwischen den Banalitäten des Alltags, der Faszination des Primitiven und den großen Themen der Vergangenheit; das Oszillieren zwischen dem winzigen, profanen Detail und einem differenziert durchgestalteten Gesamtentwurf.

Weiter ist die konkrete Tätigkeit des künstlerischen Individuums zu berücksichtigen. Unsere Meister, daran sei zunächst erinnert, waren Handwerker, kehrten Tag für Tag erneut an den Schreibtisch oder an die Leinwand zurück, um, zumeist in Abgeschiedenheit, an Werken zu arbeiten, deren Fertigstellung Monate, wenn nicht Jahre in Anspruch nehmen konnte. Ihre Arbeitem entstanden im Experiment mit Gattungen und Medien, die zwar seit Jahrhunderten existierten, jedoch in einer neuartigen Verwendung unvertraute, wohl auch beängstigende Dimensionen erhielten. Diese Produkte blieben so lange in der Hand ihrer Schöpfer, bis diese sich entschlossen, sie weiterzugeben, und sie blieben an das Symbolsystem (Malerei, Musik oder Sprache) gebunden, in dem sie geschaffen waren.

Dann aber gelangten die ästhetischen Objekte in die Öffentlichkeit, wenn Bilder ausgestellt wurden, Theaterstücke und Kompositionen aufgeführt und Gedichte publiziert wurden. Und damit waren auch ihre Schöpfer der Welt der anderen ausgesetzt, zu denen die Makler der Macht gehörten, die über Erfolg oder Mißlingen bestimmten. Wieweit ein solcher Kontakt der persönlichen Initiative bedurfte, hing von der Persönlichkeit, vom Feld und von der Domäne ab – die Orchesterwerke Strawinskys stellten hier die größten Anforderungen. In jedem Fall aber wurde für die Schöpfer der paradigmatischen Werke der Moderne der Umgang mit anderen Menschen unerläßlich.

Dennoch blieb ihnen allen die Möglichkeit, sich ins Private zurückzuziehen und für den Verkehr mit der Welt, vor allem in späteren Jahren, nach Belieben die Vermittlung anderer in Anspruch zu nehmen. Ihr persönlicher Auftritt war nicht zwingend erforderlich. Gewiß hatte Picassos malerisches Agieren auf einer Leinwand größere ästhetische Bedeutung als die greifbaren Spuren, die Strawinsky oder Eliot an ihren Werken hinterließen – beide hätten, lebten sie heute, ihre Werke auf einem Computerterminal entwerfen können. Doch auch Picasso blieb die Möglichkeit, ein Bild zu vernichten oder zu übermalen, wenn ihm danach zumute war. Hier liegt der grundlegende Unterschied zur Arbeit von Martha Graham und Gandhi. So unvergleichlich die Wirkungsbereiche des indischen Politikers und der amerikanischen Tänzerin erscheinen, beider Leistung war an die körperliche Präsenz der Person gebunden und wurde von der Mitwelt nach ihrer Überzeugungskraft in bestimmten, vorübergehenden Augenblicken beurteilt.

8
Martha Graham:
Der Tanz Amerikas

Martha Graham, 1935

Der Tanz gilt mit einigem Recht als die älteste Kunst, die möglicherweise schon zu den expressiven Ritualen der ersten menschlichen Wesen gehörte. Anders als die übrigen Kunstformen der westlichen Welt hat das Tanzschaffen erst in jüngerer Zeit einen tiefgreifenden Wandel durchgemacht: Malerei, Musik und Literatur gingen bereits den Weg der Moderne, als die Tänzer und Tänzerinnen in den zwanziger und dreißiger Jahren entscheidende Schritte in die neue Richtung wagten. Unter den Künsten hat nur der Tanz seine moderne Form in den USA erhalten, die größtenteils als schöpferische Reaktion auf die körperlichen Ausdrucksformen des europäischen, asiatischen und afrikanischen Tanzes entstand. Viele Tänzerinnen und Tänzer haben zu diesem historischen Wandel beigetragen, die dominierende Gestalt jedoch war zweifellos Martha Graham – die einzige Frau unter den hier behandelten Größen der Moderne und die einzige, die ihr Lebenswerk in Amerika schuf.

Die Domäne Tanz um die Jahrhundertwende

Martha Grahams professioneller Durchbruch ist an zwei große Tanztraditionen geknüpft: zum einen an das klassische Ballett mit seinem im Laufe einiger Jahrhunderte entstandenen strengen Formenkanon. Mit den fünf Grundpositionen für die Füße, den vorgeschriebenen Körperhaltungen und den geometrischen Bewegungsbeziehungen zwischen den Tänzern war das klassische Ballett der Inbegriff künstlerischer Präzision. Durch die Neuerungen von Diaghilews *Ballets russes* und namentlich durch die Choreographien von Michail Fokin hatte es zu Anfang des Jahrhunderts eine Belebung erfahren. Im Mittelpunkt der *Ballets russes* standen nicht mehr die körpersprachlich vermittelten narrativen Elemente, sondern die formalen Beziehungen selbst. Dennoch galt das Ballett vor allem bei den ungeduldigen, neuerungsfreudigen und respektlosen Amerikanern immer noch als geknebelte europäische Gattung.

Der zweite Traditionsstrang, aus dem Graham ihre Inspiration bezog, waren die Tänze außereuropäischer Völker, insbesondere die Volkstänze Asiens, Afrikas und der amerikanischen Ureinwohner, die oft auf Ritualen beruhten und die Sitten, Werte und Emotionen der Bevölkerung widerspiegelten, in denen sie über Jahrhunderte entstanden waren. Das amerikanische und europäische Publikum ließ sich von solchen Vorführungen faszinieren, bewertete sie aber im allgemeinen als Volkskunst oder Kunsthandwerk, nicht als Modelle für die Hochkunst.

Erste Reformen

Gegen Ende des Jahrhunderts wuchs unter den Künstlern die Unzufriedenheit mit dem Ballett, mit den exotischen Volkstänzen und anderen populären Formen des Körperausdrucks wie Burlesken, Gesellschaftstänzen und akrobatischen Darstellungen. Jede Art Tanz schien auf die Mimesis von Pflanzen und Tieren erpicht, war bar jeden Ausdrucks authentischer menschlicher Regungen und stand dem Leben der Gegenwart fern. Vor diesem Hintergrund begann eine Gruppe bemerkenswerter amerikanischer Frauen mit natürlicheren tänzerischen Formen zu experimentieren.

Als Pionierin des modernen Tanzes gilt allgemein Isadora Duncan, die in Kalifornien geboren wurde, ihr Leben als Erwachsene jedoch in Europa verbrachte. Isadora, wie sie überall genannt wurde, betrachtete den Körper vor allem als Ausdrucksmittel für emotionale Inhalte, den Tanz als erhabene Darstellungsform und Begleitung großer klassischer Musikwerke. Sie bezog ihre tänzerische Ästhetik auf die griechische Mythologie und Kunst, aber auch auf Botticellis *Primavera* und tanzte als freie Tochter der Luft. Für ihren Stil, bloße Füße und wehende Schleiergewänder, war besonders das russische Publikum – der kaiserlichen wie der sowjetischen Gesellschaft – empfänglich.

Mit persönlicher Unerschrockenheit und ästhetischem Wagemut ertanzte sich Isadora verdientermaßen weltweite Anerkennung. Ihre technischen Neuerungen freilich waren weder gründlich noch systematisch genug, um Nachahmer zu finden, und ihren persönlichen Erfolg verdankt sie mehr ihrem Charisma und ihrem „Körperinstinkt" als besonderen Fähigkeiten, die sie ihren Schülern oder „Adoptivtöchtern" hätte übermitteln können. Sie gilt aus diesen Gründen eher als isolierte Pionierin denn als Vorläuferin einer neuen Tanztradition. Scharfsichtig formulierte die Tänzerin und Tanzkritikerin Agnes de Mille: „Isadora räumte den Schutt beiseite. Sie war ein gigantischer Besen. Im Theater wurde noch nie so radikal gekehrt."

Während Isadora zum Mittelmeer und zum Atlantik blickte, richtete die zweite Pionierin des amerikanischen Tanzes, Ruth Saint-Denis, ihren Blick nach Osten. Die Zeitgenossin Isadora Duncans ließ sich von der tänzerischen Tradition Ägyptens, Chinas, Japans, Javas, Siams und Indiens inspirieren. Wie Duncan hegte sie den leidenschaftlichen Wunsch, dem Tanz als hohe Kunst

Anerkennung zu verschaffen; sie hoffte die Amerikaner von ihrer puritanischen Abneigung gegen die Schönheit und die Funktionen des Körpers abzubringen. Ihre Darstellung konzentrierte sie auf die musikalischen Details und suchte in ihren Bewegungen den Klang der Instrumente und die rhythmische Interpunktion festzuhalten. Wollte Isadora als Tänzerin die menschlichen Leidenschaften oder die Natur verkörpern, suchte die zum Mystischen neigende Ruth Saint-Denis die Welt des reinen Geistes darzustellen.

Ihr Wirken hat die amerikanische Tanzszene nachhaltig geprägt. Sie verbrachte ihr langes Leben in Amerika und gewann vor allem in Zusammenarbeit mit dem Tänzer Ted Shawn als inspirierende Persönlichkeit und Lehrerin immensen Einfluß. Die erste Generation moderner Tänzerinnen und Tänzer Amerikas stammt fast vollzählig aus ihrer Schule, der legendären *Denishawn*. Wie Isadora hinterließ sie jedoch als Tänzerin keine bleibenden Spuren – ihre Bedeutung war wie die ihrer Vorgängerin mehr symbolischer als substantieller Art.

Martha Grahams Amerika am Ende des Jahrhunderts

Martha Graham wurde 1894 geboren und verbrachte die ersten vierzehn Lebensjahre in Allegheny, Pennsylvania, einer typischen amerikanischen Kleinstadt im Schatten von Pittsburgh, wo sie in gesicherten und harmonischen Familienverhältnissen aufwuchs. Ihr Vater, George Graham, Enkel eines irischen Einwanderers, hatte unbürgerliche Gepflogenheiten und machte sich zum Beispiel ein Vergnügen daraus, für Martha und ihre Schwestern zu musizieren und zu singen. Als Arzt galt sein Spezialinteresse geistig-seelischen Störungen – der „Nervenarzt" Graham würde heute als Psychiater bezeichnet. Obwohl seine Arbeit ihn stark in Anspruch nahm und er aus beruflichen Gründen einige Jahre lang von seiner Familie getrennt lebte, übte Dr. Graham auf seine älteste Tochter einen bedeutenden und im ganzen wohltätigen Einfluß aus.

Von seiten ihrer Mutter gehörte Martha Graham zum amerikanischen Uradel der Pilgerväter. Die Mutter, Jane Beers, war eine Nachfahrin des Puritaners Miles Standish, den Henry Wadsworth Longfellow in seinem Gedicht *The Courtship of Miles Standish* (Miles Standishs Werbung) unsterblich gemacht hat. Die Verwandten mütterlicherseits, vor allem die furchterregende Gestalt der Großmutter, verkörperten für Martha Graham die Tradition des Puritanismus. Die Erziehung war streng: tägliche Gebete, Kirchgang, Sonntagsschule. Auch Martha Graham erfuhr bedingungslose Zuwendung in der Hauptsache vom Kindermädchen der Familie: „Maid Lizzie" scheint für die Grahamkinder Vertraute und Gefährtin gewesen zu sein. Der Kritiker Walter Terry erklärte den familiären Hintergrund zusammenfassend so: „Martha hatte die Eigenschaften beider Eltern in sich vereint, war eine rigorose puritanische Pionierin, unbeugsam und gottesfürchtig, und gleichzeitig ein stürmisches, von Träumen besessenes Geschöpf vom Schlag der Kelten, das zu Launen und zum Jähzorn neigte."

Wie von allen brillanten Persönlichkeiten, besonders aber von denen, die in unserem medienbeherrschten zwanzigsten Jahrhundert leben, werden auch von Graham die unausbleiblichen Anekdoten überliefert. So soll die kaum Dreijährige, des Stillsitzens müde, während des Gottesdienstes durchs Kirchenschiff getanzt sein. In einem Zug von der Abfahrt überrascht, erklärte die besorgte, doch keineswegs eingeschüchterte junge Dame: „Sie, ich bin die Tochter von Dr. Graham. Ich will hier raus." Da sie zum Schwindeln neigte und in der Folge häufig in Schwierigkeiten kam, regte die Mutter sie zum Theaterspielen an und ließ sie sogar zu Hause ein kleines Theater aufbauen. Die einschlägige Geschichte berichtet darüber, wie ihr Vater sie eines Tages bei einer Lüge ertappte: „Weißt du denn nicht, daß ich so etwas immer bemerke? Irgendeine Bewegung zeigt mir immer, daß du mich belügst. Du verrätst dich, ganz gleich, was du sagst – du machst eine Faust und denkst ich sehe es nicht, du hältst den Rücken steif, vielleicht scharrst du auch mit den Füßen oder senkst die Augen. Bewegungen lügen nicht." Die einsichtsvolle Reaktion der Eltern auf ein kindliches Vergehen enthielt eine wichtige Lehre für die Zukunft.

Weil Martha Graham als Mädchen an Asthma litt, zogen die Eltern 1908, als Martha vierzehn war, ins kalifornische Santa Barbara. Alles läßt darauf schließen, daß die Familie den Klimawechsel als wohltuend empfand. Nach der streng presbyterianischen Atmosphäre einer Kleinstadt im Osten waren der gemächliche Lebensrhythmus und das tropische Fluidum Südkaliforniens eine willkommene Abwechslung. Die Highschool brachte Martha mit Erfolg hinter sich. Gescheit und belesen, übernahm sie die Herausgabe der Schülerzeitschrift *Olive and Gold*. In einer Schulaufführung der Äneis stand sie als Dido auf der Bühne; sie spielte Basketball, schrieb außer Kurzgeschichten ein Stück in zwei Akten und war eine perfekte Näherin. Von den Klassenkameraden wurde sie trotz ihrer zurückhaltenden Art geschätzt.

Im April 1911 fiel ihr ein Plakat ins Auge, das acht Vorstellungen einer exotischen Tänzerin mit dem Namen Ruth Saint-Denis in der Oper von Los Angeles ankündigte. Das Plakat zeigte die Tänzerin in ihrer berühmten Darstellung Radhas, der Geliebten des Hindugottes Krishna. Martha erblickte das Bild einer reich kostümierten Saint-Denis, die mit glitzernden Armringen geschmückt im Lotussitz auf einer prächtigen thronähnlichen Plattform saß. Sie bat ihren Vater, mit ihr in eine der Vorstellungen zu gehen. Daß er einwilligte, hat sie vielleicht selbst überrascht. Er schenkte ihr sogar einen Veilchenstrauß zum Anstecken, den sie noch lange in Ehren hielt. Das Bild der attraktiven Frau, die, als Solotänzerin das Programm bestreitend, verschiedene gottähnliche Frauen verkörperte und mit ihren prachtvollen Kostümen, den ausdrucksvollen Augen und exotischen Bewegungen die Bühne beherrschte, ließ Martha nicht mehr los. „Von diesem Augenblick an", erinnerte sie sich später, „war mein Schicksal besiegelt. Ich konnte es nicht erwarten. Ich mußte lernen, so zu tanzen wie diese Göttin."

Von einer Tanzaufführung fasziniert zu sein war eines, sich für einen Beruf zu entscheiden eine andere Sache. Der Gedanke, aus ihrer ältesten Tochter eine Tänzerin zu machen, konnte die rechtschaffenen Eltern Graham kaum begeistern. Man einigte sich auf einen Kompromiß: Martha besuchte die Cumnock School, ein Juniorcollege, auf dem sie ein Studium in den Geisteswissenschaften absolvieren konnte, während sie daneben ihre künstlerischen Interessen verfolgte. Die relative Freiheit des Lehrbetriebs sagte ihr zu – ähnlich hatte Einstein die liberale Atmosphäre seines Aarauer Gymnasiums geschätzt. 1914, Martha war zwanzig, erlag George Graham einem Herzschlag. Nach dem Tod des Vaters fühlte sie sich frei, ihre Zukunft in die eigenen Hände zu nehmen.

Eine ungewöhnliche Karriere

Im Jahr 1916 belegte die zweiundzwanzigjährige Martha Graham den Sommerkurs von *Denishawn*, der damals einzigen Ballettschule ihrer Art, die wenige Jahre zuvor von Ruth Saint-Denis und ihrem Mann, dem Tänzer Ted Shawn, gegründet worden war. Die Umstände ihres Eintritts ließen wenig erhoffen. Das übliche Alter für eine Ballettausbildung hatte sie weit überschritten – die meisten Tanzeleven beginnen im Alter unter zehn mit einem rigorosen Training; sie war sehr klein, nicht hübsch im üblichen Sinn und dem Anschein nach wenig geschmeidig. Wie um diese Mängel zu unterstreichen, zeigte Ruth Saint-Denis keine Neigung, sich einer so unscheinbaren Schülerin anzunehmen, und teilte die Anfängerin Ted Shawn zu.

Den dürftigen Voraussetzungen zum Trotz machte Martha Graham in der Truppe schon bald eine gute Figur. Im Unterricht still und scheu, besaß sie eine ungewöhnlich rasche Auffassung für komplizierte Stilarten und Techniken und erwies sich als Ausnahmebegabung im körperlich-kinetischen Bereich. Sie trainierte mit Leidenschaft und sah mit Vergnügen, daß ihr Körper kräftig und biegsam wurde. In der Arbeit verlangte sie sich Unglaubliches ab, trainierte bis in die Nacht, stellte an sich selbst die höchsten Ansprüche und erwartete auch von anderen viel. Es kam zu der denkwürdigen Episode, in der Shawn sein Bedauern ausdrückte, daß Martha einen bestimmten Tanz nicht beherrsche – „Sie wäre genau richtig dafür", erklärte er. „Aber ich kann ihn doch", beteuerte Martha und bewies, daß sie sich den Tanz tatsächlich durch bloßes Zusehen angeeignet hatte. Nach der frappant kurzen Lehrzeit, die schöpferisch Begabten genügt, um sich das Handwerkszeug der gewählten Domäne anzueignen, wurde Martha Graham zur Vortänzerin und Ausbilderin im Ensemble und zum aufgehenden Star in *Serenata Morisca*, einem leidenschaftlichen maurischen Zigeunertanz. Sie hatte gelernt, was Shawn ihr beibringen konnte, blieb aber, vermutlich bis ans Ende ihres Lebens, im Bann der Gestalt, der Persönlichkeit und der Tänze von Ruth Saint-Denis.

Erste Anerkennung als Solotänzerin errang sie in *Xochitl*, einem Aztekentanz. Graham verkörperte in diesem zeittypischen Melodrama im Stil des *Feuervogels* eine Jungfrau, die gegen den bedrohlichen Toltekenkaiser in wilden Tänzen ihre Tugend verteidigt. Ihr Widerstand war furios; die Rolle, die sie neben Robert Gorham, Charles Weidman und schließlich Ted Shawn als Kaiser tanzte, schien ihr auf den Leib geschrieben. Gastspiele in dieser Rolle, die sie mit wachsender Virtuosität gestaltete, führten sie durch ganz Amerika, sogar nach London, und vermittelten ihr nebenbei auch wertvolle Erfahrungen in der Leitung einer Tanzkompanie. Sie erhielt ermutigende erste Kritiken, so in der *Tacoma New Tribune*, die Graham eine „brillante junge Tänzerin" nannte.

So sehr es ihr entgegenkam, als Mitglied einer dynamischen Truppe reichlich Gelegenheit zum Lehren, zum Lernen und zum Reisen zu finden, wurde sie der Intrigen, die in der Denishawn-„Familie" an der Tagesordnung waren, bald überdrüssig. Eine romantische Affäre mit einem Mitglied der Truppe, dessen Ehefrau ebenfalls zur „Familie" gehörte, hat die bestehenden Spannungen zweifellos verschärft. 1923 trennte sie sich von der kalifornischen Ballett-Truppe *Denishawn* und nahm Wohnsitz in Greenwich Village, der magnetischen „Left Bank" von New York City.

Um ihren Lebensunterhalt zu verdienen, schloß sich die junge Tänzerin John Murray Andersons *Greenwich Follies* an und trat in orientalischen Tanzdarbietungen im *Denishawn*-Stil für ein Broadway-Publikum auf. Sie wurde schnell zu einem Broadway-Star und erreichte die für die damaligen Zeiten außerordentlich hohe wöchentliche Gage von 350 Dollar. Sie hatte ferner Gelegenheit, einige der größten Künstler jener Tage, Eleonora Duse zum Beispiel, kennenzulernen. Eine Zeitlang führte Martha Graham das Leben einer begehrten Künstlerin im Unterhaltungsbereich und kam zu dem Schluß, daß es nicht das war, was sie sich wünschte. Die damals bald Dreißigjährige verscheuchte jeden Zweifel, der sie beirren mochte, und erklärte mit einer Überzeugung, die eines Freud oder Picasso würdig war: „Ich werde ganz groß. Nichts wird mich daran hindern. Und ich schaffe es allein."

Sie nahm eine Stelle an der Eastman School of Music an und zog nach Rochester, New York. Zusammen mit Esther Gustafson leitete sie die neue Abteilung für Tanz und fand Befriedigung darin, ihre eigenen Schüler zu unterrichten. Doch Rochester lag abseits vom Zentrum der künstlerischen Entwicklungen, und das Theater der Schule folgte eigenen künstlerischen Bedürfnissen, die sich nicht immer mit den ihren trafen. Graham kämpfte darum, einen Weg zu finden, der ihrer Kunstauffassung und ihren Wünschen gemäß war. Was sie von ihren langfristigen Zielen abzog, weckte schnell ihre Ungeduld. Wie ließen sich diese Ziele formulieren? Eine Antwort war ihre Reaktion auf ein Bild Kandinskys, das einen grellroten Farbklecks auf blauer Fläche zeigte: „So will ich tanzen".

Ein Meilenstein auf dem Weg dorthin war die erste Aufführung mit ihrer eigenen kleinen Truppe am 18. April 1926 im New Yorker Theater an der 48. Straße. Die Vorstellung auf die Beine zu stellen hatte große Anstrengungen erfordert. Graham hatte ein Jahr gearbeitet, um das Geld zusammenzubringen, und war auch dann noch auf einen Beitrag in der Höhe von eintausend Dollar angewiesen, den ihr Frances Steloff von *Gotham Book Mart* zur Verfügung stellte. Zusammen mit Evelyn Sabin, Betty McDonald und Thelma Biracree, die sie selbst ausgebildet hatte, brachte Graham ein abendfüllendes Programm auf die Bühne. Die Tänze mit Namen wie *Three Gopi Maidens*, *Maid with the Flaxen Hair*, *Clair de lune* glichen denen von *Denishawn* und waren eher effekt- als ausdrucksvoll. Martha, „weißgewandet mit blonder Perücke und ernster Miene", wirkte „dekorativ, hübsch und wenig aufregend". Ein Kritiker nannte sie „eine Erscheinung im Geiste Rosettis, zart, unirdisch und von exotischer Anmut". Als „kindisch und gräßlich" bezeichnete Graham ihre frühen Tänze in späteren Jahren. Etwas gelassener erinnerte sich Sabin, daß „die Ausdrucksform zwar noch überwiegend romantisch und eklektisch war, der Geist jedoch neu und kühl wie eine salzige Meeresbrise". Zweifellos war die Aufführung Strawinskys ersten Konzerten von 1907 und 1908 näher verwandt als dem 1913 aufgeführten *Sacre*. Doch schon wenige Jahre später trat Martha Graham mit Tänzen hervor, die hinter den innovativen Meisterwerken des Jahrhunderts nicht mehr zurückstanden.

Der neue Tanz

Die Jahre von 1926 bis 1935 bedeuteten für das amerikanische wie für das gesamte westliche Tanzschaffen eine Zeit einzigartiger Entwicklung. Noch Mitte der zwanziger Jahre lebte der Tanz mehr oder weniger von Show-Effekten. Die professionelle Reputation der Tänzer knüpfte sich an eine attraktive Erscheinung sowie an technische Gewandtheit, kaum weniger aber auch an die Exotik und Sentimentalität der Werke, in denen sie auftraten. Auch von Grahams erstem Programm des Jahres 1926 läßt sich kaum anderes sagen; doch mit jeder neuen Aufführung, ja mit jedem neuen Tanz ließ sie Altes hinter sich, verschwanden die romantischen und nostalgischen Attribute von *Denishawn*.

Die Eigenart der frühen Tänze Grahams

1927 riß Grahams Stück *Revolt* (Revolte) das Publikum mit eindringlich gestalteten Schilderungen menschlicher Ungerechtigkeit aus der beschaulichen Genießerdistanz. 1928 schrieb Grahams Mitarbeiter Louis Horst die Musik zu ihrer bereits existierenden Tanzkomposition *Fragments* (Fragmente) – eine Umkehrung des üblichen Verfahrens, das der Choreographie ein bestimmtes Musikstück zugrunde legte. *Dance* (Tanz) von 1929 zeigte sie in einem langen schmalen Röhrenkleid auf einer kleinen zweistufigen Plattform, der, wie sich zeigte, einzigen Tanzfläche. Statt sich mit den Füßen weiträumig in den Bühnenraum zu bewegen, machte Graham ihren Körper zum Mittelpunkt der tänzerischen Aktionen und zum Kraftzentrum für einen perkussiven Bewegungsablauf. Als *Heretic* (Die Ketzerin) stand Graham weißgekleidet mit wallendem Haar einer Gruppe von elf Tänzerinnen in schlauchförmigen Jerseyhüllen gegenüber, die auf verschiedene Art versuchten, die einsame Rebellin zu unterdrücken. Zur Begleitung eines monotonen Breton-Motivs bemühte

328 Die Schöpfer der Moderne

sich die Ketzerin einige Male vergeblich, die Wand zu durchdringen, und fiel schließlich, von den Gegnern besiegt, zu Boden. Grahams Tänzerinnen verzichteten bereits damals auf Glamour und Make-up. In den maskengleichen Gesichtern brannte der Mund in grellem Kandinsky-Rot; die Haare waren straff zum Knoten gefaßt.

Von Skulpturen beeinflußt – Ernst Barlachs Werke werden als Quellen genannt –, entstand 1930 *Lamentation* (Die Klage), der eindringlichste unter Grahams frühen Tänzen (s. Abb. 8.1). Eine einsame Trauernde erschien in dehnbarer, schmaler Stoffröhre, die nur Hände, Gesicht und Füße sehen ließ. Die mumiengleiche Gestalt kauerte während des Tanzes auf einer niedrigen Plattform, wiegte sich in leidender Qual, ließ die Hand tief in das schwarze Tuch stoßen. Der kaum sichtbare Körper wand sich wie im Versuch, seiner Hülle zu entkommen. Bei den Bewegungen des Körpers formte sich der elastische Stoff zu Diagonalen über die Körpermitte. Diese durch die wechselnde Form des Kostüms entstehenden Bewegungen waren Ausdruck von Gebet und Flehen und weniger eine gestaltende Darstellung des Schmerzes als seine Verkörperung.

Es ist schwierig, Grahams Tänze zu beschreiben. Ihrem eigenen Wunsch entsprechend wurden nur die wenigsten der frühen Tänze filmisch aufgezeichnet, und nur eine Auswahl dieser Filme ist für öffentliche Vorführungen freigegeben. (Graham stand mit dieser Politik nicht allein. Viele große Tänzer

ABBILDUNG 8.1
Martha Grahams ausgreifende Bewegungen des Schmerzes in *Lamentation*. © Foto Barbara Morgan: Archiv Willard und Barbara Morgan, Dobbs Ferry, N. Y.

und Tänzerinnen lehnten es ab, ihre künstlerischen Darbietungen zu uneingeschränkter Verfügbarkeit auf Zelluloidbildern festhalten zu lassen, und zogen es vor, durch den Eindruck der einmaligen Aufführung in Erinnerung zu bleiben.) Der Tanz entzieht sich dem beschreibenden Wort stärker als andere Künste, und nur wenigen Autoren ist es in ihren Schilderungen gelungen, ein eindrückliches, befriedigendes Bild bedeutender Ballette und Tänzer zu schaffen. Ich habe Graham nicht mehr in ihrer Blütezeit, den Jahren vor 1950, erlebt, und obwohl ich mir, in einzelnen Fällen auch wiederholt, die Filme ihrer späteren Aufführungen angesehen habe, sind meinen Bemühungen Grenzen gesetzt – durch meine fehlenden Fachkenntnisse im Bereich des Tanzes ebenso wie durch das Bewußtsein, daß die Martha Graham, die ich zu sehen bekam, nur einen matten Abglanz dessen bot, womit die große Tänzerin in den zwanziger bis vierziger Jahren ihre Triumphe feierte. Um etwas von der Dynamik ihres künstlerischen Wirkens zu vermitteln, stütze ich mich darum sehr stark auf die Berichte von Kritikern und Ballettexperten, von Martha Graham und Mitgliedern ihres Kreises sowie auf Photographien, die Graham in frühen Aufführungen zeigen, besonders auf die großartigen Tanzpoträts der Photographin Barbara Morgan aus den dreißiger Jahren, von denen einige hier abgebildet sind.

Der amerikanische Tanz der späten zwanziger und frühen dreißiger Jahre und namentlich die New Yorker Tanzszene war eine bunte und sehr heterogene Angelegenheit. Eine Reihe junger Tanztalente, von denen viele wie Graham aus der *Denishawn*-Schule kamen, versuchten Neuland zu betreten: Doris Humphrey, die vielleicht begabteste Choreographin der damaligen Zeit, und ihr langjähriger Partner Charles Weidman, Helen Tamiris, die verführerische Tanzinterpretin von Jazz und Spirituals, und Agnes de Mille, eine begabte junge Tänzerin und Choreographin aus namhafter Künstlerfamilie. De Mille hat die Szene mit der für sie charakteristischen Verve geschildert:

Es war eine turbulente Epoche in der Geschichte des amerikanischen Tanzes – eine Epoche der Revolution und des Abenteuers. In New York arbeiteten mindestens zehn Solotänzer, und jeder experimentierte. Und mindestens ein Dutzend weitere imitierten unsere Tänze, erweiterten und entwickelten sie. ... Wir kreuzten en bloc auf, wann immer sich eine Gelegenheit bot, rangelten und stritten in den Foyers wie bei einer politischen Versammlung. ... Wir setzten alles aufs Spiel; jeder von uns hatte die Tradition über Bord geworfen. ... Ich bin glücklich, daß ich an dieser Zeit des Aufbruchs teilnehmen konnte. Künstlerische Entdeckungen sind wie ein Wunder, die Erfahrung ist unvergleichlich. Die Zeit mag größere Tänzer bringen, bedeutendere und subtilere Choreographien; doch unsere Arbeit war ein voraussetzungsloser Beginn, ohne Modelle und Vorbilder. ... Es war wie eine gigantische Jam Session, und sie dauerte neun Jahre.

Das Umfeld des Modern Dance

Martha Graham und ihre Mitstreiter arbeiteten in einer neuen Domäne, dem modernen Tanz. Er sollte unverwechselbar amerikanisch und unzweifelhaft modern sein und die Kraft, die Dynamik und den sozialen Geist des Landes, seiner Städte vor allem, zum Ausdruck bringen. Graham drückte es so aus: „Das heutige Leben ist nervös und steuert einen schroffen Zick-zack-Kurs. Oft kommt es in der Luft zum Stehen ... Das will ich für meine Tänze." Statt Phantasiekostümen und Bühnendekoration, traditionellen Geschichten und süffiger Vokal- oder Insrumentalbegleitung wollte das moderne Ballett vom Lebensalltag, von sozialer Ungerechtigkeit und von der problematischen Beziehung zwischen Mann und Frau erzählen oder auf das Erzählen ganz verzichten.

Dem neuen System entsprechend hatten die Bewegungen des Tanzes diese ernste Thematik zu reflektieren. Sie sollten sparsam und karg sein, die Tänzer suchten Stimmungen und Gefühle zu entschlacken und das Wesentliche, das hieß Elementare, freizulegen. Im Gegensatz zum klassischen Ballett war der moderne Tanz erdgebunden und schmucklos und handelte von Durchschnittsmenschen. Im Gegensatz auch zum romantischen Ornament von *Denishawn* bevorzugte der moderne Tanz brüske Gesten und einen prosaischen Ausdruck. Graham erläuterte den Wechsel:

Früher einmal strebten wir danach, die Götter nachzuahmen – wir tanzten Göttertänze. Dann wollten wir Teil der Natur werden und bemühten uns, Naturkräfte in tänzerischer Form zu repräsentieren – Winde, Blumen, Bäume. Der Tanz hatte seine Funktion zu kommunizieren verloren ... [Der moderne Tanz] war nicht darauf aus, das Häßliche ins Dramatische zu steigern oder heiligem Herkommen ins Gesicht zu schlagen. ... Man revoltierte gegen die ornamentalen Formen des impressionistischen Tanzes. Es kam eine Zeit großer Schmucklosigkeit und Strenge.

Mit dem Neuen kam die Unsicherheit. Nur wenige Tänzerinnen und Tänzer hatten die Mittel, eine Aufführung zu finanzieren, geschweige denn eine Serie oder gar Spielzeit. Darum schlossen sich die führenden Solisten 1930 zu einem *Dance Repertory Theater* zusammen. Ein Wochenspielplan mit allabendlichem Wechsel der auftretenden Tänzer erwies sich als wirksames und ökonomisches Mittel, neue Werke zu inszenieren. Gleichwohl blieben Mißklänge nicht aus. Die Schwierigkeiten ergaben sich sowohl bei der Zusammenarbeit als auch aus der Notwendigkeit, Ressourcen und Publicity zu teilen, und nach der zweiten Spielzeit wurde das „noble Experiment" abgebrochen.

Graham galt allgemein als führende Figur dieser Gruppe moderner Tänzerinnen und Tänzer, und um ihren herausgehobenen Status zu symbolisieren, wurde ihr ein eigener Abend innerhalb der Serie zugestanden. Graham war ständig im ungewissen, was getanzt werden sollte und wie, wann Dekorationen und Kostüme fertig waren, so daß die Programme bis zum Tag der Aufführung in der Schwebe blieben. Perfektionismus ging einher mit Chaos. Häufig genug war die Aufführung dann schließlich vollendet, eine Tatsache, die die immensen Spannungen verbarg, unter denen die ganze Truppe bis zu dem Augenblick stand, wenn der Vorhang aufging – und fiel.

Das Feld trommelt für den Modern Dance

Während Graham und ihr Kreis die Domäne neu definierten, erschien eine kleine Gruppe einflußreicher Rezensenten, ein Feld von eigenen Gnaden, als Richter über die neuen Formen. Selten hat sich die Aktivität einer kleinen Zahl von Kritikern für die Entwicklung eines künstlerischen Genres als derart entscheidend erwiesen. (Vergleichend könnte man allenfalls an den Kreis erinnern, der zwanzig Jahre zuvor in Paris den Kubismus in den Sattel gehoben hatte.) In den großen New Yorker Tageszeitungen erschienen noch bis in die zwanziger Jahre keine regelmäßigen Ballettkritiken. Wenn ein namhaftes europäisches Ballett, Stars wie Anna Pawlowa oder die spanische Tänzerin La Argentina auftraten, berichtete der Musikkritiker über das Ereignis. Doch 1927 nahmen kurz hintereinander John Martin für die *New York Times* und Mary Watkins für die *New York Herald Tribune* die Berichterstattung über die Tanzszene auf. Beide erkannten, daß sich im amerikanischen Tanz ein Wandel von großer Tragweite anbahnte, und sie waren entschlossen, sich ganz in den Dienst der neuen Bewegung zu stellen – nicht selten auf Kosten von *Denishawn*.

Martin machte sich zum journalistischen Sprachrohr des modernen amerikanischen Tanzes und seiner Galionsfigur Graham. Ein intelligenter und energischer Parteigänger, berichtete er regelmäßig und wortgewandt über seine große Entdeckung. Ich zitiere ein paar repräsentative Beispiele:

Die Zahl neuer Werke, die eine Tänzerin wie Martha Graham – um ein herausragendes Beispiel zu nennen – pro Spielzeit auf die Bühne bringt, nimmt selbst dem Zuschauer den Atem, der sich schwer tut, eine so reichhaltige Kost bei einmaligem Sehen zu verarbeiten. Was muß eine Choreographin und Direktorin leisten, wenn schon das Publikum an die Grenze seiner Belastbarkeit gerät.

Wie auch später einmal das endgültige Urteil über die Leistungen des *Dance Repertory Theater* ausfallen wird, der heutige Eröffnungsabend der diesjährigen Spielzeit ist in der Geschichte des amerikanischen Balletts ein Augenblick von größter Bedeutung. Zum erstenmal haben Tänzerinnen und Tänzer ersten Ranges sich bereitgefunden, ihre Unabhängigkeit im Interesse einer gemeinsamen Sache zu opfern – der Lancierung des modernen Tanzes in Amerika.

[Über Martha Graham]: Ein amerikanisches Publikum von Rang huldigte einer Künstlerin seines Landes mit denkwürdigen Beifallskundgebungen.

Zuschauer, die Amüsement und Unterhaltung erwarten, werden enttäuscht sein, denn Miss Grahams Programme glühen vor Leidenschaft und Protest. ... Sie tut das für eine Tänzerin Unverzeihliche ... sie bringt zum Nachdenken.

Wenn einmal die Geschichte des Tanzes geschrieben wird, dürfte sich zeigen, daß kein Tänzer vor ihr die Grenzen erreicht hat, die sie mit dem Kompaß ihrer Bewegungen anpeilt – nicht nur im technischen Sinn, obwohl sie die Möglichkeiten des Körpers in phänomenaler Weise ausschöpft, sondern vor allem im Bereich kreativer Expressivität.

Martin stand mit seinem Enthusiasmus nicht allein. Mary Watkins erklärte: „Der Tanz ist nicht länger das Stiefkind der Kunst", und wie Martin sah sie in Graham die herausragende Vertreterin der neuen Bewegung. Andere Kritiker schlossen sich mit grundsätzlicher Zustimmung an. Es waren jedoch auch zurückhaltendere Stimmen zu hören. Terry zum Beispiel meinte: „Uneingeweihte, die dem modernen Tanz zum ersten Mal in der Vorschlaghammer-Manier von Marthas Periode kantigen Grimms begegneten, sagten sich wohl auch: Wenn das modernes Tanzen ist – nie wieder"; und Watkins spricht von den „zerebral ausgetüftelten Laborexperimenten Martha Grahams". Andere Kritiker, wie Stark Young, wurden deutlicher: „Aus einer Schwangerschaft von Martha Graham könnte nur ein Kubus hervorgehen." Edwin Denby nannte sie „gewalttätig, verzerrt, bedrückend und dunkel". Und der namhafte Essayist des Balletts, Lincoln Kirstein, reflektiert seine wechselnde Einschätzung:

Als ich Graham zum ersten Mal sah, verkannte ich ihre innere Einstellung und ihre Methode und kam zu dem Schluß, alles sei sehr altmodisch, provinziell, einfallslos und letzten Endes uninteressant. ... Ich sah sie als naiv oder prätentiös, eine isoliert schaffende Tänzerin mit ihrer spartanischen Mädchentruppe, die sich gewaltsam in die Form der Frau aus Stahl zu pressen schien, von der sie geführt wurde. ... Ich glaube, vor fünf oder sechs Jahren steckten in Grahams Arbeit noch unverarbeitete und unorganische Elemente ihrer eigenen, unerreichten Revolte, die auf die zweifelhaften und unreifen Philosophien von Spenglers Kulturpessimismus und europäischem Snobismus stießen, denen ich damals huldigte und die sich auf meine Auffassung von ihrer Kunst auswirkten.

Noch schonungsloser äußerten sich europäische Kommentatoren wie André Levinson: Für ihn war der amerikanische Tanz dilettantisch, eklektisch und verliebt in orientalische Exotik. Der russische Choreograph Fokin kritisierte in einem denkwürdigen Zusammentreffen mit Graham ihre Unkenntnis der klassischen Formen und nannte ihren Körpereinsatz „formal häßlich und geistig abstoßend". Graham reagierte mit der einfachen Feststellung: „Wir werden uns nie verstehen."

Aufgrund meiner bisherigen Darstellung könnte der Eindruck entstehen, Martha Graham habe den modernen Tanz Amerikas praktisch im Alleingang geschaffen und das neu formierte Feld sei ausschließlich auf sie fixiert gewesen, ein Resümee, das dem Sachkundigen aus der Distanz heraus vielleicht nicht unplausibel erscheint. Doch hier wie in allen Fallbeispielen meiner Studie ist die Festlegung auf den Einzelnen eine Frage der Zweckmäßigkeit. Auch die verschiedenen Vorgänger Grahams oder einige ihrer Zeitgenossen, Mary Wigman etwa in Deutschland oder Doris Humphrey in den USA, ließen sich zweifellos glaubwürdig als Schlüsselfiguren des modernen Tanzes darstellen. Ihre Förderer und Anhänger hatten sie alle; Martha Graham verdankte ihre Fangemeinde vielleicht auch ihrer unermüdlichen Selbstvermarktung. Da ihre Wirkung so wesentlich an ihre Person gebunden war, ist ferner die Vermutung nicht von der Hand zu weisen, daß ihre Wirkung im nächsten Jahrhundert geringer erscheinen wird als zu ihren Lebzeiten. Andere Tänzer zeichneten sich vor allem als Choreographen aus, doch nur Photographien können ansatzweise ein Bild der Tänzerin Graham im Zenit ihres Triumphes vermitteln.

Versuche zur Zusammenarbeit

Wenn der moderne Tanz einen Platz unter den Künsten einnehmen wollte, mußten die Pioniere zusammenarbeiten. Sie versuchten es, doch mit geringem Erfolg. Es ist schwer zu beurteilen, ob in den kleinen und größeren

Mißhelligkeiten nur die Spannungen zum Ausdruck kamen, die allgemein zum atmosphärischen Umfeld schöpferischer Naturen gehören (wie sie zum Beispiel die Arbeit Strawinskys mit seinen Kollegen beeinflußten und schließlich auch zwischen das Duo Picasso-Braque traten) oder ob besondere persönliche Konflikte virulent wurden. Unstrittig aber herrschte im Kreis der großen Pioniere des modernen Tanzes ein brisantes Klima. Ruth Saint-Denis bezeichnete Martha Grahams Arbeit als „Ballett der gespreizten Schenkel" (*the open crotch school of music*), und Doris Humphrey schrieb in einem Brief: „Martha Graham traue ich nicht über den Weg; sie ist eine regelrechte Schlange." Den Schülern war verboten, sich den Unterricht der anderen Größen ihres Fachs anzusehen. So erheblich die finanziellen Vorteile waren, die Zusammenarbeit im *Dance Repertory Theater* ließ sich nicht aufrechterhalten.

Eine Beziehung von vitaler Bedeutung

Wenn Martha Grahams Verhältnis zur Ballettkonkurrenz mehr oder weniger gespannt war, gab es doch einen Menschen, der für ihr Leben unvergleichliche Bedeutung gewann. Louis Horst, ein Amerikaner deutscher Herkunft, arbeitete seit langem als Komponist, Klavierbegleiter und Korrepetitor für *Denishawn*. Die Beziehung zwischen den beiden datierte aus der Zeit von Martha Grahams Ausbildung bei Ruth Saint-Denis. Ohne seine Ehe mit Betty Horst aufzulösen, ging Horst mit Graham eine fast zwanzig Jahre währende persönliche Bindung ein, die von der beruflichen Zusammenarbeit beider überdauert wurde.

Im Unterschied zu anderen Komponisten seiner Zeit sah Horst seine besondere Aufgabe darin, Ballettmusik zu schreiben. Er schrieb Stücke für fast alle damals berühmten Tänzer und Tänzerinnen. Vor allem aber wollte er für Graham komponieren und war bereit, für diese Aufgabe seine Identität als Musiker zu opfern. Er wurde für Graham ein Mentor auf allen Gebieten, machte sie mit europäischer Musik und mit der Technik und dem Notationssystem der deutschen Tanzpioniere Rudolph van Laban und Mary Wigman bekannt, führte sie in die Philosophie Nietzsches ein und ging mit ihr zu Baseballspielen und Boxkämpfen. Bei ihm fand sie Unterstützung und Resonanz, ihm konnte sie ihre Träume und Zweifel anvertrauen, in den Augenblicken schöpferischer Anspannung war er an ihrer Seite.

Horst war Grahams Alter ego, ein Mensch, von dem sie affektive Zuwendung erhielt, und ein Kollege, dessen Sachverstand als Prüfstein ihrer radikalsten und ihrer noch unausgegorenen Ideen diente. Die Rollenverbindung von Lehrer und Liebhaber machte Horst zum idealen Katalysator für Grahams künstlerische Entwicklung. Graham rang um eine neue Ausdruckssprache, die nicht nur in der Körperbewegung verankert war, sondern Musikalität ebenso voraussetzte wie Sensibilität für aktuelles Geschehen und später auch ein intimes Verständnis klassischer literarischer Texte. Horst oblag die Aufgabe, die verschiedenen Elemente der entstehenden Sprache im Auge zu behalten und ihre Vermittelbarkeit an ein breiteres Publikum zu prüfen.

Die Verbindung Graham-Horst hatte ihre Höhen und Tiefen. Graham war impulsiv, und Horst nahm ihre Verunglimpfungen nicht immer passiv hin. Heftige Kämpfe waren keine Seltenheit. „Du richtest mich zugrunde", pflegte sie zu sagen, „du bringst mich um." Horst erwiderte: „Jeder junge Künstler hat eine Mauer nötig, an der er sich emporranken kann wie ein Weinstock. Ich bin diese Mauer." Es kam vor, daß sie sich schlugen. Agnes de Mille erinnert sich an eine Zeit in den frühen dreißiger Jahren. Martha Graham war sehr niedergeschlagen und erklärte: „Die Arbeit taugt nichts.... Ich habe das Jahr nutzlos vergeudet. Und mein Stipendium." Horst versuchte, ihr Mut zuzusprechen, und verließ schließlich, als alles Zureden erfolglos blieb, zornig und indigniert die Wohnung. In einem Gespräch, das er danach mit de Mille führte, zeigte er sich versöhnlicher: „Letzten Ende gibt es keine Tänzerin außer ihr."

Martha Grahams Tänze in den frühen dreißiger Jahren

Gemeinsam und in Konkurrenz mit anderen jungen amerikanischen Tanztalenten hatte Graham dem modernen Tanz zur Legitimität verholfen und eine Form des körperlichen Ausdrucks geschaffen, die in Bewegung und Expressivität auf ein elementares Minimum reduziert war und auf die Themen der Gegenwart Bezug nahm. Die frühen Arbeiten *Heretic* und *Lamentation* trugen unverkennbar ihre Handschrift und regten zu Nachahmungen an.

Ein Aufenthalt im Südwesten und seine Folgen

Wie andere schöpferische Menschen scheute Graham die Wiederkehr des Gleichen. Sich zu wiederholen war ihr ein Greuel. 1930 reiste sie in die

336 Die Schöpfer der Moderne

ABBILDUNG 8.2:
Graham und Chor: die Kraft des archaischen Lebens in *Primitive Mysteries*. © Foto Barbara Morgan

Indianergebiete von New Mexico. Ähnlich Picasso, der in der Einsamkeit der spanischen *soledades* Gósol und Horta die Kraft zur Erneuerung suchte, wurde Graham durch das Erlebnis einer kulturell fremden Region zuinnerst bewegt: die Erdgebundenheit der Indianer, die spirituelle Dimension ihres Lebens und die Verbindungen indianischer mit spanischen und christlichen Traditionen sprachen sie an. Sie liebte die weite, mit Beifuß bewachsene Wüstenlandschaft, die offenen Räume, das Licht und die dunkle Haut der Menschen. Das Erlebnis schien Aspekte ihrer kalifornischen Kinderjahre wachzurufen, die unter dem hektischen Taumel des städtischen Lebens in New York vielleicht verschüttet waren.

Grahams Aufenthalt im Südwesten hinterließ seine Spuren in ihren Tänzen der frühen dreißiger Jahre, den Primitive Mysteries (Urmysterien), Primitive Canticles (Archaische Gesänge) und dem Bacchanale – alle von 1931. Den Urmysterien lag eine indianisch-hispanische Liturgie zu Ehren der Jungfrau Maria zugrunde (s. Abb. 8.2). Die tänzerischen Bewegungen waren karg, konzentriert und schmucklos. Graham verzichtete auf eine unmittelbare expressive Wiedergabe des Ritus und versuchte statt dessen die Kraft und Ausstrahlung des primitiven Lebens einzufangen und zu verdichten. Durch eine grob gewebte Klangstruktur und gebrochene Rhythmik versuchte sie die Vitalität der Gefühle auszudrücken; die von den Indianern reflexartig eingesetzte Repetition benutzen die modernen Tänzer gezielt als Gestaltungsmittel.

Die formal schlichten Mysterien waren dreiteilig angelegt. Jeder Teil begann und endete mit einer Prozession: „Hymne an die Jungfrau", die feierliche Investitur einer Frau mit Andeutungen der Geburt Christi; „Kreuzigung", die Darstellung der Verzweiflung in der christlichen Gemeinde beim Tod des Christus, und „Hosiannah", die Erlösung aus der Verzweiflung nach der Auferstehung. Grahams Bühnenerscheinung, eine in fließendes Weiß gekleidete Gestalt, ließ an Bilder der Jungfrau in den Lehmziegelkirchen des Südwestens denken; die Gruppe der zwölf, meist in Vierergruppen arrangierten Tänzerinnen in langen, dunkelblauen Gewändern bildete den kontrastierenden Hintergrund. Die Gruppe agierte als Chor neben der Solotänzerin, tanzte Freude und Lobpreis, Trauer und Entsetzen und verhaltene Inbrunst. Die Gegensätzlichkeit der Teile war durch wechselnde Gruppierung der Tänzerinnen und durch verschiedene Bewegungen markiert: langsame, betonte Schritte in der Eröffnungshymne; straff ausgreifende, klagende Bewegungen und hohe, gespannte Sprünge im Mittelteil; jubelnd zurückgeworfene Körper im letzten Abschnitt. Die zahlreichen isolierten Gebärden – ein erhobener Arm, gefaltete Hände, deutend erhobene Finger – wurden nicht in die Körperbewegungen integriert. Daneben war der Körper als Metapher eingesetzt, wenn zum Beispiel die symmetrischen Bewegungen der Jungfrau Maria ihre herausgehobene Stellung in der Zeremonie andeuteten.

Der Tanz war reich an bewegenden Momenten. Im Ausdruck von Trauer und Schmerz der Kreuzigung verweilte Graham einen Augenblick bewegungslos in der Mitte der Bühne, die Hände seitlich ans Gesicht gelegt, während der Chor der Tänzerinnen, die Handflächen mit gespreizten Fingern an die Stirn pressend, zum Symbol der Dornenkrone wurde. Am Ende des Stückes verstummte die Musik, einen Moment verharrten alle Tänzerinnen in diesem Schweigen und verließen dann zu einem schwer akzentuierten Rhythmus in langsamem Gleichschritt die Bühne. Barbara Morgan versuchte den Eindruck zu beschreiben: „Das Corps de ballet scheint im Rhythmus zu gehen, während Grahams Schritte vom Rhythmus selbst bewegt werden."

Urmysterien gehört zu Grahams überzeugendsten Stücken. Horsts eindringliche Orchesterkomposition mit dissonanten Klavierakkorden und lang ausgehaltenen hohen Tönen von Flöten und Oboen umfaßt andachtsvolle Klänge ebenso wie muntere Staccato-Episoden, unterbrochen von effektvollen langen Pausen. Bemerkenswert sind der streng ausbalancierte Verbund der drei Teile sowie das Ineinandergreifen der Themen als Mittel der dramatischen Steigerung: die Reinheit des mystischen Rituals im Verein mit zentralen Elementen der christlichen Lehre; die sensible Verflechtung verschiedener Rollen im menschlichen Leben – Mann, Frau und Kind – in die Dichotomie des Göttlichen und Menschlichen sowie das Bekenntnis zu Stille, Schweigen und zeremonieller Form. Die Kritiker waren sich einig, daß Urmysterien einen neuen Höhepunkt für seine Schöpferin und für das zeitgenössische Tanztheater darstelle. Watkins schrieb in der Herald Tribune: „Die bedeutendste Choreographie, die bisher auf amerikanischem Boden entstanden ist ... Sie ist nicht nur ein formales Meisterwerk, sondern schafft eine Stimmung, die Zuschauer und Ausführende den Höhen spiritueller Ekstase nahebringt." Martin sprach von dem „vielleicht großartigsten Einzelwerk, das jemals in Amerika geschaffen wurde".

Wachsende Vielseitigkeit

Beeindruckend ist ferner die Bandbreite von Grahams Schaffen. Ihre gestalterische Begabung erstreckte sich auch auf Komödiantisches und Satirisches. Ein Beispiel waren Four Insincerities (Vier Unaufrichtigkeiten – Musik Serge Prokofjew) und Moment rustical (nach Musik von Francis Poulenc), beide von 1929. Ekstasis (1933) offenbarte ein subtiles Gefühl für den Körper in Bewegung. Graham tanzte zu Kompositionen von George Antheil, Henry Cowell, David Diamond, Hunter Johnson und Wallingford Rieger. Ihr Ausdrucksreichtum erlaubte ihr, daneben weitere Engagements einzugehen. In New York und Philadelphia trat sie im April 1930 unter Leopold Stokowski in Strawinskys Le sacre du printemps auf. In der Choreographie von Léonide Massine tanzte sie die „Auserwählte" und bewies, daß sie so hoch springen konnte wie eine Primaballerina und den musikalischen und tänzerischen Idealen eines Ensembles zu genügen wußte, das von dem ihren denkbar verschieden war.

1931 tanzte sie in Ann Arbor in Sophokles' *Elektra*. Auf Initiative des berühmten Impresario Roxy (Samuel Rothafel) trat sie im Winter 1932/33 in der neuen *Radio City Music Hall* von New York auf, eine ungewöhnliche Veranstaltung, die Graham in brillanter Form zeigte. „Furios durchmaß sie die Bühne", schrieb Martin in seiner Rezension, „sie sprang und wuchs, sich dehnend, buchstäblich über sich selbst hinaus und füllte den Raum, der ihr zur Verfügung stand, mit einer tänzerischen Komposition, die seinen Dimensionen nichts schuldig blieb." Doch selbst mit ihrer bravourösen Leistung gelang es Graham nicht, ein Publikum von Anhängern populärer Unterhaltungsmusik zu begeistern, und ihr Auftritt wurde bald gestrichen.

Grahams Tanz hatte damals seine spektakulärste Form erreicht. Ernestine Stodelle, Mitglied der Truppe und Biographin Grahams, schrieb:

Erinnerung an Martha Graham als Solistin – das bedeutet die Vergegenwärtigung überwältigender, doch immer auch rätselhafter Bilder: der straff gespannte Torso, der sich in seine Tiefen zusammenzog, das sporadische krampfhafte Ausatmen, die Ausfälle mit Armen und Beinen, die blitzschnellen Seitwärtsbewegungen, der eckige Sprung auf den Fersen, Stöße, die die Luft durchstachen, vom monolithischen Fall in den Stand – geheimnisvoll bezwingende Bewegungen, die direkt auf das Nervensystem wirkten.

Martin erinnert an „die Kreisbewegung der gestreckten Beine durch ruckhafte Drehung vor allem der Schultern und des Oberkörpers; das Rotieren des Beckens, Über-den-Boden-Rollen, Sprünge mit hochgestellten Zehen des gestreckten Beins, die halbkauernde Vorwärtsbewegung, die rasante Abfolge kleiner Gehschritte, das Flattern der Hände, das häufige Radschlagen." In der Verbindung von dramatischer Vorstellungskraft, körperlichem Einfallsreichtum, auffallender Erscheinung und tänzerischer Technik nahm Martha Graham unter den Tänzern und Tänzerinnen ihrer Zeit bereits damals eine Sonderstellung ein.

Die amerikanische Periode

Martha Graham war der Inbegriff der Amerikanerin. Ihr Stammbaum ging bis auf die *Mayflower* zurück. Sie hatte an beiden Küsten Amerikas gelebt und amerikanische Schulen besucht. Als Mitglied von *Denishawn* hatten Gastspielreisen sie durch Amerika und nach Europa geführt, wo sie beeindruckt, doch unglücklich gewesen war. Zurück in den USA hatte sie die Schichten von *Denishawns* Eklektizismus eine nach der anderen abgestreift und in paralleler Arbeit mit einer kleinen Kohorte beherzter Pionierinnen ihre eigene Form des tänzerischen Ausdrucks gesucht. Sie tanzte weiterhin nach europäischer Musik, die ihr oft durch Horst vermittelt wurde, entfremdete sich dieser Tradition jedoch zusehends. Die spannungsreichen Begegnungen mit den Choreographen des Russischen Balletts Fokin und Massine bezeugen ihre wachsende Unabhängigkeit. Der Besuch im amerikanischen Südwesten hatte sie in ihrer Liebe zu einer Region ihres Landes und seiner autochthonen Bevölkerung bestärkt.

Der Durchbruch mit *Frontiers*

Grahams Vertiefung in die amerikanische Kultur entwickelte sich im Lauf der Zeit vom empathischen Verstehen zur tänzerischen Apotheose, um schließlich verändernd und bereichernd auf diese Kultur zurückzuwirken. Sie hatte bereits ein Jahrzehnt ihrer Karriere hinter sich, als sie sich explizit amerikanischen Themen zuwandte. Zu den Frühwerken in dieser Tradition zählen *Act of Poetry* (Stimme der Poesie) und *Act of Judgment* (Stimme des Gerichts) von 1934, zusammengefaßt als *American Provincials* (Aus der amerikanischen Provinz). Hier wurde in den selbstgerechten, kaltherzigen Reaktionen einer Volksmenge das unerfreuliche Gesicht des amerikanischen Puritanismus gezeigt. Die angeprangerte Verbindung von Sex, Dünkel und Dämonie schien geradezu Nathaniel Hawthornes *Scarlet Letter* (Der scharlachrote Buchstabe) entnommen.

Amerika war das gloriose Sujet in *Frontier* (1935), dem Werk, das zum Inbegriff von Grahams Schaffen wurde (s. Abb. 8.3). Isamu Noguchi hatte ein Bühnenbild von eindringlicher Kargheit entworfen, die Musik, eine Komposition in lockerer Rondoform, stammte von Horst. Eine Bühne ohne Landschaftskulisse ließ vor einem schwarzen Vorhang den Blick frei wie in die endlose Weite des amerikanischen Westens. Im Zentrum der Bühne erhob sich eine Barre, eine Art Gatter oder Zaun, etwas breiter als hoch, Zeichen begrenzten Schutzes vor unbekannter Gefahr. Zwei helle Seile, hinter der Barre im Boden befestigt, spannten sich beidseits schräg in den Bühnenhimmel – Ankerpunkt des Zauns und zugleich Suggestion seiner Verlängerung in die unermeßliche Weite des Landes.

Graham, die einzige Darstellerin des Werks, trug eine langärmlige weiße Bluse unter einem bodenlangen Trägerkleid und ein Kopfband. Sie begann

Martha Graham: Der Tanz Amerikas 341

ABBILDUNG 8.3
„Amerika pur": Martha Graham in *Frontier*, ihrem kreativen Durchbruch. © Foto Barbara Morgan

den Tanz in einer Position mit dem Rücken zum Zaun – ein Fuß war fest und flach aufgesetzt, der andere quer über den obersten Zaunbalken geschwungen. Ihr Rumpf vollführte kreisende Bewegungen, und während sie mit einer langsamen Bewegung des Kopfes den Blick zum Horizont andeutete, trat ein Lächeln auf ihr Gesicht: Das Leben der Pioniere im Westen barg Glück wie Gefahren. Für eine Tänzerin, die bewußt einen Stil der Härte pflegte, war dieses Zeichen der Bejahung gleichbedeutend mit einer Besinnung auf die Möglichkeiten des Lebens. Grahams Arme, die Beine, der Körper streckten sich, rotierten, beschworen die Weite des Raums, zogen sich dann wieder in kleinen, ruckhaften Bewegungen in sich zusammen, ein reuiger Rückzug in die Geborgenheit des mütterlichen Schoßes. Von einem sicheren Standort in der Bühnenmitte ließ sie den Blick in die Runde schweifen und verließ dreimal die Nähe des Zauns. Mit lebhaften, ausgreifenden Gesten zum Publikum, die schneller und kräftiger wurden, bewegte sie sich in kurzen, flinken Schritten vorwärts, als schritte sie Land ab, sprang mit hochgerecktem Kopf, energisch seitwärts tretend, freudig in die Luft und trieb ihren scheinbar reglosen Körper mit großer Geschwindigkeit über die Bühne bis zu einem plötzlichen Stillstand und einer letzten Bewegung des Triumphes, wenn sie sich, an den Zaun zurückgekehrt, mit geneigtem Kopf zufrieden an die Balken lehnte. Als typisches Werk der Moderne baut sich *Frontier* aus Fragmenten auf, die im ganzen allerdings ein einzigartiges Kondensat, eine physische Symbolisierung der amerikanischen Pioniererfahrung ergeben.

Das Sechseinhalb-Minuten-Stück *Frontier* war eine tour de force, die den Tanz und das, was der Tänzer zu leisten vermochte, neu definierte. Eine erregende Martha Graham machte ihren Zuhörern bewußt, was es hieß, Amerikanerin zu sein, und zeigte ihnen ihre Welt, Amerika – „Amerika pur: entschlossen und frei, den Geist eines Volkes, das unaufhaltsam nach Westen zog". In kurzer, konzentrierter Form, doch im Ton weniger asketisch als in früheren Werken, umriß sie die Gefühle von Einsamkeit, Ferne und Mut und die gelegentlichen Glücksmomente, in denen sich das Dasein der amerikanischen Pionierfrauen vollzog.

Es war die Phase in Grahams Laufbahn, in der sie sich ausdrücklich mit der Frage der nationalen Identität beschäftigte: Was bedeutete das Etikett „amerikanisch"? Bereits 1930 erklärte sie: „Die Antwort auf das Problem des amerikanischen Tanzes aus der Sicht seiner Wegbereiter heißt: das Land zu kennen – in der ihm eigenen aufregenden Polarität von Kargheit und Fruchtbarkeit." Und ein paar Jahre später:

Die amerikanischen Tänzer sind dem amerikanischen Publikum verpflichtet. Wir müssen dafür sorgen, daß Amerikas Kunst so kraftvoll ist wie das Land. Für Duncan oder Denis bedeutete ein Arm, der sich langsam hebt, vielleicht das Wachsen von Korn oder Blumen, die Abwärtsbewegung flatternder Finger konnte Regen andeuten. Warum sollte ein Arm versuchen, Korn zu sein? Warum sollte eine Hand versuchen, Regen zu sein? Denken Sie einmal daran, wie wunderbar eine Hand ist, welche reichen Bewegungsmöglichkeiten sie hat – als Hand, nicht als armseliges Imitat anderer Dinge. ... Unsere dramatische Wirksamkeit beruht auf Energie und Vitalität.

Lincoln Kirstein schrieb in seiner Würdigung des Werks: „Martha Graham hat etwas unverwechselbar Amerikanisches. ... Mit *Frontier* hat sie sich für ihre individuelle Ausdruckssprache ein reines, mitreißendes, rauhes Stück Freiheit erdacht, schön und zugleich funktionell wie gut gearbeitete Shaker-Möbel oder selbstgesponnenes Tuch."

Eine Serie großer Werke

In den Jahren 1935 bis 1945 machte Martha Graham eine nicht weniger erstaunliche Entwicklung durch als im ersten Jahrzehnt ihrer Laufbahn. Sie hatte Tritt gefaßt, fühlt man sich versucht zu sagen, als sie daran ging, ihr Repertoire und die Spannweite ihres Ausdrucks allmählich zu erweitern.

Martha Graham: Der Tanz Amerikas 343

ABBILDUNG 8.4
Graham als Königin der Zirkusarena in *Every Soul is a Circus* © Foto Barbara Morgan

Humor, Satire und Heiterkeit ergänzten den Ernst und die Nüchternheit der frühen Arbeiten. Graham war sich dieses Wandels bewußt. Auf ihre Anfänge zurückblickend, sagte sie: „Ich fürchte, lange Zeit habe ich das Publikum mit dem Vorschlaghammer traktiert – ich war so erpicht darauf, daß sie sehen

ABBILDUNG 8.5
Graham tanzt in *El Penitente*, einer christlich-indianisch inspirierten Büßerlegende
© Foto Barbara Morgan

344 Die Schöpfer der Moderne

ABBILDUNG 8.6
Graham porträtiert Emily Dickinson in Letter to the World. © Foto Barbara Morgan

und fühlen sollten, was ich zu machen versuchte." Sie ging noch weiter: „Jetzt wo wir Modernen die Phase der langen Wollkleider hinter und haben, müssen wir unseren Zuschauern beweisen, daß unsere Stücke farbig, warm und unterhaltsam sein können. ... Wir müssen unser Publikum davon überzeugen, daß wir ein Teil des amerikanischen Theaters sind."

Nur wenige Künstler des zwanzigsten Jahrhunderts waren so produktiv wie Martha Graham. In fieberhaftem Tempo folgte ein Werk dem anderen – sechzig entstanden allein zwischen 1926 und 1930 –, und viele zeigten erkennbare Entwicklungsschritte in Technik und Thematik. In Steps in the Street (Schritte in den Straßen, 1936), Chronicle (Chronik, 1936) und Deep Song (Geheimnisvolles Lied, 1937) dokumentierte Graham ihren Schmerz über de rausamen Bürgerkrieg in Spanien. American Document (Ein amerikanisches Dokument, 1938), ein Liebestanz im Stil der Minnelieder, zeigte musikalisch-tänzerisch gestaltete Episoden aus der Geschichte Amerikas, die von gesprochenen Passagen bekannter amerikanischer Texte begleitet wurden. Every Soul is a Circus (Jede Seele ist ein Zirkus, 1939) schilderte eine Reihe komödiantischer Situationen mit Graham in der Rolle eines eitlen Stars, der von einem stämmigen, standfesten Zirkusdirektor ‚gezähmt' wird (s. Abb. 8.4). El Penitente (Der Büßer), ein Thema des indianisch-christlichen Motivkreises, beschrieb im Stil einer Wanderbühne Versuchung, Sünde, Geißelung und Reue (s. Abb. 8.5).

Letter to the World (Brief an die Welt) (1940) schilderte in drei Episoden Leben und Welt der Schriftstellerin Emily Dickinson. Drei Tänzerinnen verkörperten verschiedene Seiten von Dickinsons Persönlichkeit (s. Abb. 8.6). *Deaths and Entrances* (Tod und Verzückung, 1943) ist eine herzzerreißende Darstellung von Charlotte, Emily und Anne Brontë, des vergeudeten Lebens der außergewöhnlichen Schwestern. Bedeutungsvolle Gegenstände – ein Kelchglas, eine Schachfigur, eine Muschel, ein Schal, ein Fächer, eine Vase – beschworen verschiedene Stationen aus dem Leben der Familie. In einer zweideutigen Geste des Triumphs wurde am Ende des Stücks ein rätselhafter Glaskelch, den eine Tänzerin fast eine Stunde lang vorsichtig in der Hand gehalten hatte, auf dem Schachbrett niedergestellt.

Diese wie auch andere Werke derselben Zeit zeigten Graham auf der Höhe ihrer Kunst. Sie war so weit Meisterin ihres Mediums, daß sie ständig neue Gebiete erschloß – Komisches und Tragisches aufgriff, Modernes und Klassisches, Literatur und Geschichte, Sinnlichkeit und Entsagung – und mit gleichbleibend eindrucksvollen Werken hervortrat. Niemals in Gefahr, sich zu wiederholen, überraschte Graham ihr Publikum in jedem Werk mit einem Aufbruch in künstlerisches Neuland. Sie war stets bereit, Risiken einzugehen, und kritische Attacken, die sie schwer nahm, hinderten sie niemals daran, sich bei der nächsten Gelegenheit erneut zu exponieren.

Neue Versuche zu gemeinschaftlicher Arbeit

Graham hatte damals bereits eine Anzahl hochbegabter Mitarbeiter um sich geschart. Ihre Werke schrieb sie zusammen mit den namhaftesten amerikanischen Komponisten, unter ihnen ihr langjähriger musikalischer Begleiter und Lebensgefährte Louis Horst; Künstler wie Noguchi und Arch Lauterer besorgten die Ausstattungen. Ihre Kompanie mit den Tänzerinnen Jean Erdman, Sophie Maslow, May O'Donnell, Anna Sokolow und Ethel Winter war die herausragende Formation des damaligen modernen Balletts, der sich Tänzer wie Merce Cunningham und Erick Hawkins anschlossen. Hawkins, ein begabter junger Tänzer aus der Schule Balanchines, wurde Grahams Liebhaber und für kurze Zeit ihr Ehemann. Cunningham, als Tänzer und Choreograph noch begabter als Hawkins, war nicht selten der dritte im Bunde.

Nach den ersten fehlgeschlagenen Kooperationsversuchen moderner Tanzgruppen am Anfang der dreißiger Jahre sammelten sich die Vertreter des Modern Dance am Bennington College im ländlichen Vermont. Beginnend im Jahr 1935 wurden dort unter Leitung der führenden Tänzer und Tänzerinnen Amerikas, darunter Martha Graham, Doris Humphrey, Charles Weidman und Hanya Holm, Sommerkurse abgehalten, zu denen sich Teilnehmer aus allen Landesteilen einfanden. (José Limón und Anna Sokolow waren hier Schüler.) Martha Hill stand der Tanzfakultät als Agentin vor und verpflichtete weitere Künstler wie die Komponisten Otto Luening und Hunter Johnson, den Dichter Ben Belitt und die Photographin Barbara Morgan. Dank den Sommercamps am Bennington College erlebte der Modern Dance einen kräftigen Entwicklungsschub, und von der Allianz des modernen Tanzes mit dem kunst- und geisteswissenschaftlich orientierten College profitierten beide Institutionen.

Für Martha Graham ging die Entwicklung jenseits von Bennington weiter. Sie arbeitete mit der Schauspielerin Katherine Cornell und dem Dichter und Dramatiker Archibald MacLeish an dramatischen Produktionen. 1937 gab sie auf Einladung von Eleanor Roosevelt eine Vorstellung im Weißen Haus. Ebenfalls 1937 erschienen Merle Armitages Essays über Graham – auf die sich meine Studie stützt –, und 1940 gab Barbara Morgan ihre exquisite Photodokumentation der bedeutendsten Aufführungen Grahams heraus. Daß Tänzer, vor allem Grahams Liebhaber Hawkins, zur Truppe stießen, ermöglichte eine Erweiterung des Repertoires und gab Graham die Gelegenheit, sich das Thema der sexuellen Leidenschaft zu erschließen, dessen sie sich mit Hingabe annahm. Die Ergänzung des Ensembles durch männliche Mitglieder hatte ihren Preis: vier von Grahams wichtigsten Tänzerinnen verließen kurz darauf die Truppe. Es war nicht einfach, sich von Graham zu lösen. Sie stellte an ihre Mitarbeiter höchste Ansprüche, bewies ihnen jedoch auch äußerste Loyalität, so daß jeder, der sich von der Kompanie trennte, das Gefühl haben mußte, sie auch persönlich im Stich zu lassen. Doch „jedesmal wenn Graham ihrer künstlerischen Entwicklung eine neue Richtung gab", bemerkte der Graham-Biograph Donald McDonough, „verweigerten ihr ein paar ihrer Anhänger die Gefolgschaft".

Appalachian Spring: ein Höhepunkt in Grahams Schaffen

Ist *Frontier* das Werk, in dem Graham endgültig zu ihrem tänzerischen Stil gefunden hatte, machte sie in *Appalachian Spring*, einer Choreographie, die Bestand haben dürfte, von ihren Möglichkeiten den extensivsten Gebrauch. *Frontier* stand am Anfang einer fruchtbaren Dekade, in der Grahams Schaffen um amerikanische Themen kreiste; *Appalachian Spring*, 1944 uraufgeführt, markierte ihr Ende. Die beiden Werke sind Beispiel für den Entwicklungsverlauf, der in fast allen hier dargestellten Biographien erkennbar wurde: Nach dem

Abschnitt der Lehrjahre, der im Fall Grahams die Jahre von 1916 bis 1925 umfaßte, vergehen weitere zehn Jahre bis zum ersten, dramatischen Durchbruch (1926–1935), auf den nach einem dritten Jahrzehnt ein neues Meisterwerk folgt, das auf der Durchbruchsleistung aufbaut und diese gleichzeitig fester im Kontext der Domäne verankert.

Frontier in domestizierter Form – möchte man sagen – ergab *Appalachian Spring*. Das Stück spielt in der Zeit, als Amerika noch jung war; Ort der Handlung ist die heimatliche Umgebung der jungen Martha Graham. Im Verlauf einer knappen halben Stunde wird in einem wiederum von Noguchi gestalteten, bestechend kargen Bühnenraum zur Musik von Aaron Copland das Leben in Amerikas Vergangenheit beschworen.

Wie in anderen Arbeiten Grahams liegt dem Werk, der Darstellung einer Hochzeit im amerikanischen Siedlermilieu, eine Reihe lose verknüpfter Szenen von einheitlicher Gesamtwirkung zugrunde. Die Protagonisten offenbaren einander ihre Gefühle und ihre Erwartungen an die gemeinsame Zukunft; vereint und getrennt machen sie sich auf, die Welt zu entdecken, und nehmen mit Stolz ein neu erbautes Haus in Besitz. Mit einem Gefolge ergebener Jungfrauen erscheint ein autoritärer Erweckungsprediger, stellt den treuen Ehefrauen Glück und Segen in Aussicht, warnt aber auch vor der ewigen Verdammnis, die den Sündigen drohe.

Das Werk ist reich an Stimmungen und Formen. Die Solos wie auch die Gruppentänze des Ensembles sind getanzte Psychogramme und wechseln zwischen Heiterkeit und Ernst. Graham erscheint in verschiedenen Kostümen als Ehefrau, Mutter, Mädchen, Kirchgängerin und Nachbarsfrau; der Ehemann und der Prediger sind differenzierter ausgestaltet als frühere Männerrollen. Neben Gefühlen der Verlorenheit und Vereinzelung wird die Zukunft eines fest verwurzelten häuslichen Lebens des jungen Paares und die Erwartung des Kindersegens angedeutet. Derselbe Pionier und Ehemann, der in die unbekannte Ferne späht, berührt mit dem Gefühl stiller Befriedigung die Schwelle seines Hauses. Die Atmosphäre ist geheimnisvoll, kühl und frisch. Die Bühnendekoration nimmt die Stimmung von *Frontier* auf und vermittelt ein Gefühl der Weite und zugleich enger Umgrenztheit: ein ‚Ausschnitt' aus einem einfachen Siedlerhaus, eine weiße, schmale Schrankwand und ein Schaukelstuhl auf einer Veranda, wird ergänzt durch einen schrägen Baumstumpf, von dem herab der Prediger seine kleine Gemeinde anspricht. Martha Graham beschrieb die Funktion des Settings: „Hinter den Konstruktionen steht die Empfindung, die das Haus der Liebe baut."

Appalachian Spring bekräftigt die zentrale, pathetisch-bewegende Rolle Amerikas im Schaffen Grahams. Ort und Zeit sowie der emotionale Hintergrund der Tanzhandlung nehmen Bezug auf Leben und Herkunft der Tänzerin – auf die Kolonistenvergangenheit ihrer Familie, das puritanische Erbe, ihre Liebe zu Erick Hawkins; Zitat ist selbst die Jahreszeit, der Frühling, der sie an das Ende der harten Winter New Englands und an ihre Gefühle beim Tod des um zwei Jahre jüngeren Bruders erinnerte, der im Winter 1906 an den Masern starb. Seine Kraft bezieht das Werk jedoch gleichermaßen aus seinen allgemeinen thematischen Aspekten – dem Kontrast von Religion und Weltlichkeit, Heim und Welt, Einsamkeit und Intimität sowie den Stationen des menschlichen Lebens, Heirat, Geburt und Tod mitsamt der Möglichkeit des ewigen Lebens. Anders als die Mehrzahl von Grahams früheren und späteren Werken, in denen Gefühle und Projektionen einer einzigen Figur im Mittelpunkt stehen, entfaltet *Appalachian Spring* ein Lebenspanorama.

Höhen und Tiefen von klassischem Format

Martha Graham wäre vermutlich auch dann als bedeutendste Vertreterin des Modern Dance bekannt, wenn sie den Tanz und das Choreographieren nach 1944 aufgegeben hätte. Sie hatte die Rebellion gegen die antiquierten Traditionen des europäischen Balletts angeführt und als erste mit eigenen, radikalen Vorstellungen auf die zwar heimischem Boden enstammenden, doch romantisierenden Neuansätze von Duncan und Saint-Denis reagiert. Sie hatte den Tanz auf seine körpersprachliche und emotionale Grundsubstanz zurückgeführt, das Potential eines amerikanischen Tanzes entdeckt, das ausdrucksstärkste Tanzensemble aufgebaut und beeindruckte durch ein stupendes Ausdrucksspektrum sowie eine stetige, atemberaubende Entwicklungsfähigkeit.

Die führende Rolle einer Frau in der Öffentlichkeit war in den ersten Jahrzehnten des zwanzigsten Jahrhunderts in Amerika und nicht nur dort ein bemerkenswertes Ereignis. Es genügt, daran zu erinnern, daß die amerikanischen Frauen erst im Jahr 1920, das heißt, als Graham sechsundzwanzig war, das Wahlrecht erhielten, um sich das Ausmaß ihrer bürgerlichen Rechtlosigkeit klarzumachen. Gewiß galt der Tanz als die Domäne der Frauen, doch Tänzerinnen zählten zur Unterhaltungsbranche, nicht als Vertreterinnen der Kunst. Graham, die gefeierte Hohepriesterin des modernen Bühnentanzes, wurde zur bevorzugten Zielscheibe von Parodie und Spott.

Das Opfer solcher Häme verlor keine Zeit damit, sich als Frau oder Amerikanerin zu verteidigen. Sie akzeptierte ihre Außenseiterrolle und blieb bei der Sache, reihte ein Werk von Rang ans andere und ging, der offensiven Kritik trotzend, immer neue Wagnisse ein. Ihrer Truppe war sie eine Leiterin von magnetisierender Ausstrahlungskraft und wirkte auf Fernstehende nicht weniger inspirierend als auf den engsten Kreis. Geschäftlich nicht besonders begabt, überließ sie die Buchhaltung und finanzielle Betreuung der Kompanie bereitwillig wechselnden Managern – auf Horst folgte Hawkins und schließlich Ron Protas, der Direktor und Manager der Truppe, der sie überlebte.

Gefühlsturbulenzen

Das Leben von Künstlern gleicht häufig einem Hochseilakt, und Martha Graham war keine Ausnahme von dieser Regel. Als *darstellende* Künstlerin mußte sie nicht nur ‚präsent' sein, wenn sie auf der Bühne stand, sie war auch dafür verantwortlich, daß die übrigen Tänzer ausreichend geprobt hatten, daß die Musiker an Ort und Stelle waren und bezahlt wurden, daß die Kostüme bereit waren, die Kulissen standen und hundert andere Details fachgerecht ausgeführt wurden. Während ein Einstein ungestört in seinem Studio arbeiten konnte und es selbst einem Strawinsky unbenommen war, sich im Augenblick der Aufführung zurückzuziehen, arbeitete Graham kontinuierlich mit dem vollen Einsatz ihrer Person. Ihre kreative Domäne ist in dieser Hinsicht nur mit der Gandhis zu vergleichen, der ebenfalls durch seine Auftritte als ‚Darsteller' zu wirken hatte und dabei noch weniger als Graham Herr darüber war, welchen Ausgang seine Aktion nehmen würde. Auch wenn es Graham zur Darstellung drängte – tanzen hieß leben, war die reinste Verwirklichung ihrer Person –, forderte diese Lebensweise ihren Tribut.

Die Depressionen, die schon in den Anfängen ihrer Karriere aufgetreten waren, kehrten in den späten vierziger Jahren zurück, einer Periode, in der Graham einem beispiellosen Wechselbad der Gefühle ausgesetzt war. Nach fast dreißigjähriger engster Zusammenarbeit gingen Horst und Graham getrennte Wege. Ein kleinerer Tumult während einer Probe war der Auslöser, doch die Beziehung war durch Grahams Verhältnis zu Hawkins seit längerem gespannt. Kaum einen Monat nach dem Bruch mit Horst heirateten Graham und Hawkins. Die Ehe, die von manchen als Parallele zur absonderlichen Beziehung zwischen Saint-Denis und Shawn betrachtet wurde, sollte nur kurz bestehen. Hawkins war nicht bereit, sich Grahams dominierender Persönlichkeit unterzuordnen.

1950 brach die Martha Graham Dance Company zu ihrer ersten internationalen Gastspielreise nach Europa auf. Als Graham sich nach der Ankunft in Paris, der ersten Station, eine Verletzung zuzog und Hawkins vorschlug, die Tournee fortzusetzen, war die Ehe so gut wie beendet. Martha Graham war unersetzlich – eine andere Interpretation undenkbar. „Ich war ihr ebenbürtig", berichtete Hawkins später, „und das schaffte Spannungen, darum entschloß ich mich zu gehen." Zwei Jahre lang mied Graham die Bühne; sie löste ihre Truppe vorübergehend auf und fiel in eine lang andauernde, schwere Depression. 1958 starb ihre Mutter. Horst und Hawkins waren für immer aus ihrem Leben gegangen; sie war allein. Seit jener Zeit umgaben sie Menschen, die von ihr, oder ihrem Prestige, abhingen, auf die sie sich jedoch nicht verlassen konnte und denen sie sich nicht anvertraute.

Die Werke der griechischen Periode

Wie bereits bei anderen Künstlern, so bei Picasso und Eliot, zu beobachten war, wirkte sich die Lebenskrise auf die künstlerische Arbeit Grahams keineswegs hinderlich aus, sondern stimulierte sie. Ohne die amerikanischen Themen und die unbeschwerteren Seiten ihrer Kunst ganz aufzugeben, schuf sie in den späten vierziger Jahren Werke unter dem Einfluß des Altertums, im besonderen der griechischen Mythologie.

An den griechischen Sagen hatte Graham seit ihrer Kindheit Gefallen gefunden; sie tauchen in frühen Schriften und in ihrem Theaterstück auf. Andererseits hatte sie in ihren Werken starke weibliche Rollen geschaffen, die anonymen Figuren in Heretic, Lamentation und Ekstasis wie auch die historischen Heldinnen Emily Dickinson und Emily Brontë. Beides verknüpfend, entwarf sie für sich selbst eine Reihe tänzerischer Frauenrollen, in denen sie die dramatische geistig-seelische Befindlichkeit grausamer antiker Heldinnen und ihre Konflikte festhielt.

Herodiade, 1944, kurz nach Appalachian Spring entstanden, ist als erstes Werk dieser Reihe zu betrachten. In Gesellschaft ihrer Dienerin sitzt eine Frau, die an Salome denken läßt, in ihrem Zimmer und beklagt das Leiden des Alterns. Das archaisierende Stück Dark Meadow (Dunkle Wiese, 1946) zeigt eine Frau auf dem Weg durch die Mysterien des Lebens und der Sexualität, der Fruchtbarkeit, Zeugung und Wiedergeburt, die im Laufe ihrer Wanderungen den zurückgelegten Weg verzehrt – in Grahams Beschreibung des Werks eine zeichenhaft dargestellte Genealogie der menschlichen Seele, die aus dem kollektiven Unbewußten heraus vermittelt ist. Cave of the Heart (In der Höhle des Herzens, 1946) erzählt die Geschichte von Medea, der Verkörperung des Hasses, die von ihrer Eifersucht zu mörderischer Rache getrieben wird. In einer lang gestreckten skulpturalen Form, aus der Kupferdrähte in den Luftraum stechen, liegt Medea flach auf dem Bauch und plant ihre Vergeltung, während Jason die Tochter Kreons umarmt. In einem teils kniend, teils kauernd getanzten Solo von verstörender Eindringlichkeit drückt Graham Zorn, Eifersucht und Enttäuschung aus. In diesem morbiden Stück sind alle Figuren zum Untergang verdammt. In der kleinen Schlange aus rotem Stoff, die Medea schließlich verschlingt, wird die tragische Begrenzung der menschlichen Natur dramatisch anschaulich gemacht, die der unparteiische, allwissende Chor denn auch pflichtgemäß in Erinnerung ruft.

Ähnliche Intentionen verfolgt Graham mit *Errand into the Maze* (Im Labyrinth, 1946), das in loser Szenenfolge an die Ariadne-Sage anknüpft. Der Minotaurus bedroht Theseus; das Picassoeske Monster wird von einem jungen Mann getanzt, der ein Stierhaupt trägt und die Arme um ein schweres Joch schlingt. Mit Hilfe derart überhöhter, bizarrer Bilder versucht *Errand* in das emotionale Labyrinth menschlicher Erfahrungen einzudringen und sich dem Monstrum Angst anzunähern, das gestellt und bekämpft werden muß.

Night Journey (Reise in die Nacht, 1947) schließlich, das auf Sophokles' Ödipus-Drama zurückgreift, schildert die Tragödie des Ödipus und der Jokaste. Noguchis grandioses Bühnenbild zeigt ein verzerrtes, höckrig aufgeworfenes goldenes Bett in Schieflage, das sowohl Elemente eines königlichen Lagers als auch einer Folterbank, eines Gitters und eines Gebirgsvorsprungs enthält. Seile deuten einmal die Bande der Ehe, dann wieder die Nabelschnur, die natürliche Verbindung zwischen Ödipus und Jokaste, an. Während der junge, graziöse Ödipus (dargestellt von Bertram Ross) umherspringt und Jokaste versucht, ihn in ihre Arme zu ziehen, streift der blinde Seher Teiresias (Paul Taylor) zum leisen Klopfgeräusch des langen Stockes langsam durch den Raum.

Jokaste hält Rückschau auf ihr gequältes Leben, das als fieberhaft grelle Ereigniskaskade vor ihrem Blick ersteht, und erkennt ihr ungeheuerliches Verbrechen. Im Programm findet sich der Hinweis: „Im neuen Licht vertiefter Einsicht sieht sie die Vergangenheit vor sich – den triumphierenden Einzug von Ödipus, ihre erste Begegnung, die Werbung und Heirat, die Jahre intimer Vertrautheit, in die sich dunkel die Gestalt des blinden Sehers webt." Graham erklärte die sexuellen Konnotationen ihrer Bewegungen: „Ich empfand, daß ein Schrei, der über die Lippen tritt, nicht genügen würde, um Jokastes Gefühle auszudrücken, wenn sie sich der Größe des Verbrechens bewußt wird. Der Schrei mußte aus ihrem Schoß herauskommen, mit dem sie gesündigt hatte." Das Geschehen nimmt seinen unaufhaltsamen Lauf – Ödipus blendet sich, Jokaste gibt sich den Tod.

Für viele Betrachter sind Grahams griechische Stücke das bleibende Erlebnis ihrer Kunst. Ihre frühesten Choreographien haben nur die wenigsten gesehen, die Amerika-Thematik war mit den Jahren vertraut, allzu vertraut geworden und hatte den Reiz verloren. Die griechischen Werke dagegen mit ihrer schmerzlichen Intensität menschlichen Leidens büßen nichts von ihrer Wirkungskraft ein. Sie sprechen vor allem die dionysischen Temperamente an, die sich von den dunklen und tragischen Seiten des Lebens, vom Leben der alternden Heldin faszinieren lassen. Ihnen erscheinen die amerikanischen Stücke von einem vergleichsweise apollinischen, optimistischen Geist geprägt.

Graham tanzte ihre griechischen Stücke, bis sie hoch in den Siebzigern war, und sie sind, auch durch die Filmfassungen, entsprechend bekannt geworden. Jüngere Tänzer haben in den siebziger und achtziger Jahren Grahams Choreographien mit dem griechischen Zyklus identifiziert und dabei übersehen, daß der Schritt zur Handlung und abbildenden Darstellung von Emotionen anstelle ihrer formalen Vermittlung einen signifikanten Wandel gegenüber den handlungsarmen, abstrakteren Werken der frühen dreißiger Jahre bedeutet.

Mit der Hinwendung zu Themen des Mythos ging Graham durch eine neoklassische Phase, wie Picasso und Strawinsky sie zwanzig Jahre zuvor durchlaufen hatten. Die Verzögerung im Fortschritt der Entwicklung von Malerei und Musik einerseits, wo die entscheidenden Durchbrüche um das Jahr 1910 erreicht wurden, und dem Tanz, der den Paradigmenwechsel um 1930 vollzog, paßt ins Bild; nach zwanzig Jahren bewußter Abwendung von der Vergangenheit mag es einem Künstler natürlich oder zumindest verlockend erscheinen, zu klassischen Themen und traditionellen Formen zurückzukehren. Unterschiede sind jedoch nicht zu übersehen. Für Picasso und Strawinsky bedeuteten ihre neoklassischen Perioden eine längere Pause, in der sie leichtere Themen behandelten oder mit traditionellen Themen experimentierten. Grahams neoklassische Zeit war eine ihrer längsten und komplexesten Schaffensphasen, so substantiell und bekenntnishaft wie vielleicht keine andere Phase ihrer Laufbahn.

Es war darüber hinaus die Zeit, in der Graham sich häufiger und intensiver dem geschriebenen Text zuwandte. Sie las die klassische griechische Literatur mit Kommentaren und Interpretationen, daneben Literatur über Mythen, Riten und über das Unbewußte, vor allem in der Darstellung von Freud und Jung und deren Schülern. Ausführliche Spuren dieser Lektüre und Denkarbeit finden sich in den Tagebüchern dieser Zeit, die 1973 von Nancy Wilson Ross herausgegeben wurden.

Die rätselhaften Notizbücher

Grahams Tagebücher setzen den Interpreten in Verlegenheit. Sie sind als kostbare Fundgrube von Informationen über die vielseitige Begabung der Tänzerin betrachtet worden, aber auch als hochtrabendes und weitschweifiges Gerede, das von ihren genialen Impulsen wenig erkennen lasse. Die Notebooks of Martha Graham sind eine Montage von Rollenplänen, skizzierten Abfolgen von Tanzschritten, gelegentlichen Diagrammen und Zeichnungen, angereichert mit Zitatschnipseln aus einer Vielzahl von literarischen und philosophischen Quellen. Sie geben jedoch auch etwas von Grahams natürlicher Ausdrucksweise wieder, die Agnes de Mille mit den Worten beschrieb: „Sie spricht immer in Bildern und springt von einem wichtigen Punkt zum anderen."

Die Notizen zu Night Journey etwa beginnen einer Darstellung der Schrittfolgen einiger Eröffnungsbewegungen. Die Anweisungen sind präzis: „Laufen mit Spitze 3 × l-r-l; zwei Sprünge und Drehung zur Bühne r ... Bourrée-Drehung zur Bühne r. Linke Hand hält rechten Ellbogen." Die Anmerkungen zu Cave beschreiben ein „Schlangensolo" mit „Aufrichten in Bali-Drehungen". Notizen für The Eye of Anguish (Das Auge der Qualen) sind durchsetzt mit Zitaten aus Puritan Oligarchy und dem zehnten Buch von Platons Staat, aus Werken des englischen Dichters und Romanciers Walter de la Mare, des englischen Essayisten und Kritikers Thomas DeQuincey, T. S. Eliots (Burnt Norton) und des amerikanischen Dichters Hart Crane sowie mit Texten aus einem Werk namens Mona Lisa.

Aus Gründen, die nur zu vermuten sind, zerstörte Graham die meisten ihrer frühen Notizhefte, autorisierte jedoch die Veröffentlichung vieler Aufzeichnungen, die im Zusammenhang mit späteren Werken entstanden waren. (Genauso verfuhr sie mit der Verfilmung ihrer Tänze.) Die Scham über Teile ihres Frühwerks wich offenbar dem Stolz über später Erreichtes. Mir scheint, über die Entwicklung von Grahams Tänzen als visuell-gestisch-körperlicher Ausdruck ihrer Persönlichkeit geben die Notizhefte keinen zusätzlichen Aufschluß. Hawkins bemerkte zutreffend: „Das Wichtigste für Martha war ihr Gefühlsleben. Für ihre Solos konnte sie aus eigenen emotionalen Quellen schöpfen. Schwierig war es, diese Gefühle anderen Tänzern zugänglich zu machen." Doch so begrenzt der Wert der Notizbücher als Leitfaden des

Modern Dance sein mag, sie geben weitreichenden Einblick in Martha Grahams Gedankenwelt.

Für mich sind die Notizen der Ort, in dem Graham den ‚Raum' ihrer Werke entwickelte, den Raum zwischen der buchstäblichen Beschreibung der Schritte und Anweisungen für die Tänzer (in normalem Englisch, nicht in einer persönlichen oder offiziellen Tanzschrift) und den Zitaten literarischer Texte, deren inspirierende Ideen und Emotionen sie vermutlich in ihren Werken zu verkörpern suchte. Für sich genommen sind weder die Zitate noch die mechanischen Bewegungsinstruktionen besonders erhellend, erst als Ganzes verraten sie etwas über das Werk, das Graham zwischen diesen ‚Polen' schaffen wollte, ein Werk, in dem die Ideen des Textes in die Körperbewegungen und den Gesichtsausdruck, in das Bühnenbild, die Kulissen und die Musik eingingen.

Vielleicht war Graham zu dem Schluß gekommen, durch die doppelt gelegten Spuren lasse sich dem Leser ihr Tanzen so anschaulich vermitteln wie durch eine Filmfassung; tatsächlich läßt sich daraus, besonders in Verbindung mit den Standphotos, ein Eindruck des tänzerischen Geschehens gewinnen, weil der Leser ergänzend ein Bild des Bewegungsablaufs erhält. Da Graham zur Zeit der Niederschrift und der Veröffentlichung der Notizen die mittleren Lebensjahre bereits überschritten hatte, für eine Tänzerin somit als alt gelten mußte, konnten die Notizen dazu dienen, das Bild zu vermitteln, das sie bieten wollte, tatsächlich aber vielleicht nicht mehr bot.

Was den Notizbüchern jedoch fehlt, ist das Herzstück ihrer kreativen Leistung: die sich herausbildende Konzeption der tänzerischen Darstellung starker Emotionen wie Eifersucht, Furcht und Stolz; starker Persönlichkeiten wie Emily Brontë oder Medea und fesselnder Landschaften, der Ebenen des amerikanischen Südwestens oder der Hügel Neuenglands; vor allem aber fehlt die Dynamik der Körpersprache. Ich vermute, daß Graham sie im Experiment mit ihrem Körper und den Körpern ihrer Tänzer erarbeitete – allein, vor den Spiegeln, im Beisein einiger weniger Vertrauter wie Horst oder Hawkins und später in Anwesenheit verschiedener Zuschauergruppen.

Die entscheidende, die körperlich-kinästhetische Intelligenz gelangte nicht in einem abgelösten, durchdachten oder kodierten Symbolsystem zur Darstellung, sondern in ihrer experimentierenden Anwendung, ihren Transformationen und Retransformationen. Die Tanzhistorikerin Lynn Garafola beschrieb es mit den Worten: „Graham *war* ihr Körper; sie wurde, die sie war, durch ihren Körper und durch die Disziplin, die ihn stark, ausdrucksvoll und schön machte. Seine Leistungsfähigkeit bestimmte die Grenzen ihrer schöpferischen Entwürfe und war der Motor der Übungen, die zur technischen

Grundlage ihrer Tänze wurden." Bedauerlicherweise existieren keine schriftlichen Protokolle von ihren Bewegungsexperimenten; man ist auf die Erinnerung der Personen, die mit Graham tanzten, sowie die Beschreibungen der Tänze aus den vierziger bis sechziger Jahren angewiesen. Die weniger erfolgreichen Choreographien können als Entwürfe späterer, umfassenderer Werke mit stärkerer künstlerischer Ausdruckskraft betrachtet werden.

In der Zeit, als ihre griechischen Werke entstanden, war Graham nicht mehr die Hohespriesterin des Tanzes; sie war zu einer Legende geworden. Sie genoß die Rolle, und doch war ihr Status seltsam zweideutig. Mehr noch als andere Meister der Moderne, als Eliot, Strawinsky, Joyce, Picasso oder Schönberg, stieß sie mit ihrer Arbeit auf blankes Unverständnis, wurde sie abgelehnt und verachtet. Sie erhielt Kritiken von schonungsloser Brutalität. In der Nation nannte man *Deaths and Entrances* (Tod und Verzückung)

eine Sackgasse, die wie der jüngst verklungene letzte Schrei der „gesellschaftlichen Relevanz" viele Künstler in Bann zieht. Die desaströsen Ergebnisse im Bereich des Tanzes sind in Miss Grahams letztem Programm zu besichtigen. ... Miss Grahams Vorliebe für die Präsentation neurotischer Konflikte, die sie zur Schau stellt, jedoch nicht vermittelt, ist Ausweis ihres fundamentalen künstlerischen Unvermögens.

Über dasselbe Werk schrieb Henry Simon in PM: „*Deaths and Entrances* ist ein langes Werk ... voll Schall und Wahn, das zwar etwas bedeutet, nur ist nicht zu erkennen, was"; abschätzig sprach er von den „bodenlang berockten Damen, die sich zu den Klängen einer sterilen Musik bedeutungsvoll schreitend und springend über eine ebenso öde Bühne bewegen." Ein Kritiker der *Detroit News* bekannte sich frustriert:

Miss Graham ist die verblüffendste Erscheinung unter den amerikanischen Tänzerinnen, und ihre Programme sind umstritten. Ein Berichterstatter, der angesichts von Miss Graham seine Verwirrung kundgibt, erhält Briefe, in denen man ihn mit Iwan dem Schrecklichen vergleicht, ein Vergleich, der nicht zu seinen Gunsten ausfällt. Über Miss Graham zu berichten ist nicht ungefährlich, denn sie läßt niemanden kalt ... Verwirrend war sie auch am Montag abend ... mal schlichtweg häßlich, gelegentlich von kalter Schönheit.

Ein Leben für den Tanz

Trotz oder teilweise auch wegen der Kontroversen, die sie entfachte, blieb Martha Graham ihrem Lebens- und Arbeitsstil siebzig Jahre lang treu. Sie tanzte, choreographierte und entwickelte Techniken, Arbeitsverfahren, Theorien und Philosophien und hielt stets am jährlichen Aufführungszyklus mit ihrer Truppe fest. Viele Tänzer, die heute ähnliche Arbeitsprogramme verfolgen, meinen damit allgemeinen Regeln des Modern Dance zu entsprechen; daß sie die Erfindungen einer einzelnen, außerordentlichen Vertreterin ihres Faches übernehmen, ist ihnen nicht bewußt.

Techniken und Arbeitsgewohnheiten

Graham entwickelte ihre charakteristische Tanztechnik in Anlehnung an Mary Wigman und einige andere Vorbilder der modernen Tanzkunst. Ihre Methode, die sich aus ihrer Choreographie heraus entwickelte, stand teilweise im Widerspruch zum Klassischen Ballett. Der linearen, symmetrischen Bewegungsgestaltung des traditionellen Balletts setzte Graham betont dynamische, unregelmäßige Formen gegenüber. Während im Klassischen Tanz die Arm- und Beinbewegungen von einem fixierten Torso aus zum Ausdrucksmittelpunkt werden und ein festes Regelsystem von Positionen, Haltungen und Basisbewegungen gelehrt wurde, zieht Grahams Idiom den ganzen Körper in eine ununterbrochene Bewegung, die vom Becken in Richtung des Kopfes fließt. Die Bewegung soll nicht wie in den Arabesken und Entrechats des Balletts schwere- und mühelos erscheinen, sondern dem Zuschauer die Anspannung bewußt machen und den Tanzenden als motivierten, disziplinierten und zielbewußten Akteur zeigen. Doch diesen und weiteren Unterschieden zum Trotz erklärte Graham: „Es wäre eine kriminelle Verschwendung, wollte man sich dreihundert Jahre Ballett-Tradition nicht zunutze machen. Ich habe mich nicht gegen das Ballett als solches gewehrt, sondern gegen die Ausdrucksknebelung in den klassischen Balletten: sie waren nicht aussagekräftig genug, vor allem für Dramatisches, für Leidenschaften; was ich hier mache, war der Versuch, diesen Mangel zu beheben."

Grahams Technik konzentrierte sich auf die Grundopposition von *contraction* und *release*, von Kontraktion und Dilation: wenn der Körper eingeatmet hat, voll Atem ist, lasse ich los; beim Ausatmen ziehe ich mich zusammen. Die Kontraktion geht vom Becken aus, daher ihre explizite sexuelle Spannung und die violenten Schlag-, Stoß- und Prallbewegungen, die im ganzen Körper bis in Arme und Beine nachschwingen. Kontraktile und dilatorische Bewegung entstehen aus ruckartigen Impulsen, die den Körper in einen Fall ziehen, in eine scharfe Drehung reißen oder in einen Sprung stoßen können. Es entsteht eine Spannung zwischen Rücken und Taille, Kopf und Brust oder Schultern und Rumpf gegenüber dem Boden.

Graham entwarf Übungen, mit denen sich ihre Prinzipien vermitteln ließen: so eine Serie von Fallübungen, in denen sich der Tänzer ohne Stütze rücklings zu Boden gleiten läßt. Die Schüler lernten, die Kraft des Rückens, die Rolle des Beckens als Bewegungszentrum und den Druck des Bodens wahrzunehmen; sie lernten, wie Gefühlsausdruck nicht primär durch Gesten der Hände und Arme, sondern durch Kontraktion, Entspannung und Dehnung, durch Stoß- und Vibrationsbewegung der Körpermuskulatur entsteht. Ein wichtiger Teil des Trainings war die schlangenähnliche Spiralbewegung auf dem Boden, die dem Rumpf Kraft und Flexibilität gibt. Graham benutzte anschauliche Bilder zur Beschreibung der gewünschten Bewegungen: Kontraktion war wie der Blick in den Himmel; die Dilation wie ein Blick auf die Erde von der Spitze einer Klippe.

In Grahams Truppe aufgenommen zu werden bedeutete harte Arbeit. Zehn Jahre seien nötig, meinte Graham, um einen Tänzer auszubilden (was mit der von mir beobachteten Zehnjahresregel übereinstimmt): „Der Körper muß durch harte, präzise Technik – die Wissenschaft der tänzerischen Bewegung – geschmeidig gemacht werden, und der Geist durch Erfahrungen wachsen." Die Schüler arbeiteten täglich „unter der Folter" und stärkten Muskulatur und Leistungskraft. Nach zehn Jahren konnte der Schüler aus dem Ensemble in eine Vierergruppe übertreten. Graham meinte dazu: „Man braucht Jahre, um spontan und einfach zu sein. Nijinskij machte Tausende von Sprüngen vor dem einen, unvergeßlichen." Und in anderem Zusammenhang: „Der Künstler zeichnet sich nicht durch die stärkere Emotionalität aus. Das Geheimnis liegt darin, daß der Künstler Gefühle, die wir alle haben, objektivieren, sichtbar machen kann." (Eine Bemerkung, die W. H. Audens Ratschlag an einen jungen Lyriker in Erinnerung ruft: „Gedichte bestehen nicht aus starken Gefühlen, sondern aus Wörtern.")

Eine moderne Tanzkompanie ist die Verlängerung ihres Leiters, und Graham warf einen langen Schatten. Sie stellte an ihre Schüler enorme Ansprüche, versetzte viele in Angst und Schrecken, veranlaßte einige zum Austritt, schimpfte und ermunterte je nach Bedarf, fühlte sich ihnen jedoch auch außerordentlich tief verbunden. Die Tänzerin Elisa Monte erinnert sich: „Ein ‚sehr gut' kam nicht vor. Leichte Erfolge gab es nicht. Wenn man das aushielt, hatte man Grund zu triumphieren. Martha konnte tödlich sein." Viele ihrer Schülerinnen identifizierten sich so stark mit ihr, daß sie ihr auch äußerlich zu gleichen begannen – das Gesicht eine archaische Maske, eingefallene Wangen, straff zurückgekämmtes Haar, die Miene zum Geheimnis erstarrt. Ein asketisches Leben ergab sich zwangsläufig, der Tanz brachte so gut wie nichts ein, und unter Umständen war die Spielzeit nach einer Woche zu Ende. Graham glaubte an Bedürfnislosigkeit und Opferbereitschaft und lebte entsprechend. Als Perfektionistin pflegte sie Hauptrollen, Bewegungen oder Kostüme noch im letzten Moment zu ändern und erwartete vom Ensemble, daß die oft bedeutenden Modifizierungen ohne viel Aufhebens bewältigt wurden. Die so entstehende anhaltende Krisenatmosphäre entsprach vermutlich wie bei Picasso zumindest unbewußt inneren Bedürfnissen.

Grahams Trainingsübungen und -verfahren gingen über die bloße Technik hinaus. Vieles von dem, was sie schuf und an ihre Schüler weitergab, war eine besondere Art zu tanzen. Graham war die herausragende Tänzerin ihrer Generation, und ein bedeutender Teil ihrer Wirkung sind ihre in die Hunderte gehenden Aufführungen. Doch vor allem darum, weil ihre Tänze nicht zur Betrachtung vorliegen, wird ihr Einfluß hauptsächlich in den Tanztechniken greifbar, die sie an ihre Schüler weitergab.

Ideen und Philosophie

Graham glaubte an die expressive Kraft der Bewegung, nicht jedoch an die Bewegung um ihrer selbst willen, als nicht-narratives, motorischer Logik gehorchendes reines Bewegungsgeschehen. Körperbewegung war für sie immer an gelebte Gefühle gebunden, Gefühle, denen sie Ausdruck geben wollte. „Ich brauche selbst in meinen abstraktesten Arbeiten ein dramatisches Element", erklärte sie. „Es muß aus dem persönlichen Erleben heraus kommen. Ich war nie in der Lage, Tanzen und Leben zu trennen." Wie die übrigen Meister der Moderne vermied sie die reine Abstraktion. „Ich will nicht verstanden werden", sagte sie, „ich will nur gefühlt werden."

Graham arbeitete mit größter Intensität, gewöhnlich bis spät in die Nacht, ging im Geist ihre Tänze durch und unterzog sie einem unaufhörlichen Verknappungs- und Straffungsprozeß. „Ich stellte eine Schreibmaschine auf einen kleinen Tisch neben meinem Bett, stopfte mir Kissen in den Rücken und schrieb die ganze Nacht." Ihr großes Vorbild Saint-Denis hatte ständig Wörter, Essays und Gedichte zu Papier gebracht, aus denen auf nicht nachvollziehbare Weise ihre Tänze hervorgingen. Graham setzte in ihrem kreativen

Leben denselben Prozeß in Gang. Alles wurde zum Material für die Mühle ihrer poetischen und kinetischen Einbildungskraft:

Ich denke mich ein. Dann fange ich an zu schreiben, ich exzerpiere aus allen Büchern, die mich gerade beschäftigen, präge mir das Geschriebene ein und notiere die Quelle. Wenn es zur konkreten Arbeit kommt, mache ich ein komplettes Protokoll der Schritte. Ich halte jeden meiner Tänze schriftlich fest. Ohne eine bestimmte Notation. Ich schreibe es einfach auf; ich weiß, was die Wörter oder die Bewegungen bedeuten und in welche Richtung man geht und was man tut; vielleicht hie und da eine kurze Erklärung.

Wie andere kreative Künstlerpersönlichkeiten der Moderne sprach Graham offen von der Verwertung fremder Ideen und Vorstellungen: „Ich stehle, und ich schäme mich nicht. Ich nehme mir das Beste, wo immer ich es finde – bei Platon, Picasso oder Bertram Ross. Ich bin ein Dieb – und ich genieße es. ... Ich glaube, ich kenne den Wert dessen, was ich stehle, und ich bewahre es wie einen Schatz – nicht als Besitz, sondern als Erbe und Vermächtnis."

In ihrer Arbeitstechnik sah sie nichts Außergewöhnliches. Über die Prozesse, aus denen ihre Choreographien entstanden, sagte sie: „Man schöpft aus dem Gedächtnis, aus der eigenen Lebensanschauung und aus der anderer. Alles was man gelesen und aufgenommen hat, wird ein kostbarer Schatz für das eigene Leben." Die erste Idee zu einem Tanz fand sie auf stets unterschiedliche Art; immer jedoch war es beängstigend, „eine Zeit vollkommenen Elends." Sie wiederholte gern, was der Komponist Edgar Varèse in ihrer Anwesenheit gesagt hatte: „Jeder Mensch wird als Genie geboren, die meisten bleiben es jedoch nur wenige Minuten."

Graham betrachtete sich fast lebenslang als Tänzerin und Schauspielerin. „Ich habe meinen Beruf nicht selbst bestimmt. Ich bin dazu bestimmt worden." Sie versuchte, jungen Leuten von einer Laufbahn als Tänzer abzuraten: „Nur wenn man keine andere Möglichkeit sieht, das Leben für sich und andere lebendig zu machen, sollte man sich dazu entschließen." Und sie fügte hinzu: „Ich lebe und arbeite aus dem Gefühl einer inneren Notwendigkeit heraus ... so tief und unabänderlich wie ein Tier – ich habe keine Wahl. So selbstverständlich und absichtslos wie ein Tier lebt, frißt und trinkt und seine Jungen zeugt."

Im Mittelpunkt von Grahams Tänzen stand im allgemeinen eine heroische Figur, häufig eine Priesterin, eine Frau voll Kraft und Leidenschaft, die das Schicksal eines größeren Kreises von Menschen wesentlich beeinflußt. Von dem Wunsch getrieben, mit der Figur zu verschmelzen, suchte Graham als Schauspielerin jede Stärke und jeden Makel ihrer Rollenfiguren in ihre Darstellung einzubeziehen. Mit Bezug auf Jokaste aus *Night Journey* meinte sie selbstironisch: „Ich möchte wissen, was die Frau zum Frühstück gegessen hat." Wie so viele wandlungsfähige Schauspielerinnen konnte Graham in der eigenen Persönlichkeit Züge der verschiedensten Charaktere ausfindig machen, von der fröhlichen, flatterhaften Frau in *Every Soul is a Circus* bis zur bösartigen Teufelin Medea in *Cave of the Heart*. Gestalten wie Jokaste und Klytämnestra gingen aus tragischen Verstrickungen mit einen Rest triumphaler Selbstbehauptung hervor, weil sie sich dem schmerzhaften Prozeß der Selbsterkenntnis stellten. Während sie diese Figuren zur tänzerischen Gestaltung neu erfand, las Graham, was Nietzsche und Schopenhauer zur Kraft des menschlichen Willens geschrieben hatten, griff aber auch zu Freuds und Jungs Schriften über das Unbewußte. Es scheint offenkundig, daß sie sich zu diesen Autoren hingezogen fühlte, weil deren Ideen bereits in ihrer eigenen leidenschaftlichen Natur und in den Rollenfiguren ihrer Wahl angelegt waren.

Grahams Leben war die Arbeit. Ihre Freundin Agnes de Mille schrieb über sie: „Martha war überzeugt, sie müsse von ihrem Leben alles fernhalten, was sie vom Tanz abzog – emotionale Verwicklungen und Bindungen, Bequemlichkeiten, selbst Augenblicke der Muße und außerdem Liebe mit der Verpflichtung zu Familie und Kindern. Was sie zu geben hatte, gehörte ihrer Arbeit, sie hielt nichts zurück, zweigte nichts ab. Sie war besessen." Graham konnte wie Picasso grausam, gehässig und rachsüchtig sein, wenn sie meinte, daß solches Verhalten ihrer Arbeit dienlich sei. „Ich weiß, daß ich arrogant und eitel bin, und erwarte, daß man mich anbetet", gestand sie einmal. Und ihre Schülerin Pearl Lang erklärte: „Man könnte versucht sein, von einer wilden Zerstörungswut Marthas zu reden." Der Tänzer Robert Cohan bemerkte, „sie brauchte die dramatische Selbstdarstellung mit Hilfe der Menschen, die sich als Partner anboten". Auch die narzißtische, selbstbesessene Graham scheint den mehrfach erwähnten schicksalhaften Handel eingegangen zu sein, scheint das dauernde Privileg ihrer Begabung mit dem Opfer aller weltlichen Freuden und der Hoffnung auf enge persönliche Bindungen erkauft zu haben.

Ein Engagement in Grahams Ensemble war weniger ein Beruf als ein Kreuzzug. Für Menschen ohne den Willen zum Wagnis und zur Selbsthingabe war in ihrer Nähe kein Platz. „Jeder hat das Recht auf Mißlingen. Man scheitert, und aus diesem Scheitern kommt man einen Schritt weiter – wenn man den Mut hat, sich aufzurappeln und den Schritt zu tun. ... Ich glaube, es gibt eine Todsünde, und das ist die Mittelmäßigkeit." Andere nahm sie hauptsächlich – vielleicht ausschließlich – im Blick darauf wahr, ob sie geeignet waren, ihren Vorstellungen von einem neuen Tanz zur Durchsetzung zu verhelfen. Cohan wird mit den Worten zitiert: „Solange man zur Kompanie gehörte, konnte man voll auf Martha rechnen. Für ihre Mitarbeiter wäre sie gestorben. Sobald man die Truppe verließ, war man inexistent." De Mille schrieb noch schonungsloser: „Wenn ein Gedanke oder ein Mensch für sie erledigt war, konnte sie ihn bedenkenlos hinter sich lassen." Auseinandersetzungen scheute sie nicht: „Ich will die Leute zum Denken anregen. Ich begrüße es, wenn meine Aufführungen Widerspruch erregen; wenn die Leute meine Arbeiten nicht diskutieren, dann war alles, was ich wollte, doch umsonst."

Ein Wanderleben

Auf ihre Tanztechnik, ihre Schüler und ihre Philosophie gestützt, entwickelte Martha Graham ihren eigenen Lebensstil. Dazu gehörte regelmäßige Unterrichtsarbeit, die zum Teil im New Yorker Neighborhood Playhouse stattfand, bis sie später über ein eigenes Studio in der 63. Straße in Manhattan verfügte. Ihre Kompanie leitete sie im wesentlichen ohne fremde Hilfe und mit einem Minimun an Ferien und Freizeit. Auf eine oder zwei kurze Spielzeiten in der Stadt New York mit etwa acht wöchentlichen Vorstellungen folgten Gastspiele im In- oder Ausland und ein Sommerkurs in einer der amerikanischen Schulen für Tanzausbildung. Ab 1950 machte Graham jährliche Auslandstourneen, mit denen sie sich nicht nur als Tänzerin und Choreographin, sondern auch als Goodwill-Botschafterin einen Namen machte. Noch kurz vor der Erkrankung, die zu ihrem Tod führte, war sie von einer fünftägigen Gastspielreise in den Nahen Osten zurückgekehrt.

Ihr Tänze entstanden hauptsächlich aus der täglichen Arbeit mit Schülern und Kollegen. Ursprünglich waren Aufführungen und Choreographie vollständig auf ihre Person zugeschnitten; seit den vierziger Jahren jedoch erlaubte sie auch Mitgliedern der Truppe, tragende Rollen zu übernehmen, und überließ ihren begabtesten Schülern sogar Teile der Choreographie, eine Großzügigkeit mit Vorbehalt – wenn die Gestaltung nicht ihren Vorstellungen entprach, geriet sie in Rage.

Graham war in der Lage, ihre Karriere als Tänzerin erstaunlich lange fortzusetzen. Einen ihrer großen Triumphe erlebte sie 1958, mit vierundsechzig Jahren, als sie nach drei relativ mageren Jahren das abendfüllende Ballettstück „Klytämnestra" auf die Bühne brachte. Das Porträt aus dem zum Untergang bestimmten Hause des Atreus zeigte sie als alternde Königin, „eine zornige, wilde Frau voller Bosheit" mit dem Verstand eines Mannes und den Ränken weiblicher Verführungskunst. In die Unterwelt des Hades verbannt, läßt die Königin, dem Diktat ihres Gewissens gehorchend, in einer Folge lose geknüpfter Assoziationen ihr Leben an sich vorüberziehen. Während sie ihren Weg von der treulosen Gemahlin eines Königs zur Verschwörerin, Usurpatorin und Mörderin verfolgt, erkennt sie, warum sie zur ‚Hölle' verurteilt wurde. Sie kommt zu der Einsicht, daß die Fessel der Rache nur zu brechen ist, wenn sie die entscheidende Rolle der eigenen Schuld in der Verkettung der Ereignisse anerkennt.

Das Stück, das an die Schauspielerin nicht weniger hohe Anforderungen stellte als an die Tänzerin, wurde als bemerkenswertes ästhetisches Meisterwerk gerühmt und Grahams schauspielerische Fähigkeit sowie ihre noch immer unerhörte körperliche Leistungskraft gefeiert. Gleichzeitig jedoch war es ein unübersehbarer Hinweis darauf, daß die Laufbahn einer Tänzerin natürliche Grenzen hat.

In panischer Angst, nicht mehr tanzen zu können, versuchte sie ihr Leben als Tänzerin mit allen Mitteln zu verlängern. Im Anschluß an die intensivste Hinwendung zu klassisch griechischen Themen hatte sie ihre choreographische Arbeit fortgesetzt und in der Zeit von 1947 bis 1969 dreizehn neue Rollen für sich geschaffen. Die späteren Werke lassen sich zwei Kategorien zuordnen: neben den dramatischen Stücken, in denen eine heroische Figur ihr Seelenleben offenbart, stehen leichtere Stücke voll poetischer Phantasie, vereinzelt mit amüsanten Anspielungen auf frühere Werke. Kennzeichnend ist ein neoklassischer Geist, eine neue Hinwendung zur Form, zu größerer Symmetrie und Distanz und zu einem Verzicht auf pure Exotik, Blut und Gewalt, wenn auch häufig ein leiser Ton der Brüchigkeit und Verzweiflung vernehmbar wird. Die kurz vor ihrem Rücktritt als Tänzerin entstandenen Werke lassen ein schmerzhaftes Bewußtsein der verlorenen Kräfte erkennen. Wohl stand Graham zumeist im Mittelpunkt des tänzerischen Geschehens, allerdings fast unbeweglich, vergleichbar der Rolle des Betrachters oder Kommentators, die Picasso, Eliot, Einstein und andere in ihrem Alterswerk einnahmen.

Rückschläge und Neubeginn

In den sechziger Jahren geriet Grahams persönliches und berufliches Leben in eine Krise. Einige der besten Ensemblemitglieder und begabtesten Mitarbeiter hatten die Kompanie mit dem Vorwurf verlassen, sie nutze sie aus und bleibe ihnen die Anerkennung schuldig. Der Verlust der engsten Vertrauten traf sie hart. Die Truppe setzte ihre Vorstellungen fort, doch unter Kritikern und Zuschauern wurden erste Gerüchte laut, daß Graham nicht mehr auftreten könne. Sie war ohne Zweifel eine inspirierte Choreographin und eine großartige und angesehene Schauspielerin, vielleicht sogar, wie Katherine Cornell behauptete, die größte Schauspielerin Amerikas. Graham war klug genug, sich Rollen zu schaffen, die ihr schauspielerisches Können und ihre charismatische Persönlichkeit in den Vordergrund stellten, die physischen Anforderungen jedoch gering hielten. Und doch ließ sich der Unterschied zwischen einem Körper, der den Anschein erweckte, *als ob* er alt sei, und einem Körper, der bestimmte Auffälligkeiten zeigte, weil er alt *war*, nicht übersehen. Martha Graham, die man damals für sechzig, für fünfundsechzig oder auch für über siebzig hielt, war endgültig zu alt, um als Tänzerin öffentlich aufzutreten.

Für Graham war es eine bittere Erkenntnis. Sie begann zu trinken, manchmal so exzessiv, daß sie kaum auf die Bühne fand. Weitere Formen der Zerstörungswut kamen hinzu. Sie vernichtete Aufzeichnungen, Briefe und Notizen aus früheren Jahren. Sie gab zahlreiche Interviews, machte es jedoch nahezu unmöglich, ohne ihre persönliche Beteiligung über sie zu schreiben. Zwanzig Jahre lang gab es praktisch nur eine einzige biographische Informationsquelle, einen Artikel von Angela Gibbs im *New Yorker*. Sie ließ es nicht zu, daß ihre frühen Rollen von anderen getanzt wurden, und lehnte Filmaufzeichnungen ihrer Auftritte ab. Die Kamera, wandte sie ein, könne dem Tänzer nur passiv folgen. Anders beim persönlichen Auftritt: „Wenn Nurejev springt, dann ist er da, vor uns. In der Luft wie ein Insekt." Wie Isadora Duncan wollte Graham als Legende in die Erinnerng eingehen, nicht als Filmbild, geschweige denn als alternde Diva. Hatte sie doch einmal erklärt: „Das Instrument des Tänzers ist sein Körper in seinen Grenzen von Geburt und Tod. Wenn er schwindet, schwindet auch seine Kunst."

Graham hatte das Vorbild von Ruth Saint-Denis vor Augen, die noch mit über achtzig getanzt und dem Vernehmen nach gut getanzt hatte. Sie überging das Beispiel Mary Wigmans, die mit sechsundfünfzig von der Bühne abgetreten war, und das von Doris Humphrey, die das Tanzen krankheitsbedingt in noch jüngerem Alter aufgeben mußte. Doch schließlich spitzte sich die Situation zu. Mitglieder des Ensembles, Menschen, über die sie jahrzehntelang nach Belieben verfügt hatte, kamen zu ihr und verlangten das Recht, ohne sie aufzutreten. Empört und verletzt setzte sich Graham diesem bestürzenden Ansinnen entgegen, doch vergeblich. Dann erschien 1970 im *Berkshire Eagle* und in der *New York Times* ohne ihr Wissen eine Meldung mit der Ankündigung ihres Rücktritts.

Erbost über diesen Schritt, dementierte Graham die Pressemitteilung am Tag darauf und verkündete unter dem Beifall ihrer Anhänger, sie werde weitertanzen. Doch die offizielle Bekanntgabe hatte nur bestätigt, was bereits Wirklichkeit war. Allmählich gelang es Graham, sich mit größerer Gelassenheit in den schmerzlichen Stand der Dinge zu finden:

Die Entscheidung machte mich physisch krank. ... Ich mußte mich aufs Land zurückziehen, um mit mir ins reine zu kommen. Jemand sagte zu mir: ‚Martha, du bist keine Göttin. Du mußt anerkennen, daß du sterblich bist.' Doch das ist nicht so einfach, wenn man sich als Göttin empfindet und sich so benimmt. ... Aber ich hatte keine Lust, den Leuten leidzutun. Wenn ich nicht mehr tanzen kann, will ich es auch nicht mehr. Oder lasse es jedenfalls.

Ein neues Leben im Alter

Nach ihrem Abgang von der Bühne ließ Graham keine Hinweise darauf erkennen, daß der Tanz in ihrem Leben weiterhin eine Rolle spielen würde. Sie erkrankte und zog sich zwei Jahre aus der Öffentlichkeit zurück. 1973 kündigte sie an, daß sie erneut die Leitung ihrer Truppe übernehmen werde. Die *Martha Graham Dance Company* war jetzt neben der *Metropolitan Opera* die älteste Theaterinstitution des Landes. Zur Verwunderung vieler nahm Graham die neue Aufgabe energisch in die Hand. Sie entließ einen Teil der Mitarbeiter, tilgte andere Spuren ihrer alten Truppe und begann zu choreographieren – zum ersten Mal in ihrem Leben, ohne sich selbst als wesentlichen Träger und als raison d'être ihrer Choreographie zu betrachten. Zu Grahams späteren Tänzen gehörte *The Owl and the Pussycat*, eine Parodie von Graham-Klassikern, in der verschiedene Tiere Grahams typische Figuren darstellten. Auch ihr letztes Stück, *Maple Leaf Rag* (1990), zur Musik von Scott Joplin, parodierte menschliche Schwächen. Es erinnerte an ihre enge Beziehung zu Horst in alten, scheinbar weniger schwierigen Zeiten. Es kann nicht überraschen, daß diese auf ihren Rücktritt folgenden neuen Tänze keinen einzelnen Protagonisten in den Mittelpunkt stellten. Es mochte ihr schwerfallen, einem anderen die Bewegungen und Rollen auf den Leib zu schreiben, die sie früher sich selbst vorbehalten hätte. „Ich würde viel lieber tanzen", erklärte sie wiederholt. „Ich werde es immer vermissen."

Der Entwurf von Tänzen für andere Darsteller war nicht Grahams einzige Beschäftigung. Ein theatralisches Spielfeld erschloß sie sich durch ihre zur Vollendung gebrachte Vortragskunst. Noch immer eine auffallende und eindrucksvolle Erscheinung, sprach sie öffentlich über die Kunst im allgemeinen sowie über eigene Erfahrungen und Leistungen. Graham schöpfte diese kunstvoll gestalteten Auftritte voll aus. Sie unterhielt die Zuhörer mit Humor, konnte lange literarische Textpassagen zitieren und ebenso spannend wie formvollendet aus ihrem Leben berichten. In diesen Jahren gab sie auch zahlreiche Interviews, schrieb hie und da Artikel und erlaubte sogar Filmaufnahmen von der Arbeit des Ensembles.

Wichtiger war Grahams Entschluß, eine Neuaufführung ihrer bedeutendsten Arbeiten zu genehmigen. Hatte sie das Überleben ihrer Werke bisher bereitwillig der Erinnerung der damaligen Augenzeugen, Tänzer und Zuschauer, überlassen, so arbeitete sie jetzt mit ihrer Truppe daran, ihre Choreographien einem neuen Publikum bekannt zu machen. Im allgemeinen wurde die Arbeit der Truppe von Zuschauern und Kritikern gut aufgenommen; Werke, die sonst aus dem Bewußtsein der Menschen verschwunden wären, wurden zu neuem, vielleicht bleibendem Dasein erweckt. Die älteste der Künste offenbarte ihre Geheimnisse einer Zeit, die eine ihrer großen Aufgaben darin sah, Techniken der Werkerhaltung zu entwickeln.

Grahams Unternehmen finanziell über Wasser zu halten war nie einfach gewesen. Auch wenn ihre Unterrichtsstunden ausgebucht, ihre Vorstellungen und ihre Vorträge bis auf den letzten Platz besetzt waren, was häufig geschah, mußten hohe Fehlbeträge gedeckt werden. Der Impresario Sol Hurok hatte es sich zur Ehre angerechnet, Grahams Tourneen zu organisieren, zog sich jedoch zurück, als sich herausstellte, daß langfristig kein Gewinn zu erreichen war. Von Anfang bis Ende ihrer Laufbahn war Graham auf die Zuwendungen philanthropisch gesinnter Zeitgenossen angewiesen, von Frances Steloffs Unterstützung ihrer ersten Vorstellung und Martha Hills Leitung der Sommerworkshops bis zur großzügigen Alimentierung durch Gönner wie Bethsabee de Rothschild und Lila Acheson Wallace. In den späteren Jahren trat der Designer Halston, aus dessen Haus Grahams mit Chic und Phantasie entworfene Garderobe stammte, als großzügiger Sponsor auf. Als die Defizite jedoch nicht mehr Hunderte, sondern Tausende von Dollars betrugen und schließlich in die Millionen gingen, wurde die bedenkliche Finanzlage der *Martha Graham Dance Company* zum öffentlichen Problem.

Trotz des erklärten Desinteresses an Geldangelegenheiten, ob es sie selbst, ihre Tänzer oder das Ensemble betraf, war Martha Graham ein Magnet für finanzielle Subventionen. Wie bei vielen großen Künstlern der Vergangenheit zu beobachten, kreuzten immer wieder Gönner ihren Weg, die es ihr ermöglichten, ihrer Muse zu folgen, mochte das Entgegenkommen auch hin und wieder seinen Preis haben. Als nach dem Ende des Zweiten Weltkriegs die staatliche Kunstförderung einsetzte, war das Graham-Ensemble einer der größten Nutznießer. 1983 allerdings blieb der Antrag der *Martha Graham Dance Company* auf Fördermittel der nationalen Kunststiftung (NEA) unberücksichtigt, eine Ablehnung, die ein landesweites Presseecho auslöste. Ob die abschlägige Haltung berechtigt war, läßt sich kaum zweifelsfrei entscheiden. Da dem Gremium jedoch mehrere Persönlichkeiten angehörten, von denen sich eine grundsätzlich wohlwollende Beurteilung des Begehrens erwarten ließ, ist anzunehmen, daß die Ablehnung nicht grundlos erfolgte. (In der Presse wurden damals finanzielles Mismanagement und die ungesicherte Zukunft der Truppe als Gründe geltend gemacht.) Graham, die virtuose Schauspielerin, war darstellerischen Herausforderungen nie abgeneigt; sie nutzte die Absage, um einen öffentlichen Protest zu lancieren. Sie klagte das Entscheidungsgremium der Altersdiskriminierung an und brachte ihre Sache „vor das Volk". Der Vorwurf, eine amerikanische Institution herabgewürdigt zu haben, wurde für die NEA zu einer peinlichen Schlappe, und in den folgenden Jahren konnte die *Martha Graham Dance Company* mit einem wenn auch begrenzten Zuschuß der größten Einrichtung staatlicher Kunstförderung rechnen. Nach Grahams Tod im Jahr 1991 bestand noch immer ein riesiges Defizit, und die Zukunft des Graham-Ensembles ist ungewiß wie eh und je.

Grahams bleibende Leistung

Martha Grahams Leben umspannte das zwanzigste Jahrhundert, die Epoche, in der Amerika die unglaubliche Ausweitung seiner politischen Rolle vom relativ unbedeutenden, überwiegend agrarisch geprägten Land zum fortschrittlichsten Industriestaat und zur politischen Weltmacht erlebte. Eine ähnliche Entwicklung fand im Bereich der Künste statt, wo sich sowohl auf verschiedenen traditionellen Gebieten, wie der Malerei und musikalischen Interpretation, als auch bei den modernen Ausdrucksformen, beim Film und bei den elektronischen Medien, das Schwergewicht von Europa auf die Neue Welt verlagerte.

Doch nirgendwo zeigte sich dieser Trend deutlicher als in der Tanzkunst. Wenn es der Tanz im letzten Jahrhundert zur Anerkennung als künstlerische Darstellungsform gebracht hatte, so beschränkte sich diese Aufwertung auf das kaiserliche russische Ballett, das mehr und mehr antiquiert wirkte. Durch Diaghilews *Ballets russes* und Balanchines Arbeit an der *School of American Ballet* und am späteren *New York City Ballet* gewann der klassische Tanz eine neue Vitalität, deren Funke sogar auf die Broadwaybühnen übersprang. Und auch im Film der Jahrhundertmitte war der Tanz in den verschiedensten Formen vertreten.

Von zentraler Bedeutung für das Tanzschaffen des zwanzigsten Jahrhunderts ist die Entstehung des Modern Dance. Aus den Inspirationen der Duncan und den exotischen Darbietungen von *Denishawn* hervorgegangen, begann die Erfolgsgeschichte des Modern Dance im New York der späten zwanziger Jahre. Innerhalb eines Jahrzehnts erschien der *Denishawn*-Stil nicht weniger veraltet als das traditionelle Ballett, und das Publikum strömte in die vom zeitgenössischen Geist geprägten Aufführungen einer Gruppe junger Tänzer-Choreographen, die ihre Arbeit mit leidenschaftlichem Ernst betrieben. Bis zur Jahrhundertmitte hatte der Modern Dance nicht nur in den Frauencolleges Fuß gefaßt; auch an vielen großen Universitäten und in praktisch allen Großstadtregionen nicht nur Amerikas waren Tanzkompanien entstanden.

Eine Bewegung dieser Größenordnung ist nie das Produkt eines einzelnen; doch ließe sich das Phänomen des Modern Dance in seinen heutigen Dimensionen zwar ohne Doris Humphrey, Hanya Holm oder Wigman denken, nicht aber ohne Graham. Mehr als ein halbes Jahrhundert war sie die Leitfigur, die inspirierende Kraft und das Gewissen des modernen Tanzes. Ihr Werk, das rund zweihundert Tanzkreationen umfaßt, verdient das Epitheton „legendär". Stodelles Biographie spricht von einem Repertoire, „dessen Umfang, unglaubliche Eigenart und Vielfalt vom Schaffen keines anderen Choreographen erreicht wurde und nur mit Shakespeares dramatischem und Picassos malerischem Kosmos zu vergleichen ist". Der Tanzkritiker Clive Barnes erklärte: „Es ist Miss Grahams Schicksal, zur lebenden Legende und zur unzweifelhaft herausragenden Persönlichkeit des amerikanischen Tanzes zu werden." Der Komponist Virgil Thomson nannte sie die größte amerikanische Schauspielerin der Gegenwart. In beredten Worten hat Agnes de Mille, die Weggefährtin als Tänzerin und Choreographin, sie gewürdigt:

Die Schöpfer der Moderne

Ich glaube, die fünf großen Künstler unseres Jahrhunderts sind Igor Strawinsky, Béla Bartók, Frank Lloyd Wright, Pablo Picasso und Martha Graham. Es ist Grahams Jahrhundert, was die Schauspielerei und den Tanz betrifft. Sie hat ihrer Kunst ein neues Gesicht gegeben, hat deren Ausdrucksmittel, Techniken, Inhalt und Perspektive so einschneidend verändert wie kein anderer dieser fünf Giganten, man möchte sagen, wie kein zweiter Künstler überhaupt. ... Es ist vermutlich die größte Erweiterung des tänzerischen Vokabulars in diesem Jahrhunderts, vergleichbar der Einführung der Perspektive in der Malerei oder dem Gebrauch des Daumens beim Spiel der Tasteninstrumente. ... Martha ist *die* künstlerische Potenz. Ihre Werke sind meisterhaft. Sie ist unvergleichlich.

Grahams Leistungen sind insofern bemerkenswert, als ihr sämtliche Voraussetzungen fehlten, die allgemein als unerläßlich galten, wenn man in einem Fach eine Autorität werden und später als Neuerer wirken wollte. In einer gut situierten Familie aufgewachsen und allgemein gefördert, verfügte Graham jedoch nicht über finanzielle Unabhängigkeit, und die Gesellschaftsschicht, der sie angehörte, blickte auf den Tanz herab. Weil sie klein und nicht im konventionellen Sinn schön war, hatte Saint-Denis sie als Schülerin nicht ernst genommen. Wer in der Avantgarde-Kunst seine Zukunft sah, ging im allgemeinen nach Europa, das als Hort moderner Strömungen galt, und blieb nicht selten für immer. Und schließlich wurde der Tanz zwar als Domäne der Frauen betrachtet, doch die schöpferische Arbeit war auch hier überwiegend dem Manne vorbehalten, ,Shakespeares Schwester' jedoch verschlossen.

Martha Graham wußte diese Nachteile – ich verwende den Begriff Asynchronien – zu ihrem Vorteil zu nutzen. Aus ihrer apart-exotischen Erscheinung zog sie einen wichtigen Teil ihrer Wirkung; sie schöpfte bei der Entwicklung ihrer dramatischen Themen aus den verschiedenen Elementen ihres spröden puritanischen Erbes, zum Teil in direkter Nachahmung, zum Teil in subversivem Widerspruch. Sie war sich der klassischen Vergangenheit ihres Faches sowie der neueren Entwicklungstendenzen bewußt, konzentrierte sich jedoch auf die Eigentümlichkeiten der amerikanischen Landschaft, auf demokratisches Gedankengut und die modernen Rhythmen eines Lebens in der Gegenwart. Sie zog begabte, starke Frauen als Mitarbeiterinnen heran und öffnete die Truppe frühzeitig begabten, starken Männern. Ohne ausdrückliche politische Interessen, lebte sie als Leiterin eines Ensembles von rassischer und ethnischer Vielfalt die Verwirklichung praktischer Chancengleichheit vor; sie setzte die Tänzer ein, wo sie aufgrund ihrer Fähigkeiten am Platz waren, ohne Rücksicht darauf, was die herkömmliche Besetzung vorschrieb. Vor allem war sie von unersättlicher Neugier und Experimentierlust, ruhte nie auf ihren Lorbeeren aus, bewies Mut und war bereit, Fehlschläge hinzunehmen und mit erneuerter Energie und Hingabe ein zweites Mal an den Start zu gehen. Wie die übrigen hier dargestellten Persönlichkeiten brachte sie es fertig, das Beste aus ihrer Außenseiterrolle zu machen und laufend neuen Widerstand zu schaffen, wenn der Eindruck entstand, daß man sie unkritisch akzeptierte.

Ihre anhaltende körperliche und geistige Vitalität machte es ihr möglich, wie Picasso bis ins hohe Alter mit Erfolg tätig zu bleiben, weit länger also als die dargestellten Vergleichspersonen. Sie hatte eine weitgehend neue Domäne geschaffen und zugleich den Anstoß zur Entwicklung eines entsprechenden Feldes gegeben, verfügte also über einen weiten Spielraum zum Selbstausdruck, den sie voll zu nutzen wußte. Ihre schöpferische Originalität blieb über Jahrzehnte erhalten. Als darstellende Künstlerin und später an der Spitze ihres Ensembles hatte sie in gewisser Weise eine schwierigere Aufgabe als Picasso. Sie mußte in der Lage sein, sich oder ihre Truppe zu bestimmten, festgesetzten Zeiten zu mobilisieren und mit ihrer ganzen Person so unvermindert präsent zu sein, wie es von den kreativen Vertretern anderer Fachgebiete nicht verlangt ist. Kreative Substanz und physische Erscheinung waren bei ihr nicht zu trennen. In dieser Hinsicht, so hatte ich bemerkt, gleicht die darstellende Künstlerin Graham eher einer politischen Persönlichkeit wie Gandhi als einem Künstler, der abseits der Öffentlichkeit arbeitet, wie Picasso, Strawinsky und Eliot, oder einem isoliert arbeitenden Wissenschaftler wie Freud oder Einstein.

Graham genoß es, im Scheinwerferlicht zu stehen, und suchte sich dieses Privileg so lange wie möglich zu erhalten. Allein alles scheint darauf hinzudeuten, daß der emotionale und persönliche Preis hoch war. Während sie in kritischen Zeiten zunächst noch Horst als väterlichen Ratgeber und Liebhaber zur Seite hatte, forderte die faustische Wette in späteren Jahren ihr Opfer – persönliches Glück und persönliche Nähe. Dem Kritiker John Campbell, der von der Notwendigkeit einer vollen Hingabe ans Leben sprach, entgegnete sie: „Würde ich diesen Schritt tun, wäre meine Kunst verloren." Doch Martha Graham, Nachfahrin von Pionierfrauen, setzte eine familiäre (und nationale) Überlieferung fort. Vielleicht war es das Gefühl traditioneller Verwurzelung, das sie bestimmte, sich bis an ihr Lebensende fortwährend neue Ziele zu stecken.

9
Mahatma Gandhi:
Macht über Menschen

Gandhi, um 1914

Im Jahr 1600 wurde die britische Ostindien-Kompanie gegründet und erhielt zehn Jahre später von der Krone das Handelsmonopol für ganz Asien. Im Lauf der nächsten zwei Jahrhunderte nahmen Macht und Einfluß der Gesellschaft zu. Indische Agrarprodukte und Textilien gingen in den Export, während aus England Fertigwaren zollfrei auf den indischen Subkontinent eingeführt wurden. Im Auflösungsprozeß der Mogulnerrschaft wirkte die Handelsgesellschaft als politischer Ordnungsfaktor und brachte dem Land eine gewisse Stabilität und Rudimente einer Industrialisierung; gleichzeitig erwirtschaftete sie für ihre ausländischen Anteilseigner riesige Profite.

Indien unter britischer Herrschaft

Die Handelsgesellschaft verdankte diesen Erfolg hauptsächlich dem Geschick, mit dem sie die anhaltenden Spannungen zwischen den verschiedenen politischen und religiösen Gruppierungen auf dem indischen Subkontinent auszunutzen wußte. Eine Viertelmilliarde Menschen war über einen bunten Staatenteppich verstreut und unterstand der Herrschaft von ein paar tausend britischen Kaufleuten, Verwaltungsfachkräften und Militärs. Der Historiker William Shirer nennt es das seines Wissens „einzige historische Beispiel eines privaten Handelsunternehmens, das von einem riesigen, dicht bevölkerten Subkontinent Besitz ergreift, ihn mit eiserner Hand regiert und für private Gewinne ausbeutet".

Während die Ostindien-Kompanie weiterhin die kommerziellen Angelegenheiten betreute, hatte die britische Regierung ihre administrativen Funktionen im späten achtzehnten Jahrhundert bereits erheblich ausgedehnt. Spannungen zwischen der britischen Herrscherkaste, den *raj*, und der indischen Bevölkerung erreichten 1857 einen ersten Höhepunkt. Die blutige Erhebung indischer Soldaten in der bengalischen Armee der Handelsgesellschaft hatte Auswirkungen auf weite Teile Indiens und führte schließlich zur Übernahme Delhis und zur vorübergehenden Einsetzung eines indischen Kaisers. Unter großen finanziellen und menschlichen Opfern gelang es den Briten schließlich, den sogenannten Sepoy-Aufstand niederzuschlagen. Danach traten an die Stelle der Ostindien-Kompanie die Königin von England – von da an auch Kaiserin von Indien – und ein „Vizekönig", der den Subkontinent in ihrem Namen verwaltete. Dem Aufbegehren folgten erste Regungen eines indischen Nationalismus, lauter werdende Forderungen nach einem unabhängigen Indien und erste Autonomiebestrebungen. Dabei galt es während des neunzehnten und noch bis weit ins zwanzigste Jahrhundert darüber hinaus als selbstverständlich, Großbritanniens Herrschaft über Indien werde auf ewige Zeiten Bestand haben; daß ein einzelner entschlossener Inder seine Landsleute zur Unabhängigkeit führen könnte, war undenkbar.

Das moralische Kind

Im Jahr 1869, zweihundertfünfzig Jahre nach Beginn der britischen Herrschaft über Indien und nur zehn Jahre nach der Sepoy-Rebellion, wurde Mohandas K. Gandhi in Porbandar am Arabischen Meer geboren. Seine Familie gehörte zur Kaste der Vaisya, der in Handel und Landwirtschaft tätigen unteren Mittelschicht. Sie hatte sich weder durch Gelehrsamkeit noch durch den Erwerb größerer Reichtümer hervorgetan, genoß aber auf regionaler Ebene einiges Ansehen. Sechs Generationen hatten auf der Halbinsel Kathiawar den Innen- und Premierminister gestellt, und einige von ihnen hatten sich durch ihre hohen ethischen Grundsätze einen Namen gemacht. Gandhi wuchs in einer religiös und politisch konservativen Gesellschaft auf; er hielt es nach eigenem Bekunden für unwahrscheinlich, jemals zu einer national führenden Stellung aufzusteigen, da seine Familie aus einer Kleinstadt stammte und ihre materiellen und sozialen Ressourcen beschränkt waren. (Die sechs anderen von mir dargestellten Persönlichkeiten hätten ihren familiären Hintergrund nicht viel anders geschildert.) Doch Gandhis Eltern scheinen Hindus der unkonventionellen Art gewesen zu sein, die für unterschiedliche religiöse Einstellungen offen waren.

Gandhis Eltern setzten sich hohe religiöse und moralische Maßstäbe. Die Mutter war eine Frau von tiefer Frömmigkeit; demütig und unerschrocken hielt sie regelmäßige, strenge Fasten. Mohandas' Vater war verschlossen und gelegentlich reizbar; allein seine Urteile in Rechtsangelegenheiten wurden bewundert, und er übernahm bereitwillig häusliche Verpflichtungen. Einmal gestand ihm der junge Mohandas, daß er aus einem Amulett des Bruders ein Goldstück gestohlen hatte. Der Vater nahm die Schuld auf sich – er weinte, anstatt das Kind zu bestrafen. Dieses Beispiel eines schwer gekränkten Menschen, der seinen Schmerz nicht am anderen austrug, beeindruckte den jungen Gandhi zutiefst.

Mohandas war ein schwächliches Kind, neigte zur Einsamkeit und hatte für Sport wenig übrig. Ein mittelmäßiger Schüler, fand er am Unterricht keinen Geschmack. Später beschrieb er sich wie folgt: „Ich bin ein Durchschnittsmensch mit unterdurchschnittlichen Fähigkeiten. Ich gebe zu, daß ich nicht sehr klug bin. Aber das ist mir einerlei. Die Entwicklung des Intellekts hat ihre Grenze, die Entwicklung des Herzens nicht." Von früher Jugend an bewies Mohandas ein empfindliches Moralgefühl und zeigte auffallendes Interesse für allgemeine Betrachtungen über Gut und Böse; beim Spielen übernahm er regelmäßig die Rolle des Schlichters. Er berichtet in seiner Autobiographie von einem Zwischenfall in seiner Schule: Aufrichtigkeit gegen Schonung setzend, weigerte er sich, eine falsche Antwort durch Abschreiben vom Banknachbarn zu korrigieren, um einem Lehrer eine öffentliche Bloßstellung zu ersparen. Den Eltern und anderen Erwachsenen gegenüber suchte er eine Position moralischer Autorität einzunehmen. Vielleicht unter dem Eindruck seiner offensichtlichen Begabung auf diesem Gebiet erlaubten ihm die Eltern, als moralische Instanz auch dort aufzutreten, wo die Behauptung elterlicher Autorität nahegelegen hätte.

Frühreife und frühe kindliche Begabung sind auf bestimmten Gebieten leicht erkennbar. Bei entsprechenden gesellschaftlichen Voraussetzungen wird man ohne Erstaunen zur Kenntnis nehmen, daß Fünf- oder Zehnjährige hervorragende Mathematiker, Musiker oder Schachspieler sind oder außergewöhnliche mechanische oder räumliche Begabung besitzen. Geht es jedoch um ein Verständnis für andere Menschen und die Fähigkeit, sich konstruktiv mit ihnen auseinanderzusetzen, sind Anzeichen für eine solche Kompetenz schwer faßbar. Die natürlichen Beschränkungen des Kindes, sei es hinsichtlich der Körpergröße, der emotionalen Bandbreite und Subtilität, der Welterfahrung oder Einsicht in Handlungsmotivationen, machten es wenig wahrscheinlich, daß sich ein Kind im sozialen, politischen, religiösen oder ethischen Bereich als frühreif erweisen könnte.

Andererseits ist zu beobachten, daß bestimmte Kinder für Probleme zwischenmenschlicher Beziehungen, Moralprobleme eingeschlossen, ein besonderes Interesse zeigen. Der Vorstellung jedoch, ein acht- oder zwölfjähriges Kind könne sich im Streit der Älteren zum Richter oder Ratgeber aufwerfen, haftet aus westlich säkularer Sicht etwas Absurdes an. Was auch die Gründe gewesen sein mögen (eingeschlossen der Glaube an die Möglichkeit der Reinkarnation), es steht fest, daß Gandhi ein solches Kind war. Er hatte das Glück, daß seine Eltern ihm die Freiheit ließen, mit den Familienbeziehungen zu experimentieren und für die kleinen sozialen und ethischen Alltagsprobleme eigene Antworten zu finden.

Menschen, die eine religiöse, gesellschaftliche oder politische Führungsrolle einnehmen, sind häufig schon in jungen Jahren ungewöhnlich selbstkritisch; sie haben, um Freuds Begriff zu benutzen, ein starkes Überich, und frühe Erfahrungen, die andere vergessen hätten oder als trivial betrachten würden, haben für sie ein großes Gewicht. So unterschiedliche Persönlichkeiten wie Augustinus, Luther, Rousseau und Abraham Lincoln wurden vom Gedanken an ihre Jugendsünden verfolgt und versuchten noch nach Jahrzehnten, sie abzubüßen. Gandhi erinnert sich der belastenden Freundschaft zu einem jungen Muslim, Sheik Mehtab, der ihn überredete, Hindu-Grundsätze zu verletzen und Fleisch zu essen. Die beiden Jungen stahlen außerdem Geld, um sich Zigaretten zu kaufen und fühlten sich daraufhin so schuldig, daß sie an Selbstmord dachten. Eine weitere moralische Demütigung bedeutete für Gandhi der Besuch eines Bordells, obwohl er, von Entsetzen gelähmt und sprachlos, zu keiner Annäherung an die ihm bestimmte Frau in der Lage war. Der Essayist Orwell, dem Weltlichen stärker verpflichtet, versucht diese läßlichen Vergehen in ein richtiges Verhältnis zu rücken: „eine paar Zigaretten, ein paar Bissen Fleisch, ein paar Rupien, die das Kind dem Hausmädchen klaut, zwei Bordellbesuche (und beide Male entkommen, „ohne etwas zu unternehmen"), ein um Haaresbreite vermiedener Fehltritt mit der Vermieterin in Plymouth, ein Wutausbruch – das war alles."

Erwachsenenpflichten

Gandhi heiratete Kasturbai, als beide dreizehn Jahre alt waren. Die Ehe war indischem Brauch gemäß schon in früher Kindheit arrangiert worden und erwies sich in mancher Beziehung als adäquate Verbindung. Gandhis Ehefrau stand ihrem Mann an Hartnäckigkeit und Zähigkeit kaum nach, und die Ehe überdauerte ein halbes Jahrhundert. Doch der noch unreife junge Gandhi lehnte viele Aspekte dieses erzwungenen Bundes ab – später sprach er von der „grausame[n] Sitte der Kinderehe". Er war seiner jungen Frau mit Leidenschaft zugetan, und seine Sinnlichkeit brachte ihn in Gewissensnot. Die Schuldgefühle wuchsen ins Unermeßliche, als er sich vom Krankenbett des Vaters, mit dessen Pflege er betraut war, zum Sexualverkehr mit seiner schwangeren Frau ins eigene Schlafzimmer zurückzog und kurz darauf erfuhr, der Vater sei gestorben. Diesen Akt kindlicher Illoyalität hat Gandhi sich niemals verziehen, und den Tod seines ersten Sohnes kurz nach der Geburt betrachtete er als angemessene Strafe für sein Vergehen.

Das Leben Gandhis, des uninteressierten Schülers und jungen Ehemannes mit wachsender Verantwortung für eine Familie, schien bestimmt, historischem Vergessen anheimzufallen. Eine knapp bestandene Aufnahmeprüfung verschaffte ihm 1888 Zugang in ein kleines, nicht allzu kostspieliges College in Bhavnagar. Doch ein Freund der Familie, Mavji Dave, konnte Gandhi davon überzeugen, es sei sinnvoller, nach England zu gehen und Jura zu studieren. Gandhi nahm den Rat an, ließ seine Frau und den ersten überlebenden Sohn, Harilal, in Indien zurück und brach zu einer Reise auf, die sein Leben verändern sollte.

Unbegrenzte Möglichkeiten

Mit dem Entschluß, in England zu studieren, hatte Gandhi einen verbotenen Weg gewählt. Der Shet, Oberster des Kastenrats, tadelte: „Deinen Entschluß, nach England zu gehen, kann die Kaste nicht gutheißen. Unsere Religion verbietet Reisen ins Ausland. Auch haben wir gehört, daß es dort nicht möglich ist, nach den Regeln unserer Religion zu leben. Man ist gezwungen, zu essen und zu trinken wie die Europäer." Als Gandhi gelobte, die Hinduvorschriften einzuhalten, und seine Entscheidung aufrechterhielt, sprach das Oberhaupt die Ächtung aus: „Dieser junge Mann wird von heute an als Ausgestoßener behandelt. Jeder, der ihm hilft oder ihn zum Hafen begleitet, soll mit einer Buße von einer Rupie und vier Annas belegt werden."

Die psychische Belastung, die Gandhi als Preis für die Reise nach England und die bewußte Wahl der Einzelgängerrolle zu zahlen hatte, mag groß gewesen sein. Doch die Erfahrung eröffnete ihm ein Spektrum von Möglichkeiten, die ihm im provinziellen Indien verschlossen geblieben wären. Wie Eliot in England oder Picasso in Paris gewann Gandhi bald ein distanzierteres Bild seines Heimatlandes. Oberflächenreize der neuen Umgebung blieben anfänglich nicht ohne Wirkung. Er kleidete sich wie ein Dandy und erwarb einen großen Spiegel, vor dem er täglich minutenlang die Krawatte richtete und sich den modisch korrekten Scheitel zog. Um Eingang in die erwünschten Gesellschaftskreise zu erlangen, lernte er verschiedene Sprachen, darunter Französisch, und nahm Rhetorikunterricht sowie Tanz- und Geigenstunden.

Das Leben eines Dandy verlor für den jungen Inder relativ bald seinen

Reiz. Als beständiger erwies sich die Anziehungskraft zahlreicher neuer Ideen. Er studierte das Christentum wie den Hinduismus, er informierte sich über neu aufkommende Bewegungen wie die Theosophie und den Pazifismus und trat der *Vegetarian Society of England* bei. Der Schriftssteller Ved Mehta bemerkte, Gandhi scheine schon früh eine Neigung zu Exzentrizitäten jeder Art gezeigt zu haben. Er erprobte die verschiedensten Nahrungsmittel, Gerichte und Diäten und trieb Gymnastik, um sich gesund zu erhalten. Er führte genauestens Buch über seine Beschäftigungen und Ausgaben und entwickelte dabei organisatorisches Talent. Obwohl er (zum Teil aus finanziellen Gründen) bereits damals einen äußerst bescheidenen Lebensstil pflegte, erlaubte er sich zur Weltausstellung von 1889 eine Reise nach Paris.

Der dreijährige Europaaufenthalt Gandhis machte ihm die Enge seiner Herkunft bewußt, bestärkte ihn jedoch paradoxerweise zugleich in seiner indischen Identität. Er war bestrebt, europäische Sitten, Verhaltensweisen und Rechtsbräuche kennenzulernen, doch nicht, um ‚als Brite durchgehen zu können', wie er anfänglich gewünscht haben mochte, sondern um sich später unter Menschen aus aller Welt als Gleichgestellter bewegen zu können. Er glich in dieser Beziehung Martha Graham, die ihre spätere künstlerische Tätigkeit zu einem großen Teil ebenfalls in Abgrenzung zu den beeindruckenden fremden Vorbildern definierte, denen sie als junge Frau auf ihren Reisen durch Europa begegnet war.

Gandhis Biograph Louis Fischer sah kaum eine Ähnlichkeit „zwischen dem mittelmäßigen, farblosen, gehemmten und unsicheren Rechtsanwalt M. K. Gandhi, der 1891 England verließ, und dem Mahatma, dem Führer von Millionen". Tatsächlich lassen sich wenige Hinweise auf soziale Unerschrockenheit und Führungsqualitäten erkennen, wenn man von der Verteidigung eines gewissen Dr. Allinson von der *Vegetarian Society* absieht, der sich wegen Befürwortung bestimmter Verhütungsmethoden vor Gericht zu verantworten hatte.

Mir scheint jedoch, daß diese Beurteilung eine wichtige Dimension von Gandhis Englanderlebnis außer acht läßt. Gandhi benutzte seinen Aufenthalt im Ausland dazu, sich Lebenserfahrung und unterschiedlichste Kenntnisse anzueignen. Bei der Ankunft in England hatte er von der Welt nicht mehr gekannt als einen kleinen Teil seines Heimatlandes und einen winzigen Ausschnitt aus dem religiösen Gedankengut der Welt. Er verließ England als belesener junger Mann, der mit einem der Zentren europäischer Kultur leidlich vertraut war, der ein breites, wenn auch recht gemischtes Spektrum zeitgenössischer Ideen kennengelernt und sich in der Gesellschaft von Menschen verschiedener Länder und Herkunft bewegt und behauptet hatte.

Diese Erfahrungen waren eine gute Schule für den Umgang Gandhis mit den unterschiedlichen Menschen, denen er später gegenüberstand, und befähigte ihn zu einem intuitiven Verständnis insbesondere der britischen und britisch geprägten Politiker, mit denen er zu verhandeln hatte. Er glich in seinem relativen Kosmopolitismus den westeuropaerfahrenen chinesischen Politikern Zhou Enlai und Deng Xiaoping sowie dem sowjetischen Staats- und Parteiführer Lenin und hatte anderen wie Mao Zedong und Stalin, die nie über die Grenzen ihres Heimatstaates hinausgekommen waren, einen entscheidenden Vorteil voraus.

Gandhi kehrte im Jahr 1891 nach Indien zurück und erfuhr bei der Ankunft vom Tod seiner Mutter, die gestorben war, kurz nachdem sie die Nachricht vom erfolgreich bestandenen Anwaltsexamen des Sohnes erhalten hatte. Bald nach seiner Rückkehr lernte er einen jungen Inder namens Raychandbai kennen – er nannte ihn später Rajchandra –, der ihn durch seine gesellschaftliche Stellung und seinen untadeligen Charakter, sein religiöses Wissen, seine philosophische Neugier und Fähigkeit zur Selbsterkenntnis tief beeindruckte. „Nie hat ein Mensch einen derartigen Eindruck auf mich gemacht wie Raychandbai", schrieb er später. Der Umgang mit der Vorbildfigur Rajchandra bestimmte Gandhi in einem schwierigen Moment seines Lebens dazu, Hindu zu bleiben und seinen Beruf dazu zu nutzen, gute Werke zu vollbringen.

Dennoch verließ Mohandas Indien ein zweites Mal. Mißerfolge in der Anwaltstätigkeit, ein gescheiterter Auftritt als Vermittler bei dem Versuch, im Interesse der Familie Beziehungen spielen zu lassen, und der Rat eines britischen Kolonialbeamten überzeugten Gandhi, daß er in Indien keine Zukunft habe und sein Glück in anderen Ländern des Commonwealth suchen müsse. Als sich die Gelegenheit bot, in Durban, Südafrika, als Rechtsbeistand einer Firma zu fungieren, zögerte Gandhi nicht, seine wachsende Familie erneut zu verlassen. Und wieder zeigt sich eine entscheidende Facette von Gandhis Persönlichkeit: Wenn eine Gelegenheit sich bot, nahm er sie wahr, ohne Rücksicht auf die Kosten für sich oder seine Familie.

Zeit der Reife in Südafrika

Gandhi, ein unerfahrener junger Anwalt, kam nach Südafrika in der Hoffnung, seine Fähigkeiten unter Beweis zu stellen und sein berufliches Ansehen zu festigen, ehe er in sein Heimatland zurückkehrte. Seine ersten Verhandlungen waren in der Tat erfolgreich und bestärkten ihn in der Vermutung, daß Kompromisse und Vermittlungsstrategien wirksamer sein konnten als die Taktik, sich der Schwächen des Gegners zu bedienen. Es folgte eine Reihe von unverhofften Zwischenfällen, die dazu führten, daß Gandhi in diesem fernen Land zwei Jahrzehnte lang in politische Auseinandersetzungen verwikkelt blieb.

Die Zugreise in Natal

Ein erstes entscheidendes Erlebnis fiel in die zweite Woche nach seiner Ankunft in Durban. Gandhi reiste mit dem Zug nach Pretoria, Transvaal, als in Pietermaritzburg, Natal, ein Weißer das Abteil betrat, wo Gandhi saß. Er weigerte sich, mit dem dunkelhäutigen Inder die Nacht im selben Abteil zu verbringen. Der Bahnbeamte verlangte von Gandhi, er solle in ein Abteil dritter Klasse wechseln. Als Gandhi das Ansinnen zurückwies, wurde er gezwungen, den Zug zu verlassen, und mußte die Nacht frierend im kalten Bahnhofsgebäude verbringen. Im weiteren Verlauf der Reise bestand er vergeblich darauf, die erste Klasse zu benutzen und in einem sehr guten Hotel abzusteigen. Seine Proteste waren fruchtlos, und sein Zorn über die Mißachtung wuchs. Das Erlebnis brachte ihn zu der Erkenntnis, daß die Stellung der Inder in Südafrika als Bürger zweiter Klasse nicht hinzunehmen sei. In kurzer Zeit hatte er eine Zusammenkunft aller in Pretoria lebenden Inder organisiert, mit dem Ziel, die Zustände zur Debatte zu stellen, die er für untragbar hielt.

In späteren Jahren führte Gandhi seine politische Mission auf die Erfahrungen dieser einen Nacht zurück, die er zitternd vor Kälte im Bahnhofsgebäude von Pietermaritzburg verbracht hatte. „Ich lernte so die harten Lebensbedingungen der indischen Kolonisten aus unmittelbarer Nähe kennen, aus persönlicher Erfahrung, nicht nur durch Lektüre und vom Hörensagen. Ich begriff, daß ein Inder in Südafrika die Selbstachtung verlieren mußte, und beschäftigte mich mehr und mehr mit der Frage, wie diesem Zustand abzuhelfen sei."

Im Dienst der Inder Südafrikas

Der politische Status der Inder in Südafrika war damals unklar: 1833 hatte das Britische Empire die Sklaverei abgeschafft, und billige Arbeitskräfte waren in Südafrika rar. Die Inder, die ursprünglich diese Lücke füllen sollten, waren über ihre Rolle hinausgewachsen. Sie traten häufig als erfolgreiche Konkurrenten der europäischen Geschäftsleute auf und brachten damit die britische und holländische Machtelite gegen sich auf, die fürchtete, im ‚eigenen' Land zur Minderheit zu werden. Die Interessen der Inder waren vornehmlich darauf gerichtet, für den Familienunterhalt zu sorgen und sich durch geschäftliche Erfolge eine spätere Rückkehr nach Indien zu ermöglichen. Auf den Kampf um politische Rechte verwandten sie wenig Energien. Obwohl ihr Status sich nicht von dem der Bürger europäischer Herkunft unterschied, wurden sie faktisch als „Kulis" behandelt, als Arbeitskräfte, die verachtet und ausgebeutet wurden. In den Rechtstexten figurierten sie als „halb-barbarische Asiaten"; es war ihnen verboten, die Gehsteige zu benutzen und sich ohne Passierschein nach neun Uhr abends außer Haus aufzuhalten.

Die Inder Südafrikas repräsentierten einen Mikrokosmos der politischen, religiösen und sozialen Gruppenvielfalt des indischen Subkontinents. In ihrer Mehrzahl waren sie geneigt, eine Behandlung, wie Gandhi sie auf seiner Reise von Natal nach Transvaal erfahren hatte, zu übersehen oder zu vergessen. Gandhi war zu einer solchen Duldung nicht fähig. Er fühlte sich persönlich gedemütigt; das altkluge, moralisierende Kind meldete sich und wollte sein Recht. Unterstützt wurde es jetzt durch die aus erster Hand erworbenen Kenntnisse der Rechte und kulturellen Gepflogenheiten des englischen Alltags und durch das neu gewonnene Verhandlungsgeschick im Gerichtssaal. Auf der von ihm organisierten Versammlung suchte er das Bewußtsein seiner Landsleute dafür zu schärfen, daß sie eine ungerecht behandelte Minderheit waren und die einzige Möglichkeit zur Verbesserung ihrer Lage darin bestand, sich zusammenzuschließen und darüber hinaus einem untadeligen Verhalten zu verpflichten. Der ersten Zusammenkunft mit den Indern Pretorias folgte eine rege Organisationstätigkeit, die bescheidene Erfolge zeitigte. So wurde „anständig gekleideten" Indern das Recht zugestanden, im Zug erster oder zweiter Klasse zu reisen.

Gandhi hatte ursprünglich beabsichtigt, Natal nach Ablauf eines Jahres zu verlassen, kam indes bald zu der Überzeugung, daß er an seinem neuen Wohnort bleiben müsse, und holte seine Familie nach Südafrika. Er hatte erfahren, daß die südafrikanische Regierung in Erwägung zog, allen indischen Einwohnern grundlegende bürgerliche Rechte zu entziehen, was ihn veranlaßte, seine Zukunftspläne grundlegend zu ändern. Die folgenden zwanzig Jahre verbrachte Gandhi in einem rastlose Kampf für die Verbesserung des politischen Status der Inder Südafrikas. Anlaß zum Protest waren die Pläne der Regierung, den Indern das Wahlrecht zu entziehen, die Einwanderung vom Subkontinent zu beschränken, Inder zu registrieren, ihnen Fingerabdrücke abzunehmen und die Kontraktarbeit zu besteuern. In Südafrika war die politische Autorität sehr stark dezentralisiert, was Gandhi zwar einen gewissen strategischen Spielraum gab, andererseits aber auch bedeutete, daß ein erstinstanzlicher Sieg durch ein anderslautendes Urteil auf der nächsten Stufe oder in einer anderen Region eingeschränkt werden konnte. Bestimmte Zugeständnisse zum Beispiel, die Gandhi dem britischen Kolonialminister Lord Elgin abgerungen hatte, blieben wirkungslos, weil Transvaal nicht mehr Kronkolonie und damit zu unabhängiger Gesetzgebung berechtigt war.

So weit wie möglich bediente sich Gandhi friedlicher und legaler Mittel – schrieb Petitionen, berief Versammlungen ein, gründete Organisationen, vertrat seine Sache als Anwalt und suchte gesetzliche Schlupflöcher und Wege zu ihrer Durchsetzung ausfindig zu machen. Er unternahm Reisen nach England und Indien, um sich Unterstützung zu verschaffen. Als Neuling auf diesen Gebieten, ohne Vorbild, an dem er sich orientieren konnte, war er auf die eigenen Ressourcen verwiesen und versuchte, seine Fähigkeiten durch kritische Beobachtung des eigenen Handelns zu entwickeln. Er gewann auf diese Weise eine bemerkenswerte Selbständigkeit. Nicht überall geliebt, verschaffte er sich dennoch weithin Respekt durch die ruhige Unbeirrbarkeit, mit der er seine Ziele verfolgte.

Gandhi ging persönlichen Risiken nicht aus dem Weg. 1897 wurde er von einem weißen Mob in den Straßen Durbans beinahe bewußtlos geschlagen und gelyncht. Bezeichnend ist, daß die Beschränktheit und Unwissenheit seiner Angreifer nur Mitgefühl in ihm wachrief und er keine Anzeige erstattete. 1908 erhielt er seine erste Gefängnisstrafe. Die Haftbedingungen waren äußerst primitiv und Gandhi verzweifelte, weil ihm die Betätigungsmöglichkeiten fehlten, an denen er Halt gefunden hatte; er konnte nicht an Versammlungen teilnehmen, mit Anhängern verhandeln oder künftige Aktionen planen. Die Begegnungen mit einer rauhen, manchmal harten Wirklichkeit schreckten Gandhi keineswegs ab, sondern stärkten die Entschlossenheit des jungen Anwalts auf dem Weg zu einer eigenständigen Persönlichkeit. Keine Versuchung vermochte ihn dazu zu bewegen, seine Prinzipien zu opfern. Der einstigen großen Schüchternheit zum Trotz war er zu einem glänzenden öffentlichen Redner geworden. Es entstanden weitere Organisationen, in denen er die neu erworbenen Führungsqualitäten einsetzen konnte. Er überzeugte als Autor und schrieb in zahlreichen südafrikanischen sowie ausländischen Zeitschriften, vornehmlich in der *Indian Opinion*, die auf Englisch und Gujarati erschien. Er lernte, Geldmittel für seine politischen Aktionen zu beschaffen, und wurde allmählich von einer wachsenden Öffentlichkeit als integre Persönlichkeit geschätzt, als Mensch zumal, dessen Handeln davon bestimmt war, Feindschaften abzubauen.

Ein Kurswechsel in der Lebensmitte

Im Hinduismus gilt die Phase der frühen männlichen Reife als Blütezeit der Aktivität. Gandhi war in diesem Sinn der typische indische Hausvater. Als gefragter Anwalt war er in der Lage, seiner Familie einen auskömmlichen Lebensstandard, seinen Kindern eine gute Erziehung zu sichern und einen großen Kreis fähiger Mitarbeiter um sich zu sammeln. (Seine politisch motivierte Arbeit ließ er sich bezeichnenderweise nicht honorieren.) Sein Tageslauf folgte einer strengen Ordnung, und seine Zeit war fast auf die Minute eingeteilt. Alle Aktivitäten, die unter seiner Aufsicht in die Wege geleitet wurden, behielt er auf das genaueste im Auge. Er war Mitglied zahlreicher Organisationen, vom *Natal Indian Congress* und der *Indian Educational Association* bis zur *Esoteric Christian Union* und der Londoner *Vegetarian Society*.

Im Jahr 1905 oder 1906, so könnte man meinen, hatte sich für den einst glanzlosen jungen Juristen Gandhi, dessen Zukunft wenig aussichtsreich schien, alles zum Besten gewendet. Der inzwischen erfolgreiche junge Inder hätte in Südafrika auf seinen Lorbeeren ausruhen oder im Triumph in die Heimat zurückkehren können, um seine Praxis zu erweitern oder, dem Beispiel seiner Vorväter folgend, eine einflußreiche Rolle in der Lokalpolitik zu übernehmen.

Gandhi indessen sah kein Ziel erreicht. Unbefriedigt und im Innersten unerfüllt, beklagte er, daß andere seinem persönlichen Beispiel nicht folgten, und suchte den Grund bei sich selbst, in seinem Unvermögen, die eigenen Lebensprinzipien glaubhaft verständlich zu machen. Die hinduistische Lehre hält für den Mann außer dem tätigen Hausvater eine weitere Rolle bereit – den lebensabgewandten religiösen Asketen, *Vanaprastha*. Gandhi kam zu dem Schluß, daß dieser Teil seiner Persönlichkeit nicht genügend entwickelt sei. Seit etwa 1905 las er vor allem die sozialethischen Schriften des Engländers John Ruskin, des Russen Tolstoj und Henry David Thoreaus Traktat über den

Mahatma Gandhi: Macht über Menschen 383

bürgerlichen Ungehorsam. Es dauerte nicht lange, und Gandhi, der Aktivist, verspürte den Wunsch, seine neuen philosophischen und religiösen Theorien in die Tat umzusetzen.

Er kehrte dem betriebsamen Haus in Johannesburg und seinem Berufsleben den Rücken und übersiedelte mit Frau und vier Söhnen auf eine Farm am Rande von Durban, die er Haus Phoenix nannte. Er bemühte sich um einen bedürfnislosen Lebensstil, unterzog sich körperlicher Ertüchtigung und bereitete sich selbst das Essen zu. Nach ausführlicher Beschäftigung mit Hygiene und Krankenpflege war er sogar in der Lage, seiner Frau bei der Entbindung des jüngsten Sohnes beizustehen. 1904 wurde auf einem viertausend Quadratmeter großen Grundstück zwanzig Meilen von Johannesburg entfernt die „Tolstoj-Farm" gegründet.

Die etwa siebzig Mitglieder der Tolstoj-Farm, die verschiedenen Religionen und ethnischen Gemeinschaften Indiens angehörten, sollten Gandhis Vorstellungen gemäß asketisch und moralisch vorbildlich in gemeinsamer Arbeit als Großfamilie zusammenleben. Gandhi übernahm die spirituelle und intellektuelle Erziehung der Kinder und hielt sich dabei weniger an europäische Grundsätze als an die Lebensregeln seiner indischen Heimat. Als er zwei Knaben beim Geschlechtsverkehr ertappte, reagierte er, wie es ihm gefühlsmäßig richtig erschien: Er fastete. Einem Jungen und einem Mädchen, die zusammen geschlafen hatten, schnitt er das Haar ab, als sie sich nach anfänglichem Sträuben einverstanden erklärten, und fastete. In Sonya Schlesin und Henry L. S. Polak fand er zwei Anhänger und verläßliche Mitarbeiter. Es waren zwei begabte, idealistische Naturen, die eine unabhängige Existenz aufgaben, um ihn bei der Verwirklichung seiner Ideale zu unterstützen. Er legte ein Gelübde auf umfassende Enthaltsamkeit ab – *brahmacharya* –, was bedeutete, besitzlos und keusch zu leben. „Es wurde zu meiner Überzeugung", sagte er später, „daß die Fortpflanzung und die Sorge für die Kinder sich mit dem Dienst an der Öffentlichkeit nicht vertragen".

Einem Inder wird diese bewußte Entscheidung für ein spirituelles Leitbild vielleicht weniger befremdlich erscheinen als einem westlichen Vertreter des öffentlichen Lebens. Die Hindukultur kennt zahlreiche ähnliche Beispiele für einen Rückzug aus der Welt, der im einzelnen Fall dennoch einer Erklärung bedarf. Ich neige zu der Auffassung, daß Gandhi von dem Gefühl beherrscht war, daß er als ethische Instanz, als Kämpfer für eine verbesserte Stellung seiner Landsleute, erst dann glaubwürdig sein könne, wenn er eine persönliche moralische Autorität erlangt habe. Nur im Bewußtsein der eigenen vorbildlichen Lebensführung und im Bemühen, andere zur Nachahmung zu bewegen, konnte Gandhi sich sicher wähnen, den nötigen Grad geistiger Reinheit zu verkörpern; erst diese Reinheit würde ihm die moralische Autorität verschaffen, im öffentlichen Lebens an andere Menschen Forderungen zu stellen.

Im Laufe dieser weittragenden Entscheidungen über eine neue Art der Lebensgestaltung ging Gandhi eine Reihe von Abmachungen ein – mit seinem Volk, mit seinem Gott und mit sich selbst. Sie enthalten den öffentlichen Verzicht auf viele Freuden des Lebens und die Verpflichtung auf ein asketisches Dasein, in der Absicht, anderen ein moralisches Verhalten von höchster Vollkommenheit vorzuleben. Der in der Einsamkeit schaffende Künstler und Denker kann ein solches Abkommen in aller Privatheit eingehen – kreative Geister, deren Arbeit sich unmittelbar auf das Verhalten anderer auswirkt, sehen sich unter Umständen genötigt, die Einhaltung ihrer faustischen Wette in aller Öffentlichkeit verbürgen zu müssen und dem nachzuleben, was sie predigen.

Ein Teil seiner Persönlichkeit drängte Gandhi zu einem Leben in asketischer Abgeschiedenheit abseits der Zentren der Macht; doch fühlte er sich ebenso zu politischer Einflußnahme und zum politischen Protest gedrängt. 1909 schrieb er Hind Swaraj (Indian Home Rule), eine politische Abhandlung, in der er mit einem militanten Plädoyer für nicht gewalttätige Protestaktionen eintrat; er wandte sich gegen eine von der Technik beherrschte Zivilisation, kritisierte die säkularisierte europäische Gesellschaftsform Indiens, aber auch die Großbritanniens und forderte ein von traditionellen Werten bestimmtes Leben in Einfachheit und Enthaltsamkeit, das sich in kleinen Städten und Dörfern abspielen sollte – in Gandhis Worten: „Das wahre Heilmittel liegt nach meiner bescheidenen Ansicht darin, daß England sich freimacht von der modernen Zivilisation, die von diesem Geist der Selbstsucht und des Materialismus beherrscht wird, die eine Verneinung des Geistes des Christentums ist."

Subtilere Formen des Protests

Während der letzten Jahre seines Aufenthalts in Südafrika suchte Gandhi die Konfrontation. Eine Serie wirksamer symbolischer Aktionen begann damit, daß er zunächst öffentlich seinen Registrierschein verbrannte. Er führte Protestmärsche an, in denen sich fünftausend Menschen zu einer „Friedensarmee" vereinigten. Gandhi versuchte, die Gefängnisse mit seinen Landsleuten zu füllen, um die anti-indische Stoßrichtung der Gesetze bloßzulegen, die in einem besonders infamen Statut die hinduistische Form der Eheschließung für ungültig erklärten. Dem Widerstand schlossen sich jetzt zum ersten Mal auch Frauen an. Gandhi wurde verschiedene Male verhaftet und erhielt eine Gefängnisstrafe. Viele Inder traten in einen Streik, als sie von diesen Demütigungen des führenden Mannes ihrer Gemeinschaft erfuhren.

Das vielleicht wichtigste Ergebnis dieser Jahre ist Gandhis Entwicklung des *satyagraha*, einer neuartigen Form des Widerstandes, die er in den ersten Jahren nach seiner Rückkehr auf den Subkontinent zur Vollendung brachte. Schon 1906 hatte Gandhi seine Anhänger aufgerufen, sich gegen Gesetze, die sie als Unrecht empfanden, durch Streik und Gehorsamsverweigerung zur Wehr zu setzen, aber auf alle Gewalttätigkeit zu verzichten und sich widerstandslos verhaften zu lassen. Seine Mitstreiter hielten sich daran, auch wenn das eigene Leben auf dem Spiel stand. Gandhi kam zu dem Schluß, diese Form des Widerstandes dürfe nicht nur als passive Haltung verstanden werden, sie müsse zur aktiven und lebensbehauptenden positiven Kraft werden.

Gandhis politische Tätigkeit in Südafrika machte Schlagzeilen in der englischen und indischen Presse. Durch regelmäßige Pressemitteilungen und zeitlich klug plazierte Telegramme sorgte er dafür, daß alle, die es anging, über die Benachteiligungen der Inder in Südafrika und ihren passiven Widerstand unterrichtet waren. Die Stimmen mehrten sich, die nach der Lösung für eine Situation verlangten, in der viele eine Ungerechtigkeit und nahezu alle eine Peinlichkeit für die Regierung erblickten.

Obwohl ohne offiziellen Auftrag, gelang es Gandhi, mit General Jan Christiaan Smuts, dem Chef der südafrikanischen Regierung, einen Kompromiß auzuhandeln: Alle indischen Eheschließungen wurden als gültig anerkannt und verschiedene Steuern sowie entwürdigende Verordnungen gestrichen. Nach außen hin waren die Beziehungen zwischen Smuts und Gandhi verbindlich, und Smuts äußerte sich bei wiederholter Gelegenheit mit Respekt über den politischen Führer der Inder. Doch als Gandhi im Jahr 1914 endgültig nach Indien zurückkehrte, erklärte Smuts: „Der Heilige verläßt unser Land, und ich hoffe für immer."

Den politischen Kampf für die in Südafrika lebenden Inder hatte Gandhi mit einigem Erfolg geführt, seine wahrscheinlich größten Leistungen lagen indes im persönlichen Bereich. Die zwanzig Jahre im Ausland hatten aus dem schüchternen, inkompetenten Anwalt eine politische Kraft gemacht, mit der man rechnen mußte. Da er seine Aufmerksamkeit abwechselnd den Aktionen in der politischen Öffentlichkeit und dem eigenen geistigen Wachstum zuwandte, war er immer voll in Anspruch genommen. Er entwickelte philosophische Positionen und lebte sie. Seine Experimente wurden zum Teil in der Einsamkeit meditativer Versenkung, zum Teil aber auch gemeinsam mit Anhängern und Mitarbeitern durchgeführt, die er an seinen Missionen zu beteiligen versuchte. Alle organisatorischen Tätigkeiten, erfolgreiche oder gescheiterte, waren für Gandhi Lehr- und Anschauungsmaterial, aus dem er für die nachfolgenden Begegnungen seine Schlüsse zog. Wissenschaftliche Genies wie Einstein arbeiten in erster Linie mit gedanklichen Konzepten; Künstler wie Strawinsky oder Picasso mit dem Entwurf, der Ausführung und der Überarbeitung von Werken in bereits bestehenden Symbolsystemen; das Wirken schöpferisch agierender Politiker, zu denen Gandhi gehörte, ist in erster Linie darauf gerichtet, andere Menschen dazu zu bewegen, sich in den Dienst einer großen Sache zu stellen, die oft persönliche Opfer fordert; ihr Ausdrucksmedium ist das persönliche Handeln, dem bei der Erfüllung ihrer Aufgabe zentrale Bedeutung zukommt.

Fremd im eigenen Land

Obwohl er seine Kindheit in Indien verlebt hatte und immer wieder für kurze Zeit in seine Heimat zurückgekehrt war, mußte sich Gandhi in dem Land, das er 1914, am Vorabend des Ersten Weltkriegs, erreichte, als Fremder fühlen. Der Fünfundvierzigjährige hatte den größten Teil der vergangenen sechsundzwanzig Jahre im Ausland verbracht. In politischen Kreisen war er dank der Presseberichte über seine Protestaktionen in Südafrika kein Unbekannter, und die gewichtige Kongreßpartei hatte ihm bei seiner Rückkehr sogar das Angebot gemacht, eine führende Funktion zu übernehmen. Wo er sich zeigte, strömten die Menschen zusammen, um ihn zu sehen und *darshan*, seinen Segen, zu empfangen.

Damals war sein engster politischer Verbündeter und Mentor in indischen Angelegenheiten Gopal Krishna Gokhale, ein führendes Mitglied der Kongreßpartei. Die beiden Männer kannten sich seit 1896; sie waren in Verbindung geblieben, und Gokhale hatte in Gandhis Abwesenheit häufig als dessen Vertreter gewirkt. Dem zurückkehrenden Gandhi hatte Gokhale das Versprechen abgenommen, ein Jahr lang auf öffentliche Auftritte zu verzichten, ein wohlmeinendes, doch zweideutiges Ansinnen. Diese politische Ruhepause gab Gandhi die Gelegenheit, ausgedehnte Reisen durch sein Heimatland zu unternehmen – den selbstgesetzten Regeln der Genügsamkeit folgend in einem Bahnabteil dritter Klasse –, um sich mit den Verhältnissen im Land bekannt zu machen und in Abwägung seiner Möglichkeiten den Kurs abzustecken, den er je nach Lage der Dinge in Zukunft einschlagen würde. Daß Gokhale ein Jahr nach seiner Rückkehr starb, war ein Verlust für ihn; er entbehrte einen älteren Ratgeber seines Vertrauens als Testperson für seine noch unerprobten Ideen.

Ein sonderbarer Umstand erschwerte Gandhis Bemühen, in seiner alten Heimat Fuß zu fassen. Einerseits hatte er die Absicht, die in Südafrika entwickelten Methoden des Widerstandes zu benutzen, um die indischen Verhältnisse zu reformieren: „Ich wollte Indien mit der Methode bekannt machen, die ich in Südafrika entwickelt hatte, und erproben, in welchem Grad ihre Anwendung möglich sein würde. Also wählten meine Gefährten und ich den Namen Satyagraha-Ashram*, um Ziel und Methode unseres Dienens kenntlich zu machen." Zur gleichen Zeit führte Großbritannien Krieg gegen die Achsenmächte, und Gandhi hielt es aus prinzipiellen Gründen für angebracht, der herrschenden Regierung gegenüber loyal zu sein. Er verzichtete also während der Zeit des Ersten Weltkriegs auf jeden Akt bürgerlichen Ungehorsams. Die Entscheidung, den Kampf eine Zeitlang zu unterbrechen, wurde von mancher Seite als Zeichen der Schwäche im indischen Lager verstanden. So erklärte Lord Lamington: „Die Garantien für unseren Verbleib in Indien sind stark wie eh und je – nämlich: das Kastensystem, die nationale und religiöse Vielfalt und das mangelnde Vertrauen und Zutrauen der Einheimischen zueinander." Doch der Krieg zwang Großbritannien dazu, Indien ein paar politische Zugeständnisse zu machen und Machtbefugnisse zu delegieren, Maßnahmen, die in einer Zeit notwendig und angemessen waren, als über eine Million Inder unter britischer Flagge kämpften und über hunderttausend ihr Leben verloren.

In der Biographie von politischen und ideologischen Neuerern wie Gandhi, insbesondere derjenigen, die durch ihr persönliches Beispiel wirken, lassen sich Dutzende, wenn nicht Hunderte Momente erkennen, an denen die Entwicklung ihres Glaubens und ihrer praktischen Prinzipien greifbar wird. Wir sind einer Reihe solcher Momente bereits begegnet – in der moralistischen Attitüde des jungen Gandhi, seiner Verteidigung des unglücklichen Dr. Allinson von der *Vegetarian Society*, der Nacht im Bahnhof von Pietermaritzburg, den ersten Protestversammlungen in Durban, den Ansätzen zu den Ideen von *satyagraha*, dem ersten Fasten auf der Tolstoj-Farm und den Verhaftungen und Protestmärschen während der letzten Jahre in Südafrika. Frühe Ereignisse nach Gandhis Rückkehr in die Heimat lassen sich ergänzen: so die Aktion

---

* für den neuen Ashram, die in Ahmedabad gegründete Siedlungsgemeinschaft und Schulungsstätte – [A.d.Ü.]

zivilen Ungehorsams mit den Bauern von Champaran am Fuß des Himalaya. Gandhi hatte die Aufmerksamkeit auf eine ungerechte Praxis der Grundherren gerichtet, die ihre Pächter dazu verpflichtete, 15 Prozent ihres Landes mit Indigo zu bepflanzen und die Ernte als Pacht abzuliefern. Während der Vorgänge kam er zu der Erkenntnis: „Ich mußte dem britischen Gesetz den Gehorsam versagen, weil ich einem höheren Gesetz, der Stimme meines Gewissens, gehorchte. Es war mein erster Akt zivilen Ungehorsams gegen die Briten."

Gandhi selbst bestätigte diesen Eindruck einer langen Reihe von „Experimenten mit der Wahrheit", aus denen Stein für Stein das neue Ganze *satyagraha* errichtet wurde.

Wenn Menschen ihre Experimente in der Öffentlichkeit durchführen, wo Ereignisse ihre Zeit beanspruchen und einen ungewissen Verlauf nehmen, wird sich die endgültige Form des Verfahrens erst nach zahlreichen tastenden, partiellen Erprobungen und Versuchen im Laufe von Jahren herauskristallisieren. Ihr kreatives Wachstum scheint sich in Übergängen zu vollziehen und fällt weniger als epochales Geschehen ins Auge, zumindest im Vergleich mit den kreativen Prozessen im Leben schöpferisch Gestaltender, die es ausschließlich mit der Welt begrifflicher Konzepte oder mit der Verfertigung einzelner Kunstwerke zu tun haben, von denen sich eines gelegentlich als bahnbrechend erweist.

Ein Wendepunkt

Dies vorausgeschickt, bin ich mit Erik Erikson der Meinung, daß die Ereignisse, die sich 1918 in Ahmedabad im westlichen Zentralindien abspielten, für die Entwicklung des Mahatma, der „großen Seele", wie ihn seine Landsleute, unter ihnen der Dichterfürst Rabindranath Tagore, bewundernd nannten, entscheidend waren. Es ist lohnend, sich *das Ereignis*, um mit Erikson zu sprechen, im einzelnen vor Augen zu rufen, um danach zurückzutreten und Gandhis Entwicklung und seine wachsenden Einsichten und Erkenntnisse in einem größeren Rahmen zu betrachten.

Dem äußeren Anschein nach war das Ereignis ein Arbeitskampf in einer Region, die oft als „Manchester Indiens" bezeichnet wird. In einer Zeit der Geldentwertung, hoher Gewinne und hoher Steuern beklagten sich die Arbeiter in den Textilbetrieben der Familie Sarabhai und benachbarter Fabrikbesitzer über unzureichende Bezahlung. Unter den Arbeitern kam Empörung und Unruhe auf, gefolgt von der Forderung, die ungerechte Behandlung zu beenden. Gandhi intervenierte – auf Dringen der lokalen Behörden, doch vermutlich nicht ohne das deutliche Gefühl, hier Entscheidendes bewirken zu können – und brachte es zu einem Abkommen, das beide Seiten, Arbeiter und Fabrikanten, zufriedenstellte.

Die Geschehnisse waren in mehrfacher Hinsicht bemerkenswert. Die Sarabhais, eine angesehene Familie, die sich durch große Wohltätigkeit auszeichnete, hatten Gandhi als Gast empfangen, als er 1915 in der Gegend einen *ashram*, die Nachfolgesiedlung der Phoenix-Farm, gründete. Der Grundbesitzer Ambalal Sarabhai vertrat die Textilmagnaten, seine Schwester Anasuya sympathisierte mit den Streikenden und war eine überzeugte Anhängerin Gandhis und seiner Methoden. Der Gandhi-Biograph Robert Payne beschreibt die Konfrontation: „Für Anasuyabehn Sarabhai war es eine Frage der Gerechtigkeit, für die Fabrikanten eine Frage des Profits, für Gandhi die Möglichkeit, die Mittel von Satyagraha in der Praxis zu testen."

Ungewöhnlich war ferner der Streik, auf den man sich schließlich einließ, nachdem erste Schlichtungsversuche gescheitert waren. Gandhi forderte den Arbeitern das Gelöbnis ab, nicht gewalttätig zu werden, nicht gegen Streikbrecher vorzugehen und nicht zu betteln. Sie erklärten sich einverstanden, fest zu bleiben und während des Streiks ihr Brot auf anderem Weg zu verdienen. Zwei Wochen lang bewiesen die Arbeiter beispielhaften Mut und Selbstdisziplin. Sie trafen sich täglich unter der breiten Krone eines Banyan-Baumes, wo Gandhi sie ermahnte, ihrem Gelübde treu zu bleiben. Dann erkannte er erste Anzeichen der Schwäche und fürchtete, die Entschlossenheit der Arbeiter könnte nachlassen.

Unerwartet war drittens der weitere Verlauf des Streiks. Statt den Streik fortzusetzen und die Risiken eskalierender Forderungen oder unzulässiger Gewaltakte einzugehen, beschloß Gandhi zu fasten. Nach sorgfältiger Analyse der Situation meinte er die Lösung gefunden zu haben, die beiden Seiten gerecht wurde und dem zu erwartenden Verhalten der Antagonisten entsprach. Um seiner Überzeugung Nachdruck zu verleihen, beschloß er, sich selbst, sein Leben für die Sache einzusetzen:

Meiner Ansicht nach wäre ein anderes Verhalten meinem Schöpfer und der von mir vertretenen Sache gegenüber unwahrhaftig gewesen ... Ich spürte, daß es für mich ein heiliger Augenblick war, es ging um meinen Glauben, und ich zögerte nicht und erklärte den Männern, daß der Bruch eines so feierlich abgelegten Gelübdes für mich unannehmbar wäre und daß ich keine Nahrung mehr zu mir nehmen würde, bis ihnen die 35prozentige Lohnerhöhung gewährt werde oder sie sich aufgegeben hätten. Eine Versammlung, die bis dahin anders als die früheren ohne jedes Echo geblieben war, wurde wie durch Magie lebendig.

Der Entschluß zum Fasten kam überraschend: „Die Worte sprangen mir auf die Lippen", berichtete Gandhi. Er lehnte Angebote der Streikenden ab, mit ihm zusammen zu fasten, und wies sie an, das früher abgelegte Gelübde zu halten. Es war sein erstes Fasten für eine öffentliche Sache, und der Verlauf der Ereignisse machte ihm klar, daß er über ein Waffe von stupender Einfachheit und dramatischer Wirksamkeit verfügte.

Bemerkenswert war schließlich auch der Ausgang. Die erste Reaktion der Textilfabrikanten war Wut: „[Sie] nahmen meine Worte frostig auf und reagierten sogar mit erregten Sarkasmen, und das mit gutem Recht." Nachdem er drei Tage gefastet hatte, erklärten sich die Fabrikanten zu einem Schiedsspruch bereit. Sie hatten 20 Prozent mehr Lohn geboten, während die Arbeiter auf den anfänglich geforderten 35 Prozent bestanden. Gandhi suchte eine Lösung, in der jede Seite ihren moralischen Anspruch bewahrt sehen konnte, und man einigte sich auf folgendes Abkommen: zunächst 35 Prozent, um die Einschätzung der Situation durch die Arbeiter anzuerkennen, dann 20 Prozent, um der Auffassung der Fabrikherren gerecht zu werden, und schließlich eine dauernde Lohnerhöhung von 27,5 Prozent, das heißt dem arithmetischen Mittel. Als der Schiedsspruch angenommen war, kehrten die Arbeiter an ihren Arbeitsplatz zurück. Wichtiger aber war, daß das Fasten die Einrichtung eines Schiedssystems zur Folge hatte, das sich über Jahrzehnte bewährte.

Indien und Gandhi hatten aus dieser zufällig erscheinenden Verkettung von Umständen viel gewonnen. Judith Brown schreibt in ihrer Gandhi-Biographie:

[Gandhis] Kampagne in Ahmedabad bewies nicht nur die Anwendbarkeit von *satyagraha* in künftigen Konflikten, sondern zeigte auch zahlreiche Merkmale seiner Kampagnen, die sich wiederholten, wenn er seinen Einfluß geltend machen konnte: die Suche nach einer friedlichen Lösung als Ausgangspunkt; das heilige Gelübde als innerste Kraftquelle des Kampfes, strikte Disziplin und moralische Selbstvervollkommnung bei den Teilnehmern, gut gesteuerte Publizität, die Schaffung einer Atmosphäre moralischer Autorität und Nötigung und schließlich eine Kompromißlösung, die es allen Beteiligten ermöglichte, das Gesicht zu wahren.

Die Bedeutung der Ereignisse von Ahmedabad

Wenn wir den Streik von Ahmedabad als zentrales Ereignis in der Entwicklung des Mahatma bezeichnen, stellt sich die Frage nach der Unterstützung, die Gandhi brauchte, um sein Unternehmen erfolgreich durchzuführen.

Meine früheren Untersuchungen kreativer Durchbrüche legten die Annahme nahe, es bedürfe eines einzelnen (wie Georges Braque) oder einer Gruppe (wie Einsteins „Akademie Olympia" oder Diaghilews Ensemble), die den schöpferischen Prozeß mit affektiver und geistiger Anteilnahme unterstützend begleiten. Sie beteiligen sich am Dechiffrierungsprozeß, der mit der Entwicklung der neu entstehenden ‚Sprache' einhergeht, und geben dem denkenden oder gestaltenden Erfinder die Gewißheit, daß das, was er auszudrücken versucht, anderen so sinnvoll erscheinen kann wie ihm selbst.

Man könnte meinen, Gandhis Erfahrungen in Ahmedabad entzögen sich einem Vergleich mit denen eines Eliot, der *The Waste Land* schrieb, oder eines Freud, der am *Projekt* arbeitete und die eigenen Träume zu deuten versuchte. Ich möchte die Unterschiede keinesfalls bagatellisieren. Was für Freud und Eliot weitgehend private Tätigkeit war, die sich außerdem über einen relativ kurzen Zeitraum erstreckte, war für Gandhi wesentlich öffentliche Arbeit und stark mit früheren und späteren Formen des Protests verknüpft.

Auf einer tieferen Ebene lassen sich allerdings sehr wohl deutliche Affinitäten zwischen den beiden unterschiedlichen Erfahrungsweisen feststellen. Gandhis Selbstzeugnisse – die ich auf den nächsten Seiten untersuche – machen sichtbar, daß er in der Zeit, als *satyagraha* Gestalt gewann, in dem Bewußtsein lebte, die Prinzipien einer neuen Sprache, ja eines neuen axiomatischen Systems zu entwickeln. Nachdem er jahrelang über Streitfragen nachgedacht hatte, war der Beschluß zu fasten für ihn eine kaum weniger plausible Eingebung als der ‚*Sacre*-Akkord' für Strawinskys geübtes Ohr. In einer derartigen Anspannung könnte Gandhi das Bedürfnis nach einer teilnehmenden Umgebung familiärer Art verspürt haben, in der seine Aktion eingebettet war. Hier nun gewinnt die Familie Sarabhai Bedeutung. Gandhi hatte es nicht mit einem ihm fernstehenden, unpersönlichen Gegner zu tun, sondern war Tag für Tag in Gesellschaft einer Familie, von deren Mitgliedern ihm eines als Verbündeter Beistand leistete, während er mit einem anderen, hoch geachteten Angehörigen dieser Familie auf Kriegsfuß stand. Die Menschen dieses kleinen Kreises waren einander so vertraut wie Mutter und Kind, die sich durch Töne und Gesten verständigen. Gandhi konnte darauf zählen, daß seine ‚Sprache' von Freund und Gegner verstanden wurde. Wenn Gandhi in gewisser Hinsicht als Schöpfergeist aus eigenen Gnaden erscheinen könnte, so genoß er in den Augenblicken seines gewagtesten und entschiedensten Durchbruchs doch auch den Rückhalt familiärer Nähe.

Die Affäre Ahmedabad war überaus erfolgreich zu Ende gegangen. Gandhi hat allerdings später nicht nur die exzeptionellen Umstände der Aktion (seine persönliche Verbundenheit mit den führenden Persönlichkeiten) eingeräumt, sondern auch den Nötigungscharakter des Fastens, das er unternommen hatte, um an die Aufmerksamkeit seiner Freunde und an ihr Gewissen zu appellieren. In den Jahren unmittelbar nach dem Fastenstreik von Ahmedabad sah sich Gandhi – vielleicht nicht ganz ohne sein Zutun – einer Reihe von Situationen gegenüber, die das ganze Arsenal seiner Kräfte beanspruchten.

Die Ausweitung militanter Aktivitäten

Diese Periode verzeichnete wechselnde Erfolge. Gandhis Kampf gegen die Rowlatt-Gesetze, eine feindselige Fortführung der kriegsbedingten Einschränkungen im politischen Leben Indiens, war nur teilweise erfolgreich. In einer Aktion, die er „die größte Schlacht meines Lebens" nannte, rief der Mann, der auf dem Weg war, zu Indiens führendem Widerständler zu werden, zu einem landesweiten *kartal* oder „Trauertag" auf. Dieser erste organisierte Protest auf Landesebene richtete sich direkt gegen die Briten und endete in Gewaltausbrüchen, in denen Inder nicht nur Briten, sondern auch Landsleute umbrachten. Dazu kam das berüchtigte Massaker von Amritsar, in denen die Truppen von General R. E. H. Dyer das Feuer auf die versammelte Menge eröffneten und fast 1600 Menschen starben oder verletzt wurden.

Nach Ahmedabad machte Gandhi im Lauf dreier, außerordentlich aktiver Jahre weitere Versuche, die Inder zum Wohle Indiens zu einen und die britische Hegemonialmacht herauszufordern. Der Versöhnung von Muslimen und Hindus galten die „Kalifat-(Khilafat-)Agitation" von 1919 und 1920 sowie die Verteidigung zweier muslimischer Journalisten, die während des Krieges interniert worden waren. Doch gelang es ihm nie, den unversöhnlichen Gegensatz zwischen den beiden religiösen Parteien zu überwinden. Besonders betroffen war er von der Nachricht über die Mordtaten eines indischen Mobs in der kleinen Stadt Bardoli. Er bekannte seine Irrtümer bei einigen seiner organisatorischen Aktivitäten und räumte insbesondere einen „himalayahohen Irrtum" ein: die Annahme, daß die Inder auf Gewalttätigkeit verzichten könnten, während sie in Wahrheit unfähig seien, seiner anspruchsvollen Form der Selbstzucht zu genügen..

Im März 1922 hatte Gandhi für seine zunehmend militant ausgerichtete Organisationstätigkeit einen hohen Preis zu zahlen. Er wurde der Aufwiegelei beschuldigt und vor Gericht gestellt – wegen Anstiftung der Inder zu Aufruhr und Mord durch seine Schriften, feindlicher Haltung gegenüber Großbritannien und seinen Repräsentanten in Indien sowie indirekt wegen seines wachsenden Einflusses auf die Kongreßpartei. Der Richter C. N. Broomfield kannte Gandhi und schätzte ihn; er achtete „den Verfechter hoher Ideale und das Beispiel eines edlen, sogar heiligen Lebens". Gleichzeitig jedoch gab der Richter zu bedenken, das Gesetz kenne keine Rücksicht auf die Person, und wies damit auf das Ergebnis seiner unangenehmen Aufgabe hin. Gandhi zeigte sich kooperationsbereit; er bekannte sich schuldig und verzichtete auf eine Verteidigung.

Er bat sich indessen aus, in der Verhandlung zu seinen Gunsten sprechen zu dürfen. Seiner Bitte wurde stattgegeben, und mit beeindruckender Eloquenz legte Gandhi seine Position dar. Er bekräftigte sein Credo der materiellen Gewaltlosigkeit, übernahm aber zugleich die Verantwortung für die Exzesse gewalttätiger Verbrechen und erklärte sich bereit, die Höchststrafe anzunehmen: „Sie können nur einen Weg gehen, Herr Richter, wie ich in meiner schriftlichen Darstellung noch weiter ausführe: entweder verzichten Sie auf Ihr Richteramt, oder Sie verhängen die strengste Strafe über mich." Dann schilderte er die verschiedenen Etappen seines Lebens in Südafrika und Indien, wies auf seine anhaltende Loyalität zu Großbritannien und sein Entsetzen über die Rowlatt-Gesetze hin, „die dazu bestimmt waren, das Volk jeder wirklichen Freiheit zu berauben". Er zählte die Massaker auf, die Indien erlebt hatte und die ihn zu dem Schluß geführt hätten, die Verbindung mit Großbritannien habe Indien hilflos gemacht. Er entwarf ein Bild der ausgebeuteten Massen und schloß: „Ich habe keine Zweifel, daß sich sowohl England als auch die Stadtbewohner Indiens, wenn es über uns einen Gott gibt, für dieses Verbrechen gegen die Menschlichkeit, das vielleicht ohnegleichen in der Geschichte ist, einmal werden verantworten müssen." Er hege keinen persönlichen Groll gegen die Verwaltungsbeamten oder den König, halte es aber „für eine Tugend, Abneigung gegen eine Regierung zu empfinden, die in ihrer Gesamtheit Indien mehr Schaden zugefügt hat als jedes andere vorangegangene System."

Der diplomatische, doch auf beiden Seiten mit tiefempfundener Überzeugung geführte Dialog zwischen dem Angeklagten und dem Richter endete der Vorausdeutung entsprechend. Broomfield bemerkte, Gandhi habe ihm, indem er sich schuldig bekannte, seine Aufgabe leicht gemacht, und fuhr fort: „Es ist ... unmöglich, die Tatsache zu übersehen, daß Sie in den Augen von Millionen Ihrer Landsleute ein großer Patriot und Führer sind." Er verhängte die mildeste Strafe, die ihm vertretbar schien – sechs Jahre Gefängnis. Gandhi erwiderte: „Kein Richter hätte ein milderes Urteil sprechen können, und was das ganze Verfahren angeht, so muß ich sagen, daß ich höflicher nicht hätte behandelt werden können."

Seine Anhänger umarmten ihn und betrachteten ihn voll tiefer Bewunderung. Gandhi jedoch ging einer harten Strafe entgegen: er wurde seiner politischen Bewegung in einer Zeit entzogen, in der sie seine Führungskraft dringend benötigte; die indische Protestbewegung von ihrer Quelle abzuschneiden war das unausgesprochene Ziel des Verfahrens gewesen. Gandhi, der jeder Situation das beste abzugewinnen wußte, nutzte den Gefängnisaufenthalt als Ruhepause; er konnte über die vergangenen Ereignisse nachdenken, konnte sich ausgiebiger Lektüre und Reflexion hingeben und sich auf die Schritte in einer Kampagne vorbereiten, die erst mit der vollständigen Trennung Indiens von England zu Ende gehen sollte. Kein geringeres Ziel, das hatte Gandhi die Zeit seit Kriegsende gelehrt, war wünschenswert.

Die Prinzipien von *satyagraha*

Gandhi bemerkte einmal, seine Domäne sei die Tat, und traf damit seinen Wesenskern. Seine bleibende Hinterlassenschaft an die Nachwelt sind die von seiner persönlichen Ethik bestimmten Leistungen, die zur Befreiung Indiens von der britischen Herrschaft führten, und der beispielhafte Beweis, daß verhärtete Probleme sich bisweilen mit Methoden eines nicht gewalttätigen Widerstandes angehen und entspannen lassen. Indessen hätte Gandhi in seine Domäne mit gutem Recht auch seine Reflexionen und Schriften einbeziehen können; sein Nachdenken über die menschliche Natur war ein nicht weniger bedeutendes Wirkungsfeld. Die Gandhi-Biographin Judith Brown bemerkt: „Wie viele große Visionäre verband er das Kontemplative mit der Fähigkeit und der Neigung zu aktiver, ja fieberhaft aktiver Tätigkeit". Jeder Versuch, Gandhi zu verstehen, muß die andauernde und produktive Dialektik des Lesens, Schreibens und Reflektierens einerseits und der Führung durch das mutige persönliche Beispiel andererseits berücksichtigen.

Die philosophische Basis

Ohne als Gelehrter gelten zu können, war Gandhi doch äußerst belesen – Zeit für ausgiebige Lektüre bot sich ihm während seiner wiederholten Gefängnisaufenthalte und seiner freiwilligen Rückzüge aus der vita activa. Er hatte früh begonnen, religiöse Schriften zu studieren – die Bibel, den Koran, die Bhagavadgita vor allem, aber auch zeitgenössische weltliche Texte – Thomas Carlyle, Ralph Waldo Emerson und Thomas Huxley. Wie bereits erwähnt, wurde er von drei Schriftstellern, deren Werke er in den Südafrika-Jahren kennenlernte, am nachhaltigsten beeinflußt. Thoreau verdankte er Einsichten in die Philosophie des bürgerlichen Ungehorsams und in die Möglichkeiten und Wege, dank deren der Mensch sich staatlichem Druck widersetzen kann. Ruskin, der noch lebte, als Gandhi in England studierte, vermittelte ihm ein Verständnis für die sozialen Dimensionen menschlichen Handelns: für die Bedeutung der Arbeit in allen Formen, von den erhabensten bis zu den bescheidensten; für die Beziehungen zwischen den Privilegierten und den Armen und die Spannung zwischen ökonomischen und menschlichen Faktoren.

Den tiefsten Eindruck jedoch hinterließ Tolstoj. Die Lektüre der Tolstojschen Schriften machte es Gandhi nicht nur für alle Zeiten unmöglich, als Mittel zum Zweck Gewalt zu benutzen, sie überzeugte ihn auch von der Notwendigkeit, daß der Mensch sich auf seine Pflichten, nicht auf seine Rechte konzentrieren müsse, und bestärkte ihn im Glauben an die Wichtigkeit der Beziehung des Menschen zu seinem Gott und an die einzigartige Bedeutung der Liebe in allen menschlichen Belangen. Gandhi war stolz darauf, daß es ihm gelungen war, kurz vor dem Tod des großen russischen Denkers eine briefliche Beziehung herzustellen. Auch Tolstoj zeigte sich beeindruckt: er antwortete Gandhi mit begeisterter Zustimmung und äußerte sich mit bewundernder Hochachtung über den Inder. Gandhis Methode des nicht gewalttätigen Protestes, erklärte er, sei „eine Frage von größter Bedeutung, nicht nur für Indien, sondern für die gesamte Menschheit".

Ich glaube nicht, daß die Lektüre bestimmter Werke nötig war, damit Gandhi zu seinen Grundsätzen und bevorzugten Verhaltensmodellen gelangen konnte. Methoden und Instrumente entwickelten sich im Laufe der Jahrzehnte organisch aus seinem Wesen. Doch diese Texte inspirierten ihn und halfen ihm, seinen Platz innerhalb einer Gruppe von etwa gleichaltrigen Zeitgenossen zu finden, die in verschiedenen Regionen der Welt mit denselben Fragen gerungen hatten, die ihn beschäftigten. Gandhi identifizierte sich darüber hinaus mit den bedeutendsten religiösen und geistigen Vorbildgestalten der Menschheitsgeschichte, wehrte allerdings die Anmutung gottähnlicher Züge in der eigenen Persönlichkeit skrupulös ab. Es scheint paradox, daß die relativ isoliert arbeitenden künstlerischen Revolutionäre in persönlicher Verbindung mit ihren Zeitgenossen standen, der schöpferische Politiker hingegen, dessen Leistung sich aufs engste an das Leben anderer Menschen knüpfte, seine größte Inspiration von Denkern bezog, denen er niemals begegnet war.

Nach seinem Glauben befragt, unterstrich Gandhi wenige grundlegende Aspekte: die Suche nach Wahrheit und das Streben nach geistiger Erneuerung – zentral in der Bhagavadgita – waren die entscheidenden Voraussetzungen für sein Leben. Für Gandhi ließen sich das Bemühen um ein verdienstliches Leben im persönlichen Bereich von der Suche nach einem exemplarischen Leben im Dienst der Gemeinschaft nicht trennen, die persönliche Freiheit nicht von der Freiheit für die Gesellschaft, der persönliche nicht vom politischen Verzicht auf physische Gewalt; die persönliche Suche nach Wahrheit, Wissen und Erkenntnis fand im Rahmen einer Gemeinschaft statt, die denselben Zielen verpflichtet war.

Wie Erikson in seiner Gandhi-Studie betont, ist der religiöse Erneuerer ein Mensch, dessen Antworten auf persönliche Probleme letztlich auch größeren gesellschaftlichen Gruppen plausibel erscheinen. In der Tat bestand ein Zusammenhang zwischen Gandhis inneren Kämpfen mit den Auseinandersetzungen, die Indien erschütterten und die in weiten Teilen der erwachenden ‚dritten' Welt ihren Nachhall fanden. Die Bürde der Verantwortung, die er auf sich nahm, konnten andere zu der eigenen machen. Erikson stellt die rhetorische Frage, „warum gewisse genial begabte Menschen nicht umhin können, einen evolutionären und existentiellen Fluch, der alle trifft, auf sich zu nehmen ... und warum andere nur allzu bereit sind, solchen Menschen eine alles überragende, von Gott verliehene Größe zuzuschreiben".

Gandhi lebt in der Vorstellung der meisten als religiöse Vorbildfigur. Doch sein Verständnis von Religion ist von der Vorstellung konfessioneller Hoheitsgebiete, an die sich dieser Begriff heute zumeist knüpft, Welten entfernt. Er glaubte, Mensch sein bedeute, sich religiöse Bezüge zu schaffen. Er war nicht Interessenvertreter einer einzelnen Theologie, er unterstützte das Studium aller großen Religionen, entdeckte, worin sie hilfreich sind und wo ihre Grenzen liegen, und endete schließlich bei dem alle Religionen umfassenden Glauben an die Göttlichkeit der Dinge. Im Einklang mit den Hindutraditionen seiner Kaste betonte er die Pflichten der Privilegierten gegenüber den Benachteiligten, stand jedoch dem Kastenwesen zunehmend kritisch gegenüber und verwandte viel Bemühen darauf, den sogenannten Unberührbaren ihre Würde zurückzugeben. „Die Unberührbarkeit betrachte ich als den größten Makel des Hinduismus", sagte er einmal.

Noch provozierender aber sind vermutlich Gandhis Ideen zum Verhältnis von Religion und Politik. Der Westen hält sich viel zugute auf seine fest etablierte Trennung von Kirche und Staat. Gandhi dagegen unterstrich in allen seinen Schriften die unauflösliche Verbindung beider Bereiche, in unseren Begriffen zwei traditionell einander fremde Domänen. Er erklärte einerseits: „Politik ohne Religion ist für mich absoluter Schmutz, den man unter allen Umständen zu meiden hat." Doch Religion, die praktische Probleme außer acht läßt und nichts zu ihrer Lösung tut, galt ihm ebensowenig: „Ich sage ohne zu zögern und doch in aller Demut: Wer sagt, daß Religion nichts mit Politik zu tun hat, weiß nicht, was Religion bedeutet."

Ein so komplexer und subtiler Mensch wie Gandhi läßt sich nicht auf eine eindeutige philosophische Position oder ein einziges politisches oder religiöses Verhalten festlegen. Selbst sein eigener Versuch greift zu kurz: „Was ich erreichen möchte – was ich in den vergangenen dreißig Jahren mit Mühe und Sehnsucht zu erreichen suchte, ist das Wirklich werden meines Selbst: Gott von Angesicht zu Angesicht zu sehen, der *moksha* teilhaftig zu werden [soviel wie: Eins-werden mit Gott]. ... Alles, was ich sage und schreibe, alle meine politischen Abenteuer dienten diesem einen Ziel". (Dieser Ausspruch kommt Einsteins hybridem Wunsch, die Gedanken Gottes zu kennen, erstaunlich nahe.) Im Zentrum von Gandhis Denken und Tun steht jedoch *satyagraha*, die Verhaltensmaxime, die er über Jahrzehnte entwickelte und verfeinerte. Wie Einsteins Name sich für immer mit dem Begriff der Relativität verbindet, Freuds Name mit dem „Unbewußten" oder Picassos mit dem Kubismus, so ist Gandhi der Meister des *satyagraha*.

Wesen und Wirken von *satyagraha*

In einem programmatischen Sinn verwendete Gandhi den Begriff zum ersten Mal in Südafrika. Er benutzte den Ausdruck, um die Kraft zu benennen, die aus Wahrheit und Liebe hervorgeht und den Indern seit langem in appellativer Funktion als Mittel diente, auf die ihnen zugefügten Ungerechtigkeiten hinzuweisen und unter den Bürgern einer bestimmten Region menschlichere und gerechtere Beziehungen herzustellen. *Satyagraha* setzt die Existenz einer Gemeinschaft voraus, in der zwei oder mehr Parteien miteinander im Streit liegen. Anstatt die Kluft durch Gewalttätigkeit, Verletzungen oder Schadensandrohung zu vertiefen, rufen die Anhänger von *satyagraha* Vernunft und Gewissen ihrer Gegner zu Hilfe, indem sie sich selbst dem Leiden anbieten. Sie hoffen damit im Gegner einen Gesinnungswandel zu erreichen und ihn zu einem willigen Verbündeten zu machen.

Gandhi betrachtete *satyagraha* als eine Art Läuterung, eine Affirmation des geistigen Selbst. Das selbstauferlegte Leiden des Satyagrahi verleiht seiner Aufrichtigkeit und dem Appell dramatischen Nachdruck und sucht den Opponenten von der Rechtmäßigkeit seiner Sache zu überzeugen: „Die Satyagrahi greifen niemals zu Gewalttätigkeiten, gleichgültig, wie tief sie leiden." Gandhi hält den Unterschied zwischen den üblichen Konfrontationen und den von *satyagraha* geleiteten treffend fest: „Wenn ich die Regierung durch gewalttätige Aktionen zwinge, ein Gesetz zurückzuziehen, bediene ich mich praktisch der körperlichen Gewalt. Wenn ich dem Gesetz nicht gehorche und die Strafe für den Gesetzesbruch auf mich nehme, benutze ich die Kraft der Seele. Damit ist ein Selbstopfer verbunden."

In der Regel haben die Satyagrahi ein besonderes Ziel im Auge; sie können, um es zu erreichen, unter Umständen Kompromisse eingehen, solange das Grundprinzip unberührt bleibt. Doch der Kampf hat auch breitere politische Bedeutung: Er soll alle Mitglieder der Gemeinschaft dazu erziehen und die Allgemeinheit dazu ermutigen, den Konsens zur Basis der Entscheidungsfindung und des Regierens zu machen. Seinem Ideal nach, ließe sich sagen, ist das Verhalten der Satyagrahi ein Akt moralischer Selbstverwirklichung und keine Zwangsjacke für einen Opponenten; doch Gandhi war, wie er ausdrücklich einräumte, nicht blind für das Moment des latenten Zwangs, das auch in einem nicht-gewalttätigen Protest wirksam ist.

Der Grundgedanke von *satyagraha* geht nicht auf Gandhi zurück; er läßt sich über seine Mentoren Tolstoj und Thoreau hinaus bis zu religiösen Leitfiguren wie Christus und Philosophen wie Sokrates zurückverfolgen. Gandhis Beitrag war eine detaillierte Ausarbeitung des Handlungsszenarios, mit dem das Prinzip sich umsetzen ließ, im britsch-indischen Kontext zumindest, der ihm vertraut war. Er ging so weit, einen verbindlichen Verhaltenskodex aufzustellen, der unter anderem anwies:
– Hege keinen Zorn, sondern erdulde den Zorn deines Gegners und wehre dich nicht gegen seine Angriffe.
– Wehre dich weder gegen eine Verhaftung noch gegen die Beschlagnahmung von Eigentum, es sei denn, du verwaltest es als Treuhänder.
– Gehorche als Mitglied einer *satyagraha*-Einheit den Befehlen von *satyagraha*-Oberen und ziehe dich in Fällen ernsthafter Unstimmigkeiten aus der Einheit zurück.

Gandhi nennt die Bedingungen, unter denen die Anwendung des Prinzips sinnvoll ist: 1. eine komplexe Situation, in der eine Rückkehr zu elementaren ‚Grundprinzipien' klärend und hilfreich sein kann, und 2. ein Streitfall, in dem der Gegner verletzlich ist und weitgehende moralische Übereinstimmung darüber besteht, daß etwas im argen liege. Er führt im einzelnen die unerläßlichen Elemente an, zu denen Selbstdisziplin, Selbstbeherrschung und Selbstläuterung ebenso gehören wie Loyalität und Gehorsam dem Führer gegenüber. Der einzelne muß sich darüber im klaren sein, warum er ein *sa-*

tyagraha durchführt und was er den anderen Beteiligten schuldig ist. An einer Stelle führte er aus: „Ein Satyagrahi unterscheidet sich von anderen Menschen ... dadurch, daß er sich Einschränkungen auferlegt, denen er sich freiwillig unterwirft – nicht weil er Bestrafung fürchtet, sondern weil er der Meinung ist, diese Unterwerfung sei wesentlich für das Wohl aller". Gandhi unterstrich die Notwendigkeit, die Bedürfnisse des Gegners zu erkennen und diesem sogar zu helfen, wenn er die Freiheit verliere, als autonomer Gegenspieler zu agieren. Vor allem aber dürfe das bekämpfte objektive Übel niemals mit der Persönlichkeit des einzelnen Angehörigen der Gruppe gleichgesetzt werden, die das schadenstiftende Verhalten an den Tag legt.

Der Prozeß des *satyagraha* beginnt mit Bemühungen, durch Diskussion und Vernunft zu überzeugen. In frühen Phasen sind Übereinkunft und Kompromiß erlaubt. Scheitern solche Schlichtungsversuche (wie in Ahmedabad), geht man zur Überzeugung durch Leiden über, etwa durch Fasten. In dieser Phase versucht man, die zur Diskussion stehenden Streitpunkte zu dramatisieren und sich, in der Hoffnung, eine neue Gesprächsrunde einleiten zu können, die Aufmerksamkeit einer größeren Öffentlichkeit zu sichern. Bleibt auch der Versuch einer Überzeugung durch Leiden erfolglos, kann sich *satyagraha* auf eine dritte Phase – Nötigung ohne Anwendung physischer Gewalt – erstrecken, die durch Verweigerung der Zusammenarbeit oder zivilen Ungehorsam gekennzeichnet ist. Hier laufen die Aktionen Gefahr, daß sich gewalttätige Aggressionen Bahn brechen oder daß die Feindseligkeit zwischen den Parteien ein Ausmaß erreicht, das die längerfristige Einhaltung jedes allenfalls ausgehandelten Abkommens gefährdet. Gandhi hielt diesen prekären Prozeß in einem prägnanten Bild fest: „Ein Seiltänzer, der sich in einer Höhe von 8 Metern auf einem Seil bewegt, muß sich ganz auf das Seil konzentrieren, und der geringste Fehltritt ... bedeutet für ihn Tod ... [Ein] Satyagrahi sollte wenn möglich noch unbeirrbarer sein."

Schließlich weist Gandhi auch auf die Grenzen des Prinzips hin, das sich nicht in jeder Situation anwenden lasse. Einigen Situationen fehlt die moralische Eindeutigkeit, anderen das disziplinierte Korps von Akteuren oder Anhängern, und nur allzu vielen fehlt ein Gegner mit dem Sinn für Fair play: Tyrannen, bemerkte Gandhi mit Trauer, sind durch *satyagraha* nicht zu bewegen. Das dem Prinzip anhaftende Element des Zwangs muß sensibel gehandhabt werden, sonst riskiert man eine Vernichtung des Gegners oder eine Beeinträchtigung nachfolgender Verhandlungen.

Diesen Begrenzungen zum Trotz hatte Gandhi eine Methode von immenser Präzision und Wirksamkeit geschaffen. Sie hat in der ersten Hälfte unseres Jahrhunderts in Indien unvorhersehbare Folgen gezeitigt und könnte – ausschließen läßt es sich nicht – innerhalb der Weltgemeinschaft künftig noch größeren Einfluß gewinnen, falls sich Menschen finden, die sie übernehmen und mit Überzeugung anzuwenden verstehen. Gandhi erklärte: „Wenn es ein Land gibt, das die Kunst erlernen kann, sich der Gewalttätigkeit zu enthalten, so ist es Indien – dessen bin ich gewiß ... und selbst wenn der Versuch in diesem Augenblick gemacht würde, fänden sich vielleicht Tausende von Männern und Frauen, die bereit wären zu sterben, ohne ihren Verfolgern mit Haß zu begegnen".

Ein menschliches Drama mit offenem Ausgang

Wie läßt sich *satyagraha* im Zusammenhang der Untersuchung menschlicher Kreativität deuten? Es wäre irreführend, das Prinzip als bloße Kombination einander ergänzender Begriffe zu verstehen, und ebenso irreführend, es nur als die Gesamtheit bewährter Praktiken zu betrachten, die von einem virtuosen Darsteller mit begleitendem Ensemble in Szene gesetzt werden. Was es auszeichnet und zu einer imponierenden menschlichen Leistung macht, ist gerade die Tatsache, daß es eine gelebte Philosophie repräsentiert. In seinen jahrzehntelangen analytischen Studien der menschlichen Natur und Experimenten mit Interaktionsformen gelangte Gandhi zu einem Vorgehen, das auf seine Art so präzis war wie eine Ballettchoreographie, die ihre Aufführung erlebt hat, oder wie eine verifizierte mathematische Formel. Entsprechend der besonderen historischen Situation und dem interaktiven Verlauf muß jeder Schritt genauestens ausgeführt und sorgfältig überwacht werden; doch im Unterschied zu einem durchgestalteten Ballett oder einer formulierten Gleichung gibt es keinen Algorithmus für das gewünschte Ergebnis. Jeder einzelne Schritt hat in Planung und Durchführung nicht nur die leitenden Grundprinzipien, sondern auch die spontanen Aktionen und Reaktionen der Beteiligten zu berücksichtigen. Bei dieser Darstellung, einem Werk, das sich im strengen Sinn fortschreitend entfaltet, steht also in der Tat in jedem Moment alles auf dem Spiel.

Wir können uns *satyagraha* somit als einen Prozeß vorstellen, der halb ritualisiert ist und halb improvisiert werden muß. Am besten läßt er sich vielleicht als Dramatisierung des menschlichen Lebens begreifen, als neuartiges Ritual, das es den Menschen ermöglicht, von genauen Verhaltensprinzipien geleitet, doch eingedenk der Unvorhersagbarkeit der Ereignisse, vertrauensvoll miteinander umzugehen. Gandhis Einsicht in die menschliche Persönlichkeit – in das Ich so gut wie in den Anderen – war ebenso entscheidend für den Prozeß wie seine Fähigkeit, Lösungen logisch zu durchdenken, Vorstellungen in Worte zu fassen und bei Bedarf einen Kurswechsel vorzunehmen. Das Symbolsystem, mit dem er die dynamischen Prinzipien von *satyagraha* erarbeitete, machte diese intellektuellen Kompetenzen unerläßlich.

Gandhi als Mensch

Kaum ein geistiger Führer der Weltgeschichte hat seine innersten Gedanken mit größerer Transparenz ausgebreitet als Gandhi. In seinen Schriften, insbesondere in seiner Autobiographie *Die Geschichte meiner Experimente mit der Wahrheit* setzte er sich mit seinem Verhalten, seinen Gedanken und Motivationen gründlich und aufrichtig auseinander. Ein derart bekenntnishaftes Schreiben hat eine doppelte Wirkung. Erstens erlaubte es Gandhi, seine persönliche Geschichte, seine aktuelle Befindlichkeit und die Ziele, die er für sich selbst, sein Volk und die übrige Menschheit im Auge hatte, miteinander in Einklang zu bringen. Außerdem ermöglichte es seinen Weggefährten und allen, die an seiner Methode interessiert waren, an seinem Leben teilzunehmen.

Hier drängt sich ein Vergleich mit Freud auf. Beide Männer verbrachten viel Zeit damit, Begebenheiten ihres Lebens zu analysieren und ihre Überlegungen zu Papier zu bringen. Sie griffen häufig scheinbar unbedeutende Vorfälle auf – Kränkungen, Angstgefühle, Träume –, denen sie Sinn abzugewinnen versuchten. Psychologen aus Instinkt, reizte es sie, den Mechanismen nachzugehen, die das menschliche Verhalten bestimmen. Sein Biograph Bal Ram Nanda hat beschrieben, wie Gandhi reflektierte: „Er stellte sich jedesmal ein Problem und suchte eine Lösung, indem er eine Art moralische Algebra zur Anwendung brachte. ,Nie wieder', versprach er sich nach jeder Eskapade. Und er hielt sein Versprechen." Gandhi kommentierte: „Solche Experimente sind ein integraler Bestandteil meines Lebens, sie sind wesentlich für meinen geistigen Frieden und meine Selbst-Verwirklichung."

Von einigen besonderen Ausnahmen abgesehen, sah Freud sich nicht als Vorbild für andere. Gandhi verstand sich zwar als Vorbild, doch Selbstgefälligkeit lag ihm fern. Er experimentierte unablässig und beschrieb seine Erfahrungen, um andere zu einem rechtschaffenen Leben zu bewegen und vor fragwürdigem oder destruktivem Verhalten zu warnen. In allem, was er tat –

den Reisen dritter Klasse, dem Spinnen zum Selbstgebrauch, dem Reden und Schreiben in der regionalen Volkssprache, der Überwachung seiner Ernährungsgewohnheiten –, erkundete Gandhi seine Grenzen, reflektierte sie und erforschte die Tauglichkeit neuer Wege und damit die Möglichkeiten menschlichen Daseins überhaupt.

Bedürfnislosigkeit und Selbstbeherrschung

Es war ein Teil von Gandhis Experimenten, so bescheiden zu leben wie ein Heiliger. Er entledigte sich weltlicher Besitztümer, aß und trank äußerst maßvoll, trug nur die notwendigste Kleidung und umgab sich mit einem Minimum an kreatürlicher Behaglichkeit. Ein weiterer Schritt zur Sublimierung war der Entschluß, auf sexuelle Beziehungen zu verzichten, der in der indischen Mythologie und ihren Lehren von Abstinenz und Selbstüberwindung ein Vorbild hat, in Gandhis Umgebung indes mit Zurückhaltung aufgenommen wurde. (Ich erwähnte Freuds übereinstimmende Entscheidung.) Seine Selbstbeschränkung gab Gandhi Kraft. Er erklärte: „Ich besitze keine materiellen Eigentümer und habe doch das Gefühl, der vielleicht reichste Mann der Welt zu sein. Mein Leben ist ohne Zweifel sehr leicht und sehr bequem. ... Ich bin ein Bettler ... das Gebet hat mein Leben gerettet". Ein paar Augenzeugen sahen seine Lebensführung nüchterner. Einer von ihnen erklärte: „Es kostete sehr viel Geld, Gandhi in Armut leben zu lassen."

Gandhi war der Ansicht, jeder Mensch müsse sein Leben so weit wie möglich in die eigene Hand nehmen. Seine Vorliebe für das Baumwollspinnen – die einer Obsession gleichkam – war nicht nur eine tägliche Übung der Selbstdisziplinierung, sondern auch Ausdruck der Überzeugung, alle Inder könnten ökonomisch autark sein, wenn sie derlei Fertigkeiten beherrschten. Sein anhaltendes Interesse an Medizin, Gesundheit, Nahrung und Ernährung diente dem Versuch, zu ergründen, wie man ohne bedeutende materielle Ressourcen überleben könne. Gandhi bestimmte nicht nur über die eigene medizinische Versorgung, sondern bestand auch darauf, bei der Behandlung seiner Angehörigen das letzte Wort zu haben. Er fühlte sich bestätigt, als sein Sohn ohne schulmedizinische Therapien eine Typhuserkrankung überstand. Doch seine eigensinnigen Vorstellungen von ärztlicher Versorgung hatten unnötiges Leiden für Familienmitglieder zur Folge, die er von der angemessenen Behandlung abhielt.

Als äußerste Form der Selbstbeherrschung praktizierte Gandhi das Fasten. Wenn er darauf verzichtete, Nahrung zu sich zu nehmen, befolgte er eine

Praxis der Selbstreinigung, die in Indien eine lange Tradition hat und auch von seiner Mutter häufig geübt wurde. Jahrelang hatte er das Fasten hauptsächlich als Technik benutzt, die eigene Kraft und die seiner Nächsten zu erproben. Erst als sich die Ereignisse immer deutlicher auf eine Befreiung Indiens zubewegten, setzte er das Fasten als mächtige Waffe politischer Überzeugung ein: „Fasten läßt sich nicht als Mittel gegen einen Gegner benutzen. ... Zum Fasten kann man nur um deretwillen Zuflucht nehmen, für die man die größte Zuneigung und Verantwortung empfindet und nur zu ihrem Besten ... es ist eine Wissenschaft für sich. Ich kenne bisher niemanden, der sie vollkommen beherrscht". Angesichts dieser Überzeugung konnte es nicht ausbleiben, daß der reife Gandhi ganz Indien als seine Familie betrachtete – eine Vorstellung, der er sich mit zunehmender Bereitschaft überließ.

Die meisten Leute kamen über sein unablässig wachsendes soziales Wirkungsfeld mit Gandhi in Berührung. Wer ihn während einer Protestaktion erlebte, war beeindruckt von seiner peinlich genauen Durchführung jedes einzelnen Schrittes: das erste Zusammentreffen, die Suche nach einer gemeinsamen Basis, die sorgfältige Darstellung gut belegten Beweismaterials, die Arbeit mit Vertrauensleuten und die Mobilisierung der Medien. In ausgedehnten Phasen der Reflexion antizipierte er Probleme, die jederzeit auftauchen konnten, und die Möglichkeiten, an sie heranzugehen. Erwartete er eine Festnahme, entwarf er die Pläne für das Vorgehen während seiner Haft. Die Fortschritte seiner Gedankenarbeit ließ er Freunde und Gegner wissen. Noch inmitten chaotischer Verhältnisse kümmerte er sich gewissenhaft um Alltagsgeschäfte – schrieb Briefe und Artikel, nahm an Versammlungen teil, führte Tagebuch und hielt den Kontakt zu seinen Sekretären und ‚Leutnants im Felde', kurz, hatte alle Details zu Personen und Ereignissen im Kopf. Es war überaus beeindruckend zu beobachten, wie er seine Aufmerksamkeit auf die lokale Arena mit einem Sinn für globale Öffentlichkeitsarbeit zu vereinen wußte und zum Beispiel sicherstellte, daß Jounalisten in aller Welt ständig im Besitz der Informationen waren, die sie für ihre Stories brauchten. Allen erschien es wie ein Wunder, daß er nur alle paar Tage drei bis vier Stunden Schlaf brauchte.

Mitgliedschaft in Gandhis Kreis

Für die Mitglieder seines Kreises war Gandhi eine Gestalt von überwältigender Ausstrahlung. Seine Gesichtszüge waren unattraktiv, sein Körper jedoch gut gebaut, und er bezwang alle durch den magnetischen Blick seiner Augen, in denen häufig der Schalk saß. Seine sanfte, leicht spöttische Art wirkte anziehend. Er glich seinen Eltern darin, daß er an seine Mitarbeiter ungeheuer hohe Erwartungen stellte, dafür aber auch bedeutend zu ihrer Entfaltung beitrug und an ihrem Wohlergehen warmen Anteil nahm. Er sprach mit jedem aufrichtig und direkt, in einem leichten Plauderton, den er auch in Reden vor großen Menschenmengen beibehielt. Durch umsichtige Allianzen mit lokalen Politikern der aktuellen Protestszenen vergrößerte er den inneren Zirkel. Sein Auftreten und seine Reputation verliehen ihm ein Charisma, das die Menschen in Bann schlug. „In seiner Anwesenheit", erklärte ein Anhänger, „konnte man nicht lügen". Sein politischer Zögling Jawaharlal Nehru erinnerte sich:

Vor fast dreieinhalb Jahrzehnten kam ich zum erstenmal mit dieser seltsamen Persönlichkeit und ihren noch seltsameren Ideen in Berührung und fühlte mich unmittelbar so berührt, als hätte mich ein elektrischer Schlag getroffen. Doch der Schock war beruhigend und belebend zugleich. Der Verstand kämpft mit diesen neuen Ideen, die oft ziemlich unmethodisch und unlogisch vorgelegt werden. Doch der gesamte Organimus reagierte darauf und wuchs unter dem Eindruck.

Zu Gandhis Kreis zu gehören hatte seinen Preis. Alle größeren Entscheidungen traf Gandhi selbst und ließ sich, soweit ich feststellen kann, nur selten durch alternative Vorschläge zu einer Richtungsänderung bewegen. Er schien von anderen zu erwarten, daß sie die Schwierigkeit des Abwägens und Nachdenkens vornehmlich ihm, das heißt der Kraft seines Geistes überließen. Er konnte sich diese diktatorische Arroganz leisten, weil er immerhin aufmerksam zuhörte, wenn andere sprachen, weil er jedem seine nützliche Nische zuwies, weil er Humor hatte und, wenn auch nicht ohne Widerstreben, Fehler zugeben und seine Meinung ändern konnte. Gandhi wies jeden Anspruch auf besondere Kräfte oder göttliche Autorität ausdrücklich von sich, hatte jedoch keine geringe Meinung von seinen Urteilen und ließ sie nur höchst ungern in Frage stellen. Es ist nicht auszuschließen, daß er als junger Mann in Südafrika oder in seinen ersten Jahren in Indien den Ideen anderer mehr Gehör schenkte. Doch der Mahatma trat selbstsicher und entschieden auf und erklärte einmal mit Blick auf Gefolgsleute, die bemüht waren, *satyagraha* nachzuahmen: „Das sollten sie mir allein überlassen".

Die unausgesprochene Forderung, den eigenen Standpunkt auszuklammern und eigenes Widerstreben zu unterdrücken, war nicht jedermanns Sache. Wer Gandhis Anhänger blieb, empfand unzweifelhaft ein starkes Bedürfnis nach der Führung durch eine charismatische Natur. Einer aus dieser

Schar sagte: „Natürlich fühlten wir uns, als wir mit Bapu [„Vater" – vertrauliche Anrede Gandhis] lebten, frei, alles zu tun, und doch spürten wir auch, daß wir ihn bei jeder Schwierigkeit nötig hatten. Wir wurden so abhängig von ihm, daß wir keine Entscheidung treffen konnten, ohne ihn um Rat zu fragen." Nur in den Verhandlungen mit fremden Politikern, die ihre eigene Klientel hatten, fühlte sich Gandhi zu Kompromissen gedrängt, und in zahlreichen Fällen lehnte er jedes Entgegenkommen ab.

Praktisch beispiellos war Gandhis Einfluß auf die indischen Massen. Etwas an der Art, wie Gandhi sich verhielt und wie er sein Leben gestaltete, fand bei *seinem* Volk Widerhall. Die einfache Gewandung, das Spinnen, der Genuß von Ziegenmilch, sein Vegetariertum und seine Askese erschienen den verarmten, notleidenden Menschen wahr und vollkommen glaubwürdig; von ihm fühlten sie sich verstanden. Zu ihm kamen sie, um sich segnen zu lassen. Der Journalist William Shirer schrieb: „In der Gegenwart des großen Mannes spürten sie, daß in ihrem armseligen Leben plötzlich etwas Ungeheures geschah, daß sie diesem Mann im Lendentuch, der einem Heiligen glich, nicht gleichgültig waren, daß er ihr unglückliches Dasein verstand und ungeachtet der großen weißen Sahibs in Delhi und in den Hauptstädten der Provinz die Macht hatte, etwas daran zu ändern." Gandhis Genialität bestand darin, daß er in das traditionelle Bild des geistlichen Lebens ein neues, dramatisches Handlungselement einführte, das die Menschen verpflichten konnte, ihr Leben im Dienst eines nationalen Ideals zu opfern und dieses Opfer selbstlos und ohne Haß zu bringen.

Die problematische Seite seiner Natur ist der Kontrast zwischen den Beziehungen zu den engsten politischen Kampfgefährten und zu seinen Angehörigen. Für den engsten Kreis seiner Mitarbeiter war Gandhi der sorgende Vater, der allen Bedürfnissen ein offenes Ohr lieh und jederzeit auf das Wohl aller bedacht war. Seine Macht über sie war so groß, daß ihre Persönlichkeit in der seinen aufging und sie alles opferten, um die gemeinsamen Ideale Wirklichkeit werden zu lassen. Gandhi, sein Vertrauter und Sekretär Mahadev Desai und sein kühl kalkulierender Organisator, Vallabhbai Patel, waren ein ungeheuer effektives Dreiergespann, in dem die Energien der einzelnen einander verstärkten. Fraglos war Gandhis starke Persönlichkeit das festigende Band dieser Beziehungen. Anasuya Sarabhai erklärte: „Bapuji hatte etwas Unwiderstehliches. ... Die meisten von uns sagen etwas anderes, als sie denken, und handeln wiederum anders. Bapuji war nicht so. ... Er sagte, was er dachte, und tat, was er sagte, so daß sein Verstand, sein Geist und sein Körper in Harmonie miteinander waren."

Gespannte Familienbeziehungen

Anders stellen sich Gandhis Beziehungen zu seinen Familienangehörigen, insbesondere zu seinen Kindern, dar. Er kämpfte jahrelang mit seiner Frau, versuchte sie dazu zu bringen, sich Bildung anzueignen (vielleicht war es ihre Vergeltung, daß sie Analphabetin blieb), und hielt sie an, seinen Befehlen zu gehorchen (das hieß auch, Nachttöpfe zu reinigen und mit Unberührbaren zusammenzuleben). Wenn sie krank war, blieb er sachlich, beinahe grausam, und beharrte gegen elementare Vernunft und ärztliche Erfahrung auf seinen medizinischen Idiosynkrasien. Er zollte Kasturbai widerwilligen Respekt und mag sie auf seine Art geliebt haben, doch ihr Leben mit ihm war eine Prüfung.

Gandhis Verhältnis zu seinen Kindern, besonders zu seinem ältesten Sohn, war nicht das beste. Auch von seinen Kindern erwartete er viel, und wenn sie diese Erwartungen enttäuschten, wandte er sich von ihnen ab, zumindest unbewußt, manchmal aber auch ausdrücklich. Harilal, der Älteste, führte ein zügelloses Leben. Er war ein Beispiel für Eriksons „negative Identität" mit Bezug auf familiäre Erwartungen und distanzierte sich auf jede nur denkbare Art vom Glauben und Handeln des Vaters. Kasturbai verteidigte ihn, Gandhi konnte – oder wollte – es nicht, er enterbte ihn mehrmals, beschuldigte ihn, dem Vater kein Sohn zu sein, und nannte andere, wie Desai, ostentativ seine Ersatzkinder.

Wie läßt sich dieses beunruhigend widersprüchliche Sozialverhalten in einem Menschen erklären, dessen Metier doch gerade die soziale Sphäre ist? Gandhi scheint es ungewöhnlich schwer gefallen zu sein, zu den engsten Angehörigen anhaltend enge Beziehungen zu entwickeln, Schwierigkeiten, die bereits im Verhältnis zu seinen Eltern auftraten. Er respektierte die Eltern, aber dafür, daß er ihnen oder anderen Mitgliedern seiner Familie besonders nahestand, gibt es (außer vielleicht seinem Schuldgefühl) keinerlei Hinweise. Einen persönlichen Mentor hat er nie gehabt, fühlte sich allerdings seinem Altersgenossen Rajchandra, dem frühverstorbenen Dichter und Philosophen, verbunden und später dem Politiker Gokhale, der ihn in das politische Leben Indiens einführte und bald nach Gandhis Rückkehr aus Südafrika starb. Thoreau, Tolstoj und Ruskin hat er nicht persönlich kennengelernt.

Gandhis verminderte Fähigkeit zu intimen affektiven Bindungen hat sich in seiner eigenen Familie offenbar verstärkt ausgewirkt. Sein Verhalten zu Frau und Kindern scheint von Beginn an entweder durch berufliche Interessen oder philosophische Prinzipien bestimmt gewesen zu sein, nicht jedenfalls von einem anhaltenden Vermögen zu bedingungsloser Liebe und Empathie. Auf die Frage, ob das geistige Vermächtnis eines Genies durch die Familie an die Nachwelt gelange, antwortete Gandhi mit vielleicht unfreiwilliger Offenheit: „Auf keinen Fall. Ein genialer Mensch wird mehr Schüler haben, als er je Kinder haben kann." Gandhi konnte sich Menschen verbunden fühlen, die mit ihm an seinen Projekten arbeiteten; solche Beziehungen hielten in einigen Fällen über Jahrzehnte und entbehrten nicht großer persönlicher Zuneigung. In wesentlicher und für ihn entscheidender Beziehung stand Gandhi jedoch zu Menschen, die er nie kennenlernte. Wie alle großen politischen Führer besaß er eine geheimnisvolle, lebenslang andauernde Verbundenheit mit den Volksmassen seiner Nation, all denen, die als Teil seiner Mission auftraten, nicht aber als Menschen, mit denen er unmittelbar in Berührung kam.

Im interpersonalen Bereich ist Gandhis Beziehungsstil vielleicht eher als Idiosynkrasie denn als Grundlage und Quelle der Kreativität zu werten. Es könnte aber auch sein, ich deutete es bereits an, daß seine Beziehungen zur Familie Sarabhai oder zu anderen Mitgliedern seines Ashrams als adäquate Substitution für die intimere Spielart der kognitiven und emotionalen Unterstützung gedient haben, über die andere schöpferische Geister verfügten. Das Schema, das sich bei den übrigen hier dargestellten Künstlern und Denkern erkennen ließ, mag einem Inder weniger angemessen sein als einem Menschen des westlichen Kulturkreises. Plausibler erscheint mir eine andere Vermutung – daß nämlich eine Behinderung intimster persönlicher Beziehungen als Kehrseite des Führersyndroms auftreten könnte, das heißt, die Kunst, auf Massen Einfluß zu nehmen, nur schwer vereinbar wäre mit der Hingabe an den einzelnen. Das hieße auch, daß als Gandhis eigentliche Mentoren ihm fernstehende Persönlichkeiten wie Tolstoj zu gelten hätten oder die großen Religionsstifter wie Christus, Buddha und Mohammed. Sein wichtigstes Gespräch führte Gandhi mit Gott, dem Gott, den er internalisiert hatte.

Kritik und Unzulänglichkeiten

Ein Mensch mit so komplexer Persönlichkeit und nicht weniger komplexen philosophischen Überzeugungen bot Angriffsflächen und mußte Kritik auf sich ziehen. Das abschätzige Urteil der britischen Politiker war zu erwarten. Lord Irwin nannte ihn „ziemlich abgehoben und in der dünnen Luft des Geistes zu Hause, die ohne Beziehung ist zu den praktischen Gegebenheiten der Situation". Lord Frederick Birkenhead klagte spöttisch: „Armer Gandhi! Ein Niedergang fürwahr! Eine mitleiderregende Gestalt mit seinem Spinnrad wie der letzte Minnesänger mit seiner Harfe, ohne jedoch eine ähnliche bezaubernde Zuhörerschaft um sich sammeln zu können". Der Altphilologe Gilbert Murray sagte von ihm: „... ein gefährlicher und unbehaglicher Gegner, weil sein Leib, dessen man sich immer bemächtigen kann, so wenig Gewalt über seine Seele gibt". Und in der berühmtesten oder berüchtigtsten Diffamierung Gandhis sprach Sir Winston Churchill wegwerfend von dem „rebellischen Fakir, der halbnackt die Treppen zum Palast des Vizekönigs hinaufstrebt, um mit dem Repräsentanten des Königs und Oberhaupts des Empire zu verhandeln". Aber auch Gandhis vertrauteste Weggefährten erlebten Zeiten der Anfechtung. In den frühen dreißiger Jahren erklärte Nehru: „Ich fürchte, daß ich mich trotz meiner starken inneren Bindung an seine Person geistig mehr und mehr von ihm entferne. Seine pausenlosen Verweise auf Gott irritieren mich über die Maßen. Seine politischen Aktionen sind oft von einem untrüglichen Instinkt geleitet, aber er trägt nichts zur geistigen Selbständigkeit anderer bei." Ob man ihn bewunderte oder fürchtete – Gandhi war von anhaltenden Zweifeln oder Fragen umgeben.

Politisch weitsichtig, war Gandhi in seinen Urteilen dennoch keineswegs unfehlbar. Notorisch war seine Blindheit im Umgang mit Diktatoren Während er einräumte, daß *satyagraha* kein gangbarer Weg war, wenn man es mit Vertretern totalitärer Staaten zu tun hatte, gab er die Hoffnung nicht auf, er könne seine Methoden feindlicher Gesinnung anpassen: „Ich strebe danach, dem Schwert des Tyrannen nicht dadurch seine Kraft zu nehmen, daß ich ihm eine schärfere Waffe entgegenhalte, sondern indem ich seine Erwartung enttäusche, daß ich physischen Widerstand leiste. ... Der Widerstand der Seele, den ich ihm entgegensetze, wird ihm entgehen. Ich verwirre ihn zunächst und erzwinge endlich eine Anerkennung ... die ... ihn nicht demütigt, sondern erhebt". Und an anderer Stelle: „Hitler ... Mussolini ... Stalin können die unmittelbare Wirksamkeit von Gewalt sichtbar machen ... aber die Wirkungen von Buddhas gewaltfreiem Handeln sind unzerstörbar und werden mit den Jahren wachsen."

Gandhi schien unfähig einzusehen, daß es Menschen gibt, die durch und durch amoralisch sind oder kein Moralempfinden besitzen. Er forderte die europäischen Juden auf, sich widerstandslos verfolgen und töten zu lassen, im Glauben, diese Reaktion werde in ihren Peinigern Mitgefühl auslösen. Er wandte sich mit einem Appell direkt an Hitler, den er als „Dear friend" ansprach, forderte ihn auf, sein Vorgehen zu ändern, und sicherte ihm Vergebung zu. Eine Antwort Hitlers ist nicht überliefert.

Ein Führer für seine Nation und die Welt

Der Salzmarsch

War Ahmedabad der Schmelztiegel, in dem Gandhi die einzelnen Elemente von *satyagraha* zum ersten Mal verknüpfte, kann der sogenannte Salzmarsch von 1930 als Apotheose der indischen Unabhängigkeitsbewegung gelten. Dank der Verfilmung seiner Lebensgeschichte (*Gandhi*) sind die Umstände des Ereignisses heute wieder so bekannt wie seinerzeit, vor mehr als sechzig Jahren, als es weltweit durch die Medien ging.

Ähnlich wie die Bostoner „Tea Party"* wurde der Marsch durch eine Steuererhebung ausgelöst: das Vorhaben, Salz in einem Land mit Abgaben zu belegen, wo dieses Gewürz buchstäblich über Leben und Tod entschied, wurde allgemein als ungerechte, sozial repressive Maßnahme empfunden. Die Regierung hatte das Salzmonopol, und den Indern war verboten, eigenes Salz zu produzieren, obwohl das leicht möglich war und sie sich damit ein Grundnahrungsmittel um einen geringen Preis oder kostenlos hätten beschaffen können.

Gandhi hatte nach Möglichkeiten für einen wirkungsvollen Protestakt Ausschau gehalten, der ein endgültiges Signal setzen sollte, daß die britische Herrschaft über Indien zu beenden sei. Am 12. März 1930 machte er sich mit einer kleinen Gruppe seiner Anhänger auf den Weg von Ahmedabad nach Dandi, einer Küstenstadt in der Nähe von Jalapur. Gandhi, mit einundsechzig Jahren der älteste der Marschierenden, führte den Zug an. Die Menge wuchs bei jedem Halt, bis der Zug über drei Kilometer lang war. Gandhi hielt durch, legte die täglichen 15 bis 20 Kilometer zurück, ruhte häufig aus, erlag jedoch nie der Versuchung, sich auf dem Karren niederzulassen, der dem Zug ständig folgte. Bei jedem Halt erklärte er der herbeiströmenden Menge geduldig den Zweck des Marsches, bat die Lokalpolitiker, der Regierung die Loyalität aufzukündigen, und beobachtete, wie Menschen verschiedenen Alters und verschiedener sozialer Herkunft und Religion sich den Marschierern anschlossen oder sie segneten.

Der Marsch zum Meer konnte aus bestimmter Sicht als unlogisch erscheinen. Warum sollte man eine Unzahl von Indern ans Meer führen, nur um dort

---

* Beim Boykott englischer Waren im Vorfeld des amerikanischen Unabhängigkeitskrieges wurde 1773 eine Schiffsladung Tee aus Ostindien ins Wasser geworfen. [A.d.Ü.]

ein paar Salzkörner aufzulesen? Die führenden britischen Politiker, weit davon entfernt, das Gewicht der Demonstration angemessen einzuschätzen, standen vor einem Rätsel – und bewiesen damit vielleicht die Zweckmäßigkeit von Gandhis Aktion. Sie waren der Überzeugung, der Marsch werde sich totlaufen, und begingen den taktischen Fehler, nicht einzugreifen.

Für Gandhi und seine Gefolgschaft indessen entbehrte der Marsch weder der Logik noch der Wirkung. Als symbolisches Zeichen würde er auf Inder und Sympathisanten in aller Welt nicht ohne Einfluß bleiben. Gandhi teilte dem Vizekönig seine Absichten in einem Schreiben mit: „Ich weiß, daß Sie meinen Plan durch meine Verhaftung zunichte machen können. Aber ich hoffe, daß Zehntausende bereit sind, in aller Zucht mein Werk nach mir weiterzuführen, und im Ungehorsam gegen das Salz-Gesetz sich der Strafe eines Gesetzes auszuliefern, das eine Schande für einen Rechtskodex darstellt." Seinen Anhängern gegenüber bekräftigte Gandhi seine Entschlossenheit: „Für mich gibt es kein Zurück, ob ich allein bin oder in der Begleitung von Tausenden. Lieber sterbe ich den Tod eines Hundes, sollen Hunde an meinen Knochen lecken, ehe ich als gebrochener Mann in den Ashram zurückkehre." Bei Fischer ist zu lesen: daß er „ein paar Salzkörnchen vom Boden aufhob und damit die mächtige Regierung herausforderte und zum Verbrecher wurde, das erforderte Phantasie, Würde und die bezwingende Kraft eines großen Künstlers. Ein solches Vorgehen packte den ungebildeten Bauern ebensosehr wie den klugen Kritiker ...".

Nach einem Marsch von 390 Kilometern in 24 Tagen erreichte der Zug die Stadt Dandi. In der Nacht betete Gandhi mit der Menge. Am Morgen des 6. April watete er ins Meer, bückte sich und hob einen kleinen Klumpen Meeressalz auf. Er war durch diese Bewegung faktisch zum Kriminellen geworden, da er aus dem Meer heraus Salz gewonnen hatte, ohne dabei im Dienst der Regierung zu stehen. Zunächst geschah nichts, und ein leichtes Gefühl der Ernüchterung kam auf. In den folgenden Tagen jedoch begannen landesweite Proteste und Aktionen des Widerstandes. Nehru erinnerte sich später:

Es war, als hätte man eine Sprungfeder gelöst. ... Als wir sahen, wie Enthusiasmus die Menschen ergriff und die Salzherstellung sich ausbreitete wie ein Buschfeuer, waren wir etwas betreten und beschämt, die Wirksamkeit der Methode angezweifelt zu haben, als Gandhi sie zum ersten Mal vorschlug. Und wir staunten über das frappierende Talent dieses Mannes, die Menge zu beeindrucken und zu einem koordinierten Vorgehen zu veranlassen.

Viele sammelten Salzwasser in Pfannen, ließen das Wasser verdunsten und behielten so das kostbare Gewürz zurück. In Sympathieprotesten wurden ausländische Textilien verbrannt, Alkoholgeschäfte und Schankstätten besetzt und mit weiteren Akten ziviler Ungehorsam praktiziert. Gandhi hatte erreicht, was er am 5. April 1930 verlangt hatte, in einem Augenblick, als er annahm, im Verlauf dieser Aktion sei ihm der Tod bestimmt: „Ich brauche die Solidarität der Welt bei diesem Kampf von Recht gegen Macht."

Danach allerdings geriet das Geschehen außer Kontrolle. Terroristen in Hindustan ermordeten bei einem Überfall sechs Menschen. Das Militär wurde eingesetzt, um die Demonstrationen aufzulösen, doch die Soldaten weigerten sich, auf die Menge zu feuern. Es kam zu Zusammenstößen zwischen britischen und indischen Soldaten, und das Militärgericht verhängte harte Strafen gegen die Protestierenden. Der Vizekönig versuchte, der Presse einen Maulkorb zu verpassen; die Berichterstattung über Akte zivilen Ungehorsams wurde zum Kapitalverbrechen erklärt. Gandhi protestierte lautstark, wie in der Absicht, die Regierung zu noch härterem Vorgehen anzustacheln. Er eröffnete dem Vizekönig in einem Schreiben, er wolle eines der Salzwerke der Regierung „besetzen". Daraufhin wurden Gandhi und mit ihm weitere Teilnehmer der Kampagne, die „nichts weniger als die vollständige Lahmlegung der Verwaltungsmaschinerie" bezwecke, festgenommen.

Bald erreichte der Salzmarsch seinen Höhepunkt. Die Dichterin Sarojini Naidu übernahm die Führung der Truppen und stellte sich an die Spitze von 2500 Freiwilligen, Mitgliedern der Kongreßpartei, die in Richtung des Salzwerks marschierten. Am 5. Mai 1930 kam es zu der erwarteten Konfrontation. In einem der berühmtesten Korrespondentenberichte des Jahrhunderts schilderte Webb Miller von *United Press*, was sich abspielte, als die Polizei auf die Linien der disziplinierten Satyagrahi traf:

Auf ein Kommando hin stürzten sich plötzlich Haufen von indischen Polizisten auf die Heranmarschierenden und hieben mit ihren stahlbeschlagenen Lathis* auf die Köpfe der Männer und Frauen ein. Nicht einer der Demonstranten hob auch nur den Arm, um die Schläge abzuwehren. Sie fielen um wie Kegel. Von meinem Standort aus hörte ich die Knüppel auf die ungeschützten Schädel knallen. Die wartende Menge der Marschierenden stöhnte; bei jedem Schlag hörte man ihr entsetztes Atemholen ... Ruhig und stetig gingen sie weiter, mit erhobenem Kopf, ohne Unterstützung durch Musik oder Zurufe, ohne Möglichkeit, den Verletzungen oder dem Tod zu entgehen. Die Polizei rückte ein zweites Mal vor und schlug mit mechanischer Präzision auch die zweite Kolonne nieder. Es gab keine Kämpfe, kein Handgemenge; die Leute gingen einfach weiter, bis sie niedergeschlagen wurden. ... Die Polizisten traten die

---

* Langer eisenbeschlagener Knüppel der indischen Polizei [A. d. Ü.]

Sitzenden in den Unterleib und die Geschlechtsteile, packten sie an Armen und Beinen, schleiften sie an die Gräben und warfen sie hinein. ... Stundenlang wurden auf Bahren reglose, blutende Körper fortgeschafft. ... Um elf Uhr mittags war die Temperatur auf 46 Grad gestiegen, und die Polizei zog sich allmählich zurück.

Innerhalb weniger Monate waren die meisten politischen Führer und ein knappes Hunderttausend ihrer Anhänger festgenommen worden und saßen in indischen Gefängnissen. Die Engländer hatten den Aufruhr erstickt, doch um einen hohen Preis – die moralische Autorität, die Grundlage der Macht Englands über Indien, war zerstört. Gandhi ließ sich die Gelegenheit nicht entgehen, auf die Analogie zu einer früheren Konfrontation zwischen Empire und Kolonie hinzuweisen. Zu Gast im Palast des Vizekönigs, streute er eine Prise illegalen Salzes, das er bei sich trug, in den Tee, „um uns an die berühmte ‚Bostoner Tea Party' zu erinnern".

In mancher Hinsicht ist der Salzmarsch das Muster eines effektvollen *satyagraha*. Erstens war sein Anlaß, der Protest gegen eine ungerechtfertigte Besteuerung, unmittelbar verständlich. Jeder Schritt der Kampagne war sorgfältig geplant, in Verbindung mit zuständigen lokalen und nationalen Politikern im Detail ausgearbeitet worden und von einer eigentlichen Publicity-Kampagane begleitet. Jeder Schritt des rituellen Szenarios bot den Engländern Gelegenheit, ihre Taktik und ihre Position zu revidieren. Da eine solche Reaktion ausblieb, gewann die Aktion langsam an Umfang und Dramatik. Die Satyagrahi hielten mit bewunderungswürdiger Beharrlichkeit an ihrem Verzicht auf Gewalttätigkeit fest. Die private Salzherstellung breitete sich auf alle Landesteile aus und nahm sprunghaft zu. Danach gewann der Protest an Tempo und Intensität bis zum blutigen und vermutlich unausweichlichen Ausgang, dem Angriff der Polizeitruppen auf die unbewaffneten, physisch gewaltlos auftretenden Widerständler. Die Salzsteuer wurde schließlich nicht abgeschafft, doch der Vizekönig erreichte es in den darauffolgenden Monaten, für die meisten der damit verbundenen Mißstände und Beschwerden Abhilfe zu schaffen.

Die Londoner Konferenz

Die Anwendung des moralischen Kalküls, das Gandhi im Laufe von Jahrzehnten entwickelt hatte, verlief nach Plan. Teils als Antwort auf die Schreckensereignisse des Salzmarsches kündigte der Vizekönig, Lord Irwin, an, daß auf einer Konferenz in London über Verfassungsreformen für Indien beraten werden solle. Ein erstes Zusammentreffen fand statt, als Gandhi und die meisten Führer der Kongreßpartei noch im Gefängnis saßen, und endete mit dem Beschluß erster Schritte zur Schaffung einer Verfassung. Erhöhte Erwartungen knüpften sich an die nächste Runde, in der die Inder die Möglichkeit erblickten, entscheidende Verhandlungsergebnisse auf dem Weg zur Unabhängigkeit zu erzielen.

In England wurde Gandhi wie ein Held empfangen. Er traf andere Berühmtheiten, besuchte die Textilfabriken von Lancashire und wurde im Buckingham Palace zum Tee empfangen. Die öffentlichen Reaktionen übertrafen alles bisher Dagewesene. „Der Mahatma beherrschte die Schlagzeilen. Wo immer er sich zeigte, sammelten sich Tausende, um ihn zu begrüßen, und Scharen von Photographen und Reportern hefteten sich an seine Fersen." Er bewältigte ein auch für seine Verhältnisse unglaublich strapaziöses Programm; bei einem Dutzend öffentlicher Termine pro Tag fand er noch Zeit zu spinnen, zu lesen, zu schreiben, zu beten und zu Gesprächen mit seinen Mitarbeitern.

Reportern gegenüber äußerte sich Gandhi unnachgiebig und mit Emphase: „Ich bin hierher gekommen, um Freiheit zu erlangen. ... Ich vertrete die indische Nation. Ich vertrete die stummen, halb verhungerten Armen, die diese Nation ausmachen. Ich bin nicht nach London gekommen, um mit mir handeln zu lassen." Er wies den Status eines Dominion (wie Kanada oder Südafrika) zurück und verlangte die vollständige Unabhängigkeit. Mit dieser Taktik verärgerte er die englische Seite, die nicht willens war, den wichtigsten Teil – das Kronjuwel – des Empire aufzugeben.

Gandhi zeigte sich der Situation voll und ganz gewachsen und hielt die vielleicht brillanteste politische Ansprache seines Lebens. Er entrollte die Geschichte der indisch-britischen Beziehungen und erläuterte, warum jede andere Lösung als die vollständige Unabhängigkeit unangemessen war:

Indien steht unter dem Joch des Schwertes. Ich bezweifle keinen Moment, daß Großbritannien in der Lage ist, Indien weiterhin der Gewalt des Schwertes zu unterwerfen. Doch was ist denn vorzuziehen – ein versklavtes Indien im Aufruhr oder ein Indien, das als geschätzter Partner Großbritanniens dessen Sorgen teilt und Seite an Seite mit ihm die Bürde seines Schicksals trägt? Ein Indien, das, wenn es erforderlich sein sollte, aus freiem Entschluß an der Seite Großbritanniens kämpfen kann, nicht um der Ausbeutung einer einzelnen Rasse oder eines einzelnen Menschen willen, sondern zum Wohle der ganzen Welt.

Gandhi plädierte für Verzicht auf alle Gewalttätigkeit, machte aber deutlich, daß seine Geduld erschöpft war: „Die Freiheit ist unser Geburtsrecht so gut wie das Ihre. Richtig ist, daß wir sie nicht um den Preis des Blutvergießens erlangen wollen. Doch ich sage Ihnen offen: sollte ein Opfer nötig sein, um uns die Freiheit zu bringen, werden wir nicht zögern, den Ganges mit unserem Blut zu färben."

Allgemeiner Einschätzung nach war die sogenannte Round-Table-Konferenz dennoch ein Fehlschlag, aus indischer Sicht sogar ein Desaster. Gandhi, der so offensichtlich im Mittelpunkt der Verhandlungen stand, wurde sowohl von den Briten als auch von vielen Mitgliedern der indischen Delegation als Außenseiter angesehen, und die Diskussionen blieben ergebnislos. Die Botschaft des Mahatma stieß auf taube Ohren, denn trotz seiner beredten Argumentation waren die britischen Gastgeber grundsätzlich nicht bereit, die Herrschaft über Indien aus der Hand zu geben, schon gar nicht zugunsten eines dubiosen spirituellen Führers. Streitigkeiten unter den Indern vergrößerten das sich abzeichnende Debakel. Die anhaltenden Fraktionskämpfe und insbesondere die schwelenden Spannungen zwischen Hindus und Muslimen lieferten den Briten einen willkommenen Vorwand, ihre Machtposition in Indien aufrechtzuerhalten. Gandhi hielt bedrückt fest: „Mit unserem internen Gezänk spielen wir den Engländern direkt in die Hände. Es ist eine Demütigung für uns alle." Die britische Presse, die anfänglich entscheidend zur Verbreitung von Gandhis Ansehen beigetragen hatte, wandte sich jetzt gegen ihn und machte ihn für das Scheitern der Konferenz verantwortlich. Gandhi verurteilte sich und erklärte: „Das ist der beschämendste Tag in meinem Leben." Zwar gab er der Hoffnung Ausdruck, daß die indisch-britischen Differenzen eines Tages beigelegt werden könnten, doch der Fehlschlag erschütterte ihn zutiefst.

Bei seiner Abreise aus England war Gandhi um zwei Erkenntnisse reicher: Großbritannien würde seinen Anspruch auf Indien niemals freiwillig und mit Rücksicht auf Gefühle der Moral oder Menschlichkeit aufgeben. Zweitens war ihm klar geworden, daß er nicht damit rechnen konnte, daß die verschiedenen indischen Fraktionen, besonders die Gruppe der Hindus und Muslime, ihre Streitigkeiten ohne weiteres begraben würden. William Shirer schrieb dazu:

Ich glaube, mehr als alle anderen Ereignisse im Zusammenhang der Konferenz verletzte und kränkte ihn das Mißtrauen, das so viele seiner Landsleute ihm entgegenbrachten und das in London, vor allem von seiten der Muslime und Unberührbaren, deutlicher zum Ausdruck gekommen war als in Indien. Den Spott der Briten, seiner Gegner, war er gewohnt, nicht den der Inder, die er trotz bestehender Differenzen als seine Brüder betrachtete.

Rückkehr zum Dorfleben

Im großen und ganzen blieben Gandhis Programm, seine Mission und das Tempo seines Lebens unverändert. Er führte weiterhin Protestmärsche an, er fastete, entging verschiedentlich nur knapp dem Tode und hielt sich über die Geschehnisse im In- und Ausland auf dem laufenden, die er so weit wie möglich zu beeinflussen versuchte.

Aber jetzt, da er die Mitte des siebten Lebensjahrzehnts erreicht hatte und seit zwanzig Jahren im Zentrum der indischen Politik stand, wandte sich Gandhi einem neuen Interessenschwerpunkt zu. Was sich auf dem Weg der verfassungsmäßigen politischen Betätigung erreichen ließ, schien ihm enttäuschend wenig, und er stand unter dem Eindruck, die Kongreßpartei habe die Verbindung zum ländlichen Indien, wo 90 Prozent der Bevölkerung lebten, verloren. Seine Gesundheit war angegriffen, und das Scheitern der Londoner Konferenz machte ihm zu schaffen. Er beschloß, sich aus den tagespolitischen Aktivitäten der Kongreßpartei zurückzuziehen, um seine Vorstellungen und Ideen unbehindert verfolgen zu können. Zunehmend bemühte er sich um die Kaste der Unberührbaren; er verkündete seine wachsende Entfremdung von der westlichen Welt und seine Distanz zu den Spannungen, die Europa heimsuchten, und er sprach ausführlich über seine Pläne für ein neues Indien – den „spirituellen Sozialismus" oder das „konstruktive Programm".

Die Industrialisierung und die Gesellschaft des Westens, die für ihn gleichbedeutend war mit Materialismus und Gewalt, lehnte er ab. Indiens Zukunft sah er in der Revitalisierung der siebenhunderttausend Dörfer des Landes. 1936 ließ er sich in einem Dorf nieder und versuchte, das Verhältnis zwischen Bauer und Erde, Hirte und Herde, Handwerker und Handwerk in seinem Geist ins Gleichgewicht zu bringen. Gandhis neue Vorstellungen beschäftigten sich mit kommunaler Selbständigkeit, der Aufhebung der Unberührbarkeit, privater Tuchherstellung für den Eigenbedarf, der Einrichtung sanitärer Anlagen, der Verbesserung der Stellung der Frau, der Ausbildung einer Nationalsprache, mit dem Recht auf elementare Schulbildung für Kinder und der Förderung der Erwachsenenbildung. Sein Biograph Nanda hielt fest: „Es gab kaum eine Seite des Landlebens, der Gandhi nicht seine Aufmerksamkeit zuwandte – sei es Wohnung, Sanitärbereich, medizinische Versorgung, Düngung, Viehpflege oder Handel." Wieder übernahm Gandhi die Verantwortung für ganze Bevölkerungskreise, während er sich Angehörigen der eigenen Familie entfremdet hatte.

In eben der Zeit, als er sich der Wohlfahrt des indischen Dorfes widmete, fanden in anderen Teilen der Welt epochale Veränderungen statt. In Rußland wurde Stalin zum rücksichtslosen Diktator, der jede oppositionelle Regung erstickte. China war Schauplatz des Bürgerkrieges zwischen Kommunisten und Nationalchinesen. In Westeuropa ließen die Faschisten in Deutschland, Italien und Spanien allmählich ihre ausgreifenden Eroberungspläne erkennen, während die demokratischen Staaten, in eigenen sozialen und finanziellen Problemen befangen, den totalitären Bestrebungen keinen wirkungsvollen Widerstand entgegensetzten. Zum Symbol dieser gegensätzlichen Strömungen ist München geworden, wo der britische Premierminister Neville Chamberlain die wachsenden territorialen Begehrlichkeiten Hitlers befriedigte. Gandhi war über diese Ereignisse informiert, doch damals lagen ihm Reinigung und Vervollkommnung eines einzelnen Dorfes ebensosehr am Herzen wie die Befreiung seines Landes oder die Reformation der übrigen Welt.

Die letzten Jahre: Der Mensch und die Legende

Gandhi und seine Anhänger hatten der Unabhängigkeit Indiens den Weg bereitet, die entscheidende Unterstützung sowie die letzten Hindernisse kamen jedoch von unerwarteter Seite. Als der Zweite Weltkrieg begonnen hatte und die Kräfte Englands bis aufs äußerste gefordert waren, fehlten der britischen Regierung ganz einfach die Entschlossenheit und Energie, die um sich greifenden indischen Unabhängigkeitsbestrebungen wirksam zu unterbinden. Ebensogut hätte England versuchen können, seine zunehmend widerspenstigen amerikanischen Kolonien zu halten, während es in den Wirren der Napoleonischen Kriege steckte. Als der Zweite Weltkrieg zu Ende ging, war die Frage nicht mehr, *ob*, sondern *wann* Indien unabhängig werden sollte. Mit der Wahl von Lord Louis Mountbatten zum letzten Vizekönig wurden die Ereignisse vorangetrieben, und der eigentliche Übergang vollzog sich ohne größere Schwierigkeiten. Die Ziele Indiens und Großbritanniens waren damals bereits weitgehend identisch.

Das Haupthindernis, das sich der Unabhängigkeit in den Weg stellte, lag erstaunlicherweise nicht auf seiten Englands, sondern in Indien. Die seit langem bestehenden Spannungen zwischen Muslimen und Hindus erreichten in den letzten Jahren des Unabhängigkeitskampfes ihren Höhepunkt. Der Führer der Muslime, Mohammed Ali Jinnah, eine ebenso schwierige wie imponierende Persönlichkeit, machte klar, daß er und die übrigen Muslime nicht willens seien, in einem von den Hindus beherrschten Indien zu leben. Brillant taktierend, wich er keinen Fußbreit von seinem Entschluß ab, mit der Folge, daß Indien geteilt und Pakistan zum Staat für die Mehrheit der indischen Muslime wurde.

Gandhi sah wenig Grund zum Feiern – „Wäre es dem Anlaß nicht angemessener zu kondolieren?" spöttelte er. Statt der triumphalen Machtübernahme durch eine einheitliche indische Nation, die in seinem Geist, wenn auch nicht unter seiner Führung geeint war, sah er ein Land vor sich, in dem seine Landsleute sich unerbittlich bekämpften. Seine letzten Fasten richteten sich nicht gegen die imperialen Briten, sondern gegen das eigene Volk, Hindus und Muslime, die unfähig waren, in ihrem Land den Verzicht auf Gewalttätigkeit zu üben und einander brutal ums Leben brachten. Nach dem Tag der Unabhängigkeit durchwanderte Gandhi die Provinzen wie ein Prophet ältester Zeit, um durch Ermahnung und als lebendiges Beispiel die Welle der Gewalt zu brechen. Brown schrieb: „Er ging ins Auge des Sturms, in Gegenden, wo die Gewalt am heftigsten wütete: er war der einzige Satyagrahi, ein Mann, der sich mit Einsatz seiner Person, durch Proteste, durch Predigen und Fasten gegen die Gewalt stemmte."

Damit war er gelegentlich überraschend erfolgreich: seine ungeheure moralische Autorität war ungebrochen, und selbst seine Feinde suchten zu vermeiden, daß er sich als Folge ihres Starrsinns zu Tode hungerte. Ein Korrespondent der *Times* formulierte, Gandhi habe erreicht, was sich mit Divisionen nicht hätte erreichen lassen. Doch auch Gandhi war es letzten Endes nicht gegeben, den Gewalttätigkeiten ein Ende zu machen. Und es war einer seiner Glaubensbrüder, ein fanatischer Hindu namens Nathuram Vinayak Godse, durch dessen Kugel der neunundsiebzigjährige große Führer des indischen Volkes auf dem Weg zu einem Gebetsplatz den Tod fand.

Gandhi hinterließ ein riesiges und zum größten Teil fortwirkendes Vermächtnis. Durch den Einfluß seiner Schriften und die Kraft seines Beispiels hatte er auf Tausende von Menschen persönlich gewirkt und weitere Millionen im In- und Ausland erreicht. Nach seinem Tod versuchte man, wie es nach dem Verschwinden einer geistigen Vorbildfigur häufig geschieht, seinen Einfluß lebendig zu halten – es erschienen Monographien, Denkmäler wurden gebaut und andere Einrichtungen geschaffen, die sein Andenken und sein Programm in Erinnerung hielten. Im Rückblick auf das öffentliche Gedenken schrieb der Angloinder Ved Mehta: „Gandhi war Christus, und sie selbst sind jetzt seine Apostel, die sein Wort in einer gleichgültigen Welt ausbreiten." Mehta vermerkte, daß Gandhis Schriften bereits neunzig Bände umfaßten, daß in einem Jahr über vierhundert Biographien erschienen seien und nahezu jede seiner Äußerungen und Aktionen zum Zweck endloser Rückschau und hemmungsloser Heiligenverehrung dokumentiert und aufbewahrt sei.

Ein Mensch von Gandhis Format konnte von heftigen Angriffen nicht verschont bleiben – und darf es nicht. Der Kritik an seinem imperialen Gebaren den Anhängern gegenüber, an der oft grausamen Behandlung seiner Familie und der Naivität einiger seiner politischen Ansichten schloß sich eine weitere Beschuldigung an: Der alte Gandhi habe verlangt, daß junge Frauen nackt an seiner Seite schliefen. Gandhi hat diese Tatsache nie bestritten, sich indessen heftig gegen die Unterstellung verwahrt, er habe die Frauen sexuell mißbraucht oder gegen ihren Willen dazu gezwungen, neben einem Greis zu schlafen. Viele Beobachter sehen in dieser Gewohnheit jedoch nicht nur die Exzentrizität dieses Mannes bestätigt. Sie scheint ihnen ein weiterer Hinweis darauf, daß er seine individuellen Pathologien und Egoismen oft auf Kosten anderer auslebte.

Im Zusammenhang meiner Beobachtung schöpferischer Persönlichkeiten bleibt auffällig, daß ein Mensch, der brillant genug war, Millionen zu beeinflussen, im Umgang mit den nächsten Angehörigen so auffallend schwierig war; er besaß kein Empfinden dafür, daß er aus Selbstsucht handeln und andere unter Druck setzen könnte. Selbst wenn sein nächtliches Ritual nicht mehr war als eine selbstauferlegte Prüfung oder das Bedürfnis eines alten Mannes nach Verjüngung, war es von einer einzigartigen Unbeholfenheit. Zumindest in dieser Hinsicht scheint Freud sich selbst weniger geschont zu haben. Ich kann hier an die bereits geäußerte Vermutung anknüpfen, daß die besondere Fähigkeit der interpersonalen Intelligenz aus einer Anzahl relativ unabhängiger Komponenten besteht, daß folglich die Gabe, auf Massen zu wirken, von der Fähigkeit zur Bindung an den engsten Familienkreis oder zu einfühlendem Verhalten überhaupt abgelöst sein kann. Diese Dissoziierung von Komponenten der interpersonalen Intelligenz ist auch bei Albert Einstein, dem genialen Erneuerer einer grundverschiedenen Domäne, festzustellen.

Es wäre befriedigend, wenn man berichten könnte, daß Gandhis *satyagraha*-Methoden in Indien eine dauernde Wirkung hinterlassen haben. Indien ist bis heute so etwas wie eine Demokratie geblieben, und in den Nachkommen Nehrus, Gandhis engstem Mitarbeiter und Vertrauten, blieb für einige Zeit eine Dynastie an der Regierung, die mit der Person Gandhis zumindest politisch verwandt war. Doch nur wenige vertreten die Ansicht, daß das Erbe von *satyagraha* im heutigen Indien als wirksame Kraft lebendig ist. Indien hat es gegenüber Pakistan und anderen Nachbarstaaten an Aggressivität nicht fehlen lassen. Die Fehden zwischen den verschiedenen ethnischen und religiösen Gruppen sind heftig und ausdauernd wie eh und je; zwei Mitglieder der Familie Gandhi-Nehru sind Mordanschlägen zum Opfer gefallen; weder das indische Dorf noch die ausufernde Verstädterung können anderen Entwicklungsländern als Vorbild dienen. Noch immer wird Gandhi von vielen Indern verehrt, denkt man jedoch an die amerikanische Bürgerrechtsbewegung, an die Greenham Common Action und ähnliche Beispiele in England oder an die chinesische Studentenbewegung, so scheinen seine Prinzipien in anderen Ländern mehr Anwendung zu finden als in seiner Heimat.

Einigkeit herrscht darüber, daß Gandhis Wirken die beste Antwort auf die herrschenden Umstände seiner Zeit war. Auf westliche und indische Ideen gestützt, hat er eine Philosophie eigener Art geschaffen, die zugleich ein wirksames Aktionsprogramm darstellte. Nehru sprach von der „psychischen Veränderung", die Gandhi bewirkt habe, „als sei ein Experte psychoanalytischer Methoden tief in die Vergangenheit des Patienten eingedrungen, sei dem Ursprung seiner Komplexe auf die Spur gekommen, habe sie ihm bewußt gemacht und ihn dadurch von seiner Last befreit". Martin Luther King jr., vielleicht der überzeugendste Erbe Gandhis, bezeichnete Gandhis Prinzipien als „die einzigen moralisch und praktisch vertretbaren Methoden, die den Unterdrückten in ihrem Kampf für die Freiheit offenstehen".

Gandhi scheint in mehrfacher Hinsicht ein Außenseiter im Kreis der großen schöpferischen Neuerer. Einige Kreativitätsforscher würden Zweifel anmelden, ob politische Innovationen sich im Zusammenhang wissenschaftlicher Theorien oder musikalischer Kompositionen diskutieren lassen. Auch wer die Einbeziehung Gandhis grundsätzlich gelten ließe, könnte mit Recht darauf hinweisen, daß sich die Handhabung physikalischer oder poetischer Symbole zur Begründung einer neuen Physik oder Poetik vom Umgang mit anderen Menschen, wie er im Zentrum von Gandhis Leistung steht, in mancherlei Hinsicht grundsätzlich unterscheidet. Selbst unter den Voraussetzungen meiner eigenen Untersuchung droht Gandhi den Rahmen zu sprengen, den die hier vorgestellten Wissenschaftler und Künstler repräsentieren; so läßt sich in seiner Laufbahn nur schwer ein entscheidender kreativer Wendepunkt ausmachen; die Unterscheidung Domäne–Feld erweist sich als weniger relevant, und die Mentoren und Helfer, so sie überhaupt erkennbar sind, stehen dem schöpferischen Individuum uncharakteristisch fern. Noch die Tatsache, daß Gandhi als einziger der sieben nicht in der westlichen Welt aufwuchs, erschwert Analyse und Vergleich.

Insgesamt wird die Untersuchung durch die Einbeziehung Gandhis in die

Auswahl bereichert. In vielen Belangen – einen Überblick geben die abschließenden Kapitel – ist Gandhi der Protoptyp des kreativen Menschen. Prototypisch ist seine Frühreife in dem von ihm gewählten Tätigkeitsbereich (der Domäne Moral), seine obsessive Suche nach Wirkungsmöglichkeiten und die Fähigkeit, sie voll zu nutzen, die Kultivierung der Außenseiterrolle, der Wechsel zwischen der Hinwendung zu großem Publikum und dem Bedürfnis nach Einsamkeit, seine essentielle Selbstbezogenheit, seine Askese, das faustische Opfer des persönlichen Glücks zugunsten politischer Wirksamkeit sowie das Fortleben infantiler Züge in seiner Philosophie und seiner Persönlichkeit. In vieler Hinsicht kindlich, vertrat er fundamentale Einsichten, die elementar und revolutionär zugleich waren: Keine Rasse oder ethnische Gruppe ist einer anderen wesentlich überlegen; Konflikte lassen sich auch ohne Anwendung physischer Gewalt lösen; Kompromisse können die Position beider Seiten stärken. Am aufschlußreichsten sind vielleicht die Ereignisse von Ahmedabad; die Erlebnisse, die sich an Streik und Fasten knüpften, legen den Vergleich mit den wesentlichen Komponenten eines kreativen Durchbruchs nahe: der geistige und emotionale Beistand (geleistet durch die Sarabhais), das Herantasten an eine neue Sprache und der faustische Handel.

1949, ein Jahr nach Gandhis Ermordung, war Premierminister Jawaharlal Nehru Gast bei Albert Einstein am Institute for Advanced Study in Princeton. Während des Gesprächs schrieb Einstein ein paar Daten auf ein Stück Papier und auf die Rückseite eine Reihe von Ereignissen. Seine Notizen zeigten die parallele Entwicklung der Atombombe und der Methoden und Ausarbeitung von Gandhis *satyagraha*. Die verblüffenden Analogien erscheinen wie eine Liste der Optionen des Menschen im nuklearen Zeitalter. Man könnte sagen, Gandhi habe durch seine Arbeit mit den relevanten Variablen dieselben Einsichten in die Natur des Menschen gewonnen, wie sie sich Einstein durch seine abstrakten begrifflichen Experimente über die Natur der Materie eröffneten. Die Koinzidenz machte Einstein betroffen: „Gandhi hat bewiesen, daß eine machtvolle menschliche Gefolgschaft nicht nur durch das Ränkespiel der üblichen politischen Machenschaften und Gaunereien zusammengebracht werden kann, sondern durch das zwingende Beispiel einer moralisch überlegenen Lebensführung. In unserer Zeit des tiefsten moralischen Verfalls war er der einzige Staatsmann, der für eine höhere menschliche Gemeinschaft im politischen Bereich eintrat." Und er ergänzte mit poetischer Emphase: „Künftige Generationen werden es vielleicht kaum glaubhaft finden, daß ein Mensch wie dieser jemals in Fleisch und Blut auf dieser Erde einherwandelte."

Zwischenbetrachtung 3

„Mein Wirkungsfeld ist die Tat."
– Mahatma Gandhi

Martha Graham läßt sich in mehrfacher Hinsicht den Künstlern zuordnen, die in diesem Buch dargestellt sind. Sie hat wie Picasso, Strawinsky und Eliot eine neue ästhetische Sprache geschaffen, deren Einfluß eine Domäne der Kunst durch das zwanzigste Jahrhundert hindurch bestimmt hat. Zusammen mit einer Reihe begabter Kolleginnen und Kollegen hat sie ferner die Bildung eines neuen Feldes angeregt, jener Gruppe von Schriftstellern und Kommentatoren, die bald als kritische Experten des Modern Dance auftraten. Nachdem sie in den dreißiger und vierziger Jahren ihre epochemachenden Werke geschaffen hatte, setzte sie ihren künstlerischen Werdegang im mittleren Alter mit einer Serie brillanter neoklassischer Werke fort. Mit siebzig trat sie als Tänzerin zurück, arbeitete jedoch als Choreographin weiterhin für die Bühne und blieb dort und auf anderen Feldern praktisch bis zum letzten Tag ihres Lebens aktiv. Sie hätte ihren Platz im zweiten Zwischenkapitel mit demselben Recht wie im letzten.

Zumindest einer der entscheidenden Aspekt ihres Schaffens rechtfertigt einen Vergleich mit dem Wirken Gandhis. Im Unterschied zu den übrigen behandelten Künstlern, die sich von ihrem Werk lösen konnten, ohne dessen Bestand zu gefährden, war Graham im wesentlichen ausübende Künstlerin. Die Wirkung ihres Werks war unauflöslich an ihre körperliche Präsenz und an die unmittelbare Reaktion des Publikums gebunden. In dieser einen, doch wesentlichen Hinsicht ist sie als kreative Gestalterin neben Gandhi zu stellen. Auch der Inder war in Erfolg oder Scheitern von der Wirkung seines persönlichen Auftretens in einem bestimmten Moment und den Reaktionen auf diesen Auftritt abhängig – den Reaktionen sowohl der Anwesenden als auch derer, die von den Vorgängen erfuhren.

In einem wesentlichen Sinn benutzten Gandhi und Graham die physische Erscheinung als Gestaltungsmittel. Im Zentrum ihres Schaffens standen die körperliche Präsenz und der Gebrauch, den sie von ihr machten. Für Graham wie für Gandhi, denen konventionell verstandene Attraktivität fehlte, hing alles davon ab, daß ihr Erscheinen fesselte, daß andere durch ihre Darstellung in Bann gezogen und beeindruckt wurden.

Ein Leben, das um die Wirkungen körperlicher Selbstdarstellung kreist, unterscheidet sich notwendig von der Schreibtisch- oder Laborexistenz anderer Schöpfer. Man muß sich gesund erhalten, muß über einen gewissen Grad an Exhibitionismus verfügen, wenn nicht gar darin Erfüllung finden, muß ein Gespür für die Reaktionen des Publikums und der Mitdarsteller haben und unverzüglich darauf reagieren können. Man lebt in ständiger

Angst vor einem Versagen des Körpers – das Fasten kann zum Tode führen, ein ‚Fehltritt' Folgen haben, geballte Überzeugungskraft kann die Grenze zum Lächerlichen streifen. Das existentielle Moment erhält ein ungeheures Gewicht.

Der nicht zu übersehende entscheidende Unterschied zwischen beider Wirken liegt in dem, was auf dem Spiel stand, in den möglichen Konsequenzen ihrer Tätigkeit. Zwar blieben Grahams Werke bis zum letzten Augenblick für Veränderungen offen, doch waren sie im wesentlichen formvollendete Rituale; nennenswerte Unterschiede zwischen den verschiedenen Aufführungen existierten nicht, und letzten Endes konnten andere, wenn auch mit Einschränkung, ihr Erbe übernehmen. Für Gandhi dagegen stand buchstäblich alles auf dem Spiel. Es ging um sein eigenes Leben und das seiner Landsleute. Graham durfte sich Fehler erlauben; für Gandhis Fehler war ein hoher Preis zu zahlen. Der angestellte Vergleich soll keineswegs die durchaus vorhandene Ritualisierung der Gandhischen Protestaktionen einerseits und andererseits das improvisatorische Potential von Grahams Truppe herunterspielen. Doch dürfen graduelle nicht mit spezifischen Unterschieden verwechselt werden.

Meine bewußte Unterstreichung der physischen Präsenz sowie des existentiellen Moments in der Arbeit Grahams und Gandhis soll die auf den ersten Blick überraschende Verknüpfung zwischen der Domäne der Politik und des Modern Dance deutlich machen. Die kreativen Leistungen gehen jedoch, wie sich versteht, über den Körperbereich weit hinaus. Wir haben es nicht mit Leichtathleten zu tun. Graham war Künstlerin, und sie bediente sich der Symbolsysteme ihrer Kunst – der Sprache und der Musik, der Ideen, des Designs und der Möglichkeiten ihres Körpers, mit diesen Bereichen zu interagieren und zu kommunizieren. Beim Entwurf ihrer Arbeiten erkundete sie diese Symbolsysteme zunächst gesondert, dann simultan und erprobte ihre Ideen mit Horst und der Truppe. Gandhi war ein Denker höchsten Ranges. Das Konzept von satyagraha war in sorgfältiger Abwägung jedes einzelnen Schrittes und seiner möglichen Konsequenzen so differenziert durchdacht wie ein philosophisches System.

Graham wie auch Gandhi arbeiteten in einem Raum, der durch ihre Ideen und ihren Körper definiert war, das heißt im Spannungsfeld zwischen ihren Ideen und deren zeitlich begrenzter körperlicher Verwirklichung. Die mit solcher Tätigkeit einhergehende Belastung macht verständlich, daß beide es für nötig hielten, sich periodisch aus der Arena der Selbstdarstellung zurückzuziehen, um fern der Tagesgeschäfte über die Zukunft ihres Werks nachzudenken. Bis zu einem gewissem Grad erreicht dieses ‚Werk' eine Eigenexistenz jenseits seiner Vermittlung; Martha Grahams Tänze können von anderen dargeboten, satyagraha-Proteste von anderen angeführt werden.

Es wäre jedoch unrealistisch, die Bedeutung der Personen oder der konkreten Veranstaltungen zu unterschätzen. Graham lebte, um zu tanzen, und wer das Glück hatte, sie auf der Bühne zu erleben, ist überzeugt, daß ihr keine Tänzerin je in der Darstellung ebenbürtig sein wird. Auch Gandhis Persönlichkeit und seine individuelle Geschichte waren ein wesentlicher Teil seiner Demonstrationen, Streiks und Fastenaktionen; nach seinem Tod brach die

Bewegung, der er sein Leben gewidmet hatte, schnell in sich zusammen. Kopien der Widerstandsaktionen durch einen Schüler hätten kaum die Kraft, sie wiederzubeleben; dazu wäre eine Persönlichkeit vom Format eines Martin Luther King jr. nötig.

Man kann noch weitere Ähnlichkeiten und Unterschiede nennen, von denen vielleicht einige für das Leben beider von Bedeutung waren. Für Graham hatte eine Aufführung vermutlich ihren Zweck in sich selbst, während Gandhi seine Aktionen als Mittel zum Zweck des politischen, sozialen oder religiösen Wandels gesehen haben dürfte. Überlegung verdiente auch die Bedeutung des strengen, moralischen Elternhauses, in dem beide aufwuchsen, und die Beeinflussung ihrer Persönlichkeit durch den frühen Tod des Vaters.

Ein letzter Punkt verdient abschließend Erwähnung. Im Zentrum der ersten sechs Fallstudien stehen genial Begabte, die an die Spitze einer kulturell definierten Domäne gelangten und dieser zu einer Neuorientierung verhalfen. Auch dem Mahatma ließe sich mit einigem Bemühen eine Domäne zuordnen – man mag von religiöser Führerschaft, revolutionärer politischer Erneuerung oder sogar philosophischer Literatur sprechen. Das hieße jedoch, meine ich, einen wichtigen Unterschied zwischen Gandhi und den Vergleichspersonen zu verfälschen. Als einziger im Kreis der Sieben war Gandhi bemüht, sich mit seiner Botschaft unmittelbar an den Menschen zu wenden, seine Zuhörer nicht als Angehörige gesellschaftlicher oder beruflicher Gruppen, sondern in ihrer Menschlichkeit anzusprechen. Er suchte eine Geschichte, eine Idee, eine Lebensweise zu schaffen, die jedem Menschen, unabhängig von seiner Lebensgeschichte und Ausbildung, überzeugend erscheinen mußte. So schwierig es ist, einer Disziplin eine neue Richtung zu geben – die Aufgabe, Menschengeschichte neu zu erzählen und diese Geschichte anderen überzeugend zu vermitteln, stellt weit höhere Anforderungen. Gandhis Leistung ist darum in besonderer Weise bemerkenswert, mögen auch – nicht anders als nach dem Wirken Buddhas und Christi – Jahrhunderte vergehen, bevor sich entscheidet, ob seine religiösen und politischen Ideen in einer Welt Bestand haben können, die der Welt seiner Vorgänger so unermeßlich ferngerückt ist.

Teil III
Schlußfolgerungen

10
Kreativität im Vergleich der Domänen

In den vorausgehenden Kapiteln habe ich die Geschichten von sieben außergewöhnlichen Menschen erzählt, von denen jeder einen oder mehrere kulturelle Bereiche bleibend geprägt und außerdem auf singuläre Weise dazu beigetragen hat, der Epoche der Moderne ihre Form zu geben. Die Geschichten sind, wie ich hoffe, für sich selbst beachtenswert; da im Mittelpunkt meiner Bemühungen jedoch der Wunsch stand, zu einem Begriff von Kreativität zu kommen, ist abschließend zu erörtern, welche der gewonnenen Ergebnisse für eine Untersuchung der Kreativität im allgemeinen von Bedeutung sind.

Ein Blick auf den systematischen Aufbau

In Kapitel 2 habe ich den systematischen Ansatz vorgestellt, mit dessen Hilfe ich das komplexe Phänomen Kreativität zu erfassen versuche. Ich gehe entwicklungsgeschichtlich vor und untersuche das Verhältnis Kindheit–Reifezeit, die Entwicklungsphasen des gesamten Lebensablaufs sowie im feineren Raster die einzelnen Etappen, die einen Durchbruch kennzeichnen. Ich gehe ferner von einer Dynamik aus, die jede kreative Tätigkeit zu kennzeichnen scheint: eine andauernde dialektische Beziehung zwischen der begabten *Persönlichkeit*, der *Domäne* seines Faches und dem *Feld*, das die Urteilsinstanzen stellt. Diese Dynamik ist, meiner Formulierung entsprechend, durch Spannungen und Asynchronien verschiedener Art charakterisiert; sofern die Asynchronien ein bestimmtes Maß nicht überschreiten, dürften sie sich auf die kreative Individualität, die kreativen Prozesse und Ergebnisse günstig auswirken. Weiter arbeite ich mit einer Reihe von Leitthemen, die den Hintergrund für die Studien lieferten, von denen sich jedoch zwei erst aus der Untersuchung ergaben.

Dieser systematische Rahmen ist nun zur Anwendung gekommen – instrumentalisiert bei der Durchführung der Fallstudien und explizit in den drei resümierenden Zwischenkapiteln. Abschließend erörtere ich einige der Probleme, bei weitem nicht alle, die bisher zur Sprache gekommen sind. Ich gehe auf die wesentlichen Fragen ein, die diese Untersuchung angeregt haben, und gebe, soweit möglich, einen ungefähren quantitativen Überblick über die relevanten ‚Daten'.

Ich habe weiter oben die Forderung aufgestellt, die aktuelle Kreativitätsforschung sei an zwei methodischen Prinzipien auszurichten: der detaillierten Betrachtung einzelner kreativer Persönlichkeiten, wie sie von Howard Gruber und seiner Schule durchgeführt wird, und großangelegten quantitativen Untersuchungen, wie sie Dean Keith Simonton mit seinen Kollegen vornimmt. In der vorliegenden Arbeit habe ich versucht, die beiden Aspekte, die traditionell als *idiographisches* und *nomothetisches* Verfahren bezeichnet werden, zu kombinieren; ich habe mich bewußt auf sieben verschiedenartig begabte Persönlichkeiten konzentriert und gleichzeitig nach allgemeinen Kriterien gesucht, die auf alle oder doch die meisten anwendbar wären.

Wo der eine zusammenfaßt, wird ein anderer differenzieren; je nachdem wie man einen Begriff definiert oder eine Kategorie festlegt, kann man Individuen entweder auf einen Nenner bringen oder voneinander unterscheiden. Im folgenden lege ich dar, welche Ergebnisse sich nach meinem gegenwärtigen Erkenntnisstand mit größter Wahrscheinlichkeit als verläßliche Kriterien erweisen könnten und welche sich eher als fach- oder persönlichkeitsspezifische verstehen lassen. Wer über die eine oder andere Persönlichkeit besonders ausführliche Kenntnisse besitzt, wer mit Datensammlungen und aussagekräftigen statistischen Verfahren arbeiten kann oder wer einen anderen Begriffsapparat benutzt, wird die Akzente möglicherweise anders setzen. Ich hoffe, zumindest ein diskussionswürdiges Grundgerüst geliefert zu haben.

Das exemplarische Bild des kreativen Menschen

Ich brauche hier nicht auf die zahlreichen Punkte einzugehen, in denen unsere sieben kreativen Meister voneinander abweichen. Es bedarf der Suspendierung vertrauter Unterscheidungsmerkmale, um Personen wie Gandhi und Strawinsky oder Martha Graham und Einstein auch nur in derselben Vergleichsstudie zu plazieren. Außerdem bin ich aus theoretischen Gründen geneigt, nach Unterschieden quer durch die Leistungsdomänen zu suchen; ich glaube, meine Untersuchung bestätigt den unverwechselbaren Charakter der Tätigkeiten, durch die sich jeder der sieben auszeichnet.

Wenn ich mir diese Überlegungen vor Augen halte, verblüfft mich das Maß an Gemeinsamkeit, das in den sieben Biographien dennoch sichtbar wird. Obwohl es kein Einzelmotiv gibt, das für alle gleichermaßen gültig ist, und sich für jede der sich anbietenden Verallgemeinerungen eine Ausnahme finden läßt, fällt es mir nicht schwer, den Typus des kreativen Menschen zu entwerfen. Ich taufe ihn auf den Spitznamen E.C. (für *Exemplary Creator*) und denke ihn mir weiblichen Geschlechts.

E.C. stammt aus einer Region, die von den kulturellen und politischen Machtzentren ihrer Gesellschaft zwar entfernt ist, doch nicht so weit, daß sie und ihre Familie jede Kenntnis des aktuellen Geschehens entbehren müßten. Die Familie ist weder vermögend, noch nagt sie am Hungertuch, und in materieller Hinsicht lebt die junge E.C. ziemlich komfortabel. Die häusliche Atmosphäre ist stärker von Korrektheit als von Wärme geprägt, so daß sie sich ihrer Familie häufig entfremdet fühlt; enge Bindungen an den Vater oder die Mutter sind nicht ohne starke Ambivalenz. Intimere Beziehungen kennt sie im Verhältnis zu einer Kinderfrau, einem Kindermädchen oder einem entfernten Familienmitglied.

E.C.s Familie zählt nicht zur höchsten Bildungsschicht, doch werden Bildung und Wissen geschätzt und mit hohen Erwartungen belegt. Es handelt sich, kurz gesagt, um die prototypische bürgerliche Familie mit dem Sinn für die Ambitionen, die Respektabilität und die Hochschätzung harter Arbeit, der diese Klasse vornehmlich im späten neunzehnten Jahrhundert auszeichnete. E.C.s besondere Stärken zeigen sich bereits in jungen Jahren, und ihre Eltern unterstützen diese Interessen, obgleich sie einer Karriere abseits der bürgerlichen Berufswelt reserviert gegenüberstehen. Die Moral, wenn nicht Religion, wird hochgehalten, und E.C.s Gewissen entwickelt sich zu einer ausgeprägten Kontrollinstanz, die sich gegen sie selbst, aber auch gegen andere richten kann, deren Verhalten den von ihr gesetzten Maßstäben nicht entspricht. Möglicherweise durchlebt sie eine Phase der Religiosiät, die sich in späteren Jahren wiederholen kann, aber nicht muß.

Es kommt eine Zeit, in der die junge Frau der heimischen Umgebung entwachsen scheint. E.C. hat bereits ein Jahrzehnt in die Erlernung ihres Metiers investiert und ist auf dem Weg zur Spitze; von ihrer Familie und von den Experten im lokalen Umkreis kann sie nichts Wesentliches mehr lernen, und ihr Bedürfnis wächst, sich mit gleichaltrigen Talenten in ihrem Fach zu messen. Als junge Erwachsene also bricht E.C. in die Großstadt auf, in der alle derzeit maßgeblichen Aktivitäten auf ihrem Gebiet zusammenlaufen. Erstaunlich schnell findet E.C. in dieser Großstadt Anschluß an Gleichaltrige, die ihre Interessen teilen; man experimentiert im gemeinsamen Tätigkeitsbereich, lotet neue Möglichkeiten aus, gründet auch Institutionen, gibt Manifeste heraus und stimuliert einander zu neuen Höhenflügen. Es kommt vor, daß E.C. sich von Anfang an für die Arbeit auf einem bestimmten Gebiet entscheidet, sie kann indes auch mit einer Reihe möglicher Laufbahnen liebäugeln, bevor ein ‚Kristallisations'-Punkt erreicht wird und ihre beruflichen Vorstellungen definitive Form annehmen.

Die Erfahrungen in den verschiedenen Domänen differieren, und es wäre wenig sinnvoll, hier eine simplifizierende Zusammenfassung zu versuchen. In jedem Fall aber entdeckt E.C. früher oder später einen Problembereich oder ein Segment von besonderem Interesse, das verspricht, die Domäne in unbekannte Gewässer zu steuern. Der Augenblick ist kritisch. E.C. entfremdet sich ihrer Gruppe und bleibt in ihrer Arbeit größtenteils auf sich gestellt. Sie ahnt, daß sie vor einem Durchbruch in neue Bereiche steht, die allgemein und selbst für sie noch weitgehend Neuland sind. Erstaunlicherweise ist für E.C. in diesem Moment ein kognitiver und affektiver Beistand unentbehrlich, soll sie nicht aus dem Gleichgewicht geraten. Ohne diese Hilfe wäre ein Zusammenbruch nicht ausgeschlossen.

Unter den glücklichen Umständen, über die wir berichten konnten, gelingt E.C. zumindest ein großer Erfolg, dessen Bedeutung das Feld relativ schnell anerkennt. So sehr ist sich E.C. ihrer Auszeichnung bewußt, daß sie bereit scheint, besondere Vorkehrungen zu treffen – einen faustischen Handel einzugehen, um sich das euphorisierende *flow*-Gefühl zu erhalten, das wirksame, innovative Arbeit mit sich bringt. Für E.C. ist dieser Pakt mit Masochismus, einem unerfreulichen Sozialverhalten und gelegentlich auch mit dem Gefühl verbunden, eine Abmachung mit Gott selbst eingegangen zu sein. E.C. ist von ihrer Arbeit besessen und verlangt von sich und anderen hohe und höchste Einsatzbereitschaft. Dem Diktum von William Butler Yeats entsprechend hat sie gewählt und das vollkommene Werk über das vollkommene Leben gestellt. Sie ist selbstsicher, von Fehlstarts nicht unterzukriegen, stolz, halsstarrig und nur ungern bereit, Fehler zuzugeben.

E.C.s immense Energie und Einsatzbereitschaft ermöglichen ihr etwa ein Jahrzehnt nach dem ersten Erfolg einen zweiten Durchbruch. Er ist weniger radikal, doch umfassender und enger mit E.C.s früherer Arbeit verknüpft. Von der Art ihres Metiers hängt ab, ob sich E.C. eine Gelegenheit für weitere Durchbrüche bietet. (In den Künsten ist eine langanhaltende Kreativität selbstverständlicher als in der Wissenschaft.) E.C. tut alles, um kreativ zu bleiben; sie sucht einen Marginalstatus zu erreichen oder setzt erhöhte Asynchronie ein, um ihre Spannkraft zu erhalten und sich die Befriedigung der *flow*-Erfahrung zu verschaffen, die große Herausforderungen und aufregende

Entdeckungen begleitet. Unter den Werken einer intensiven Schaffensphase werden einige sowohl von E.C. als auch von den Mitgliedern des Feldes als Schlüsselwerke betrachtet.

Das zunehmende Alter setzt E.C.s schöpferischer Kraft die unvermeidlichen Grenzen. Sie kann Menschen im Alter ihrer Kinder oder Enkel als Jungbrunnen mißbrauchen. Da es schwieriger wird, originär Neues zu schaffen, wird E.C. zur geschätzten Kritikerin oder Kommentatorin. Einige Genies sterben jung, unsere E.C. indessen erreicht ein ehrwürdiges Alter, sammelt Schüler und Anhänger um sich und leistet Bedeutendes bis zu ihrem Tod.

Ich bin mir der Grenzen dieses hypothetischen Porträts wohl bewußt. Hinter jedem Satz stehen nicht nur die sieben Persönlichkeiten meiner Fallstudien, sondern auch zahlreiche andere, von denen zumindest einige dieser Porträtmontage entschieden zu widersprechen scheinen. Einer intakten Familie, die das junge Talent unterstützt, entstammten die Brontë-Schwestern zweifellos nicht; daß viele schöpferische Menschen ein hohes Alter erreichen, gilt nicht für Mozart und Keats, und die meisten Mitglieder des Bloomsbury-Zirkels stammten keineswegs aus den unbedeutenden Rängen der bürgerlichen Mittelschicht. Bei dem Versuch, zu allgemeingültigen Aussagen über Kreativität zu gelangen, muß man sich folglich vor Augen halten, welches Gewicht jeder derartigen Verallgemeinerung zukommen soll. Keiner der erwähnten Faktoren wird als einzelner für ein kreatives Leben entscheidend sein; erst wenn mehrere zusammenkommen, dürfte sich die Wahrscheinlichkeit eines kreativen Durchbruchs erhöhen. Um die Bedeutung der verschiedenen Faktoren abzuwägen, komme ich im folgenden zu einer ausführlicheren Diskussion der Hauptpunkte, an denen sich meine Untersuchung orientierte. Es ist zu betonen, daß die benutzten Erklärungsmuster illustrativen, nicht konklusiven Charakter haben – die Zahl der Beispiele ist zu gering, und die Messungen sind zu ungenau, um ihnen Gültigkeit zu attestieren.

Die zentralen Punkte: eine Reprise

Die Persönlichkeit

Kognitives Verhalten. Meine Untersuchung ist bewußt und entschieden kognitiv ausgerichtet. Es gehörte zu meinen wesentlichen Grundannahmen, daß schöpferische Menschen sich hinsichtlich ihrer Intelligenzen voneinander unterscheiden, und die sieben Persönlichkeiten meiner Fallstudien wurden in der Annahme gewählt, daß jede von ihnen eine der sieben Intelligenzen besäße, die ich in *Abschied vom* IQ beschrieben habe.

Meine Schlußfolgerung lautet, daß sich kreative Geister nicht nur hinsichtlich ihrer dominierenden Intelligenz, sondern auch hinsichtlich des Umfangs und der Kombination von Intelligenzen unterscheiden. Freud und Eliot waren glänzende Wissenschaftler (was auf sprachliche und logische Intelligenz hindeutet), und es ist anzunehmen, daß sie sich auch in anderen akademischen Disziplinen hätten hervortun können. Picassos Begabung dagegen lag weniger auf intellektuellem Gebiet als im Bereich des Räumlichen, des Körperlichen und Personalen. Strawinsky und Gandhi ließen als Schüler viel zu wünschen übrig, doch liegt die Vermutung nahe, daß ihre glanzlosen Leistungen mehr auf mangelndes Interesse an der Schule als auf eine fundamentale intellektuelle Schwäche zurückging. Martha Graham besaß außerordentliche intellektuelle Gaben, setzte sie jedoch erst dann voll ein, als sie der Welt des Tanzes begegnete.

Es folgt eine summarische Darstellung der intellektuellen Profile:

	Stärken	Schwächen
Freud	sprachlich, personal	räumlich, musikalisch
Einstein	logisch-räumlich	personal
Picasso	räumlich, personal, körperlich	wissenschaftlich
Strawinsky	musikalisch, andere künstlerische Begabungen	
Eliot	sprachlich, wissenschaftlich	musikalisch, körperlich
Graham	körperlich, sprachlich	logisch-mathematisch
Gandhi	personal, sprachlich	künstlerisch

Ebenso wie in ihren intellektuellen Fähigkeiten divergieren die sieben auch hinsichtlich der Frühbegabung. Freud war ein begabter Schüler und Student, fand aber erst Ende der Dreißig zu seinem wahren Beruf; als Martha Graham zu tanzen begann, war sie über zwanzig; Gandhi wechselte unschlüssig zwischen verschiedenen Rollen, bis er seine politisch-religiöse Berufung entdeckte; Strawinsky war weit über zwanzig, als er sich ernsthaft ans Komponieren machte. Gewiß haben Einstein und Eliot bereits in jungen Jahren Bedeutendes geleistet, doch keiner von beiden wurde in seinem Metier als Wunderkind betrachtet. Von den sieben entspricht einzig Picasso der klassischen Vorstellung vom Wunderkind, das heißt, er trat bereits als Kind mit meisterhaften Leistungen hervor. Alle anderen zeichneten sich hauptsächlich durch eine rapide Entwicklung aus, die nach ihrer Entscheidung für die Tätigkeit ihrer Wahl einsetzte.

Persönlichkeit und Motivation. Das Bild des kreativen Menschen, wie es meine Beobachtungen zeigen, gleicht in vielerlei Hinsicht demjenigen, das aus den klassischen empirischen Studien des *Institute of Personality Assessment* (Institut für Persönlichkeitsbeurteilung) an der Berkeley-Universität und anderen Forschungszentren hervorging: Menschen des E.C.-Typs sind tatsächlich selbstbewußt, wach und unkonventionell und leben für ihre Arbeit. Hobbies oder ein gesellschaftliches Leben sind so gut wie bedeutungslos und werden allenfalls am Rande wahrgenommen.

Ich bin mit einem gewissen Zögern zu dem Schluß gekommen, daß diese Charakterisierungen in der Vergangenheit möglicherweise einseitig positiv gesehen wurden. Mit anderen Worten – in die Selbstsicherheit mischt sich Egoismus, Egozentrik und Narzißmus; jeder der Sieben scheint in hohem Grad selbstbezogen, nicht nur ganz seiner Arbeit hingegeben, sondern dazu disponiert, sie auf Kosten anderer zu betreiben. Der britische Psychologe Hans Eysenck vermutet, daß dieses Amalgam von Kreativität und Starrköpfigkeit mit genetischen Anlagen korrespondiert.

Allerdings sind nuancierte Unterschiede erkennbar. Nicht weniger selbstbezogen als die Vergleichspersonen, läßt Einstein kein ausgesprochen negatives Sozialverhalten erkennen; er wünschte vor allem unbelästigt zu bleiben. Picasso vertritt das andere Extrem: Seinen Mitmenschen Unbehagen zu bereiten scheint ihm ein sadistisches Vergnügen gewesen zu sein, wenn nicht gar kreative Inspiration verschafft zu haben. Die übrigen fünf lassen sich etwa wie folgt zwischen den beiden Extremen plazieren:

gleichgültig gegenüber anderen	*schwierig im Umgang mit anderen*	*offenkundig sadistisch*
Einstein	Gandhi	Picasso
Eliot	Strawinsky	
	Graham	
	Freud	

Ein verwandter Aspekt ist das Maß des Aufwandes, der für die Selbstinszenierung eingesetzt wird. Man kann sich anderen gegenüber interesselos oder gar sadistisch verhalten und dennoch beträchtliche Energien auf die Selbstdarstellung verwenden. Alle sieben waren sich darüber im klaren, daß ihre Arbeit die Aufmerksamkeit der Öffentlichkeit verdiente und dieser zur Kenntnis gebracht werden mußte; und wo Eltern, Gatten oder andere Assistenten fehlten, die ihnen diese Aufgabe abnehmen konnten, blieb sie ihnen selbst überlassen. Ein Großteil der Eigenwerbung betraf das Werk; soweit ich feststellen konnte, war Gandhi weit mehr daran gelegen, sein Programm zu propagieren als die eigene Person. Sein Bemühen um Selbstdarstellung war dennoch auffallend. Ein Vergleich scheint folgendes Bild zu ergeben:

Selbstdarstellung im Rahmen des üblichen			außergewöhnliche Selbstdarstellungsbemühungen		
Einstein	Picasso	Eliot Graham	Strawinsky	Gandhi	Freud

Ein auffallendes Merkmal der Kreativität, ich erwähnte es, ist die besondere Verbindung von Kindhaftigkeit und Reife, welche die Persönlichkeit ebenso betreffen kann wie das Denken. Sie hat positive Züge (wenn sich die Kindlichkeit in Unschuld oder Unbefangenheit ausdrückt) oder negative, wenn Selbstbezogenheit oder Rachsucht als kindliche Anteile wirksam werden. Ein kurzer Kommentar zum Verhältnis kindlicher und erwachsener Charakterkomponenten bei unseren sieben kreativen Persönlichkeiten:
• Auf der Persönlichkeitsebene zeigte der erwachsene Freud wenig kindhafte Züge; wenn überhaupt, war er bemüht, reif und umsichtig zu erscheinen. Doch sein Interesse für das Unbewußte und für den Bewußtseinsstrom, für die Wünsche, Phantasien, Träume und sexuellen Passionen der Kindheit machen sichtbar, in welchem Ausmaß das kindliche Bewußtsein für sein Denken bestimmend blieb.
• Einstein betrachtete es als Gewinn, sich bestimmte kindliche Eigenschaften wie Neugier und Unkonventionalität bewahrt zu haben. Wie andere schöpferische Menschen brachte er dem Geist und der Seele des Kindes große Ehrfurcht entgegen. Seine Ideen waren Beiträge zu seinem Fach, stellen aber Versuche dar, die Art von Fragen zu beantworten, wie sie Kinder beschäftigen – Fragen im Stil Piagets über die Grundlagen des Universums und der Erfahrung.
• Wie Einstein kultivierte auch Picasso kindliche Persönlichkeitszüge. Seine Clownerien für die Medien, der Drang zum Besitz (von Menschen ebenso wie von Dingen) und der Wunsch, das eigene Leben (und das anderer) in allen Bereichen zu beherrschen, lassen sich mit Fug und Recht als infantil bezeichnen. Die Prinzipien seiner künstlerischen Arbeit – aufgebrochene Formen, die Suche nach den einfachsten Grundformen, das Bemühen, alle Aspekte eines visuellen Eindrucks simultan auf dem Papier festzuhalten – sind typische Merkmale der Malerei kleiner Kinder.
• Strawinsky interessierte sich für die kindliche Welt, zeigt aber keineswegs

Enthusiasmus für die eigene Kindheit und fand kein Vergnügen an kindlichen Verhaltensweisen. Kindlich erscheint seine ungewöhnliche Händelsucht – sein Verlangen, jeden Streit aufzugreifen, zu gewinnen und ‚den Gegner' wenn möglich im Laufe des Prozesses zu demütigen. Wie andere Künstler der Epoche suchte er sein Werk auf die elementarsten Strukturen des Mediums zurückzuführen, auf primitive Rhythmen und Harmonien der Art, wie sie ihn in seiner Kindheit beeindruckt hatten.
- T. S. Eliot war, um einen Freudschen Begriff zu verwenden, die rigideste, am stärksten Überich-geleitete der sieben Persönlichkeiten, was sein Leben, nicht was sein Werk betrifft. Als junger Mann wirkte er alt, und er gefiel sich in der Rolle des *elder statesman*. Doch auch er läßt kindliche Züge erkennen, in seiner Vorliebe für Puzzles, für die Produktion pikanter Reimereien, aber auch gelungener Kinderverse; sein politischer Konservativismus verstellte ihm nicht den Blick für das Neuartige und Ungewöhnliche. In den Fragmentformen seiner Lyrik und der Bedeutung des Unbewußten und des Symbolischen in seinen Themen teilt er das kindliche Universum des Wissenschaftlers Freud und des Musikers Strawinsky.
- Martha Graham suchte als Künstlerin und als Person ewige Jugend; vor jedem Anzeichen des Alterns graute ihr. Ihre Egozentrik, ihr ungebändigtes Temperament und die Ausschließlichkeit ihrer Leidenschaft sprechen für die Erhaltung kindlicher Verhaltensmuster. Die Kunstform, die sie wählte (der Gebrauch des Körpers als Ausdrucksmittel) wie auch die von ihr gesuchten elementaren Darstellungsformen schöpfen aus dem Reservoir kindlicher Einbildungskraft.
- In unserer Vorstellung lebt Gandhi als weiser alter Mann. Tatsächlich jedoch war er in vieler Hinsicht ausgesprochen kindlich, kultivierte sogar das Aussehen eines kleinen Kindes – nackt, stolz auf seinen Körper und übermäßig interessiert an seinen Funktionen. Auch sein wesentlicher konzeptioneller Durchbruch – *satyagraha* – hat etwas im besten Sinne Kindliches: Menschen begegnen einander unter den Bedingungen tatsächlicher Gleichberechtigung und sorgen dafür, daß jeder durch eine allseitig befriedigende Absprache neue Kraft gewinnt. Eine solche Vision zu verwirklichen kann freilich nur einer Persönlichkeit von höchster Reife gelingen.

Nach der zusammenfassenden Darstellung infantiler Anteile im Persönlichkeitsbild der von mir untersuchten schöpferischen Menschen greife ich zwei letzte Punkte zum Thema Persönlichkeit auf. Einen komplexen Sachverhalt berührt die Frage, in welchem Maß die einzelnen Persönlichkeiten ihre Gefühle, insbesondere überwältigende Emotionen wie Leidenschaft und Wut, öffentlich darstellten. Starke Gefühlserlebnisse waren keinem von ihnen fremd, doch während einige sie unmittelbar ausdrückten, zogen andere es vor, durch ihre Werke zu sprechen. Eliots *The Waste Land* ist zweifellos eine der expressivsten Dichtungen der Epoche, doch Eliot erschien vielen als leblos, affektarm, abweisend scheu und zurückhaltend. Picasso und Martha Graham hingegen gaben sich im Schlafzimmer und am Arbeitsplatz nicht weniger dramatisch als in ihren Werken. Denselben Kontrast lassen unsere vier kreativen Wissenschaftler erkennen. Einstein hielt sein Gefühlsleben unter Verschluß, beschrieb jedoch eindrücklich die ästhetischen Elemente der Naturwissenschaft; Freud behandelte die Gefühle in seinen Werken mit der Distanz des Klinikers, scheute aber nicht davor zurück, sich den eigenen Emotionen zu stellen, seinen Gefühle unmittelbar Ausdruck zu geben und als führender Kopf und Organisator einer intellektuellen Revolution aufzutreten.

Besonders die Zeiten erhöhter schöpferischer Anspannung wurden als außerordentlich belastend erlebt. Soweit ich feststellen konnte, gingen alle durch Phasen der Niedergeschlagenheit, wenn die Arbeit ins Stocken geriet, und in allen Fällen wird von geistig-seelische Zusammenbrüchen berichtet – möglicherweise mit Ausnahme Gandhis, der offenbar zwei signifikante Phasen depressiver Verstimmung durchmachte, die jeweils der Entscheidung für eine Hinwendung zum einfachen Leben vorausging: in Südafrika (1906 bis 1910) und bei seiner Rückkehr nach Indien in den dreißiger Jahren nach der erfolglosen Londoner Konferenz.

Sozialpsychologische Aspekte. Die sieben wuchsen offenkundig in Familien auf, die ihre Begabungen unterstützten, haben aber vielleicht niemals innige menschliche Nähe und Wärme erlebt, es sei denn in der Obhut einer Kinderfrau. Eine engere Beziehung zur Mutter (bei Freud, Einstein und Eliot) oder zum Vater (bei Gandhi, Martha Graham und Picasso) war augenscheinlich an Leistungen und Talent gebunden. Vielleicht hat diese Atmosphäre ihrer Kindheit sie dazu bestimmt, ihre Arbeit als den Bereich zu betrachten, in dem sie sich ohne Einschränkungen verwirklichen konnten. Von Gustave Flaubert stammt die Erklärung: „Ich liebe meine Arbeit mit einer verzweifelten, perversen Leidenschaft, so wie ein Asket das härene Hemd liebt, das ihm den Bauch zerkratzt."

Strenge war ein weiteres Merkmal des familiären Hintergrunds. Ein diszipliniertes Regiment im Sinne der „protestantischen Ethik" erzog die Kinder zu Durchhaltevermögen und Tüchtigkeit, so daß sie beim Lernen oder Arbeiten auf dem eigenen Interessengebiet schnelle Fortschritte erzielten.

Schließlich jedoch wußten sich alle der Kontrolle zu entziehen: Freud durch seinen ausdrücklichen Verweis auf die in der Wiener Gesellschaft verdeckt wirksamen Triebkräfte; Einstein genoß den liberalen Geist der Aarauer Schule und ließ sich von seinen Lehrern nicht einschüchtern; Picasso wandte sich von seiner Familie, besonders von seinem Vater ab; Strawinsky verschmähte die Juristenkarriere und suchte sich in Nikolaj Rimskij-Korsakov einen zweiten Vater; ähnlich Eliot, der die höhere Laufbahn ausschlug, seinen Neigungen nachging und seinem Land für immer den Rücken kehrte; Gandhi lehnte bestimmte Seiten seines Hindu-Erbes ab und lebte über zwanzig Jahre im Ausland; Martha Graham protestierte durch ihre Berufswahl, den Tanz, durch einen ungewöhnlichen Lebensstil und durch das betont erotische Moment ihrer tänzerischen Darstellung.

Ich glaube, zwei Faktoren waren für diese Rebellion die unerläßliche Bedingung: erstens konnte nur ein überdurchschnittlich hohes Fähigkeits- und Talentpotential, die Abkehr von der traditionellen Lebensweise der Familie möglich erscheinen lassen, und zweitens mußten bereits dem Kind positive Rollenvorbilder für ein kreatives Leben verfügbar gewesen sein. Wenn auch das häusliche Klima in allen Fällen strikt konservativ war, gab es doch innerhalb der Familie oder in ihrem Umkreis Hinweise darauf, daß Unabhängigkeit erlaubt war, solange man sich bewährte. Freuds Eltern verschlossen sich seiner Berufswahl letzten Endes nicht; Einsteins Onkel Jakob und sein älterer Freund Max Talmey förderten Wißbegier und wissenschaftliches Forschen; Picassos Studienaufenthalte im Ausland wurden von seinem Onkel finanziert; im Elternhaus Strawinskys versammelten sich die großen zeitgenössischen Künstler; Eliots Mutter dichtete; Martha Grahams Vater hatte eine Vorliebe für die Künste, was den folgenreichen Entschluß begünstigte, die junge Martha in eine Vorstellung von Ruth Saint-Denis zu begleiten, und Gandhis Familie schließlich schrieb zwar eine moralische Lebensführung vor, übte im religiösen Glauben jedoch keinen Zwang aus.

Obwohl sich ausnahmslos eine gewisse Ermutigung durch die Familie feststellen läßt, bleibt Marginalität das durchgehende Motiv meiner Untersuchung. Einige der sieben waren Außenseiter durch Geburt – Freud und Einstein als Juden in deutschsprachigen Ländern, Martha Graham als Frau in einer von Männern dominierten Welt. Andere gerieten durch die Umgebung, in der sie freiwillig oder notgedrungen Aufenthalt nahmen, in eine Randstellung: der Inder Gandhi im britischen Empire, der Russe Strawinsky in Westeuropa und in den Vereinigten Staaten, der Amerikaner Eliot in London, der Spanier Picasso in Paris.

Zusätzlich zum demographischen Außenseitertum setzten sie ihre Randständigkeit ausnahmslos zum Vorteil der Arbeit ein. Sie bezogen aus ihrer peripheren Stellung nicht nur Motive und Themen. Bedeutsamer war ihre Abneigung, in den Sog des ‚Establishments' zu geraten: sobald Gefahrenzeichen eine solche Annäherung ankündeten, leiteten sie einen geistigen Kurswechsel ein, um sich wenigstens intellektuelle Marginalität zu sichern. Freud wurde hellhörig, wenn eines seiner Werke auf allzu prompte Resonanz stieß; Einstein trat dreißig Jahre als Kritiker der populären Quantentheorie auf; Picasso und Strawinsky wandten sich zunächst gegen die traditionelle künstlerische Überlieferung und in späteren Jahren gegen die Kompromißlosigkeit dieses Schritts; Eliot vertrat unzeitgemäße politische und soziale Ideen und versuchte in mittleren Jahren einen neuen Anfang als Dramatiker; Martha Graham griff zeitlebens neue, provozierende Formen auf und wechselte schließlich in ihrem siebten Lebensjahrzehnt erfolgreich, wenn auch zögernd, zur Choreographie; Gandhi war unablässig mit mißliebigen Projekten und umstrittenen Gruppen befaßt.

Es bleibt also festzuhalten, daß sich die sieben Meister der Moderne bewußt als Außenseiter verstanden und bereit waren, dieser Stellung zuliebe vieles zu opfern. Verkürzend wäre es freilich, zu sagen, daß sie der Mitwelt fremd gegenüberstanden. Das Bild ist um mindestens zwei weitere Züge zu ergänzen. Erstens waren die meisten für längere Zeit problemlos in größeren Gruppen integriert, bevor eine Periode äußerster Isolation – die Zeit des großen Durchbruchs – einsetzte, worauf sie in ihrer letzten Lebensphase in eine weit größere und vielleicht auch aufgeschlossenere Öffentlichkeit zurückkehrten. Zweitens erwies sich für sie alle während der Zeit ihrer größten Isolation die besonders enge Beziehung zu einem oder auch mehreren Menschen ihres Vertrauens als notwendig und nützlich.

Ich komme am Ende des Kapitels auf diese besondere Beziehung zurück, gehe zunächst aber auf die zwei großen Brüche im Ablauf der interpersonalen Beziehungen ein. Freud ist hier der Protoptyp: er war in jungen Jahren allseits beliebt und engagiert, dann isolierte er sich zunehmend im angestrengten Versuch, seine Domäne zu finden, und schließlich wurde er in den letzten Lebensjahrzehnten zum entschlossenen Führer eines Kreuzzugs mit unaufhaltsam wachsender Gefolgschaft. Ähnlich präsentiert sich Einsteins Lebensmuster, wenn auch die spätere Beziehung zur Welt hier distanziertere Formen annahm, da er sich mit den großen Themen Krieg und Frieden, mit Philosophie und Religion beschäftigte. Gandhis Lebensweg weist Aspekte beider Modelle auf: das Bedürfnis, nach Art von Freuds psychoanalytischem Zirkel eine kleine Gruppe loyaler Helfer zu organisieren, war verbunden mit der Fähigkeit, auf vermitteltem Weg – über seine Schriften, über die Massenmedien und durch sein begeisterndes persönliches Vorbildverhalten – mit größeren gesellschaftlichen Segmenten in Beziehung zu treten.

Bei den vier Künstlern entdecke ich ein leicht abweichendes Muster. Unabhängig von den sozialen Konstellationen ihrer Kindheit erlebten sie eine Phase der Einsamkeit während der Arbeit an dem bahnbrechenden Werk. Mit zunehmender Anerkennung sahen sich alle unvermeidlich in den Kontext des öffentlichen Lebens gestellt, wie ich es im sechsten Kapitel geschildert habe. Strawinsky scheint sich mit der größten Lust und Leidenschaft exponiert zu haben; Eliot akzeptierte den Anspruch der Öffentlichkeit als Teil seines Arbeitsgebietes und kam erstaunlich gut damit zurecht. Picasso und Martha Graham wälzten den Part jeder in seiner Art so gut wie möglich auf andere ab, schlugen sich aber glänzend, wenn persönliche Auftritte erforderlich waren.

Ich wage eine weitere Verallgemeinerung: Keiner der Sieben scheint ein ausgeprägtes Bedürfnis nach Freunden empfunden zu haben, mit denen er auf gleichem Fuß verkehren konnte. Charmant, verführerisch und zumindest dem Anschein nach loyal, stellten sie andere in den Dienst ihrer Sache und ließen sie ruhig oder mit theatralischem Aufwand fallen, wenn ihre Verwendbarkeit erschöpft schien. Eine Blutspur im Umkreis schöpferischer Menschen ist kein erbaulicher Anblick, doch diese destruktive Komponente ist immer wirksam, gleichgültig, ob die Person sich einsamer Arbeit hingibt oder erklärtermaßen zum Wohl der Menschheit tätig ist.

Lebensmuster: das Produktivitätsprofil. Ich neige nicht dazu, Zahlen eine ungerechtfertigte Magie zuzuschreiben, doch hat mich überrascht, wie deutlich im Verlauf der Untersuchung die Zehnjahres-Regel zutage trat. Für alle Fallstudien gilt, daß in den beschriebenen Laufbahnen die wichtigen Erscheinungen und Durchbrüche in Intervallen von ungefähr zehn Jahren auftraten, mit wechselnder Anzahl der Zehnjahresperioden, die auf den einzelnen entfallen. In kognitionswissenschaftlichen Studien ist bereits gut belegt, daß der Mensch etwa zehn Jahre benötigt, um sein Fach mit ausreichender Kompetenz zu beherrschen. Beginnt man wie Picasso im Alter von vier Jahren, erreicht man dieses Können noch als Teenager. Künstler wie Strawinsky und Martha Graham, die sich ihrer kreativen Tätigkeit als junge Erwachsene zuwandten, fanden erst mit Ende Zwanzig zu einer ersten Hochform.

Die zehn Lehrjahre erhöhen die Wahrscheinlichkeit eines schöpferischen Durchbruchs, der in der Regel durch eine Reihe tastender Schritte eingeleitet wird, sich dann aber als entschiedener Bruch mit der Vergangenheit erweist. In diesem Sinn betrachte ich Freuds „Entwurf", Einsteins Spezielle Relativitätstheorie, Picassos *Demoiselles d'Avignon*, Strawinsky *Sacre du printemps*, Eliots *The Waste Land*, Martha Grahams *Frontier* und Gandhis Streik in Ahmedabad als Durchbruchsphänomene.

In den Jahren nach dem Durchbruch setzt sich der Schöpfer mit seiner Leistung auseinander. Das innovative Schaffen behält seinen Reiz, doch der folgende Durchbruch ist, allgemein gesprochen, umfassender, integrativer Art. Es wird nuancierter gearbeitet, die Neuerungen knüpfen direkter an Traditionen der Vergangenheit und an die Arbeit von Fachgenossen an. Freuds *Traumdeutung* (oder vielleicht *Totem und Tabu*), Einsteins Allgemeine Relativitätstheorie, Picassos *Guernica*, Strawinskys *Les noces*, Eliots *Four Quartets*, Martha Grahams *Appalachian Spring* und Gandhis Salzmarsch ließen sich dem zweiten schöpferischen Höhepunkt zuordnen.

Was auf den zweiten Durchbruch folgt, hängt mehr von der Art der Domäne ab als von Können und Ehrgeiz des Schöpfers. Ist die Domäne offen, neu ausgesteckt und wettbewerbsarm, hat er die Gelegenheit zu fortdauernder innovativer Arbeit, der nur seine Kräfte Grenzen setzen. Martha Graham, Freud, Strawinsky, Gandhi und Picasso waren in dieser Lage. (Freud selbst nahm an, seine wesentlichen Erkenntnisse seien ihm im Rhythmus von sieben Jahren gelungen.) Hat die Domäne dagegen bereits ein differenziertes Profil, messen zahlreiche junge Anwärter ihre Kräfte, oder läßt die Energie des Meisters nach, ist die Aussicht auf weitere Durchbrüche gering. Weder Eliot noch Einstein haben nach ihrem zweiten Schaffensjahrzehnt wesentlich Neues geleistet, wenngleich Eliot Theaterstücke schrieb und Einstein bis zu seinem Tod an theoretischen und philosophischen Fragen arbeitete. Die Durchlässigkeit der Domänen variiert unabhängig von der Grenze zwischen Kunst und Wissenschaft – die lyrische Dichtung steht der Physik in dieser Hinsicht näher als der Malerei.

Nach dem zweiten Jahrzehnt eröffnet die Möglichkeit eines historischen oder reflektierenden Rückblicks auf die Domäne Wege anderer Art – Picasso, Strawinsky und Martha Graham erarbeiteten einen vielbeachteten Neoklassizismus. Eliots gleichgerichtete Versuche waren weniger erfolgreich, hingegen wuchs er wie Einstein in die Rolle des Metakommentators auf seinem Gebiet. Wenn die Domäne die Möglichkeit einer anerkannten Rolle wie die des Literaturkritikers vorsieht, sind der Reflexionsphase keine Grenzen gesetzt. In den Naturwissenschaften freilich werden Forscher, die sich zum Wissenschaftsphilosophen wandeln, zu Fremdlingen ihres Faches gestempelt. In seinen letzten Lebensjahrzehnten hatte Einsteins Stimme in den Diskussionen der seinerzeit führenden Naturwissenschaftler ihre wesentliche Bedeutung verloren.

TABELLE 10.1: DIE ZEHNJAHRESREGEL

	Anfänge	10 Jahre	20 Jahre und mehr	30 Jahre und mehr
Freud	Charcot	„Entwurf"*, Traumdeutung**	Drei Abhandlungen zur Sexualtheorie	Kultursoziologie
Einstein	Gedankenexperiment: Lichtstrahl	Spezielle Relativitätstheorie*	Allgemeine Relativitätstheorie	Philosophische Schriften
Picasso	Barcelona-Kreis	Les demoiselles d'Avignon* Kubismus	Neoklassik	Guernica**
Strawinsky	Rimskij-Korsakov-Einfluß	Le sacre du printemps*	Les noces**	spätere Stilexperimente
Eliot	Prufrock Juvenilia	The Waste Land*	Four Quartets**	Dramen/Kritik
Graham	Saint-Denis-Truppe	Erste Aufführung	Frontier*	Appalachian Spring** Neoklassik
Gandhi	Natal	Südafrika satyagraha	Ahmedabad*	Salzmarsch**

* radikaler Durchbruch   ** integratives Werk

In Tabelle 10.1 gebe ich einen Überblick über die Kreativität im Abstand von Jahrzehnten. Der radikale Durchbruch ist mit einem, der integrative mit zwei Sternchen gekennzeichnet. Man beachte, daß kein Entwicklungsverlauf dem anderen genau entspricht und die Zehnjahresregel dennoch gültig bleibt. Verwirrend könnte die Frage der Produktivität erscheinen. Auf einigen Gebieten lassen sich sehr schnell fertige Ergebnisse vorlegen – Picasso malte als Erwachsener durchschnittlich ein Bild pro Tag, Freud schrieb Dutzende Bücher und Hunderte von Aufsätzen. Eliot dagegen hinterließ knapp fünfzig Dichtungen, darunter sehr kurze, und Einstein hat weit weniger veröffentlicht als Freud. Andererseits gibt es Dichter ersten Ranges (W. H. Auden zum Beispiel) und hochkarätige Wissenschaftler (wie der Chemiker Carl Djerassi), die beweisen, daß Kreativität auch in Literatur und Wissenschaft mit einer hohen Produktivität kompatibel ist.

Obwohl die Leistungskraft selbst schöpferischer Menschen sehr verschieden sein kann, scheint es mir wichtig, sich nicht auf die Länge der Werkverzeichnisse zu fixieren. Aufmerksamkeit verdient meines Erachtens die Tatsache, daß alle, ob Wissenschaftler, ob Künstler, tagtäglich an der Arbeit waren. Eliot mag wenig Gedichte vollendet haben, doch er schrieb Hunderte von Kritiken und war als Lektor und Herausgeber für die Publikation wichtiger Werke aus den verschiedensten Fachbereichen verantwortlich. Gandhis literarischer Nachlaß umfaßt neunzig Bände. Einstein beschäftigte sich bis in die letzten Jahre seines Lebens mit physikalischen Problemen, obwohl Veröffentlichungen seltener wurden. Man sollte das Augenmerk auf die Anzahl neuer Ideen oder unterschiedlicher Projekte eines Künstlers oder Wissenschaftlers richten, statt die handfesten ‚Endprodukte' zu zählen. Von den tausend Bildern, die Picasso im Lauf von vielleicht fünf Jahren produzierte, hielt er selbst eines oder zwei für bedeutender als den ganzen Rest. In dem Dutzend von Freud jährlich vorgelegter Aufsätze finden sich Wiederholungen – er spricht wiederholt von seinem Bedürfnis, neuen Ideen nachzugehen. Der Zehnjahresrhythmus ist in dieser Hinsicht erhellend. Er weist darauf hin, daß unabhängig vom Umfang entstandener Einzelwerke der Anzahl wirklich innovativer Arbeiten, die ein Mensch in einer begrenzten Zeitspanne schaffen kann, Grenzen gesetzt sind.

Die Domäne

Wenn auf der Persönlichkeitsebene genausoviele Gemeinsamkeiten wie Unterschiede sichtbar wurden, stellt in allen Fällen die Domäne die problematische Zone mit den größten Abweichungen dar. Aus Jugendlichen, die sich für diesen oder jenen Aspekt ihrer Umwelt interessieren, werden junge Erwachsene, die begabt (oder bestimmt) sind, in einem kulturell relevanten Bereich oder Fach zu arbeiten. Jeder wird jahrzehntelang auf diesem Gebiet tätig sein, und damit kommt der Natur dieses Gebiets entscheidende Bedeutung zu.

Zu Beginn meiner Untersuchung glaubte ich, das Wirken von Kreativität ließe sich domänenübergreifend relativ umfassend beschreiben. Basierend auf Graham Wallas' bekanntem Vierphasen-Schema – von der Präparation und Inkubation zur Illumination und Verifikation – beschrieb ich im zweiten Kapitel die lokalen Unruheherde, die ersten, behelfsmäßigen Versuche, Abhilfe zu schaffen, die nicht befriedigten, und das allmählich wachsende Bedürfnis, eine neue Sprache, ein neues Symbolsystem zu schaffen, das dem akuten Problem angemessen wäre. In diesen schematischen Ablauf fügte ich ein „Nachleben", als Zeitpunkt, wenn andere Fachkundige den Versuch machen, die neue Symbolsprache zu verstehen und weiterzugeben, wenn die neue Erfindung, so, wie sie verstanden wird, die Billigung des Feldes findet und schließlich zu einer Neudefinition der Domäne führt.

Im großen und ganzen stehe ich weiterhin zu diesem Schema, bin aber zu dem Schluß gekommen, daß es zwei wichtige, verwandte Dimensionen außer acht läßt. Erstens sind die Symbolsysteme, die in verschiedenen Tätigkeitsbereichen zur Anwendung kommen, äußerst divergent; sie lassen sich nicht ohne weiteres unter der Pauschalrubrik Symbolsysteme zusammenfassen. Freud arbeitete mit Wörtern als Kürzeln für wissenschaftliche Vorstellungen von menschlichen Träumen und Verhaltensweisen sowie mit einfachen Diagrammen. Einstein dachte in Begriffen komplexer Raummodelle, in Körpersymbolen und in mathematischen Gleichnissen – Wörter wurden am Ende des Prozesses nachgetragen. Picasso hatte mit Farben, Strukturen, Linien und Formen in ihren Beziehungen zu realen Objekten und zunehmend auch in ihrer Selbstreflexivität zu tun. Strawinskys Material waren ähnliche Elemente in der Welt des Klangs: Timbre, Rhythmus, Tonhöhe, Kolorit, die zwar der Alltagserfahrung verwandt sind, ihre Bedeutung jedoch vor allem durch binnenmusikalische Assoziationen gewinnen. Die von Eliot verwendeten verbalen Elemente, Allusionen und Klänge führen in eine gänzlich andere Richtung als die Wörter, die Freud oder Einstein benutzten. Martha Graham arbeitete im wesentlichen mit den Mitteln des menschlichen Körpers; in plastischen Gebärden versuchte sie Handlungen, Gefühle und formale Beziehungen festzuhalten und mit der sie begleitenden Musik und Dekoration in Übereinstimmung zu bringen. Gandhis Texte und Reden sind Ausdruck des Bemühens, eine überzeugende Darstellung der Erfahrungen einer Gruppe von Menschen zu schaffen; er entwarf ein Modell der in einer Gruppe wirksamen aktuellen Überzeugungen und Verhaltensweisen und daneben ein Modell zu ihrer Veränderung durch die gezielte Inszenierung ritualisierter bis hochriskanter Aktionen.

Grundverschieden sind nicht nur diese Symbole und Symbolsysteme, sondern auch die zu ihrer Handhabung erforderlichen geistigen Fähigkeiten – sie summarisch als Symbolsysteme zu behandeln verdunkelt soviel, wie es erklärt. Wie in den Zwischenkapiteln beschrieben, sind den sieben Schöpferpersönlichkeiten mindestens fünf verschiedenartige Tätigkeitsformen zuzuordnen:

1. *Lösung eines bestimmten, in der Regel wissenschaftlichen Problems.* Hierher gehört zum Beispiel Einsteins frühe Auseinandersetzung mit der Brownschen Mo-

lekularbewegung. Besondere Aufgaben, die sich im Verlauf der künstlerischen Ausbildung ergeben, wie Strawinskys Reorchestrierung klassischer Stücke, sind Beispiele aus einem anderen Bereich.

2. *Entwicklung neuer allgemeiner Denkmodelle.* Einstein und Freud haben sich, gleichgültig was ihre ursprünglichen Absichten waren, dem öffentlichen Gedächtnis durch nichts stärker eingeprägt als durch die von ihnen entwickelten umfassenden Konzepte – die Relativitätstheorie und die psychoanalytische Theorie unbewußter Seelenvorgänge.

3. *Erschaffen eines Produkts.* Künstler stellen etwas her – in kleinerem Rahmen zum Beispiel Skizzen oder Gedichte, in größerem Rahmen Wandbilder, Opern oder Romane. Diese Werke spiegeln Ideen, Gefühle und Vorstellungen, sind aber im großen und ganzen nicht als Versuche zur Problemlösung oder zur Generierung neuer Denkmodelle zu bezeichnen. Häufig sind sie vielmehr aus dem Rahmen fallende Werkbeispiele innerhalb eines bestimmten Genres oder die ersten Gehversuche in einem neuen. Picasso, Strawinsky und Eliot gehören in diese Rubrik sowie Martha Graham als Choreographin.

4. *Stilisierte öffentliche Darstellungen.* In Formen wie dem Tanz und dem Theaterstück kann ein Künster die Gattung individuell vertreten: in diesen Fällen ist das ‚autographische' Werk identisch mit seiner spezifischen Ausführung durch eine Person in einem bestimmten historischen Moment. Auch wenn die Darstellung in mancher Hinsicht festgelegt ist, bleibt immer Raum für Innovation, Improvisation und Deutung. Solche Darbietungen sind durch die Ausdrucksmöglichkeiten des Körpers sowie die situativen Umstände definiert.

5. *Aktionen mit hohem Risiko.* Im politischen oder religiösen Bereich werden öffentliche Äußerungen und Aktionen eines einzelnen zum Medium der Kreativität. Gleichgültig ob man Gandhis Ideen für brillant oder konfus hält, die wesentlichen Aspekte seiner schöpferischen Leistung sind darin zu sehen, daß er es fertigbrachte, seinen Anhängern und der übrigen Welt durch vorbildhaftes Verhalten in bestimmten historischen Umständen als glaubwürdig zu erscheinen. Anders als der Akteur des tänzerischen Rituals oder der Bühne setzt der existentiell Engagierte im Dienst einer Mission Sicherheit, Gesundheit und sogar das Leben aufs Spiel. Es ist, in Clifford Geertz' bekannter Formulierung, ein sehr „tiefes Spiel" (deep play).

Im Licht der neu eingeführten Unterscheidungen – der Annahme verschiedenartiger Symbolsysteme und der Einführung fünf verschiedener, als *kreativ* zu bezeichnender Tätigkeitsarten – wird das Konzept eines komplizierteren Modells erforderlich, das drei Komponenten enthält:

1. das (die) spezifische(n) Symbolsystem(e)
2. Art der kreativen Tätigkeit
3. besondere Momente im Verlauf kreativer Durchbrüche oder Aktionen.

Statt allgemein von Inkubation zu sprechen, sollte bei der Formulierung dieser Dimension berücksichtigt werden, ob man es (1) mit Wörtern, Gebärden oder mathematischen Begriffen, (2) mit Problemlösungen, Werkproduktion oder volkspädagogischen Bemühungen oder (3) mit der Zeit des Entwurfs, der Ausführung des Werks oder der Zeit darstellender Entfaltung der Aktion zu tun hat.

Bis jetzt habe ich mich auf die domänenspezifischen Symbolssysteme und Tätigkeiten konzentriert. Doch weisen Domänen auch zeitbedingte *Strukturunterschiede* auf. Ein wesentliches Unterscheidungskriterium ist dabei der Paradigmenstatus. Dem üblichen Wortgebrauch gemäß kann nur die Physik Anspruch auf den Status als wissenschaftliches Paradigma erheben – d. h. als ein Bereich gelten, in dem bestimmte gültige Verfahren und Normen von allen Beteiligten akzeptiert werden. Die Psychologie zur Zeit Freuds und sogar die heutige Psychologie sind präparadigmatisch; in grundlegenden Fragen herrscht Unstimmigkeit zwischen konkurrierenden Schulen, nicht zwischen konkurrierenden Interpretationen allseits anerkannter Phänomene und Ergebnisse. Doch auch die physikalischen Paradigmen, die mit den Namen Newton, Maxwell und Faraday oder mit Mach und Helmholtz verknüpft sind, bestanden nicht endgültig; als Lorentz und Poincaré um 1900 Zweifel an den anerkannten Modellen formulierten, zeichnete sich die Möglichkeit eines Paradigmenwechsels ab.

Der Begriff des Paradigmas läßt sich auf Bereiche jenseits der Naturwissenschaft ausdehnen oder übertragen. Es zeigt sich dann, daß auch andere Domänen zeitweise von dominanten Paradigmen bestimmt sind; im späten achtzehnten Jahrhundert galt in der klassischen Musik des Westens ein paradigmatisches Kompositionsschema; ähnlich gibt es in der heutigen britischen Rechtsprechung allgemein anerkannte Grundsätze zur Behandlung von Streitfällen.

Zu Beginn des zwanzigsten Jahrhunderts allerdings existierten in den wichtigsten Kunstgattungen keine mit den naturwissenschaftlichen vergleichbaren Paradigmen. In Musik und Literatur ging die romantische Epoche zu Ende; die akademische Malerei und Bildhauerei sowie der Impressionismus verloren an Geltung; der Tanz zählte noch nicht zu den ernstzunehmenden Künsten. Diese Domänen lassen sich folglich als ‚paradigmenlos' betrachten und damit als Gebiete, die sich für den Wettbewerb neuer Methoden anboten. Man könnte sich darauf einigen, den Begriff Paradigma auch auf Beziehungen zwischen geographischen Einheiten innerhalb des britischen Empire anzuwenden. Als paradigmatische Struktur ließe sich dann vielleicht der damals noch verbreitete Glaube der Briten ausmachen, sie wüßten, was ihren Kolonien und deren Bewohnern dienlich sei, während dort bereits die Unruhe zunahm.

Die unangefochtene Vormachtstellung eines einzigen Paradigmas ist ein vermutlich sicheres Indiz für die rasche Ablösung durch eine neue Theorie. Trotz anfänglicher, wenn auch geringer Skepsis konnte das Verdienst der Einsteinschen Entdeckung in der Fachwelt außerordentlich schnell anerkannt werden. Andererseits führt gerade die zentripetale Natur einer paradigmatischen Domäne dazu, daß jüngere Forscher in kurzer Zeit auf dem neuen Paradigma aufbauen und mit dessen Autor in Konkurrenz treten. Was Einstein erlebte, erlebten auch andere Paradigmenschöpfer aus traditionellen Wissensbereichen; er wurde bald von den jüngeren Wissenschaftlern überholt, die seine Erkenntnisse ohne zu zögern dankbar aufgriffen und weiterentwickelten.

Dieser Situation sah sich keiner der anderen sechs gegenüber, denen die Arbeit sozusagen ihr Leben lang nicht ausging – sie blieben denn auch innovativ und fruchtbar bis ans späte Ende ihrer Tage. Mit der Ausnahme Eliots; unter verschiedenen Erklärungen, die sich anbieten, knüpft die von mir bevorzugte an die Art seines Tätigkeitsgebietes, der lyrischen Dichtung, an. Während die Schaffenskraft in anderen literarischen Genres durch den menschlichen Alterungsprozeß offenbar nur unmerklich abnimmt, zeigt sich lyrisches Talent früh, kommt schnell zu intensiver Blüte und hat sich in jungen Jahren bereits erschöpft, eine Regel, die nur wenige Ausnahmen kennt. Eliot suchte auf neuen Tätigkeitsfeldern kreativ zu bleiben, wurde Kritiker und Dramatiker und leistete, besonders als Kritiker, Bemerkenswertes, doch sein Weg weicht von dem anderer kreativer Individuen ab – am nächsten käme ihm allenfalls Martha Graham zur Zeit ihres erzwungenen Rücktritts als Tänzerin.

Das Feld

Wenn kreative Menschen sich in der von ihnen gewählten Domäne auszeichnen, treffen sie unvermeidlich auf andere Menschen, zu denen sie in Beziehung treten müssen. Im Regelfall haben sie einen oder mehrere Mentoren, denen sich mit wachsendem Erfolg auch Kollegen, Konkurrenten und Anhänger zugesellen, und sie werden, zumindest in begrenztem Ausmaß, in öffentliche Auseinandersetzungen hineingezogen. Wie ergeht es unseren sieben Meistern in diesen Dimensionen des Feldes?

Könnerschaft ist ohne ein Mindestmaß an professioneller Unterweisung praktisch undenkbar. Die Anleitung, die jeder von ihnen durch Experten seines Fachs erfuhr, weist jedoch nach Art und Ausmaß beträchtliche Unterschiede auf. Freud genoß die vermutlich traditionellste Ausbildung: Mehrere starke Vaterfiguren von Brücke über Charcot zu Breuer macht ihn mit den wichtigen Disziplinen, Problemen und Methoden bekannt. Einstein fällt aus dem Rahmen durch den Mangel an persönlichen Mentoren. Er erhielt die entscheidenden Anregungen aus größerer Entfernung, vermittelt durch die Lektüre zunächst populärwissenschaftlicher Darstellungen, sodann der Schriften von Mach, Poincaré, Maxwell und anderen führenden Vertretern des Fachs. Er erinnert darin an künstlerische Titanen der Vergangenheit wie Shakespeare oder Beethoven, die, soweit bekannt ist, keinen Mentor an ihrer Seite hatten.

Von den vier Künstlern hatte jeder die Unterstützung eines Mentors. Auf die traditionelle Art, von Meistern seines Metiers, konnte Strawinsky lernen. Rimskij-Korsakov vor allem führte ihn in die Musik, Diaghilew in andere Aspekte der Theaterwelt ein. Eliot wurde von einigen seiner Lehrer in Harvard beeinflußt, darüber hinaus von dem etwas älteren und wagemutigeren Ezra Pound sowie durch die Schriften von Laforgue und Symons. Picasso zog den unmittelbarsten Nutzen aus dem Unterricht und Beispiel des Vaters; später begegnete er einer Vielzahl von Vorbildfiguren aus der näheren und entfernten Vergangenheit, von denen keine seinen künstlerischen Werdegang auffallend beeinflußte. Martha Graham erhielt eine relativ eng begrenzte Ausbildung in der Denishawn-Schule; später wurde ihr engster Vertrauter, Louis Horst, auch zu ihrem besten Lehrer.

Wieder stellt Gandhi die Ausnahme dar. Es lassen sich einige Persönlichkeiten nennen, mit denen er gut bekannt war, Gokhale und Rajchandra zum Beispiel, und andere, wie Tolstoj und Ruskin, deren Werke er bewunderte. Zu einem Kreis enger Vertrauter gehörten Polak und Schleslin. Doch in einem weit größeren Maß als andere kreative Denker scheint Gandhi, der Schöpfer, sich selbst geschaffen zu haben. Vielleicht ist hier die Erklärung dafür zu suchen, daß in seinen Schriften seine Selbstexperimente so großen Raum einnehmen und daß er sich in gewisser Hinsicht neben die großen Religionsstifter der Vergangenheit und neben seinen Gott stellte.

Bereits erwähnt wurde das häufig unerquickliche Verhältnis der großen Gestalter und Denker zu ihren Mitmenschen. Was läßt sich Genaueres über ihre Beziehung zu anderen Personen innerhalb ihres Gebietes sagen? Die Spuren schriftlicher Mitteilungen können hier irreführend sein, denn die Schreibfreudigen unter ihnen, Eliot, Strawinsky, Freud, haben mehr Zeugnisse über ihre Beziehungen zu den Fachgenossen hinterlassen als andere, die sich nicht auf konventionelle Art in Briefen, Notizen und Tagebüchern mitteilten.

Innerhalb der Gesamtgruppe sehe ich Freud und Strawinsky einerseits und Einstein andererseits an den beiden Rändern des Spektrums. Freud und Strawinsky waren außerordentlich ehrgeizige Persönlichkeiten, die zahlreiche Kollegen als ihre Rivalen betrachteten und brandmarkten. Sie verteidigten verbissen ihr Revier, sahen die Welt in Anhänger und Feinde geteilt und waren schnell bei der Hand, Loyalität zu belohnen und vermeintlich Abtrünnige zu bestrafen. Die soziopolitische Szene sahen sie als Nullsummenspiel; wer nicht für sie war, war gegen sie. Jeder hatte seinen Kreis von ergebenen Anhängern und mied die Kollegen des engeren Fachbereichs, vielleicht in dem Gefühl, daß nur die wenigsten an sie heranreichten. Nicht zufällig pflegten sie die engsten, vergleichsweise spannungsfreien Freundschaften mit Personen außerhalb der eigenen Domäne.

Picasso war mindestens so konkurrenzbewußt wie Freud und Strawinsky. Daß er dennoch in der Öffentlichkeit als Taktiker weniger in Erscheinung trat, mag daran liegen, daß er schon in relativ jungen Jahren andere mit der Vertretung seiner Interessen beauftragen konnte und außerdem der schriftliche Ausdruck nicht sein bevorzugtes Medium war. Auch Eliot hatte politisch-taktische Rücksichten zu nehmen und entledigte sich der Anforderungen mit beträchtlichem Geschick. Behagen an diesem Leben läßt er jedoch nicht erkennen und scheint sich mit Erleichterung in die Rolle des teilnehmenden Betrachters zurückgezogen zu haben. Auch scheint Eliot nicht sonderlich an der Entdeckung und der öffentlichen Anklage von Feinden und dem Kampf mit literarischen Gegnern interessiert gewesen zu sein. Martha Grahams Beziehungen zu Kollegen waren gespannt, und Gegnern blieb sie nichts schuldig. Doch im Mittelpunkt ihrer Aufmerksamkeit stand ihre Arbeit und Leistung, und sie war froh, wenn andere die finanzielle und logistische Planung übernahmen.

Die Ausnahmen sind hier Einstein und Gandhi. Einstein zeigte an der persönlichen und öffentlichen Sphäre, die seine Arbeit umgab, kein Interesse und ergriff mit Ausnahme der nicht-wissenschaftlichen Kontroversen nur in seltenen Fällen die Gelegenheit zu Angriff oder Selbstverteidigung. Mehr als andere begnügte er sich damit, die Arbeit für sich selbst sprechen zu lassen, obwohl auch er gelegentlich um Anhängerschaft warb. Gandhi bekräftigte zwar wiederholt die essentiell öffentliche Natur seiner Unternehmungen und wußte sein Werk mit nie versagender Einfallskraft publikumswirksam zu fördern; da es jedoch in seiner Botschaft vor allem anderen darum ging, mit seinen Feinden in Frieden zu leben, konnte er es sich nicht erlauben, offen als ihr Neider oder Konkurrent aufzutreten. Gandhis klägliche Familiengeschichte indessen beweist, daß er im persönlichen Umgang sehr schwierig sein konnte, vor allem wenn es ihm nicht gelang, die Menschen seines engsten Umkreises zu beherrschen. Ein Meister des öffentlichen Wirkens, war Gandhi für enge zwischenmenschliche Beziehungen denkbar unbegabt.

Eine letzte Dimension des Feldes schlägt den Bogen zum Komplementärbegriff der Domäne. Ich spreche vom Grad der hierarchischen Gliederung eines Feldes sowie vom Einfluß der hierarchischen Stellung auf das persönliche Verhalten. Auch hier ergeben sich feldüberschreitend krasse Unterschiede. Einstein besetzte schon in jungen Jahren eine Position allerersten Ranges, die noch nach seinem Tod unangefochten blieb. Doch sein persönliches Interesse an dieser Stellung war gering – wichtig war sie, sofern sie ihm ermöglichte, sich ungeteilt auf die Arbeit zu konzentrieren und Unterstützung für seine nicht-wissenschaftlichen Ziele zu gewinnen. Freud brachte es in keinem der international anerkannten Felder zu hohen Ehren und schuf sich ein eigenes Feld. Sein vornehmliches Interesse galt von da an der Überwachung der Rangordnung innerhalb der Psychoanalyse.

Auch Picassos Position als hervorragender Maler des Jahrhunderts war in seinen mittleren Jahren bereits gesichert. An der eigenen Arbeit und am persönlichen Erfolg lag ihm mehr als an der Einwirkung auf andere Maler, und obwohl er Beziehungen zu Malerkollegen unterhielt, scheint nur Matisse ihn nachhaltiger beschäftigt zu haben. Strawinsky war in ein komplexeres Beziehungsgefüge gestellt; der Streit der konkurrierenden musikalischen Schulen begleitete ihn durchs Leben. Jahrelang sah er Schönberg als seinen Rivalen an, und erst nach Schönbergs Tod war er in der Lage, in der Zwölftonmusik zu komponieren. Ähnliches gilt für Martha Graham, die ständig mit anderen Vertretern des Modern Dance im Streit lag. Obwohl sie bereits die meisten großen Tänzer der Folgegeneration ausgebildet hatte, war sie noch nach ihrem lange hinausgezögerten Rücktritt von dem Wunsch besessen, die beherrschende Symbolfigur des Tanzes zu bleiben.

Als Lektor und Kritiker war Eliot unter anderem gerade für die schöne Literatur, für Poesie und Prosa, verantwortlich. Es kommt nicht häufig vor, daß ein gefeierter Mann der Praxis zugleich an maßgeblicher Stelle mit der Evaluierung der eigenen Domäne betraut ist. (Ein anderes Beispiel wäre allenfalls Freud, der in der psychoanalytischen Bewegung dieselbe Doppelrolle übernahm.) Eliot erfüllte diese Aufgabe mit überraschender geistiger Toleranz. Er glaubte an eine Hierarchie literarischer Werte, die einer Kritik jenseits politischer und sozialer Einstellungen zugänglich war. Gleichzeitig gab er sich gerne als Bilderstürmer, vor allem mit Hinblick auf seine Vorgänger, und sein Neuentwurf der Literaturgeschichte steht wissentlich oder unbewußt im Dienst der eigenen Sache.

Das Modell eines Feldes, in dem ein Richtergremium im Konsens urteilt, ist Gandhi vielleicht am wenigsten angemessen. Sein Tätigkeitsfeld, die Politik und das öffentliches Leben, ist zwar älter und ausgedehnter als die übrigen Domänen, doch *satyagraha* war, wie die Psychoanalyse für Freud, ein Kind seines Geistes und er als Erfinder per se am besten geignet, über die Akteure und praktizierten Methoden zu urteilen. Doch Gandhi ging es nicht darum zu werten; sein Ziel war es vielmehr, Veränderungen herbeizuführen. Hier spielte er mit hohem Einsatz, und mit im Spiel waren führende Politiker der Zeit wie Churchill und Lenin, aber auch die größten religiösen Denker früherer Zeiten, Christus und Buddha. Gandhi war sich dieser Umstände zweifellos bewußt, scheint sich dem erlauchten Kreis indessen nicht ohne aufrichtige Demut zugesellt zu haben. Seine Kreativität ist ferner eng mit dem Erfolg seiner Reformbemühungen verknüpft; seine erstaunlichen Erfolge hatte er im mittleren Lebensalter, danach nahm seine Wirkungskraft ab.

Mit diesen Überlegungen zu Persönlichkeit, Domäne und Feld schließe ich den Überblick über die ‚Daten' ab, die für die theoretischen und empirischen Gliederungspunkte meiner Arbeit von Bedeutung waren. Noch stehen keine endgültigen Ergebnisse fest, doch mit der durchgängigen Bedeutung der Marginalität oder der Irrelevanz des Wunderkindstatus sind Trends ebenso erkennbar wie auffallende Divergenzen zwischen den Domänen in anderen Punkten – so die Möglichkeit lebenslanger Kreativität oder die Unvermeidlichkeit soziopolitischer Konflikte. Mit Ergänzung zusätzlicher Daten aus den behandelten und weiteren Domänen und Epochen müßte uns der Übergang von idiographischen Untersuchungen im Stil Grubers zu einer nomothetischen Forschungsarbeit im Stil Simontons gelingen.

Asynchronien auf dem Prüfstand

Im ersten Teil dieses Buchs habe ich die Frage Wo ist Kreativität? mit der Einführung einer systematischen Gliederung beantwortet. Die Hauptschwierigkeit des „Kreativitätsdreiecks" bestand darin, die dialektische Beziehung zwischen dem Individuum oder individuellen Talent, der Domäne, in der das Individuum arbeitet, und dem als kritische Instanz der Domäne fungierenden Expertenfeld zu untersuchen. Gleichgültig wie hoch ein individuelles Talentpotential einzuschätzen ist, solange das Individuum sich nicht in Bezug zu einer Domäne setzt und Leistungen hervorbringt, die vom zuständigen Feld gewertet werden, läßt sich keine Gewißheit darüber gewinnen, ob es tatsächlich als „kreativ" zu bezeichnen ist. In einigen Fällen wird möglicherweise zunächst keine Verbindung zwischen den Knotenpunkten des Dreiecks bestehen; eine Annäherung zwischen Individuum, Domäne und Feld muß jedoch in irgendeiner Form zustande kommen, damit eine endgültige Entscheidung über die schöpferischen Fähigkeiten eines Menschen getroffen werden kann.

Eine nahezu perfekte Übereinstimmung von Individuum, Domäne und Feld, die gelegentlich vorkommt, ist der Paradefall des Wunderkindes. In bestimmten Gesellschaften ist diese Symmetrie ausreichend. In der heutigen Welt jedoch gelingt den wenigsten Wunderkindern ein bruchloser Übergang in die Welt des kreativen Erwachsenen, von dem wir grundlegend Neues, eine Abweichung von der Norm erwarten, eine Leistung, zu der nicht einmal der begabteste Jugendliche fähig wäre. Das erwachsene Wunderkind ist am ehesten in der Gestalt Mozarts oder Picassos faßbar – ein mit stupendem Talent gesegnetes Individuum, das später zum gefeierten Meister seines Faches wird. Doch bekanntlich brachten beide Männer den Übergang von der jugendlichen zur reifen Praxis keineswegs spielend hinter sich. Wie ich zu zeigen versuchte, waren die wirklich großen Neuerer in ihrer Jugend in der Regel keine Wunderkinder im genauen Wortsinn.

Der kreative Mensch scheint sich durch die Fähigkeit auszuzeichnen, daß er die offenkundigen *Fehlkontakte* oder *Reibungspunkte* im Kreativitätsdreieck nutzt oder seinen Gewinn daraus zieht. Analytisch betrachtet ergeben sich sechs mögliche Bereiche für Asynchronien: im Individuum, in der Domäne und im Feld; zwischen Individuum und Domäne, Individuum und Feld und zwischen Domäne und Feld. Menschen, die jede Asynchronie vermeiden, können Wunderkinder oder Experten sein – daß sie zu kreativen Neuerern werden, ist wenig wahrscheinlich; wer mit Asynchronien in allen Bereichen lebt, wird vermutlich überfordert. Meiner Annahme zufolge wird als kreativ eingeschätzt werden, wer mehreren Asynchronien ausgesetzt ist und den damit verbundenen Belastungen standhält.

Meine Untersuchungen enthalten Beispiele für jede der sechs Asynchronieformen. Denkbar wäre der Versuch, jede Asynchronie in jeder einzelnen Fallstudie zu belegen, doch die Suche nach zweiundvierzig oder mehr Asynchronien wäre künstlich und darum wenig aussagekräftig. Ich möchte statt dessen an einige der ins Auge springenden Asynchronien der Studie erinnern.

Im Bereich der Persönlichkeit fiel die Asynchronie zwischen Picassos außerordentlicher räumlicher und körperlicher Begabung und seiner begrenzten Befähigung zu systematischem Denken auf. Deutlich zeigten sich auch die Spannungen, die im Bereich Physik virulent waren, bevor Einstein den Gordischen Knoten durchhieb. Im Feld der klinischen Psychiatrie bestand die Kluft zwischen den frühen Bewunderern von Freuds Werk und den Kritikern, die es für Unfug hielten; natürlich ist die Spannung innerhalb des Feldes – die Spannung zwischen Masse und Elite, den unteren und oberen Rängen des Feldes – auch charakteristisch für die verschiedenen Kunstgattungen.

Ebenso leicht lassen sich Beispiele für Asynchronie zwischen den Gelenkstellen des Dreiecks zusammentragen. Freuds Intelligenzspektrum, ungewöhnlich für den Naturwissenschaftler, erwies sich als günstige Voraussetzung für die neu geschaffene Domäne der psychoanalytischen Praxis. Martha Grahams erste Ballettvorstellungen verstießen gegen den damaligen Publikumsgeschmack, begeisterten aber führende Zeitungskritiker, die dem modernen Tanz ein neues ‚Feld' erschlossen. Gandhis Domäne schließlich, die legalistische oder militärische Konfliktlösung, blieb im britischen Umfeld spannungsfrei, erwies sich jedoch für das Feld der Inder, die im zwanzigsten Jahrhundert danach strebten, eine eigene Gesellschaft aufzubauen, als weniger plausibel.

Die Hypothese der fruchtbaren Asynchronie ist insofern nicht unproblematisch, als sich Beispiele für Asynchronien nur allzu leicht finden lassen. Ist das Leben des kreativen Menschen tatsächlich reicher an Asynchronien, oder versteht er sie nur besser zu nutzen? Hier kommt das Kriterium der Marginalität zu Hilfe. Die meisten Individuen sind definitionsgemäß in der eigenen Gemeinschaft keine Außenseiter. Nun waren in den Reihen der Kreativen gehäuft Fälle von Marginalisierungserfahrungen zu beobachten – ein Beleg für einen möglichen, statistisch nachweisbaren Kausalnexus von Asynchronie und schöpferischer Leistung. Aber daneben scheint auch zu gelten, daß kreative Menschen, haben sie einmal Schmerz und Lust der Asynchronie erfahren, sehr oft nach neuen Asynchronieerfahrungen suchen, wo viele andere die „Flucht vor der Freiheit" in einen bequemen Majoritätsstatus vorziehen.

Ich behaupte, daß jeder der Sieben sich in dem Maß auszeichnet, als er oder sie die Bedingungen der Asynchronie aktiv herbeizuführen sucht. Die Randerfahrung, das Bewußtsein, auf ‚vorderstem Posten' zu stehen, verschaffte ihnen ein Erregungs- oder *flow*-Gefühl, das schließlich mit einem Unverständnis für jeden einherging, der *nicht* darauf aus war, die Früchte der Asynchronie zu genießen. Diese Bedingung trifft auf alle sieben zu, unabhängig vom Grad der Asynchronie oder Marginalität in der Ausgangslage. Auf vielen Gebieten hochbegabt, war Freud dennoch von Konflikten zerrissen, ob es das Verhältnis zu sich selbst, zu anderen oder seine verschiedenen Arbeitsgebiete betraf. Und immer wenn es schien, er könne den Anschluß ans Establishment finden, tat er den für das schöpferische Individuum typischen Schritt – ins Abseits, auf die Grenze zu, um noch komplexere Probleme in Angriff zu nehmen und dabei seine Umgebung noch kräftiger zu beanspruchen.

Obwohl in jedem Sinne nicht weniger kreativ und erfolgreich als Freud, war Einstein wohl nicht vom gleichen Verlangen nach Asynchronien in Leben und Werk beseelt. Er hatte die Probleme, an denen er arbeiten wollte, bereits in jungen Jahren erkannt und hätte unbeirrt wie der Bär, mit dem ihn seine Sekretärin verglich, noch im nächsten Jahrtausend daran weitergearbeitet. Seine Persönlichkeit und seine Begabungen waren eine gute Voraussetzung für seine revolutionären Entdeckungen zwischen 1905 und 1920, so daß man von einer perfekten Wechselwirkung zwischen der Welt der Physik und seinen individuellen Fähigkeiten und Anlagen sprechen kann. Danach wurde die Asynchronie zur Domäne Physik zu stark, und er fand als hochgeachteter Kommentator der Weltszene und Wissenschaft ein neues Tätigkeitsfeld.

Jeden der vier Künstler kennzeichnen auffallende, doch unterschiedliche Asynchronien. Eliot stammte aus einer angesehenen, beruflich und akademisch erfolgreichen Familie, und es bereitete ihm die größte Anstrengung, Asynchronien herbeizuführen. Doch aus der Kombination einer bizarren Persönlichkeit mit einer schwierigen Ehe und der Entscheidung, sich unter prekären finanziellen Umständen im Ausland niederzulassen, war bis zum Ende des Ersten Weltkriegs ein nahezu verzweifelt asynchrones Individuum hervorgegangen. Danach trat, vielleicht als Reflex des nachlassenden kreativen Talents, eine Abschwächung der Asynchronien ein. Als Gegenpol zu Eliot erscheint Martha Graham, die weder eine gesellschaftlich einflußreiche Familie besaß noch die damals als förderlich geltende Voraussetzung erfüllte, männlichen Geschlechts zu sein. Da sie jedoch anders als Eliot an Herausforderungen wuchs, boten sich ihr sowohl in selbst geschaffenen wie situationsbedingten Asynchronien günstige Entwicklungsvoraussetzungen.

Partielle Gemeinsamkeiten lassen sich für Strawinsky und Picasso aufzeigen. Strawinskys Familie stand in engster Beziehung zum Musikleben ihrer Zeit, während Picassos Vater als Künstler nur mäßig begabt war. Strawinsky suchte sich der Selbstgefälligkeit des Großbürgertums, Picasso der Provinzialität zu entziehen. Beide Männer hätten sich auf den Lorbeeren früher Erfolge – der Musik von *Feuervogel* und *Petruschka*, den Bildern der Rosa und Blauen Periode ausruhen können, doch beide fühlten sich gedrängt, radikalere Wege zu beschreiten. Den Erfolgen zum Trotz, mit dem ihr unverhüllt ikonoklastisches Schaffen aufgenommen wurde, gaben sie die Suche nach Asynchronien sowohl in ihrer Arbeit als auch im Bereich persönlicher Beziehungen zeitlebens nicht auf.

Auch in diesem Zusammenhang ergibt der Fall Gandhis ein komplexes Bild. In demographischer Hinsicht stand Gandhi als Bürger seines Landes wie auch als Kosmopolit zu seiner Umgebung in deutlich asynchroner Beziehung. Seine überaus bizarre Persönlichkeit und Philosophie taten das ihre, ihn aus jedem Umfeld herauszuheben. Gleichzeitig aber erhob er mit seinem Werk den Anspruch, die tiefste Verbundenheit zur Gesellschaft anschaulich zu machen, ja zu inkarnieren und als typischer Repräsentant der größeren indischen Volksgemeinschaft gelten zu können. Er hatte somit als Wesen zu erscheinen, das synchron zu seiner Gesellschaft sowie zur Weltgemeinschaft und gleichzeitig dezidiert marginal, ein Urheber radikalen sozialen Wandels war. Diese doppelte Aufgabe läßt sich vielleicht bereits als eine Form der Asynchronie betrachten; anders gesagt, mit einem Fuß im Lager der Konvention zu stehen könnte für den kreativen Menschen die größere Anomalie bedeuten als die vollkommene Dissoziierung von der Gesellschaft.

Für die Suche nach Asynchronien haben sich die Fallstudien als ergiebig erwiesen; sie belegen sowohl das Vorkommen ausgeprägter ursprünglicher Asynchronie als auch das entschiedene Bemühen, diese zu erhalten und zu verstärken. Damit hebt sich der kreative Mensch zweifellos von denen ab, die nicht beabsichtigen, in irgendeiner Weise hervorzutreten. Zu fragen bleibt, ob er sich auch von Mitgliedern einer vergleichbaren Kontrollgruppe unterscheidet – einer Gruppe von ebenso ehrgeizigen, vielleicht aber weniger erfolgreichen Personen aus einer verwandten Domäne wie Wilhelm Fließ in der Medizin oder Pierre Janet in der Psychiatrie. Meine Vermutung geht dahin, daß die sieben Modellfiguren der Kreativität tatsächlich anders *sind* und daß ihre Asynchronie nach Art und Grad fruchtbarer ist als, sagen wir, die Theorie von Fließ, die zu absonderlich war, oder Pierre Janets Theorie, die weniger einprägsam dargestellt, auch weniger umsichtig verbreitet worden war. Solange jedoch überzeugende Methoden zur Evaluierung sowohl von Asynchronie als auch von Produktivität fehlen, kann es sich dabei nur um Spekulationen handeln.

Zwei neue Themen

Jeder Forscher, der sich auf eine Untersuchung größeren Umfangs einläßt, geht von bestimmten Annahmen aus. Ohne eine Wegskizze ist sein Unternehmen kaum zu planen. Gleichzeitig aber bleiben die meisten Forscher offen für mögliche Überraschungen und neue Funde; wüßte man genau, was zu erwarten ist, würde sich die Reise wohl nicht lohnen. Auch hier hat wie überall eine wohldosierte Asynchronie ihren Reiz.

Mit fortschreitender Arbeit an den Fallstudien ergaben sich zwei unvorhergesehene Themen. Im Rahmen der entwicklungsgeschichtlichen Sichtweise repräsentiert das erste Thema einen relativen kurzen Zeitraum, in der ein größerer Durchbruch erfolgte, das zweite eine bedeutend größere Zeitspanne im Leben des reifen Meisters.

Wesentlicher Beistand zur Zeit des Durchbruchs

Aus Freuds Biographie war mir bekannt, daß er in der Zeit seiner größten Isolation in der Beziehung zu Fließ Halt und Unterstützung gefunden hatte. Nur die wenigsten Forscher waren der Ansicht, Freud verdanke Fließ entscheidende Ideen, doch war Freud unzweifelhaft darauf angewiesen, daß Fließ ihn ermunterte und ihm sein Ohr lieh. Da Freud die Korrespondenz mit Fließ vernichtet hat, bleibt ungeklärt, wieweit er durch Fließ wertvolle Anregungen oder wirksame Kritik erhielt.

Im Verlauf der weiteren Studien machte ich die überraschende Entdeckung, daß die Vertrauensbeziehung Freud-Fließ keineswegs ein Einzelfall, sondern die Regel war. In den vorausgehenden Kapiteln wurde gezeigt, daß Braque für Picasso weitgehend dieselbe Rolle übernahm, Horst für Martha Graham, Pound (neben Vivien Eliot) für Eliot und der Diaghilew-Kreis (neben einzelnen Personen – Roerich und Ramuz) für Strawinsky.

Die Gültigkeit des Kriteriums läßt sich bei entsprechender Deutung des

Materials auch auf die verbleibenden Fälle ausdehnen. Einstein erhielt erste Unterstützung durch die Mitglieder der „Akademie Olympia", mit denen er in den Jahren vor seinen epochalen Entdeckungen ähnlich regelmäßige und vertraute Kontakte unterhielt. Intimeren Beistand leisteten der enge Freund Besso und, wie sich annehmen läßt, seine Frau Mileva.

Schwerer fällt es mir, Namen zu nennen, mit denen sich für Gandhi vergleichbare Beziehungen belegen ließen. Doch wäre, wie in Kapitel 8 dargelegt, der entscheidende Augenblick in Ahmedabad vielleicht nicht möglich gewesen, wenn Gandhi nicht in Anasuya eines der zwei Mitglieder der Familie Sarabhai, denen er sich eng verbunden fühlte, im Bund gegen ein anderes (Ambalal) auf seiner Seite gehabt hätte. Läßt man diesen Umstand gelten, kann auch der Fall Gandhi das Schema bestätigen, nach dem freundschaftlicher Beistand als Brücke zum entscheidenden kreativen Erfolg dient.

Über die Vertrauensbeziehung ist mehr zu sagen. Erstens hat sie im Idealfall zwei Dimensionen, eine affektive und eine kognitive Seite: Der Schaffende kann einerseits auf bedingungslose, gläubige Unterstützung zählen, und andererseits ist der Helfende bemüht, das Außergewöhnliche des Durchbruchs nachzuvollziehen und ein nützliches Feedback zu liefern. Die prototypischen Helferfiguren – Fließ, Horst und Braque – übernehmen offenbar beide Rollen. Und fraglos deckten Pound und Vivien zusammen beide Seiten ab. Einstein war auf emotionalen Beistand möglicherweise weniger angewiesen; im Fall Strawinskys sind die Rollen auf mehrere Personen verteilt, unter ihnen Fokin, Nijinskij, Benois, Monteux, Roerich und Diaghilew selbst. Spärlich ist das Belegmaterial wiederum im Fall Gandhis, es sollte aber vermerkt werden, daß die Unterstützung durch die Massen der Streikenden, durch Arbeiter und Gläubige sowie durch den engeren Kreis loyaler Mitstreiter für den indischen Führer von großer Bedeutung gewesen sein muß.

Wie ich es sehe, hat diese Beziehung ihr Vorbild in wichtigen Abhängigkeitsverhältnissen der frühen Kindheit. Ein Modell beschreibt Parallelen zum Verhältnis der Mutter zum Kleinkind, den Versuch der Mutter, dem Kind Sprache und Regeln der Kultur zu vermitteln, in der beide leben. Dank der anhaltenden Bemühungen der Mutter eignet sich das unwissende Kind erste Erkenntnisse an. Ein anderes Modell legt das Verhältnis zwischen engen Freunden – Geschwistern oder Gleichaltrigen – zugrunde, die gemeinsam die unbekannte Welt entdecken und einander ihre Entdeckungen mitteilen.

Diese Prozesse müssen in der Durchbruchsphase neu durchgespielt werden – mit dem Unterschied, daß die im Lernprozeß generierte Sprache nicht nur für das einzelne Kind, sondern für alle Menschen neu ist. Unter Schmerzen wird diese Sprache vom schöpferisch tätigen Geist hervorgebracht und dient als Instrument zur Lösung bestimmter, persönlicher ebenso wie fachlicher Probleme, und vielleicht vermittelt es anderen neue Erkenntnisse. Der Schöpfer dieses neuen Mediums muß seine Sprache planen, verstehen und benutzen und sie so weit meistern, daß er sie anderen weitergeben kann (sonst wäre sie autistisch). Dabei greift er auf bekannte Modelle der Vermittlung von Sprache an einen unwissenden, doch willigen Schüler zurück.

Abwegig und überflüssig ist die Annahme, daß diese Kommunikationsform ein bewußtes Durchspielen des Mutter-Kind-Dialogs oder anderer intimer Dialogtypen darstelle, wie sie im Gespräch zwischen Geschwistern, Zwillingen oder Freunden vorkommen. Mir erscheinen diese Analogien jedoch geeignet, einen materiellen Eindruck dieser Austauschprozesse zu vermitteln. Ich gehe ferner davon aus, daß die Verständigung unter Erwachsenen auf solch hohem Niveau beim Fehlen eines früheren, erfolgreich verlaufenen Kommunikationsprozesses, sei es der zwischen Mutter und Kind, Amme und Säugling oder zwei Freunden, nur unter erschwerten Bedingungen stattfinden kann. Erwähnenswert ist, daß der Beistand im Erwachsenenleben auf das Entstehen eines neuen Werks beschränkt bleibt, als Wiederaufleben einer früheren Situation, in der die Älteren die Leistungen eines begabten Kindes belohnten.

Die Zeit des schöpferischen Durchbruchs – so meine Folgerung – ist eine Phase höchster affektiver und geistiger Spannung, in welcher der Schaffende mehr als jemals zuvor seit den Zeiten der frühesten Kindheit einer Unterstützung bedarf. Die dann stattfindende Kommunikation ist einzigartig und von außergewöhnlicher Bedeutung, da sie mit der Einführung des Kleinkindes in die neue Sprache größere Ähnlichkeit aufweist als mit den Gesprächen von Personen, die bereits dieselbe Sprache beherrschen. Das häufig schwerfällig artikulierte oder stockende Gespräch bietet dem Schaffenden außerdem die Gelegenheit, sich Gewißheit darüber zu verschaffen, ob er noch bei Verstand, noch in Lage ist, sich einem ihm wohlgesonnen Mitstreiter verständlich zu machen.

Die faustische Wette und ein kreatives Leben

Ich habe in den früheren Kapitel von einer faustischen Wette gesprochen, die in allen sieben Biographien nachweisbar war. Die Faustlegende ist das bekannteste Beispiel des weit verbreiteten Glaubens, daß schöpferische Menschen aufgrund ihrer Begabungen gegenüber anderen ausgezeichnet sind und sich die Erhaltung dieser Fähigkeiten mit einer Gegenleistung erkaufen müssen, die in der Bindung an ein bestimmtes Abkommen bestehen kann. In einem trivialen Sinn trifft diese Annahme zweifellos zu; man bleibt nicht Koryphäe seines Fachs, wenn man sein Metier nicht regelmäßig ausübt. Konkret allerdings scheint die Behauptung phantastisch: was berechtigt zu der Vorstellung, ein kreativer Mensch müsse auf Absprachen oder Machenschaften mit einem persönlichen Gott oder privaten Teufel angewiesen sein?

Ich war daher überrascht, an allen sieben Probanden Aktivitäten oder Verhaltensweisen fundamental abergläubischer, irrationaler oder zwanghafter Natur festzustellen. Um sich die Fortführung seiner Arbeit zu sichern, opferte der kreative Mensch im allgemeinen normale Beziehungen im persönlichen Leben. Der Inhalt des Abkommens mag wechseln, aber es scheint stets mit unverminderter Hartnäckigkeit daran festgehalten zu werden. Von einem Pakt mit einem Gegenüber ist dabei zwar nicht die Rede, doch stellt das Verhalten, zumindest in meinen Augen, einen Reflex des halb magischen, halb mythischen Pakts westlicher Überlieferung dar, an den sich die Namen Faust und Mephisto knüpfen. Ebenso unverkennbar ist der religiöse Anstrich – jeder scheint sozusagen einen Vertrag mit einem persönlichen Gott eingegangen zu sein.

Den einzigen Hinweis auf eine bewußte Erfahrung dieser Art lieferte die Biographie von Picasso, der unter den Sieben am unverhülltesten abergläubische Züge erkennen läßt. Es betrifft das Versprechen, der Gesundung der Schwester seinen Lebensinhalt, die Malerei, zum Opfer zu bringen (ein in der Tat eigenartiger Handel). Wie in Kapitel 5 dargestellt, widmete Picasso nach dem Tod der Schwester sein Leben ganz der Malerei, und ich vertrete die Ansicht, daß er sein Engagement als Lizenz dafür betrachtete, nicht nur sich selbst, sondern auch andere rücksichtslos in den Dienst seiner Malerei zu stellen. Das verworfene Paktangebot führte zu einem ‚Gegenpakt', der Verhaltensweisen sanktionierte, die unter anderen Umständen als empörend zu bezeichnen wären.

Die asketische Lebenshaltung von Freud, Gandhi und Eliot stellt eine andere Version des Pakts dar. Freud und Gandhi verzichteten in frühem Alter auf ein Sexualleben und erlegten sich eine Reihe offensichtlich unnötiger (und vielleicht unkluger) Entbehrungen auf. Eliot ertrug, abgesehen davon, daß er so gut wie zölibatär lebte, über Jahre trostlose eheliche Verhältnisse, beides offenbar Teil der Verpflichtung, die er eingegangen war, um für die Dichtung zu leben. Bezeichnenderweise war er nach seiner Scheidung und besonders nach seiner zweiten Heirat nicht nur weit glücklicher, sondern auch weit weniger produktiv.

Was gilt für die übrigen Personen? Martha Graham entsagte den Freuden

Kreativität im Vergleich der Domänen 459

des Fleisches nicht, hütete sich jedoch vor langjährigen intimen Beziehungen, verzichtete auf Eheleben und Kinder und nach dem Scheitern ihrer Ehe offenbar auch auf sexuelle Beziehungen. Von Strawinsky sind keine auffallend asketischen Züge überliefert, doch wie Picasso konnte er überaus grausam sein, ein vielleicht unentbehrliches Ingrediens seiner kreativen Persönlichkeit. Die Tatsache, daß er noch am Tag der Vollendung des *Sacre* juristische Schriftstücke aufsetzte, scheint mir bezeichnend für die von ihm festgestellte Verwandtschaft zwischen der Arbeit des engagierten Neuerers und aggressiven ‚Prozessen'. (Hier sei an die von Picasso überlieferte Gleichsetzung von Arbeit und Notzucht erinnert). Unter den Sieben erscheint Einstein als der unwahrscheinlichste Kandidat für einen Versuch, zugunsten seiner Schöpferkraft bewußt oder unbewußt höhere Mächte ins Spiel zu bringen; doch die wiederholten Äußerungen über seine Beziehungslosigkeit und Beziehungsunfähigkeit legen die Vermutung nahe, daß er diese soziale Entfremdung als Teil des Preises betrachtete, mit dem er die Fähigkeit erkaufte, die materielle Wirklichkeit unvoreingenommen zu betrachten.

Wie die zahlreichen bereits diskutierten empirischen Befunde können auch die zwei neuen thematischen Motive nicht als schlechthin unentbehrliche Bedingung für einen künstlerischen Durchbruch betrachtet werden. Ich habe versucht, bei der Untersuchung der sieben Fallbeispiele nuanciert vorzugehen. Doch glaube ich, daß die zwei neuen Gesichtspunkte einen einzigartigen Einblick in die Erfahrungswelt der kreativen Persönlichkeit ermöglichen. Wer unter dem Eindruck steht, ungewöhnliche Begabungen zu besitzen (oder von ihnen besessen zu sein), mag sehr wohl das Empfinden haben, daß Genie seinen Preis hat, und sich obendrein gedrängt fühlen, diese Verpflichtung so eindeutig und unmißverständlich wie möglich zu gestalten. Entsprechend unentbehrlich ist Hilfe und Unterstützung dann, wenn man zur Erschließung neuen geistigen Territoriums äußerste Kräfte einsetzt; zumindest teilweise bietet sich als Modell die Zeit nach der Geburt an, in der Bezugspersonen dem Säugling den ersten Zugang zu einer neuen Welt vermitteln.

Offene Fragen

Auch wenn die vorliegende Darstellung in ihren Hauptpunkten überzeugt, wirft sie Fragen über Fragen auf. Ich erwähne fünf Punkte, auf die mich gewöhnlich Kollegen ansprechen, die mit dem Ausgangspunkt meiner Untersuchungen vertraut sind.

- *Habe ich die richtigen Personen ausgewählt?* Meiner ursprünglichen Absicht entsprechend sollten die Personen die verschiedenen Intelligenzen vertreten. Hinzu kam als zweite Bedingung, daß sie im zwanzigsten Jahrhundert lebten. Wenn meine Probanden in etwa Zeitgenossen und denselben internationalen Strömungen und Bewegungen ausgesetzt waren, erhielt ich wenigstens Gewißheit über eine der verschiedenen Quellen divergierender persönlicher Entwicklung. Damit wurde das entstehende Bild der Kreativität notwendig auf deren Wirkungsweise während einer einzelnen historischen Epoche beschränkt.

Natürlich standen innerhalb einer Domäne oder Gruppe von Domänen zahlreiche Personen zur Wahl. Ich ließ mich von drei maßgeblichen Kriterien leiten: Es sollten Persönlichkeiten sein, die zu den Großen der Epoche gehörten, über die umfangreiches Quellenmaterial existiert und deren Werke mich interessierten. Daß der eine oder andere Leser eine Gruppe mit weniger Weißen, Männern und Nicht-Europäern vorgezogen hätte, kann ich verstehen, hoffe aber, daß die Arbeit nach ihrem Vermögen beurteilt wird, das Werk dieser Sieben zu erklären, und nicht nach dem Verlust, den der Ausschluß von Vertretern anderer Weltbevölkerungsgruppen mit sich bringt.

- *Habe ich die richtigen Domänen gewählt?* Die Entscheidung für eine sinnvolle Anzahl von Tätigkeitsbereichen bedeutete, viele Gebiete unberücksichtigt zu lassen. Neben einem Dichter war der Romancier ausgeschlossen, neben dem Physiker der Biologe, Mathematiker, Chemiker oder Astronom; die Konzentration auf die Kunst bedingte die Vernachlässigung der Unterhaltung, und weder Erfinder noch Geschäftsleute noch Sportler sind in meiner Auswahl vertreten. Wieder hoffe ich, daß der Leser sich auf die hier gewonnenen Ergebnisse einläßt und sie, wenn er sich dazu motiviert fühlt, auf andere Personen oder Domänen oder Personengruppen anzuwenden versucht. Erst weitere Untersuchungen werden zeigen, ob die in diesem Kapitel gemachten allgemeinen Aussagen auch für andere Domänen, Epochen und Personen beweiskräftig sind.

- *Ist meine Untersuchung zu einseitig kognitiv ausgerichtet?* Fraglos wäre eine Untersuchung in gleicher Länge mit gänzlich anderem thematischen Schwerpunkt durchführbar gewesen; die Persönlichkeit, bewußte oder unbewußte Motivierung, soziale Unterstützung hätten im Mittelpunkt stehen können. Statt auf die Person hätte ich mich aus soziologischer Perspektive auf das Feld konzentrieren können, oder wie ein Historiker, ein Wissenschafts- oder Kunstphilosoph auf die Domäne. Ich stelle den kognitiven Bereich in den Mittelpunkt, weil er mein Spezialgebiet ist und weil ich der Meinung bin, daß er zum gegenwärtigen Zeitpunkt die meisten Aufschlüsse verspricht. Ich bin mir indessen sehr wohl darüber im klaren, daß die Geschichte des erkennenden Ich nicht seine ganze Geschichte ist. Ich hoffe den kognitiven Bereich zumindest so breit angelegt zu haben, daß er sich auch noch auf Affekte, Religion und Spiritualität erstreckt. Radikale Kognitionswissenschaftler werden ohnehin bemerken, daß ich den besonderen Denkprozessen des kreativen Menschen nicht in letzter Tiefe nachgehe und auch kein Modell der kreativen Informationsverarbeitung vorlege.

- *Ist mein Thema wirklich die Kreativität?* Einige Leser werden zwar die Auswahl kreativer Personen akzeptieren, meine Kriterien hingegen anzweifeln. Die Akzeptanz im Feld zum Beispiel könnte so verstanden werden, als hätte ich nicht die reine Kreativität, sondern Popularität und Erfolg im Auge. Viele werden Personen nennen können, die sie für mindestens so kreativ halten wie die von mir gewählte Gruppe.

Ich habe die Anerkennung durch das Feld nicht darum als unumgängliches Kriterium aufgestellt, weil ich Kreativität für einen Popularitätswettbewerb halte, sondern weil mir kein anderes Kriterium auf lange Sicht als zuverlässig erscheint. Entscheidend ist hier die Zeitangabe „auf lange Sicht". Die geschilderten Personen wären vermutlich in keinem Moment der ersten Jahrhunderthälfte vom Feld für die Besten ihres Faches erklärt worden. Die Zahl der negativen, ja empörten Reaktionen auf die Werke von Freud, Martha Graham oder Strawinsky muß zu denken geben. Ich glaube jedoch, daß verdienstliche Leistungen im Laufe der Zeit erkennbar werden, und betone meine Überzeugung, daß es innerhalb von Domänen in der Tat Verdienste gibt. Die Existenz zahlreicher verdienstvoller Persönlichkeiten, die der Aufmerksamkeit des Feldes entgangen sind, ist damit keineswegs geleugnet. Nur haben wir von ihnen nicht einmal gehört oder wissen – bis jetzt wenigstens – nicht, wie ihre Leistungen zu würdigen wären.

- Inwieweit ist die Gültigkeit der Ergebnisse dieser Untersuchung auf die Epoche der Moderne beschränkt? Ich habe bewußt Personen ausgewählt, die in etwa Zeitgenossen waren, und bin also nicht in der Lage zu bestimmen, ob meine Ergebnisse auch auf die Kreativität in anderen Epochen zutreffen. Ich würde vermuten, daß einige Erkenntnisse zeitbedingt sind, während andere konstant blieben, ob ich nun das antike Athen, Italien in der Renaissance, das Frankreich der Aufklärung oder China zur Zeit der T'ang-Dynastie untersuchte. Allerdings ist mir bewußt, daß andere Faktoren wie die spontane Verfügbarkeit von Informationen über die Domänen und die Ereignisse in aller Welt das von mir entworfene Bild beeinflußt haben. Ich glaube ferner, daß die Spielart von Kreativität, die mich beschäftigt, eine Kreativität der radikalen, revolutionären Durchbrüche, unsere westliche Welt charakterisiert und kein universelles Merkmal aller Kreativität in allen Gesellschaften ist. Der Frage, ob das vorgelegte Bild uns seinerseits hilft, Einsichten in das Wesen *unserer* Epoche und Kultur zu gewinnen, wende ich mich im Epilog zu.

EPILOG
Die Epoche der Moderne und ein Blick darüber hinaus

Mit dem Versuch, eine Epoche zu kennzeichnen oder gar als ganze zu definieren, geht man das Risiko nicht einzulösender Ansprüche ein. Weniger strittig sind vielleicht zeitliche Zäsuren – man vergleicht das siebzehnte mit dem achtzehnten Jahrhundert oder behandelt nach Art der Zeitschrift *Time* jede Dekade des Jahrhunderts als separate Einheit. Doch auch die rein chronologische Einteilung hat ihren Preis. Zieht man zum Beispiel die Grenze bei 1800, bleiben möglicherweise politische Wendepunkte wie 1776, 1789 oder 1815 außer Betracht, von denen jeder für das Verständnis historischer Abläufe weit folgenreicher ist. Man begibt sich zudem der Möglichkeit, Epochen in sinnvollen Begriffen zu definieren – die Periode von 1815 bis 1914 zum Beispiel, eine für Europa relativ friedliche Zeit, oder die Periode von 1914 bis 1989, die zwei Weltkriege und den Kalten Krieg umfaßt.

Das Problem

Wenn ich von der Epoche der Moderne spreche, gehe ich über eine rein chronologische Einteilung hinaus und ebenso einer Epochenmarkierung mit politischem Akzent aus dem Wege. Der Begriff *Moderne* soll in demselben Sinn verstanden werden, wie man von Renaissance und Reformationszeit, von Aufklärung und Romantik spricht. Und ebenso wie jede der genannten Epochen sich in etwa auf die Jahrhunderte nach 1500 bezieht, hebt die Bezeichnung *Moderne* auf Persönlichkeiten, Ereignisse und vor allem Ideen ab, die die westliche Hemisphäre im zwanzigsten Jahrhundert maßgeblich beeinflußt haben. Ich lege mich nicht auf die kalendarische Fixierung von 1900 bis 2000 fest. Freud und Gandhi hatten im Jahr 1900 bereits Bedeutendes geleistet; Martha Graham starb 1991.

Im Mittelpunkt meines Interesses stehen kreative Durchbrüche, die – wie ich es ausdrücke – im Schatten der Jahrhundertwende erfolgten, das heißt in etwa der Zeit von 1900 bis 1939, von der Publikation der *Traumdeutung* bis zum Tode Freuds. Hätten Picasso und Strawinsky, Eliot, Einstein, Graham und Gandhi ihre Arbeit um das Jahr neununddreißig herum abgebrochen, ihre Leistungen würden dennoch als epochemachend gelten. Die meisten Autoritäten unserer Zeit wären sich wohl darin einig, daß die maßgeblichen Aspekte der Moderne nach einem Zwischengipfel um die Jahrhundertmitte immer mehr an Bedeutung verloren haben. Vielleicht haben wir die Moderne bereits seit längerem hinter uns gelassen und stehen in einer neuen, noch zu definierenden Epoche der Menschheitsgeschichte.

Ich erwähnte es in der Einleitung: es liegt mir in jeder Hinsicht fern, die Vorstellung einer ‚unsichtbaren Hand' heraufzubeschwören, die den Gang der Geschichte lenkt. Doch glaube ich, daß die Leistungen dieser sieben Persönlichkeiten Gemeinsamkeiten aufweisen, die dazu beitragen, den Geist der Epoche zu prägen. Für die Übereinstimmungen lassen sich gute Gründe finden, ohne daß man mystische Konfigurationen zu bemühen braucht. Die Zeitgenossenschaft erklärt vieles: gemeinsam zu erleben, wie neue Erfahrungen, zum Beispiel der Zugang zu Massenkommunikationsmitteln, im Westen Allgemeingut wurden, sich der Tätigkeit der übrigen bewußt zu sein und gemeinsam Katastrophen wie den Ersten Weltkrieg erlebt zu haben, all das dürfte genügen, die Anregung und Ausbreitung bestimmter Ideen und Techniken anzuregen, wenn auch nicht zu sichern. Ferner könnte ein produktives Rivalitätsgefühl wirksam gewesen sein. Der Romanschriftsteller Norman Mailer erklärte einmal: „Sehen Sie sich an, wer Picassos Zeitgenossen waren – Männer wie Freud und Einstein. Picasso wollte sich mit den Größten seiner Zeit messen und hatte wirklich ganz schön Konkurrenz."

Eine Bemerkung zum Wortgebrauch: Ich spreche von der Epoche der Moderne (*modern era*), um das Werk aller sieben Künstler und Denker in einen Begriff einschließen zu können. Der Begriff des Modernismus hat andere Konnotationen; er bezieht sich im besonderen auf eine formal orientierte künstlerische Bewegung dieser Zeit, zu der auch Picasso, Strawinsky, Martha Graham und Eliot zu rechnen sind. Ohne Zweifel verbindet diese Künstler mehr, als sie mit anderen Großen der Moderne gemeinsam haben. Im folgenden benutze ich *Moderne* als Oberbegriff, der alle Domänen umschließt. Der Begriff Modernismus soll für eine künstlerische Strömung dieser Zeit gelten. Ich setze ihn dem Begriff der Postmoderne entgegen, der allgemeiner Übereinkunft nach auf die künstlerische und kulturelle Bewegung Anwendung findet, die den Modernismus abgelöst hat.

Vorgeschichte

Es gibt Kulturhistoriker, die den Beginn des modernen Zeitalters in die Zeit um 1500 verlegen. Damals entstand der Bruch zwischen der religiösen und säkularen Gesellschaft, es bildeten sich verschiedene Protestbewegungen, und im Westen meldete sich der Geist wissenschaftlicher Forschung und kritischer Philosophie, ein Geist, der Offenheit, Pluralismus und Toleranz versprach. Ich wende mich nicht gegen diese Auffassung: es ist sehr wohl möglich, daß die Ideen, die unser Jahrhundert bestimmten, bereits vor einigen Jahrhunderten keimhaft angelegt waren. Die Gesellschaft der Zeit um 1600 oder auch 1800 war jedoch nicht die der letzten Jahrhundertwende, und die künstlerischen und wissenschaftlichen Erkenntnisse, die im späten neunzehnten Jahrhundert verbindliches Bildungsgut waren, ließen sich in der Blütezeit der Renaissance nicht einmal erahnen.

In gewisser Hinsicht war das neunzehnte Jahrhundert eine Epoche beispielloser Ruhe und Prosperität. Im Gegensatz zum Europa der Napoleonischen Zeit und zum Europa der beiden Weltkriege herrschte weithin Frieden. Der Fortschritt schien Losung des Tages, und eine zunehmend wohlhabende, selbstbewußte und mächtige Mittelklasse tat sich auf verschiedenen gesellschaftlichen und kulturellen Gebieten hervor. Die Vereinigten Staaten von Amerika erlebten ihren verheerenden Bürgerkrieg, gleichzeitig jedoch dehnten sie sich aus, wurden mächtiger und machthungriger. Die Welt jenseits Europas und der Vereinigten Staaten war turbulenter, doch beginnende Bestrebungen nach Unabhängigkeit, Demokratie, Urbanisierung und Industrialisierung waren auch in Lateinamerika, Afrika und Asien nicht zu übersehen.

Man braucht kein Vertreter des historischen Revisionismus zu sein, um die fortschrittsgläubige Sicht eines Pangloss in Zweifel zu ziehen. In vielen Regionen forderten Verstädterung und Industrialisierung ihren Preis. Die Ausbeutungspraxis der Kolonisierung belastete die Kolonialstaaten und schwächte die Kolonisierten, die erleben mußten, wie fremde Mächte ihr Land besetzt hielten und ihre Kultur unterdrückten. Sklaverei und Leibeigenschaft mochten de jure beseitigt sein, ihre Folgen jedoch ließen sich nicht ‚abschaffen'. Auch in den Ländern und Bevölkerungen, die als ‚Bestangepaßte überlebten', waren insgeheim Zweifel an Zweck, Ziel und Qualität des Lebens aufgekommen.

Die Welt, in die unsere sieben Meister im späteren neunzehnten Jahrhundert hineingeboren wurden, ließ deutliche Anzeichen der Unsicherheit und Unruhe erkennen. Es ist vielleicht bezeichnend, daß die meisten in kleineren

Ortschaften außerhalb der großstädtischen Zentren geboren wurden und während ihrer Jugendjahre vor den härtesten Seiten der industriellen Revolution einigermaßen bewahrt blieben. Ihre Familien waren gutsituiert, wenn nicht vermögend und ließen, obwohl zum Teil religiös, gegenüber dem ‚freien Denken' zumindest Toleranz walten. Sie verkörperten die bürgerlichen Werte der harten Arbeit und des Leistungsstrebens, die sie an ihre Kinder weitergaben. In einer Zeit verbreiteter Ausbeutung von Kindern blieben den zukünftigen Meistern der Moderne die schlimmsten Traumata erspart, wenn sie auch in den prägenden Jahren ihres Leben nicht unbedingt glücklich waren.

Wie Späne im selben Magnetfeld zog es die gerade Erwachsenen in die Metropolen Europas oder Nordamerikas. Sie verkörperten die „Jugend" in Miłosz' Gedicht, das diesen Band einleitet. In den Städten fanden sie Gleichgesinnte, bildeten ihre Studiengruppen, ihre künstlerischen oder wissenschaftlichen Zirkel, traten in Publikationsorganen und öffentlichen Veranstaltungen als Bilderstürmer auf und gingen durch eine Phase intellektueller Reifung, die schließlich in jedem Fall zu einem bedeutenden kreativen Durchbruch führte.

In jüngster Zeit hat eine Flut von Büchern, Ausstellungen und Untersuchungen sich des Themas der europäischen Großstädte um 1900 angenommen. Sieht man von einer gewissen nostalgischen Aura ab, scheinen die Städte London und Paris, Berlin, Zürich, Budapest und andere Metropolen um die Wende zum zwanzigsten Jahrhundert eine magischen Ausstrahlung besessen zu haben – das stolze Bewußtsein der urbanen Raffinesse und das Gefühl unbeschränkter Möglichkeiten, begleitet vielleicht von einem nicht weniger wirksamen Aufschimmern von Ahnungen und Ängsten. Mochte Freud ein gewisses Fluidum Wiens verhaßt sein und der junge Picasso Paris als entfremdend erleben – beide hätten sich kaum überreden lassen, den Zentren aktiven Lebens den Rücken zu kehren.

Jede der Metroplen hatte ihre unverwechselbare Prägung. In St. Petersburg, der Stadt Strawinskys, lebte und wirkte im Zentrum eines reaktionären Regimes eine bemerkenswert unabhängige Intellektuellenschicht. Wien, Sitz der verblassenden Habsburgerdynastie, war geschichtlich rückwärts gewandt und künstlerisch zukunftsweisend – Karl Kraus sah es als „Versuchsstation für Weltuntergang". Das Budapester Erziehungssystem hatte eine eindrucksvolle Bildungselite hervorgebracht, die in dieser etwas entlegenen Ecke der Donaumonarchie auf verlorenem Posten schien. London verharrte selbstgefällig im Dunstkreis der entschwundenen Viktorianischen Ära, doch der Niedergang der lange beherrschenden liberalen Mittelklasse hatte bereits begonnen.

EPILOG 467

Den vielleicht interessantesten Kontrast stellten Paris und Berlin dar. In Paris hielten sich Altes und Neues die Waage, bildeten Nationales und Fremdes ein beneidenswertes Gleichgewicht; aus aller Welt zog es die Menschen in die glanzvolle Hauptstadt Frankreichs mit ihrer einflußreichen Avantgarde, während sich die Pariser von den fremden Kulturen Italiens, Rußlands, Deutschlands und des Fernen Ostens begeistern ließen. Berlin, eine Stadt voll Energie, Dynamik und Improvisationslust, war unter den europäischen Kapitalen am entschiedensten der Gegenwart zugewandt. Die Einwohnerzahl wuchs in atemberaubendem Tempo, das Miltär gewann an Einfluß, während der noch junge deutsche Staat versuchte, sich eine Mitte und ein Ziel zu geben. Offen für neue Ideen, dem französischen Hyperrationalismus abgeneigt, vom angelsächsischen Materialismus beengt, sah sich Berlin als Vorbote und Wegweiser eines neuen Geisteslebens. Noch war offen, wo das Gravitationszentrum liegen würde – im klassischen Gleichgewicht der Kantschen Ethik, in Wagners mystischem Raunen, in Nietzsches Übermenschentum oder in der militärisch-industriellen Macht des preußischen Staates.

Die Jungtalente in den Großstädten waren sich dieser starken Kräfte bewußt. Sie sahen den Beginn des neuen Jahrhunderts als Zeit des Aufbruchs, als Gelegenheit, die Last der Vergangenheit abzuwerfen und eine zukünftige Welt nach ihren eigenen Vorstellungen zu gestalten, als Herausforderung auch, die sich untergründig regenden Spannungen und Ungewißheiten in ihrem Medium ‚zur Sprache zu bringen'. In den Künsten traten diese Empfindungen am deutlichsten zutage. Diaghilews *Ballets russes* stellten die Kunst als Königsweg zur Regeneration und Erlösung dar. Eliot war überzeugt, daß die englische Literatur seiner Zeit, die er für drittklassig hielt, und insbesondere die Lyrik, von Grund auf erneuert werden müsse, um dem Rhythmus und der Stimmung der modernen Zeit gerecht zu werden. Picasso, Matisse und Braque wandten sich gegen den Impressionismus nicht weniger als gegen die Kunst der Akademien; sie fühlten sich der Kunst der Primitiven nah, die in ihren Augen noch unberührt war von der Saturiertheit der bürgerlichen Gesellschaft und der Pseudowissenschaftlichkeit der Intellektuellen. Einstein kam zu dem Schluß, daß alle Versuche, die traditionelle Physik zu retten, fundamental verfehlt seien. Der Österreicher Robert Musil beschreibt das Grundgefühl der Epoche in seinem Romanfragment *Der Mann ohne Eigenschaften*:

Aus dem ölglatten Geist der zwei letzten Jahrzehnte des neunzehnten Jahrhunderts hatte sich plötzlich in ganz Europa ein beflügelndes Fieber erhoben. Niemand wußte genau, was im Werden war; niemand vermochte zu sagen, ob es eine neue Kunst, ein neuer Mensch, eine neue Moral oder vielleicht eine Umschichtung der Gesellschaft sein solle. Darum sagte jeder davon, was ihm paßte. Aber überall standen Menschen auf, um gegen das Alte zu kämpfen. ... Es entwickelten sich Begabungen, die früher erstickt worden waren oder am öffentlichen Leben gar nicht teilgenommen hatten.

Auch Historiker sprechen immer wieder davon, daß ein ans Apokalyptische grenzendes Gefühl dramatischer Veränderungen in der Luft lag. Der Krieg, der im August 1914 ausbrach, hatte seine Wurzeln in dem Jahrzehnt, das ihm vorausging. Virginia Woolf erklärte, „um den Dezember 1910 herum veränderte sich die menschliche Natur". Der französische Schriftsteller Charles Péguy stellte 1913 fest: „Die Welt hat sich seit Jesus Christus weniger verändert als in den letzten dreißig Jahren." Die Formen der *Demoiselles d'Avignon* beschrieben ein soziales Gefüge, das in Stücke ging. Von vielleicht größter symbolischer Bedeutung war die Wirkung des *Sacre du printemps*, dessen Premiere im Mai 1913 im Auditorium einen kriegsähnlichen Tumult verursachte, als das traditionell gesinnte Publikum seinen Zorn über eine Ausdrucksform freien Lauf ließ, die es nicht verstand und von der es sich in seinem geistigen Kern bedroht fühlte. Das radikale Werk schien ihm zu bedeuten, daß das Leben nur im Tod seinen Sinn fand, daß Tod und Ekstase verschwistert waren und daß der Weg zur Schöpfung über die Zerstörung führte.

Nach dem Ausbruch des Krieges erschienen diese Eruptionen nur noch als blasser Vorgeschmack der tatsächlichen Ereignisse. Der dünne Boden optimistischer Annahmen, die das neunzehnte Jahrhundert überlebt hatten, brach ein, als der Teil des Globus, der sich selbst als den fortschrittlichsten betrachtet hatte, sich selbst zu vernichten drohte. Damals bemerkte der britische Sozialkritiker Leonard Hobhouse: „Die Welt ist nüchtern betrachtet nicht mehr die, die wir kannten – wir sehen eine Welt, in der die Gewalt eine größere Rolle übernommen hatte, als wir es zulassen wollten; die ihre letzten Sicherheiten verloren hatte, in denen wir plötzlich unter dem harten Panzer der Zivilisation die lebendigen Kräfte barbarischer Machtlust und Geringschätzung des Lebens zu erkennen meinten." Noch entschiedener äußert sich der Historiker William Pfaff: „Es ist klar geworden, daß der Erste Weltkrieg das bedeutsamste Ereignis in der modernen Geschichte des Westens darstellt, ein Ereignis, dessen Wirkungen noch anhalten."

An keinem der sieben – mit Ausnahme Martha Grahams, die während des Krieges noch in der Ausbildung war – sind die Ereignisse ohne persönliche Erschütterungen vorübergegangen. In den eigenen Lebensumständen zwar nicht unmittelbar betroffen, erlebten sie den Einbruch der Bedrohung in ihre Welt; die meisten Menschen, mit denen sie täglich zu tun hatten, traf der

Verlust von Angehörigen oder engen Freunden. Für sie selbst ergaben sich vor allem Folgen für ihre Arbeit, deren Voraussetzungen sie einer genaueren Überprüfung unterzogen. Ohne den Ersten Weltkrieg und seine Folgen wären Eliots *The Waste Land*, Picassos *Guernica*, Strawinskys *Histoire du soldat* und Einsteins Anwendung der Atomtheorie ebensowenig denkbar wie Gandhis gewandelte Einstellung zu den Briten und Freuds tief pessimistische Betrachtungen über *Das Unbehagen in der Kultur*.

Und damit wären wir beim wichtigsten der Gründe, die uns erlauben, von Individuen zu sprechen, die demselben politisch-gesellschaftlichen Zeitmilieu entstammten. Zum ersten Mal in der menschlichen Geschichte waren Personen aus so ungleichen Kulturen wie Indien und Nordamerika, aus so unterschiedlichen europäischen Gesellschaften wie Spanien und Rußland Angehörige einer Weltgemeinschaft und betrachteten sich als solche. Der industrielle Fortschritt, das Wachstum der Städte, der laufend verbesserte Zugang zu einem globalen Informationsspektrum, das überhandnehmende Gefühl der Unsicherheit im Vorfeld des Krieges und das unvorstellbare Kriegsgemetzel – alle diese Faktoren konnten auf das Bewußtsein dieser modernen Meister nicht ohne Einfluß bleiben.

Die Moderne im Spektrum der Domänen

Schon in den vierziger Jahren des neunzehnten Jahrhunderts versuchte der französische Dichter Baudelaire, das moderne künstlerische Empfinden zu definieren. Mit Blick auf den Maler Constantin Guy schrieb er: „[Modern] ist die Erfahrung eines Lebens, das bruchstückhaft gelebt wird, das schnelle Tempo der Veränderung in unserer Zeit, das nur bruchstückhafte Erfahrung erlaubt." Und er setzte hinzu: „Unter Modernität verstehe ich das Flüchtige, das Zufällige, die Hälfte der Kunst, deren andere Hälfte ewig und unwandelbar ist." Nicht zufällig lebte Baudelaire in Paris: wie der Kritiker Walter Benjamin ein Jahrhundert später bemerkte, machte sich der eigentümliche neue Rhythmus, die Zeit- und Raumerfahrung der modernen Existenz, zum ersten Mal im städtischen Leben von Paris bemerkbar.

In den Werken von Picasso, Strawinsky, Eliot und Martha Graham ist das neue, moderne Element in der Kunst in seinen Einzelzügen abzulesen. Verschmäht werden Handlung, Melodik, Linearität, Virtuosität, kanonische Formen, moralische Aussagen, die breit angelegte Behandlung von Persönlichkeiten und Szenen, kurz, alle Eigenschaften, die sich in den Werken der traditionellen Künstler der Akademien erwarten ließen. An ihre Stelle tritt das Bemühen, durch Schnappschüsse und Fragmentarisches, durch pulsierende Rhythmen und scharfe Akzente die Atmosphäre alltäglicher Erfahrung festzuhalten. So sehr diese künstlerische Arbeit in der gewohnten Erfahrung wurzelt, so sehr neigt sie zur Abstraktion, zur Darstellung der formalen Elemente, die die allgemeinen Aspekte der Erfahrung definieren. Doch anders als die Kunst einer nur wenig jüngeren Epoche, der abstrakte Expressionismus oder die serielle Kompositionstechik der fünfziger Jahre, vermeidet sie die reine Abstraktion, die Leere des Ungegenständlichen, und lehnt die Elemente des reinen Zufalls ab.

Die moderne Kunst entsteht in einer Umgebung des permanenten Wandels. Sie macht den entschlossenen Versuch, nicht Traditionen, sondern Traditionalität überhaupt in Zweifel zu stellen, und, wie der Kritiker Harold Rosenberg es formuliert, eine „Tradition des Neuen" zu schaffen. Die einst scharfe Trennlinie zwischen Kunst und Unterhaltung, hoher und niedriger Kunst, wird bewußt überschritten; in Picassos Gemälden, Strawinskys Partituren, Martha Grahams Balletten und Eliots Versen verbinden sich Chiffren des Zeitgeists mit sofort identifizierbaren Elementen der Überlieferung. Eine besondere Seite menschlicher Befindlichkeit wird beschworen – der Massenmensch, der bürokratische, hohle Mensch ohne Gesicht. Und doch ist diese Kunst nur denkbar in Relation zur Überlieferung, und die vorgenommene Verquickung disparater Elemente ergibt sich eindeutig aus der Perspektive einer Elitekunst. In diesem Sinn steht die Moderne zum selbststilisierten Nihilismus und „ignorabimus" der postmodernen Kunst in deutlichem Widerspruch.

Die gemeinsamen Elemente der künstlerischen Moderne aufzufinden ist relativ einfach. Schwieriger wird die Suche nach Analogien, wenn man über das Gebiet der Kunst hinausgeht. In der Politik werden moderne Aspekte am offenkundigsten in einer Erscheinung greifbar, die man, Brecht paraphrasierend, als ‚politisches Theater' bezeichnen könnte. In den propagandistischen Kundgebungen und Filmen, die in totalitären – allerdings auch in einigen nichttotalitären – Gesellschaften zu sehen sind, werden unzweifelhaft Elemente modernistischer Darstellungstechniken ausgebeutet. An Hitlers, Stalins oder Maos totalitärem Programm war wenig Innovatives; die Tyrannei hat eine lange Geschichte, und die Gewaltherrscher früherer Zeiten lieferten ihnen das Modell, wenn auch nicht den Maßstab. Doch in der Inszenierung ihrer politischen Großkundgebungen und in ihren Propagandamethoden kommt die Gefühlswelt zum Ausdruck, die von den Meistern der Moderne definiert wurde. Kein Zufall, daß sich Hitlers Architekt Albert Speer für die Tanztheorie von Mary Wigman interessierte, daß Stalin eine Art Haßliebe mit Sergej Eisenstein verband und Franco sich um die Werke seiner Nemesis, Picassos, bemühte. Die Häresien von gestern sind die Schlagworte der Politiker von heute.

Die religiösen und politischen Neuerungen Mahatma Gandhis trennen Welten von der nationalsozialistischen ‚Ästhetik des Mordens', in der sich Spuren Nietzsches, Wagners und Strawinskys erkennen lassen. Der Grund liegt nicht nur darin, daß Gandhi indischer Herkunft war, sondern auch in dem Umstand, daß seine Methode in mancherlei Hinsicht auf Formen menschlichen Umgangs zurückging, wie sie ältere, intimere und weniger komplex strukturierte Epochen auszeichneten. Was nicht ausschloß, daß Gandhi sich der fortschrittlichsten Kommunikationsmittel bediente und der Erfolg seiner Projekte von den modernen Maschinen abhing, die er so gerne diskreditierte.

Zweifellos kann Gandhi in einem entscheidenden Punkt als Persönlichkeit moderner Prägung bezeichnet werden: Er stellte die Grundvoraussetzungen der traditionellen Machtpolitik in Frage und suchte die politische Konfrontation auf ihre Elementarform zu reduzieren – den Urzustand, in dem ein menschliches Wesen einem anderen ‚nackt' gegenübersteht. In diesem reduktionistischen Verfahren, dem Versuch, eine Domäne auf ihre fundamentalen Komponenten zusammenzustreichen, verrät sich das Temperament der Moderne. Seine Methode, so würde ich vermuten, verdankte Gandhi außer seinem kulturellen Erbe auch der Tatsache, daß er jahrelang in den verschiedensten Regionen des britischen Empire lebte und die kritischen Schriften von Thoreau, Ruskin und Tolstoj aufnahm.

Von Kunst und Politik als gegenwartsbezogenen Domänen ist zu erwarten, daß sie Zeitereignisse widerspiegeln. Daß ein Dichter oder ein Politiker auf eine Hungersnot, auf eine Wirtschaftskrise oder einen Weltkrieg reagiert, kann nicht überraschen. Anders verhält es sich auf den Gebieten Mathematik und Naturwissenschaft, in denen nach Prinzipien, Regeln und Gesetzmäßigkeiten gesucht wird, die universell und unabhängig davon gelten sollen, was im Nachbarstaat oder am anderen Ende der Welt passiert.

Unter diesem Gesichtspunkt könnte Darwins Evolutionstheorie oder Einsteins Relativitätstheorie in jedem historischen Moment entstanden sein. Weder die Werke des Pythagoras noch die im neunzehnten und zwanzigsten Jahrhundert entstandenen Werke des deutschen Mathematikers und Astronomen Carl Gauß und des österreich-amerikanischen Mathematikers Kurt Gödel haben eine bestimmte historische Begebenheit oder Epoche zur Voraussetzung. Wörtlich genommen ist die Behauptung natürlich töricht. Wissenschaftler bauen immer auf der Arbeit ihrer Vorgänger auf, und ohne Newton, Maxwell, Lorentz und andere wären Einsteins Ergebnisse undenkbar. Auch technischer Fortschritt, mathematische Entdeckungen und experimentelle Ergebnisse sind häufig Grundlagen für neue Funde. Und ein Vergleich der Welt der Quantenmechanik mit der Welt, wie sie im Werk der modernen Künstler faßbar wird, hat nicht nur metaphorische Gültigkeit. Dennoch glaube ich, daß mathematische und naturwissenschaftliche Fortschritte den Auswirkungen der Alltagswelt stärker entzogen sind und daß die Arbeit der Sozial- und Verhaltenswissenschaft sich wie die Forschung Freuds im Grenzbereich zwischen den absoluten Prinzipien des Physikers und dem praktischen Wirkungsraum des Dichters bewegt.

Doch auch für Freud und Einstein war zeitgenössischer Einfluß von Bedeutung. Die neuen Erkenntnisse über den Mikrokosmos Atom und die makrokosmischen Welten von Zeit und Raum erregten die Neugier Einsteins, und Freud wurde hellhörig, als in der städtischen Oberschicht Wiens bestimmte Formen von Neurose auftraten. Beide arbeiteten in einer zwar nicht mehr von Newton, doch immer noch von Helmholtz geprägten Zeit und suchten nach den erklärenden Grundprinzipien der Welten, denen ihr neugewecktes Interesse galt – der Physik respektive der Psychologie. Und beide entdeckten schließlich ein Netzwerk elementarer Prinzipien oder Annahmen, mit denen sich enorme Datenmengen ihrer Arbeitsgebiete organisieren ließen. Sie taten damit natürlich nichts anderes als das, was jeder Wissenschaftler tut, und ihre Forschung reflektiert Ziele, die spätestens seit dem siebzehnten Jahrhundert mit Nachdruck verfolgt wurden. Doch ist, wie ich bereits mit Rücksicht auf Gandhi argumentierte, das Interesse an einfachen Grundformen und -strukturen vielleicht für die Epoche der Moderne besonders charakteristisch.

Gleichviel, wie hoch man den Einfluß der Zeit auf die Entdeckungen beider Wissenschaftler einschätzt, sie fühlten sich zweifellos prononciert als Teil der politischen und sozialen Sphäre ihrer Epoche. In jungen Jahren hatten sie Anteil an den kulturellen Bewegungen, die im Zeichen der „Jugend" standen und die religiösen, wissenschaftlichen und politischen Wahrheiten der Vergangenheit systematisch in Frage stellten; sie waren Freidenker auf der Suche nach neuen Synthesen, die an die Stelle der als haltlos entlarvten alten treten konnten. Mit zunehmendem Alter wandten sie sich vermehrt den Themen von Krieg und Frieden sowie dem Nachdenken über soziologische, religiöse und philosophische Fragen zu, das, wie erwähnt, zum Ausgangspunkt ihrer persönlichen Bekanntschaft wurde. Ihre späteren wissenschaftlichen und philosophischen Interessen sind ebenfalls als Reflexe der Zeitumstände zu verstehen: Freuds zunehmende Beschäftigung mit destruktiven Kräften des Menschen und Einsteins anfängliche Unterstützung der Arbeit an der Atombombe sowie sein späteres Bemühen darum, daß seine schrecklichen Entdeckungen nicht länger für Vernichtungszwecke eingesetzt würden. Auch die Vertreter von Domänen an der Peripherie des Alltagslebens sind also eindeutig von den Geschehnissen und geistigen Topoi ihrer Welt geprägt. Wenn eine Gruppe genialer Neuerer in ‚derselben' Welt lebt, werden Gemeinsamkeiten zur Wahrscheinlichkeit. Kann man aber über diese vage Verallgemeinerung hinausgehen?

Meiner Ansicht nach setzt jeder kreative Durchbruch die Verbindung zwischen zwei dem Anschein nach disparaten Bereichen voraus: a) eine gründliche, oft frühreife Meisterschaft in den einschlägigen Tätigkeitsbereichen und b) eine Denkweise, eine Art der Intuition, wie man sie gewöhnlich dem menschlichen Bewußtsein früherer Altersstufen zuordnet. Die erfolgreiche Fusion dieser beiden Faktoren ist die Voraussetzung des schöpferischen Durchbruchs und zugleich die Bedingung der Möglichkeit, daß andere ihn erfassen.

Meine folgenden Überlegungen sind unter viel Vorbehalt geäußerte vorsichtige Spekulationen. Ich wage die Annahme, daß sich während der Renaissance (ca. 1400–1600) fachspezifisches Können mit hypothetisch-deduktivem Denken und einem Interesse an ‚möglichen Welten' verband, beides Attribute des mentalen Verhaltens während der Adoleszenz. Diese Verbindung führte zur Begründung der wissenschaftlichen Methodik und zu spezifischen Entdeckungen und Methoden wie dem Gebrauch der Linearperspektive in der Malerei. Die Aufklärung (1700–1800) war auf das Denken des jungen Erwachsenen, die Phase kurz vor der voll entfalteten Verstandeskraft, fixiert. In der Romantik fanden die präadoleszenten und elementaren, oft präverbalen Emotionen des Kleinkindes ihren Ausdruck in der Kunst, während die Wissenschaften ihr Forschungsprogramm mit verstärkten Zukunftshoffnungen fortsetzten und die Politik, erschüttert durch die Revolutionen am Ende des vorausgegangenen Jahrhunderts, in einer neutralen Warteschleife verharrte.

Läßt man diese Spekulationen fürs erste als plausibel gelten, wäre zu fragen, welche Denkformen für die Epoche der Moderne charakteristisch sind. Wie ich in den Porträts von Teil II ausgeführt habe, exemplifiziert jeder der modernen Meister eine besondere Verbindung kindlicher Mentalität mit dem fortschrittlichsten Denken in der eigenen Domäne. Ich differenziere jetzt dahingehend, daß das entscheidende Charakteristikum des modernen Denkens einen Rückgang auf die Denkweise des Kindes im beginnenden Schulalter – des vier- bis siebenjährigen Kindes also – zur Voraussetzung hat. In diesem Alter verfügen die Kinder über eine Reihe menschlicher Symbolsysteme und sind bereits in der Lage, sie auf produktive Art zu benutzen; sie haben stabile Vorstellungen der physischen und psychischen Welt entwickelt und sind bereit, deren Gültigkeit zu erproben. Daneben zeigen sie die Fähigkeit, sich in den Formen elementarer Erfahrungen auszudrücken, ein eindrucksvolles und häufig ebenso kurzlebiges Vermögen. Sie wissen zwar, daß es so etwas wie Konventionen gibt, lassen sich indessen durch Regeln, Normen und Erwartungen nicht übermäßig einschränken.

Neue Einsichten des neunzehnten Jahrhunderts hatten ein Interesse an der Kindheit mit sich gebracht, aus dem die sieben Meister ihren Nutzen zogen. Sie ließen sich faszinieren und sahen in Kindern – und der eigenen Kindheit – ein wichtiges Ferment ihrer Arbeit. Wir konnten diese Tendenz in allen Fallstudien nachweisen. Freud untersuchte die Träume und Assoziationen von Kindern und sah die Basis der erwachsenen Persönlichkeit in den ödipalen Kampf- und Rivalitätsgefühlen des Kleinkindes. Die freien Assoziationen, die ihn am meisten faszinierten, gleichen denen eines Kindes, das im Begriff ist, sich die Symbolsysteme seiner Kultur anzueignen. Einstein verfolgte seine Forscherneugier bis auf Erlebnisse in seiner frühen Kindheit zurück und stellte gern Gedankenexperimente der Art an, wie sie Kinder beschäftigen.

Zahlreich sind die Verbindungen zur frühen Kindheit im Bereich der Kunst. Unsere sieben Meister waren bereits als Kinder bezaubert von ihrem späteren künstlerischen Handwerk. Als Erwachsene untersuchten sie die künstlerische Produktion der Kinder und „Primitiven" – Völker, in denen sie kindhafte Züge zu erkennen meinten –, und häufig versuchten sie, solche Aspekte in ihrer eigenen Arbeit zu gestalten. Wesentlich jedoch ist, daß ihre Arbeit um Elemente kreiste, die im kindlichen Ausdrucksverhalten hervorstechen. Für Picasso waren es die Kritzeleien und die collageähnlichen Kombinationen des Kleinkindes, für Strawinsky die archaisch anmutenden Rhythmen und repetitiven Klangbilder, die an das Singen mit kleinen Kindern erinnern, für Eliot die erinnerten Bilder und Erfahrungen der frühesten Kindheit, die Unmittelbarkeit des Ausdrucks und der fragmentarische Charakter jugendlichen Erlebens, für Martha Graham die Bewegung in reduzierten Versionen und die elementare Dualität von Kontraktion und Entspannung, in der sich früheste leibliche Selbsterfahrung darstellt. Diese kindlichen Fragmentstrukturen werden übereinstimmend in Werken eingesetzt, die das Publikum gleichzeitig zu einer Integrationsleistung auffordern, zur Annäherung an das vom Kind verkörperte Ganzheitserleben.

Und schließlich behaupte ich, daß auch Gandhis politische Innovationen etwas Kindliches enthalten. Im Verzicht auf komplexe Rhetorik und entwickelte Waffentechnik suchte er eine natürliche, eine Primärsituation herzustellen (oder zu restituieren), die ein Problem für alle, die an seiner Lösung interessiert waren, klar definieren würde. Redliches, unverstelltes Handeln, die direkte Konfrontation mit dem Gegner und die erklärte Bereitschaft, für seine Überzeugungen Opfer zu bringen – alles das sind Vorstellungen, die ein Kind begreift und denen sich eine noch unverbrauchte Persönlichkeit vielleicht emphatischer verpflichtet. Auch Gandhis eigenes Auftreten und seine Erscheinung hatten etwas Kindliches. Religiöse Ideen schlagen Wurzeln, wenn der Mensch noch jung ist, und *satyagraha* dürfte seine stärkste Wirkung entfalten, wenn es von frühesten Jahren an ein Teil der Erziehung ist. Leider wirken oft andere, ungünstigere Elemente der kindlichen Welt diesem Prozeß entgegen, ehe er sich stabilisieren kann.

Im Aufweis signifikanter Verbindungen zwischen der geistigen Welt des Schulkindes und des reifen schöpferischen Menschen habe ich zu zeigen versucht, was das Besondere der kreativen Leistungen der Moderne ausmacht. Ich stelle ferner die Hypothese auf, daß andere Epochen der Menscheitsgeschichte durch eine ähnliche Verknüpfung von reifer Meisterschaft mit einer früheren Entwicklungsstufe des menschlichen Geistes gekennzeichnet sein könnten. Ich möchte diese Verbindung nicht allzu stark gewichten. Daß die Meister der Moderne in besonderer Beziehung zu bestimmten Perioden ihrer Kindheit standen, ist kaum zu bestreiten. Auch schöpferische Menschen anderer Epochen dürften sich eine Affinität zu ihrer Kindheit bewahrt haben – anders gesagt, viele historische Epochen hatten ihre ‚modernen' Meister. Wenn sich die Moderne jedoch von anderen Epochen unterscheidet, könnte das Merkmal dieser Unterscheidung ihre besondere Beziehung zu einer außergewöhnlich fruchtbaren Zeitspanne der kindlichen Entwicklung sein.

Die Analogien zwischen komplexen geistigen Leistungen und kindlichem Bewußtsein sollen die Qualität dieser Leistungen in keiner Weise herabsetzen. Die Errungenschaften der Moderne wären unmöglich gewesen, wenn nicht ihre Autoren bereits in jungen Jahren die Möglichkeiten ihres Faches bis zur äußersten Grenze ausgeschöpft hätten. Ihre Durchbrüche sind reife Leistungen reifer Persönlichkeiten. Es könnte jedoch zum Geburtsrecht der kreativen Menschen gehören, daß sie zu Erfahrungen und Problemen ihrer frühen Entwicklungsphasen, darunter die Jahre der frühen Kindheit, einen privilegierten Zugang haben. Baudelaire sagte einmal, Genie sei die Fähigkeit, nach Belieben in seine Kindheit zurückkehren zu können. Es geht mir nicht darum, die Kreativität herabzuwürdigen, sondern die bewundernswerten Kräfte der Kindheit und ihre erstaunliche Wirkungsdauer ins rechte Licht zu rücken.

Jenseits der Moderne

Wenn meine Ausführungen Erklärendes speziell zu den Ereignissen und geistigen Durchbrüchen um 1900 beitragen können, sollten sie nicht auf andere Epochen übertragbar sein. Aus diesem Grund gehe ich abschließend auf die Zeit nach der Moderne, die sogenannte Postmoderne, ein und versuche eine mögliche Abgrenzung beider Epochen. Ich beziehe mich nur auf die Künste und lasse mich nicht auf Spekulationen über Politik und Naturwissenschaften in der Zeit nach 1950 ein.

Daß wir der Postmoderne so viel näher stehen (und ihr Ende für uns nicht abzusehen ist!), erschwert eine treffende und sichere Beschreibung. Einer der zahlreichen Definitionen zufolge ist die Postmoderne eine intensivierte Moderne: War die Moderne ironisch, ist die Postmoderne gesteigerte Ironie. Aus anderer Sicht erscheint sie als Reaktion: Die Moderne rebellierte gegen die Traditionen, die Postmoderne schwelgt darin. Eine positivere Wertung erklärt sie zum Versuch, dem menschlichen Schaffen wieder verstärkt persönliche, kulturelle, historische, subjektive und politische Dimensionen zu öffnen. Ein Blick auf die einzelnen Domänen und darüber hinaus wird zunächst Unterschiede zeigen. Die Komponisten John Cage und John Adams, die Schriftsteller Italo Calvino und Joseph Brodsky sind kaum vergleichbar, und bildende Künstler wie Andy Warhol, Robert Rauschenberg, Frank Stella, Anselm Kiefer und Julian Schnabel haben jeder ein klar umrissenes malerisches Universum geschaffen.

Für mich ist das wesentliche Merkmal der sogenannten Postmoderne eine bewußte Verwischung der Gattungsgrenzen; ein trotziges Ignorieren geschichtlicher Beispiele und Ordnungen; Kritik an jedem Versuch zur Ernsthaftigkeit; ein umstandsloser Wechsel von Stilen, Erscheinungsformen und Identitäten; Absage an den Versuch, unter dem Oberflächenchaos Sinn oder Strukturen zu finden, die Lizenz eines *anything goes* im Schaffen und Deuten. Moralische Orientierungen fehlen, und wenn *The Waste Land* mit Bedauern zu diesem Schluß kommt, nimmt die postmoderne Version den Mangel als gegeben, wenn nicht als Tugend. Diese Züge können einerseits als Verlängerung der Moderne gesehen werden, die zahlreiche tradierte Formen und Verfahren emphatisch in Zweifel stellte. Doch formulierte sich die Kritik der Moderne aus einer Gesellschaft heraus, in der diese Formen, Verfahren und Werte ihren festen Platz hatten, so daß jede Reaktion als ernsthafter Dialog mit den früheren Verfahren gesehen wurde, gesehen werden mußte.

Im Licht der triumphierenden Moderne ist die Erinnerung an ältere Zeiten verblaßt, und der Versuch, Geschichte, Tradition und überlieferte Formen gleich welcher Art in Frage zu stellen, trifft auf keinen nennenswerten Widerstand mehr. Kein Streit alter und neuer Wahrheiten, zeitgenössischer und überlieferter Werte findet statt, wo der Begriff der Wahrheit und das Geschichtsbewußtsein aufgegeben sind. Provozierende Anleihen der Kunst bei der Unterhaltung entfallen, wo die verschiedenen Künste, Kulturen und Traditionen nicht mehr als getrennte Bereiche erlebt werden. Die Vorstellung eines Wechsels, einer Avantgarde stößt auf schulterzuckendes Unverständnis: Alles ist ausprobiert, die Möglichkeit zu schockieren erschöpft, der letzte Schrei schon morgen von der Stange zu kaufen. Autorität ist in Frage gestellt; Verbindlichkeiten fehlen; aus der Sicht des „dekonstruktivistischen" Kritikers enthält jeder Gegenstand oder Text in sich das Potential zu seiner eigenen Zerstörung oder Unterminierung.

Es dürfte evident sein, daß ich der Moderne näher stehe als ihrer postmodernen Nachfolgerin. Obwohl ich in der Postmoderne lebe, ist meine Sensibilität vom Kanon der Moderne geprägt, und ich werde mir die leitenden Motive und den Geist einer postmodernen Epoche wohl niemals ganz zu eigen machen – vielleicht weil ich meine Zweifel habe, ob der postmoderne Geist in einem positiven Sinne Zukunft hat. Eine Revolte gegen die Tradition ist begreiflich in einer Welt, in der Überliefertes noch Gültigkeit besitzt; Infragestellung typischer Deutungsmuster ist sinnvoll, wenn die tradierten Formen noch nicht angemessen untersucht und kritisiert worden sind. Schwindet jedoch die Erinnerung an diese älteren Formen, wird ein fortgesetzter Protest obskur. Was bleibt ist Manieriertheit, Spektakel, Effekt.

Diese Kritik trifft natürlich nicht in gleichem Maß auf alle Formen zu, die seit der Ablösung des modernistischen Kanons entstanden sind: alles, was an Zeiten des Glaubens anknüpft, was sich in der Wiederholung einfacher Formen gefällt, was politische Themen aufgreift oder als bewußter Affront eines sachkundig gebildeten Publikums gemeint ist, erklärt sich ohne Schwierigkeit aus den Normen und Verfahren früherer Epochen, die Moderne eingeschlossen.

Zweifellos läßt sich die Postmoderne auch positiver bewerten. So könnte man die Meinung vertreten, die Moderne sei noch stark in traditionellen Bezügen verankert gewesen; bei aller Kritik an progressistischen, materialistischen, rationalistischen oder deterministischen Formen des Diskurses habe keine Alternative zur Wahl gestanden, so daß man letztlich auch wider besseres Wissen am Überlieferten festhielt. Erst die Postmoderne habe diese intellektuellen Verkrustungen aufgebrochen und sei in der Lage, Erfahrungen mit unvoreingenommenem Blick zu betrachten. Aus anderer Warte ließe sich von einer befreienden Wirkung der Postmoderne sprechen. Vielleicht zum ersten Mal in der Geschichte der Menschheit werden die verschiedenen Fixierungen und Vorurteile sichtbar, denen das Bewußtsein unterworfen ist, und es könnte sein, daß ein Handeln und die Entwicklung einer Sensibilität möglich werden, die keine Person und kein Werk vor anderen auszeichnen oder dazu führen, daß jeder Gesichtspunkt sofort hinsichtlich dessen wahrgenommen wird, was er heraushebt und was er im dunkeln läßt. Aus der revisionistischen Sicht des Philosophen Stephen Toulmin ist das postmoderne Bewußtsein ein Wiederaufleben der humanen und toleranten Atmosphäre der Frührenaissance. Aus dieser Perspektive erscheint die Moderne in vieler Hinsicht als hierarchisch, elitär, autoritär und nach wie vor bereit, die unhaltbaren Dichotomien wie die von Vernunft und Gefühl oder Mensch und Natur zu akzeptieren. Meiner Ansicht nach waltet im postmodernen Diskurs jedoch reine Beliebigkeit: Die einen glauben, einen Gewinn an Liberalität, Demokratie und Multikulturalität verbuchen zu können, anderen scheint sie lediglich die politischen Aspekte aller Ideen und jeder Arbeit zu bestätigen, und dritte sehen sie gar stärker glaubens- und autoritätsbezogen.

Welche Beziehung zur menschlichen Kindheit ließe sich in der Postmoderne ausmachen? Die unverfälschte Postmoderne, wie ich sie beschrieben habe, setzt die Vorstellung der Kindheit als Glied in der Kette fest abgegrenzter Entwicklungsphasen außer Kraft. Es wird eher angenommen, daß man sich zwischen den Altersstufen und den Stadien der Kindheit ebenso frei und unverbindlich hin und herbewegen könne wie zwischen geschichtlichen Epochen und Kulturen – mal ein Sprung in die früheste Kindheit, mal ein kurzes Verweilen in den ersten Lebensjahren, dann die Rigidität des Schulkindes oder die bemühte Offenheit der Heranwachsenden. Die hybride mediale Kultur der Postmoderne – MTV, „Designer"-Einkaufszentren, thematische Freizeitparks, Computerkultur – sind gemeinsamer Tummelplatz aller Gruppen und Altersstufen. In einem Zeitalter, in dem alle Kulturen miteinander in Verbindung stehen und Kinder von frühestem Alter an dem Wissen und den Geheimnissen, den Wundern und Schrecken der ganzen Welt ausgesetzt sind, muß kindliche Unschuld vielleicht für immer geopfert werden. Es überrascht nicht, daß Experten bereits nostalgisch oder alarmiert vom „Verschwinden der Kindheit" sprechen.

Damit haben wir den Punkt berührt, an dem die Epoche der Moderne weniger modern war, als ihre Apostel glaubten. Noch in der verzweifelten Hoffnung, die Bürde der Vergangenheit abwerfen zu können, waren die sieben modernen Meister durch und durch von Vergangenem geprägt, ob von einer religiösen, geschichtlichen, kulturellen, akademischen oder gar mehrsträngigen Überlieferung. Sie waren an den Rand des Abgrunds getreten, doch sie mußten zurückweichen – weil das Alter sie mäßigte oder die Einsicht, daß Tradition ihren Sinn habe, ihnen Halt gebot, eine Einsicht, die Eliot und Strawinsky mit Nachdruck vertraten, die übrigen mit deutlicher Ambivalenz. Entsprechend bewahrten sie sich den Respekt vor der eigenen Kindheit und der Kindheit im allgemeinen und würdigten somit die individuelle Vergangenheit. Sie waren gewissermaßen in zwei Sphären verwurzelt – in ihrer Kindheit, das heißt auch in der ihrer Generation, und ihrer unvergleichlichen Meisterschaft. Die Moderne ist Befreiung nur dann, wenn die Freiheit mit einer Anerkennung der Geschichte und früherer Prägungen bezahlt wird. Es gehört zu den Konsequenzen der Postmoderne, diese Vergangenheit und diese Kindheit zu leugnen, die Gründe für jegliche Art von Gebundenheit zu bezweifeln und jede Verwurzelung für nichtig zu erklären.

Auch eine solche Verleugnung der Kindheit, oder Vernichtung der Vergangenheit, könnte zur Lebensgrundlage werden, doch mehren sich bereits die Anzeichen für eine stärkere Gegenreaktion in der Ästhetik und vielleicht auch in anderen Bereichen. Mag sein, daß die Menschen, anstatt sich endlos in Richtung größerer Offenheit, Toleranz und Genremischung zu bewegen, dazu verurteilt sind, zwischen Phasen der Innovation und der Tradition, zwischen Modernismus und Historizismus zu pendeln, zwischen kreativen Durchbrüchen und Phasen des Stillstands oder der Regression, die ganze Völker vernichten kann. Es mag sein, daß der moderne Geist der Jahrhundertwende eine Grenze erreicht hat, über die der Mensch nicht hinauszugelangen vermag, und vielleicht ist ihm ein Leben in dieser stimulierenden Geistesregion nur für kurze geschichtliche Zeitspannen möglich.

QUELLEN UND ANMERKUNGEN

Kapitel 1. 1914–1918: Zufallsbegegnungen in Zürich

Seite
- 7 f. Motto: Aus Czesław Miłosz, Wiersze, Bd. 3, Krakau 1993.
- 19 Die folgenden Zitate sind aus Stoppard, 1975: „Zürich während des Krieges. ..." (S. 98); „Die Literatur muß ..." (S. 85–87); „Heutzutage interessiert sich kein Künstler ..." (S. 38); „Sie sind ein exaltiertes Männchen ..." (S. 62).
- 20 Mehr zu Malraux' imaginärem Museum in Malraux, 1956.
- 20 Mehr zu McLuhans „Weltdorf" in McLuhan, 1964.
- 24 Zur unterschiedlichen Datierung von Modernismus und Moderne vgl. Johnson, 1991, Lutz, 1991, und Toulmin, 1990.
- 28 Mehr zu Eliots Borderline-Syndrom in Lutz, 1991.
- 32 Zum Begriff Zeitgeist vgl. die kritischen Diskussionen von Gombrich, 1979, 1991 und Popper, 1964; eine Rechtfertigung des Begriffs findet sich bei Boring, 1950 und Kroeber, 1944.
- 32 Zu Foucault über die Struktur historischer Epochen vgl. ders., 1966.
- 34 Mehr zum Ende des 19. Jahrhunderts und Ursprung der Moderne bei: Berman, 1988, Dangerfield, 1935, Eksteins, 1989, Schorske, 1979, Strachey, 1988 und Varnedoe, 1986. Mehr zu revisionistischen Ansichten bei: Gay, 1984, Showalter, 1990, Toulmin, 1990 und Wilson, 1990.
- 35 Mehr über das Wien von 1890–1920 in: Janik und Toulmin, 1973, Schorske, 1979 sowie Varnedoe, 1986. Zu anderen Städten vgl. Gyongyi u. Jobbagyi, 1989 und Lukacs, 1991.
- 35 Einzelheiten zu Eksteins' Argument in Eksteins, 1989.
- 36 Mehr über die Notwendigkeit, Konventionen in Frage zu stellen, bei Martindale, 1990.

Kapitel 2. Methoden der Kreativitätsforschung

- 38 Zur Intelligenzforschung vgl. Block und Dworkin, 1976; Gardner, 1983 u. Sternberg, 1985.

Seite

38 Zum Intelligenztest vgl. Sternberg, 1985.
39 Zu Guilfords Forderung nach naturwissenschaftlichen Methoden in der Kreativitätsforschung vgl. Guilford, 1950.
39 f. Zur Darstellung der psychometrischen Verfahren in der Kreativitätsforschung vgl. Guildford, 1950, Torrance 1988, Vernon, 1970 u. Wallach, 1971; ein kritischer Überblick findet sich in Gardner, 1988b.
39 Zur Unterscheidung der intelligenten und kreativen Persönlichkeit vgl. Getzels und Jackson, 1962 sowie Wallach, 1971.
39 Interessante Ergebnisse zur Validität psychometrischer Verfahren in der Kreativitätsforschung werden diskutiert in Torrance, 1988.
40 Zur Gestaltpsychologie vgl. Koehler, 1969.
40 Zu gestalttheoretischen Untersuchungen der Kreativität vgl. Duncker, 1945 u. Wertheimer, 1959.
40 f. Mehr zum kognitionswissenschaftlichen Ansatz in der Kreativitätsforschung bei Boden, 1990 u. Perkins, 1981, 1991.
40 f. Zur Ausdehnung der AI-Forschung auf kreative Denkprozesse vgl. Langley et al., 1987.
41 Zu Csikszentmihalyis Kritik an den computergestützten Verfahren vgl. ders., 1988.
41 Zu Untersuchungen einzelner Gebiete nach kognitiven Kriterien vgl. Johnson-Laird, 1988.
42 Holistische Untersuchungen zu Darwin diskutiert Gruber, 1982.
42 Genaueres zur Methode der *evolving systems* bei Gruber, 1982, Gruber und Davis 1988 sowie Wallace und Gruber 1990.
43 Zur Persönlichkeits- und Motivationsuntersuchung in der Kreativitätsforschung vgl. Barron, 1969 u. MacKinnon, 1962. Zur Kritik des Ansatzes vgl. Weisberg, 1986.
44 Freud: „die Analyse vor dem Problem des Dichters ..." – vgl. Freud, 1948 („Dostojewski und die Vatertötung"), S. 399.
44 Freud: „Vielleicht dürfen wir sagen: ..." – vgl. Freud, 1941b („Der Dichter und das Phantasieren"), S. 214.
44 Freud: „daß auch das Wesen ..." – vgl. Freud, 1943 („Eine Kindheitserinnerung des Leonardo da Vinci"), S. 209.
44 f. Zur Freudschen Tradition der Kreativitätsanalyse vgl. J. Gedo, 1983 u. Murray, 1981.
45 Zu Skinners behavioristischer Sicht der Kreativität vgl. ders., 1953.
45 Genaueres zur experimentellen sozialpsychologischen Beweisführung bei Amabile, 1983.

Quellen und Anmerkungen 483

Seite
45 Das *flow*-Erlebnis ist beschrieben in Csikszentmihalyi, 1990 u. Csikszentmihalyi und Csikszentmihalyi, 1988.
46 Mehr zu historiometrischen Untersuchungen in Kroeber, 1944, Martindale, 1990 u. Simonton, 1984, 1988, 1989, 1990.
53 Mehr zu *initial romance*, der ersten, unmittelbar begeisternden Begegnung mit Gegenständen, Situationen oder Personen, in Bloom/Sosniak, 1985 u. Whitehead, 1926.
53 Zu Kristallisationserfahrung vgl. Walters und Gardner 1986.
53 Belege für die Notwendigkeit der zehnjährigen Lehrzeit diskutiert Hayes, 1981.
54 Eine umfassende Diskussion der Mikrogenese kreativer Werke findet sich in Gardner und Nemirovsky, 1991 u. Wallace, 1926.
57 Medawar: „Die Analyse der Kreativität ..." ist aus Medawar, 1969, S. 46.
57 Zur subpersonalen Kreativitätsanalyse vgl. Findlay und Lumsden, 1988 u. Gardner und Dudai, 1985.
57 Zur außerpersonalen Kreativitätsanalyse im Kontext der Tätigkeitsbereiche vgl. Feldman, 1980.
58 Zur multipersonalen Kreativitätsanalyse vgl. Cole, 1979, Csikszentmihalyi, 1988, Martindale, 1990, Merton 1961, 1968, Simonton 1989, 1990 u. Zuckerman u. Merton, 1972.
59 Zu den drei Schnittpunkten der Kreativität vgl. Csikszentmihalyi, 1988.
59 Weiteres zur Struktur der Domäne in Kuhn, 1970.
61 Zum Begriff der fruchtbaren Asynchronie vgl. Gardner und Wolf, 1988.

Kapitel 3. Sigmund Freud: Allein mit der Welt

70 Mehr zu den Mittwochabend-Sitzungen bei Clark, 1980, S. 214; Jones, 1961; und Nunberg, 1962; vgl. a. Sulloway, 1983.
71 Jones: „Die Versammlung enttäuschte mich ..." zit. bei Clark, 1980, S. 215.
71 Einzelheiten zu Freuds Kindheit bei Clark, 1980 und Jones, 1961.
72 Freud: „Auf dem Gymnasium war ich ..." in: Freud, 1981, S. 40.
72 Mehr über Freuds häusliche Privilegien bei Clark, 1980, S. 19.
72 Details zur Entfernung des Klaviers finden sich bei Jones, 1961, S. 15.
72 J. Freud: „Mein Sigmund ist in der kleinen Zehe ..." ist zit. bei Wittels, 1924, S. 60.
73 Zu Goethes Essay „Über die Natur" vgl. Gay, 1988, S. 24.

Seite
73 Freud: „Eine besondere Vorliebe ..." vgl.: Freud, 1981, S. 40.
73 Freuds Belesenheit wird behandelt in Gay, 1988 und Sulloway, 1983, S. 468.
73 Freud: „mehr auf menschliche Verhältnisse ..." vgl.: Freud, 1981, S. 40.
74 Zu Freuds Gedanken über seine Zukunft vgl. E. Freud, 1960, S. 136.
74 f. Freuds Bemerkungen über die Vorzüge und Schwächen seiner aktuellen wissenschaftlichen Arbeiten, über den Weg zum Erfolg und den Schlüssel zum Glück finden sich in: E. Freud, 1960, S. 91 u. 93; S. 55; S. 70.
75 Freud: „In meinem Hirn gibt's ..." vgl. E. Freud, 1960, S. 66.
75 f. Zu Freuds Arbeit bei Brücke vgl. Jones, 1961, S. 33 ff.
76 Freud und die Entdeckung des Neurons: vgl. Clark, 1980, S. 44.
77 Freud: „bin ganz sicher ..." – (an E. Silberstein, 14.8.1878) – vgl. Boehlich, 1989, S. 193.
77 Freuds positive Bewertung des Kokains ist dargestellt in Jones, 1969, Kap. 6 (zitierte Wendungen auf S. 94).
78 Freud: „eine Regelmäßigkeit und Gesetzmäßigkeit ..." ist zitiert in Clark, 1981, S. 91.
78 Freud: „Ich tue hier gar nichts ..." ist in E. Freud, 1960, S. 183 u. 179.
78 Freud: „vielleicht Charcot erreichen ..." ist a. a. O. S. 196.
79 „Psychosoziales Moratorium" – Erikson über Freuds drittes Lebensjahrzehnt in Erikson, 1959.
80 Zu Bertha Pappenheims Erwachen aus der Hypnose vgl. Clark 1980, S. 102.
80 Mehr über die „sozusagen symbolische Beziehung zwischen der Veranlassung und dem pathologischen Phänomen" in Freud, 1952 (*Studien über Hysterie*), S. 83 u. Freud, 1962, S. 34. [Bd. 3 der *Standard Edition* enthält den ins Engl. übersetzten Text eines Referats – das vom Autor durchgesehene Stenogramm – (S. 27–39), das Freud am 11.1.93, also noch während der Publikation der „Vorläufigen Mitteilung" unter gleichlautendem Titel („Über den psychischen Mechanismus hysterischer Phänomene") im Wiener Medizinischen Club vortrug. Der Text ist nach Angabe der Hgg. (a. a. O. S. 27) seit seiner Publikation in der „Wiener Medizinischen Presse" 1893, Nr. 4 (S. 121–126) u. 5 (S. 165–176) nicht mehr veröffentlicht worden. – A.d.Ü.]
80 [Freud: „daß sie das ‚richtige oder rechte Auftreten' ..." stammt aus dem erwähnten Vortragstext in der „Wiener Medizinischen Presse" (S. 125 f.) – A.d.Ü.]
80 [Als *talking cure* (Redekur) oder *chimney sweeping* (Schornsteinfegen) hatte

Seite

Bertha Pappenheim, die in der akuten Phase ihrer Krankheit nur Englisch sprach, die therapeutischen Vorgänge bezeichnet. – Vgl. dazu Clark, 1981, S. 122; Näheres in Freud, 1962, S. 33 u. Freud 1893, S. 125 f.). – A.d.Ü.]

81 Freud: „[Die Behandlung] hebt die Wirksamkeit ..." – vgl. Freud, 1952, S. 97.
81 Freud: „Jetzt kommt das Kind ..." (an St. Zweig am 2.6.1932) – ist zitiert bei Clark, 1981, S. 124.
81 Zu Freuds Bemerkungen über seine „bescheidene" Theorie vgl. Freud, 1981, S. 53.
81 Freud: „Die Entwicklung der Psychoanalyse ..." – a. a. O. S. 50 f.
82 Über Breuers Neigung zu rein physiologischen Erklärungen vgl. E. Freud, 1960, S. 405 f.
82 Mehr zur „Ätiologie der Hysterie" bei Jones, 1961, S. 171.
82 Freud: „das Sexualleben des Individuums ..." – vgl. Freud 1952, S. 414. [Das Zitat stammt aus dem Aufsatz: „L'hérédité et l'étiologie des névroses" (1896): „Je veux maintenir, ... que chacune des grandes névroses énumerées a pour cause immédiate un trouble particulier de l'économie nerveuse, et que ces modifications pathologiques fonctionelles reconnaissent comme source commune la vie sexuelle de l'individu, soit désordre de la vie sexuelle actuelle, soit événements importants de la vie passée." Im Vortrag zur „Ätiologie der Hysterie" heißt es: „Ich stelle also die Behauptung auf, zugrunde jedes Falles von Hysterie befinden sich ... ein oder mehrere Erlebnisse von vorzeitiger sexueller Erfahrung, die der frühesten Jugend angehören." Vgl. Freud, 1952, S. 439. – A.d.Ü.]
82 Krafft-Ebing: „Es klingt wie ein ..." – vgl. Clark a. a. O. S. 184; vgl. a. Masson (Hg.), 1986, S. 193.
82 Freud: „bei den Eseln eine eisige Aufnahme ..." (an Fließ, 26.4.96) – vgl. Masson a. a. O.
82 Freud: „die Lösung eines mehrtausendjährigen ..." (an Fließ, 26.4.96) – vgl. Masson a. a. O. u. Fn.
82 Freud: „Absurdität derart weit hergeholter ..." – vgl. Clark a. a. O. und Masson a. a. O.
82 f. [Zu Freuds empfindlicher Reaktion auf die Ablehnung seines Hysterie-Vortrages vgl. a. Masson, 1986, S. 194 Anm.: Anna Freud zufolge habe Freud danach keine Zusammenkunft des „Vereins" mehr besucht. – A.d.Ü.]

Seite

83 Mehr zu den Briefen an Eduard Silberstein in Boehlich, 1989.
83 f. Einzelheiten zu Fließ' Einfluß auf Freud in Sulloway, 1983, S. 135–237.
85 Freud: „Wissenschaftliche Unterstützung findet man ..." (an Minna Bernays, 24.1.87) ist zitiert bei Gay, 1992, S. 194.
85 Freuds Briefe an Fließ sind in Masson, 1986: „Ich bin hier ziemlich allein ...": S. 67; „Wenn uns Beiden ...": S. 190; „Ach wie bin ich froh ...": S. 259; „... ich bin mit nichts fertig ...": S. 280; „Ich bescheide mich bereits ...": S. 472.
85 Freud: „Ich war damals ..." (an Ferenczi am 7.7.1913) – zit. nach Clark, 1981, S. 165.
85 Freud: „Wenn ich aus den Verwirrungen ...": vgl. Freud, 1981, S. 157.
86 f. Zur Darstellung des Unbewußten vor Freud vgl. Clark, 1981 und Whyte, 1978.
87 Zur Verdrängung als Kernthema des Freudschen Werks vgl. Holton, 1988.
87 Freud: „Die Verdrängungslehre ist ...": vgl. Freud, 1981, S. 152.
88 Freuds ironisierende Vergegenwärtigung der „Marmortafel" findet sich in einem Brief an Fließ (12.6.1900) – vgl. Masson, 1986, S. 457; vgl. auch Jones, 1969, S. 304.
88 Freud: „die Via regia zur Kenntnis ...": vgl. Freud, 1972, S. 577.
88 f. Zu Freud über Abwehr- und Angstneurosen vgl. Clark, 1981, S. 182 f., Jones, 1961, S. 167 u. Freud, 1975, S. 77.
89 Weiteres zur Klassifizierung der Neurosen in Masson, 1986, S. 68 ff. (an Fließ, 21.5.94), bes. a. S. 110 f.
89 Freuds „Entwurf einer Psychologie" findet sich in Freud, 1950a, S. 371–466 (Freud, 1975, S. 297–384); vgl. auch Pribram und Gill, 1976.
90 Freud: „eine naturwissenschaftliche Psychologie zu liefern ..." ist in Freud, 1950a, S. 379.
90 Freud: „Ein Mensch wie ich ..." (an Fließ, 25.5.95) – vgl. Masson, 1986, S. 130.
90 Zum gedrängten Stil des Textes vgl. etwa Freud, 1950a, S. 381 f.
90 Freud: „Die φ-Neuronen ...": vgl. a. a. O. S. 399.
91 Über die Psychoanalyse als Werk von Newtonschen Dimensionen vgl. Gay, 1988, S. 79 f.
91 Zu vereinzelten Hinweisen im *Entwurf* auf Freuds spätere Erkenntnisse vgl. Freud, 1950a, S. 419–26 (über Schlaf und Traum, Traumanalyse und Traumbewußtsein) sowie S. 396 (über das Bewußtsein).

Quellen und Anmerkungen 487

Seite
- 91 Freud: „In einer fleißigen Nacht ..." (an Fließ, 20.10.95): vgl. Masson, 1986, S. 149.
- 91 Freud: „Den Geisteszustand ..." (an Fließ, 29.11.95): vgl. Masson, 1986, S. 158.
- 92 Breuer: „Freud ist im vollsten Schwung ..." ist zitiert in Freud, 1950a, S. 18 (Fn).
- 93 Freud: „So oft ich auch an der Richtigkeit ..." ist zitiert bei Clark, 1981, S. 172.
- 94 Freud: „Der Hauptpatient ..." (an Fließ, 14.8.97): vgl. Masson, 1986, S. 281.
- 94 Zu Freuds Entdeckung der Signifikanz sexueller Motive vgl. Gay, 1988, S. 91.
- 96 Mehr zu Freuds irriger Annahme eines sexuellen Mißbrauchs von Kindern durch Verwandte bei Masson, 1986, S. 283 f. (21.9.95) – vgl. dazu a. Fn 4.
- 97 Freud, „den schönsten ... Fund" (an Fließ, 28.5.99) ist in Masson, 1986, S. 387.
- 97 f. Mehr zum Traum als Wunscherfüllung in Freud, 1972, S. 525 ff.
- 97 Freud: „mein eigen Mistbeet, mein Setzling ..." (an Fließ, 28.5.99): vgl. Masson, 1986, S. 387.
- 98 Freud: „Ich habe sehr begrenzte Fähigkeiten ..." (an Fließ, 21.5.94): vgl. Freud, 1975, S. 77.
- 101 Freud: „kein Blättchen rauscht ..." (an Fließ, 11.3.1900): vgl. Masson, 1986, S. 441 u. 442.
- 101 Freud: „Es scheint mein Schicksal zu sein ...": vgl. Jones, 1953, S. 384.
- 101 f. Varnedoe: „Klimt und Wagner ..." – vgl. Varnedoe, 1986, S. 20; vgl. a. Janik und Toulmin, 1973 u. Schorske, 1979.
- 102 Freud: „Die Stadt Wien hat aber auch alles ..." ist in Freud, 1981, S. 175 f.
- 104 Genaueres zum Zustandekommen von Freuds Professur in Masson, 1986, S. 366 ff; vgl. a. Gay, 1988, S. 137 und Schorske, 1979.
- 106 Freud: „ehrenvoller, aber schmerzlicher Einsamkeit" (an Jung, 2.9.07): vgl. E. Freud, 1960, S. 255.
- 107 Mehr über die Wiener Psychoanalytische Vereinigung in Gay, 1988, S. 174.
- 107 Zur Internationalen Psychoanalytischen Vereinigung vgl. Freud, 1981, S. 178 ff.
- 107 f. Zu Freuds Auseinandersetzung mit Janet vgl. Sulloway, 1983.

Seite

108 Näheres zu Freuds Aufmerksamkeit auf alles, was über ihn geschrieben wurde, bei Groddeck, 1978 und Wittels, 1924.
108 Näheres zu den Suizidfällen unter Freuds Anhängern in Sulloway, 1983, S. 482.
110 Freud zur Verleihung des Goethe-Preises – vgl. Freud, 1981, S. 98 f.
110 Freuds Deutung dieser Phase als ein „Stück regressiver Entwicklung" findet sich in Freud, 1981, S. 98.
112 Mehr zur Frage von Freuds Integrität in Goleman, 1990, Waldholz, 1991 und Raymond, 1991.

Kapitel 4. Albert Einstein: Das ewige Kind

116 Zu Einsteins Bezeichnung seiner Autobiographie als „Nekrolog" vgl. Schilpp, 1979, S. 1.
116 Mehr zu Einsteins Gedankenexperiment „Mann im Kasten" in Clark, 1971, S. 118 (1974, S. 88).
117 Einzelheiten zu Piagets Fragen an Kinder in Matthews, 1980 und Piaget, 1965.
117 Einstein: „Wenn ich mich frage..." ist zitiert bei Clark, 1974, S. 9.
117 Zu Einsteins Anregung, Piaget solle die Vorstellungen von Kindern über Geschwindigkeit und Zeit untersuchen vgl. Flavell, 1963, S. 526.
117 Zu Baudelaires Charakterisierung des Kindes als „Maler des modernen Lebens" vgl. Gardner, 1980, S. 8.
118 Rabi: „Ich glaube, die Physiker..." ist zitiert in Bernstein, 1980, S. 78.
118 Die Neigung zur „Rücksichtslosigkeit" bei Mutter und Sohn ist erwähnt in Clark, 1971, S. 22 (1974, S. 5).
119 Zu Hermann Einstein als Hersteller elektrotechnischer Geräte vgl. Swenson, 1979, S. 2.
119 Mehr zu Einsteins Neigung, Kartenhäuser zu bauen, in Hoffmann, 1975, S. 18.
119 Mehr zu den Spaziergängen des kleinen Albert Einstein durch München in A. Miller (im Druck).
119 Zur Vorliebe des Knaben, sich allein zu beschäftigen, vgl. Hoffmann, 1975, S. 18.
119 Mehr zu den Wutausbrüchen des jungen Einstein bei Pais, 1982, S. 35 u. 37 (1986, S. 35 u. 36).

Seite

119 Zu Einsteins Frömmigkeit als Kind vgl. Hoffmann, 1975, S. 16 und Stachel, 1990.
120 Mehr über Einsteins Studentenzeit bei Pyenson, 1985, Kap. 1.
120 Mehr zu Einsteins Auseinandersetzungen mit seinen Geometriebüchern bei Frank, 1953, S. 14 und Hoffmann, 1975, S. 23.
120 Zur Rolle von Talmey vgl. Clark, 1971, S. 15 (1974, S. 12 f.) u. Pais, 1986, S. 36 f.
120 Einzelheiten über Bernsteins „Naturwissenschaftliche Volksbücher" bei Gregory, 1990.
120 Talmey: „Bald war der Flug seines mathematischen Genies ..." ist zitiert bei Clark, 1974, S. 13.
120 Zu den Auswirkungen von Einsteins Lektüre auf seine frühe Religiosität vgl. Hoffmann, 1975, S. 24; vgl a. Schilpp, 1979, S. 1 (A. E., *Autobiographisches*).
120 Mehr zu Einsteins schwierigen Jugendjahren bei Holton und Elkana, 1982, S. 284.
121 Einstein: „Diese Schule hat durch ...": vgl. Pais, 1986, S. 39 und Holton, 1984, S. 101.
121 Einstein: „Die folgenden Gründe ...": vgl.Pais, 1986, S. 40 f. u. S. 42.
121 Einstein: „die elastische Deformation ..." ist zitiert bei Holton, 1984, S. 88 – [„Ich glaube ..." ist rückübersetzt, da die Quelle – *Physikalische Blätter*, Jg. 27 – nicht greifbar war. – A.d.Ü.]
122 Einzelheiten zu den Vorlesungen, die Einstein am Zürcher Polytechnikum besuchte, bei Clark, 1971, S. 32 (1974, S. 25 f.).
122 Mehr zu Webers Nichtberücksichtigung der Arbeiten von Maxwell bei Clark, 1978, S. 26.
123 Mehr zur Rolle Föppls für Einstein bei Clark, 1971, S. 98 (1974, S. 74) und Holton, 1988, S. 218–24 (1984, S. 70–76).
123 Föppl: „Den Untersuchungen der Kinematik ..." (Föppl, *Einführung in die Maxwellsche Theorie der Elektrizität*, Leipzig, 1894, S. 307, zit. nach Holton, 1984, S. 73.
124 Einstein: „Was aber auf den Studenten ..." ist zitiert bei Schilpp, 1979 (A. E., *Autobiographisches*), S. 7.
124 Zu Einsteins Versuch, einen Apparat zur Messung der Erdbewegung zu bauen, vgl. Pais, 1986, S. 130 und Swenson, 1979, S. 101.
124 Zu Einsteins Idee für eine Vereinfachung der Ätherdrift-Experimente vgl. Pais, 1986, S. 131.
124 Cohen, Einstein sei „nicht wie so viele ..." (Cohen, „Einstein and His

Seite
World" in *The Menorah Journal*, Bd. 24, Frühj. 1936, S. 107), zit. nach Clark, 1971, S. 32.
125 Zu Kuhns Definition vgl. Kuhn, 1970.
125 Einstein: „wie wenn einem der Boden ...": Schilpp, 1979 (A. E., *Autobiographisches*), S. 17.
125 f. Weiteres zur Erörterung von Galilei und Newton bei Einstein, 1917, 4. Kap., Frank 1953, 1953, S. 25 ff. u. Swenson, 1979, S. 12.
126 Auf die folgenden Begriffe Newtons nehmen Bezug: „absolute Bewegung": Barnett, 1948, S. 40, Clark, 1974, S. 56, Frank, 1953, S. 31 u. Swenson, 1979, S. 13 f.; „absolute Zeit": Clark, a. a. O. u. Nordmann, 1922, S. 22; „absoluter Raum": Clark, a. a. O.
127 Mehr zu Newtons Zweifeln bei Barnett, 1948, S. 40.
127 Mehr zur Kausalität und zum „Relativitätsprinzip" bei Clark, 1971, S. 34.
127 Zu Franks Beurteilung von Einsteins Leistung vgl. Frank, 1953.
127 Zur Diskussion der Frage, ob der Äther die Bewegung von Körpern behindere, vgl. Frank, 1953, S. 22.
127 Mehr zu Faradays Arbeit über die elektromagnetische Induktion bei Holton, 1988, S. 10.
127 Zu Faradays Theorie des Feldes als Medium vgl. Clark, 1971, S. 77 (1974, S. 66).
127 Zu Faradays Diskussion des Feldes als Veränderung des physikalischen Zustands vgl. Schilpp, 1949, S. 517 f. (1979, S. 376).
127 Mehr zu Maxwells abstrakter, mathematisch orientierter Arbeit bei Pais, 1982, S. 119.
127 Maxwell: „Unser gesamtes Wissen ..." ist aus Swenson, 1979, S. 33 f.
128 Einstein über das Werk Maxwells als „eine Offenbarung": vgl. Schilpp, 1979 (A. E., *Autobiographisches*), S. 12.
128 Einstein: „verließ man halb unbemerkt ...": vgl. a. a. O. S. 10.
128 Zu Hertz' wegweisender Erkenntnis vgl. Frank, 1953, S. 38 (1979, S. 71 f.).
128 Einstein über Machs *Mechanik* – vgl. Schilpp, 1979, S. 8.
129 Mehr zu Machs Thesen über beobachtbare Tatsachen a. a. O S. 39 (1979, S. 72 f.).
129 Zu den Aussagen Machs vgl. Mach, 1912, S. 222; Swenson, 1979, S. 156 und Frank 1979, S. 73 f. und 225.
129 Zur Vorstellung über Erdbewegung und Äther vgl. Frank, 1973, S. 33 (1979, S. 64 f.).
129 Mehr über die Michelson-Morley-Experimente zur Ätherströmung bei Clark, 1971, S. 78–80 (1974, S. 59 f.) und Swenson, 1979, S. 22.

Quellen und Anmerkungen 491

Seite
130 Zur Kritik an der mechanistischen Erklärung vgl. Frank, 1953, S. 45 (1979, S. 72 ff.).
130 Mehr über die Lorentz-Gleichungen bei Hoffmann, 1975, S. 67.
131 Mehr zu Poincarés „Prinzip der Relativität" bei Pais, 1982, S. 126 (Pais, 1986, S. 126).
131 Poincaré: „Wir haben keine direkte ..." ist zitiert in Pais, 1986, S. 124.
131 Poincaré: „Also hat er ..." und „Vielleicht müßten wir ..." – vgl. a. a. O. S. 126.
132 Zu Einsteins Feststellung (in einem Brief an Hermann Broch v. 2. Sept. 1945), er habe sich uneingeschränkt der Wissenschaft verschrieben, vgl. Hoffmann/Dukas, 1976, S. 298; vgl. a. Rhodes, 1986, S. 113; Pais, 1986, S. 38.
133 Solovine: „Dieses Buch ..." ist zitiert in Pais, 1986, S. 133.
134 Einsteins Bemerkung über sein zurückgezogenes Leben ist zitiert in Holton u. Elkana, 1982, S. 268.
134 Zu Einsteins Freizeitbeschäftigungen vgl. Clark, 1974, S. 80 f.
134 Einsteins Bemerkung zu Pauli ist zitiert in Schilpp, 1949, S. 225.
134 Einstein: „Daß ich die Mathematik ..." – vgl. Schilpp, 1979 (A. E., Autobiographisches), S. 6.
134 Einstein: „Bei einem Menschen meiner Art ... „– vgl. a. a. O. S. 2.
135 Zu Einsteins Leidenschaft für die theoretische Physik und die weitestgehende Vereinfachung mathematischer Formeln vgl. Frank, 1953, S. 17 u. A. Miller (im Druck).
135 Einstein: „Die geschriebenen oder gesprochenen Worte ..." ist zitiert bei Schilpp, 1979, S. 181; vgl. dazu auch Holton, 1984, S. 97.
136 Mehr über Einsteins Art zu denken bei A. Miller, 1986b, S. 43–44.
136 Frank: „Wenn Einstein einen Gedanken ..." – vgl. Frank, 1979, S. 147.
136 Miller: „Es kann nicht genug ..." – vgl. A. Miller, 1986b, S. 86.
136 Einstein: „Gott schuf den Esel ..." ist zitiert in Wickert, 1993, S. 8.
136 Daß Besso Einstein von einer Brüskierung Plancks abhielt, ist erwähnt in Bernstein, 1989.
137 Zu Einsteins Kritik an Boltzmann vgl. A. Miller (im Druck).
137 Mehr zu Einsteins Stolz auf seine fehlende Kenntnis der Fachliteratur bei Pais, 1986, S. 163.
137 Einstein: „Ich habe wenig Geduld ..." ist zitiert bei Clark, 1974, Frontispiz.
137 Zu Einsteins Bezeichnung der großen Physiker als Monomanen vgl. Bernstein, 1989.

Seite

137 [Einstein über den Wissenschaftler als „eine Art skrupelloser Opportunist": Die Bemerkung steht im Zusammenhang einer Diskussion von „Erkenntnistheorie und Science" und folgt der Warnung E.s vor der Beschränkung des (Natur)Wissenschaftlers auf ein einziges erkenntnistheoretisches System: „... die äußeren Bedingungen, die ihm durch die Erlebnistatsachen gesetzt sind, erlauben es ihm nicht, sich bei der Konstruktion seiner Begriffswelt allzusehr durch Festhalten an einem erkenntnistheoretischen System beschränken zu lassen. Er muß dann dem systematischen Erkenntnistheoretiker als eine Art skrupelloser Opportunist erscheinen. Er erscheint als Realist, ...; als Idealist, ..." – vgl. Schilpp, 1979, S. 508. – A.d.Ü.]

137 Zu Millikans Charakterisierung Einsteins als „verwegen" vgl. Holton und Elkana, 1982, S. 63.

137 Zu Einsteins Vermutung über Langevin vgl. Goldberg, 1968, S. 219.

138 Newton: „Ich war damals ..." ist zitiert in einem Artikel in Times Literary Supplement („Let Newton Be").

139 Einstein: „Endlich ist ein praktischer Beruf...": vgl. Wickert, 1993, S. 19.

139 Mehr zum Bild des jungen Einstein als eines Versagers bei Pyenson, 1985, S. 58 f.

140 Zu Einsteins kritischer Einschätzung seiner frühen Arbeiten vgl. Clark, 1971, S. 52; Pais 1986, S. 16 u. 55.

140 Einstein: „Es ist ein herrliches Gefühl ..." – vgl. Pais, 1986, S. 55.

140 Zu Holton über Einsteins frühe Arbeiten vgl. Holton, 1984, S. 47 f.

140 f. Einstein: „Zwischen der Konzeption ..." – vgl. a. a. O. S. 46.

141 Daß Einstein Erklärungen zur „endgültigen Entscheidung" schuldig bleibt, ist kommentiert bei Hoffmann, 1975, S. 74 u. Pais, 1986, S. 135 f.

141 Hinweise auf die Rolle Bessos z. B. bei Pais, a. a. O.

141 H. Bondi: „eine Darstellung von äußerster Unpersönlichkeit ...': vgl. Clark, 1974, S. 65 u. Pais, 1986, S. 135.

142 Einstein: „Intuitiv klar schien es ..." – vgl. Schilpp, 1979 (A. E., Autobiographisches), S. 20.

142 Mehr zu Einsteins Nachdenken über widersprüchliche Annahmen a. a. O. S. 21 f.

142 Zur Erörterung der zwei Postulate, die Einsteins Theorie zugrunde liegen, vgl. Infeld, 1950, S. 23 f.; A. Miller, 1986b, S. 52 u. Pais, 1986, S. 137–139.

143 Mehr zur Reduktion der Lorentz-Gleichungen bei Swenson, 1979, S. 175; vgl. a. A. Miller, 1986b u. Pais, 1986, S. 139 f.

Seite
143 Einstein: „Wir sehen also ..." ist aus Lorentz/Einstein/Minkowski, 1920, S. 30 f. Vgl. dazu a. Pais, 1986 S. 139.
143 Zur scheinbaren Kontraktion von Stäben in Richtung ihrer Bewegung vgl. Clark, 1974, S. 61 f. u. 68.
143 Mehr zu den Kräften des elektrischen und magnetischen Feldes in Frank, 1953, S. 63 f.
143 Zur Diskussion der Gründe für eine Neukonzeption der physikalischen Grundbegriffe vgl. Hoffmann, 1975, S. 77.
143 Näheres darüber, daß die Masse eines bewegten Körpers mit seiner Geschwindigkeit zunimmt, bei Barnett, 1948, S. 61.
143 Zu $E = mc^2$ vgl. Frank, 1953, S. 65 u. Swenson, 1979, S. 176.
144 Einstein: „verblüffend einfache Zusammenfassung ..." – vgl. Holton, 1984, S. 49.
144 Einstein: „Die Einführung eines ‚Lichtäthers' ..." – ist zitiert nach Lorentz/Einstein/Minkowski, 1920, S. 26. Vgl. dazu a. Pais, 1986, S. 134.
145 Zur Erörterung der Möglichkeiten, die mechanistische Theorie mit der Feldtheorie zu verknüpfen, vgl. Infeld, 1950, S. 35.
145 Einstein: „Nach und nach verzweifelte ich ..." ist zitiert bei Schilpp, 1979 (A. E., *Autobiographisches*), S. 19 f.; vgl. dazu a. Holton, 1984, S. 119.
146 Miller: „und löste die Probleme ..." – vgl. A. Miller, 1986b, S. 207.
147 Zu Cassirers Bemerkungen über Konstanz und Absolutheit vgl. Holton u. Elkana, 1982, S. 187 f.
147 Mehr zu Einsteins Reaktion auf das ausbleibende Echo nach der Publikation seiner Arbeit in Pais, 1986, S. 148.
147 Zur Verwechslung der Theorie Einsteins mit der von Lorentz vgl. Holton u. Elkana, 1982, S. IX.
148 Zur Entwicklung der Relativitäts-Diskussion in Deutschland vgl. Goldberg, 1968.
148 Mehr zu den jungen Physikern, die Einsteins Abhandlung lasen, bei Clark, 1971, S. 118.
148 Minkowski: „Meine Herren! Die Anschauungen ..." ist zitiert in Pais, 1986, S. 151; Vgl. a. Clark, 1874, S. 91 f.
148 Zur Nominierung Einsteins für den Nobelpreis des Jahres 1912 vgl. Pais, 1986, S. 152.
148 Zu Machs posthumer Publikation vgl. Clark, 1971, S. 161 (1974, S. 119 f.)
149 Zu Plancks gedämpftem Enthusiasmus vgl. Goldberg, 1968, S. 155–58.

Seite

149 Mehr zu Poincarés Bewertung der Relativität als experimentelle Tatsache bei Holton, 1988, S. 204 (1984, S. 59).

149 Zu Einsteins Methode, von Postulaten auszugehen, vgl. Goldberg, 1968, S. 28.

149 Holton: „Versucht man die Unterschiede ..." – vgl. Holton 1988, S. 201 (1984, S. 55).

150 Zum Seminar an der Universität Göttingen von 1905 vgl. Pyenson, 1985, S. 101.

150 Daß Einstein auf empirisch gestützte Angriffe nicht reagierte, ist diskutiert bei Goldberg, 1968.

151 Zu dem von Einstein, Freud und anderen unterzeichneten Manifest vgl. Clark 1971, S. 154 (1974, S. 114).

151 Mehr zu Einsteins Umgang mit seinen Publikationen bis 1920 bei A. Miller (im Druck).

153 f. Die folgenden Zitate stammen aus Clark, 1971: Dyson: „Die Ergebnisse der Expedition ..." (S. 232 – 1974, S. 172); der Präsident der RS: „eine der größten Errungenschaften ..." (S. 232 – 1974, S. 171); Whitehead: „Ein großes Gedankenabenteuer ..." (S. 232 – 1974, S. 171); vgl. dazu a. Frank, 1979, S. 238 f. u. Pais, 1986, S. 305–14, bes. S. 312.

154 Mehr über den ausgesetzten Preis bei Infeld, 1950, S. 121.

154 Hoffmann: „Einstein war weltberühmt ..." – vgl. Hoffmann, 1975, S. 133.

154 Einstein: „Wenn Sie die Antwort ..." ist zitiert in Frank, 1953, S. 179.

155 Zu Einsteins lebenslangem Pazifismus vgl. Clark, 1971, S. 179 (1974, S. 133).

155 Mehr zu Szilards Brief bei Clark, 1971, S. 581–83 (1974, S. 400–406), Wickert, 1993, S. 113 f., Frank, 1979, S. 454 f.; vgl. dazu a. Pais, 1986, S. 462.

156 Zur Briefdiskussion „Warum Krieg?" vgl. Jones, 1961, S. 462 (1962 (Bd. 3) S. 210).

156 Freud: „Er ... versteht von Psychologie ..." – vgl. Jones, 1961, S. 462 (1962, Bd. 3, S. 160).

156 Mehr zu Einsteins Nervenzusammenbruch bei Clark, 1971, S. 191–93 (1974, S. 141).

156 Infelds Schilderung der Arbeit Einsteins an der allgemeinen Relativitätstheorie findet sich in Infeld, 1950, S. 48–89.

157 Einstein: „raum-zeitliche Gebiete, die sich ... (annähernd) ‚galileisch' verhalten ..." – vgl. Einstein, 1918, S. 52.

Quellen und Anmerkungen 495

Seite
157 Zum Experiment über die Ausdehnung einer Feder bei Holton u. Elkana, 1982, S. 124.
158 Zur Raumkrümmung vgl. Swenson, 1979, S. 201.
158 Barnett: „Das Universum ist kein ..." – vgl. Barnett, 1948, S. 85.
158 Zur Messung der Sonnenstrahlen während der Sonnenfinsternis von 1919 vgl. 1971, S. 207 (1974, S. 168 ff.) u. Infeld, 1950, S. 51–54.
158 Einsteins Bemerkung zu einer Studentin über die astronomischen Untersuchungen findet sich in Clark, 1971, S. 230 und Pais, 1986, S. 28.
159 Mehr über den jüngst entdeckten Briefwechsel bei Wilford, 1992, S. C1.
159 Mehr zu Bohrs Erklärung des quantenmechanischen Grundkonsens bei Swenson, 1979, S. 228.
159 Zu Einsteins Beurteilung der Quantenmechanik vgl. Pyenson, 1985, S. 75; Schilpp, 1949, S. 81 u. Swenson, 1979, S. 226.
159 Einsteins Bemerkung über Gott, der nicht würfelt, findet sich u. a. in Briefen an C. Lanczos (21.3.42) u. M. Born (4.12.26). So an Born: „Die Quantenmechanik ist sehr achtung-gebietend. Aber eine innere Stimme sagt mir, daß das doch nicht der wahre Jakob ist. Die Theorie liefert viel, aber dem Geheimnis des Alten bringt sie uns kaum näher. Jedenfalls bin ich überzeugt, daß der nicht würfelt." – vgl. dazu Pais, 1986, S. 447, 475 u. 450 f.
159 Einstein: „Der Gedanke, daß ein ..." (29.4.24, an M. Born) – vgl. Clark, 1971, S. 211 u. Pais, 1986, S. 428.
162 Einstein: „Es ist nicht unwahrscheinlich ..." – vgl. Schilpp, 1979, S. 174.
162 Einstein: „Ich habe hundertmal mehr ..." – vgl. Pais, 1986, S. 6.
162 Hoffmann: „Bei allem, was er tat.." – vgl. Hoffmann, 1975, S. 249.
162 Zu Einsteins konservativem Einschlag vgl. Holton, 1988, S. 207 (1984, S. 60).
163 Mehr zu Einsteins letzten Schriften bei Pais, 1982, S. 171 (1986, S. 478 f.).
164 Einstein: „Ich will wissen ..." – vgl. Clark, 1971, S. 19 (1974, S. 15).
164 Einstein: „Was vielleicht übersehen worden ist ..." – vgl. Pais, 1986, S. 3.
165 Zu Dukas' Bemerkung über Einstein vgl. Hoffmann u. Dukas, 1979.
166 Berlin: „die Voraussetzung weitreichender Entdeckungen ..." ist zitiert in Holton u. Elkana, 1982, S. 291.
166 Einstein: „Meine leidenschaftliche Teilnahme ..." – vgl. Infeld, 1950, S. 118 f. u. Frank, 1979, S. 88 f.

Kapitel 5. Picasso: Ein Wunderkind und seine Entwicklung

Seite
175 Zu neurobiologischen Aspekten der Frühbegabung vgl. Gardner u. Dudai, 1985, S. 1–6.
175 Mehr zu Wang Yani in Ho, 1989.
175 Zum Thema Frühbegabung und „Koinzidenz" vgl. Feldman, 1986.
176 Mehr zur "mid-life crisis" von Wunderkindern in Bamberger, 1982, S. 17 u. 61–78.
176 Berlioz: „Er weiß alles ..." ist zitiert in Schonberg, 1969, S. 17.
177 Gertrude Stein: „Picasso schrieb Bilder ..." – vgl. Stein, 1970, S. 4.
178 Zu Picassos früher künstlerischer Begabung vgl. Richardson, 1991, Kap. 3.
178 Mehr zu Picassos schwachen Schulleistungen in M. Gedo, 1980, S. 15.
178 Gedo: „Er anthropomorphisierte ..." ist aus M. Gedo, 1980, S. 15.
178 Zu Picassos frühen Skizzenbüchern vgl. Glaesemer, 1984.
179 Über den Zusammenhang der jugendlichen Experimentierlust mit dem Kubismus vgl. Staller, 1986.
180 Mehr zu Picassos Vater als Maler in Penrose, 1981.
180 Zu den traumatischen Erlebnissen Picassos in der frühen Kindheit vgl. Huffington, 1988, S. 20 u. Penrose, 1981, S. 14.
181 Picassos Verhältnis zu seiner Mutter diskutiert Huffington a. a. O. S. 36.
182 Richardson: „Picasso war – anders ..." – vgl. Richardson, 1991, S. 29.
182 Picasso: „Im Gegensatz zur Musik ..." (17.11.1943) – vgl. Brassaï, 1966, S. 70.
183 Picasso: „In ihrem Alter ..." ist zitiert in Penrose, 1981, S. 307.
183 Zu Picasso als Kunststudent vgl. Huffington, 1988, S. 32.
184 Picassos Begegnungen mit jungen Künstlern in Barcelona behandeln Barr, 1974 u. Hilton 1975, S. 10.
185 Zur Themenvielfalt in Picassos Frühwerk vgl. M. Gedo, 1980, S. 25, Huffington, 1988, S. 64 u. Penrose, 1981, S. 50.
186 Paris, besonders als Künstlermetropole, schildert Richardson a. a. O., S. 168.
186 Zu Picassos Selbstmordabsichten vgl. Huffington a. a. O., S. 68.
186 Fagus: „Es heißt, er soll noch nicht ..." ist zitiert in Richardson, 1991, S. 198 f.
186 Fagus: „Gerade in diesem Ungestüm ..." ist zitiert in Penrose, 1981, S. 68.
187 Die Kritikerzitate zu Picassos Blauer Periode finden sich in: Penrose,

Seite

1981, S. 63 („die Schönheit des Schreckens"); Huffington, 1988, S. 69 („diese sterile Trauer"); u. Richardson, 1991, S. 263 („negatives Lebensgefühl").

188 Richardson: „Verhältnis gegenseitiger Befruchtung ..." – vgl. ders. a. a. O., S. 329.
188 Picasso: „Wenn ich daran denke ..." ist zit. in Conrad, 1986, S. 14.
188 Richardson: „Ob Picasso der Vorwurf ..." – vgl. ders. a. a. O., S. 181.
189 Zu M. Gedos Arbeit über La vie vgl. M. Gedo, 1983.
192 Richardson: „Wie alle Arkana ..." – vgl. ders. a. a. O., S. 274.
192 Zum Charakter von Schlüsselwerken vgl. Barr, 1974, S. 36.
193 Apollinaire: „Das Schauspiel seiner Metamorphose ..." – vgl. Apollinaire, 1949, S. 22.
193 Picasso: „Wenn ich so gut male ..." ist zitiert in Goodman, 1976, S. 33.
193 Mehr über das Stein-Porträt bei Richardson, a. a. O., S. 36.
193 Picasso: „Warten Sie ab ..." ist zitiert in Goodman, a. a. O., S. 33.
194 Allgemeines zu Les demoiselles d'Avignon in Hilton, 1975.
194 Zum Wettstreit Picassos mit Matisse und Derain vgl. Leighten, 1989.
194 Weiteres zu Picassos Bekanntschaft mit den privaten Zeichnungen von Degas in Glimcher und Glimcher, 1986.
195 Cézanne: „Man muß in der Natur ..." ist zitiert in Barr, 1986, S. 30.
195 Picasso: „Ob ich Cézanne kenne? ..." ist zitiert in Conrad, 1986, S. 15.
196 Einzelheiten zur Entdeckung der einzigen Vorstudie in Öl bei Kimmelman, 1992, S. C13.
196 Picasso: „Meine Arbeit ist ..." ist zitiert in Richardson, a. a. O., S. 3.
198 Hilton: „kein anderes Bild ..." – vgl. Hilton, 1975, S. 79.
198 Zu den beiden Händlern, die sich für Les demoiselles d'Avignon interessierten, vgl. Penrose, a. a. O., S. 131.
198 Kahnweiler: „Vor allem eines möchte ich Ihnen ..." ist zitiert in Leighten, a. a. O., S. 90.
198 Picasso: „Malen bedeutet Freiheit ..." ist zitiert in Huffington, a. a. O., S. 109.
199 Mehr zur Arbeitsgemeinschaft zwischen Picasso und Braque in Museum of Modern Art, 1989.
199 Braque: „Ich hatte das Gefühl ..." ist zitiert in Huffington, a. a. O., S. 93.
200 Zu Picasso und Braque als Orville und Wilbur Wright vgl. Penrose, a. a. O., S. 171.
200 Braque: „Wir lebten am Montmartre ..." ist zitiert in M. Gedo, 1980, S. 85.

Seite

202 Zum Rückgriff auf Elemente der Gebrauchskunst im Kubismus vgl. Gopnik, 1983.
202 Über den Kubismus und die Malerei von Kindern vgl. Staller, 1986 u. Stein, 1970, S. 26.
202 Über Kubismus und Psychologie vgl. Teuber, 1982.
202 Barr: „Mathematik und Trigonometrie ..." ist aus Barr, 1946, S. 74.
202 Picasso: „Als wir den Kubismus ..." ist zitiert in Barr, a. a. O., S. 74.
202 Weiteres zum Ursprung der Bezeichnung Kubismus bei Barr, 1974, S. 63.
203 Zum künstlerischen Verfahren von Picasso und Braque vgl. Museum of Modern Art, 1989, S. 26.
204 Das „Eichhörnchen" in Braques Bild erwähnt Huffington a. a. O., S. 84.
205 Zu Collage und *papier collé* vgl. M. Gedo, 1980, S. 97 und Museum of Modern Art, 1989, S. 30 ff.
206 Zu den späteren Phasen des Kubismus vgl. Barr, 1974, S. 88, 90, 133.
207 Zu Picassos erster Reise nach Horta de San Juan vgl. Penrose, a. a. O., S. 42.
207 Zu Picassos Aufenthalt in Gósol vgl. Richardson, a. a. O., S. 441 u. Penrose, a. a. O., S. 119–23.
208 Zu späteren Sommerreisen Picassos vgl. Penrose, a. a. O., Kap. 5.
208 Über Picasso und Braque in Céret vgl. M. Gedo, 1980, S. 94.
209 Mehr zur Ablehnung des Kubismus bei Huffington a. a. O. S. 117, Leighten, 1989, S. 98 u. Penrose, a. a. O., S. 186 f.
209 Zu Apollinaire als Verteidiger des Kubismus und eines neuen Schönheitsverständnisses vgl. Penrose, a. a. O., S. 188.
209 Zu den Verteidigern des Kubismus vgl. a. Hilton, 1975, S. 109.
209 Zu Murry über den Kubismus als große Kunst vgl. Huffington, a. a. O., 117 f.
210 Mehr zum Kubismus als Design (Camouflage) bei Blunt, 1969, S. 2.
210 f. Zu Picasso als international renommiertem ‚Wunderkind' vgl. Huffington a. a. O., S. 174.
211 Picasso: „Erwarten Sie nicht ..." ist zitiert in Huffington, a. a. O., S. 166.
212 Picassos durchschnittliche Arbeitsleistung ist beschrieben bei M. Gedo, 1980, S. 140.
212 Picassos Kampf gegen das Versiegen seiner schöpferischen Kräfte ist diskutiert in Hilton, 1975, S. 164.
212 Mehr zu Picassos erhöhter Risikobereitschaft bei Richardson a. a. O., S. 227.

Seite
212 Picassos kühler („eisiger") Stil ist kommentiert in Hilton a. a. O., S. 126 u. Huffington a. a. O., S. 136.
213 Picasso: „Ein Kunstwerk darf ..." ist zitiert in Huffington, a. a. O., S. 290.
213 Picasso: „Man kann schließlich ..." ist zitiert a. a. O., S. 261.
213 Mehr zum Franco-Zyklus bei M. Gedo, 1979, S. 199.
214 Zur Minotauromachie als kindlicher Vorstellung von der Sexualität bei Arnheim, 1962, S. 17.
215 Eine allgemeine Darstellung von Guernica geben Arnheim, 1962, Blunt, 1969 u. Russell, 1980.
215 Picasso: „Wenn es möglich wäre ..." ist zitiert in Hilton, 1971, S. 261.
215 Picasso: „[Alle meine Arbeiten] sind ..." ist zitiert in Arnheim, 1969, S. 14.
216 Picasso: „Es genügt nicht ..." – vgl. M. Gedo, 1980, S. 3.
217 Picasso: „Im Grunde ändert sich ein Bild ..." – vgl. Arnheim, 1962, S. 30.
219 Zur symbolischen Bedeutung des Stiers in Guernica vgl. Hilton, 1975, S. 241.
221 Picasso: „Ich war und bin der Meinung ... Was ist denn ..." – vgl. Blunt, 1969, S. 56 f.
221 Blunt: „Es vereinigt ..." – vgl. ders. a. a. O. S. 56.
222 Einzelheiten zum Umfang von Picassos Schaffen bei Huffington, a. a. O., S. 257 u. S. 454.
223 Mehr zu Picassos Besuch im Louvre bei Conrad, 1986, S. 11.
223 Berger: „Picasso fühlt sich ..." ist zitiert in Huffington, a. a. O., S. 421.
223 Mehr zu Picassos Zweifel an der Qualität seines Werks bei Huffington, a. a. O., S. 422.
223 Zu Le mystère de Picasso vgl. Clouzot, 1955.
224 Zu Gilots negativer Darstellung Picassos in Leben mit Picasso vgl. Gilot und Lake, 1981.
224 f. Mehr zu Picassos Ausbeutung anderer bei Huffington, a. a. O., S. 203, 351, 375.
225 Zu Gedos Schilderung Picassos als „süchtig nach Tragödien" vgl. M. Gedo, 1980, S. 9 u. 235.
225 Picasso: „Mein Tod wird ..." ist zitiert bei Huffington a. a. O., S. 470.
225 Zur Karriere von Gris vgl. Huffington, a. a. O., S. 127.
225 Sabartès: „Picasso wählt seine Freunde ..." ist zitiert bei Richardson a. a. O., S. 115.
226 Richardson: „[Picasso] blieb zeit seines Lebens ..." – vgl. ders. a. a. O., S. 97.

Seite

226 Mehr zum Verhältnis Picasso-Matisse bei Huffington, a. a. O., S. 236 u. 403.
226 Picasso: „Die Zeichnung habe ich ..." ist zitiert bei Richardson a. a. O., S. 417.
226 Picasso: „Am Ende ..." – vgl. Gilot, 1990, S. 316.
226 Mehr zu den beiden Werken von Matisse, die *Les demoiselles* anregten, bei Richardson, a. a. O., S. 414–16.
226 Mehr zu Matisse' Freundschaft mit Gilot vgl. Gilot, 1990.
227 Zu Picassos Aberglauben vgl. M. Gedo, 1983.
227 Zu Picassos Todesfurcht vgl. M. Gedo, 1980, S. 101.
227 Mehr zur Arbeitsperiode mit Braque als der glücklichsten Zeit seines Lebens bei Huffington a. a. O., S. 97.

Kapitel 6. Igor Strawinsky: Musik zwischen Poetik und Öffentlichkeit

230 Strawinsky: „... ich bin der Ansicht, daß die Musik ..." zitiert Druskin, 1983, S. 70.
231 Craft: „Ob Strawinskys Briefe ..." – vgl. dens., 1984, S. 261.
231 Craft: „Der ausführliche Briefwechsel ..." – vgl. a. a. O. S. 276.
232 Mehr zu Strawinskys Kindheitserinnerungen in Stravinsky, 1962, S. 4 f.
232 Mehr zu Strawinskys frühem Interesse an Improvisationen in Boucourechliev, 1987, S. 29.
234 Strawinsky: „Ich begegnete keinem Menschen ..." – vgl. Stravinsky, a. a. O., S. 6.
234 Zu Strawinskys Schulunlust vgl. White und Noble, 1980, S. 240.
235 Strawinsky: „Für den Anfänger ..." ist zitiert in White, 1947, S. 17
235 Rimsky-Korsakow: „Igor Strawinsky ist ..." zitiert Craft, 1982, auf dem Titelblatt.
236 Noble: „in den vier, fünf Jahren ..." – vgl. White und Noble, 1980, S. 243.
236 Die Anfänge von Strawinskys Werdegang beschreibt Boucourechliev, 1987, S. 35.
237 Diaghilew: „Ich bin erstens ..." ist zitiert in Eksteins, 1989, S. 21.
237 Strawinsky über Diaghilew: „Er hatte ein unerhörtes Flair ..." – vgl. Strawinsky, 1957, S. 37 f.
239 Benois' Bemerkungen über den jungen Strawinsky zitiert White a. a. O., S. 25.

Quellen und Anmerkungen 501

Seite
239 Strawinsky: „Während des ganzen Winters ..." – vgl. Strawinsky, 1957, S. 37.
240 Diaghilew: „Schaut ihn euch gut an ..." zitiert Boucourechliev a. a. O., S. 31; vgl. a. White, a. a. O., S. 27.
241 „Der Erfolg des *Feuervogel* ..." ist zitiert nach White und Noble, a. a. O., S. 244.
241 Strawinsky: „Das Stück ist zwar vitaler ..." ist zitiert in Van den Toorn, 1983, S. 2.
241 Strawinsky über die „Vorstellung einer Gliederpuppe ..." ist aus Strawinsky, 1957, S. 40.
241 Zur Partitur von *Petruschka* vgl. Tansman, 1949, S. 170.
242 Boucourechliev: „Gar nicht hoch genug ..." – vgl. ders. a. a. O., S. 52.
243 Weiteres zur Auseinandersetzung über Charakterisierung und Choreographie bei White, 1947, S. 36.
243 Strawinsky: „Als Petruschka war er ..." – vgl. ders., 1957, S. 87.
243 Strawinsky: „Der Erfolg von Petruschka ..." – vgl. a. a. O.
243 Zu Simonton über die Zahl von guten und schlechten Werken kreativer Künstler vgl. Simonton, 1988.
244 Strawinsky: „... Vision einer großen ..." – vgl. ders., 1957, S. 39.
244 Weiteres zu den Quellen für die frühen Entwürfe des *Sacre* bei Strawinsky, 1969 u. Van den Toorn, 1987.
244 Roerich: „Das neue Ballett ..." ist zitiert bei Van den Toorn a. a. O., S. 34.
244 Roerich: „Die Handlung beginnt ..." ist zitiert in Druskin, 1983, S. 64.
245 Weiteres zur Terminierung der Uraufführung des *Sacre* bei Van den Toorn a. a. O., S. 34.
245 Strawinsky über den *Sacre*-Akkord: „... bis es „dem Ohr gefallen" habe, ist zitiert bei Van den Toorn, 1983, S. 139.
246 Strawinsky: „Ich sah das Schauspiel ..." – vgl. Strawinsky, 1957, S. 54 f.
247 Weiteres zur Komposition des *Sacre* bei Van den Toorn, 1987, S. 34.
247 Mehr zur Neuordnung der Szenen bei Van den Toorn, 1983, S. 31.
247 Strawinsky: „Heute, den 4./17. XI. 1912 ..." ist zitiert bei Van den Toorn, 1987, S. 24.
248 Laloy: „als wäre ein Sturmwind ..." ist zitiert bei Boucourechliev, a. a. O., S. 64.
249 Hugo: „Das Theater schien ..." ist zitiert in Riding, 1990, S. 17.
249 Van Vechten: „Pfiffe und lautes Zischen ..." ist zitiert bei Eksteins, 1989, S. 13.

Seite
249 Mehr zu den frühen Verrissen in Lesure, 1980 und White, 1947, S. 44.
249 Newman: „Das Werk ist tot ..." und weitere Kommentare in Lesure, 1980, S. 75.
250 Zur melodischen Entwicklung in Le sacre als Schock für ein Publikum mit traditionellen Hörgewohnheiten vgl. Tansman, 1949, S. 39.
251 Zur Schichtung der musikalischen Themen vgl. White, 1947, S. 41.
251 Zu Nijinskijs Choreographie vgl. Eksteins, 1989, S. 50 f. Eine revidierte Sicht findet sich bei Riding 1990.
251 Zu Ravels Urteil über Le sacre vgl. Strawinsky, 1970.
251 Strawinsky: „Mit ‚Sacre du printemps' wollte ich ..." ist zitiert bei Scherliess, 1982, S. 88.
251 Zur kreativen, integrativen Rolle des Hörers vgl. Boucourechliev, 1987, S. 73.
252 Debussy: „Etwas Außergewöhnliches ..." ist zitiert in Eksteins, 1989, S. 51.
252 Tansman: „Es ist schwer zu sagen ..." – vgl. ders. a. a. O., S. 17.
253 Zu Diaghilews Vergnügen am Sacre-Skandal vgl. Horgan, 1989, S. 20.
253 Mehr zu den Überarbeitungen des Sacre bei Craft, 1982, S. 398.
253 Näheres zu der von Martha Graham 1930 in New York getanzten Fassung bei Graham, 1991, S. 127–33.
253 Mehr zum Fall Montjoie! in Van den Toorn, 1987, S. 5.
253 „Im Vorspiel ..." ist zitiert bei Van den Toorn, 1987, S. 5.
253 Strawinsky: „Es ist überaus ungenau ..." zitiert Craft, 1982, S. 55.
253 f. Zu Strawinskys zahlreichen Distanzierungen vom Montjoie!-Artikel vgl. Van den Toorn, 1987, S. 5 f.
254 Strawinsky: „Mit seiner ‚moralischen Integrität' ..." – vgl. Craft, a. a. O. S. 134.
255 Strawinsky: „Zwei Worte als Antwort ..." – vgl. a. a. O. S. 226.
255 Zur Auseinandersetzung mit Monteux vgl. a. a. O., S. 210 u. Craft, 1984, S. 66 f.
255 Strawinsky: „Ich bleibe bei meiner Behauptung ..." – vgl. Craft, 1985, S. 55.
256 Zu Strawinskys Briefen an seine Familie vgl. Craft, 1992, Kap. 8 u. 9.
256 Strawinskys Verhältnis zu Reinhart behandelt Craft, 1985, S. 139.
256 Zu Strawinskys Wunsch nach Aufnahme in die Académie française vgl. Craft, 1982, S. 5.
256 Strawinsky als taktischen Charmeur schildert Craft a. a. O., S. 94; vgl. a. White, 1947, S. 61.

Quellen und Anmerkungen 503

Seite
256 Zu Strawinskys Lust an Händeln und Verhandlungen vgl. Libman, 1972.
257 Strawinsky: „Mir fiel auf, daß sie ..." – vgl. ders., 1957, S. 51.
258 Strawinsky: „Materialien echter Hochzeitszeremonien ..." ist zitiert bei Dömling, 1982, S. 66.
258 Weiteres zum Sujet der russischen Bauernhochzeit bei Van den Toorn, 1983, S. 155.
258 Zu Les noces als Strawinskys Lieblingsstück vgl. Libman, 1972, S. 227.
258 Eine Beschreibung von Les noces gibt Van den Toorn, a. a. O. Zur Exposition und Entwicklung vgl. a. a. O., S. 130–34.
258 Strawinsky: „so viele instrumentale Metamorphosen ..." – vgl. Van den Toorn, 1983, S. 156.
258 Zur Entwicklung der Komposition vgl. Vlad, 1967, S. 70.
258 Strawinsky: „... ich erkannte plötzlich ..." – ist zitiert in Dömling, 1982, S. 67.
258 Die traditionelle Hochzeitszeremonie beschreibt Vlad, 1967, S. 69; vgl. a. White, 1947, S. 71.
259 Über Les noces als Montage aus einer kleinen Anzahl von Melodieschnipseln vgl. White, 1947, S. 73.
260 Mehr zu den Reaktionen auf Les noces bei Tansman, 1949, S. 186f. u. White, a. a. O., S. 75 f.
261 Boucourechliev: „Er war entschlossen ..." – vgl. ders. a. a. O., S. 18.
261 Strawinsky: „Picasso nahm den Auftrag ..." – vgl. Strawinsky, 1957, S. 86.
261 Strawinsky: „Was Picasso geleistet hatte ..." – vgl. a. a. O. S. 86 f.
261 Strawinsky: ‚Pulcinella' war meine Entdeckung ..." ist zitiert in Dömling, 1982, S. 83.
262 Strawinsky: „Es liegt in der Natur ..." ist aus Stravinsky, 1962, S. 75.
263 Mehr über Strawinskys Beziehung zu Balanchine bei Druskin, 1983, S. 62.
263 Strawinsky: „Sind Eliot und ich nicht ausgezogen ..." ist zitiert a. a. O., S. 79.
264 Strawinsky: „Ich betrachte mein Talent ..." ist zitiert in Boucourechliev, 1987, S. 158.
264 Strawinsky: „nicht nur in einem symbolischen Sinn ..." – vgl. a. a. O.
265 Strawinsky: „Ich bin außerhalb der Zeit ..." ist zitiert bei Druskin, 1983, S. 4.
265 Druskin: „Strawinskys Arbeitstisch ..." – vgl. ders., 1983, S. 11.
266 Strawinsky: „Für mich als Komponist ..." – vgl. Strawinsky, 1957, S. 160 f.

504 Quellen und Anmerkungen

Seite
266 Freud: „bis mir ein Einfall kam ..." (an Abraham am 11.12.1914) ist zitiert nach Jones, 1969, S. 298.
266 Strawinsky: „Im Laufe meiner Arbeit ..." – vgl. Strawinsky, 1960, S. 195.
266 Strawinsky: „Was mich an der Arbeit ..." ist zitiert in Vlad, 1967, S. 14.
266 Über Strawinskys Neigung zu obsessiver Hartnäckigkeit mehr in Tansman, 1949, S. 9.
266 Strawinsky: „Ich würde ewig ..." ist zitiert in Stravinsky und Craft, 1962, S. 197.
266 Strawinsky: „Man denkt, ich schriebe ..." ist zitiert in White, 1947, S. 126.
267 Strawinsky: „... meine Freiheit wird um so größer ..." – vgl. ders., 1960, S. 203.
267 Strawinsky: „Ich hasse den ganzen Kommunismus ..." – ist zitiert in Craft, 1984, S. 236.
267 Strawinsky: „... ich bin der erste ..." – vgl. dens., 1960, S. 170 f.
268 Mehr zu Strawinsky und Billy Rose bei Craft, 1982, S. 211.
269 Strawinskys Äußerung über *Pierrot Lunaire* ist zitiert bei Vlad, 1967, S. 39.
269 Strawinsky: „Wer eine wahre musikalische ..." – vgl. ders., 1960, S. 171.
270 Schönbergs Bemerkung über seine Entdeckung ist zitiert in Boucourechliev, 1987, S. 210.
271 Genaueres zu Strawinskys Version der seriellen Musik bei Tansman, 1949, S. 58; vgl. a. White und Noble, 1980.
271 Strawinsky: „... ich spüre sehr deutlich ..." – vgl. ders., 1957, S. 161 f.
271 „in denen aus der Zusammenarbeit ..." ist zitiert in White und Noble, 1980, S. 258; vgl. a. Libman, 1972.
271 Strawinsky: „Das ist nicht einfach ..." ist zitiert in Boucourechliev, 1987, S. 251.

Kapitel 7. T. S. Eliot: Der Meister am Rande

276 Mehr zum Auftauchen des Manuskripts im Jahr 1968 in V. Eliot, 1988, S. XV.
276 Gardner: „Pound machte aus einem Sammelsurium ..." – vgl. Helen Gardner, 1973, S. 83.
277 Mehr zu Eliots Familie bei Ackroyd, 1984; Gordon, 1977 und Sencourt, 1979.
277 Eliot: „Ich glaube, in der Erfahrung ..." ist zitiert in Ackroyd, 1984, S. 23.

Seite

278 Mehr zu Eliots Empfindlichkeit für Sinneseindrücke bei Gordon, 1977, S. 3.
278 Mehr zu Eliots frühesten lyrischen Versuchen bei Ackroyd, 1984, S. 28 f.
278 Einzelheiten zu Eliots Lektüreprogramm und Studium bei V. Eliot, 1988, S. 6 f.
278 Zu Snows akademischen Kulturen vgl. Snow, 1959.
278 Mehr zu Eliot in Harvard bei Ackroyd, 1984, Kap. 2.
279 Zur Bedeutung von Symons' Buch für Eliot vgl. Gordon, 1977, S. 28.
280 Eliot: „Niemandem bin ich dankbarer ..." ist zitiert bei V. Eliot, 1988, S. 191.
280 Zu Eliots Erlebnis der schrumpfenden Straßen vgl. Gordon, 1977, S. 15.
281 Eliot: „The awful daring ..." ist zitiert in Gordon, 1977, S. 2.
281 Zum Motiv der Straße als Symbol in Eliots Werk vgl. Clampitt, 1988.
282 Eliot: „Die Art von Dichtung ..." ist zitiert in Frye, 1963, S. 1.
282 Mehr zu Eliots nächtlicher Panik bei Gordon, 1977, S. 42.
283 Zu den Veränderungen von Eliots Handschrift vgl. Gordon, 1977, S. 43.
283 Eliot: „Ein verzweiflungsvoll kurzer ..." ist zitiert bei Gordon, 1977, S. 51.
283 Eliot: „Wieviel schärfer ist man ..." ist zitiert in V. Eliot, 1988, S. 74.
284 Pound über Eliot als den „letzten intelligenten Menschen" ist zitiert in Gordon, 1977, S. 67.
284 Eliot: „1914 änderte sich mein Leben ..." – vgl. V. Eliot, 1988, S. XVII.
287 Eliot: „Die Dichtung der Jahre 1909 ..." – vgl. a. a. O. S. 33.
287 Zum Vergleich Eliots mit Keats vgl. Bate, 1963.
288 Eliots Bemerkung über „Prufrock" als seinen Schwanengesang findet sich bei V. Eliot, 1988, S. 151.
288 Eliot: „Es wäre wohl besser gewesen ..." ist zitiert in V. Eliot, 1988, S. 75.
288 Zu Bertrand Russells Affäre mit Vivien mehr bei Sencourt, 1979, S. 62.
289 Eliot: „Ich habe in den letzten sechs Monaten ..." ist zitiert in V. Eliot, 1988, S. 126.
290 Eliot: „Herausgeber mit Personen bekannt zu machen ..." und „daß mein Name ..." ist zitiert a. a. O., S. 104–106.
290 Eliot: „Es gibt nur zwei Wege ..." – vgl. a. a. O., S. 285.
291 Eliot: „Es ist an der Zeit ..." – vgl. V. Eliot, 1988, S. 245.
292 Zu Eliots Hinweis auf „ein langes Gedicht" vgl. V. Eliot, a. a. O., S. 44 und Gordon, 1977, S. 87.
292 Zu Hinweisen Eliots auf seinen prekären Gesundheitszustand vgl. den Brief an Henry Eliot in V. Eliot, 1988, S. 471.

Seite
292 Zur Diskussion um den Entstehungsprozeß von The Waste Land vgl. u. a. Litz, 1973.
292 f. Einzelheiten zu Pounds Redaktion bei V. Eliot und Litz a. a. O. Für ihre sorgfältige Lektüre der Gesamtbearbeitung bin ich Mindy Kornhaber zu Dank verpflichtet.
293 Zu den von Vivien Eliot beigesteuerten Versen vgl. H. Gardner a. a. O. S. 88.
295 Eliot: „eine persönliche und gänzlich bedeutungslose Lebensverdrossenheit ..." ist zitiert in V. Eliot, 1971, S. 1.
296 Die Kommentare aus den ersten Rezensionen von The Waste Land sind, sofern nichts anderes angegeben, aus Cox und Hinchliffe, 1968: Lowell: „Stuß": S. 1; Manchester Guardian: „Papierverschwendung": S. 29; Aiken: „eine Reihe brillanter ...": S. 12; Wilson: „eine ganze Generation ...": S. 12 und Schapiro: „das bedeutendste Gedicht ...": S. 12. – Times Literary Supplement: „Es hat Weite ..." ist zitiert bei Medcalf, 1992; Williams: „Ich bin um zwanzig Jahre ..." bei Ozick, 1989, S. 153.
296 Die Kommentare aus den ersten Rezensionen sind Cox und Hinchliffe, 1968 entnommen: Richards: „Musik der Ideen": S. 12.
297 Zu Brooks über die ironische Stimmung des Gedichts vgl. Cox und Hinchliffe, 1968.
297 Zu Eliots Einschätzung des Gedichts als „gut" vgl. V. Eliot, 1988, S. 519, als „das beste ..." vgl. a. a. O. S. 530.
299 Lewis: „[The Waste Land] vermittelt ..." ist zitiert bei Cox und Hinchliffe, a. a. O., S. 58.
300 Eliot: „[Ich] bin allmählich so weit ..." ist aus V. Eliot, 1988, S. 522.
301 Eliot: „das Beste von dem ..." ist zitiert in Frye, 1963, S. 4.
302 Eliot: „in der Literatur dem Klassischen ..." ist zitiert in E. Wilson, 1959, S. 105.
302 Zu Eliots Verzicht auf Süßigkeiten vgl. Ackroyd, 1984, S. 314.
303 Zu Eliots gelassener Attitude als literarischer Kritiker vgl. Cox und Hinchliffe, a. a. O., S. 50.
304 Zu Eliots Bemerkung über den Amerikaner in Europa vgl. Sencourt, 1979, S. 72.
304 Mehr zu Eliots Auffassung der Dichtung als Flucht bei E. Wilson a. a. O., S. 103.
304 Eliot: „Je vollkommener der Künstler ..." ist zitiert bei Ozick, a. a. O., S. 123.
304 Zu Eliots Unterscheidung zwischen dem unfertigen und dem reifen Dichter vgl. Cox und Hinchliffe, a. a. O. S. 51.

Quellen und Anmerkungen 507

Seite
304   Zu Eliots Auffassung des dichterischen Geistes als Sammelbecken vgl. Williamson, 1953, S. 34.
304   Zu Eliots Begriff der „Logik der Einbildungskraft" und zur Beschreibung der Gedichtlektüre als emotionale Erfahrung vgl. Cox und Hinchliffe a. a. O., S. 222.
305   Eliot: „eine Reihe von Gegenständen ..." ist zitiert in Williamson, a. a. O., S. 35.
305   Eliot: „Ohne diese wenigen ..." ist zitiert in Frye, 1963, S. 24.
305   Zu Eliots Begriff des *objective correlative* vgl. Williamson, a. a. O.
306   Eliot: „und sie sind ..." ist zitiert in Frye, 1963.
308   Eliot: „Ich bewundere Joyce ..." findet sich in V. Eliot, 1988, S. 450.
308   Mehr zu Eliots Bewunderung für Virginia Woolf bei Gordon, a. a. O., S. 84.
308   Eliot: „Ich weiß nicht, ob Strawinskys Musik ..." ist zitiert in Litz, 1973, S. 19.
308   Zu Eliots Briefen an Kinder vgl. Whitney, 1991, S. 13.
309   Mehr zu Eliots Freundschaft mit Groucho Marx bei Gordon, a. a. O., S. 32.
310   Eliot: „ein Bild im Bild sichtbar ..." ist zitiert in Frye, 1963, S. 31.
311   Zu Ozicks Angriff auf Eliot vgl. Ozick, 1989, S. 152.
311   Ozick: „Seit Dr. Johnson ...": vgl. a. a. O.
312   Zu Davies Bemerkung über Eliot als Londoner vgl. Davie, 1973, S. 43.
313   Zu Eliots Selbstbild als „Metöke, Ausländer" vgl. V. Eliot, 1988, S. 318.
313   Eliot: „Die Kunst verlangt ..." ist zitiert in Gordon, 1977, S. 11.

Kapitel 8. Martha Graham: Der Tanz Amerikas

321   Zum Tanz als Imitation von Pflanzen und Tieren vgl. J. Martin, 1936, S. 15.
321   De Mille: „Isadora räumte den Schutt beiseite ..." ist zitiert in Terry, 1960, S. 48.
323   Terry: „Martha hatte die Eigenschaften ..." – vgl. Terry, 1975, S. 5.
323   Graham: „Sie, ich bin die Tochter ..." ist zitiert in Stodelle, 1984, S. 4.
323   George Graham: „Weißt du denn nicht ..." zitiert Terry, 1975, S. 57.
324   Graham: „Von diesem Augenblick an ..." zitiert McDonough, 1973, S. 16.
324   Zum Tod von Grahams Vater vgl. de Mille, 1991b, S. 24.

Seite
325 Mehr zu Grahams hohen Ansprüchen an sich selbst bei McDonough, 1973, S. 25.
325 Shawn: „Sie wäre genau richtig ..." – zitiert Graham, 1991, S. 68.
325 Graham: „Aber ich kann ihn doch ..." – zitiert Terry, 1975, S. 32.
325 Die Kritik aus der *Tacoma New Tribune* ist zitiert bei Stodelle, 1984, S. 32.
326 Graham: „Ich werde ganz groß. ..." – vgl. dies., 1991, S. 86.
326 Graham: „So will ich tanzen." ist zitiert in Kisselgoff, 1991, B, S. 7.
326 „weißgewandet, mit blonder Perücke" ist zitiert in Terry, 1975, S. 48.
326 Den Kritiker des *Morning Telegraph* („eine Erscheinung ...") zitiert J. Martin, 1936, S. 189.
326 Graham: „kindisch und gräßlich" zitiert McDonough, 1973, S. 50.
326 Sabin: „die Ausdrucksform zwar noch überwiegend romantisch ..." zitiert Kisselgoff, a. a. O.
327 Weiteres zu Strawinskys ersten Konzerten von 1907 und 1908 bei Boucourechliev, 1987, S. 35; vgl. a. u. Kap. 6.
327 Mehr zu *Dance* von 1929 bei Stodelle, 1984, S. 51.
327 Mehr zu *Heretic* bei McDonough, 1973, S. 63 u. Stodelle, 1984, S. 59.
328 Mehr zu *Lamentation* bei Stodelle, 1984, S. 64 u. Siegel, 1979, S. 37.
328 Zu weiteren Beschreibungen der Tänze vgl. z. B. Jowitt, 1988, de Mille, 1951, Siegel, 1979 u. Stodelle, 1984.
329 De Mille: „Es war eine turbulente Epoche ..." – vgl. de Mille, 1951, S. 114; „Ich bin glücklich ..." – vgl. de Mille, 1950, S. 26.
330 Graham: „Das heutige Leben ist nervös ..." zitiert Cohen, o. J., S. 6.
330 Graham: „Früher einmal strebten wir ..." ist zitiert in Armitage, 1978, S. 84.
331 Martin: „Die Zahl neuer Werke ..." – vgl. J. Martin, 5. Jan. 1930. Viele Zitate sind einer Sammlung von Zeitungsausschnitten entnommen, so daß Seitenangaben fehlen.
332 Martin: „Wie auch später ..." – vgl. J. Martin, 22. Okt. 1929.
332 Martin: „Ein amerikanisches Publikum ..." – vgl. J. Martin, 8. Febr. 1931.
332 Martin nach Stodelle, 1984: „Zuschauer, die Amüsement ..." – S. 85; „Wenn einmal die Geschichte ..." – S. 95.
332 Watkins: „Der Tanz ist nicht länger ..." – vgl. Watkins, 25. Jan. 1931.
332 Terry: „Uneingeweihte, die dem modernen Tanz ..." – vgl. Terry, 1975, S. 78.
332 Watkins: „zerebral austüftelte Laborexperimente ..." zitiert Stodelle, 1984, S. 85.
332 Young: „Aus einer Schwangerschaft von ..." zitiert McDonough, 1973, S. 103.

Quellen und Anmerkungen 509

Seite
332 Denby: „gewalttätig, verzerrt ..." ist zitiert in Steinberg, 1973, S. 11.
332 Kirstein: „Als ich Graham ..." ist zitiert in Armitage, 1978, S. 25–27.
333 Fokin: „formal häßlich ..." ist zitiert in Stodelle, 1984, S. 87.
333 Graham: „Wir werden uns ..." ist zitiert a. a. O., S. 88.
334 Saint-Denis: „Ballett der gespreizten Schenkel" ist zitiert in Terry, 1975, S. 77.
334 Humphrey: „Martha Graham traue ich nicht ..." zitiert McDonough, 1973, S. 57.
335 Graham: „Du richtest mich zugrunde ..." zitiert de Mille, 1955, S. 122.
335 Horst: „Jeder junge Künstler ..." – vgl. a. a. O.
335 Mehr zum Verhältnis Graham-Horst bei Stodelle, 1984, S. 50.
335 Graham: „Die Arbeit taugt nichts ..." – vgl. de Mille a. a. O., S. 130.
335 Horst: „Letzten Endes gibt es ..." – vgl. a. a. O., S. 131.
336 Mehr zu *Primitive Mysteries* in Siegel, 1979, S. 50 u. Stodelle, 1984, S. 73–77.
338 Morgan: „Das corps de ballet scheint ..." – vgl. Morgan, 1941, S. 61.
338 Watkins: „Die bedeutendste Choreographie ..." – vgl. Watkins, 22. Febr. 1931.
338 Martin: „vielleicht großartigsten Einzelwerk ..." – ist zitiert in de Mille, 1950, S. 28.
338 Mehr zu Grahams Wandlungsfähigkeit bei Armitage, 1978, S. 114.
338 Mehr zu Grahams Sprüngen bei McDonough, 1973, S. 71.
339 Martin: „Furios durchmaß sie ..." – vgl. J. Martin in einem Artikel in der *New York Times* (1933).
339 Stodelle: „Erinnerung an Martha Graham ..." – vgl. Stodelle, 1984, S. 264.
339 Martin: „die Kreisbewegung ..." – vgl. J. Martin in einem Artikel in der *New York Times* (1953).
340 Weiteres zu *American Provincials* in einem Artikel von J. Martin in der *New York Times* (1934).
340 Mehr zu *Frontier* bei Stodelle, 1984, S. 97 u. Siegel, 1979, S. 142.
342 Graham: „Die Antwort auf das Problem ..." ist zitiert in der *New York Times* v. 10. Nov. 1930.
342 Graham: „Die amerikanischen Tänzer ..." ist zitiert bei Armitage, 1978, S. 107.
342 Kirstein: „Martha Graham hat etwas unverwechselbar Amerikanisches ..." ist zitiert in Armitage, 1978, S. 32.
343 Graham: „Ich fürchte, lange Zeit ..." zitiert McDonough, 1973, S. 148.

Quellen und Anmerkungen

Seite

344 Graham: „Jetzt wo wir Modernen ... ist zitiert a. a. O.
346 McDonough: „jedesmal wenn Graham ..." – vgl. ders., a. a. O., S. 137.
346 Mehr zu *Appalachian Spring* bei Siegel, 1979, S. 145.
347 Graham: „Hinter den Konstruktionen ..." zitiert Stodelle, 1984, S. 125.
350 Hawkins: „Ich war ihr ebenbürtig ..." ist zitiert in Kaye, 1991, S. 46.
350 Mehr zu *Cave of Heart* bei Jowitt, 1988, S. 223.
351 Mehr zu *Errand into the Maze* bei Siegel, 1979, S. 198.
351 Der Programmtext zu *Night Journey*: „Im neuen Licht vertiefter Einsicht ..." ist zitiert bei Stodelle, 1984, S. 148.
351 Graham: „Ich empfand, daß ein Schrei ..." ist zitiert bei Terry, 1975, S. 107.
353 Mehr zu *The Notebooks of Martha Graham* in Graham, 1973.
353 De Mille: „Sie spricht immer ..." – vgl. de Mille, 1955, S. 127.
353 Graham: „Laufen mit Spitze ..." – vgl. Graham, 1973, S. 157.
353 Hawkins: „Das Wichtigste für Martha ..." zitiert Kaye, 1991, S. 44.
354 Garafola: „Graham *war* ihr Körper ..." – vgl. Garafola, 1992, S. 16.
355 Mishnun: „eine Sackgasse, die ebenso wie ..." ist aus einem Artikel von V. Mishnun in *Nation* (22. Jan. 1944).
355 Simon: „*Deaths and Entrances* ist ein langes ..." – vgl. Simon, 1944.
355 Der Kritiker aus den *Detroit News* („Miss Graham ist die verblüffendste ...") ist zitiert in McDonough, 1973, S. 115.
356 Graham: „Es wäre eine kriminelle Verschwendung ..." ist zitiert in Terry, 1975, S. 60.
356 Zu Grahams Technik mehr bei Cohen, o. J., und Terry, 1975, S. 54.
357 Graham: „Der Körper muß durch harte ..." ist zitiert bei de Mille, 1991a, S. 22.
357 Graham: „Man braucht Jahre ..." ist zitiert bei McCosh, o. J.
357 Graham: „Der Künstler zeichnet sich nicht ..." ist zitiert in Armitage, 1978, S. 109.
357 Elisa Monte: „Ein ‚sehr gut' kam ..." ist zitiert in Kaye, 1991, S. 44.
358 Zu Grahams Perfektionismus vgl. McDonough, 1973, S. 50.
358 Graham: „Ich will nicht verstanden werden ..." ist zitiert in Kisselgoff, 1984, S. 51.
358 Graham: „Ich stellte eine Schreibmaschine ..." – vgl. a. a. O., S. 53.
359 Graham: „Ich denke mich ein. ..." zitiert McDonough, 1973, S. 162.
359 Graham: „Ich stehle ..." – vgl. Graham, 1973, S. XI.
359 Graham: „Man schöpft aus dem Gedächtnis ..." ist zitiert im *Christian Science Monitor* (15. Nov. 1962).

Seite
359 Graham: „eine Zeit vollkommenen Elends" ist zitiert bei Tobias, 1984, S. 64.
359 Varèse: „Jeder Mensch wird als Genie geboren ..." ist zitiert bei Kisselgoff, 1984, S. 46.
359 Graham: „Ich habe meinen Beruf nicht ..." – vgl. Graham, 1965, S. 54.
359 Graham: „Nur wenn man keine andere ..." zitiert Stodelle, 1984, S. 180.
360 Graham: „Ich möchte wissen ..." zitiert Kaye, 1991, S. 44.
360 De Mille: „Martha war überzeugt ..." ist aus de Mille, 1991a, S. 22.
360 Zu Grahams Gehässigkeit und Rachsucht vgl. McDonough, 1973, S. 224.
360 Graham: „Ich weiß, daß ich arrogant ..." zitiert McDonough, 1973, S. 196.
360 Lang: „Man könnte versucht sein ..." ist zitiert in de Mille, 1991b, S. 303.
360 Cohan: „sie brauchte die dramatische ..." ist zitiert in Kaye, 1991, S. 46.
360 Graham: „Jeder hat das Recht ..." ist zitiert in Playbill, 1969, S. 39.
361 Cohan: „Solange man zur Kompanie ..." zitiert Kaye a. a. O.
361 De Mille: „Wenn ein Gedanke oder ein Mensch ..." – vgl. de Mille, 1991b, S. IX.
361 Graham: „Ich will die Leute ..." ist zitiert in Terry, 1978, S. 6.
361 f. Graham: „eine zornige, wilde Frau ..." ist zitiert in Stodelle, 1984, S. 184.
362 Zu den beiden Kategorien von Grahams Spätwerk vgl. Barnes in der New York Times v. 4. Mai 1972.
362 Zum neoklassischen Geist von Grahams Spätwerk vgl. Kisselgoff, 1984.
363 Zum Vorwurf, daß Graham die Leistung der Ensemblemitglieder nicht gebührend anerkenne, vgl. McDonough, 1973, S. 174.
363 Graham: „Wenn Nurejev springt ..." ist zitiert in Siegel, 1973, S. B21.
363 Graham: „Das Instrument des Tänzers ..." zitiert Morgan, 1941, S. 11.
364 Zu Angelica Gibbs' Graham-Biographie vgl. McDonough, 1973, S. 75.
364 Zum Anspruch der Truppe auf das Recht, ohne Grahams Mitwirkung aufzutreten, vgl. McDonough, 1973, S. 189.
364 Zur Ankündigung von Grahams Rücktritt in der New York Times vgl. Saal, 1973.
364 Graham: „Die Entscheidung machte mich physisch krank ..." ist zitiert in Saal, 1973, S. 87.
365 Graham: „Ich würde viel lieber tanzen ..." zitiert Kaye, 1991, S. 44.
367 Stodelle: „dessen Umfang, unglaubliche Eigenart ..." – vgl. Stodelle, 1984, S. XIII.

512 Quellen und Anmerkungen

Seite
367 Barnes: „Es ist Miss Grahams Schicksal ..." – vgl. Barnes, 31. Okt. 1965.
367 Zu Virgil Thomsons Urteil über Graham vgl. de Mille, 1950, S. 26.
368 De Mille: „Ich glaube, die vier, fünf großen Künstler ..." – vgl. de Mille 1991a, S. 1; „Es ist vermutlich ..." – vgl. de Mille, 1951, S. 117.
368 Zu Ruth Saint-Denis' Desinteresse an der jungen Martha Graham vgl. Terry, S. 85.
369 Graham: „Würde ich diesen Schritt tun ..." ist zitiert in de Mille, 1991b, S. 239.

Kapitel 9. Mahatma Gandhi: Macht über Menschen

372 Shirer: „einzige historische Beispiel ..." ist aus Shirer, 1979, S. 18.
372 Mehr zur frühen Geschichte Indiens unter britischer Herrschaft bei Fischer, 1950 sowie Harris und Levy, S. 1325 f.
373 Zu Gandhis familiärem Hintergrund vgl. Fischer, 1950, S. 12.
374 Gandhi: „Ich bin ein Durchschnittsmensch ..." ist zitiert in Nanda, 1985, S. 133.
375 Über den Gelddiebstahl von Gandhi und Mehtab berichtet Fischer, 1983, S. 8.
375 Orwell: „ein paar Zigaretten ..." ist zitiert in Nanda, 1985, S. 9.
375 Gandhi: „grausame Sitte der Kinderehe" ist zitiert bei Nanda a. a. O.
375 Von den lebenslangen Schuldgefühlen Gandhis wegen der Pflichtverletzung am Krankenbett des Vaters berichten Mehta, 1976, S. 82 und Payne, 1990, S. 42.
376 Zu Gandhis knapp bestandener Zugangsprüfung am College vgl. Mehta, a. a. O., S. 83.
376 Der Tadel des Kastenobersten: „Deinen Entschluß ..." ist zitiert bei Fischer, 1983, S. 20 f.
376 Zur Ächtung durch das Oberhaupt: „Dieser junge Mann wird ..." vgl. a. a. O.
376 Zu Gandhis dandyhafter Erscheinung vgl. Fischer, a. a. O. S. 24.
377 Zu Gandhis früh hervortretender Neigung zum Ausgefallenen vgl. Mehta, 1976, S. 91.
377 Fischer: „zwischen dem mittelmäßigen ..." ist aus Fischer, 1950, S. 28.
378 Gandhi: „Nie hat ein Mensch ..." ist zitiert in Fischer, a. a. O., S. 39.
379 Zu Gandhis Glauben an die Wirksamkeit von Kompromiß und Versöhnlichkeit vgl. Mehta, a. a. O., S. 101.

Seite
379 Mehr über die Versammlung von Pretoria bei Erikson, 1969, S. 165 f.; Mehta, a. a. O., S. 100 und Payne, a. a. O., S. 92 f.
379 Gandhi: „Ich lernte so ..." ist zitiert in Brown, 1989, S. 32.
380 Zur rein theoretischen Gleichstellung der indischen Bürger Südafrikas mit den europastämmigen vgl. a. a. O.
380 Zur Bezeichnung der Inder als „halb-barbarische Asiaten" vgl. Nanda, a. a. O., S. 28.
380 Zur Lage der Inder in Südafrika vgl. Brown, a. a. O., S. 57.
380 Zur Kleidervorschrift für Inder bei der Benutzung der ersten und zweiten Klasse vgl. Fischer, 1950, S. 43.
381 Mehr zu den von Gandhi erkämpften Konzessionen vgl. Payne, a. a. O., S. 170.
381 Zum Mitleid Gandhis mit seinen Angreifern vgl. Fischer, 1983, S. 49 u. 52.
381 Mehr zu Gandhis erster Gefängnisstrafe in Payne, a. a. O., S. 113 f. u. S. 177.
381 Zu Gandhis ungewöhnlicher Schüchternheit vgl. Fischer, 1983, S. 27.
382 Zu Gandhis Mitgliedschaft in vielen Organisationen vgl. Payne, a. a. O., S. 105.
383 Zur Tolstoj-Farm vgl. Mehta, a. a. O., S. 124.
383 Zu Gandhis Reaktion auf den Sexualverkehr zweier Knaben vgl. Payne, a. a. O., S. 234.
383 Gandhi: „Es wurde zu meiner Überzeugung ..." ist zitiert in Fischer, 1983, S. 69.
384 Gandhi: „Das wahre Heilmittel ..." – vgl. a. a. O., S. 118.
384 Zu Gandhis als Anführer verschiedener Protestmärsche vgl. Mehta, a. a. O., S. 127.
384 Näheres über Gandhis Aufruf zum Widerstand gegen die Gesetze vgl. Jack, 1956, S. 59 sowie Polak u. a., 1949, S. 57.
385 Zum Verhältnis zwischen Smuts und Gandhi vgl. Payne, a. a. O., S. 272.
385 Smuts: „Der Heilige verläßt unser Land ..." ist zitiert in Fischer, 1950, S. 117.
387 Gandhi: „Ich wollte Indien ..." ist zitiert in Fischer, 1983, S. 126.
388 Näheres zu Gandhis Anprangerung von Ungerechtigkeiten bei Fischer, 1983, S. 138–141.
388 Gandhi: „Ich mußte dem britischen Gesetz ..." ist zitiert bei Fischer, 1983, S. 140.
389 Payne: „Für Anasuyabehn ..." – vgl. Payne, a. a. O., S. 324.

Seite
389 Gandhi: „Meiner Ansicht nach wäre ein anderes ..." ist zitiert in Erikson, 1969, S. 51.
390 Gandhi: „Die Worte sprangen mir ..." ist zitiert in Mehta, a. a. O., S. 137.
390 Zu Gandhis erstem Fasten für ein politisches Ziel vgl. Fischer, 1950, S. 155.
390 Über die Dramatik, die Wirksamkeit und die Einfachheit des Fastens als politisches Mittel vgl. Payne, a. a. O., S. 324.
390 Gandhi: „[Sie] nahmen meine Worte ..." ist zitiert in Bondurant, 1958, S. 71.
390 Über das erreichte Abkommen vgl. Fischer, 1983, S. 143–145.
390 Weiteres zur Schlichtungsmethode bei Fischer, 1950, S. 157.
390 Brown: „[Gandhis] Kampagne in Ahmedabad ..." – vgl. Brown, a. a. O., S. 121.
392 Gandhi: „die größte Schlacht ..." ist zitiert a. a. O., S. 128.
392 Zu Gandhis Versuch, die Hindus und Muslime Indiens zu einen, vgl. a. a. O., S. 124 f.
392 Zu Gandhis besonderer Betroffenheit über die Vorkommnisse in Bardoli vgl. Fischer, 1950, S. 197.
392 Zu Gandhis Eingeständnis seiner Irrtümer vgl. a. a. O., S. 179.
392 Zur Anklage gegen Gandhi wegen Aufwiegelei vgl. Payne, a. a. O., S. 361.
393 Broomfield: „den Verfechter hoher Ideale ..." ist zitiert a. a. O..
393 Gandhi: „Sie können nur einen Weg ..." ist zitiert a. a. O., S. 364.
393 Gandhi über die Gesetze: „die dazu bestimmt waren ..." ist zitiert a. a. O.
393 Zu Gandhis Behauptung, daß die Verbindung mit England Indien geschwächt habe, vgl. Brown, a. a. O., S. 129 und Payne, a. a. O., S. 227.
393 Gandhi: „Ich habe keinen Zweifel, ..." ist zitiert bei Payne, a. a. O., S. 365–367.
393 Gandhi: „für eine Tugend, Abneigung gegen eine Regierung zu empfinden ..." ist zitiert a. a. O.
393 Broomfield: „Es ist ... unmöglich ..." ist zitiert a. a. O., S. 367.
393 Gandhi: „Kein Richter hätte ein milderes Urteil ..." ist zitiert a. a. O.
394 Brown: „Wie viele große Visionäre ..." – vgl. Brown, a. a. O., S. 177.
395 Zu Thoreaus Einfluß auf Gandhi vgl. Fischer, 1950, S. 87.
395 Tolstoj: „eine Frage von größter Bedeutung" ist zitiert bei Brown, a. a. O., S. 79.
396 Erikson: „warum gewisse genial begabte Menschen ..." – vgl. Erikson, 1969, S. 128.

Seite
396 Gandhi: „Die Unberührbarkeit betrachte ich ..." ist zitiert bei Fischer, a. a. O., S 134.
397 Gandhi: „Politik ohne Religion ..." ist zitiert in Fischer, 1983, S. 217.
397 Zu Gandhis Ablehnung einer Religion, die praktische soziale Probleme ausklammert, vgl. Bondurant, a. a. O., S. 110 und Brown, a. a. O., S. 124.
397 Gandhi: „Ich sage, ohne zu zögern ..." ist zitiert in Brown, a. a. O., S. 123.
397 Gandhi: „Was ich erreichen möchte ..." ist zitiert bei Fischer, a. a. O., S. 4.
397 Zur Bedeutung von *satyagraha* für Gandhis Leben vgl. Fischer, a. a. O., S. 6.
397 Zu Gandhis Hoffnung auf die versöhnende Wirkung von *satyagraha* vgl. Gandhi, 1951, S. 111.
397 f. Gandhi: „Die Satyagrahi greifen niemals ..." ist zitiert bei Fischer, a. a. O., S. 90.
398 Gandhi: „Wenn ich die Regierung ..." ist zitiert a. a. O., S. 17.
398 Mehr zur weiterreichenden, politischen Bedeutung von *satyagraha* bei Brown, a. a. O., S. 117.
398 Zu den Verhaltensregeln von *satyagraha* vgl. Bondurant, a. a. O., S. 39.
399 Gandhi: „Ein Satyagrahi unterscheidet sich ..." ist zitiert bei Fischer, a. a. O., S. 85.
399 Einzelheiten zu *satyagraha* a. a. O., S. 139 f.
399 Gandhi: „Ein Seiltänzer ..." ist zitiert a. a. O., S. 108 f.
400 Gandhi: „Wenn es ein Land gibt ..." ist zitiert a. a. O., S. 327.
400 Zu *satyagraha* als neuartigem Ritual vgl. Erikson, 1969, S. 395.
401 Nanda: „Er stellte sich jedesmal ein Problem ..." ist zitiert in Erikson, 1969, S. 97.
401 Gandhi: „Solche Experimente ..." ist zitiert bei Brown, a. a. O., S. 230.
402 Gandhi: „Ich besitze keine materiellen Eigentümer ..." ist zitiert bei Fischer, a. a. O., S. 308.
402 Die Bemerkung eines Beobachters: „Es kostete sehr viel ..." ist zitiert bei Mehta, a. a. O., S. 56.
402 Mehr zu Gandhis Vorliebe für die Handspinnerei bei Fischer a. a. O., S. 223 und 232.
403 Gandhi: „Fasten läßt sich nicht ..." ist zitiert bei Bondurant a. a. O., S. 37.
403 Zu Gandhis exakter Planung der Protestkundgebungen vgl. Brown, a. a. O., S. 113.

Seite
404 Mehr zu Gandhis Tagesablauf und Ruhezeiten bei Shirer, a. a. O., S. 132.
404 Anhänger Gandhis: „In seiner Anwesenheit ..." ist zitiert bei Erikson, 1969, S. 63.
404 Nehru: „Vor fast dreieinhalb Jahrzehnten ..." ist zitiert bei Bondurant, a. a. O., S. XVII.
404 Daß Gandhi den Anspruch zurückwies, er besitze göttliche Kräfte, erwähnt Bondurant, a. a. O., S. 124.
404 Gandhi: „Das sollten sie mir allein ..." ist zitiert in Nambodiripod, 1981, S. 59.
405 Die Worte eines Anhängers: „Natürlich fühlten wir uns ..." ist zitiert bei Mehta, a. a. O., S. 6.
405 Shirer: „In der Gegenwart ..." – vgl. Shirer, a. a. O., S. 76.
405 Sarabhai: „Bapuji hatte etwas Unwiderstehliches ..." ist zitiert bei Mehta, a. a. O., S. 56.
406 Weiteres zu Gandhis Beschluß, seinen Sohn zu enterben, bei Erikson, 1969, S. 369 f.
407 Gandhi: „Auf keinen Fall ..." ist zitiert in Fischer, 1950, S. 206.
407 Lord Irwin: „ziemlich abgehoben ..." ist zitiert bei Brown, a. a. O., 144.
408 Lord Birkenhead: „Armer Gandhi ..." ist zitiert a. a. O., S. 177.
408 Gilbert Murray: „ein gefährlicher und unbehaglicher Gegner .. " ist zitiert bei Fischer, a. a. O., S. 118.
408 Churchill: „rebellischen Fakir ..." ist zitiert in Erikson, 1969, S. 447.
408 Nehru: „Ich fürchte ..." ist zitiert bei Brown, a. a. O., S. 270.
408 Gandhi: „Ich strebe danach ..." ist zitiert in Fischer, 1983, S. 188 f.
408 Gandhi: „Hitler ... Mussolini ..." – vgl. a. a. O., S. 331.
408 Zu Gandhis Brief an Hitler vgl. Payne, a. a. O., S. 487.
410 Gandhi: „Ich weiß, daß Sie ..." ist zitiert bei Bondurant, a. a. O., S. 94.
410 Gandhi: „Für mich gibt es kein Zurück ..." ist zitiert bei Payne, a. a. O., S. 391.
410 Fischer: „ein paar Salzkörnchen ..." – vgl. Fischer, 1950, S. 268.
410 Nehru: „Es war, als hätte man ..." ist zitiert bei Bondurant, a. a. O.
411 Gandhi: „Ich brauche die Solidarität ..." ist zitiert bei Payne, a. a. O., S. 392.
411 Bondurant: „nichts weniger als die vollständige Lahmlegung ..." – vgl. Bondurant, a. a. O., S. 89.
411 Miller: „Auf ein Kommando hin ..." ist zitiert bei Mehta, a. a. O., S. 148 und Shirer, a. a. O., S. 98.
412 Gandhi: „um uns an die berühmte ..." ist zitiert bei Shirer, a. a. O., S. 99.

Seite
412 Weiteres zum Beschluß des Salzmarsches bei Bondurant, a. a. O., S. 102.
413 Shirer: „Der Mahatma beherrschte ..." – vgl. Shirer, a. a. O., S. 165.
413 Mehr zu Gandhis aufreibendem Programm bei Payne, a. a. O., S. 412.
413 Gandhi: „Ich bin hierher gekommen ..." ist zitiert bei Shirer, a. a. O., S. 167.
413 Gandhi: „Indien steht unter dem Joch ..." ist zitiert a. a. O., S. 169 f.
413 Gandhi: „Die Freiheit ist unser Geburtsrecht ..." – vgl. a. a. O., S. 190.
414 Gandhi: „Mit unserem internen ..." – vgl. a. a. O., S. 192.
414 Gandhi: „Das ist der beschämendste Tag ..." – vgl. a. a. O., S. 194.
414 Shirer: „Ich glaube, mehr als alle ..." – vgl. a. a. O., S. 197.
415 Zu Gandhis Versuchen, ein Gleichgewicht zu erreichen, vgl. Mehta, a. a. O., S. 155.
415 Nanda: „Es gab kaum eine Seite ..." – vgl. Nanda, a. a. O., S. 126.
417 Gandhi: „Wäre es dem Anlaß ... „ist zitiert bei Mehta, a. a. O., S. 171.
417 Brown: „Er ging ins Auge des Sturms ..." – vgl. dies., a. a. O., S. 360.
417 Zur Ansicht des *Times*-Korrespondenten über Gandhis Leistung vgl. Nanda, a. a. O., S. 107.
417 Mehta: „Gandhi war Christus ..." – vgl. ders., a. a. O., S. XI.
419 Nehru: „psychischen Veränderung" ist zitiert in Erikson, 1969, S. 265.
419 Martin Luther King jr.: „die einzigen moralisch ..." ist zitiert bei Nanda, a. a. O., S. 34.
420 Einstein: „Gandhi hat bewiesen ..." ist zitiert bei Fischer, 1950, S. 10.
420 Einstein: „Künftige Generationen ..." ist zitiert in Rau, 1970, S. 134.

Zwischenbetrachtung 3

421 Gandhi: „Mein Wirkungsfeld ist die Tat." ist zitiert in Mehta, 1976, S. 69.

Kapitel 10. Kreativität im Vergleich der Domänen

436 Flaubert: „Ich liebe meine Arbeit ..." ist zitiert in Kakutani, 1992, Abt. C, S. 19.
440 Zu Freuds Glauben an einen schöpferischen Siebenjahreszyklus vgl. E. Freud, 1960, S. 301.
442 Mehr zu den Entwicklungsphasen der Kreativität bei Wallas, 1926.

Seite

444 Mehr zu Geertz' Verwendung des Begriffs *deep play* in Geertz, 1973.
453 Zum Gedanken der „Flucht aus der Freiheit" vgl. Fromm, 1941.

Epilog. Die Epoche der Moderne und ein Blick darüber hinaus

464 Mailer: „Sehen Sie sich an ..." ist zitiert in Spencer, 1991, S. 47.
464 Mehr zur Moderne im neunzehnten Jahrhundert bei Johnson, 1991.
465 Zu einer skeptischen Bewertung des Fortschrittsideals des neunzehnten Jahrhunderts vgl. Le Rider, 1990 und Wohl, 1979.
466 Kraus: „eine Versuchsstation ..." aus „Franz Ferdinand und die Talente" (1914), in: *Schriften*, Bd. 4: *Untergang der Welt durch schwarze Magie*, Frankfurt 1988.
466 f. Zur Schilderung verschiedener Großstädte vgl.: Lukács, 1989 über Budapest; Eksteins, 1989 über die Metropolen; Janik und Toulmin, 1973 über Wien; Varnedoe, 1986 über Wien sowie Dangerfield, 1961.
467 Musil: „Aus dem ölglatten Geist ..." ist aus Musil, 1978, S. 55.
468 Weiteres zur Annahme, daß ein Gefühl des Wandels in der Luft lag, bei Dangerfield, 1971 und Tuchman, 1967.
468 Woolf: „um den Dezember 1910 herum ..." ist zitiert bei Toulmin, a. a. O., S. 150.
468 Zu *Le sacre du printemps* vgl. Eksteins, a. a. O.
468 Hobhouse: „Die Welt ist nüchtern betrachtet ..." ist zitiert in Frankel, 1956, S. 39.
468 Pfaff: „Es ist klar geworden ..." – vgl. Pfaff, 1989, S. 21.
469 Baudelaire: „[Modern] ist die Erfahrung ..." ist zitiert in Baudelaire, 1968, S. 553.
469 Baudelaire: „Unter Modernität verstehe ich ..." ist zitiert in Berman, 1988, S. 132.
470 Mehr zu einer „Tradition des Neuen" bei Rosenberg, 1959.
475 Zu Baudelaires Kommentar vgl. Donahue, 1991 u. Baudelaire, 1968, S. 552.
479 Mehr zum „Verschwinden der Kindheit" bei Postman, 1982 und Winn, 1983.

Bibliographie

Ackroyd, P., T. S. Eliot. New York 1984.
Amabile, T. M., The Social Psychology of Creativity. New York 1983
Apel, W. (Hg.), Harvard Dictionary of Music. Cambridge, Mass. 1972
Apollinaire, G., The Cubist Painters: Aesthetic Meditations. Wienborn 1949 (Orig.: Les peintres cubistes. Paris 1913; dt: Die Malerei des Kubismus. Zürich 1956.)
Armitage, M., Martha Graham: The Early Years. New York 1978
Arnheim R., Picasso's Guernica: The Genesis of Painting. Berkeley 1962
Auerbach, E., Mimesis. New York 1953 (Orig.: Mimesis. Dargestellte Wirklichkeit in der abendländischen Literatur. Bern 1946.)

Baer, N. v. N., The Art of Enchantment: Diaghilev's Ballets Russes. 1909–1929, San Francisco 1988
Bamberger, J., „Growing Up Prodigies: The Midlife Crisis." In: D. J. Feldman (Hg.), Developmental Approaches to Giftedness. San Francisco 1982
Barnes, C., Review of Martha Graham. New York Times, 31. Okt. 1965
Barnett, L., The Universe and Dr. Einstein. New York 1948
Barr, A. H., Picasso: Fifty Years of His Art. New York 1974 (erstm. ersch. 1946)
– Cubism and Abstract Art. Cambridge, Mass. 1986
Barron, F., Creative Person and Creative Process. New York 1969
Bate, W. J., John Keats. Cambridge, Mass. 1963
Baudelaire, Ch., Œuvres complètes, Paris 1968.
Bedient, C., He Do the Police in Different Voices: The Wasteland and its Protagonist. Chicago 1986
Berger, J., The Success and Failure of Picasso. New York, 1965
Berman, M., All That is Solid Melts into the Air: The Experience of Modernity. New York, 1988
Bernstein, J., „Profile of I. I. Rabi." In: J. Bernstein, Experiencing Science. New York 1980
– „A Critic at Large: Besso." New Yorker, 27. Febr. 1989, S. 86 f.
Block, N. und G. Dworkin (Hgg.), The IQ Controversy. New York 1976
Bloom, B. u. Mitarb. v. L. Sosniak, Developing Talent in Young Children. New York 1985
Bloom, H. (Hg.), T. S. Eliot's The Waste Land. New York 1986
Blunt, A., Picasso's Guernica. London 1969
Boden, M., The Creative Mind. New York 1990

Boehlich, W. (Hg.), *Sigmund Freud. Jugendbriefe an Eduard Silberstein 1871–1881.* Frankfurt a. M. 1989
Bondurant, J., *Conquest of Violence: The Gandhian Philosophy of Conflict.* Berkeley, 1958
Boring, E. G., A *History of Experimental Psychology.* New York 1950
Boucourechliev, A., *Stravinsky.* New York 1987
Brassaï, *Gespräche mit Picasso.* Reinbek 1966 (Orig. *Conversations avec Picasso*)
Bresson, A., „Appraising African Art through Western Eyes." *New York Times*, 7. Okt. 1990, 2. Tl., S. 37.
Breuer, J. und S. Freud, *Studies in Hysteria.* In: J. Strachey (Hg.), The Standard Edition of the Complete Psychological Works of Sigmund Freud, Bd. 2, London 1966. (Orig.: *Studien über Hysterie,* Leipzig-Wien 1895 – Neuausg. Frankfurt a. M. 1970)
Brill, A. A. (Hg.), *The Basic Writings of Sigmund Freud.* New York 1938
Brooker, J. S. und J. Bentley, *Reading* The Waste Land. Amherst 1990
Brown, J. M., *Gandhi: Prisoner of Hope.* New Haven 1989
Burns, E. (Hg.), *Gertrude Stein on Picasso.* New York 1980

Cabanne, P., *Pablo Picasso: His Life and Times.* New York 1977
Campbell, D., „Blind Variation and Selective Retention in Creative Thought as in Other Knowledge Processes." *Psychological Review* 67, 1960, S. 380–400
Clampitt, A., „Remarks." Ansprache zu Eliots 100. Geburtstag. Harvard University, Cambridge, Mass., 5. Dez. 1988
Clark, R. W., *Einstein: The Life and Times.* New York 1971 (dt.: *Albert Einstein. Leben und Werk.* Esslingen 1974 u. München 1990.)
– *Freud: The Man and The Cause.* New York 1980 (dt.: *Sigmund Freud.* Frankfurt a. M. 1981.)
Clouzot, H. G., *Le mystère Picasso.* Frankreich 1955
Cohen, S. J., *The Achievement of Martha Graham.* Chrysalis o. J.
Cole, S., „Age and Scientific Performance." *American Journal of Sociology* 84, 1979, S. 859–977.
Conrad, B., „A Home for Picasso." *Horizon,* Juni 1986, S. 11–16
Conrad, P., „Review of Hugh Kenner, A *Sinking Island."* Times Literary Supplement, 9. Sept. 1988, S. 981
Coughlan, E., „Russian Folk-Wedding Music Said to Influence Stravinsky Ballet." *Chronicle of Higher Education,* 13. Juni 1990, S. A7
Cox, C. B. und A. B. Hinchlifte, T. S. Eliot: The Waste Land: A *Casebook.* London 1968
Craft, R., *Stravinsky: Chronicle of a Friendship (1948–1971).* New York 1972

- Stravinsky: *Selected Correspondence*, Bd. 1–3, New York 1982–1985
- Stravinsky: *Glimpses of a Life*. New York 1992

Croce, A., „Angel." *New Yorker*, 15. Okt. 1990, S. 124–33

Csikszentmihalyi, M., „Motivation and Creativity: Towards a Synthesis of Structural and Energistic Approaches." *New Ideas in Psychology* 6, 1988a, S. 159–76
- „Society, Culture, and Person: A Systems View of Creativity." In: R. J. Sternberg (Hg.), *The Nature of Creativity*. New York 1988, S. 325–39
- *Flow: The Psychology of Optimal Experience*. New York, 1990 (dt.: *Flow: Das Geheimnis des Glücks*. Stuttgart ^{4}1996.)

Csikszentmihalyi, M. und I. Csikszentmihalyi (Hg.), *Optimal Experience*. New York 1988 (dt.: *Die außergewöhnliche Erfahrung im Alltag*. Stuttgart ^{2}1996.)

Csikszentmihalyi, M. und R. E. Robinson, „Culture, Time, and the Development of Talent." In: R. Sternberg und J. E. Davidson (Hgg.), *Conceptions of Giftedness*. New York 1986, S. 263–84

Dangerfield, G., *The Strange Death of Liberal England*. Reprint. New York 1961

Davie, D., „Anglican Eliot." In: A. W. Litz (Hg.), *Eliot in His Time: Essays on the Occasion of the Fiftieth Anniversary of* The Waste Land. Princeton 1973

De Mille, A., „Martha Graham." *Atlantic Monthly*, Nov. 1950, S. 25–31
- *Dance to the Piper*. Boston 1951 (dt.: *Tanz und Theater*. Wien-München-Zürich 1955)
- „Measuring the Steps of a Giant." *New York Times*, 7. April 1991a, S. 1 u. 22.
- *Martha: The Life and Work of Martha Graham*. New York 1991b

Denby, E., *Looking at the Dance*. New York 1949

Dömling, W., *Strawinsky*. Reinbek 1982

Donahue, D., „The Poet of Modern Life [Baudelaire]." *New York Review of Books*, 14. Febr. 1991, S. 22–24

Druskin, M., *Igor Stravinsky: His Life, Works, and Views*. New York 1983

Duncker, K., „On Problem-solving." *Psychological Monographs* 58, 1945

Dunning, J., „Martha Graham at 95 Does Something Different." *New York Times*, 1. Okt. 1990, S. C19–20
- „Troupe Contemplates Life without Graham." *New York Times*, 3. Apr. 1991, S. C11

Einstein, A., *Relativity: The Special and General Theory*. New York 1921 (dt.: *Über die spezielle und die allgemeine Relativitätstheorie, gemeinverständlich*. Braunschweig 1918)

Eksteins, M., *Rites of Spring: The Great War and the Birth of the Modern Age*. New York 1989 (dt.: *Tanz über Gräben. Die Geburt der Moderne und der erste Weltkrieg*. Reinbek 1990)

Eliot, T. S., *Selected Poems*. New York 1936
- *The Complete Poems and Plays*. New York 1952
Eliot, V. (Hg.), T. S. Eliot: The Waste Land: A Facsimile and Transcript of the Original Drafts, including the Annotations of Ezra Pound. New York 1971
- *The Letters of* T. S. Eliot, Bd. 1, 1898–1922. New York 1988
Ellenberger, H. F., *The Discovery of the Unconscious*. New York 1970 (dt.: Die Entdeckung des Unbewußten. Geschichte und Entwicklung der dynamischen Psychiatrie von den Anfängen bis zu Janet, Freud, Adler und Jung. Zürich ²1996)
Ellmann, R., „The First Waste Land." In: E. W. Litz (Hg.), a. a. O.
Erikson, E. H., *Identity and the Life Cycle*. New York 1959 (dt.: Identität und Lebenszyklus. Frankfurt 1976)
- *Gandhi's Truth*. New York 1969 (dt.: Gandhis Wahrheit. Frankfurt 1978)
Eysenck, H. J., „Measuring Individual Creativity." Beitrag zum Seminar über Kreativität, *The Achievement Project*, Kent, England, 13.–15. Dez. 1991

Feldman, D. H., *Beyond Universals in Cognitive Development*. Norwood, 1980
- *Nature's Gambit*. New York 1986
- „Creativity: Dreams, Insights, and Transformations." In: R. Sternberg (Hg.) a. a. O., S. 271–97
Findlay, S. und C. Lumsden, „The Creative Mind. Towards an Evolutionary Theory of Discovery and Innovation." *Journal of Social and Biological Structures* 11, 1988, S. 3–55
Fischer, L., *The Life of Mahatma Gandhi*. New York 1950 (dt.: Das Leben des Mahatma Gandhi. München 1951)
- (Hg.), *The Essential Gandhi*. New York 1983
Flam, J., „Monet's Way." *New York Review of Books*, 17. Mai 1990, S. 9–13.
Flavell, J., *The Developmental Psychology of Jean Piaget*. New York 1963
Foucault, M., *The Order of Things*. New York 1970 (Orig.: Les mots et les choses. Paris 1966; dt.: Die Ordnung der Dinge. Frankfurt a. M. 1989.)
Frank, P., „Einstein's Philosophy of Science." *Review of Modern Physics*, Juli 1949, S. 21
- *Einstein: His Life and Times*. New York 1953 (dt.: Einstein. Sein Leben und seine Zeit. Braunschweig-Wiesbaden 1979)
Frankel, C., *The Case for Modern Man*. New York 1956
Freud, E. L. (Hg.), *Letters of Sigmund Freud*, New York 1960
Freud, E. und L. Freud (Hgg.), *Sigmund Freud. Briefe 1873–1939*. Frankfurt a. M. 1960
Freud, S., „Über den psychischen Mechanismus hysterischer Phänomene." In: *Wiener Medizinische Presse* 1893, Nr. 4 u. 5.

- *Der Witz und seine Beziehung zum Unbewußten*, Gesammelte Werke, London 1940–52, Bd. 6, 1940
- *Totem und Tabu*, Gesammelte Werke, London 1940–52, Bd. 9, 1940
- *Zur Psychopathologie des Alltagslebens.* Gesammelte Werke, London 1940–52, Bd. 4, 1941a
- „Der Dichter und das Phantasieren." In: *Gesammelte Werke*, London 1940–52, Bd. 7, 1941b
- „Drei Abhandlungen zur Sexualtheorie". In: *Gesammelte Werke*, London 1940–52, Bd. 5, 1942
- „Eine Kindheitserinnerung des Leonardo da Vinci." In: *Gesammelte Werke*, London 1940–52, Bd. 8, 1943
- „Das Unbehagen in der Kultur." – „Dostojewski und die Vatertötung." – „Die Zukunft einer Illusion." In: *Gesammelte Werke*, London 1940–52, Bd. 14, 1948
- *Aus den Anfängen der Psychoanalyse. Briefe an Wilhelm Fliess. Abhandlungen und Notizen aus den Jahren 1887 – 1902*. London 1950a (*The Origins of Psychoanalysis: Letters to Wilhelm Fliess, Drafts, and Notes 1887 – 1902*. New York 1954)
- „Der Mann Moses und die monotheistische Religion." – „Warum Krieg?" In: *Gesammelte Werke*, London 1940–52, Bd. 16, 1950b
- „Studien über Hysterie." – „L'hérédité et l'étiologie des névroses." – „Zur Ätiologie der Hysterie." In: *Gesammelte Werke*, London 1940–52; (Bd. 18 Frankfurt a. M. 1968), Bd. 1, 1952
- *Early Psychoanalytic Publications*. In: J. Strachey, Hg., The Standard Edition of the Complete Psychological Works of Sigmund Freud, Bd. 3, London 1962
- *Die Traumdeutung*. Frankfurt a. M. 1972
- Sigmund Freud. „Selbstdarstellung". Schriften zur Geschichte der Psychoanalyse. Frankfurt a. M. 1981 (*An Autobiographical Study*. New York 1935)
- *Briefe an Wilhelm Fließ 1887–1904. Vollständige Ausgabe.* Hg. von Jeffrey Masson, Frankfurt a. M. 1986

Fromm, E., *Escape from Freedom*. New York 1941 (dt.: *Die Furcht vor der Freiheit*, München 1993)

Frye, N., *T. S. Eliot: An Introduction*. Chicago 1963

Furbank, P. N., „Review of N. Braybrooke (Ed.), *Seeds in the Wind: Juvenilia from W. B. Yeats to Ted Hughes.*" Times Literary Supplement, 17. Nov. 1989, S. 1261

Gablik, S., *Has Modernism Failed?* New York 1984

Gandhi, M., *Non-violent Resistance: Satyagraha*. New York 1951
- *Autobiography: The Story of My Experiments with Truth*. New York 1963 (dt.: *Eine Autobiographie oder Die Geschichte meiner Experimente mit der Wahrheit*, Gladenbach [5]1991)

Garafola, L., *Diaghilev's Ballets Russes*. New York 1989
- „A Lady and Her Legends." *Times Literary Supplement*, 1. Mai 1992, S. 16

Gardner, Helen, „The Waste Land: Paris 1922". In: A. W. Litz, a. a. O.

Gardner, Howard, *Artful Scribbles*. New York 1980
- *Frames of Mind: The Theory of Multiple Intelligences*. New York 1983 (dt.: *Abschied vom IQ. Die Rahmen-Theorie der vielfachen Intelligenzen*. Stuttgart 1991)
- „Creative Lives and Creative Works: A Synthetic Scientific Approach." In: R. Sternberg (Hg.) a. a. O.
- „Creativity: An Interdisciplinary Perspective." *Creativity Research Journal*, 1988b, S. 8–26
- „Freud in Three Frames." *Daedalus* (Sommer 1986), S. 105–34
- *To Open Minds: Chinese Clues to the Dilemma of Contemporary Education*. New York 1989

Gardner, Howard und Y. Dudai, „Biology and Giftedness." *Items* 35, 1985, S. 1–6

Gardner, Howard und R. Nemirovsky, „From Private Intuitions to Public Symbol Systems: An Examination of Creative Process in Georg Cantor and Sigmund Freud. *Creativity Research Journal* 4, 1991, S. 1–21

Gardner, Howard und C. Wolf, „The Fruits of Asynchrony: Creativity from a Psychological Point of View." *Adolescent Psychiatry* 15, 1988, S. 106–23

Gay, P. *The Bourgeois Experience: Victoria to Freud*. New York 1984
- *A Godless Jew: Freud, Atheism, and the Making of Psychoanalysis*. New Haven 1987 (dt.: *Ein gottloser Jude. Sigmund Freuds Atheismus und die Entdeckung der Psychoanalyse*. Frankfurt 1988)
- *Freud: A Life for Our Time*. New York 1988 (dt.: *Freud. Eine Biographie für unsere Zeit*, Frankfurt 1995)
- *Freud entziffern. Essays*. Frankfurt a. M. 1992 (Orig. *Reading Freud; Explorations & Entertainments*. New Haven und London 1990.)

Gedo, J. *Portraits of an Artist*. New York 1983

Gedo, M. „Art as Autobiography: Picasso's *Guernica*." *Art Quarterly*, Sept. 1979, S. 191–210
- *Art as Autobiography*. Chicago 1980
- „The Archaeology of a Painting: A Visit to the City of the Dead beneath Picasso's *La vie*." *Psychoanalytic Inquiry* 3, 1983, S. 371–430

Geertz, C., *The Interpretation of Cultures*. New York 1973 (dt.: *Dichte Beschreibung. Beiträge zum Verstehen kultureller Systeme*. Frankfurt 1987)

Gergen, K., *The Saturated Self: Dilemmas of Identity in Contemporary Life*. New York 1991.

Getzels, J. und P. Jackson, *Creativity and Intelligence*. New York 1962

Ghiselin, B., *The Creative Process*. New York 1952

Gilot, F., *Matisse and Picasso: A Friendship in Art.* New York 1990
Gilot, F. und C. Lake, *Life with Picasso.* New York 1981
Gish, N., *The Wasteland: A Poem of Memory and Desire.* Boston 1988
Glaesemer, J. (Hg.), *Der junge Picasso. Frühwerk und Blaue Periode.* Bern, Kunstmuseum, 1984
Glimcher, A. und M. Glimcher, *Je suis le cahier: The Sketchbooks of Picasso.* Boston, 1986
Goldberg, S., „The Early Response to Einstein's Special Theory of Relativity 1905–1911: A Case Study in National Differences." Diss. Harvard University, 1986
Golding, J., „Two Who Made a Revolution." *New York Review of Books,* 31. Mai 1990, S. 8–11
Goleman, D., „As a Therapist Freud Fell Short, Scholars Find." *New York Times,* 6. März, 1990, S. C1, C12
Gombrich, E. H., „In Search of Cultural History." In: E. H. Gombrich, *Ideals and Idols.* London 1979 (dt.: *Die Krise der Kulturgeschichte.* Stuttgart 1991)
– „Styles of Art and Styles of Life." *The Reynolds Lecture,* London, Royal Academy of Arts, 1991
Goodman, N., *Languages of Art.* Indianapolis, 1976 (dt.: *Sprachen der Kunst. Entwurf einer Symboltheorie.* Frankfurt 1995)
Gopnik, A., „High and Low: Caricature, Primitivism, and the Cubist Portrait." *Art Journal,* Winter 1983, S. 371–76
Gordon, L., *Eliot's Early Years.* New York 1877
Graham, M., „How I became a Dancer." *Saturday Review,* 28. Sept. 1965, S. 54
– *The Notebooks of Martha Graham.* Hg. v. N. Wilson Ross. New York 1973
– „Martha Graham Reflects on Dance." *New York Times,* 31. März, 1985, Teil 2, S. 1 u. 8
– *Blood Memory: An Autobiography.* New York 1991
Gregory, F., „The Mysteries and Wonders of Natural Science: Bernstein's *Naturwissenschaftliche Volksbücher* and the Adolescent Einstein." Beitrag zum Seminar über Einsteins frühe Jahre. Andover, 6. Okt. 1990
Groddeck, G., *Das Buch vom Es: psychoanalytische Briefe an eine Freundin.* Wiebaden 1978 (erstm. ersch. 1923)
Gruber, H. E., *Darwin on Man.* 2. Aufl. Chicago 1982
Gruber, H. E. und S. N. Davis, „Inching Our Way up Mount Olympus: The Evolving Systems Approach to Creative Thinking." In: R. J. Sternberg (Hg.), a. a. O., S. 243–70
Gruenbaum, A., *Foundations of Psychoanalysis: A Philosophical Critique.* Berkeley, 1984

Guilford, J. P., „Creativity." *American Psychologist* 5, 1950, S. 444–54
Gyongyi, E. und Z. Jobbagyi, *A Golden Age: Art and Society in Hungary, 1896–1914* (Übers. a. d. Ungar.), Miami, 1989

Hall, C. und G. Lindzey, *Theories of Personality*. New York 1957
Hall, D., „Interview with Ezra Pound." *Writers at Work: The Paris Review Interviews*, Bd. 2, Harmondsworth, 1963a
– „Interview with T. S. Eliot." Vgl. a. a. O.
Harding, D. W., „What the Thunder Said." In: A. D. Moody (Hg.), *The Waste Land in Different Voices*. London 1974
Harris, W. H. und J. S. Levy (Hgg.), *The New Columbia Encyclopedia*. New York, 1975
Hayes, J. R., *The Complete Problem Solver*. Philadelphia 1981
Henahan, D., „Creator vs. Creator: Who Wins?" *New York Times*, 4. Aug. 1980, Teil I, S. 23
Hestenes, D., „Secrets of Genius: Review of A. Miller, Imagery in Scientific Thought." *New Directions in Psychology* 8, 1990, S. 231–46
Hilton, T., *Picasso*. London 1975
– „The Genesis of Painting." *Times Literary Supplement*, 19. Sept. 1986, S. 1034
Ho, W-C., *Yani: The Brush of Innocence*. New York 1989
Hoffmann, B., *Einstein*. St. Albans, England, 1975
Hoffmann, B. und H. Dukas, *Albert Einstein: The Human Side*. Princeton 1979
– *Albert Einstein. Schöpfer und Rebell*. Zürich 1976
Holmes, F. L., *Lavoisier and the Chemistry of Life*. Madison 1985
Holton, G., *Themata. Zur Ideengeschichte der Physik*. Braunschweig-Wiesbaden 1984 (Orig.: *Thematic Origins of Scientific Thought*. 2. Aufl. Cambridge, Mass. 1988
Holton, G. und Y. Elkana (Hgg.), *Albert Einstein: Historical and Cultural Perspectives*. Princeton 1982
Horan, R., „The Recent Theater of Martha Graham." *Dance Index*
Horgan, P., *Encounters with Stravinsky*. Middletown, 1989
Hudson, L. und B. Jacot, *The Way Men Think*. New Haven 1991
Huffington, A. S., *Picasso: Creator and Destroyer*. New York 1988
Hughes, H. S., *Consciousness and Society*. New York 1958

Infeld, L., *Albert Einstein: His Work and Its Influence on Our World*. New York 1950
Inkeles, A., *Exploring Individual Modernity*. New York 1983

Jack, H. A., *The Gandhi Reader*. Bloomington 1956
Jameson, F., *Postmodernism, or the Cultural Logic of Late Capitalism*. Durham 1991

Janik, A. and S. Toulmin, *Wittgenstein's Vienna*. New York 1973
Johnson, P., *The Birth of the Modern*. New York 1991
Johnson-Laird, P. N., „Freedom and Constraints in Creativity." In: R. Sternberg (Hg.), a. a. O., S. 202–219
John-Steiner, V., *Notebooks of the Mind*. Albuquerque, 1985
Jones, E., *Das Leben und Werk von Sigmund Freud*. 3 Bd., Stuttgart-Bern 1960 (Bd. 1); 1962 (Bd. 2 u. 3) (Orig.: *Sigmund Freud. Life and Work*. 3 Bd. Bd. 1, London 1953)
Jones, E., *Sigmund Freud. Leben und Werk*, Hg. u. gek. v. L. Trilling, Frankfurt a. M. 1969 (Orig.: *The Life and Work of Sigmund Freud*. Hg. v. L. Trilling. New York 1961)
Jowitt, D., *Time and the Dancing Image*. New York 1988

Kakutani, M., „Review of A. N. Wilson, *Eminent Victorians*." *New York Times*.
– „Henri Troyat and His Life of Flaubert." *New York Times*, 8. Dez. 1992, S. C19
Kaye, E., „I See You as a Goddess." *Mirabella*, Juli 1991, S. 42–46
Kenner, H. (Hg.), *T. S. Eliot: A Collection of Critical Essays*. Englewood-Cliffs, 1972
– „The Urban Apocalypse." In: A. W. Litz, a. a. O.
Kernan, A., „Radical Literal Criticism May Represent the Last Phases of an Older Order Collapsing." *Chronicle of Higher Education*, 19. Sept. 1990, S. B1–3
Kimmelman, M., „Modern to Show New Picasso Tomorrow." *New York Times*, 10. Febr. 1992, S. C13
Kisselgoff, A., „A Graham Family Reunion." *New York Times*, 10. Juni 1977
– „Martha Graham." *New York Times Magazine*, 19. Febr. 1984, S. 44–55
– „Martha Graham Dies at 96: A Revolutionary in Dance." *New York Times*, 2. April 1991, S. A1, B7
Koehler, W., *The Task of Gestalt Psychology*. Princeton 1969
Kozinn, A., „Raising Questions in 9 All-Stravinsky Concerts." *New York Times*, 6. Juli 1990, S. C5
Kramer, H., „Yet Another Surprise from Picasso." *Insight*, 22. Dez. 1986, S. 60–70
– „The Man Who Held the Cubists Together: Review of P. Assouline, *An Artful life: A Biography* of D. H. Kahnweiler." *New York Times Book Review*, 2. Sept. 1990, S. 8 f.
Kroeber, A., *Configurations of Cultural Growth*. Berkeley 1944
Kuhn, T., *The Structure of Scientific Revolutions*. 2. Aufl. Chicago 1970 (dt.: *Die Struktur wissenschaftlicher Revolution*. Frankfurt/M. 1973)

Langbaum, R., „Modes of Characterization in The Waste Land." In: A. W. Litz (Hg.), a. a. O.

Langley, P., H. Simon, G. L. Bradshaw und J. M. Zytkow, *Scientific Discovery*. Cambridge, Mass. 1987
Laporte, P. M., „Cubism and relativity with a letter of Albert Einstein." *Leonardo* 21, 1988, S. 313–15
Lasch, C., *The True and Only Heaven*. New York 1991
Leavis, F. R., *The Waste Land*. In: H. Kenner (Hg.), a. a. O.
Lehman, H. C., *Age and Achievement*. Princeton 1953
Leighten, P., *Re-ordering the Universe: Picasso and Anarchism, 1897–1914*. Princeton 1989
Lenin, V. I., *Essential Works of Lenin*. New York 1916
Le Rider, J., *Modernité viennoise et crises d'identité*. Paris 1990
Lesure, F., *Igor Stravinsky: Le sacre du printemps*. Dossier de Press. Genf 1980
Lewis, W., „Early London Environment." In: H. Kenner (Hg.), a. a. O.
Libman, L., *And Music at the Close*. New York 1972
Litz, A. W., „The Waste Land Fifty Years After." In: A. W. Litz (Hg.), *Eliot in His Time: Essays on the Occasion of the Fiftieth Anniversary of* The Waste Land. Princeton, 1973
Lukacs, J., *Budapest 1900: A Historical Portrait of a City and Its Culture*. London 1989
– „The Short Century. It's Over." *New York Times*, 17. Febr. 1991, Teil 4, S. 13
Lutz, T., *American Nervousness, 1903*. Ithaca, N. Y. 1991

MacKinnon, D. W., „Personality Correlates of Creativity: A Study of American Architects." In: G. S. Neilson (Hg.), *Proceedings of the Fourteenth International Congress of Applied Psychology*, Bd. 2, Kopenhagen 1962, S. 11–39
Malraux, A., *Les voix du silence*. Paris 1956
Martin, J., Dance reviews. *New York Times*, 22. Okt. 1929, 5. Jan. 1930 u. 8. Febr. 1931
– *American Dancing*. New York 1936
Martin, M., *A Half Century of Eliot Criticism: An Annotated Bibliography of Books and Articles in English, 1916–1965*. Lewisburg, Pa. 1975
Martindale, C., *The Clockwork Muse*. New York 1990
Masson, J. M. (Hg.), *The Complete Letters of Sigmund Freud to Wilhelm Fliess, 1887–1904*. Cambridge, Mass. 1985 (dt.: *Sigmund Freud. Briefe an Wilhelm Fließ 1887–1904. Vollständige Ausgabe*. Frankfurt a. M. 1986)
Matthews, G., *Philosophy and the Young Child*. Cambridge, Mass. 1980
Mazo, J. H., *Prime Movers: The Makers of Modern Dance in America*. New York 1977
McCosh, C., *Martha Graham: An American Original*. Film, o. J.
McDonough, D., *Martha Graham: A Biography*. New York 1973

McLuhan, M., *Understanding Media: The Extensions of Man.* New York 1964 (dt.: *Die magischen Kanäle. Underständing Media.* Düsseldorf 1992)
Medawar, P., *Induction and Intuition.* Philadelphia 1969
Medcalf, S., „The Shaman's Secret Heart: T. S. Eliot as Visionary, Critic, and Humorist." *Times Literary Supplement,* 2. Okt. 1992, S. 10–12
Mehta, V., *Mahatma Gandhi and His Apostles.* New York 1976
Merton, R. K., „Singletons and Multiples in Scientific Discovery. A Chapter in the Sociology of Science." *Proceedings of the American Philosophical Society* 105, 1961, S. 470–86
– „The Matthew Effect in Science." *Science* 159, 1968, S. 56–63
Miller, A., *Frontiers of Physics:* 1900–1911: *Selected Essays.* Boston 1968a
– *Imagery in Scientific Thought.* Cambridge, Mass. 1986b
– Scientific Creativity: A Comparative Study of Henri Poincaré and Albert Einstein." *Creativity Research Journal,* 1993
Miller, J. E., *T. S. Eliot's Personal Waste Land: Exorcism of the Demons.* University Park 1977
Moody, A. D. (Hg.), *The Waste Land in Different Voices.* London 1974
Morgan, B., *Martha Graham: Sixteen Dances in Photographs.* Dobbs Ferry 1941
Morris, G. L. K., „Marie, Marie, Hold On Tight." In: H. Kenner, a. a. O.
Moss, H., „Masterpieces: A Review of Rainer Maria Rilke's Letters on Cézanne." *New Yorker,* 7. Juli 1986, S. 80–82
Murray, H. A., *Endeavors in Personality.* New York 1981
Museum of Modern Art. *Picasso and Braque: Pioneering Cubism.* New York 1989
Musil, R., *Der Mann ohne Eigenschaften.* Hamburg 1978.

Nambodiripod, E. M. S., *The Mahatma and the Isms.* Kalkutta 1981
Nanda, B. R., *Gandhi and His Critics.* Delhi, 1985
Nayar, R., „Crises of Nation and Creed." *Times Literary Supplement,* 8–14. Juni 1990, S. 603
Nelson, B. (Hg.), *Freud on Creativity and the Unconscious.* New York 1958
Newell, A., und H. Simon, *Human Problem Solving.* Englewood Cliffs 1972
Nordmann, C., *Einstein and the Universe:* A *Popular Exposition of the Famous Theory.* London 1972
Norman, C., *Ezra Pound.* Verb. Aufl. London 1969
Norris, C., *What's Wrong with Post Modernism.* Hemel Hempstead 1991
Nunberg, H. (Hg.), *Minutes of the Vienna Psychoanalytic Society,* Bd. 1, New York 1962

Ozick, C., „T. S. Eliot at 101." *New Yorker,* 20. Nov. 1989, S. 119–54

Pais, A., Subtle Is the Lord. The Science and the Life of Albert Einstein. New York 1982 (dt.: „Raffiniert ist der Herrgott ..." Albert Einstein. Eine wissenschaftliche Biographie. Braunschweig-Wiesbaden 1986.)
Payne, R., The Life and Death of Mahatma Gandhi. New York 1990
Penrose, R., Picasso: His Life and Works, 3. Aufl., Berkeley 1981
Perkins, D. N., The Mind's Best Work. Cambridge, Mass. 1981
- „Creativity: Beyond the Darwinian Paradigm." Beitrag zum Symposium The Achievement Project, Kent, England, 13.–15. Dez. 1991
Perloff, M., Post-modern Genres. Norman 1989
Pfaff, W., „Fallen Hero. Review of T. E. Lawrence." New Yorker, 8. Mai 1989, S. 105–15
Piaget, J., The Child's Conception of the World. Totowa, N. Y., 1965 (Orig.: La construction du réel chez l'enfant. Neuchâtel 1971, (dt.: Das Weltbild des Kindes, Stuttgart 1978)
- The Child's Conception of Movement and Speed. London 1970. (Orig.: Les notions de mouvement et de vitesse chez l'enfant, Paris ^{2}1972)
Pierpont, C. R., „Maenads". New Yorker, 20. Aug. 1990, S. 82–91
Polak, H. S., H. N. Brailsford und L. Pethick-Lawrence, Mahatama Gandhi. London 1949
Polanyi, M., Personal Knowledge. Chicago 1958 (dt.: Implizites Wissen. Frankfurt/M. 1985)
Popper, K., The Poverty of Historicism. New York 1964 (dt.: Das Elend des Historizismus. Tübingen ^{6}1987)
- Unended Quest. London 1976 (dt.: Ausgangspunkte: meine intellektuelle Entwicklung. Hamburg 1979)
Postman, N., The Disappearance of Childhood. New York 1982 (dt.: Das Verschwinden der Kindheit. Frankfurt/M. 1986)
Pound, E., „Mr. Eliot's Solid Merit." In: H. Kenner, a. a. O.
Pribram, K. und M. M. Gill, Freud's Project Reassessed. New York 1976
Pyenson, L., The Young Einstein. Bristol, England 1985

Rau, H., Gandhi. Reinbek 1970
Raymond, C., „Study of Patient Histories Suggests Freud Expressed or Distorted Facts that Contradicted His Theories." Chronicle of Higher Education, 19. Mai 1991, S. A4–6.
Rhodes, R., The Making of the Atomic Bomb. New York 1986
Richardson, J., A Life of Picasso: Volume 1, 1881–1906. New York 1991
Riding, A., „Contrite Paris Hails Nijinsky's ‚Sacre'." New York Times, 29. Sept. 1990, S. 17

Rieff, P., *Freud: The Mind of the Moralist*. New York 1959
Rogosin, E., *The Dance Makers*. New York 1980
Rolland, R., *Mahatma Gandhi*. New York 1924 (Orig.: *Mahatma Gandhi*. Paris 1924)
Rosenberg, H., *The Tradition of the New*. New York 1959
Rotenstreich, N., „Relativity and Relativism." In: G. Holton und Y. Elkana, a. a. O., S. 175–204
Russell, F. D., *Picasso's Guernica*. London 1980
Russell, J., „Picassos's Sketchbooks Show the Prolific Talent of a Genius." *New York Times*, 27. Apr. 1986, S. 1 u. 39

Saal, H., „Goddess in the Wings." *Newsweek*, 14. Mai 1973, S. 87
Schank, R. C., „Creativity as a Mechanical Process." In: R. J. Sternberg (Hg.), a. a. O., S. 220–42
Scherliess, V., *Igor Strawinsky. Le sacre du printemps*. München 1982
Schiff, G., *Picasso in Perspective*. New York 1976
Schilpp, P. A. (Hg.), *Albert Einstein: Philosopher-Scientist*. Evanston 1949 (dt.: *Albert Einstein als Philosoph und Naturforscher*. Braunschweig-Wiesbaden 1979)
Schonberg, H., „It All Came Too Easily for Camille Saint-Saens." *New York Times*, 12. Jan. 1969, Teil 2, S. 17
Schorske, C., *Fin-de-siècle Vienna: Politics and Culture*. New York 1979 (dt.: *Wien. Geist und Gesellschaft im Fin de Siècle*. Frankfurt/M. 1985)
Sencourt, R., *T. S. Eliot: A Memoir*. New York 1979
Sennett, R., „Fragments Against the Ruin: A Review of A. Giddens, The Consequences of Modernity." *Times Literary Supplement*, 8. Febr. 1991, S. 6
Shattuck, R., *The Banquet Years*. London 1969
Sheean, V., *Kindly Light*. New York 1949
Shelton, S., *Divine Dancer: A Biography of Ruth St. Denis*. New York 1981
Shirer, W. L., *Gandhi: A Memoir*. New York 1979
Showalter, E., *Sexual Anarchy: Gender and Culture at the Fin-de-Siècle*. New York 1990
Siegel, M. B., „A Visit to the Lighthouse That Is Martha Graham." *Boston Globe*, 29. Apr. 1973, Teil B, S. 21
– *The Stages of Design: Images of American Dance*. Boston 1979
Simonton, D. K., *Genius, Creativity, and Leadership*. Cambridge, Mass. 1984
– „Creativity, Leadership, and Chance." In: R. J. Sternberg (Hg.) a. a. O., S. 386–436
– *Scientific Genius*. New York 1989
– *Psychology, Science, and History*. New Haven 1990

Skinner, B. F., The Science of Behavior. New York 1953
Snell, R., „A Dialogue with Tradition: Review of On Classic Ground: Picasso, Léger, de Chirico and the New Classicism." Times Literary Supplement, 22.–28. Juni 1990, S. 669
Snow, C. P., The Two Cultures and the Scientific Revolution. New York 1959
Spencer, S., „Being Different." New York Times Magazine, 22. Sept. 1991, S. 47
Spender, S., T. S. Eliot. New York 1975
Spurr, D., „The Inner Xanadu of The Waste Land." In: D. Spurr (Hg.), Conflicts in Consciousness: T. S. Eliot's Poetry and Criticism. Urbana 1984
Stachel, J. (Hg.), The Collected Papers of Albert Einstein, Volume 1: The Early Years, 1879–1902. Princeton 1987
– The Collected Papers of Albert Einstein, Volume 2: The Swiss Years: Writings 1900–1909. Princeton 1989
– Referat über Einstein und das Judentum im Rahmen des Seminars über den jungen Einstein, N. Andover, Mass., Oktober 1990
Staller, N., „Early Picasso and the Origins of Cubism." Arts Magazine 61, 1986, S. 80–90
Steegmüller, S., Your Isadora. New York 1974
Stein, G., Gertrude Stein on Picasso. Hgg. v. E. Burns. New York 1970
Steinberg, M., „Graham: Sometimes Maddening but Exciting." Boston Globe, 19. Nov. 1973
Sternberg, R. J., Beyond IQ. New York 1985
– (Hg.), The Nature of Creativity. New York 1988
Sternberg, R. J. und J. E. Davidson (Hgg.), Conceptions of Giftedness. New York 1986
Stevens, M., „Low and Behold." New Republic, 24. Dez. 1990, S. 27–33
Stodelle, E., Deep Song: The Dance Story of Martha Graham. New York 1984
Stoppard, T., Travesties. New York 1975
Strachey, L., Eminent Victorians. London 1988 (erstm. publ. 1918)
Stravinsky, I., An Autobiography. New York 1936
– An Autobiography. New York 1962
– The Rite of Spring, Sketches, 1911–1913. London 1969
– The Poetics of Music. Cambridge, Mass. 1970
– The Rite of Spring in Full Score. New York 1989
Stravinsky, I. und R. Craft, Expositions and Developments. London 1962
Strawinsky, I., Igor Strawinsky. Leben und Werk – von ihm selbst. Zürich-Mainz 1957
– Musikalische Poetik. Wiesbaden 1960
Sulloway, F. J., Freud: Biologist of the Mind. New York 1983
Svarny, E., „The men of 1914": T. S. Eliot and Early Modernism." Philadelphia 1988
Swenson, L. S., Genesis of Relativity: Einstein in Context. New York 1979

Tansman, I., *Igor Stravinsky: The Man and His Music*. New York 1949
Taylor, C., *Sources of the Self: The Making of the Modern Identity*. Cambridge, Mass. 1989 (dt.: *Quellen des Selbst. Die Entstehung der neuzeitlichen Identität*, Frankfurt/M. 1994)
Taylor, R., „Picasso: Sketchbooks a Dazzling Revelation of Artist's Imagination." *Boston Globe*, 13. Juli 1986, S. A1, 13
– „Picasso: Fragments of Genius." *Boston Sunday Globe*, 19. Okt. 1986, S. 105f.
Terry, W., *The Legacy of Isadora Duncan and Ruth St. Denis*. Brooklyn, 1960, Nr. 5
– *Frontiers of Dance: The Life of Martha Graham*. New York 1975
– *Ted Shawn: Father of American Dance*. New York 1976
– *I Was There: Selected Dance Reviews and Articles 1936–1976*. Dekker 1978
Teuber, M., *Kubismus: Künstler, Themen, Werke, 1907–1920*. Köln, Kunsthalle 1982
Tobias, T., „A Conversation with Martha Graham." *Dance Magazine*, März 1984
Torrance, E. P., *Guiding Creative Talent*. Englewood Cliffs 1984
– „The Nature of Creativity as Manifest in Its Testing." In: R. J. Sternberg, a. a. O. S. 43–75
Toulmin, S., *Cosmopolis: The Hidden Agenda of Modernity*. New York 1990 (dt.: *Kosmopolis. Die unerkannten Aufgaben der Moderne*. Fankfurt/M. 1994)
Tuchman, B., *The Proud Tower*. New York 1967

Van den Toorn, P. C., *The Music of Igor Stravinsky*. New Haven 1983
– *Stravinsky and The Rite of Spring: The Beginnings of a Musical Language*. Berkeley 1987
Varnedoe, K., *Vienna 1900: Art, Architecture, and Design*. Boston 1986
Vasari, G., *Lives of the Artists*. New York 1987 (Orig.: *Le vite dei più celebri pittori, scultori e architetti di Giorgio Vasari*. 4. Aufl. Florenz 1913.)
Vernon, P. (Hg.), *Creativity*. London 1970
Vlad, R., *Stravinsky*. 2. Aufl. Londom 1967

Waldholz, M., „Doubted and Resisted, Freud's Daring Map of the Mind Endures." *Wall Street Journal*, 2. Dez. 1991, Teil A, S. 1 u. 8.
Wallace, D. und H. E. Gruber (Hgg.), *Creative People at Work*. New York 1990
Wallach, M., *The Intelligenc-Creativity Distinction*. Morristown 1971
Wallas, G., *The Art of Thought*. New York 1926
Walters, G. und H. Gardner, „The Crystallizing Experience." In: R. J. Sternberg u. J. E. Davidson (Hgg.), a. a. O., S. 306–31
Ward, N., „Fourmillante Cité: Baudelaire and *The Waste Land*." In: A. D. Moody (Hg.), a. a. O.

Watkins, M., Dance Reviews. *New York Herald Tribune*, 25. Jan. 1931 u. 22. Febr. 1931

Weisberg, R., *Creativity, Genius, and Other Myths*. New York 1986 (dt.: *Kreativität und Begabung. Was wir mit Mozart, Einstein und Picasso gemeinsam haben.* Heidelberg 1989)

Wertheimer, M., *Productive Thinking*. New York 1959

White, E. W., *Stravinsky: A Critical Survey*. London 1947

White, E. W. und J. Noble, „Igor Stravinsky." In: *The New Grove Dictionary of Music*. London 1980, S. 240–65

Whitehead, A. N., *The Aims of Education and Other Essays*. New York 1926

Whitney, C., „Two More T. S. Eliot Poems Found." *New York Times*, 2. Nov. 1991, S. 13

Whyte, L. L., *The Unconscious before Freud*. New York 1978

Williamson, G., *A Reader's Guide to T. S. Eliot: A Poem by Poem Analysis*. New York 1953

Wilford, J. N., „Letter to Supporter Records Einstein's Search for Proof." *New York Times*, 24. März 1992, S. C1

Wilson, A. N., *Eminent Victorians*. New York 1990

Wilson, E., *Axel's Castle*. New York 1959

– *To the Finland Station*. London 1962

– *The Twenties*. New York 1975

Winn, M., *Children without Childhood*. New York 1983

Wittels, F., *Sigmund Freud. Der Mann, die Lehre, die Schule*. Leipzig 1924

Wohl, R., *The Generation of 1914*. Cambridge, Mass. 1979

Wolpert, S., *Tilak and Gokhale: Revolution and Reform in the Making of Modern India*. Berkeley 1962

Zuckerman, H. und R. K. Merton, „Age, Aging, and Age Structure in Science." In: M. W. Riley (Hg.), *Aging and Society*. New York 1972, S. 292–356.

Personenregister

Aaron 109
Adams, John 476
Adler, Alfred 70, 106, 111
Aiken, Conrad 279, 287f., 296, 306f.
Alain-Fournier (Henri-Alban Fournier) 282
Aldington, Richard 290, 306f.
Allen, Woody 112
Amabile, Teresa 45f.
Anderson, John Murray 326
Andreas-Salomé, Lou 108
Andrewes, Lancelot 303
Ansermet, Ernest 254f.
Antheil, George 338
Apollinaire, Guillaume 187, 193, 200f., 209, 225, 306
Aristoteles 125, 297
Armitage, Merle 346
Arnheim, Rudolf 42, 216f.
Asimov, Isaac 120
Auden, W. H. 269, 273, 301, 357, 442
Augustinus 14, 375

Babbitt, Irving 279, 282, 302, 308
Bach, David 70
Bach, Johann Sebastian 31, 61, 265
Bakst, Léon 238
Balakirev, Mili 235
Balanchine, George 22, 35, 263, 345, 367
Balmont, Konstantin 243
Bamberger, Jeanne 176
Barlach, Ernst 328

Barnes, Clive 367
Barnett, Lincoln 158
Barr, Alfred 202, 206
Bartók, Béla 28, 260, 368
Baudelaire, Charles 117, 280, 293, 469, 475
Beethoven, Ludwig van 193, 236, 447
Belitt, Ben 346
Ben Gurion, David 156
Benjamin, Walter 469
Bennett, Robert Russell 268
Benois, Alexander 238f., 242f., 456
Berger, John 223
Bergson, Henri 110, 282
Berlin, Isajah 166
Berlioz, Hector 176
Bernays, Martha 73, 83
Bernays, Minna 83
Bernstein, Aaron 120
Besso, Michele (Michelangelo) 61, 132f., 136f., 141, 456
Binet, Alfred 38
Biracree, Thelma 326
Birkenhead, Lord Frederick 408
Bloom, Benjamin 53
Blunt, Anthony 216, 221
Boden, Margaret 41
Bohr, Niels 159f.
Boltzmann, Ludwig 101, 122, 137, 140, 146
Bondi, Hermann 141
Born, Max 160
Borodin, Alexander 235, 238
Bosset, Vera de 265, 273

536 Personenregister

Boswell, James 271
Botticelli, Sandro 321
Boucourechliev, André 242, 261
Boulanger, Nadia 238
Boyle, Robert 41
Bradley, F. H. 283
Brahms, Johannes 210
Braque, Georges 21, 34, 179, 198 ff., 203–210, 225, 227, 242, 255, 262, 285, 306, 315, 317, 334, 391, 455 f., 467
Brassaï (d. i. Gyula Halasz) 182, 195
Brecht, Bertolt 263, 470
Brentano, Franz 73, 86, 101
Breuer, Josef 76, 79 ff., 83 f., 92, 95, 101, 108, 181, 447
Brodsky, Joseph 476
Broglie, Louis de 159
Brontë, Emily 350, 354, 431
Brooks, Cleanth 297
Brooks, Van Wyck 279
Broomfield, C. N. 393
Brown, Judith 390, 394, 417
Brücke, Wilhelm von 75 f., 78 f., 81, 83, 89, 447
Büchner, Ludwig 120
Buddha 30, 407 f., 423, 450

Cage, John 476
Calvino, Italo 476
Campbell, John 369
Carlyle, Thomas 395
Carrière, Eugène 185
Casagemas, Carlos 184, 188 f., 191, 225
Cases, Roman (Ramón Casas) 184
Cassirer, Ernst 147
Cervantes, Miguel de 73

Cézanne, Paul 22, 192, 194 f., 197, 199–202, 207 ff., 317
Chagall, Marc 225
Chamberlain, Neville 416
Chaplin, Charlie 223
Charcot, Jean-Martin 76–83, 86, 88, 94 f., 110, 138, 188, 441, 447
Chopin, Frédéric 238
Christus 30, 407, 423, 450
Chrobak, Rudolf 95
Churchill, Winston S. 35, 408, 450
Clausewitz, Carl von 256
Cocteau, Jean 201, 211, 263
Cohan, Robert 360 f.
Cohen, Morris Raphael 124
Cole, Michael 13
Conrad, Joseph 285, 295
Copland, Aaron 347
Cornell, Katherine 346, 363
Courbet, Gustave 223
Cowell, Henry 338
Craft, Robert 231, 264, 269–273, 315
Crane, Hart 353
Crick, Francis 54
Csikszentmihalyi, Mihaly 13, 41, 45, 55, 58
Cui, Cesar 235
Cunningham, Merce 345
Curie, Marie 151

Damon, William 13
Dante Alighieri 293, 303, 311
Darwin, Charles 42, 73, 99 ff., 109, 120, 146, 151, 163, 471
Dave, Mavji 376
Davenport, Marcia 300
Davie, Donald 312

Debussy, Claude 240, 243, 245,
  248, 250, 252, 306, 317
Degas, Edgar 194
de Gaulle, Charles 35
Delacroix, Eugène 194, 217, 223
Denby, Edwin 332
Deng Xiaoping 378
DeQuincey, Thomas 353
Derain, André 194
Desai, Mahadev 405
Dewey, John 103
Diaghilew, Serge 21, 211, 237–242,
  244f., 254, 258, 261, 270ff., 306,
  315, 320, 367, 391, 447, 455f.,
  467
Diamond, David 338
Dickens, Charles 210, 292 Anm.
Dickinson, Amelie 61
Dickinson, Emily 61, 344f., 350
Dirac, Paul 159
Djerassi, Carl 442
Donne, John 311
Dostojewski, Fjodor 87, 232
Dreiser, Theodore 285
Druschkin, Michail 265
Dukas, Helen 165
Duncan, David Douglas 223
Duncan, Isadora 22, 35, 210, 321f.,
  342, 348, 363, 367
Dunne, Annie 277
Durkheim, Emile 282
Duschkin, Samuel 264
Duse, Eleonora 326
Dyer, R. E. H. 392
Dyson, Frank 153

Eckermann, Johann Peter 271
Eddington, Arthur 152
Einstein, Albert s. Sachregister
Einstein, Hermann 118f.
Einstein, Jakob 119f., 437
Eisenstein, Sergej 471
Eksteins, Modris 35
Elgar, Edward 285
Elgin, Lord 381
El Greco 191, 194, 223
Eliot, Charles William 277, 279
Eliot, Charlotte Champe 277f.
Eliot, George 285
Eliot, Henry Ware 277, 290
Eliot, T. S. s. Sachregister
Eliot, Valerie 309, 313, 315
Eliot, Vivien 276, 288, 293f., 300,
  307, 313, 315, 455f.
Eliot, William Greenleaf 277
Ellis, Havelock 110
Eluard, Paul 201
Emerson, Ralph Waldo 395
Erdman, Jean 345
Erikson, Erik 11, 79, 282, 388, 396,
  406
Esser, Bertha 234
Euklid 116, 158
Eysenck, Hans 433

Faber, Geoffrey 300f.
Fagus, Félicien 186
Faraday, Michael 127f., 144, 146,
  445
Federn, Paul 70
Feldman, David 13, 53, 55, 57, 175
Ferenczi, Sándor 70, 106
Fischer, Bobby 175
Fischer, Louis 377, 410
Fish, Hamilton 279
Flaubert, Gustave 436
Fletcher, Valerie s. Eliot, Valerie
Fließ, Wilhelm 26, 61, 83ff., 88,

91 f., 94, 96, 100 f., 103, 108, 133, 454 ff.
Fluß, Emil 73
Fokin, Michail 238 f., 242 f., 245, 320, 333, 340, 456
Föppl, August 123, 128
Forster, E. M. 290
Foucault, Michel 32
Franco, Francisco 471
Frank, Philipp 127, 136
Freud, Amalie 71, 118
Freud, Jakob 71, 118
Freud, Sigmund s. Sachregister

Galilei, Galileo 124 f., 144 f., 157, 163
Gandhi, Mahatma s. Sachregister
Garafola, Lynn 354
Gardner, Helen 276
Gardner, Isabella Stewart 290
Gauguin, Paul 185, 194
Gauß, Carl 175, 471
Gedo, Mary 178, 191, 201, 212, 222, 225
Geertz, Clifford 444
Giacometti, Alberto 225
Gibbs, Angela 363
Gide, André 263
Gilot, Françoise 222, 224, 226 f., 271
Glasunov, Alexander 235
Glinka, Michail 235
Gödel, Kurt 471
Godse, Nathuram Vinayak 417
Goethe, Johann Wolfgang von 71, 87, 271
Gogh, Vincent van 61, 185, 192, 210
Gokhale, Gopal Krishna 386 f., 406, 447
Goldberg, Stanley 150

González, Julio 201
Gorham, Robert 325
Gorodeckij, Sergej 244
Goya, Francisco 184
Graf, Max 70
Graham, George 322 ff.
Graham, Jane Beers 322
Graham, Martha s. Sachregister
Gris, Juan (José V. González) 206, 225
Grossmann, Marcel 122, 124, 132, 136, 140
Gruber, Howard 42, 47, 56, 428, 450
Grünewald, Mathias 217
Guilford, Joy P. 39
Gustafson, Esther 326
Guy, Constantin 469

Habicht, Conrad 133
Haigh-Wood, Vivien s. Eliot, Vivien
Halston (Designer) 365
Hardy, Thomas 285
Hawkins, Erick 345 f., 348 ff., 353 f.
Hawthorne, Nathaniel 340
Hayward, John 309
Hegel, Georg Wilhelm Friedrich 32
Heisenberg, Werner 159
Heller, Hugo 70
Helmholtz, Hermann von 73, 75 f., 81, 86, 91, 122, 445, 472
Herder, Johann Gottfried 87
Hertz, Heinrich 122, 128, 146
Hill, Martha 346, 365
Hilton, Timothy 197, 212, 217
Hitler, Adolf 35, 408, 416, 470 f.
Hobhouse, Leonard 468
Hoffmann, Banesh 154, 162
Hofmannsthal, Hugo von 101
Hogarth, William 269

Hollerung, Edwin 70
Holm, Hanya 345, 367
Holmes, Frederic 42
Holton, Gerald 87, 123, 140, 148
Horst, Betty 334
Horst, Louis 327, 334f., 338, 340, 345, 349f., 354, 364, 369, 422, 447, 455f.
Hughes, Ted 301
Hugo, Valentine Gross 249
Humbert, Marcelle („Eva") 211, 227
Hume, David 133
Humphrey, Doris 329, 333f., 345, 363, 367
Hurok, Sol 365
Huxley, Aldous 269, 307
Huxley, Julian 307
Huxley, Thomas 109, 395

Infeld, Leopold 156
Ingres, Jean-Auguste 194, 210, 217, 223
Irwin, Lord 407, 412

Jacob, Max 187, 201, 225, 306
James, Henry 283f., 304
James, William 202
Janet, Pierre 81, 107f., 454
Jelatschitsch, Alexander 234
Jinnah, Mohammed Ali 416
Johnson, Hunter 338, 346
Johnson, Samuel 271, 311
John-Steiner, Vera 13
Jones, Ernest 70f., 101, 107
Jonson, Ben 278
Joplin, Scott 364
Joyce, James 19f., 34, 210, 252, 260, 285, 308, 312, 355

Jung, Carl Gustav 20, 70, 105ff., 111, 352, 360

Kahnweiler, Daniel-Henry 198, 225
Kandinsky, Wassily 326, 328
Kant, Immanuel 120, 124, 467
Kaufmann, Walter 150
Keats, John 287, 431
Kiefer, Anselm 476
Kierkegaard, Sören 87
King jr., Martin Luther 22, 419, 423
Kipling, Rudyard 285
Kirchhoff, Gustav 122, 128
Kirstein, Lincoln 332, 342
Klein, Melanie 111
Klimt, Gustav 101
Knopf, Alfred 290
Koklova, Olga 21, 211f., 225
Koller, Carl 77
Konfuzius 14, 30f.
Kopernikus, Nikolaus 166
Krafft-Ebing, Richard von 80, 82, 110
Kraus, Karl 71, 101, 466
Kuhn, Thomas 125
Kussewitzky, Serge 255

La Argentina 331
Laban, Rudolph van 334
Lacan, Jacques 111
Laforgue, Jules 280, 282, 287, 310, 317, 447
Laloy, Louis 248
Lamington, Lord 387
Lang, Pearl 360
Langevin, Paul 137
Lauterer, Arch 345
Lavoisier, Antoine 42

Lenin, eig. Wladimir Iljitsch Uljanow 19 f., 35, 450
Leonardo da Vinci 44
Lessing, Gotthold Ephraim 73
Levinson, André 333
Lévy, Alexis Manuel (Claude Roland-Manuel) 266, 271
Lewis, C. Day 299
Lewis, Wyndham 237, 284, 292, 306 f.
Limón, José 346
Lincoln, Abraham 375
Lippmann, Walter 110, 279
Longfellow, Henry Wadsworth 279, 322
Loos, Adolf 101 f.
Lorentz, Hendrik Antoon 122 f., 124 ff., 130 f., 137, 143, 145–151, 153, 161, 163, 445, 472
Lowell, Amy 296
Luening, Otto 346
Luther, Martin 375

Maar, Dora 212, 216, 225
Mach, Ernst 128 ff., 133, 146, 148, 162, 445, 447
MacLeish, Archibald 346
MacNeice, Louis 301
Mahler, Gustav 22, 101 f.
Malcolm, Janet 112
Mallarmé, Stéfane 22
Malraux, André 20
Manet, Edouard 194, 223
Mann, Thomas 108
Mao Zedong 22, 35, 378
Mare, Walter de la 353
Marić (Einstein), Mileva 132 f.
Martin, John 331 f., 338 f.
Marx, Groucho 309

Marx, Karl 103, 111
Maslow, Sophie 345
Massine, Léonide 253, 338, 340
Masson, Jeffrey 96
Matisse, Henri 192, 194, 198, 201, 226 f., 306, 467
Maurras, Charles 282, 302, 308
Maxwell, James Clark 122 ff., 127 f., 130, 144, 146, 161, 445, 447, 472
McClintock, Barbara 29
McDonald, Betty 326
McDonough, Donald 346
McLuhan, Marshall 20
Mead, Margaret 29
Medawar, Peter 57
Mehta, Ved 377, 417
Mehtab, Sheik 375
Mencken, H. L. 284
Mendel, Gregor 61
Mendelssohn-Bartholdi, Felix 174
Michelson, Albert 129 ff., 144
Mill, John Stuart 73, 110, 133
Millais, Everett 174
Mille, Agnes de 321, 329, 335, 353, 360 f., 367 f.
Miller, Arthur J. 136, 146
Miller, Webb 411
Millikan, Robert 137
Miłosz, Cseslaw 7 f., 186, 466
Milton, John 303
Minkowski, Hermann 148
Mohammed 30, 407
Molière, d. i. Jean-Baptiste Poquelin 73
Monet, Claude 185, 210
Monnet, Jean 35
Monroe, Harriet 284
Monte, Elisa 357

Monteux, Pierre 243, 247, 252, 255, 456
Morgan, Barbara 329, 337, 346
Morley, Edward 129 ff., 144
Moses 31, 109
Mountbatten, Lord Louis 416
Mozart, Wolfgang Amadeus 14, 27, 53, 174 ff., 178, 180, 182 f., 193, 431, 451
Murray, Gilbert 408
Murry, John Middleton 209
Musil, Robert 101, 467
Mussolini, Benito 35, 408
Mussorgskij, Modest 235

Nabokov, Vladimir 232
Naidu, Sarojini 411
Nanda, Bal Ram 401, 415
Nehru, Jawaharlal 404, 408, 410, 418 ff.
Newman, Ernest 249
Newton, Sir Isaac 34, 91 f., 125–131, 138, 141 f., 144 ff., 149, 151, 163, 166, 445, 472
Nietzsche, Friedrich 34, 108, 112, 334, 360, 467, 471
Nijinskiy, Vaclav 238 f., 243, 245, 249, 251, 252 f., 306, 357, 456
Noble, Jeremy 236
Noguchi, Isamu 340, 345, 347, 351
Nonell, Isidre (Isidro) 184

O'Donnell, May 345
O'Keeffe, Georgia 29
Olivier, Fernande 207
Olson, David 13
Orwell, George 375
Ostwald, F. W. 139
Ozick, Cynthia 311

Pallarés, Manuel 207
Pappenheim, Bertha (= Anna O.) 79 ff.
Pasternak, Boris 232
Patel, Vallabhbai 405
Pauli, Wolfgang 134
Pawlowa, Anna 331
Payne, Robert 389
Pearson, Karl 133
Péguy, Charles 468
Penrose, Roland 198, 207, 223
Pergolesi, Giovanni 261
Perkins, David 13, 41
Perkins, Maxwell 238
Pestalozzi, Johann Heinrich 120
Pfaff, William 468
Piaget, Jean 11, 13, 42, 117, 170, 434
Picasso, Jacqueline 225, 315
Picasso, Pablo s. Sachregister
Pissaro, Camille 185
Planck, Max 136, 147 ff., 151, 159
Platon 353, 359
Pokrovskij, Ivan 234
Poincaré, Jules-Henri 123, 131, 133, 137, 146, 148 ff., 161, 163, 445, 447
Polak, Henry L. S. 383, 447
Pope, Alexander 293
Poulenc, Francis 338
Pound, Ezra 237, 276, 284 f., 287–295, 301, 306 ff., 310, 315, 447, 455 f.
Poussin, Nicolas 217
Prokofjew, Serge 338
Protas, Ron 349
Proust, Marcel 22
Pythagoras 471

Quinn, John 276, 284, 290 ff.

Rabi, I. I. 118
Raffael 183, 193
Ramuz, C. F. 255, 257, 263, 455
Rank, Otto 70, 106
Rauschenberg, Robert 476
Ravel, Maurice 245, 248, 250 f., 306
Raychandbai (Rajchandra) 378, 406, 447
Reed, John 279
Reinhardt, Max 238
Reinhart, Werner 256
Renoir, Auguste 185
Richards, I. A. 297
Richardson, John 182, 188, 192, 226
Richmond, Bruce 290
Rieger, Wallingford 338
Riemann, Bernhard 133
Rimskij-Korsakov, Nikolaj 235–240, 260, 271, 437, 441, 447
Rodin, Auguste 185
Roerich, Nikolaj 244 f., 253, 271, 455 f.
Rolland, Romain 108
Roosevelt, Eleanor 346
Roosevelt, Franklin D. 155
Roosevelt, Theodore 279
Rose, Billy 268
Rosenberg, Harold 470
Ross, Bertram 351, 359
Ross, Nancy Wilson 353
Rothafel, Samuel (Roxy) 339
Rothschild, Bethsabee de 365
Rousseau, Jean-Jacques 110, 375
Ruiz Blasco, José (Vater Picassos) 182
Ruskin, John 382, 395, 406, 447, 471

Russell, Bertrand 110, 156, 282, 288
Rutherford, Ernest 151

Sabartés, Jaime 184, 187, 196, 201, 225
Sabin, Evelyn 326
Saint-Denis, Ruth 21, 35, 321 f., 324, 334, 342, 348 f., 358, 363, 368, 437, 441, 447
Saint-Saëns, Camille 176
Salmon, André 187
Salomon, Gavriel 13
Sarabhai, Ambalal 389, 391, 407, 456
Sarabhai, Anasuya 389, 391, 405 f., 456
Satie, Eric 211
Schapiro, Karl 296
Schelling, Friedrich Wilhelm Joseph von 87
Schiller, Friedrich 73
Schleslin, Sonya 383, 447
Schnabel, Julian 476
Schnitzler, Arthur 101
Schönberg, Arnold 28, 34, 210, 268 ff., 355, 449
Schopenhauer, Arthur 112, 360
Schrödinger, Erwin 159
Seelig, Carl 140
Seurat, Georges 185 f.
Shakespeare, William 44, 73, 112, 293, 303, 367 f., 447
Shaw, George Bernard 285
Shawn, Ted 21, 322, 324 f., 349, 447
Shirer, William 372, 405, 414
Sickert, Walter 285
Signac, Paul 185
Silberstein, Eduard 73, 83
Simon, Henry 355

Simonton, Dean Keith 46f., 243, 428, 450
Skinner, B. F. 45
Smuts, Jan Christiaan 385
Snow, P. C. 278
Sokolow, Anna 345f.
Sokrates 30, 398
Solovine, Maurice 133
Sophokles 112, 338, 351
Sosniak, Lauren 53
Speer, Albert 471
Spender, Stephen 301
Spengler, Oswald 295, 333
Spinoza, Baruch 133
Stalin, Joseph 378, 408, 416, 470f.
Standish, Miles 322
Stein, Gertrude 177, 193, 198, 207, 227, 299, 306
Stekel, Wilhelm 70
Stella, Frank 476
Steloff, Frances 326, 365
Sternberg, Robert 41
Stieglitz, Alfred 238
Stodelle, Ernestine 339, 367
Stokowski, Leopold 338
Stoppard, Tom 19f., 22, 71, 112
Strachey, Lytton 290
Strauss, Richard 236, 250, 310
Strawinsky, Fjodor Ignatewitsch 234
Strawinsky, Igor s. Sachregister
Suvchinsky, Pierre 266, 271
Symons, Arthur 279f., 447
Szilard, Leo 155

Tagore, Rabindranath 388
Talmey, Max 120, 437
Tamiris, Helen 329
Tansman, Alexandre 252
Tausk, Viktor 108

Taylor, Paul 351
Tennyson, Alfred Lord 285, 311
Terman, Lewis 38
Terry, Walter 323, 332
Thayer, Schofield 290
Thomas von Aquin 31
Thomson, Virgil 367
Thoreau, Henry David 382, 395, 398, 406, 471
Tolstoj, Leo 382, 395, 398, 406f., 447, 471
Toorn, Pierre van den 247
Toulmin, Stephen 478
Toulouse-Lautrec, Henri de 184ff.
Tschaikowski, Peter 233, 235, 250
Tzara, Tristan 19f.

Uhde, Wilhelm 198, 205

Varèse, Edgar 359
Vechten, Carl van 249
Velázquez, Diego 184, 223
Verdenal, Jean 282
Verdi, Giuseppe 266

Wagner, Otto 101
Wagner, Richard 210, 230, 236, 266, 467, 471
Wallace, Lila Acheson 365
Wallas, Graham 442
Waldeyer, Wilhelm von 76
Walter, Marie-Thérèse 212, 225
Wang Yani 175
Warhol, Andy 476
Warren, Robert Penn 300
Watkins, Mary 331f., 338
Watson, James 54
Weber, Heinrich 122
Webern, Anton 270

Wechsler, David 38
Weidman, Charles 325, 329, 345
Weizmann, Chaim 156
Weston, Jessie L. 292
Whitehead, Alfred North 53, 154
Whitman, Walt 311
Wigman, Mary 333 f., 356, 363, 367, 471
Wilde, Oscar 19, 34
Williams, William Carlos 296
Wilson, Edmund 296
Winter, Ethel 345
Wittgenstein, Ludwig 101 f.

Woods, J. H. 290
Woolf, Virginia 22, 29, 34, 285, 290, 308, 312, 468
Wright, Frank Lloyd 368

Yeats, William Butler 285, 300, 430
Young, Stark 332

Zhou Enlai 378
Zola, Emile 285
Zurbarán, Francisco de 184, 223
Zweig, Arnold 108
Zweig, Stefan 108

Sachregister

„Abende für zeitgenössische Musik" 236
Abschied vom IQ (Gardner) 13, 432
Act of Judgment (Graham, 1934) 340
Act of Poetry (Graham, 1934) 340
„Akademie Olympia" 133, 139, 456
American Document (Graham, 1938) 344
American Provincials (Graham, 1934) 340
Anrufung (Picasso, 1901) 191
Appalachian Spring (Graham) 346 ff., 440 f.
Ash Wednesday (Eliot) 309
Asynchronie 61 f., 367 f., 430 f., 451–455
Auf der Suche nach der verlorenen Zeit (Proust) 298
Aufklärung (1700–1800) 164, 473

Bacchanale (Graham, 1931) 337
BACON (Computerprogramm) 41
Ballets russes 21, 238–243, 245–254, 262 f., 320, 340, 367, 467
Behaviorismus, Kreativität und 45
Beinhaus, Das (Picasso, 1945) 190
Bennington College 345 f.
Berkeley Institute of Personality Assessment 43, 433
Bildnis Gertrude Stein (Picasso, 1906) 193, 207
Bloomsbury-Zirkel 290, 431
Bonheur de vivre (Matisse) 226
Boyle-Mariottesches Gesetz 41
Burnt Norton (Eliot) 353

Cave of the Heart (Graham) 350 f., 353, 360
Charles Eliot Norton Lectures (Harvard) 266
Chronicle (Graham, 1936) 344
Chronique de ma vie (Autobiographie) (Strawinsky, 1936) 266, 271
Cocktailparty, Die (Eliot) 310
Computer, Kognitionswissenschaft und 40 ff.
Confidential Clerk, The (Eliot) 310
Criterion (Zeitschrift) 301

Dance (Graham, 1929) 327
Dance Repertory Theater 330 ff.
Daphnis und Chloë (Ravel) 245
Dark Meadow (Graham, 1946) 350
Deaths and Entrances (Graham, 1943) 345, 355
Deep Song (Graham, 1937) 344
demoiselles d'Avignon, Les (Picasso) 190, 194–199, 209, 215, 222, 226, 228, 440 f., 468
Denishawn (Ballett-Schule) 21, 322, 324–327, 329 ff., 334, 339, 367
Denksportaufgaben
– Einsteins Vorliebe für 116–120, 135 f., 141
– Freuds Vorliebe für 74 f., 94
Depression
– bei Freud 77
– bei Gandhi 436
– bei Graham 349
divergentes Denken 39

Domäne(n)
- als Grundlage von Kreativität 58 ff., 63 f., 442–446
- Definition 13
- Frühbegabung und 174–185
- Moderne im Spektrum der 469–476
- Probleme des kreativen Menschen mit seiner 51
- Wahl der 50 f., 53

Drei Abhandlungen zur Sexualtheorie (Freud) 105, 441
Drei Musikanten (Picasso, 1921) 215, 222

„E. C." (Typ des kreativen Menschen) 429 ff.
Egozentrik 433
Einführung in die Maxwellsche Theorie der Elektrizität (Föppl) 123
Einstein, Albert (1879–1955) 21, 23, 30, 33 f., 36, 54, 57, 61 f., 66, 92, 99, 115–167, 202, 312, 315 f., 420, 428, 436–444, 446, 449, 452 f., 459, 464, 467, 469, 472 f.
- Allgemeine Relativitätstheorie 139, 156 ff., 159 f., 441
- Einsamkeit 133 f.
- Freud und (Vergleich) 118 f., 132 f., 135, 137 f., 146, 150 ff., 160, 164 f., 168–171
- Herkunft und Kindheit 116–122
- Kind und Meister, Beziehung zwischen 26 f., 30, 117, 146, 153, 161 f., 434, 474 f.
- kreative Durchbrüche (Tabelle) 441
- Lichtstrahl, Gedankenexperiment mit 116, 121, 124, 441
- Marginalität 159 f.
- Meister seines Faches 122–140, 145 f., 161
- Persönlichkeit und Motivation 118–122, 132–135, 165 ff., 433 f., 436
- Philosophie 164–167, 441
- Politik und 154 ff., 165 ff., 449
- Ruhm und 151–154
- Spezielle Relativitätstheorie 121, 134, 137, 141–158, 441
- Unterstützung und Freunde 132 ff., 139, 148–151, 436, 438, 447 ff., 456

Ekstasis (Graham, 1931) 338, 350
Elder Statesman, The (Eliot) 310
Electra (Graham, 1931) 338
El Penitente (Graham, 1939) 343 f.
Eliot, T. S. (1888–1965) 11, 21 ff., 29, 33 f., 66, 192, 210, 263 f., 275–314, 353, 355, 432–441, 443, 447–450, 453, 458, 464, 467 ff., 474, 479
- als Dramatiker und Kritiker 289 ff., 301–308, 310 f., 316, 441, 446, 450
- Four Quartets 309, 312, 440 f.
- Herkunft und Kindheit 277–281, 286 f., 307 ff.
- im Alter 308–311
- Jugendgeschichten 277 ff., 286 f., 441
- Kind und Meister, Beziehung zwischen 308 f.
- kreative Durchbrüche (Tabelle) 441
- Love Song of J. Alfred Prufrock, The

21, 282, 284, 286 f., 293, 299, 311 ff., 441
- Marginalität 28, 30, 50 f., 291, 307, 312 f., 438
- Persönlichkeit und Motivation 280 ff., 307 f., 433–436
- Picasso und (Vergleich) 294 ff., 301, 306, 309–312, 315–318
- Strawinsky und (Vergleich) 237, 242, 244, 246, 252, 263 f., 267, 270, 294 ff., 301 f., 306, 308, 310 ff., 315–318
- Unterstützung und Freunde 283 ff., 288–295, 300 ff., 306 f., 315, 436–439, 447–450, 455 f.
- *The Waste Land* 21, 276, 281, 289, 292–301, 308, 311 ff., 436, 440 f., 469, 476

Entwicklungspsychologie, Kreativität und 51–55
Entwurf einer Psychologie (Freud) 89–92, 95, 97, 99 f., 192, 440 f.
Errand into the Maze (Graham, 1947) 351
Erster Weltkrieg 19–22, 109 f., 153 ff., 199, 225, 234, 256 f., 261 f., 276 f., 282 f., 288, 387, 464, 468 f.
Every Soul is a Circus (Graham, 1939) 344, 360
Experimentieren (bei kreativen Menschen) 53
Eye of Anguish, The (Graham) 353

Familie (der sieben Persönlichkeiten) 436 f., 466
- (des typischen kreativen Menschen) 429
Family Reunion, The (Eliot) 310

faustischer Handel
- kreativer Menschen 65 f., 430 f., 457 ff.
- und Einstein 166
- und T. S. Eliot 302, 313
- und Gandhi 384, 420
- und Martha Graham 360
- und Picasso 181, 227
- und Strawinsky 273

Feld
- als Basis der Kreativität 59 ff., 64, 447–450
- Definition 13

Feuervogel, Der (Strawinsky) 239–243, 245, 251, 260, 272, 454
Feuerwerk (Strawinsky) 236 f., 271
Finnegan's Wake (Joyce) 260
flow (-Zustand, -Erfahrung) 45 f., 430
Four Insincerities (Graham, 1929) 338
Four Quartets (Eliot) 309, 312, 440 f.
Fragments (Graham, 1928) 327
Frames of Mind (*Abschied vom IQ*, Gardner) 13, 432
Frau im Sessel, Die (Picasso, 1929) 215, 222
Frau mit Hut (Matisse) 226
Freud, Sigmund (1856–1939) 13, 20, 23 f., 29, 33 f., 61 f., 66, 69–113, 156, 163, 181, 185, 192, 266, 312, 315 f., 360, 432–453, 458, 461, 463, 466, 469, 473 f.
- Charcot und 76 ff., 81 ff., 86, 88, 94 f., 110, 138, 441
- *Drei Abhandlungen zur Sexualtheorie* 105, 441
- Einsamkeit 83–86, 170
- Einstein und 118 f., 132 f., 135, 137 f., 146, 150 ff., 160, 164 f., 168–171

- *Entwurf einer Psychologie* 89–92, 95, 97, 99f., 192, 440f.
- Gandhi und 401f., 418
- gesellschaftlich-anthropologische Werke 107, 109, 441
- Herkunft und Kindheit 71f.
- Karriere als Neurologe 75–83, 91
- kreative Durchbrüche (Tabelle) 441
- und Öffentlichkeit 107, 109, 448
- Persönlichkeit und Motivation 72–75, 84f., 105–109, 433f., 436f.
- Schaffung und Beherrschung einer neuen Domäne 26, 79–101, 103–111, 124, 137f.
- *Traumdeutung, Die* 70, 85, 88, 95, 97ff., 101, 104, 440f., 463
- unbewußte Prozesse und 44f., 80–83, 87f., 91–101
- universelle Begabung 73ff.
- Unterstützung und Freunde 25f., 30, 50, 70f., 79–86, 91, 103–113, 132, 436f., 447–450, 455f.

From Ritual to Romance (Weston) 292
Frontier (Graham, 1935) 340ff., 347, 440f.
fruchtbare Asynchronie 62, 452f.

Gandhi, Mahatma (1869–1948) 21ff., 35f., 54, 57, 66, 312, 371–420, 428, 432–444, 447–452, 454ff., 458, 463f., 469, 471f.
- als interpersonaler Neuerer 30, 50, 373f.
- Freud und (Vergleich) 401f., 418
- Graham und (Vergleich) 421ff.
- Herkunft und Kindheit 373–378
- in Europa 376ff., 412ff.
- in Natal 379, 441
- kreative Durchbrüche (Tabelle) 441
- Londoner Konferenz und 412ff.
- Persönlichkeit und Motivation 384f., 401–408, 433–436
- und Politik 379–382, 384ff., 388–394, 409–414, 416f., 450
- Rückkehr nach Indien 378, 386ff., 415f., 437
- Salzmarsch 409–412, 440f.
- *satyagraha* 30, 385, 387f., 394–402, 408–412, 418, 435, 441, 450, 475
- Streik in Ahmedabad 388–392, 440f.
- Südafrika und 378–386, 397, 436, 441
- Unterstützung und Freunde 378, 383, 387, 389f., 403–407, 436–439, 447–450, 456

Gauklerfamilie, Die (Picasso, 1905) 190
Genetik, Kreativität und 57, 433
Geschichte meiner Experimente mit der Wahrheit, Die (Gandhi) 401
Geschichte vom Soldaten, Die (Strawinsky) 21, 257, 469
Gestaltpsychologie 40ff.
Goethepreis, Freud und 110
Graham, Martha (1894–1991) 21f., 24, 29ff., 35, 54, 66, 210, 253, 311f., 316ff., 319–369, 377, 428, 432–443, 446ff., 452f., 459, 461, 463f., 468ff., 474
- *Appalachian Spring* 346ff., 440f.
- erste Aufführung 326f., 441
- *Frontier* 340ff., 347, 440f.
- Gandhi und (Vergleich) 421ff.
- Herkunft und Kindheit 322ff.

- Ideen und Philosophie 358–361
- in der Truppe Denishawn 324 ff., 441
- in höherem Alter 361–366, 369
- in Le sacre du printemps 253, 327, 338
- kreative Durchbrüche (Tabelle) 441
- Marginalität 30, 50 f., 348 ff., 368 f., 438
- Meisterin ihres Faches 324–339
- neoklassische Periode 350–353, 355, 361 f., 441
- Notebooks of 353–356
- Persönlichkeit und Motivation 324 f., 348 ff., 431–436
- Picasso und (Vergleich) 350, 352, 360, 367 ff.
- Strawinsky und (Vergleich) 352, 368
- Technik und Arbeitsstil 353–358
- Unterstützung und Freunde 324 ff., 333 ff., 338, 340, 349 f., 436–439, 447–450, 455
- Zusammenarbeit mit anderen Künstlern 333 ff., 338, 345 f.

Großer weiblicher Akt (Braque) 199
Guernica (Picasso, 1937) 190, 197, 213–222, 440 f., 469

Harvard-Universität 13, 266, 277–283
Heredic (Graham, 1929) 327, 335, 350
Herodiade (Graham, 1944) 350
historiometrischer Ansatz und Kreativität 46 f.
Hollow Men, The (Eliot) 309, 313
Hysterie, Erforschung der 78, 99

idiographisches Verfahren 428
Importance of Being Earnest, The (Wilde) 19
Impressionismus 184 f.
individuelle Begabung, als Teil der Kreativität 58 f., 63, 432–442
Industrialisierung 465 f., 469
Industrielle Revolution 466
Institute for Advanced Study (Princeton) 155, 420
Intelligenz(en), multiple
- Arten 29 f.
- Begriff 13, 432
- Gleichwertigkeit 66
- Kategorien nach Fallstudien 432
- körperlich-kinästhetische 29, 177, 266, 325, 354
- logisch-mathematische 29, 135 f., 169
- musikalische 29, 432
- personelle 29 f., 75, 99 f., 169, 177, 432
- sprachliche 75, 99, 169, 278, 305, 432
- visuell-räumliche 29, 40, 135 f., 169, 177 f., 233

Intelligenzquotient (IQ) 38
Interaktionsperspektive bei der Kreativitätsforschung 55–61
Internationale Psychoanalytische Vereinigung 71, 107
intrinsische Motivation 45 f.
Isolation 438 f.

Jugend (Miłosz) 7 f., 466

Katzenwiegenlieder (Strawinsky) 257
Kind und Meister, Beziehung zwischen 25 f., 49 ff., 434 f., 474 ff.

Sachregister

- Einstein und 26 f., 30, 117, 146, 153, 161 f., 434, 474 f.
- Eliot und 308 f.
- Picasso und 30, 50, 182 f., 226 f., 434 f., 474

kindliche Entwicklung, Kreativität und 44

Klytämnestra (Graham, 1958) 361 f.

Kognitionspsychologie 40 f., 439 f.

Kognitionswissenschaft 40 ff.

kognitive Betrachtungsweise 11, 13 f., 54

- Kreativität und 40 ff., 46, 57, 431 ff.

Kokain, Freud und 77

König Ödipus (Sophokles) 351

konvergenzorientiertes Denken 39

körperlich-kinästhetische Intelligenz 29

- Graham und 325, 354, 432
- Picasso und 177, 432
- Strawinsky und 266

s. a. Graham, Martha

kreative Durchbrüche 23 f.

- Erfordernis von 472 f.
- Unterstützung in der Zeit von 65, 430, 455 ff.
- Zehnjahresregel für 109 f., 260, 299 f., 316, 346 f., 357

Kreativität

- als Begriff 12, 38
- Behaviorismus und 45
- Domäne als Grundlage von 58 ff., 63 f., 442–446
- dreifacher Ansatz 25, 58 f., 61 f., 451–455
- „E. C." (Typ des kreativen Menschen) 429 ff.
- Entwicklungspsychologie und 51–55
- Feld als Grundlage von 59 ff., 64, 447–450
- Freud über 44
- historiometrischer Ansatz und 46 f.
- individuelle Begabung als Teil der 58 f., 63, 432–442
- Intelligenz und 39 f.
- Interaktionsperspektive bei der 55–61
- intrinsische Motivation und 45 f.
- kognitiver Ansatz für 40 ff., 46, 57, 431 ff.
- Kristallisationserfahrung in der 53, 280, 430
- Merkmale der 55 ff.
- Messung von 39 ff.
- Motivation und 45 f., 63, 433–436
- multidisziplinärer Ansatz für 57 f.
- neue Themen zur 48 f.
- organisatorischer Rahmen für 48–62, 427
- Persönlichkeit und 43 f., 57, 63, 433–436
- Problemlösung bei 55 f.
- Psychoanalyse und 43 f.
- thematische Gliederung 24–30, 48–51
- Themen für die empirische Erforschung der 48 f., 63 ff., 431–450

Kreativitätskapital 52 f.

Kristallisationserfahrung 53, 280, 430

Kubismus 179 f., 199–210, 441

Kunst, als Begriff 12, 19 f.

Künstler und sein Modell (Picasso, 1970) 224
Künstliche Intelligenz 40 f.

Lamentation (Graham, 1930) 328, 335, 350
L'après-midi d'un faune (Debussy) 245, 250
Leben mit Picasso (Gilot) 224
Lebensalter
– und Leistungsgipfel 47, 446
– Frühbegabung und 432
Lebensgeschichte, Kreativität und 52 ff., 299 f.
Le roi des étoiles (Strawinsky) 243
Letter to the world (Graham, 1940) 344
logisch-mathematische Intelligenz 29, 135 f.
– und Einstein 169, 432
s. a. Einstein, Albert
Love Song of J. Alfred Prufrock (Eliot) 21, 282, 284, 286 f., 293, 299, 311 ff., 441

Mann Moses und die monotheistische Religion, Der (Freud) 107
Mann ohne Eigenschaften, Der (Musil) 467
Maple Leaf Rag (Graham, 1990) 364
Marginalität 63, 437 f., 452 f.
– Einstein und 159 f.
– Eliot und 28, 30, 50 f., 291, 307, 312 f., 438
– Graham und 30, 50 f., 347–350, 369, 438
Meisterschaft (Beherrschung eines Metiers) 25, 51, 53 ff., 473
– Einstein und 122–140, 145 f., 161

– Graham und 324–339
– Kreativität und 40
– Lebensalter und 47, 446
– Picasso und 182–192
– Strawinsky und 234–244
– Zehnjahresregel bei 439 f.
Mentoren 447 s. a. Unterstützung
Messung
– von Intelligenz 38 ff.
– von Kreativität 39 ff.
– von Persönlichkeit 43, 433
Modernismus 464, 476–479
Moment rustical (Graham, 1929) 338
Minotauromachie (Picasso, 1935) 214–217, 222
Moderne 24, 33–38, 461–464
– Definition für alle Domänen 469–476
– Jenseits der 476–479
– Modernismus und 464
– Städte der 465 ff.
– Vorgeschichte 465–469
Motivation, Kreativität und 45 f., 63, 433–436
Murder in the Cathedral (Eliot) 310, 312
musikalische Intelligenz 29, 432 s. a. Strawinsky, Igor
Musikalische Poetik (Strawinsky) 266 f., 271
Mutter, Verhältnis der zum Kleinkind 456–459

Nächtlicher Fischzug in Antibes (Picasso, 1939) 221 f.
NEA (Nationale Kunststiftung, USA) 366
New Grove Dictionary of Music, The 240, 271

Night Journey (Graham) 351, 353, 360
Nobelpreis 57
- Einstein und 21, 139, 148, 159
Les noces (Strawinsky) 21, 258–261, 272, 440 f.
nomothetisches Verfahren 428
Notebooks of Martha Graham, The (Graham) 353–356

objective correlative (gegenständliches Korrelat) 305
Ödipus-Komplex 95 f., 107
Old Possum's Book of Practical Cats (Old Possums Katzenbuch, Eliot) 308 f.
Ostindien-Kompanie, britische 372
Our Mutual Friend (Dickens) 292 Anm.
Owl and the Pussycat, The (Graham) 364

Paradigmata, wissenschaftliche 125, 150 f., 445 f.
personale Intelligenz 29 f.
- von Freud 29, 75, 99, 169, 432
- von Picasso 177, 432
s. a. Gandhi, Mahatma
Persönlichkeit 23 f.
- Einstein 118–122, 132–135, 165 ff., 433 f., 436
- Eliot 280 ff., 307 f., 433–436
- Freud 72–75, 84 f., 105–109, 433 f., 436 f.
- Gandhi 384 f., 401–408, 433–436
- Graham 324 f., 348 ff., 431–436
- Kreativität und 43 f., 57, 63, 433–436
- Messung von 43, 433
- Picasso 177–182, 184, 188 f., 224–228, 433–436

- Strawinsky 230–236, 253–257, 264 ff., 433–436
Petruschka (Strawinsky) 230, 241–245, 251, 260, 266, 454
Physikalisches Institut der Kaiser-Wilhelm-Gesellschaft 151
Picador, Der (Picasso, 1889/90) 179
Picasso, Pablo (1881–1973) 13 f., 21, 27–30, 33 f., 42, 62, 66, 173–228, 261 ff., 270 f., 358 f., 432–444, 448–452, 454, 458 f., 464, 466–471
- Barcelona und der Freundeskreis 183 ff., 441
- Les demoiselles d'Avignon 190, 194–199, 209, 215, 222, 226, 228, 440 f., 468
- Eliot und (Vergleich) 294 ff., 301, 306, 309–312, 315–318
- Frühbegabung 27, 50, 174 f., 177–185, 432
- Graham und (Vergleich) 350, 352, 360, 367 ff.
- Guernica 190, 197, 213–222, 440 f., 469
- Herkunft und Kindheit 177–185
- in höheren Jahren 222–225
- Jugendgeschichten 177–180, 182–185
- Kind und Meister, Beziehung zwischen 30, 50, 182 f., 226 f., 434 f., 474
- kreative Durchbrüche (Tabelle) 441
- Kubismus 179, 199–207, 441
- Meister seines Faches 182–192
- neoklassische Periode 210–213, 262 f., 441
- Persönlichkeit und Motivation

177–182, 184, 188 f., 224–228, 433–436
– Strawinsky und (Vergleich) 244, 246, 252, 260–263, 267, 270–273
– Unterstützung und Freunde 183 f., 187 f., 198–210, 223–228, 306, 315, 436–439, 447–450, 455
– *La vie* 190 ff., 197, 215, 222
Pierrot Lunaire (Schönberg) 269
Portrait of a Lady (Eliot) 287, 293, 313
Porträt Wilhelm Uhde (Picasso, 1910) 205
Postmoderne 464, 476–479
Primitive Canticles (Graham, 1931) 337
Primitive Mysteries (Graham, 1931) 337 f.
Problemlösung 55 f.
Produktivität, Lebensmuster und 47, 439–442, 445 f.
– Zehnjahresregel für die 53, 63, 429 f., 439–442
Project Zero (Harvard) 12 f.
Psychoanalyse 26
– Kreativität und 43 f.
– Entwicklung der 26, 79–101, 103–113
Psychologische Mittwoch-Gesellschaft 70 f., 103 f., 107
Psychometrie 38–42
Pulcinella (Strawinsky) 261
Puritan Oligarchy (Graham) 353

Rake's Progress, The (Strawinsky) 269 f.
„Rätsel Mozart" 27
räumliche Intelligenz s. visuellräumliche I.

reflektierende Vernunft, Einstein und 164–167
reine Synchronie 61 f.
Relativitätstheorie
– Allgemeine 139, 156 ff., 159 f., 441
– Spezielle 121, 134, 137, 141–158, 441
Religion
– Einstein und 119
– Eliot und 302
– Freud und 72
– Gandhi und 396 f.
– Idealtyp (E. C.) und 429
– Strawinsky und 264
Renaissance 473, 478
Renard (Strawinsky) 257
Revolt (Graham, 1927) 327
Ruhm
– für Einstein 151–154
– für Picasso 209–212
– für Strawinsky 240 f.

Le sacre du printemps (Strawinsky) 21, 230 f., 244–254, 259 f., 272, 338, 440 f., 459, 468
Salome (Strauss) 250
satyagraha 30, 385, 387 f., 394–402, 408–412, 418, 435, 441, 450, 475
Scarlet Letter, The (Hawthorne) 340
Scènes de ballet (Strawinsky) 268
Scherzo fantastique (Strawinsky) 236
La science et l'hypothèse (Poincaré) 133
Selbstbildnis mit Palette (Picasso, 1907) 194
Selbstinszenierung 433 f.
Selbstmord
– unter Freuds Anhängern 108
– in Picassos Umkreis 188 f., 225

Sexualität
- Diaghilew und 237
- Einstein und 132, 170
- Eliot und 281, 288
- und Freud, Erforschung der 81f., 89, 95f., 102, 105, 107, 441
- – Verzicht auf 84f., 133, 170
- Gandhi und 375f., 383, 402, 418
- Graham und 334f., 346
- – in ihren Tänzen 350f.
- Kreativität und 44f., 458
- Picasso und 187, 212, 222, 225f.
- – in seiner Kunst 184, 187, 196–199, 214
- Strawinsky und 265
- Verzicht auf 458

sozialpsychologische Faktoren 50f., 58, 63, 436ff.

sprachliche Intelligenz
- Eliot und 278, 305f., 432
- Freud und 75, 98f., 169, 432
- Gandhi und 432

Staat, Der (Platon) 353
Stanford-Binet-Messung 38
Steps in the Street (Graham, 1936) 344
Stilleben mit imitiertem Stuhlgeflecht (Picasso, 1912) 206
Strawinsky, Igor (1882–1971) 11, 21, 27–30, 33f., 62, 66, 209, 211, 229–273, 338, 428, 432–444, 454f., 459, 461, 464, 466, 469ff., 474, 479
- Eliot und (Vergleich) 237, 242, 244, 246, 252, 263f., 267, 270, 294ff., 301f., 306, 308, 310ff., 315–318
- Graham und 352, 368
- Herkunft und Kindheit 232ff.
- im Alter 261–270, 272f.
- kreative Durchbrüche (Tabelle) 441
- Meisterschaft in seiner Domäne 234–244
- neoklassische Periode 261–269, 272f.
- Les noces 21, 258–261, 272, 440f.
- Persönlichkeit und Motivation 230–236, 253–257, 264ff., 433–436
- Picasso und (Vergleich) 244, 246, 252, 260–263, 267, 270–273
- Politik und 28, 50, 230ff., 253–257, 265, 273, 439, 448
- Rimskij-Korsakov und 235–244, 260, 271, 441
- Le sacre du printemps 21, 230f., 244–254, 259f., 272, 338, 440f., 459, 468
- Unterstützung und Freunde 230ff., 234ff., 238–255, 258, 265, 268–273, 306, 315, 436–439, 448f., 455
- Zusammenarbeit mit anderen Künstlern 28, 50, 230ff., 236–254, 257, 261–264, 266f., 271

Studien über Hysterie (Freud/Breuer) 81f.
Symbolist Movement in Literature, The (Symons) 279f.
Symphonie des psaumes (Psalmensymphonie, Strawinsky) 230

Tanz, Der (Picasso, 1925) 190f., 215, 222
Totem und Tabu (Freud) 107, 109, 440
Traumdeutung, Die (Freud) 70, 85, 88, 95, 97ff., 101, 104, 440f., 463

Travesties (Stoppard) 19 f., 23, 71
Typ des kreativen Menschen („E. C.") 429 ff.

Ulisses (Joyce) 258, 260, 298, 308
Unbehagen in der Kultur, Das (Freud, 1930) 107, 469
unbewußte Prozesse, Kreativität und 43 f.
Untergang des Abendlandes, Der (Spengler) 295
Unterstützung und Freunde 25 f., 50, 58
– beim kreativen Durchbruch 65, 430, 455 ff.
– Einstein 132 ff., 139, 148–151, 436, 438, 447 ff., 456
– Eliot 283 ff., 288–295, 300 ff., 306 f., 315, 436–439, 447–450, 455 f.
– Freud 25 f., 30, 50, 70 f., 79–86, 91, 103–113, 132, 436 f., 447–450, 455 f.
– Gandhi 378, 383, 387, 389 f., 403–407, 436–439, 447–450, 456
– Graham 324 ff., 333 ff., 338, 340, 349 f., 436–439, 447–450, 455
– Picasso 183 f., 187 f., 198–210, 223–228, 306, 315, 436–439, 447–450, 455
– Strawinsky 230 ff., 234 ff., 238–255, 258, 265, 268–273, 306, 315, 436–439, 448 f., 455
Urbanisierung 465 f.
Ursprung der Arten, Der (Darwin) 101, 151
Use of Poetry and the Use of Criticism, The (Eliot) 312

Vertrauensbeziehungen 455 ff.
La vie (Picasso, 1903) 190 ff., 197, 215, 222
Vier letzte Lieder (Strauss) 310
Vier russische Lieder (Strawinsky) 257
visuell-räumliche Intelligenz 29, 40
– bei Einstein 135 f., 169, 432
– bei Picasso 177 f., 432
– bei Strawinsky 233
s. a. Picasso, Pablo

Waste Land, The (Eliot) 21, 276, 281, 289, 292–301, 308, 311 ff., 436, 440 f., 469, 476
Weinende Frau (Picasso, 1937) 214 f., 222
Wiener Psychoanalytische Vereinigung 71, 107
Witz und seine Beziehung zum Unbewußten, Der (Freud) 105
Wunderkind 27, 62, 432, 451
– Definition 174 ff.
– Picasso als 27, 50, 174, 177–185, 432

Zehnjahresregel der Kreativität 110 f., 260, 299 f., 316, 346 f., 357
Zeitgenossen, Studium der 20–23, 31 f.
Zukunft einer Illusion, Die (Freud) 107
Zur Psychopathologie des Alltagslebens (Freud) 104
Zürcher Polytechnikum 121 f., 124, 133, 139
Zwei Frauenakte (Picasso, 1906) 194
Zweiter Weltkrieg 155 f., 225 f., 268 f., 309, 366, 416, 464

Daniel L. Alkon:
Gedächtnisspur
Auf der Suche nach der Erinnerung
Aus dem Englischen von Hans Nieholm
320 Seiten, zahlreiche Abbildungen, gebunden,
ISBN 3-608-93178-3

Daniel Alkons Jugendfreundin Michelle beging Selbstmord, weil ihr Vater sie als Kind mißhandelte. Die Psychotherapie konnte sie aus der Folterkammer ihrer Erinnerungen nicht befreien. Alkon wurde Neurobiologe und ging auf die Suche nach den Gründen für die allmächtige Gewalt der Erinnerung. Seine Untersuchungen zeigen, daß Kindheitserlebnisse nicht einfach als Informationen gespeichert werden, sondern die neuronale Struktur des Gehirns formen und ein für allemal festlegen. Allenfalls operative Eingriffe könnten dieses Grundmuster später noch beseitigen. War Michelles schreckliches Schicksal also unvermeidbar?

Unser Gedächtnis zwingt unsere Erwartungen und Ängste, unsere Neigung zur Sucht und unseren produktiven Umgang mit Erfahrungen in fatale Abhängigkeiten. Unglück oder Glück, Depression oder Trauma sind das Resultat. Die Psychotherapie glaubt, die Erinnerung könne uns aus den Klauen der Vergangenheit befreien. Alkon setzt seine Hoffnungen eher in die Gnade, vergessen zu können. Vor dem Hintergrund persönlicher Erinnerungen und seiner neurowissenschaftlichen Forschungen überdenkt er noch einmal das Verhältnis von Biologie, Psychologie und Soziologie.